国际工程管理

王道好　编著

中国建筑工业出版社

图书在版编目（CIP）数据

国际工程管理/王道好编著. —北京：中国建筑工业出版社，2017.4
ISBN 978-7-112-20308-6

Ⅰ.①国… Ⅱ.①王… Ⅲ.①国际承包工程-工程管理 Ⅳ.①F746.18

中国版本图书馆 CIP 数据核字（2017）第 010677 号

本书主要介绍了国际工程管理的基本知识和常见案例，具有知识性、理论性、综合性和实践指导性的特点。全书共 13 章，第 1、2 章重点介绍了国际工程管理概论和行业管理；第 3、4 章重点介绍了国际工程企业管理和市场营销管理，第 5～11 章重点介绍了国际工程项目招投标、项目管理、组织管理、环境管理、管理方法、目标管理、管理资源等内容；第 12、13 章介绍了国际工程项目管理中涉及的人文问题，并着重分析国际工程项目管理中遇到的常见问题和案例。

本书主要适合于工程企业中从事或将要从事国际工程相关业务的管理人员和专业人员，也适合于与国际工程相关的其他人员，并可供国际工程业务培训、大专院校同类专业教学和学术研究参考。

责任编辑：朱首明 牛 松 牟琳琳
责任设计：李志立
责任校对：焦 乐 刘梦然

国际工程管理
王道好 编著

*

中国建筑工业出版社出版、发行（北京海淀三里河路 9 号）
各地新华书店、建筑书店经销
霸州市顺浩图文科技发展有限公司制版
大厂回族自治县正兴印务有限公司印刷

*

开本：787×1092 毫米 1/16 印张：25 字数：621 千字
2017 年 4 月第一版 2017 年 4 月第一次印刷
定价：**65.00** 元

ISBN 978-7-112-20308-6
(29717)

前　　言

回顾本人三十余年的职业生涯，其中有三分之二的时间都奉献给了国际工程事业。当职业生涯渐近尾声时，本人觉得是时候对为之耗用了一大半职业生涯的事业作一个交代了。这就是作者要编写此书的初衷。

人的一生是短暂的。在短暂的人生中，一个人想做并且自认为有能力去做一件事情，而这件事又为社会所允许，做成后或许还对社会有些许的价值，那么就值得去做。所以，如果一个人耗用一段生命的时光，不计名利，只为了却一个心愿，怀着近乎朝圣者的情怀与意志，去完成这样一件纯粹的事情，这在作者看来，就算是没有虚度此段光阴了。

在境外几乎连续工作长达七年之久以后，作者终于寻得一段空闲时间，可以静下来好好想一想，并用心地去做这件自己想做的事情。于是，在一片远离尘嚣、烟波浩渺的湖水之畔，伴着清晨的鸟语花香、白日的蓝天白云和晚间的清风朗月，作者终日或凝神静思以致忘我，或埋头于书籍资料中，抑或专注于电脑屏幕上的字里行间。在经历了数百个这样简单、宁静而专心的日子之后，这本书稿终得完成。

至于这本书的具体内容，作者在编写的过程中，着重考虑了以下几个方面，以体现自身的特色：

1. 新增部分内容，以丰富人们对国际工程管理的认识

在论及国际工程管理时，人们通常关注的重点不同程度地集中在国际工程的市场分析、项目招投标和在建项目管理等方面，并且谈得较多的是业务内部的管理。而本书所涉及的内容则增加了国际工程的行业管理、企业管理及市场营销管理等内容，涵盖了从行业宏观管理、企业中观管理到具体项目的微观管理整个管理链条，不仅有业务内部操作层面的管理，也有实施这些业务的组织——国际工程企业的管理，以及从外部以法律、行政、自律等手段对国际工程行业的管理。

2. 力图在传统的内容上实现创新突破

主要表现在：(1) 在国际工程市场方面，由于国际工程市场是时刻变化着的，本书并不拘泥于对某一时段内的国际工程市场情况进行全面综合地统计和分析，而是简要介绍了市场分析的一般方法。人们掌握了这些方法原理后，随时可以根据具体需要加以运用和发挥。(2) 在国际工程招投标方面，本书将管理职能引入招投标业务活动中，以管理来驾驭业务，即在招投标中如何进行决策、计划、组织、实施、控制、服务及评价等管理工作，以实现招投标的预定目标，并提出了招投标的项目化管理和全球信息化管理的方法。(3) 在国际工程项目管理方面，本书没有沿用美国项目管理协会（PMI）定义的九大知识领域，而是以工程项目建造过程中的五个要素，即组织、环境、方法、目标和资源，来构建工程项目管理的结构体系。

3. 将更多的人文学科理念引入国际工程管理

业内人士常说，国际工程管理是一门交叉学科，涉及多项自然科学、工程技术、管理科学和人文学科，但往往只提及法律合同、国际贸易、金融保险等方面。本书则涉及了国际工程项目管理中的哲学、伦理、文化、语言文学、法律、政治、心理学及艺术等众多人文学科的基本问题。其中的一些问题，比如国际工程项目管理中的工程语言学、微观政治学，以及压力描述、心理压力在管理中的应用等，或为首次提出。

4. 含有大量的新理论、新观点、新内容

大体包括两个方面，一是作者基于自己对相关问题的思考认识所提出的理论观点或体系，包括但不限于：作者对国际工程的新定义，对其产生条件的理论分析、发展阶段划分及意义探讨，国际工程管理的层次性和结构树，行业管理结构体系构建，国际工程企业的定义及来源，企业中的领导管理，营销实施程序，招投标的项目化管理，项目经理管理、项目经理层次论、项目经理软实力等。二是当今社会发展和项目管理中涌现的新理念、新潮流、新技术、新内容等，包括但不限于：企业创新管理、企业文化管理、人本理念、网络营销、社会营销、绿色营销、大市场营销、营销融资、招投标的信息化管理、项目管理信息化、管理团队的国际化本土化、非传统安全管理等。

5. 注重理论与实践相结合

本书在进行国际工程管理整体结构的理论体系构建的同时，更注重其在实践中应发挥的作用。作者希望，任何已经从事或准备从事与国际工程业务相关工作的人，无论是在相关政府部门、行业协会中的管理者，还是在国际工程企业不同层级上的管理者，抑或具体从事国际工程市场开发、在建项目管理的人，读过此书的相关内容后，就能知道主要需要做什么和如何去做好相应的管理工作。另外，本书还直面我国国际工程项目管理中普遍存在的主要问题和不足，并对一个在建项目出现的严重经营问题进行了系统分析，也提出了改进意见，其实践意义远超该具体项目本身。

本书内容主要源自作者对国际工程管理相关问题的思考认识及其长期从事实际管理工作的实践积累，同时参考了相关书籍资料以及一些通过网络搜索获得的资料。初稿完成后，天津大学国际工程管理学院张水波教授提出了极具建设性的意见，先前曾与作者共事的方涛和吴瑞友二位同志也从各自专业的角度，对部分内容进行了审阅修改，写作过程中还得到了家人的理解、支持、陪伴和鼓励，在此一并深致谢忱！

由于作者理论水平和实践经验有限，加之时间仓促，书中难免存在错误和遗漏，恳请读者批评指正，不胜感激！

目　　录

第1章　国际工程管理概论

第1节　国际工程的概念

1　定义与分类

1.1　定义

目前，国内对国际工程还没有形成一个被普遍接受的定义，比较常见的定义是：在一个工程项目的咨询设计、投融资、招投标、承包（包括分包）建设、设备采购、运营管理、维护培训以及过程监理等各项工作和各个阶段的参与者来自不只一个国家，并且按照国际工程项目管理模式进行管理的工程。

关于这个定义，笔者提出以下一些个人看法，供大家讨论。

该定义在第一句话里，把国际工程限定为一个工程项目。笔者认为，国际工程并不等同于一个工程项目，尽管工程项目是国际工程的核心内容，但不是全部。比如，定义里说到招投标，那么，作为国际工程的一方参与者——国际工程承包商，在招投标之前所进行的那些市场营销工作，像构筑营销网络、建立市场关系、获取项目信息等，难道不算国际工程业务的一部分？实际上，承包商要先通过某种方式或渠道获得项目信息，再根据需要跟踪招标进程，直至最后拿到招标文件，才可以参加投标，所以，应该将这些工作也归入国际工程的业务范围。另外，工程与工程项目虽然具有密不可分的联系，但二者仍然存在一定的区别。根据笔者的理解，工程项目是一个工程的建设过程，工程一旦建成交付，合同履约完毕，项目即告结束；而工程建成后投入使用，作为实物依然存在。从这一点说，也不能把工程等同于工程项目。实际上，国际工程所涉及的范围应比工程项目更为广泛。

定义中第二句话是“按照国际工程管理模式进行管理的工程”。那么，首先要问什么是国际工程管理模式？可能一般认为的是世界银行要求的或FIDIC规定的或与之相适应的模式。那么，美国、英国的模式行不行？而且，中国国内的工程管理模式经过多年的引进消化和发展，已经与国际通行做法没有多少区别。另外，还有一些特殊情况，比如，阿联酋一个富豪想建一栋别墅，他正好认识一位沙特建筑商朋友，于是直接请这位建筑商过来，签一份简单的协议，就把别墅顺利建起来了，这在笔者看来，也是一项国际工程。再比如，中国现在开始在国际上投资基础设施建设，完全可以按中国的项目管理模式实施，笔者认为同样可以称之为国际工程。以笔者近些年在中东地区国际工程项目的工作经验看，该地区的工程项目招标虽多为国际招标，但一般不公开开标，有的业主（多半为私营业主）采取单独议标的方式选定承包商，有的项目合同采用业主自己国家制定的合同条件范本，都没有完全照搬国际工程的通行惯例实施管理，但这些并不能改变其国际工程的性质。

所以笔者认为，项目的管理模式是随时间、地点或项目的不同而可能发生变化的，统一的、标准的国际工程管理模式是不存在的。即使一时存在，也只是操作层面的问题，是否遵从这样的模式并不是国际工程的根本属性。

并且，定义的一条基本规则是“定义项不得直接或间接包含被定义项”。但是“按照国际工程管理模式进行管理的工程”中出现了“国际工程”一词，是在用自身定义自身，显然是有违定义规则的。

另外，在笔者看来，定义中的“工程项目的……各项工作和各个阶段的参与者来自不只一个国家”，是指工程项目的每一项工作和每一阶段工作的参与者都来自不同的国家，还是指全部工作和整个阶段中只要其中一项有来自不同国家的参与者，并不十分清楚，容易引起歧义。

笔者认为，定义国际工程应该抓住其本质属性。其本质属性有两条，一是国际，二是工程，实质是一种买卖活动，最基本的参与者只有买方（客户、雇主）和卖方（厂家、设计建造商）。

基于上述考虑，笔者对“国际工程”的定义是：广义地说，国际工程是一种特殊的跨国技术经济交易活动，属于建设工程业和国际商业的交叉领域，也即：在生产上属于建设工程行业的一个分支，在销售上属于国际商业的一种活动；狭义地说，国际工程是一件跨国订制生产的特殊商品，其客户和设计建造商等相关方来自不止一个国家，一般采取国际订单式采购销售方式，并在客户提供的地点完成生产交付的过程。简而言之，国际工程就是跨国交易的工程产品。其中，产品既包括实物产品，也包括各类相关服务。

1.2 分类

国际工程的分类方法有多种，常见的有以下三种：

（1）按工程项目所在地国别分

由我国的投融资、咨询、施工、制造供货和其他相关工程经营主体去国外参与其中的投融资、咨询、监理、承包、供货安装或其他活动的工程，本文所要讨论的国际工程主要是指这类工程，又称境外工程。

由国外相关方参与投融资、咨询、投标、承包（包括分包）、监理的在中国大陆境内实施的工程，也称涉外工程。

（2）按业务结构分

可分为国际工程的投融资、设计咨询、承包（包括分包、供货安装）及其他服务（如管理、运营维护、劳务）等。

（3）按专业领域分

一般包括房屋建筑、制造、工业/石化、水利、排水、交通、有害废物处理、电力、电讯及其他等十大类。

2 国际工程的特点

（1）国际工程兼具国际商业和建筑工程的特点

一方面，国际工程不同于国内的建筑工程，在于它的国际商业属性。由于是跨国商业行为，国际工程经营所处的外部社会和自然环境有别于国内工程，包括政治经济、法律制度、人种民族、安全形势、文化语言、宗教习俗、市场供应、自然地理、水文地质、气候条件等。而就国际工程业务活动来说，所涉及的项目合同文件（包括合同语言、合同协议条件、技术规范等）、执行程序、结算体系、参与主体及项目要求等方面也不同于国内工程。另外，国际工程所涉及的业务领域也比国内工程多，如国际运输、海关、外交领事、国际金融、跨国担保和保险等，都是一般国内工程不会涉及的。

另一方面，国际工程又有别于一般的国际贸易，这是由其建筑产品属性决定的。通常国际贸易中的标的物为定型产品，可以提前在固定工厂内批量生产出来（当然，不排除随着科学技术的进步，个性化定制也会越来越普遍），在签订相对简单单一的订货合同或订单后，运送到客户指定的地点交付。而国际工程项目一般不能提前生产，只能通过单件预定方式进行采购销售，并只能在业主指定的地点生产、交付和维护。而且，由于工程项目通常体量大，周期长，资金多，过程复杂，相关参与方也较多，其采购销售、生产过程控制以及支付方式等，也有别于一般的国际商品贸易。

（2）国际工程建设的环境和过程复杂

如上所述，由于国际工程是一项跨国性的技术经济交易活动，因而就涉及不止一个国家和民族，面临不同的政治、经济、自然和人文环境，建设过程环节多，参与者众，各方的经济利益和诉求互不相同，所以，在项目实施过程中各方不容易互相理解，容易产生矛盾和纠纷。

（3）国际工程行业的风险与利润并存

国际工程是一个充满风险的事业，每年国际上都有一批工程公司经营出现严重亏损甚至倒闭，但是国际工程市场也有一定的、有时甚至是丰厚的利润。同时，国际工程承包市场还受全球政治经济、军事安全形势等因素的影响，其发展容易出现波动和不平衡。因此，一个从事国际工程业务的公司要在这个市场竞争中求得生存和发展的机会，就需要提高公司本身的素质和竞争力。

（4）西方国家主导全球国际工程市场格局

国际工程市场是从西方发达资本主义国家到国外去投资、咨询、承包开始的，他们凭借着雄厚的资本、先进的技术与管理水平以及多年的经验，占有绝大部分国际工程市场，因而发展中国家要在这个市场占有一席之地，就要加倍付出努力。以目前的格局来看，国际建筑工程市场的游戏规则，主要是由西方发达国家制定和统领的。作为发展中国家的工程承包商，不要说参与或领导全球游戏规则的制定与修改，即便是熟悉、遵守并利用好这些规则，也需要付出长期艰苦的努力和沉重的代价。

而在全球建筑市场方面，一方面，来自发展中国家的建筑承包商很难进入西方发达国家的建筑市场，这里面既有发展中国家承包商自身实力不足的问题，也有西方建筑市场的准入壁垒问题；另一方面，在全球的其他建筑市场内，来自西方发达国家的承包商占据了投融资、设计咨询及总承包管理等产业链的高端部分，而发展中国家的承包商则以承包、分包、供货甚至劳务服务为主，属于产业链的低端部分。

但是，必须看到，近年来，以大型国有建筑工程企业为主导的中国国际工程承包商，开始利用充裕的国家外汇资金，逐步向产业链的高端延伸。一些具有战略远光的私营企业，也开始以多种形式进军国际建筑业市场，攻城掠地，抢占先机。

（5）中国的国际工程业虽进步明显，但发展仍不平衡现代意义上的中国承包商参与国际工程市场竞争，源自改革开放前的对外经援项目。后经过三十多年的不懈努力，中国的国际工程承包事业取得辉煌成就。据统计，2014年，我国的国际工程承包业务当年完成营业额1371.4亿美元，累计完成7274.4亿美元；当年新签合同额1716.3亿美元，累计签订合同额10785亿美元。另据ENR的权威发布，在该年度全球250强国际承包商排行榜中，中国企业占据55席，其中，交通运输、能源、建筑等领域内的大型央企在排行榜中处于领先地位。由此可见，三十多年来我国的国际工程事业发展迅速，与发达国家的差距逐渐缩小。但同时需要看到，中国的国际工程事业发展极不平衡，一些大型央企往往是大而不强，发展的质量参差不齐，发展的后劲乏力，所以未来依然任重道远。

（6）国际工程行业的挑战与机遇并存

一方面，自2008年金融危机爆发以后，全球经济低迷，需求下滑，国际建筑承包市场受到严重影响，导致工程承包竞争加剧，国际工程承包商面临更加严酷的挑战；另一方面，以FEPC、BOT和BT等方式进行开发的国际工程项目增多，特别是中国资金参与到国际工程投资和承包领域增多，"一带一路"的战略构想及亚投行、金砖国家银行的设立，为中国承包商参与全球基础设施投资建设带来全新的机遇。

（7）国际工程与社会自然环境交互影响

这种交互影响有三方面的含义：一是国际工程影响社会自然环境，社会自然环境反过来也影响国际工程；二是受影响的不止一个方面，而是多个方面；三是不仅是局部区域的、一个国家的影响，而且是多国的、国家之间的影响。

（8）国际工程的发展已达到空前的程度

虽然说国际工程在发展过程中面临着巨大的风险和挑战，但是仍得到空前发展。当今国际工程的总体规模、涉足的领域和覆盖的国家范围，都是前所未有的。国际工程中大量采用新技术、新装备、新工艺、新材料以及新的管理理念和方法，使其建设质量、速度、劳动生产率及管理水平都跃上了全新的台阶。特别是计算机信息与通信技术的运用，有力促进了国际工程的发展。可以相信，国际工程事业必将随着人类社会的进步而同步发展。

3 国际工程产生的条件

如果说上述内容讨论的是"国际工程是什么"的问题，那么，下面要试图探究的是"国际工程从哪里来"的问题，二者皆具有哲学的意味。

或许人类从迈出原始森林的那一刻起，就注定要敲开国际工程的大门，只是时间的迟早问题。但是，国际工程究竟起源于何时何地，现已无从考证，而且也无太大实际意义。不过，探究其产生的条件，有助于我们对国际工程内涵的理解，可能更具理论价值。

首先，国家的产生是国际工程的前提。如果世上没有出现多个国家，就不可能有国家间的技术经济活动，也就谈不上有国际工程。根据法国思想家卢梭的《社会契约论》，原始人在自然状态下面临生死存亡时，选择了共同协作，也即"创建一种能以全部共同的力量来维护和保障每个结合者人身和财产的结合形式"。这种结合形式就是社会契约，它使"我们每一个人把我们自身和我们的全部力量置于公意的最高指挥之下，而且把共同体中的每一个成员都接纳为全体不可分割的一部分"。这个共同体就被称为国家，也就是说国家是通过社会契约产生的。

国际交往是通往国际工程的途径。人类具有社会属性，最初属于家庭和部落，出现国家后进一步归属于某一国家。人类的社会属性引发社会交往活动，起初在家庭和邻近的部落内外，建立国家后发展到国家内部和外部。这种交流交往，有情感的交流，也有物质的互换。早先的跨国物质互换可能主要是一般的国际商品贸易，顺带也有工程技术的合作交易。

诚信履约是国际工程的精神基础。如上所述，契约是国家产生的基础。同时，契约也逐步被用于人们的日常社会交往生活。人类在长期的社会交往中逐步形成了行为伦理道德规范，其中包括诚实信用和履行承诺。为保证口头承诺兑现，起初可能采取实物抵押的方式，发明文字后双方立字为据，这就是书面契约，渐渐演化为各类合同协议。因此也可以说，契约合同是上述社会契约论在日常社会交往中的一个微观表现。

法律制度是国际工程的制度保障。人的行为表现难免会有违背社会伦理道德规范的情况出现，如不加以制止必将引起社会混乱。因此，国家统治者为维护社会秩序，确保其统治地位不动摇，设计建立了法律制度体系，以法律的威慑性和强制性来规范人们的社会交往行为。并且，随着交往的深入和扩大，法律体系也相应地更加完善，覆盖范围更广大。双方如果在工程经营活动中违背诚信或未履约，就会受到相应的法律约束和制裁。

生产力发展为国际工程提供了物质基础和技术可能。生产力发展导致社会分工，一部分人从农耕狩猎活动中解放出来，从事其他一些专门活动，其中就包括方便人们生活和交往的建房、修路、搭桥等工程活动。为完成这些工作，人们开始寻找、发明和制造各类合适的建筑材料和工具，并在实践中摸索掌握了一些专门技术手艺。这些技术经验经总结积累并传承下来，形成了系统的工程建造知识和技术。生产力的发展还提供和改善了国际交往的条件。

社会需求是国际工程产生和发展的动力。交往条件的改善和社会的发展，又促进了人类的国际交流，人们也希望享受更美好便捷的生活服务。因此，对提供和改善这种交流及物质生活条件的需求增加，就成为国际工程产生和发展的持续动力。

逐利是国际工程的根本目的。在人类社会的初期，由于生产力发展，出现了劳动剩余产品，逐渐形成财产占有意识，占有欲望引发逐利行为。无论是业主还是承包商，面对跨国需求，大多不会无偿提供满足，都是出于对某种利益的追求才开始国际工程的互利合作。没有利益的吸引，任何个人或组织恐怕都不会对远在他国的社会民众需求感兴趣。

也许在古丝绸之路贸易、古代跨国军事征战，以及郑和下西洋、鉴真东渡、哥伦布发现美洲新大陆等活动过程中，外来客与当地人会为实现某种利益交换而偶然进行工程交易，因而开启了国际工程的大门。但毋庸置疑，即使排除这些事件的偶然性，当人类社会发展到一定程度，上述各种条件逐渐具备或完善时，在多种因素的复合作用下，国际工程也会水到渠成。所以说，国际工程的产生是人类社会发展到一定历史阶段的必然结果。

4　国际工程的发展历程

如上所述，如果说人类在漫长的早期跨国贸易、军事、宗教、文化、探险等活动中点燃了国际工程的星星之火，那么，欧洲的文艺复兴运动为国际工程带来了黎明的曙光。欧洲在经历了长达千年的中世纪封建和宗教统治的黑暗时代后，终于迎来资本主义的萌芽。新兴的资产阶级包括大商人、企业主和银行家等，为了增加财富，就需要扩大业务，改进经营，提高效率，因而就需要具有文化知识、熟悉经营管理、擅长办理交涉、掌握生产技术、能读善算、通晓法律的各种人才。他们要求物质享受和优美的艺术欣赏，这就需要为之服务的教师、医生、艺术家等。客观需要促使一种不同于封建文化的新文化的产生和发展。这就是文艺复兴的兴起，最早发源于14世纪的意大利，15世纪下半期扩及欧洲许多国家，到16世纪达到高潮。

文艺复兴运动促进了人们思想的空前解放，开启了文学、艺术、哲学、教育和科学技术发展的黄金时代，同时也激发了西方世界对外殖民扩张的野心。特别是继文艺复兴运动之后的18世纪，蒸汽机的发明标志着英国工业革命的开始，并开启了西方国家工业化的进程。伴随工业化进程的是各国城市、交通和基础设施建设的快速发展，国际工程市场也因此率先在西方世界范围内逐步形成。

同时，工业革命导致资本原始积累迅速增加，加速了西方国家对外殖民扩张的步伐。到19世纪中叶，西方资本主义发达国家为争夺生产原料、占领市场和追求利润最大化，开始向殖民地和一些经济不发达的国家和地区输出资本，带动发达国家的设计师和承包商进入这些国家和地区的建筑市场，同时也带动了先进施工技术、建筑材料设备出口以及以竞争为核心的工程承包管理体制的建立和完善，并在客观上改善了当地的建筑和交通基础设施条件，迎来了国际工程发展历史上的第一次繁荣。

20世纪上半叶人类遭遇的两次世界大战，曾导致国际工程市场的一度衰落。战后世界范围内的大规模恢复重建，使国际工程业再度繁荣长达20年。在随后的半个世纪里，国际工程市场形势受全球政治、经济、军事、安全等形势变化的影响，而呈现出波浪式前进的发展态势。到2008年，全球国际工程的规模达到新的顶峰，其中仅全球225家大型国际承包商的当年营业额就达到前所未有的3900亿美元。

2008年由美国次贷危机引发的全球金融危机，导致国际工程再度陷入低迷缓慢发展的境地，加上恐怖主义、地区冲突、政权更迭、石油暴跌等多重负面因素的影响，全球国际工程行业直至今日仍未完全走出金融危机的阴影，但总的趋势仍是在增长。

自现代国际工程市场形成以后，中国参与其中最早要追溯到19世纪中叶，西方列强入侵中国后，开始在各地盖房建厂，或参与城市、交通和基础设施以及宗教文化活动设施建设，一直持续到新中国成立之前，这一阶段可以视为中国国际工程发展的第一阶段。期间，除了上述涉外工程活动外，一些中国人也开始以结伴批量劳务输出的形式，到国外参与工程建设，并且有个别民族资本家、实业家到国外投资兴业。

第二阶段为新中国成立到改革开放前的三十年。新中国成立初期，中国为尽快恢复国民经济，上马了一大批建设工程项目，期间曾得到苏联的支持和参与，主要是对项目的技术和管理方面的支持及经济援助。后期为了政治外交等方面的需要，中国政府主导了以经济援助为主要形式，在一些发展中国家开展的国际工程建设活动。

第三阶段是改革开放后直到2008年金融危机之前的三十年，中国逐步开始直至全面参与到国际工程市场竞争中，走过了从无到有、从不熟悉到熟悉、从小到大的快速发展过程。据统计，2008年中国对外工程承包营业额达到432亿美元，在国际工程市场占比为11.1%，并且有50家中国企业进入当年ENR225家国际大承包商名录。

与此同时，随着国门逐渐打开，国外资本技术相继涌入中国，直至最后，中国保持多年输入资本第一大国的地位。值得一提的是，20 世纪 80 年代中国政府利用世行贷款，采取国际竞争性招标方式，投资兴建鲁布革水电站，在中国工程界引起强烈反响和冲击，引发了中国工程建设领域管理体制的变革。而随着 2001 年中国加入 WTO，中国建筑市场逐步对外资开放，涉外工程建设的发展速度明显加快。

从 2008 年金融危机至今是中国国际工程业发展的第四阶段。这期间，受全球金融危机、西亚北非地区的颜色革命、地区动荡以及国内的资源成本过快上涨、产能过剩等因素影响，中国国际工程承包业面临着前所未有的挑战。同时，随着中国经济发展和实力的增强，中国储备了大量的外汇资本，有能力有必要对外输出资本和产能，这无疑为中国国际工程业带来了利好的一面。中国国际承包商逐步开始转型，从原来单纯的参与承包竞争转向涉猎国际项目的投融资和特许经营。据了解，近年某些大型国有工程公司，利用中国资金的项目占其国际业务 50%以上。在上述双重因素作用下，中国的国际工程行业在此阶段依然实现了稳步发展。

5 从事国际工程的意义

（1）我国对外交往的组成部分

对外交往和交流主要涉及政治、经济、军事、科教文化、民间等方面，国际工程主要是一项跨国经济活动，也与其他一些方面相关联，所以是对外交往交流的一部分。

（2）改革开放基本国策的对外延伸

改革开放的含义是，对内变革原有社会主义经济建设中的生产关系，激发经济活力，促进生产力的快速发展；对外打开门户，引进国外的资金、技术、管理、人才和产品，促进本国经济发展和人民物质文化生活水平提高。这是打开门后的引进来，同时打开门户后，我们还可以主动走出去，而走出去有多种方式多条门路，参与国际工程市场竞争就是其中之一。

（3）实现国家全球战略的重要手段

中国是一个正在崛起的大国，在其崛起过程中必然有自己在全球范围内的抱负、意图和战略主张等，比如其政治意图、能源和资源战略等，通过参与国际工程可以很好地配合实现国家的上述诉求和目的。

2015 年 12 月初，在南非召开了中非合作论坛年会。会上习近平宣布，未来三年中国将为非洲国家提供 600 亿美元的资金支持，以加强中国同非洲国家的经济合作和联系，推动非洲的社会经济发展。预计这笔资金绝大部分将用于相关工程项目的建设上。

（4）提升我国的国际地位、影响力、话语权和市场份额的有效途径

中国作为全球第二大经济体，其国际地位、影响力、话语权得到显著提高。以加工制造业为例，目前中国产品占据全球的 60%以上的市场份额，使中国成为名副其实的世界工厂。目前中国的国际工程市场份额占全球的 10%左右，试想，如果份额提高到 60%以上，其结果会怎么样？所以，毫无疑问，积极参与国际工程对我国的国际形象和影响力具有积极正面的作用。

（5）带动其他相关产业、技术和服务的输出和国际化

包括机电产品、建筑材料、交通运输、通信系统、设计咨询、技术标准、金融保险服务、劳务等。

（6）融入经济全球化的渠道

通过广泛参与国际工程，达到国家间的经济、交通、物流、利益等相互渗透，优势互补，互联互通，形成你中有我、我中有你、相互依赖、共赢发展的局面。

（7）消化国内严重的产能过剩

经过改革开放三十年的高速发展，长期以投资带动经济发展为特点，中国的基础建设取得了令世人瞩目的伟大成就。全国范围高速公路网已经基本建成，能源建设面临着转型升级，高速铁路建设后来者居上，水电行业进入后水电时代，房地产业已经走过顶峰……在取得这些骄人战绩的同时，也培养和形成了巨大的门类相对齐全的建设能力和高素质的劳动大军。当全国建筑业逐渐呈现下行态势的时候，必然形成产能过剩的局面，甚至一些行业是严重的产能过剩。中国经济面临着转型升级和下行的双重压力，必须寻找新的出路，参与国际基础设施工程建设，从而转移国内的过剩产能，创造就业机会，维护社会稳定和谐，保持国民经济长期健康发展。

（8）提高中国承包企业自身的实力和竞争力

这是上述宏观上的改革开放基本国策对外延伸在企业层面的具体行动和体现。中国建筑工程企业通过走出国门，参与国际工程承包建设，可以学习、了解、适应和利用好国际上建筑行业的通行规则，与国际同行在同一平台竞争和合作，学习和积累先进的管理经验，培养造就高素质管理人才和劳动力队伍，提高自身的管理能力，降低成本，赢得利润和市场，不断壮大公司的实力和竞争力。

（9）提高参与者个人的素质和生活水平

中国人通过参加国际工程建设，在国外工作和生活，开阔了视野，提高了自身的修养和业务能力，同时也获得了可观的经济报酬。

第2节　国际工程管理的概念

1　定义

国际工程管理从学科的角度看，是管理学科的一个分支，是一个涉及多个专业领域、横跨多个学科的新兴交叉学科，属于工商管理的范畴，旨在系统地研究跨国工程交易活动的一般规律、原理和管理方法；从实践的角度看，就是对跨国交易的工程产品和服务活动的各相关主体、各个层级和环节实施决策、计划、组织、协调、控制和评价等，使其有序进行以实现活动目标的过程。

2　内涵

我们可以从管理学的一般内涵来进一步加深对国际工程管理的认识。

（1）管理主体

从事国际工程管理的主体，根据其所处的层级和职责不同，可以是一个组织或个人。其中，组织包括国家机关、政府部门、工程企业、项目组织及其他相关组织；而担当一定的管理职责从事具体管理工作的则为个人。

（2）管理对象

国际工程管理的对象是国际工程，包括国际工程的环境、管理组织、实施管理所需的资源、采取的方法、活动的过程以及预期达到的目标等。

（3）管理方法

国际工程的管理方法，根据管理主体、对象、层次、环节和环境的不同，具体的方法也不相同，归纳起来主要包括以下 6 个方面：强制（主要是国家立法、政府监督、行业公约、公司或项目制度等）、交换（即国际工程交易双方自愿交换，以有效合同协议形式进行）、惩罚（包括物质性的和非物质性的；包括强制、法律、行政、经济等方式）、激励、沟通、说服。

需要说明的是，国际工程管理并不能简单地理解为对管理对象的管制和治理，还包括对国际工程业务进行具有方向性的引导和调控，以及提供必要的支持和服务等。

（4）管理环节

国际工程管理的过程，无论在整体上还是在其中的某一阶段或是在一项具体的业务活动中，一般都要经历以下 6 个环节：管理规则的确定（行业或组织运行规则，如招投标法、公司章程及项目管理制度等）、目标的设立与分解（如公司经营计划、项目管理计划等）、管理资源的配置（包括人力、资金、设备材料、技术信息等）、组织与实施、过程控制（检查、监督、服务与协调）、效果评价和总结处理。

（5）管理层次

国际工程管理可以分为 3 个层次：①宏观管理，即是对一个国家整个国际工程行业的管理；②中观管理，主要是国际工程企业的内部管理及其市场营销管理；③微观管理，即针对一个具体国际工程项目实施的管理，主要包括项目招投标和建设管理。这种层次划分是相对的，是站在国际工程全行业的角度进行的划分。比如，如果从国民经济的角度来看，全国的经济管理属于宏观经济管理，而国际工程管理则属于中观甚至是微观经济管理的范畴。

正是由于国际工程管理的层次性，管理中人往往具有双重角色，对上一层级管理组织他是被管理者，对下一层级管理组织则又可能是管理者。

3　结构

根据上述国际工程管理的层次性划分，我们可以构建国际工程管理的结构体系，如图 1-1 所示。

由上图可以看出，国际工程管理的结构呈倒树形结构。国际工程管理从行业管理到企业和市场营销管理，再到项目招投标和建设管理，就是一个从宏观到微观、从整体到局部、从全面到具体的过程。国际工程管理的倒树形结构从一个侧面折射出国际工程管理的系统性特点。

形象地说，如果把国际工程管理看作一棵大树，那么国际工程所面临的环境就是大树赖以生存的土壤，行业管理是大树的主干。每一个从业企业的管理是树上的一根枝条，企业在不同市场上的营销管理是枝条上繁茂的绿叶，通过市场营销获得一次次招投标的机

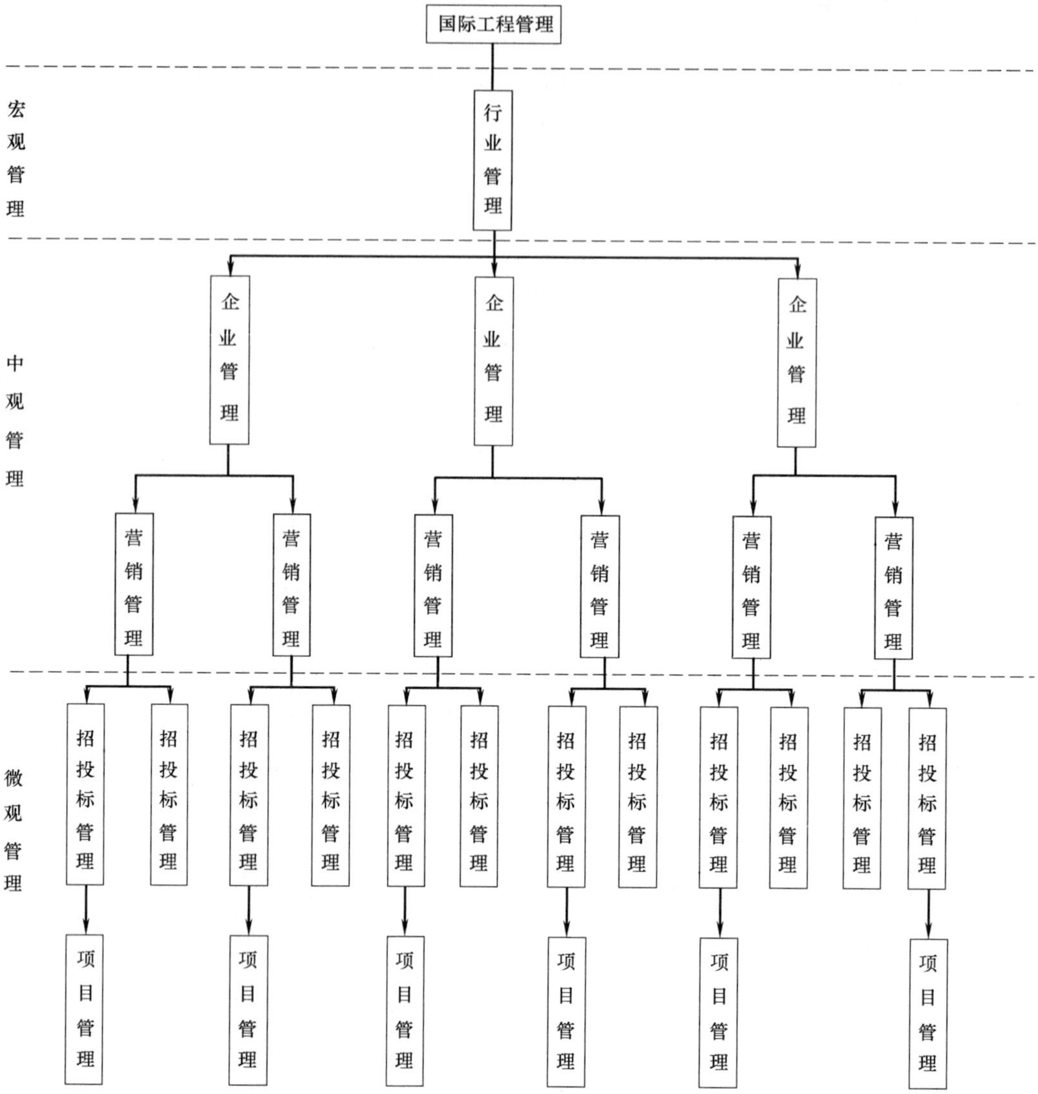

图 1-1 国际工程管理结构树

会，因此招投标管理就像枝条上盛开的朵朵鲜花，开花后所结的果实就是项目。对国际工程企业来说，枝头上往往是花团锦簇，而结成果实者却寥寥无几，形象地反映了企业参与投标竞争与中标实施项目管理的关系。

4 研究内容

国际工程管理作为一门管理类学科，其研究的内容在总体上与一般管理学所研究的内容相类似，无外乎集中在生产力、生产关系和上层建筑三个方面，只是范围限定在与国际工程相关的特殊领域。但是，正是由于国际工程的特殊性，使得其管理研究的内容与一般管理学相比，显得更为特殊和复杂。

（1）生产力方面

研究国际工程管理组织如何制定组织目标，并根据组织目标的要求和国际工程市场的需要，合理地配置和使用各种资源，以求实现目标，取得最佳的经济效益和社会效益的问题。

（2）生产关系方面

研究国际工程管理组织如何建立和完善组织机构以及各种管理体制、制度等问题；研究如何激励组织内成员，从而最大限度地调动各方面的积极性和创造性，为实现组织目标而服务；研究如何正确处理各组织之间以及组织中人与人之间的相互关系问题。

（3）上层建筑方面

研究国际工程管理组织如何使组织内部环境与其外部环境相适应的问题；研究如何使各级管理组织的规章制度与社会的政治、经济、法律、道德等上层建筑保持一致的问题，从而维持正常的生产关系，促进生产力的发展。由于国际工程面临的是国际环境，在上层建筑方面要远比一个国家的情况来得复杂。

5　特点

（1）系统综合性

国际工程管理所涉及的领域十分广阔，它是以管理学的基本思想、基本原理和基本方法为基础，系统地研究国际工程的各个层次、各个环节的组织，如何在特定的环境条件下，采取适当的方法，以资源的有机组合和优化配置，来达成管理目标的实现。国际工程管理的系统性是由国际工程和管理学的系统性要求所决定的。

综合性是指国际工程管理是一门非常综合的学科，它不仅需要管理学的基础知识，还需要各类工程的专业技术知识，并涉及商务合同、法律、金融、外贸、保险、财会、语言、系统工程、计算机技术等，还与政治、经济、社会、心理、伦理、文化等人文学科密切相关。所以，国际工程管理所涉及的内容和要求是非常复杂的，在某种程度上说，国际工程管理是一门集自然科学、工程技术、社会科学和管理科学之大成的百科全书式的学科。

（2）理论与实践相结合

国际工程管理既是管理学理论在国际工程领域的具体运用，也是国际工程管理实践对管理学的丰富和发展，并且更注重实践性和可操作性。一方面，国际工程行业的发展，国际工程管理组织结构的变化和管理活动的创新，将会为国际工程管理学科的发展提供更多的研究对象和案例，也将会在此基础上形成新的国际工程管理理论。另一方面，从事国际工程管理实践的人们，为了提高管理工作的效率，避免管理中的失误，将更多地注重学习掌握国际工程管理的理论知识，自觉地把具体的日常管理置于科学理论的指导之下。

（3）历史发展性

历史性是指国际工程管理是对前人的国际工程管理实践经验、管理思想和管理理论的总结、扬弃和发展。割断历史，不了解前人对国际工程管理经验的理论总结和发展历史，就难以很好地理解、把握和实施国际工程管理。发展性是说，国际工程管理是一个开放的学科，需要不断发展和创新。这一点在中国特别明显，因为我国的国际工程业务开展较晚，与之相伴的国际工程管理的理论工作也起步较晚，初期主要是在引进、消化和吸收国外的国际工程管理的经验和惯例。国际工程管理学科的许多知识点和领域在笔者看来，国内尚未完全涉足，是否已经建立了相对完备科学的国际工程管理学科体系也尚难界定。

（4）充分运用现代管理理念与技术

国际工程管理是一门相对年轻的管理学科，并随着现代社会的发展而发展，注重引入新的管理理念、方法和最新的科技发展成果，如人本、和谐的理念，国际工程企业的社会责任，新的营销观念，环境保护，以及以计算机和网络通信技术为基础而形成的虚拟经济、辅助管理及全面信息化管理等，都纷纷运用到国际工程管理中来，使之成为一门既年轻又具有先进性的管理学科。

6 国际工程管理的实践意义

国际工程通常面临着复杂多变的国际环境和市场风险，是一项多学科交叉的复杂的系统工程，因此要实施好国际工程，以实现国际工程经营目标，就必须加强管理。在宏观上，国际工程管理有利于规范国际工程市场主体的行为，正确引导国际工程行业的发展方向，保障和促进国际工程行业的健康可持续发展；也有利于维护国家利益实现国家战略。在微观上，国际工程管理是国际工程企业图谋生存和发展的需要。它有利于提高从业企业的管理水平和市场竞争力，扩大市场空间，增强市场适应能力和抗风险能力，并通过资源的有效配置，在更好地满足客户和市场需求的前提下，取得更大的经济效益和社会效益。

第 2 章　国际工程行业管理

第 1 节　国际工程行业管理的概念

1　定义

行业管理就是不受地域、部门和所有制的限制，按照技术经济同一性和有效配置资源的原则，对社会经济活动进行的专业化分类管理。

国际工程行业管理则是依照上述的技术经济同一性和有效配置资源的原则，对国际工程行业进行管理；具体说就是，综合地运用法律、行政和行业自律等手段，对国际工程整个行业内的各行为主体及其生产经营活动进行规范、监督、规划、指导、组织、沟通和协调，并提供必要的支持和服务，以维护国际工程行业利益，促进国际工程行业的发展。

国际工程行业管理包括直接管理和间接管理，直接管理是对国际工程的企业和经营活动直接实施监督检查、组织领导和干预等管理；间接管理就是不直接干预国际工程企业经营活动，而是通过建立和改善经营环境，以及政策引导、宏观调控等措施来对其施加影响。

2　国际工程行业管理的现状

参与国际工程行业管理的主体来自多个方面，主要包括法律机关、政府部门和行业协会；管理的客体是部分或全部从事国际工程经营活动的企业。因此，我国对国际工程行业实行的是多头管理，这是由我国现行的社会制度、管理体制、政府作用和国际工程企业的特点所决定的。

目前，我国实行的社会制度是具有中国特色的社会主义制度，所有制是以公有制为主体、多种所有制并存；在经济上实行的是社会主义市场经济，它脱胎于社会主义计划经济，难免带有计划经济的影子和习惯，政府在干预市场经济方面依然发挥着相当重要的作用。虽然中国实行经济体制改革已经走过了三十余年的历程，并取得了举世瞩目的成就，但社会主义市场经济毕竟是一个在历史上没有先例的新生事物，可能还需要很长的时间进行探索和逐步完善。

中国的国际工程企业作为按照一定的组织规律有机构成、从事国际工程经营活动的经济实体，经过三十余年的改革完善，逐步成为符合现代企业制度要求的经济组织，形成了自己的特色，是现行社会制度和行业特点的集中体现。

首先就企业注册所在地来说，作为在中国境内注册成立的企业，国际工程企业当然要接受中国相关法律规范的约束和政府部门的监管。其次，就企业的所有制性质来说，我国的国际工程企业有国有、私有和合资等多种所有制形式，而且目前仍以国有企业为主，包括中央政府和地方政府所属国有企业。那么，国有的国际工程企业除了向国际工程市场提供工程产品或服务，实行独立核算、自主经营、自负盈亏、自谋生存和发展外，还要通过经营管理来实现国有资产的保值增值，为全社会创造财富，并且在组织上接受政府部门的任命、领导和管理，在经营活动中接受政府部门的监督检查，在发展方向上接受政府部门的调控和引导，并且作为国民经济的组成部分要服务于国家的全球战略。当然，国有国际工程企业同时也会得到国家和政府部门的扶持和帮助。再者，就国际工程业务在企业的占比来说，无论是全部还是部分从事国际工程经营业务的企业，都可以称之为国际工程企业；而国际工程业务又涉及众多专业领域，在各级政府组织中可能有相应的专业管理部门与之对应。另外，就国际工程的本质属性来说有两大特点，即工程属性和国际属性。最后还需说明，大多数国有国际工程企业是伴随着改革开放的步伐，从旧的经济体制下经过不断改革重组发展壮大起来的，企业中人难免在思想上和情感上对过去的体制、组织和做法仍怀有某种程度的依赖和惯性思维。

上述国际工程行业管理的环境、主体和客体的种种因素，是造成目前多头管理的主要原因。这一管理现状恐难在短时间内发生根本性改变。

3 国际工程行业管理的特点

3.1 多方管理主体

如上所述，国际工程行业现行的管理体制是多头管理，主要包括来自三方面管理主体：①法律机关，主要包括立法、执法和司法机关等；②政府部门，包括国务院及其所属国家发改委、国资委、商务部、住建部、工商局、税务局、驻外经商参处，也包括地方政府相关部门等；③行业协会，如中国国际承包工程商会，中国国际工程咨询协会，中国工程咨询协会、中国建筑业协会等。

造成多头管理的原因在上面已经进行了系统分析。其好处是对国际工程行业实行了覆盖全行业、全过程的综合管理。缺点也是明显的，主要包括以下几点：①社会管理成本加大，管理效率降低，造成社会管理资源浪费。②增加企业压力和负担。在众多上级的监管下，企业往往顾虑太多，不敢大胆决策和经营。另一方面，为应对各级管理部门的监督、检查和考核，企业不得不投入巨大的精力和资源，浪费了企业内部的管理资源。③由于政出多门，相互间难免出现不一致甚至完全相反的局面，在这种情况下，企业不知该听命于何方。④各管理部门的责任和管理权限范围不清，难免出现见利益就上、见责任就推的现象，很难真正管好国际工程行业。近期，中国的食品安全倍受关注，据了解，食品生产从田间到百姓餐桌，中间有 8 个政府相关部门参与食品安全管理，却仍然无法让人们吃得放心。很难保证，类似的情况不会在国际工程的行业管理中发生。

3.2 管理内容综合全面

本文所讨论的国际工程行业管理，并不仅仅是局限于业务活动层面的管理，而是对整个行业的行为主体和经营活动的全面综合管理，包括行业的结构布局、管理体制、发展战略、政策法规管理；行业的经营主体管理即国际工程企业的设立、资质资格、经营、发展、组织、资产及社会责任等方面的管理；在经营活动方面，包括投融资、招投标和建设过程的规范化管理等；另外还包括对国际工程行业经营和发展环境的管理。

3.3　管理手段多样

对国际工程行业的管理，除了采取规划、组织、监控、沟通协调和评价改进这些一般管理措施之外，还包括法律强制、政策引导、宏观调控、行业自律以及支持服务等多种手段。

3.4　管理体制机制有待完善

这是由于国际工程行业管理的现状和发展的需要所决定的。行业管理体制机制的完善，实际上是行业管理相关方生产关系的调整，目的是探索建立一种适应中国的国际工程行业发展需要的行业管理体制和机制。

4　国际工程行业管理的意义

国际工程行业管理是为了规范国际工程经营主体的行为，监督国际工程企业切实履行其社会责任，维护国际工程经营的正常秩序，保障国际工程经营企业的合法权益，制定有利于国际工程行业发展的政策，创造有利于国际工程行业发展的环境，对国际工程行业发展进行宏观调控和引导，并为国际工程企业提供必要的资源支持和咨询服务，充分调动国际工程企业经营管理的积极性和创造性，在适应国际工程市场形势、满足客户需求和增加社会财富的同时，促进国际工程行业的健康可持续发展。

第 2 节　国际工程行业的法律管理

1　定义

国际工程行业的法律管理，就是相关管理主体运用立法、执法和司法等法律手段，对国际工程行业进行强制性规范管理，以建立和完善国际工程行业的法律环境，规范国际工程行业的经营行为，维护国际工程行业的经营秩序，保护国际工程行业相关从业者的合法权益。

2　立法管理

国际工程行业立法管理就是通过立法手段来建立和完善国际工程行业的法律环境，以法律的强制性和威慑性来规范行业经营主体的行为，它是对国际工程行业进行间接管理的一种有效手段。

严格地说，截至目前，我国还没有颁布实施一部针对国际工程行业的专项国家法律。但是，国际工程行业管理的对象是国际工程企业及其经营活动，而国际工程行业又是一个建筑工程和国际商业贸易交叉的领域。因此，原则上凡是适用于企业、工程建设和国际贸易的法律法规都属于管理国际工程行业的法律范畴，包括国内法律、国际公约和国际工程贸易惯例等。另外，国际工程也包括境内涉外工程，与之相关的参与方在中国境内从事工程投资经营活动，理所当然必须接受中国相关法律制度的管辖。即便中国国际工程企业的一些经营活动不在中国境内发生，但了解和遵守中国的相关法律法规，做遵纪守法的组织和个人，必然有利于增强其在境外合法经营的自觉性。

国际工程行业法律管理中的法是一个广义的概念，包括国家法律、行政法规、部门规章、专业技术标准以及行业管理制度和规则等，因此立法主体也应相应地扩大，负责或参与立法的相关方有立法机关（即全国人大）、政府部门、行业主管部门、行业协会等。

与国际工程行业管理相关的国内法律所涉及的内容包括企业法律制度、建筑法律制度、对外贸易法律制度、海关法律制度、工程建设从业资格制度、工程招标投标法律制度、建设工程合同法律制度、工程质量法律制度、工程安全法律制度、工程建设标准化法律制度、工程建设环境保护法律制度、规划与勘察设计法律制度、劳动法律制度、工程建设争议解决制度，以及其他方面的法律制度，如税收、反不正当竞争、消费者权益保护、货物进出口许可配额、运输和商检等方面法律制度。

相应地，构成国际工程行业管理法律体系的法律包括：①国家法律，如公司法、建筑法、对外贸易法，海关法、合同法、招投标法、安全生产法、环境保护法、劳动法等；②行政法规，如建设工程质量管理条例、建设工程安全生产管理条例等；③部门规章，如企业资质管理规定、招标投标管理办法、施工许可管理办法、重大事故报告和调查程序规定等；④专业技术标准，包括不同工程专业领域的技术规范、标准、规程、定额、工法等；⑤行业管理制度和规则，即相关行业协会制定的自律管理公约、制度和规则。

国际工程行业管理相关的立法内容还包括，参与与国际工程行业相关的国际公约、国际惯例以及其他国家间的协议条约的立法活动，包括法律文件的起草、谈判、签署或批准加入等，一般涉及的内容有国际贸易管理、国际投资、市场开放准入、国际货物买卖、运输和支付、国际产品责任、贸易争端、知识产权保护、环境保护等方面。

3 执法管理

3.1 定义

国际工程行业的执法管理，是指法定的国家行政机关和得到法律、法规授权的组织依照法定权限和程序，对国际工程行业的经营主体和经营活动进行监督检查和处置的过程。

3.2 特点

国际工程行业的执法管理具有以下几个特点：

（1）执法管理是以国家的名义进行的，因此具有国家权威性和强制性。

（2）执法主体是行政机关和得到法律、法规授权的组织，包括国务院及相关部委、地方政府及相关管理部门等，具体实施者则是代表行政管理部门的国家公职人员。

（3）执法具有主动性和单方面性，即行政机关在进行行政执法管理时，应当以积极的行动主动执行法律、履行职责，而不一定需要行政相对应的组织或个人的请求和同意。

（4）执法过程必须坚持依法行政、讲究效能和公平合理的原则。

（5）执法管理一般是对国际工程行业的经营主体和活动直接进行监督检查和处置，即直接管理。

3.3 内容

国际工程行业执法管理的主要内容包括：

（1）工商行政管理部门定期检查国际工程企业的营业许可和范围是否合法，一般是按年度对企业营业执照进行年检校验。

（2）税务部门对国际工程企业的纳税情况进行监督检查。

（3）国家发改委和建设主管部门对境内国际工程项目的招投标和建设实施过程进行监督检查。

（4）质量技术监督部门对境内国际工程项目的现场监督检查。

（5）安监部门对境内国际工程项目的现场安全管理进行监督检查。

（6）环保部门对境内国际工程项目施工环保情况进行监督检查。

（7）商务部门对国际工程企业的对外经营许可进行检查。

（8）商务部所属驻外经商参处对在境外项目招投标活动中的中国国际工程企业之间是否存在恶性竞争行为进行监督检查。

（9）海关部门对国际工程企业的进出口商品进行检查。

（10）外汇管理部门对国际工程企业的外汇收支管理进行监督检查。

（11）出入境管理部门对国际工程从业人员的出入境合法性进行核实检查。

3.4　措施

国际工程行业执法管理的方式，有定期、不定期和全程动态的监督检查，以及专项、联合检查等多种方式。

执法管理过程结束，执法管理者应对执法检查结果给出明确处理意见。对经检查合格或合法的组织或个人，应予通过或放行，并办理相应的法律手续或文件。对经检查不合格或不合法的，应视具体情况依法依规采取不同的处置措施，包括暂扣、退回、要求补齐或整改、查封、销毁、罚款、降级等，情节严重涉嫌犯罪的应移送司法机关处理。

4　司法管理

国际工程行业的司法管理，是指国家司法机关及其司法人员依照法定职权和法定程序，具体运用法律处理与国际工程行业经营主体和经营活动相关的民事、刑事案件的专门活动，包括案件的立案侦查、判决（调解）以及判决（调解）结果的执行等。我国的司法机关一般是指人民法院和人民检察院，从广义上理解也可以包括公安机关、国家安全机关、司法行政机关、军队保卫部门、监狱等负责刑事侦查的机构。

广义上说，司法管理包含在执法管理范围内，也是一种执法手段。但严格地说，二者在实践中是有区别的，主要有以下几点：

（1）司法必须独立，公正至上，主要为被统治者服务，活动范围狭小；执法不能独立，效率至上，主要为统治活动服务，活动范围广。

（2）执法不过是严格依法办事，执行法律；司法则不然，职能要广泛些，如司法审查职能、造法职能等。

（3）执法实行首长负责制，司法实行法官负责制。

（4）二者适用的法律程序区别很大。

（5）司法是被动的，执法是主动的。

涉及国际工程行业的案件主要有三类，一类是对国际工程企业、个人或经营活动构成侵犯、伤害、损失的案件，即以国际工程经营主体为原告的案件；另一类是国际工程企业、个人或经营活动侵犯、伤害、损失到其他组织、个人或环境的案件，即以国际工程经营主体为被告的案件；第三类是国际工程行业的从业人员的职务犯罪案件，这类案件严格地说也可以归入第二类。

需要说明的是，国际工程业务经营活动中一些经济合同纠纷案件的发生地不在国内，那么其管辖权可能不在国内，因此其适用法律和有管辖权的司法机关所在地应按双方事先合同约定执行。

第3节　国际工程行业的行政管理

1　一般概念

国际工程行业的行政管理，有别于国际工程企业内部具体的行政事务管理，它是指国家有关行政机关或部门根据国家赋予的权力和责任，对国际工程行业的经营主体和经营活动进行规划决策、调控引导、组织领导、监督检查、沟通协调和支持服务，以实现国家意志，引导行业发展方向，促进行业健康可持续发展。

严格地说，跨国工程交易活动是一种市场行为，应主要由市场主体即交易双方根据市场情况自行决策和管理，而政府部门不应过多插手干预。但是在中国，政府有关部门要对国际工程行业采取一定的行政手段进行管理，其主要原因有以下几个方面：

（1）国际工程行业是国民经济的组成部分，国家行政机关依法有权力和责任对社会生活进行管理，当然包括对国民经济及其组成部分进行管理。

（2）目前，我国的国际工程企业以国有企业为主，包括中央和地方国有企业。国有企业为全民所有，政府应代表全体人民行使权力，加强对这些国有国际工程企业的监管。

（3）国际工程是国际技术经济合作的重要组成部分，在国际交往中政府在必要时可以利用国际工程来实现国家的意图和战略。

（4）中国目前实行的社会主义市场经济是从长期的社会主义计划经济脱胎转换而来，传统体制和思维的影响一时还难以消除。

（5）完全的市场行为往往是盲目的，并不一定能在全社会范围内实现资源的有效配置和充分利用。

（6）根据现代企业管理的理念，经济效益并不是企业经营活动追求的唯一目标，企业还应承担其应有的社会责任。但并不是所有的国际工程企业都愿意自觉地履行其社会责任，这就需要加强政府的监管。

基于上述原因的考虑，笔者认为，问题不在于政府是否要管理国际工程行业，而是在于如何管理，要干预到何种程度，才能既充分发挥国际工程市场经营主体的主观能动性，又不至于管理失控，也就是说，政府在管理过程中要把握好收放的尺度和管控的力度，才能有利于整个行业健康稳定地发展。

2　国际工程行业行政管理的特点

国际工程行业的行政管理，除了具有国际工程行业管理的共同特点外，还具有以下特点：

（1）以政府为主体，即国际工程行业行政管理的主体是中央或地方政府机关和所属各相关部门。

（2）依法管理，即政府部门应依法依规对国际工程行业进行管理。

（3）转换管理方式，即政府部门对国际工程行业进行管理，不应再采取传统的管理方式，而是要转变为管理与服务相结合的方式。

（4）目的综合性，即国际工程行业行政管理的目的既要体现国家的战略意图和从业企业的社会责任，又要有利于整个行业的健康可持续发展。

3　国际工程行业行政管理的内容

不同的政府部门在国际工程行业行政管理中的内容各不相同，这些内容对国际工程行业管理发挥着或直接或间接的影响作用。由于国有国际工程企业有中央和地方所属企业，相应地行使行政管理权的部门也包括中央和地方政府部门。而就国际工程整个行业的管理来说，中央政府有关部门发挥着决定性的作用，是地方政府无法企及或无权行使的。现将一些主要相关部门涉及国际工程行业的管理内容分别介绍如下，其中，行政部门的依法监督检查已在上节的执法管理中讨论过，原则上不再赘述。

3.1　中央政府（国务院）和地方人民政府

（1）就建立和完善与国际工程行业有关的国家法律向立法机关（即全国人大）提出意见建议。

政府有关部门在依法对国际工程行业进行行政管理的实践过程中，可能会遇到一些实际问题，比如无法可依、法律不适用、不够完善或已经过时等，而政府本身无立法权，因此可向立法机关提出立法、修法或废止法律等方面的建议。

（2）建立和完善与国际工程行业有关的国家法律相配套的行政性法规。

国家法律是行政管理的根本大法，但往往不够具体，需要相应的具有可操作性的行政法规与之配套，包括组织制定、颁布实施和修改完善等，比如与《中华人民共和国安全生产法》、《中华人民共和国环境保护法》、《中华人民共和国外资企业法》相配套的《建设工程安全生产管理条例》、《建设项目环境保护管理条例》、《中华人民共和国外资企业法实施细则》等。

（3）制定国际工程行业中长期发展战略，成为整个国民经济中长期发展战略的组成部分。

国民经济中长期发展战略涉及国民经济的众多行业和领域，中央政府作为国民经济宏观管理的主管部门，原则上不必为国际工程行业制定专门详细的发展战略规划，但在编制国民经济发展战略计划中，一定会或多或少地考虑国际工程行业的成分，作为指引国际工程行业发展方向的纲领性文件。

（4）领导部署国有企业的经济体制改革，国有企业中就包括从事国际工程经营业务的国有企业。

（5）通过制定相关产业政策和策略，对国际工程行业进行宏观调控。

由于国际工程行业与国家的改革开放的基本国策及“走出去”发展战略相契合，以及该行业发展对国家、企业或个人的其他积极意义（详见本书第一章相关内容），政府应采取鼓励该行业快速发展的政策和策略，如简化审批程序、减少审批事项、减免税负、信用支持等。

（6）将国际工程行业纳入国家的全球政治、经济、外交、文化等战略进行管理。

如“一带一路”战略、“互联互通”战略、能源安全战略、资源和能源合作战略、文化价值观推广战略等，使国际工程投资合作成为国家对外交往的重要手段和实现全球战略目标的有效途径。

（7）负责重大境内外资工程建设项目的申请或审核批准。

（8）为国际工程行业发展提供金融便利和支持。

如牵头设立亚洲基础设施投资银行、金砖国家开发银行，为国际工程投资建设提供优惠或优先的资金支持，通过国有银行为国际工程企业提供信用担保等。

（9）国务院和地方政府领导亲自参与国际工程经营活动，如重大战略项目或产品（如高铁项目）营销推广，出席两国政府间重要工程项目合作协议签署或竣工庆典仪式，视察境内外在建国际工程项目等。

3.2 国家和地方发改委

发展和改革委员会作为政府宏观经济的主管部门，主要负责国民经济的战略规划、政策制定、产业调整、体制改革及对外经济合作等工作，这些工作会直接或间接地影响到国际工程行业的管理，主要包括以下几个方面：

（1）在经济体制改革方面，发改委的重要职责之一是组织领导国家的经济体制改革工作，包括研究经济体制改革和对外开放的重大问题，指导推进和综合协调经济体制改革；组织拟订综合性经济体制改革方案；参与研究和拟订专项经济体制改革方案，协调推进专项经济体制改革；指导经济体制改革试点和改革试验区工作；协调解决经济体制改革进程中的重大问题等。这项工作必然会涉及国际工程行业内的体制改革问题，因而会对该行业的结构布局、所有制性质、经营管理的方式和效果等产生重大影响。

（2）在对外经济合作方面，配合国家总体外交，推进与外国政府、国际组织和机构、跨国公司建立双边、多边合作机制，拓展和深化国际经济技术合作，参与重大经济外交活动的组织协调和成果落实工作，协助推进重大涉外项目（如“一带一路”战略项目）及国际产能和装备制造合作。显然，在这种广泛的经济外交活动和国际经济技术合作中，许多都是以具体的国际工程项目合作的形式体现的。

（3）在世界经济研究方面，跟踪全球及主要国家经济发展趋势、政策调整动向并开展调研，为制定和调整产业政策，确定国际工程行业发展方向提供决策依据。

（4）在利用外资方面，研究国际资本的动态，监测分析我国利用外资的状况；提出我国利用外资的战略；负责会同有关部门拟订外商投资产业指导目录及其修订工作；研究协调有关利用外资的重大政策，参与研究对外开放的重大问题；研究提出利用外资管理体制改革的建议；起草利用外资的有关行政法规和规章，参与有关对外开放的法律、行政法规的起草；负责组织编制国际金融组织贷款、外国政府贷款和国际商业贷款规划，提出相关备选项目；参与审核利用国外贷款的重大项目；指导和监督国外贷款资金的使用；参与审核外商投资的重大项目，负责外资项目进口设备免税确认工作等。这些工作主要是对境内建筑工程市场的开放及外资工程项目的管理产生影响。

（5）在对外投资方面，提出我国境外投资的战略；研究协调有关境外投资的重大政策；研究提出境外投资管理体制改革的建议；起草境外投资的有关行政法规和规章；审核重大境外资源开发类和大额用汇投资项目；负责拟订境外投资用汇规划等。这些工作与我国在境外投资的国际工程项目息息相关。

严格地说，上述第（4）和（5）条都是第（2）条的具体体现，只是合作的出资方不同而已。

3.3　中央和地方国资委

国有资产监督管理委员会（国资委）根据中央或地方人民政府授权，依法履行出资人职责，监管中央及地方所属企业的国有资产，包括中央和地方所属国际工程企业的国有资产，重点是进行国有企业的资产和组织管理以及国企体制改革等，具体内容分述如下：

（1）承担监督所监管企业国有资产保值增值的责任。建立和完善国有资产保值增值指标体系，制订考核标准，通过统计、稽核对所监管企业国有资产的保值增值情况进行监管，负责所监管企业工资分配管理工作，制定所监管企业负责人收入分配政策并组织实施。

（2）指导推进国有企业改革和重组，推进国有企业的现代企业制度建设，完善公司治理结构，推动国有经济布局和结构的战略性调整。

（3）通过法定程序对所监管企业负责人进行任免、考核并根据其经营业绩进行奖惩，建立符合社会主义市场经济体制和现代企业制度要求的选人、用人机制，完善经营者激励和约束制度。

（4）按照有关规定，代表国务院向所监管企业派出监事会，负责监事会的日常管理工作。

（5）负责组织所监管企业上交国有资本收益，参与制定国有资本经营预算有关管理制度和办法，按照有关规定负责国有资本经营预决算编制和执行等工作。

（6）按照出资人职责，负责督促检查所监管企业贯彻落实国家安全生产方针政策及有关法律法规、标准等工作。

（7）负责企业国有资产基础管理，起草国有资产管理的法律法规草案，制定有关规章、制度，依法对地方国有资产管理工作进行指导和监督。

3.4　商务部（厅、局）

如果说国资委对国际工程行业管理集中在资产、体制和组织管理，那么商务部（厅、局）作为国家和地方国际国内商业活动的主管部门，对国际工程行业的管理主要就是对口业务管理。管理的内容涉及对外投资和经济合作、国际资本的境内利用、双边或多边援助、技术和商品进出口、驻外经商参处（室）以及世贸组织关系处理等方面，重点是对外投资和经济合作，具体管理内容如下：

（1）组织、协调实施“走出去”战略；指导和管理对外投资、境外加工贸易和研发、境外资源合作、对外承包工程和对外劳务合作（含公民出境就业）等对外投资和经济合作业务。

（2）起草对外投资和经济合作法律、法规，拟订相关部门规章、保障和监管等制度；会同有关部门提出财政、金融、保险、外汇、出入境等促进政策的建议；拟订并组织实施对外投资和经济合作业务的发展战略及规划。

（3）依法核准境内企业对外投资（金融类除外）并实施监督管理；制定国内企业开展对外投资和经济合作（含境外就业）的资格标准和管理办法并组织实施，规范对外投资和经济合作经营秩序。

（4）监测、分析对外投资和经济合作运行情况，制定和完善对外直接投资、对外承包工程和对外劳务合作等统计制度并组织实施。

（5）牵头研究、拟订重大战略性项目的规划布局和支持政策，统筹协调项目实施。

（6）拟订对外投资综合绩效评价和年检办法、对外承包工程企业分级分类管理办法并组织实施；指导对外劳务合作企业信用等级评价工作。

（7）开展对外投资和经济合作方面的多、双边交流与合作，建立相关机制，商谈落实政府间合作项目；建立重点产业、企业联系制度，指导重大对外投资和经济合作项目的实施。

（8）会同有关部门负责对外投资和经济合作境外安全保护和突发事件处置工作；负责牵头外派劳务（含境外就业人员）的权益保护相关工作。

（9）指导、组织、协调境外经济贸易合作区建设的相关工作。

（10）按有关规定牵头负责优惠出口买方信贷相关工作。

（11）指导和管理对外投资和经济合作方面的相关培训工作；指导对外投资和经济合作的促进工作。

3.5 住建部（委、厅、局）

住建部（委、厅、局）对国际工程行业的行政管理，同上述商务部（厅、局）一样，也是对口业务管理，但二者的侧重点不一样，这是由国际工程的国际性和工程性这两个本质属性所决定的。商务部管理的内容侧重于国际工程的国际商业性方面；而住建部管理的内容则与国际工程的工程建设属性相对应，主要表现在行业标准管理、工程市场监管以及工程质量安全管理等方面。

（1）在工程建设标准方面，组织制定工程建设实施阶段的国家标准，制定和发布工程建设全国统一定额和行业标准；拟订建设项目可行性研究评价方法、经济参数、建设标准和工程造价的管理制度；拟订公共服务设施（不含通信设施）建设标准并监督执行；指导监督各类工程建设标准定额的实施和工程造价计价，组织发布工程造价信息；组织制定行业职业标准、执业资格标准、专业技术职称标准等。

（2）在建筑市场监管方面，拟订规范建筑市场各方主体行为、房屋和市政工程项目招标投标、施工许可、建设监理、合同管理、工程风险管理的规章制度并监督执行；拟订工程建设、建筑业、勘察设计的行业发展政策、规章制度并监督执行；拟订建筑施工企业、建筑安装企业、建筑装饰装修企业、建筑制品企业、建设监理单位、勘察设计咨询单位资质标准并监督执行；认定从事各类工程建设项目招标代理业务的招标代理机构的资格；组织协调建筑企业参与国际工程承包、建筑劳务合作。

（3）在工程质量安全监管方面，拟订建筑工程质量、建筑安全生产和建筑工程竣工验收备案的政策、规章制度并监督执行；组织或参与工程重大质量、安全事故的调查处理；组织拟订建筑业、工程勘察设计咨询业技术政策并监督执行；组织工程建设标准设计的编制、审定和推广；组织编制城乡建设防灾减灾规划并监督实施；拟订各类房屋建筑及其附属设施和城市市政设施的建设工程抗震设计规范。

住建部对国际工程行业管理的适用范围主要是我国境内的国际工程企业及涉外工程建设项目，虽然原则上不直接覆盖国际工程企业在境外的生产经营活动，但对其有借鉴和促进作用，因而发挥着间接管理的作用。

3.6 外交部

由于国际工程行业属于对外技术经济合作的一部分，因此在某些方面我国外交部也需要对国际工程行业进行管理，主要包括：

（1）调查研究国际形势和国际关系中全局性、战略性问题，研究分析政治、经济、文化、安全等领域外交工作的重大问题，并就对外贸易、经济合作、经援等重大问题提出建议，作为制定国家对外技术经济交往战略方针的依据。

（2）积极发展同世界各国和各国际组织的友好关系，为国际工程行业的健康发展创造有利的国际环境。

（3）组织协调有关我国履行技术经济合作方面的国际公约、协定工作。

（4）负责协调处置境外与我国工程企业相关的突发事件，保护境外中国公民和机构的合法权益（如近年来组织在利比亚、也门等国的我国工程企业人员大规模撤离行动），参与处置境内与涉外工程经营有关的突发事件。

（5）参与一些国际工程项目开发经营过程中的活动。

3.7 其他行政管理部门

其他参与国际工程行业行政管理的政府部门主要包括：

（1）工商行政管理部门，负责国际工程企业营业执照注册登记、更新以及营业合法性的监督检查。

（2）税务部门，负责国际工程企业法定税费的征收、减免、退还及稽查。

（3）海关部门，负责与境内外国际工程项目有关的设备物资进出口及涉税管理。

（4）公安出入境管理部门，负责国际工程行业从业人员的护照申领、换发及出入境边防管理。

（5）国有金融保险机构，主要包括中国银行、国家开发银行、中国进出口银行、中国信保等，为国际工程行业发展提供信用、结算、贷款、保险等方面的支持和服务。

（6）驻外使（领）馆和经商参处（室），分别为外交部和商务部的驻外机构，它们对国际工程行业管理的内容，在授权范围内基本与外交部、商务部相似，只是更为具体，且原则上只限于对所在国的我国国际工程经营主体和经营活动进行管理、协调、支持和服务。

另外，还有安全生产监管部门、质量技术监督部门、环境保护部门、外汇管理部门等，也不同程度地参与到国际工程行业的行政管理中来，不再一一赘述。

第 4 节 国际工程行业自律管理

1 定义

国际工程行业自律管理，就是通过行业协会来统一规划、协调、指导和沟通国际工程行业内各企业的生产经营活动，并为企业提供必要的支持和服务，以加强国际工程行业自律，规范国际工程企业经营行为，维护行业市场秩序，保护行业和业内企业的合法权益，促进国际工程行业的健康可持续发展。

2 行业协会的概念

2.1 定义

行业协会是指介于政府、企业之间，或者商品生产者与经营者之间，并为其服务、咨询、沟通、监督、公正、自律、协调的社会中介组织。行业协会是一种民间组织，它不属于政府的管理机构系列，而是政府与企业的桥梁和纽带。行业协会属于中国《民法》规定的社团法人，是中国民间组织社会团体的一种，即国际上统称的非政府机构（又称NGO），属非营利性机构。

2.2 职能

行业协会的主要职能是：

（1）代表：即代表本行业协会全体企业的共同利益。

（2）沟通：作为政府与企业之间的桥梁，向政府传达企业的共同要求，同时协助政府制定和实施行业发展规划、产业政策、行政法规和有关法律。

（3）协调：制定并执行行规行约和各类标准，协调本行业企业之间的经营行为。

（4）监督：对本行业产品和服务质量、竞争手段、经营作风进行严格监督，维护行业信誉，鼓励公平竞争，打击违法、违规行为。

（5）公正：受政府委托，进行资格审查、签发证照，如市场准入资格认证、发放产地证、质量检验证、生产许可证和进出口许可证等。

（6）统计：对本行业的基本情况进行统计分析，并发布结果。

（7）研究：开展对行业国内外发展情况的基础调查，研究本行业面临的问题，提出建议、出版刊物，供企业和政府参考。

（8）狭义服务：如信息服务、教育与培训服务、咨询服务、举办展览、组织会议等。

2.3 特征

行业协会的显著特征是非政府性、自治性和中介性。

（1）非政府性

行业协会具有相对于政府的独立性，这也决定了它在组织形成、人员编制及财政来源等诸多方面与政府组织存在极大差异。其区别具体体现在：①由有关组织自愿组成，不是依政府命令而产生；②其组织具有自主性，在内部实行自我管理，一般不受政府的直接控制，但有时要受政府监督；③其工作人员不属于国家公务员系列；④主要经费来源不是国家财政拨款。

（2）自治性

自治性是行业协会的最本质特征。行业协会与其他自治性组织一样，一旦依法成立，就可在法定范围内自主活动，以实现成立该组织的特定目的。行业协会这种自我组织、自我管理的自治权是行业协会能够独立存在所必须享有的权利。自治权主要包括自治事务管理权、组织人事权、经费筹集使用权等。

（3）中介性

协会是作为个人或组织与国家之间的中介者活动，承担的正是国家（政府）与企业（成员）之间的联结和沟通作用。

2.4 作用价值

行业协会的作用价值主要体现在经济和法制两个方面。

（1）在经济作用方面

国际市场竞争中，为减弱负面影响，根据国际实践经验，行业组织在保护国内产业、支持国内企业增强国际竞争力方面，起着重要的协调作用，主要体现在：①维护本国经贸利益；②协助企业实施反倾销、反补贴等法律措施并作为申诉中的提诉人；③利用 WTO 争端解决机制，帮助企业应诉；④发挥行业协会的协调作用，即在开拓国际市场时，由行业协会出面协商，在自愿的基础上组织企业的生产、销售、价格、售后服务等方面的联合行动，以发挥集团军的优势，避免企业间的恶性竞争。

（2）在法治价值方面

分析行业协会的功能可以发现，行业协会蕴含着重要的法治价值，主要表现为：

1）全面保障经济主体私权利

通过集中表达经济主体的利益主张和权利要求，促使群体的利益得到尊重和维护。通过满足协会成员共同需要，保障经济主体私权利的实现。

2）制约并保障公权力的良性运作

社会力量是制约公权力的一种重要方式。分散孤立的个人和企业是没有能力与公权部门进行博弈的，以行业协会为代表的民间社会组织正是制约政府公权力的重要社会力量。首先，行业协会以组织化、群体化的形式，把个体力量凝聚起来，作为同行业经营者的代表组织集体行动，形成相对强大的力量，有组织地抵制那些不合理或不合法的规则。其次，行业协会能够以组织所拥有的各种资源、专业技能和专门知识，为公民提供了一种特殊的、往往非常有效的政治生活的表达途径，引导和处理协会成员的政治意愿，并由此对国家政治产生具有约束力的效果。

3）构筑社会经济秩序的自我调控机制

民主与法治要求对权力的制约和对权利的保障，它以扩大和增强市民社会自主领域与自律能力为指向。因而，在国家权力控制范围缩小的同时，社会自律秩序的确立就成为民主与法治必不可少的条件。而行业协会正是以其自治性组织活动，构筑了社会经济秩序的自我调控机制。

行业协会实现自我调控的一种机制是纵向沟通与横向协调机制。一方面，通过行业协会这一中介，企业与政府之间得以进行充分沟通。行业协会可以代表本行业迅速地把利益诉求和权利主张传递到政府决策过程之中，同时也把政府决策过程中的信息反馈给会员企业，从而架起了国家与企业的沟通桥梁，在企业与政府间建立起一种长久可靠的信任机制。另一方面，通过行业协会，协会成员之间可以进行利益协调。

另一种是通过行业规则实行行业自律的机制。行业协会作为一种自治性民间社会组织，通过行业规则实行自律管理。行业规则是典型的内部规则，它是在对行业内各个企业的权利和利益进行协调、平衡的过程中，通过谈判、协商、妥协等方式，达成的一种共识，由协会成员共同遵守。行业自律管理能够培养协会成员的理性自律精神，避免非理性的集体行动，促进利益和权利诉求的理性化和程序化，同时在行业内部形成一种自生自发的秩序——自律秩序，即一种“私序”。相对于国家制定法所建立的秩序而言，当国家制定法缺位或有局限时，行业规则所建立的“私序”就成为国家制定法所建立秩序的一种重要补充和替代。因此，行业协会通过自律功能实现了对经济秩序的自我调控，成为促进社会经济秩序建立的重要力量。

3　国际工程行业自律管理的特点

通过以上关于国际工程行业自律管理的定义及行业协会概念的介绍，我们可以总结出国际工程行业自律管理的特点，主要是：

（1）管理的主体：自律管理的主体是行业自发组织的民间社团，即与国际工程相关的行业协会、商会或联合会；

（2）管理的方式：自律管理是国际工程企业通过沟通协调和行业规则实现自我调控和自治管理；

（3）管理的作用：自律管理在国际工程行业管理中发挥着独特的和重要的经济作用和法治价值。

4 国际工程行业自律管理的内容

国际工程行业自律管理的对口管理主体主要是中国对外承包工程商会（简称承包商会），它是在民政部注册登记从事对外承包工程、劳务合作、工程类投资及提供相关服务的企业和单位依法自愿组成的全国性、行业性、非营利性的社会组织，代表国际工程及其相关行业，具有社会团体法人资格。

目前，承包商会拥有会员企业一千多家，业务总额占全国的国际工程营业额90%以上，市场范围覆盖世界180多个国家和地区，业务涉及工业和民用建筑、水利电力工程、交通运输设施、石化工程、电子通信工程、供排水工程、矿山建设和环保工程等领域，包括区域规划、勘测、咨询设计、工程施工、劳务输出、成套设备供货、安装调试、生产管理和技术转让，BT、BOT、PPP等特许经营类项目、境外房地产开发、资源合作开发等工程投资类的项目和海外企业并购等业务。可以说，承包商会是多领域、全产业链、综合性的大型行业协会。

承包商会对国际工程行业进行自律管理和服务的内容包括以下几个方面：

（1）代表行业利益，表达行业意愿

也即代表并表达中国对外承包工程、劳务合作、工程类投资及相关服务企业的共同意愿。一是向政府及其他部门反映会员的合理建议，参与相关法律法规和产业政策的研究与制定，组织或参与制订行业标准和行业发展规划。二是代表本行业对外进行交涉，维护会员企业及劳务人员合法利益。

（2）实施行业自律，维护经营秩序

主要包括制定对外承包工程、劳务合作、工程类投资及相关服务行业行为规范和公约，协调会员业务和会员关系，开展行业信用体系建设，维护国家利益，维护经营秩序，保护公平竞争。

（3）开展专业服务，满足企业需求

即为商会企业和社会相关部门、机构提供服务，包括开展信息、咨询、培训服务，提供行业研究资料，协助企业解决业务发展中遇到的问题。组织会员参加国内外展览、会议，组织市场考察和开拓活动，帮助企业开拓国际市场。

（4）加强国际交流，促进同行合作

代表本行业参加国际同行业组织，出席有关国际会议，与相关国际组织和有关国家、地区同行业组织建立联系，促进行业的国际间合作。

由于国际工程行业涉及的专业领域多、业务结构复杂、产业链长，且符合入会条件的企业都是自愿申请加入的，因此，国际工程企业除了加入承包商会，接受其行业自律管理外，还可能选择加入其他行业协会，或者同时加入多个行业协会。相关的行业协会包括中国建筑业协会、中国工程咨询协会、中国国际工程咨询协会以及其他专业协会等。

国际工程企业除了在中国境内加入相关行业协会外，当在其他国家或地区从事国际工程经营活动的中国企业数量达到一定规模后，可由一些骨干企业自发组织成立该国的中国国际工程行业协会，广泛吸收当地的中国企业加入协会，制定协会章程和自律公约，进行相应的行业自律管理。

5　国际工程行业自律管理公约

自律管理公约是行业协会制定的内部规则文件，是协会进行行业自律管理的依据。目前，笔者还未见到公开的中国对外承包工程商会的自律管理公约，建筑协会网站上的全国建筑行业自律公约如下，供读者参考。

全国建筑行业自律公约

（中国建筑业协会第五次会员代表大会 2010 年 7 月 23 日通过）

第一条　为加强建筑行业自律，规范建筑企业经营行为，维护建筑市场秩序，保护建筑行业、建筑业企业的合法权益，促进建筑业的持续健康发展，依照国家相关法律、法规、标准制定本公约。

第二条　中国建筑业协会各会员单位以及自愿参加本公约的建筑业企业，应自觉遵守本公约，并承担规定的义务。

第三条　守法经营，诚实守信，自觉维护建筑市场秩序，提供质量合格、用户满意的产品和服务。

第四条　严格按照资质等级核定的业务范围承揽工程，不挂靠，不转包，不违法分包。

第五条　依法、诚信承揽工程，杜绝围标、串标、行贿、弄虚作假、窃取商业秘密、签订阴阳合同等违法、虚假竞争手段。

第六条　维护行业整体利益，加强同业合作，公平、公正参与市场竞争，不以相互压缩合理价格和合理工期等手段承揽工程。

第七条　不接受建设单位肢解发包的工程、违规指定的分包单位、供货厂家和建筑材料。抵制垫资或变相垫资工程，建立完善的项目风险评估机制，有效防止因拖欠工程款行为造成的风险和损失。

第八条　规范合同管理，严格执行法定的计价原则和取费标准，不高估冒算，不以低于成本价格竞争，力争优质优价，避免合同纠纷。

第九条　严格执行国家、行业和地方的强制性标准规范，按照设计要求和建设程序，精心组织施工。强化施工动态管理，认真履行竣工验收制度，确保工程质量。

第十条　坚持材料复试、复检制度，防止不合格的材料、设备进入建筑工程。杜绝偷工减料、以次充好。

第十一条　重视技术创新，积极推广使用新材料、新技术、新工艺、新标准。贯彻落实建筑节能、环保政策，广泛应用节能、环保技术。

第十二条　落实安全生产责任制，严格持证上岗，遵守安全操作规程，防止安全事故发生。

第十三条　坚持以人为本，保护职工和农民工的合法权益，禁止恶意拖欠农民工工资。

第十四条　加强行业和企业的法务工作，积极防范和化解法律风险，坚持依法维权，运用法律手段，为行业和企业的发展营造良好的社会环境。

第十五条　遵守行规行约和职业道德准则，勇于承担社会责任，自觉接受社会监督，树立建筑行业的良好社会形象。

第十六条　对违反本公约的会员企业，中国建筑业协会视情况给予书面劝诫、公布其不良信息、进行行业通报批评等处置。对于严重违反本公约并造成重大不良影响的会员企业，中国建筑业协会取消其参与本会评奖评优资格，直至取消其会员资格。

第十七条　本公约由中国建筑业协会组织制定、修改、监督实施。

第十八条　本公约由中国建筑业协会第五次会员代表大会通过，自颁布之日起实施。

6　国际工程企业的入会管理

行业协会一般只对会员企业实行自律管理，因此国际工程企业要接受行业协会的自律管理和服务，需首先加入相应的行业协会。以下介绍加入承包商会的条件、所需材料及程序，企业可以通过登录商会网站办理入会申请。

6.1　入会条件

（1）凡获得政府主管部门授予的对外承包工程、劳务合作业务经营资格，或拥有对外工程类投资业绩的企业，均可申请加入中国对外承包工程商会成为企业会员。

（2）凡从事与对外承包工程、劳务合作、工程类投资业务相关的服务行业的企业和单位，均可申请加入中国对外承包工程商会成为联系会员。

（3）各省（自治区、直辖市）对外经济合作企业协会或对外承包工程、劳务合作、工程类投资及相关服务企业组成的社会团体，均可申请加入中国对外承包工程商会成为中国对外承包工程团体会员。

6.2　入会材料

（1）凡符合“企业会员”条件的单位在申请入会时应提供如下材料：

1）法人代表（或其授权代表）签字的书面入会申请扫描件；

2）国家工商行政管理部门颁发的《企业法人营业执照》副本扫描件或国家有关部门批准设立的文件扫描件；

3）资质文件的扫描件，对外承包工程提供对外承包工程资格证书扫描件；外派劳务企业提供对外劳务合作经营资格证书扫描件；工程类境外投资企业提供企业境外投资证书扫描件。

（2）凡符合“联系会员”和“团体会员”条件的单位在申请入会时应提供如下材料：

1）法人代表（或其授权代表）签字的书面入会申请扫描件；

2）国家工商行政管理部门颁发的《企业法人营业执照》或《社会团体法人登记证书》扫描件。

6.3　首次入会会费

申请成为承包商会会员或联系会员的企业，需交纳首次入会会费15000元（壹万伍仟元整）人民币。

6.4　入会程序

（1）申请注册并填写基本信息

1）会员注册

申请入会的单位在承包商会网站首页点击“加入商会”链接，进入“入会指南”页面进行注册并填写企业基本信息；

2）信息维护步骤

申请入会的企业用注册的用户名、密码登录到承包商会管理平台，选择“承包商会会员管理系统”，进入该系统后，点击左侧的“入会管理会员基本信息”进行基本信息的填写，保存并提交给承包商会。

（2）承包商会初审

入会材料经审核合格后，承包商会将通过企业在“会员基本信息”中提供的与承包商会工作联络的邮箱（以下简称“邮箱”）向申请入会的单位发出“入会批准通知书”。

（3）申请入会的单位缴费并填写会费信息

1）缴费

申请入会的单位收到“入会批准通知”后，应于 30 个工作日内缴纳“首次入会会费”到商会指定账户。

2）填写首次缴费信息步骤

申请入会的单位登录承包商会网站首页，点击“会员自助管理系统”链接，进入“入会指南”页面用初始用户名和密码登录到承包商会管理平台，选择“承包商会会费管理系统”，进入该系统后，点击左侧的“会费管理→首次入会缴费信息”到达“缴费页面”进行会费信息的填写，保存并提交给承包商会。

（4）办理入会手续

1）承包商会在收到“会费缴费登记单”和“首次入会会费”后，即通过注册邮箱向申请入会的单位发出“首次入会会费到账确认信息”；

2）承包商会在回复“首次入会会费到账通知信息”的同时启动内部审批流程，在十个工作日内办理相关事宜，并通过注册邮箱向申请入会的单位发送“批准入会复函”和登录承包商会网站的新用户名和密码（初始用户名和密码作废）。

第 5 节　国际工程行业管理改革

1　行业管理的历史回顾

我国目前实行的社会主义市场经济制度是从过去的社会主义计划经济逐步改革演变而来的。在经济体制改革之前，企业的业务主管部门直接管理企业，行业管理实际上是部门政府（指业务主管部门）的行政管理，管理模式如图 2-1 所示。

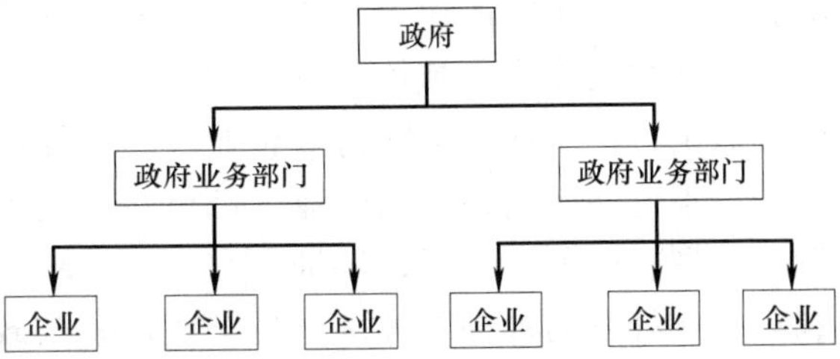

图 2-1　传统行业管理模式示意

随着体制改革的逐步深入、市场逐步放开以及企业自身发展的需要，许多企业形成了一业为主、多种经营的格局，这就打破了原有的部门行业界限，出现了本部门企业的经营范围伸向别部门的行业，而别部门的企业经营范围又伸向本部门行业的情况，比如房屋建筑行业将业务延伸到水电工程行业、水电工程企业将业务扩展到铁路建设、房地产行业等。在这种情况下，原有的管理模式就不再适用。

另外，随着现代企业制度的建立，企业经营机制发生重大变化。在保障国家对国有企业财产的所有权、实现一定投资报酬率的条件下，企业拥有法人财产权，并成为适应市场需求、依法自主经营、独立享有民事权利和承担民事义务的企业法人。这样，国有企业对上级主管部门就不再存在隶属和依赖关系。当狭隘的部门管理不再存在时，在市场的大海中各自游泳的“无婆婆”企业，仍然需要得到支持、保护、扶植、协调。而且，在我国经济体制改革过程中，涌现出大量的私有制企业，这类企业自诞生之日起就处于“无婆婆”状态，但在经营发展中同样需要得到支持、保护、扶植和协调。这样，新颖的行业管理便随之而起了。行业组织也将由过去可有可无转为必要的组织。

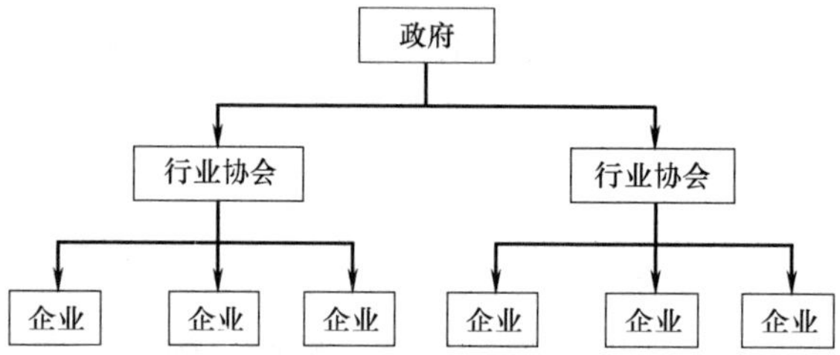

图 2-2　新型行业管理模式示意

行业协会是沟通政府和企业关系的中间桥梁。在市场经济新体制下，行业管理的组织体系呈现了崭新的政企关系，如图 2-2 所示。

政府→部门业务政府→企业所体现的政企关系与政府→行业协会→企业所体现的政企关系截然不同。部门业务政府和行业协会同是中间环节，但却是两种经济体制下的产物。前者是政企合一的中介，后者是政企分开的中介；前者反映的是强制性的政企关系，后者反映的是既有法规政策规范，又有企业自主活动的政企关系；前者的职能主要是决策，后者的职能主要是服务；前者在系统内发生作用，后者却是跨部门的行业组织。前者管理的对象主要是国有企业；而后者管理的对象则无所有制的限制。

新的管理模式并不意味着政府对行业管理完全放任不管，而是与行业协会共同管理，但二者管理的方式和责任范围各有不同。

当政府将原有的行业管理职能的一部分转交行业协会行使后，政府的行业管理职能从原来的大包大揽转变为以政策调控和行政干预为主。所谓政策调控，指政府通过自身掌握的经济杠杆和自身制定的（通用或行业）政策、法规、规划调控市场的经营环境，间接影响企业的经营活动；所谓干预，指政府通过赋予自身的行政权力，对那些违反政策、法规、规划的企业进行规劝、警告、处罚，直至提交法院绳之以法。调控的作用在于引导企业的合法行为，干预的作用是制止企业的非法行为。

而行业协会作为实施行业管理的中介组织，应成为政府开展行业管理的助手。它不是政府的派出机构，而是由同行业企业自愿参加而组织起来的民间社团。凡属同一行业的业务行为，不论属于何系统的企业，都可参加行业协会。行业的职能概括为：贯彻、自律、协调、规划、服务、监督、培训、交流、反映、统计。其中最基本的是服务，为企业提供有利于企业经营的种种服务。会员企业代表与政府对话求得合法权益，也是为企业服务。通过具体细致的工作，行业协会发挥它所具有的助手作用、沟通作用、管理作用、组织作用。

2　国际工程行业管理改革

目前，我国的国际工程行业管理基本上就是遵循上述管理新模式，采取政府和行业协会齐抓共管的方式。由于政府干预市场模式在我国有较深的历史，行业协会与政府的联系也因此更为紧密，加之相关的法律体系不够健全，以及多种所有制企业并存的现实情况，就行业管理的现状来看，政府还没有真正彻底地实现职能转换，行业协会至少带有半官方的性质，还没有切实履行中介组织的职能。因此，还需要对国际工程的行业管理进行改革，包括管理法律、行政、协会及从业企业等方面的改革。

2.1　在行业法律管理方面的改革

首先是要进一步建立和完善国际工程行业管理的法律体系。目前，我国还没有制定一部专门针对国际工程的国家法律，有关部门和专家应尽快开展专项社会调查分析，对立法的重要性和必要性进行论证研究，给出立法决策的专业性建议。而且，在现有的一些与国际工程行业相关的法律中，也可能存在不够全面具体，缺乏相应的行政法规与之配套的情况。或者，由于社会经济的发展变化，早期颁布实施的法律已不完全适用于新的情况，需要尽快修改完善。另外，还要梳理研究在现有国际法律体系中，我国还需要加入哪些国际法和公约，才能更有利于我国的国际工程行业发展。

其次是要加强严格执法管理。有关行政部门在对国际工程行业行使执法管理权力时，可能不同程度地存在有法不依、执法不严、钓鱼执法和过度执法等情况，甚至可能发生以权谋私、贪赃枉法的现象。因此，必须加强行政执法队伍建设，提高执法者的素质能力和道德修养，使之严格按照法定权限和程序对国际工程行业进行执法管理。

另外，还要加强公正司法体系建设，并积极开展普法教育活动。司法是保障社会公平正义的最后法律底线，但是近一个时期以来，司法不公成为社会普遍关注的热点。在司法过程中，刑讯逼供、超期羁押、判决不公和判决执行难等司法不公以及司法腐败现象时有发生，严重影响了司法机关的公信力。纠正这些司法不公的案件和惩治司法腐败现象，耗费了巨大的社会管理成本。因此，要加强司法体系的改革设计，在制度上保证司法的公正性，并发挥社会和舆论对司法公正性的监督作用。同时，还要积极开展全民普法教育活动，提高全民的法制意识和维权意识。只有在清明的法治社会环境下，在涉及国际工程行业管理的司法活动中，保证司法的公正性才会成为现实可能。

2.2　在行业行政管理方面的改革

我国的国际工程行业基本上是一个完全竞争性的行业，政府不应过多地干预国际工程企业的经营活动。但是，在当下的社会主义市场经济环境下，特别是由于我国的法律体系还不够健全，企业的违法成本过低，一些企业和经营者唯利是图，不讲职业道德，在经营过程中串标、围标、非法转包，以及偷工减料、以次充好、野蛮施工等非法行为经常出现。在此情况下，政府监督职能必须加强。没有政府强有力的监督，市场不正当竞争会愈演愈烈，奉公守法的企业搞不下去，违法乱纪的企业却大发横财，客户的权益受到损害，最终我国国际工程行业的国际声誉和健康发展必将受到严重的负面影响。所以，在一定时期内，政府监督非常必要。

但从长期看，政府的部分监督职能应逐步转交行业协会行使，利用行业协会的助手作用，对其适当授权，让它们在行业内进行自律管理。行业协会解决不了的问题，或较大的案件，则交有关政府部门去处理。这样，一方面政府部门可以从具体繁琐的事物性管理中解脱出来，节约了大量的社会管理成本；另一方面，政府可以腾出手来，站在更高的高度来审视行业的发展，并通过出台相关的政策措施从宏观上调控和引导行业的发展方向。

当然，转换职能和政会分离不是一朝一夕就可以完成的。相反，由于历史和现实的原因，这一过程可能还需要一个相当长的时期。当转换职能还不能完全实现时，可以在政府部门内部进行一些必要的改革，如逐步减少审批、年检事项，特别是那些可有可无甚至是毫无实际意义的审批、年检事项；或者改变管理方式，如由审批管理变为备案管理。在不得不保留的审批事项中，可以进一步简化审批程序和文件要求，提高审批的办事效率，改进审批的工作作风。另外，要将有关行政部门对行业的限制管理转变为服务支持，进一步开展审批的一体化办公和网络化办公，避免在审批过程中企业不得不在各个不同的部门来回奔波，浪费大量的人力、物力和时间。要加强从业企业管理的信息化建设，避免在审批过程中要求企业重复提供不必要的信息，因为通过信息化建设，企业的一般信息，如企业的营业执照和范围、资质、信用、财务、规模等经营状况信息，行政部门可以从相关信息系统中获取查实，无需企业为某一审批事项再专门提供。

2.3 在行业自律管理方面的改革

行业协会在进行行业管理时要逐步实现政会脱钩，切实发挥其在行业自律管理中的作用。政会脱钩包含以下 4 个方面的意义：①行政脱钩，即行业协会不再隶属于某一行政部门，而是在民政部门备案登记的合法中介组织；②职能脱钩，即行业协会与政府相关部门在行业管理中的职能分工要明晰，在管理过程中做到各司其职；③组织脱钩，即行业协会领导不再由相关政府部门组织任命，而是由广大会员企业按照协会章程，通过民主选举产生；④经费脱钩，即行业协会的管理经费不是由政府拨款获得，而是通过企业会费和为企业提供适当的有偿咨询服务获得。

发挥作用就是协会要真正根据协会宗旨的要求，切实履行好其在行业管理中的贯彻、自律、协调、规划、服务、监督、培训、交流、反映、统计职能，充分发挥协会的助手作用、沟通作用、管理作用、组织作用。就国际工程行业自律管理的具体内容来说，相关行业协会在以下方面还需进一步改革和完善：①建立健全国际工程行业行为规范和自律公约，目前还没有见到覆盖国际工程全部业务范围的管理规范和国际工程企业自律管理公约出台，因此相关协会应尽快组织制定和完善；②建立和动态管理国际工程企业的信用体系，可以采用信用等级制度，使合法合规经营的企业切实得到保护和支持，信用等级越高获得的支持保护力度越大；而采取不正当竞争手段的失信企业则受到同行业的一致谴责和抵制，甚至由此失去生存的基本环境；③广泛开展对协会企业的服务活动，由于历史和现实的诸多因素的影响，截至目前国际工程的行业协会还没有真正完全履行其服务企业的作用，包括维护企业在国际市场竞争中的利益，及时提供对国际工程企业有价值的国际市场信息，负责推进重大国际工程市场战略的落地，以及参与重大国际工程项目的市场营销活动等；④简化企业入会程序，放宽入会条件限制，以吸收更多企业加入其中，使行业协会成为国际工程行业最广泛的代表。

2.4 国际工程企业的改革

如前所述，目前我国的国际工程行业仍以国有企业为主导。因此，加快推进这些国有国际工程企业的改革，是国际工程行业管理的重要内容之一。国有国际工程企业，由于是全民所有制企业，其改革不是由企业内一个人或集体所能决定和实施的，它是一项政策性很强的工作，并且涉及的范围很广，必须在中央政府的统一领导部署下开展。

根据中央近期发布的关于深化国企改革的指导意见，国企改革必须坚持以下五大基本原则：①要发挥国有经济主导作用，积极促进国有资本、集体资本、非公有资本等交叉持股、相互融合；②促使国有企业真正成为依法自主经营、自负盈亏、自担风险、自我约束、自我发展的独立市场主体；③确保国有资产保值增值；④深入开展党风廉政建设，维护职工合法权益；⑤正确处理搞好顶层设计和尊重基层首创精神的关系。

指导意见从改革的总体要求到分类推进国有企业改革、完善现代企业制度和国有资产管理体制、发展混合所有制经济、强化监督防止国有资产流失、加强和改进党对国有企业的领导、为国有企业改革创造良好环境条件等方面，全面提出了新时期国有企业改革的目标任务和重大举措。意见提出的改革目标是，到 2020 年将在国企改革重要领域和关键环节取得决定性成果，形成更加符合我国基本经济制度和社会主义市场经济发展要求的国有资产管理体制、现代企业制度、市场化经营机制，国有资本布局结构更趋合理，造就一大批德才兼备、善于经营、充满活力的优秀企业家，培育一大批具有创新能力和国际竞争力的国有骨干企业，国有经济活力、控制力、影响力、抗风险能力明显增强。

指导意见还明确，国有企业将分为公益类和商业类两类，并实行分类改革、分类发展、分类监管、分类定责、分类考核，推动国有企业同市场经济深入融合，促进国有企业经济效益和社会效益有机统一。那么，国有国际工程企业作为完全竞争性商业类国有企业，要按照市场化要求实行商业化运作，以增强国有经济活力、放大国有资本功能、实现国有资产保值增值为主要目标。

另外，在笔者看来，对国际工程企业的管理方面进行改革还应涉及其他所有制企业，一是如上面所说的，积极促进国有资本、集体资本、非公有资本等交叉持股、相互融合，即允许混合所有制企业的存在和发展；二是国家无论在制度设计上还是在管理实践上，对不同所有制的企业都应一视同仁，公平对待。

第 3 章　国际工程企业管理

第 1 节　国际工程企业管理的概念

1　国际工程企业

1.1　定义

所谓企业，一般是指以盈利为目的，以实现投资人、客户、员工、社会大众的利益最大化为使命，运用各种生产要素，向市场提供商品或服务，实行自主经营、自负盈亏、独立核算的法人或其他社会经济组织。它是社会发展到一定历史阶段后的必然产物，并因社会分工的发展而成长壮大，在本质上是“一种资源配置的机制”，以实现整个社会经济资源的优化配置，降低整个社会的“交易成本”。

上述关于企业的定义包含了以下几点内涵：

（1）企业是一个自负盈亏的经济单元；

（2）企业从事的是经济活动，通过运用各种生产要素来形成商品和服务，满足市场需求；

（3）企业以盈利为目的，这是企业存在和发展的内在动力；

（4）同时，企业还要肩负一定的社会责任，这是现代社会对企业提出的更高要求，那些唯利是图、不顾社会责任的企业与现代社会是不相容的，也很难在社会上长期生存；

（5）企业是社会发展到一定历史阶段后形成的一种社会经济资源配置机制。

在企业定义的基础上，我们可以给出国际工程企业的定义。

本文所说的国际工程企业是一个覆盖范围相对较广的概念，一般是指以向国际工程市场提供各类工程产品和服务为其部分或全部经营范围的企业，凡是部分或全部从事国际工程的投资（金融机构除外）开发、勘察设计、管理咨询、施工承包、永久设备材料供货（一般建筑材料除外）安装、专业分包、劳务和其他相关服务等业务中的一项或多项经营活动的企业，都可以称之为国际工程企业。

国际工程企业作为企业的一种，当然也具有上述企业的一般内涵，只是提供的商品和服务更为具体，是工程产品和服务；业务更为明晰，是工程投资、咨询、承包和劳务等；市场范围被限定在国际工程市场；相应地，社会责任更加广泛，为国际性的社会责任；本质上是一种全球化资源配置机制。

1.2　分类

国际工程企业的分类方法有多种，常见的分类方法有以下几种：

（1）根据经济类型的不同，国际工程企业可以分为：

1）国有国际工程企业，即全部财产属于国家，由国家出资兴办的国际工程企业。

2）集体所有国际工程企业，即一定范围内的劳动群众出资举办的国际工程企业，如从事国际工程经营活动的一些乡镇建筑企业。

3）私营国际工程企业，即由公民个人出资兴办并由其所有和支配的国际工程企业。

4）股份制国际工程企业，即由两个或两个以上的出资者共同出资，并以股份形式而构成的国际工程企业。

5）外资国际工程企业，包括外商独资、中外合资或合作的国际工程企业，主要从事境内国际工程经营活动。

6）其他类国际工程企业，如联营、股份合作、港澳台独资或合资合作的国际工程企业。

国际工程企业最常见的组织形式是各种类型的公司，如有限责任公司、股份有限公司和集团公司等。

（2）根据企业从业人员、年结算收入和总资产规模的不同，国际工程企业可以分为：特大型、大型、中型、小型企业。

（3）根据企业业务类型的不同，国际工程企业可以分为投资开发类、咨询服务（包括规划、勘察、设计、监理、管理等）类、建筑承包类、专业分包类以及劳务服务类企业。

（4）根据企业业务范围不同，国际工程企业又可以分为专业性国际工程企业和综合性国际工程企业。专业性国际工程是指业务仅涉及单一业务类别或单一专业领域的企业，如咨询服务公司或水利水电工程公司等。而能够同时从事国际工程两种及以上的业务类别或专业领域的企业均可称为综合性国际工程企业。

另外，还可以根据专业领域和资质等级的不同，分别对国际工程企业进行分类。需要说明的是，目前国内还没有专门针对国际工程企业设置资质等级要求，而这种分类方法主要是工程类企业对从事国内工程经营活动而言的。但是，工程企业获得国内工程资质等级，会有助于其从事国际工程经营活动，特别是有助于在那些对国际工程企业有资质要求的市场国家开展工程经营活动。

1.3　来源

目前，在我国境内注册成立的国际工程企业，一般是通过以下几种方式产生的：

（1）外经窗口转型

即由改革开放前各行业行政管理部门所属的对外经济贸易和经济援助窗口型企事业单位，在实施改革开放后逐步转变为参与国际工程市场竞争的企业，现在这些企业一般都是大型以上的国有企业。

（2）国内工程企业延伸

即原来从事国内工程经营活动的企业，受产业政策引导、国内经营环境变化、国内产能过剩、自身生存发展需要等因素的影响，将其业务逐步拓展延伸到国际工程市场。

（3）战略兼并重组

即由多家相关联的企业，无论是由于企业改革的行政性要求还是各方自愿达成一致，通过收购、持股、改制、兼并、重组等方式形成的国际工程企业，在这些关联企业中，有的原本就有经营国际工程业务的。

（4）天生国际工程企业

即企业自新注册成立之日起，就确定以国际工程相关业务为其部分或全部经营范围。

（5）外资引入

主要是境内注册的各类外资工程企业，以从事境内各种国际工程经营活动为主。

1.4 特点

国际工程企业除了具有企业、工程企业的一般特点外，与国内工程企业相比，还具有以下一些显著的特点：

（1）企业经营范围部分或全部为国际工程相关业务，这是由国际工程企业的定义所决定的，它意味着接受工程产品和服务的对象是国际客户，场所也是在别的国家（地区）。

（2）企业环境极为复杂。首先，作为在中国境内注册的企业，国际工程企业必然要受国内环境的制约；其次，由于从事的是国际业务，企业的经营也会受世界宏观政治、经济和安全形势等方面的影响；而在各个市场国家和地区，企业要面临的自然和社会环境各不相同；同时，中国和市场国家间的政治、经济和外交关系也会影响企业的经营。因此，国际工程企业要面临比国内工程企业更为陌生、多变、复杂因而风险性更高的经营环境，包括自然环境和社会环境等方面的差异性和多样性，遭遇的矛盾冲突也更为突出。经营环境的高风险性大大增加了经营管理的难度和经营结果的不确定性。

（3）管理体系的国际化，即国际工程企业在经营管理过程中必须采取与国际工程市场要求相适应的管理模式、制度流程和方式方法，传统的国内工程经营管理体系很可能不再适用。

（4）资源配置的国际化，有两层意思，一是说国际工程企业要将自身已有的资本、技术、人力、设备材料和信息等资源配置到国际工程业务的经营活动中；二是说国际工程企业在进行国际工程市场经营管理中，也可以利用来自国际的资本、技术、人力、设备材料和信息等资源。

（5）以国有企业为主。尽管如上所述，我国的国际工程企业呈现的是多种所有制形式并存的局面，并且有越来越多的集体、私营及其他类型的企业不同程度地参与到国际工程市场竞争中来。但在现阶段，我国的国际工程企业仍以国有企业为骨干，无论在市场规模、从业人员数量、市场地位、市场影响力，还是在社会贡献等方面，国营企业依然占据主流位置，是其他类型的国际工程企业一时难以撼动的。这或许是我国的国际工程企业结构分布有别于其他国家的情况。

2 现代企业制度

既然我国的国际工程企业以国有企业为主，笔者认为，有必要简要介绍一下与之密切相关的一个概念，即现代企业制度，它是为适应我国国有企业制度改革创新需要而提出来的特定概念。

现代企业制度是适应社会主义市场经济的要求，符合中国改革发展实际情况，真正体现企业是一个独立的法人实体和市场竞争主体要求的一种企业制度。具体地说，它是一种以企业法人制度为基础，以企业产权制度为核心，以产权清晰、权责明确、政企分开、管理科学为条件而展开的由各项具体制度组成的，用于规范企业基本经济关系的制度体系。

现代企业制度的特点之一是企业的所有权与控制权相分离，换句话说，企业的所有者不必是企业的经营管理者。这一特点必然要求在所有者与经营者之间形成一种相互制衡的

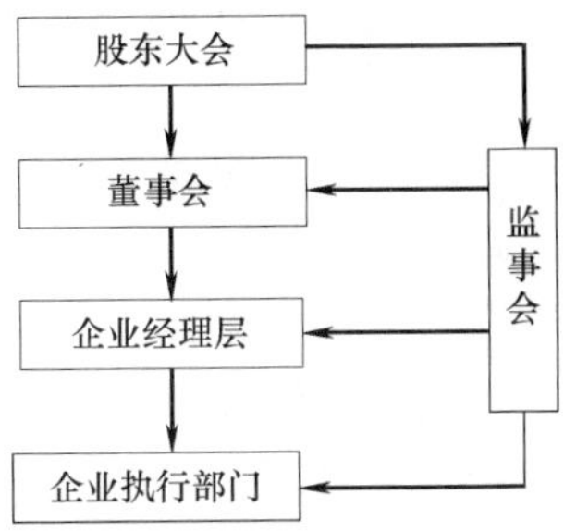

图 3-1　现代企业制度下的公司治理结构

机制，依靠这套机制来对企业进行管理控制，这被称之为公司治理结构或法人治理结构。具体而言，它是有关所有者、董事会和高级执行人员和其他利益相关者之间权利分配和制衡关系的一种制度安排，表现为明确界定股东大会、董事会、监事会和经理人员职责和功能的一种企业组织结构。公司治理结构的组织形式如图 3-1 所示。

从图中可以看出，公司治理的组织机构包括了股东大会、董事会、监事会和经理人员四大部分，按其职能分别形成决策机构、监督机构和执行机构。其中，股东大会及其选出的董事会是公司的决策机构，股东大会是公司的最高权力机构，董事会是股东大会闭会期间的最高权力机构。监事会是由股东大会选举产生的，对董事会及公司经理人员进行监督的机构。而经理人员包括经理层和执行部门，是董事会领导下的公司管理和执行机构。

由此可见，这种组织制度设计体现了决策权、执行权和监督权三权分立的原则。这种制度既赋予经营者充分的自主权，充分调动生产经营者的积极性，又能有效监督公司的决策和经营活动，切实保障所有者的权益。

按照现代企业制度建立起来的企业，称之为现代企业。目前，我国的国营国际工程企业都已先后按现代企业制度要求进行改革重组，由原有的计划经济体制下的企业转换成现代企业。其他所有制形式的国际工程企业的治理结构有更灵活的选择，可以参照上述的现代企业制度组建，也可以采取其他形式。比如，一些私营企业，其公司的决策和经营管理职能可能都是由企业的所有者一人同时肩负，也没有专门的监督机构或人员。

3　企业管理

3.1　定义

所谓企业管理，就是对企业生产经营活动进行计划、组织、指挥、协调和控制等一系列活动，以期用生产要素的有效配置来获得最佳的投入产出效率，实现预定的经营管理目标。

企业管理是社会化大生产发展的客观要求和必然产物，是由人们在从事交换过程中的共同劳动所引起的。当社会生产发展到一定阶段，一切规模较大的共同劳动，都或多或少地需要进行计划、组织和指挥，以协调个人的活动；通过对整个劳动过程的监督和调节，使单个劳动服从生产总体的要求，以保证整个劳动过程按预定的目标正常进行。尤其是在科学技术高度发达、产品日新月异、市场瞬息万变的现代社会中，企业管理就显得愈益重要。

3.2　构成分类

（1）按照管理对象划分，包括：人力资源、项目、资金、技术、市场、信息、设备与工艺、作业与流程、文化制度与机制、经营环境等管理。

（2）按照职能或者业务功能划分，包括：计划管理、生产管理、采购管理、销售管理、质量管理、仓库管理、财务管理、项目管理、人力资源管理、统计管理、信息管理等。

（3）按照层次上下划分为：经营层面、业务层面、决策层面、执行层面、职工层面等。

（4）按照资源要素划分为：人力资源、物料资源、技术资源、资金、市场与客户、政策与政府资源等。

3.3 内容

一般企业管理都包含了战略管理、营销管理、商战谋略、物资管理、质量管理、成本管理、财务管理、资本运营、人力资源、领导力提升等内容。

3.4 特点

企业管理具有如下三个主要特点：

（1）企业管理是一种文化现象和社会现象；

（2）企业管理的主体是管理者；

（3）现代企业管理的核心是处理好人际关系。

3.5 基本原理

企业管理的基本原理是指在经营管理企业时必须遵循的一系列最基本的理念和规则，最主要的是系统性原理和以人为本原理，其他原理则是对这两个原理的具体化或延伸发展。

（1）系统性原理，即企业管理是一个多级、多目标的大系统，是庞大的国民经济系统中的一个组成部分。其系统性主要表现为目的性、整体性、层次性、独立性、开放性、交换性、相互依存性和控制性。

（2）人本原理，即在企业管理的一切工作中，始终把人的因素放在首位，并以人的积极性、主动性和创造性为管理的核心和动力。由于管理的主体即管理者是人，而管理的客体即被管理者也是人，因此人本管理思想认为，做好人的工作是管理的根本，并要把尊重人、依靠人、发展人、为了人的观点贯穿于管理工作的始终。

（3）分工原理，即对企业管理的各项职能与业务按照一定的标准进行适当分类，并由相应的单位或人员来承担各类工作。

（4）弹性原理，是指企业为了达到一定的经营目标，在企业外部环境或内部条件发生变化时，有能力适应这种变化，并在管理上所表现出的灵活的可调节性。

（5）效益原理，是指企业通过加强管理工作，以尽量少的劳动消耗和资金占用，生产出尽可能多的符合社会需要的产品，不断提高企业的经济效益和社会效益。

（6）激励原理，是指通过科学的管理方法激励人的内在潜力，使每个人都能在组织中尽其所能，展其所长，为完成组织规定的目标而自觉、努力、勤奋地工作。

（7）动态原理，是指企业管理系统随着企业内外环境变化而不断更新自己的经营理念、经营方针和经营目标，为达此目的，必须改变有关的管理方法和手段，使其与企业的经营目标相适应。

（8）创新原理，是指企业为实现总体战略目标，在生产经营过程中，根据内外环境变化的实际，不断否定自己，创造具有自身特色的新思想、新思路、新经验、新方法、新技术，并加以组织实施。

（9）可持续发展原理，是指企业在整个生命周期内，随时注意调整自己的经营战略，以适应变化了的外界环境，从而使企业始终处于兴旺发达的发展阶段。

3.6 意义

对企业进行科学有效的管理是企业对外适应市场环境变化、满足市场要求，对内组织社会化大生产的客观要求。在以市场为导向的现代企业生产经营活动过程中，一方面，由于市场环境一直处在不断变化中，客户对商品和服务的要求越来越高，市场竞争的程度在逐步加剧；另一方面，随着生产精细化的发展，分工越来越细，专业化程度不断提高，生产经营规模不断扩大。为适应企业经营发展的客观要求，实现企业经营的目标，必须加强企业管理。通过企业管理，可以使企业的运作效率大大增强；让企业有明确的发展方向；使企业的每个员工都充分发挥他们的潜能；使企业财务清晰，资本结构合理，投融资恰当；可向顾客提供满意的产品和服务；可以树立企业形象，为社会多做实际贡献。因此，企业管理是培育和提高企业竞争力，实现企业经营目标和社会责任，确保企业健康可持续发展的重要途径。

4 国际工程企业管理

4.1 定义

国际工程企业管理就是对工程企业的跨国生产经营活动进行计划、组织、指挥、协调和控制等一系列活动，以期用生产要素的有效配置来获得最佳的投入产出效率，实现预定的经营管理目标。

在前一章关于国际工程的行业管理中，我们也曾谈到国际工程企业管理问题，但它与上述国际工程企业管理的内在含义是完全不同的。行业管理中所讨论的是从整个行业的角度来对国际工程企业进行管理，是一种外部管理，管理者来自企业的外部，企业本身是被管理的对象；而本章所说的企业管理是对企业自身的生产经营进行管理，管理者一般来自企业内部，是一种内部管理。

我们把凡是从事与国际工程（无论是全部还是部分）相关业务的企业，都定义为国际工程企业。而国际工程企业管理原则上只涉及工程企业的跨国生产经营活动，换句话说，一般不涉及工程企业的国内业务部分。

另外，尽管国际工程企业管理实现了管理的计划、组织、指挥、协调和控制等基本职能，但由于国际工程的特殊性，各管理职能在具体的内容上与在国内工程中的含义不尽相同。

4.2 特点

结合上述一般企业管理的特点，我们来讨论国际工程企业管理的特点。

（1）如果说企业管理是一种文化现象和社会现象，那么国际工程企业管理就是一种跨文化现象和国际性社会现象。

（2）企业管理的主体是管理者，而国际工程企业对管理者的能力素质提出了更高的要求。

（3）处理好人际关系是企业管理共同的核心，而在国际工程企业管理中，处理不同民族文化背景的人际关系显得更为艰难和重要。

4.3 内容

如上所述，企业管理的内容十分丰富，根据管理对象、职能、要素和层次的不同划分，各种理论专著可能在论及企业管理的内容时，其侧重点各不相同。本章考虑到国际工程生产经营的特点、管理的多重因素，结合笔者对企业管理内容重要性的认识和本书篇幅、结构安排的需要，重点讨论国际工程企业的战略、组织、领导、业务、资源、文化和创新等方面的管理。

第2节 国际工程企业的战略管理

1 国际工程企业战略

1.1 定义

战略一词来源于军事，是指对战争全局的筹划和指挥。战略作为一种思想和思维方法，一种分析工具和一种较长远和整体的计划规划，运用到企业经营管理中，就是对企业长远发展目标以及实现长远目标的策略和途径的总体谋划。

因此，我们可以将国际工程企业的战略定义为：国际工程企业通过对其内外部环境条件的分析评估，来确定其国际工程经营的基本任务和目标，并对如何实现该任务目标，以确保自身在国际工程市场中长期生存和发展而进行的长远的和总体的谋划。

1.2 特点

国际工程企业战略具有以下主要特点：

（1）指导性

国际工程企业战略界定了工程企业在国际工程业务方面的经营方向、远景目标，明确了工程企业的国际经营方针和行动指南，并筹划了实现目标的发展轨迹及指导性的措施、对策，因此在工程企业的国际经营管理活动中起着导向作用。

（2）全局性

国际工程企业战略立足于未来，通过对国际国内的政治、经济、文化及行业等经营环境的深入分析，结合自身资源，站在系统管理高度，对企业的国际工程远景发展轨迹进行了全面的规划。

（3）长远性

首先，国际工程企业战略在兼顾短期利益的同时，更着眼于长期生存和长远发展的思考，确立了国际业务的远景目标，并谋划了实现远景目标的发展轨迹及宏观管理的措施、对策。其次，围绕远景目标，企业的国际战略必须经历一个持续、长远的奋斗过程，除根据市场变化进行必要的调整外，制定的国际工程战略通常不能朝令夕改，而应具有长效的稳定性。

（4）竞争性

竞争是市场经济不可回避的现实，尤其是国际市场的竞争更为激烈。面对激烈的竞争，国际工程企业战略需要进行内外部环境分析，明确自身的资源优势，并通过设计适当的经营模式，形成特色经营，以增强工程企业在国际市场上的对抗性和战斗力，推动企业长远、健康的发展。

（5）系统性

立足长远发展，国际工程企业战略确立了远景目标，并需围绕远景目标设立阶段目标及各阶段目标实现的经营策略，以构成一个环环相扣的战略目标体系。同时，根据企业内部的组织结构和相互关系，企业战略需由不同层级的战略构成。

（6）风险性

首先，这是由于国际工程的高风险性所决定的。其次，它是由企业决策的风险性造成的。因为企业做出任何一项决策都存在风险，国际工程战略决策也不例外。如果工程企业对国际市场的环境和风险性研究深入，对行业发展趋势预测准确，设立的远景目标客观，各战略阶段人、财、物等资源调配得当，战略形态选择科学，那么，制定的国际工程战略就能引导工程企业的国际业务健康、快速发展。反之，仅凭个人主观判断市场，设立目标过于理想或对行业的发展趋势预测出现偏差，制定的战略就会产生管理误导，甚至给工程企业带来破产的风险。

（7）国际性

国际性是国际工程企业战略有别于其他一般企业战略的一个显著特点。企业战略的国际性可以有两层含义，一是指企业的总体战略中包含了与国际工程业务相关的内容；二是指工程企业就国际工程业务专门制定总体发展战略，这种专项的国际战略无论在经营环境、发展目标和方向，还是在市场范围及具体的行动计划和措施等方面，都是围绕着国际工程业务展开，也都必须与国际工程市场环境相适应。

1.3　构成要素

国际工程企业战略主要由以下四个要素构成：①经营范围，即国际工程企业经营的领域、结构或市场范围；②资源配置，即企业各种有形和无形资源配置的状况，资源的合理配置就形成了国际工程企业的能力；③竞争优势，即国际工程企业通过确定资源配置和经营范围，在市场上所形成的与竞争对手不同的竞争地位；④协同作用，是指国际工程企业从资源配置和经营范围的决策中所能寻求到的各种共同努力的效果，协作可以产生积极作用，也可以产生消极作用。

1.4　战略层次

国际工程企业的战略体系通常由总体层战略、业务层战略和职能层战略三个层次构成。

（1）总体层战略

总体层战略又称公司战略，是企业最高层次的战略，是企业整体的战略总纲。在存在多个经营单位或多种经营业务的情况下，国际工程企业总体战略主要是指集团母公司或者公司总部的战略。总体战略的目标是确定国际工程企业未来一段时间的总体发展方向，协调企业下属的各个业务单位和职能部门之间的关系，合理配置企业资源，培育企业核心能力，实现企业总体目标。它主要强调两个方面的问题：一是“应该做什么业务”，即从公司全局出发，根据外部环境的变化及企业的内部条件，确定企业的使命与任务、产品与市场领域；二是“怎样管理这些业务”，即在企业不同的战略事业部（门）或单位之间如何分配资源，以及采取何种成长方式等，以实现公司整体的战略意图。

（2）业务层战略

业务层战略又称经营单位战略或竞争战略。现代大型国际工程企业一般都同时从事多种工程经营业务，或者提供多种不同的工程产品和服务，有若干个相对独立的工程或市场部门，这些部门即战略事业部（门）或单位。由于各个业务部门的工程产品服务或市场范围不同，所面对的外部环境（特别是市场环境）也不相同，企业能够对各项业务提供的资源支持也不同。因此，各部门在参与经营过程中所采取的战略也不尽相同，各经营单位有必要制定指导本部门工程产品或服务经营活动的战略，即业务层战略。

业务层战略是企业战略业务单元在公司战略的指导下，经营管理某一特定的战略业务单元的战略计划，具体指导和管理经营单位的重大决策和行动方案，是企业的一种局部战略，也是公司战略的子战略，它处于战略结构体系中的第二层次。业务层战略着眼于企业中某一具体业务单元的市场和竞争状况，相对于总体战略有一定的独立性，同时又是企业战略体系的组成部分。业务层战略主要明确在确定的经营业务领域内，企业如何展开经营活动；在一个具体的、可识别的市场上，企业如何构建持续优势等问题。其侧重点在于以下几个方面：贯彻使命；业务发展的机会和威胁分析；业务发展的内在条件分析；业务发展的总体目标和要求等。对于只经营一种业务的小型国际工程企业，或者不从事多元化经营的大型国际工程企业，业务层战略与公司战略是一回事。所涉及的决策问题是在既定的工程产品与市场领域，在什么样的基础上来开展业务，以取得客户认可的经营优势。

（3）职能层战略

职能层战略是为贯彻、实施和支持公司战略与业务战略而在国际工程企业特定的职能管理领域制定的战略。职能战略主要回答某职能的相关部门如何卓有成效地开展工作的问题，重点是提高企业资源的利用效率，使企业资源的利用效率最大化。其内容比业务战略更为详细、具体，其作用是使总体战略与业务战略的内容得到具体落实，并使各项职能之间协调一致。

公司层战略倾向于总体价值取向，以抽象概念为基础，主要由企业高层管理者制定；业务层战略主要就本业务部门的某一具体业务进行战略规划，主要由业务部门领导层负责；职能层战略主要涉及具体执行和操作问题。公司层战略、业务层战略与职能层战略一起构成了企业战略体系。在企业内部，企业战略管理各个层次之间是相互联系、相互配合的。企业每一层次的战略都为下一层次战略提供方向，并构成下一层次的战略环境；每层战略又为上一级战略目标的实现提供保障和支持。所以，企业要实现其总体战略目标，必须将三个层次的战略有效地结合起来。

1.5　战略分类

国际工程企业在制定战略过程中，在不同战略层次上可以有多种选择，现分类简述如下：

1.5.1　公司战略层

在公司战略层上，可选择的类型有发展型战略、防御型战略和退却型战略等。

（1）发展型战略，是指国际工程企业在现有基础上，向更高一级方向发展的战略，包括一体化战略、多元化战略、密集型成长战略等。其中，一体化战略又分为纵向一体化战略和横向一体化战略。纵向一体化是指将原有的工程产业链向上或向下延伸，如将工程总承包向上延伸到咨询服务和投融资项目，或向下延伸到专业分包（采购）等。获得与自身工程产品和服务相同的企业的所有权或加强对它们的控制，称为横向一体化。横向一体化可以通过购买、合并、联合等途径实现。

多元化战略，当国际工程企业不能为自身提供发展机会，或认为本行业之外的发展机会更为优越时，可以选择多元化发展战略，包括同心多元化和离心多元化战略。同心多元化也称为相关多元化，是以现有业务为基础进入相关产业的战略，比如土木国际工程企业涉足房地产投资开发领域。当企业在产业内具有较强的竞争优势，而该产业的成长性或者吸引力逐渐下降时，比较适宜采取同心多元化战略。离心多元化，也称为不相关多元化。采用离心多元化的目标是从财务上考虑平衡现金流或者获取新的利润增长点。

密集型成长战略，也称为加强型成长战略，是指国际工程企业以快于过去的增长速度来增加某个组织现有工程产品或业务的合同额、利润额及市场占有率。包括三种类型：市场渗透战略、市场开发战略和新工程产品开发战略。

（2）防御型战略，也称为稳定型战略或维持型战略，即国际工程企业在经过对各种条件分析后，选择保持现有的战略基础水平，或者有较少的增长，并采取各种措施防御竞争对手，但不主动出击，通常包括四种类型：暂停战略、无变化战略、维持利润战略和谨慎前进战略。

（3）退却型战略，也称为收缩型战略，包括三种类型：转变战略、放弃战略、清算战略。

1.5.2 业务层战略

在业务战略层次上，可选择的战略通常有总成本领先战略、差异化战略和集中化战略三种类型。

（1）总成本领先战略，是指国际工程企业通过各种有效途径降低成本，使企业的全部成本低于竞争对手，甚至达到同行业中的最低成本，从而获得一种竞争优势的战略。具体的措施有，扩大规模，在项目施工管理中采取新技术、新设备、新工艺和新材料，优化项目设计，实施价值工程和精细化管理，或者减少市场营销费用等。国际工程企业要成功实施总成本领先战略，关键在于如何在满足客户认为至关重要的工程产品特征和服务的前提下，实现相对于竞争对手的可持续的成本优势，也就是说，国际工程企业必须开发成本优势的持续性来源，能够形成防止竞争对手模仿成本优势的障碍，才能持久地保持低成本优势。

（2）差异化战略，是指国际工程企业向客户提供的工程产品或服务，与其他竞争者相比独具特色，别具一格，从而使企业建立起独特竞争优势的一种战略。最具吸引力的差异化方式是那些竞争对手模仿起来难度很大或者代价高昂的方式，因此持久的差异化优势通常要建立在企业独特的内部能力和核心能力基础上。

（3）集中化战略，是指将国际工程企业的经营活动集中于某一特定的客户群体、某一特定的工程产品或其中的一部分，或者某一地域性市场，通过为这一集中市场的客户群提供比竞争对手更好工程产品或更有效的工程服务来建立竞争优势的一种战略。集中化战略与低成本战略、差异化战略的区别，在于其注意力集中于市场的一个狭窄部分，其他战略则以扩大市场为目标，因此集中化战略对于实力不强的国际工程企业有十分重要的意义。

1.5.3 职能层战略

在职能战略层次上，国际工程企业应制定的战略主要有：市场营销战略、工程产品战略、财务战略、技术开发战略及人力资源战略等。其中，市场营销战略和工程产品战略属于业务战略，其他三项属于资源战略。

（1）市场营销战略，国际工程企业营销战略是对涉及市场营销活动过程所制定的整体方案或进行的整体谋划，一般包括市场调研、预测及需求分析，确定目标市场和营销目标，制定营销行动计划以及实施控制策略、措施等。针对国际工程市场的营销战略将在本书的国际工程市场营销管理一章中作进一步讨论。

（2）工程产品战略，是国际工程企业在国际工程项目建设交付过程中的进度、成本、质量、合同、安环健康管理等方面建立和发展相对竞争优势的基本途径，它规定了项目管理、物资采购及其他相关部门的工作方向，为实现公司战略服务。

（3）财务战略，就是根据公司战略、经营战略和其他职能战略的要求，对企业资金进行筹集、运用、分配以取得最大经济效益的战略。其基本目的就是最有效地利用国际工程企业的各种资金，在企业内外部各种条件的制约下，确保实现企业战略计划所规定的战略目标。

（4）技术开发战略，国际工程企业的技术开发战略主要涉及国际工程市场、技术、工程产品设计、项目组织管理等方面的研究与开发，明确制定研发应达到的预期目标及具体的行动计划。

（5）人力资源战略，是指根据公司战略的要求，为适应国际工程企业生存和发展的需要，对企业人力资源进行开发，提高职工队伍整体素质，从中发现和培养一大批优秀人才所进行的长远性谋划和方略，具体地可分为人力资源开发战略、人才结构优化战略以及人才使用战略等。

除了上述各层级中基本类型的战略外，国际工程企业战略还有国际联盟战略、标准化战略、信息化战略、创新战略、新市场进入战略、品牌战略、文化战略等，可由不同的国际工程企业根据自身的生存发展需要，在不同时期和不同层级上考虑选择实施。尽管企业战略多种多样，但它们的基本属性是相同的，都是对企业的整体性、长期性、基本性问题的谋略和规划。

2 国际工程企业战略管理

2.1 定义

国际工程企业战略管理是指国际工程企业确定其使命，根据企业外部环境和内部条件设定企业的战略目标，为保证目标的正确落实和实现进度谋划，依靠企业内部能力将这种谋划和决策付诸实施，以及在实施过程中进行控制，并对实施结果进行评价的一个动态管理过程。

由此可见，国际工程企业战略是指导国际工程企业全部活动的行动指南，企业全部管理活动的重点应该是制定战略和实施战略。而制定战略和实施战略的关键就在于对企业外部环境的变化进行分析，对企业的内部条件和素质进行审核，并以此为前提确定企业的战略目标，使三者之间达成动态平衡。战略管理的任务，就是通过战略制定、战略实施和日常管理，在保持这种动态平衡的条件下，实现企业的战略目标。

因此，战略管理不仅涉及战略的制定和规划，而且也包含着将制定出的战略付诸实施的管理，是一个全过程的管理。同时，战略管理不是静态的、一次性的管理，而是一种循环的、往复性的动态管理过程。它是需要根据外部环境的变化、企业内部条件的改变，以及战略执行结果的反馈信息等，而重复进行新一轮战略管理的过程，是不间断的管理。

2.2 特点

由于我们对国际工程企业的定义相对较为宽泛，一个国际工程企业可能同时经营国际、国内工程业务。因此，作为对企业发展总体谋划的企业战略，就必然涵盖国际国内工程经营两个方面。但是，不论构成国际工程企业战略的具体内容如何，其管理仍具有一些共同的特点，这就是：

（1）战略管理具有全局性

国际工程企业的战略管理是以企业的全局为对象，根据国际工程企业的总体发展需要而制定的。它所管理的是企业的总体活动，所追求的是企业的总体效果。虽然这种管理也包括企业的局部活动，但是这些局部活动是作为总体活动的有机组成在战略管理中出现的。具体地说，战略管理不是强调国际工程企业某一事业部或某一职能部门的重要性，而是通过制定企业的使命、目标和战略来协调企业各部门自身的表现，看重的是它们对实现企业使命、目标、战略的贡献大小。这样也就使战略管理具有综合性、系统性和全局性的特点。

（2）战略管理的决策主体是企业的高层管理人员

由于战略决策涉及一个企业活动的各个方面，虽然它也需要企业上、下层管理者和全体员工的参与和支持，但企业的最高层管理人员介入战略决策是非常重要的。这不仅是由于他们能够统观企业全局，了解企业的全面情况，而且更重要的是他们具有对战略实施所需资源进行分配的权力。

（3）战略管理涉及企业大量资源的配置问题

企业的资源，包括人力资源、实体财产和资金，或者在企业内部进行调整，或者从企业外部来筹集。在任何一种情况下，战略决策都需要在相当长的一段时间内致力于一系列的活动，而实施这些活动需要有大量的资源作为保证。因此，这就需要为保证战略目标的实现，对企业的资源进行统筹规划和合理配置。

（4）战略管理从时间上来说具有长远性

战略管理中的战略决策是对企业未来较长时期（5年以上）内，就企业如何生存和发展等进行统筹规划。虽然这种决策以企业外部环境和内部条件的当前情况为出发点，并且对企业当前的生产经营活动有指导、限制作用，但是这一切是为了更长远的发展，是长期发展的起步。从这一点上来说，战略管理也是面向未来的管理，战略决策要以经理人员所期望或预测将要发生的情况为基础。在迅速变化和竞争性的环境中，企业要取得成功必须对未来的变化进行预测，这就需要企业做出长期性的战略计划。

（5）战略管理需要考虑企业外部环境中的诸多因素

现今的企业都存在于一个开放的系统中，它们影响着这些因素，但更通常地是受这些不能由企业自身控制的因素所影响。因此，在未来竞争的环境中，企业要使自己占据有利地位并取得竞争优势，就必须考虑与其相关的因素，包括竞争者、客户、资金供给者、政府等外部因素，以使企业的行为适应不断变化的外部力量，企业能够继续生存下去。

2.3　管理原则

国际工程企业的战略管理应遵循如下六个原则：

（1）适应环境原则，来自环境的影响力在很大程度上会影响企业的经营目标和发展方向，而国际工程企业所处的环境要比国内一般企业面临的情况更为复杂多变。战略的制定一定要注重企业与其所处的外部环境的互动性。

（2）全程管理原则，战略管理是一个过程，包括战略的制定、实施、控制与评价。在这个过程中，各个阶段是互为支持、互为补充的，忽略其中任何一个阶段，企业战略管理都不可能成功。

（3）整体最优原则，战略管理要将企业视为一个整体来处理，要强调整体最优，而不是局部最优。战略管理不强调企业某一个局部或部门的重要性，而是通过制定企业的宗旨、目标来协调各单位、各部门的活动。

（4）全员参与原则，由于战略管理是全局性的，并且有一个制定、实施、控制和修订的全过程，所以战略管理绝不仅仅是企业领导和战略管理部门的事，在战略管理的全过程中，企业全体员工都将参与。

（5）反馈修正原则，战略管理涉及的时间跨度较大，一般在五年以上。战略的实施过程通常分为多个阶段，因此需分步骤地实施整体战略。在战略实施过程中，环境因素可能会发生变化。此时，企业只有不断的跟踪反馈方能保证战略的适应性。

（6）从外往里原则，卓越的战略制定是从外往里而不是从里往外。

2.4 管理流程

工程企业的战略管理，主要是指其战略制定和战略实施的过程，一般包含四个关键步骤：

（1）战略分析

战略分析的主要目的是评价影响企业目前和今后发展的关键因素，并确定在战略选择步骤中的具体影响因素。战略分析包括三个主要方面：

其一，确定企业的使命和目标，它们是制定和评估企业战略的依据。

其二，外部环境分析，战略分析要了解企业所处的环境（包括宏观、微观环境）正在发生哪些变化，这些变化给企业将带来更多的机会还是更多的威胁。对国际工程企业来说，外部环境分析应包括对国际和国内两种环境的分析。

其三，内部条件分析，战略分析还要了解企业自身所处的相对地位，具有哪些资源以及战略能力；还需要了解与企业有关的利益相关者的利益期望，在战略制定、评价和实施过程中，这些利益相关者会有哪些反应，这些反应又会对组织行为产生怎样的影响和制约。

（2）战略选择

如果说战略分析阶段明确了“企业目前状况”；那么，战略选择阶段所要回答的问题是“企业走向何处”。

首先需要制定战略选择方案。在制定战略过程中，当然是可供选择的方案越多越好。企业可以从对企业整体目标的保障、对中下层管理人员积极性的发挥以及企业各部门战略方案的协调等多个角度考虑，选择自上而下的方法、自下而上的方法或上下结合的方法来制定战略方案。

第二步是评估战略备选方案。评估备选方案通常使用两个标准：一是考虑选择的战略是否发挥了企业的优势，克服劣势，是否利用了机会，将威胁削弱到最低程度；二是考虑选择的战略能否被企业利益相关者所接受。需要指出的是，实际上并不存在最佳的选择标准，管理层和利益相关团体的价值观和期望在很大程度上影响着战略的选择。此外，对战略的评估最终还要落实到战略收益、风险和可行性分析的财务指标上。

第三步是选择战略。即最终的战略决策，确定准备实施的战略。如果用多个指标对多个战略方案的评价产生不一致时，最终的战略选择可以考虑以下几种方法：

1）根据企业目标选择战略。企业目标是企业使命的具体体现，因而，选择对实现企业目标最有利的战略方案。

2）聘请外部机构。聘请外部咨询专家进行战略选择工作，利用专家们广博和丰富的经验，能够提供较客观的看法。

3）提交上级管理部门审批。对于中下层机构的战略方案，提交上级管理部门能够使最终选择方案更加符合企业整体战略目标。

最后是战略政策和计划。制定有关研究与开发、资本需求和人力资源方面的政策和计划。

（3）战略实施

战略实施就是将战略转化为行动，主要涉及以下一些问题：如何在企业内部各部门和各层次间分配及使用现有的资源；为了实现企业目标，还需要获得哪些外部资源以及如何使用；为了实现既定的战略目标，需要对组织结构做哪些调整；如何处理可能出现的利益再分配与企业文化的适应问题，如何进行企业文化管理，以保证企业战略的成功实施等。

（4）战略评价和调整

战略评价就是通过评价企业的经营业绩，审视战略的科学性和有效性。根据战略评价的结果，确定是否需要进行战略调整。

战略调整就是根据企业情况的发展变化，即参照实际的经营事实、变化的经营环境、新的思维和新的机会，及时对所制定的战略进行调整，以保证战略对企业经营管理进行指导的有效性，调整的内容包括公司的战略展望、公司的长期发展方向、公司的目标体系、公司的战略以及公司战略的执行等方面。

战略调整分为局部调整和全面调整两种。局部调整是指在一个战略执行期内，企业战略的总体战略目标和行动计划原则上保持不变，只对个别战略目标或较低层次的战略进行局部的修改完善；全面调整是对整个企业总体发展战略进行重大甚至彻底的改变调整，全面调整可能发生在一个战略期结束时，企业处于正常的战略转换期间；也可能因为内外部条件的巨大变化，企业不得不提前终止某一正在实施的总体战略而选择新的战略。

企业战略管理的实践表明，战略制定固然重要，战略实施同样重要。一个良好的战略仅是战略成功的前提，有效的企业战略实施才是企业战略目标顺利实现的保证。另一方面，如果企业没有能完善地制定出合适的战略，但是在战略实施中，能够克服原有战略的不足之处，那也有可能最终导致战略的完善与成功。当然，如果对于一个不完善的战略选择，在实施中又不能将其扭转到正确的轨道上，就只有失败的结果。

2.5　作用

由于战略管理是对战略环境、战略制定、战略实施和战略评价调整等全过程的循环管理，因此在国际工程企业管理中发挥着重要作用，具体表现为以下几个方面：

（1）重视对经营环境的研究

由于国际工程企业战略管理将企业的成长和发展纳入了变化的环境之中，管理工作要以未来的环境变化趋势作为决策的基础，这就使企业管理者们重视对经营环境的研究，正确地确定公司的发展方向，选择公司合适的经营领域或产品市场领域，从而能更好地把握外部环境所提供的机会，增强企业经营活动对外部环境的适应性，从而使二者达成最佳的结合。

（2）重视战略的实施

由于战略管理不只是停留在战略分析及战略制定上，而是将战略的实施作为其管理的一部分，这就使企业的战略在日常生产经营活动中，要根据环境的变化对战略不断地评价和修改，使企业战略得到不断完善，也使战略管理本身得到不断地完善。这种循环往复的过程，更加突出了战略在管理实践中的指导作用。

（3）将日常的经营与计划控制，近期目标与长远目标相结合

由于战略管理把规划出的战略付诸实施，而战略的实施又同日常的经营计划控制结合在了一起，这就把国际工程企业的近期目标（或作业性目标）与长远目标（战略性目标）结合了起来，把总体战略目标同局部的战术目标统一了起来，从而可以调动各级管理人员参与战略管理的积极性，有利于充分利用企业的各种资源并提高协同效果。

（4）重视战略的评价与更新

由于战略管理不只是计划"我们正走向何处"，而且也计划如何淘汰陈旧过时的东西，以"计划是否继续有效"为指导重视战略的评价与更新，这就使企业管理者能不断地在新的起点上对外界环境和企业战略进行连续性探索，增强创新意识。

第3节　国际工程企业的组织管理

1　企业组织管理

1.1　定义

组织是人们为了实现共同的目标而形成的一个协作系统。一般说来，组织具有以下三个共同的特征：①有一个明确的目的，一般是以一个或一组目标来表示；②都是由人组成的；③通过一种系统性的结构来规范和限制成员的行为。

因此，企业组织就是从事管理活动以实现企业目标的一个协作系统。企业组织主要由管理人员、企业信息、管理规章制度及管理方法等要素构成，并且具有上述一般组织的共同特征。它是促进企业生产力提高的重要因素和实现企业计划目标的重要手段，为企业员工的共同工作或劳动提供了合理分工的组织基础，可以有效地保证企业各项工作的协调进行，提高工作效率。

而企业组织管理属于上层建筑的范畴，是一定社会经济发展的产物，并随社会经济发展水平而逐渐发展变化。它一方面是社会生产力发展水平的反映，或者说，一定的组织管理水平反映了一定的社会生产力，体现在组织管理手段、工具和方法的发展；另一方面又是一定生产关系的反映，体现的是人与人的关系，是管理者意志的反映。具体地说，企业组织管理就是通过建立企业的组织结构，规定职务或职位，明确责权关系，以使企业组织中的成员互相协作配合、共同努力，有效实现企业经营目标的动态过程。其目的是使企业组织成员明确，在企业经营管理活动中有些什么工作，谁去做什么，工作者承担什么责

任，具有什么权力，与组织结构中上下左右的关系如何。只有这样，才能避免由于职责不清造成的执行中的障碍，才能使企业协调地运行，保证经营目标的实现。

1.2　特点

（1）企业组织管理是企业在一定时期和一定条件下为实现其预期目标的一种重要手段。通常企业管理的成败主要取决于两个方面的因素：一是企业领导人的能力；二是企业组织管理的有效性。这两个因素是相互依存、相互补充的。在一定时期、一定条件下，即使企业的组织不先进，由于领导人能力很强，也可以暂时凭借领导人的才能来弥补管理组织中的不足，但一旦领导人更换和调整，管理工作就很可能受到挫折和失败。因此，建立一个健全的企业组织，是企业管理工作取得成功的一种必不可少的手段。而且，就领导人的能力与有效的组织二者相比，一个良好的管理组织更有利于企业长期稳定的发展。

（2）企业的组织结构是一个变量。组织结构作为组织中各部分之间相对稳定的一种模式，不存在一成不变和所谓最好的模式。因为企业发展的目标、环境、内部条件是不断变化的，原来较好的组织结构在新的条件下也许就不适用了，所以组织结构是一个变量，需要不断地调整、改革和完善。

（3）企业组织管理是一个动态的概念和过程，这是因为：①组织结构必须反映目标和计划，而目标和计划是随时在变的；②结构反映了管理者可以适用的职权，而这个权限也是会变化的；③组织机构必须同其环境相容，而企业所处的内外部环境条件是在不断变化的；④由于组织管理的对象主要是人，而人也随时随地处在变化过程中。

1.3　对象

企业组织管理的对象是指具体的管理活动所针对的对象，主要包括组织目标、组织结构、组织职能、组织流程等与组织运作密切相关的要素。

（1）组织目标

企业组织也和其他组织一样，是一个特定的目标体系，且在现实中具有目标的一致性。组织作为管理的主体时，它们的建立和活动都是为实现一定的目标服务的。管理的目标，也就是作为管理主体的组织的目标，离开了共同的目标，也就失去了组织存在的灵魂。也正是组织成员的共同目标使此组织与彼组织区分开来，一旦组织的共同目标发生变化，组织也就发生了变化。在既定组织目标的指引下，组织成员互相进行沟通，各尽其责，实现组织目标，共享组织发展带来的成果。也就是说，组织是通过把管理目标的每项内容落实到具体的岗位和部门来实现管理职能的，从而保证管理系统中的每一件事情都有人做，每一项任务的具体要求和工作程序都有人贯彻和执行。

（2）组织结构

任何企业组织都是由作为组成要素的人按照一定的结构建立起来的系统，具有系统性。基于人的主观局限性，企业组织必须具有纵向的上下层次关系和同层次之间的横向或交叉关系。上下层次是一种权力和责任分配的关系，横向层次则是一种专业分工协作的关系。其实，权责关系与专业分工关系在本质上还是权力与责任的问题，是管理系统中的每一件事都能做好的保证。管理系统中的每一个岗位和部门必须权责一致，权力过小担不起应负的职责，权力过大虽然能保证任务的完成，但也会导致不负责任的权力滥用，甚至影响到整个系统的运行。就整个组织的运行而言，它既要有对内的封闭性，又要有对外的开放性，保持一种封闭与开放的辩证统一，才能实现组织的持续发展。

（3）组织职能

企业组织工作和组织活动在于合理地向分系统和成员分配工作，调整各个分系统的关系。当组织内部因素变动或外部生存环境变动而引起组织的不适应时，组织的职能就在于经过调整而重新适应，以便统一组织的各种行为。企业组织活动的职能就在于消除不断产生的各种无序状态，使之保持系统的有序性。如果企业组织完成不了这种职能，无序状态不断加剧，就有可能导致组织的崩溃。

（4）组织流程

企业组织管理的焦点集中于部门内部人与人之间的关系，就是对职能的关注。而企业组织管理的焦点集中于部门与部门之间的关系，就是对流程的关注。此时的组织关系管理主要指宏观和微观层面的流程管理，即把企业内部所有部门之间的职能和本企业与其他企业相关的产品功能进行时间上和空间上的搭配与组合。只有使所有职能关系都按照实现企业目标的要求，纳入企业的分工与协作体系，并体现出高度的系统性和逻辑性，企业才能在不断变化的外部环境面前及时做出有效的回应。如果部门与部门间、此企业与彼企业间的信息沟通不畅，目标体系不配套，相关控制指令不统一，那么组织流程必将效率低下，甚至彻底失败。

1.4 程序与内容

企业组织管理是一个进行组织设计、组织运作和组织调整的动态过程，首先是进行组织设计，主要步骤包括以下四个方面内容：

（1）确定实现企业经营目标所需要的活动，并按专业化分工的原则进行分类，按类别设立相应的工作岗位；

（2）根据企业的特点、外部环境和目标需要，划分工作部门，设计组织机构和结构；

（3）规定企业组织结构中的各种职务或职位，明确各自的责任，并授予相应的权力；

（4）制订企业管理规章制度，建立和健全组织结构中纵横各方面的相互关系。

完成组织设计后，要按照设计方案建立企业组织体系并投入运行管理，对运行过程进行监控，并适时对其管理效果进行评价。根据评价结果和企业内外部条件的变化情况，对企业组织进行调整、改革和完善。实际上，组织的调整、改革和完善是对企业组织的再次设计，因此又回到了组织设计阶段。所以说，企业组织管理就是一个进行组织的设计、运作和调整这样一个循环往复的动态过程。

2 国际工程企业组织管理

2.1 定义

国际工程企业组织管理是国际工程企业根据企业自身内外部条件，结合国际工程业务的特点，按照一定的规则和程序，对企业组织内部的责权结构和人事安排进行设计规划（包括建立健全管理机构、合理配备人员、明确界定员工职责权限和制订各项规章制度等）、实施控制和评价调整，以有效地配置企业内部的有限资源，确保以最高的效率来实现国际工程企业经营发展目标的动态过程。

2.2 组织设计

组织设计也叫组织结构设计，就是基于管理分工的原则设计出国际工程企业所需的管理岗位和各个岗位之间的关系，主要任务包括设计组织结构图和编制《岗位说明书》。由于国际工程业务的特点，国际工程企业组织不仅有企业总部，还有其所属驻外机构和在建项目管理组织；另外，多数国际工程企业同时经营国际和国内工程业务或其他业务。此处所指的组织结构设计的范围，主要是针对国际工程企业总部，且与国际工程业务相关的部分。

2.2.1 设计要求

国际工程企业组织设计应满足以下几点要求：

1）有助于实现企业战略目标；

2）有助于公司资源的国际化配置及战略实施；

3）有助于增强公司的核心竞争力，并与公司的发展阶段相适应；

4）能够应对国际工程企业经营环境的复杂性和文化多样性；

5）能够对环境、市场、技术等因素的变化作出快速反应；

6）能够使企业上下、国际国内之间的沟通顺畅高效；

7）能够与公司倡导的价值观相符合。

2.2.2 设计原则

在进行国际工程企业的组织设计时，一般应遵循以下几条原则：

1）统一目标下的分工协作原则；

2）统一指挥下的管理幅度适当原则；

3）责权对等与精干高效原则；

4）集权与分权相结合原则；

5）稳定性与灵活性相结合原则；

6）执行与监督部门分设原则；

7）多民族文化相融合的原则。

其中，多民族文化相融合原则是特别针对国际工程企业提出的，一般是指以下两种情况：1）当国际工程企业组织内部出现了来自不同国家民族的员工时，员工间应彼此尊重包容对方的民族文化习俗；2）作为一种上岗条件，要求在国际工程企业组织中的一些岗位员工，特别是那些需要经常与其他民族交往的岗位员工，应具备包容异族文化的宽大胸怀。

2.2.3 影响因素

国际工程企业在进行组织设计时，除了要遵循上述组织设计原则外，还要从本企业的实际情况出发，综合考虑各方面的因素。影响组织设计的因素有很多，主要包括企业的环境、战略、规模、资源、产品市场及发展阶段等。

（1）企业环境

国际工程企业面临的环境包括国际和国内两个方面，涉及行业竞争、客户需求、资源供给、政府公关、政治法律制度、科技水平、基础设施条件，以及宏观的政治、经济、安全形势和社会文化环境等诸多因素。

影响企业组织设计的环境因素是其不确定性。企业外部环境的不确定性是指企业的决策者不具有关于环境的非常完备的信息，因而难以预测环境的变化。衡量环境的不确定性有两个指标，即环境的复杂性和环境的稳定性。环境的复杂性是指与企业经营有关的外部因素的多寡以及各自呈现的样貌特点。环境的稳定性是指环境在时间上的变化状况。环境的不确定性在国际工程企业尤为突出。

环境不确定性越大，越会增加企业组织对环境的重视程度，相应地需要设置更多的部门和岗位来应对，企业组织结构也因此变得更为复杂。

（2）企业战略

为实现企业长期的生存和发展目标，国际工程企业需要选择制定相应的企业战略。这有两方面的含义，一是为实现某一战略目标，企业可以同时选择采取多种战略行动方案形成组合战略；二是从针对某一战略问题的多个可选择的战略方案中选择采取相对最优的战略。

战略选择对国际工程企业组织的影响体现在两个方面：一是不同的战略要求不同的业务活动，从而影响管理岗位的设计；二是战略重点的改变会引起企业工作重点的改变，由此导致各部门和岗位在企业组织中重要程度的改变，因而需要对各管理岗位和部门之间的关系进行相应的调整。

（3）企业规模

对于同时从事国际国内工程业务的国际工程企业来说，企业规模有两层含义，一是国际工程企业的总体规模；二是其国际工程业务的规模在企业整体规模中的占比和作用大小。显然，二者都会影响到国际工程企业的组织结构形态和岗位设置。一般来说，企业整体规模越大，组织分工就越发精细化和专业化，要求的管理层级和岗位就越多，相应的组织结构就越庞大复杂。而国际工程业务在企业整体业务中占比越大、越重要，组织结构设置就越应偏重于国际工程业务部分。另外，企业规模还会影响到企业组织中各类人员的构成比例。

（4）企业资源

企业资源主要包括人才、技术、资金、物资、信息等，企业资源的状况，包括资源的数量、质量、类型、结构以及资源的可用性、充裕度和获取的难易度等，都会影响到企业的组织结构，因为说到底企业组织的构建需要用到资源，组织构建完成后又要依靠组织对企业的各类资源进行有效管理。因此，在进行组织设计时既要体现专业分工和量体裁衣，又要做到有针对性地补齐短板。另外，当企业的资源状况发生变化时，其组织结构也需要作适当调整。

（5）产品市场

国际工程企业产品市场对其组织设计的影响，主要是从以下几个方面影响组织的结构形态、规模和岗位责权定位：①产品的结构、类型、分布和规模，比如，以从事国际工程承包为主业的企业和以国际工程咨询服务为主的企业，其内部组织架构和岗位要求具有明显的区别，而且，在建项目的规模越大、种类越多、分布区域越广、数量越多，协调管理起来就越困难，相应地管理架构越庞大复杂，要求的岗位和人数也越多；②市场的结构、类型、分布和规模；③产品与市场关系的处理，即国际工程企业如何处理在建项目管理与市场营销的关系，是采取专业分工原则还是按市场区域划分的原则，将二者置于企业组织结构中的哪个层级之下管理等。

（6）发展阶段

在正常情况下，企业发展一般要经历创业阶段、集体化阶段、规范化阶段和精细阶段。在国际工程企业的不同发展阶段，企业追求的目标、所提供的产品和服务、管理的方式及其规范化或集权化程度不尽相同，应设置与之相适应的内部管理组织。一般来说，随着国际工程企业的不断发展壮大，其经营活动的内容会日趋复杂，人员会逐渐增多，活动的规模会越来越大，企业的组织结构也会越趋庞大复杂。

2.2.4　组织模式

企业组织结构是企业内部组织在职务范围、责任、权力等方面所形成的结构体系，又称权责结构，主要包括：职能结构，即为完成企业目标所需的各项业务工作及其比例关系；层次结构，即各管理层次的构成，又称组织纵向结构；部门结构，即各管理部门的构成，又称组织的横向结构；职权结构，即各层次、各部门在权力和责任方面的分工及相互关系。

综合考虑上述企业组织设计影响因素的实际情况，国际工程企业可以选择不同的组织模式。合理的组织结构模式，从纵向看，应该形成上下通达的信息传递系统；从横向看，应该是各部门、各环节密切配合的协作系统，从而使企业组织形成一个有机的整体。国际工程企业根据国际工程业务的占比不同，大体上可分为纯国际工程企业和混合型国际工程企业两种，其组织结构采取的模式也明显不同，现分别介绍如下：

（1）纯国际工程企业组织模式

纯国际工程企业就是经营范围全部是国际工程业务的企业，其常见的组织模式有直线式组织、职能式组织和横向式组织三种。

1）直线式组织

直线式组织模式如图3-2所示，其主要特点是组织内实行垂直领导，上、下级管理层间的信息沟通传递只有一条直线通道，结构简单，成本低效率高，适合于发展初期的纯国际工程企业或小型专业化国际工程企业采用。

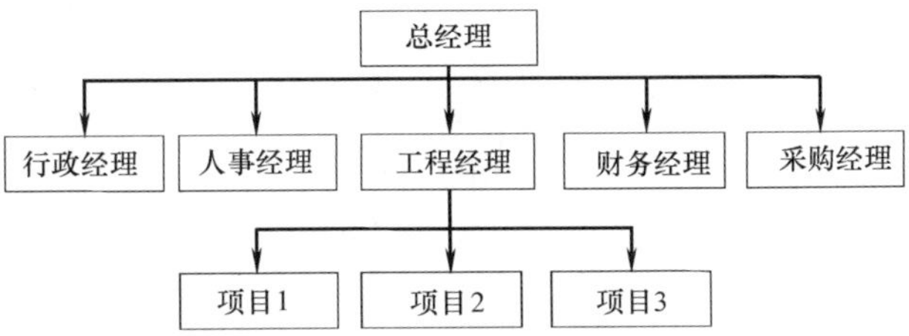

图3-2　直线式组织模式示意

2）职能式组织

职能式组织就是根据国际工程业务分工设置的相应的较为全面的职能管理部门，这些职能部门在自己的业务范围内有权向下级下达命令，体现了现代企业管理精细化专业化的要求，是一般纯国际工程企业走入正轨，发展到一定阶段和规模后的必然选择，结构示意图如图3-3所示。

3）横向式组织

横向式组织又称区域型组织（如图3-4所示），是按国际工程市场区域进行横向划分，在总部或境外成立各自的区域管理组织，将国际工程的市场营销和在建项目管理业务实行一体化经营管理的组织。各组织间相互独立，独自经营，自负盈亏。这种模式权责分明，实行扁平化管理，有利于调动各区域组织的积极性和主动性，比较适合于规模较大、市场范围较广的纯国际工程公司，但缺点是各横向组织间缺少联系，不能实现资源共享。

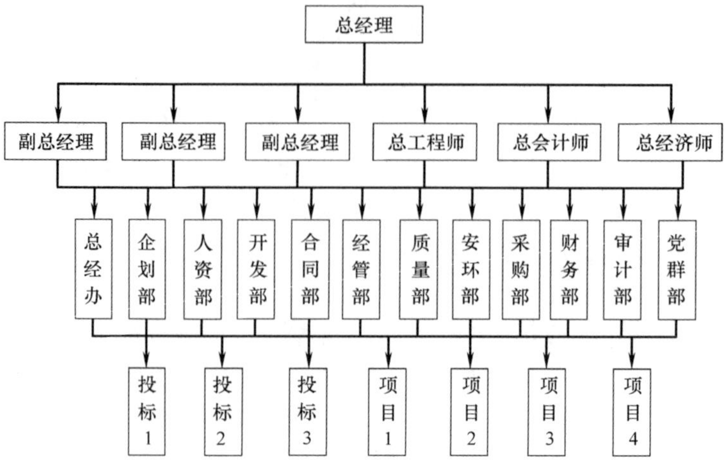

图 3-3　职能式组织模式示意

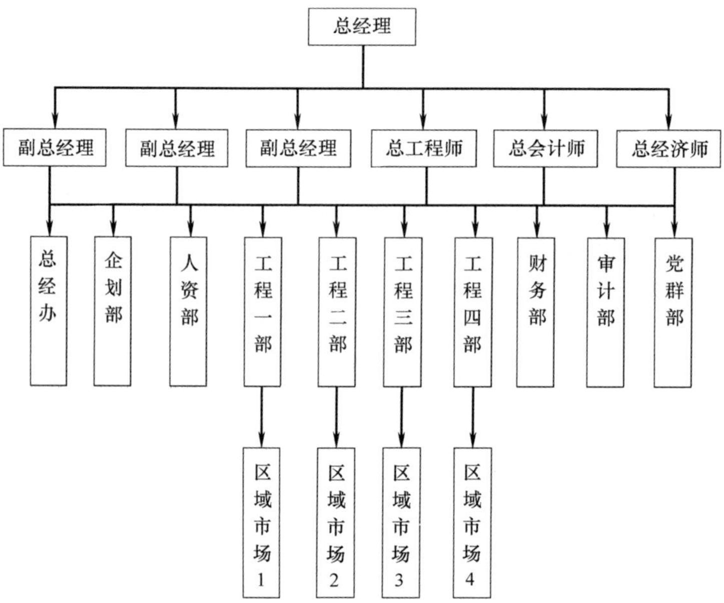

图 3-4　横向式组织模式示意

（2）混合型国际工程企业组织模式

混合型国际工程企业的业务经营范围同时包括国内工程和国际工程及其他相关业务，常见的组织模式有矩阵式组织、国际部式组织、母子结构组织和事业部式组织等。

1）矩阵式组织

采取这种模式的混合型国际工程企业，在总部设置有较为健全的管理职能部门。当国际工程业务有需要时，分别从各相关部门抽调专业人员组成临时团队，从事国际工程投标或在建项目管理，任务完成后，团队成员回到各自原来的管理部门。这种模式在不破坏企业原有组织管理模式的情况下，可以迅速抽调精干力量，组成临时团队承担国际工程任务，适合于原来从事国内工程的企业刚开始偶尔从事国际工程业务时采用，模式示意图如

图 3-5 所示。

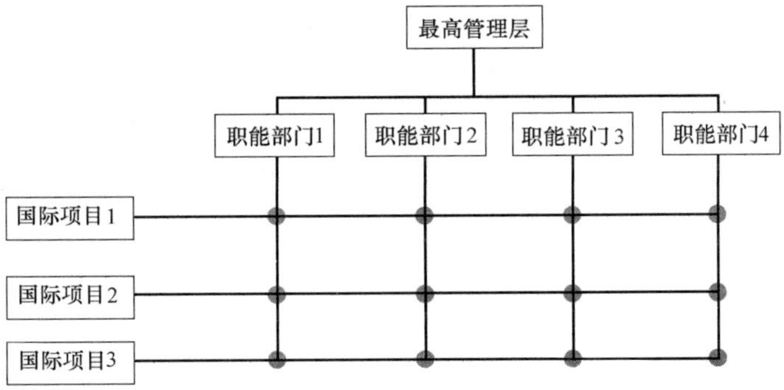

图 3-5　矩阵式组织模式示意

2）国际部式组织

随着国际工程企业的国际工程业务不断扩大，国际项目不断增多，国际工程已经成为企业整体业务不可分割的重要部分，国际业务的管理难度和复杂性增加，需要设立专门的部门协调管理国际工程业务，海外项目不再需要向总部相关职能部门的经理报告，而是向国际部经理报告。国际部发展到一定的程度后，可以在部门内部设立相对较为完善的职能管理部门。国际部的设立标志着企业的国际工程业务开始实行集权化管理，有利于企业从总体上制定公司的国际经营战略，也有利于公司以较低的成本对相对复杂的国际业务进行系统化管理，不利的一面是容易造成国际、国内业务相分离的情况，俗称“两张皮”现象，不能有效地整合国际国内的资源和市场。国际部式组织模式示意图如图 3-6 所示。

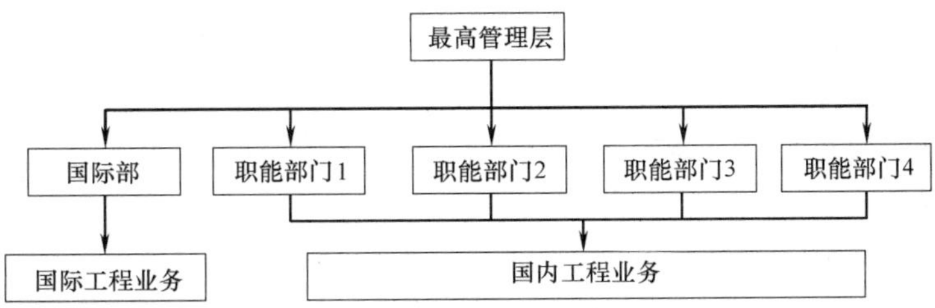

图 3-6　国际部式组织模式示意

3）母子结构组织

母子结构组织模式通常是以工程集团作为母公司，下设一个国际工程子公司和多个工程子公司。国际子公司设有自己的职能部门，专门负责集团公司的国际工程业务。其他工程子公司也设有健全的职能部门，一般都同时从事国际和国内工程业务，并与国际工程子公司在行政上同级，接受集团公司的领导，但在国际工程业务上则听从国际子公司的指导、协调和安排。母子结构适合于大型混合型国际工程企业，其组织模式示意图如图 3-7 所示。

4）事业部式组织

事业部式组织模式是现代社会化大生产发展的产物，其特点是在集中指导下的分权管理，即实行“集中决策、分散经营”。大型或特大型混合国际工程企业集团可以根据产品

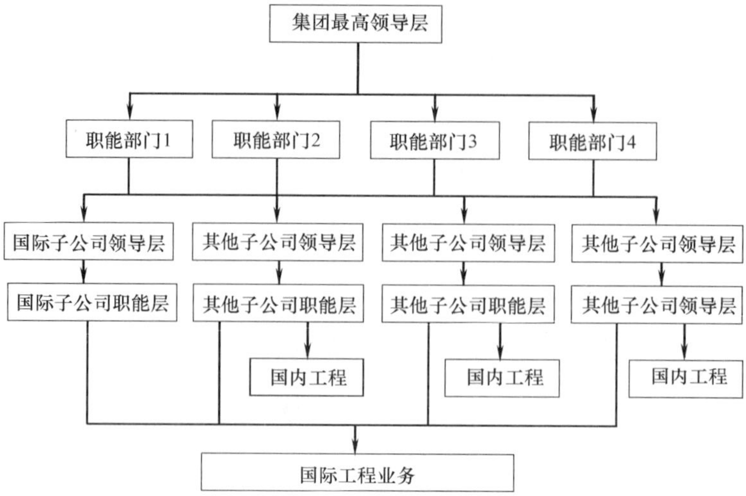

图 3-7 母子结构组织模式示意

和市场种类划分，建立多个事业部。各事业部是相对独立经营核算的利润中心，事业部的经理根据集团公司的指示，统一领导其主管事业部的工作。其中，国际工程事业部将全球市场进行划分，在境外成立多个区域市场总部，统一组织协调管理集团在该区域内的国际工程业务。采取这种结构模式可以将企业最高层领导从日常事务性行政管理工作中解放出来，专心致力于企业的战略决策和长远规划，也有利于调动各事业部生产经营的积极性和主动性，其缺点是机构重复设置，管理层级多，造成资源浪费，信息传递的中间环节多效率低下。事业部式组织模式示意图如图 3-8 所示。

2.2.5 设计的程序

国际工程企业组织设计应由企业最高决策层决策，由企业分管领导负责，组织相关职能部门进行，必要时可聘请专业的管理咨询机构负责或参与设计进程，设计程序一般要经过以下四个步骤：

（1）活动分析与职务设计

通常分新企业组织设计和现有企业组织改进设计两种情况。在国际工程企业的经营战略目标确定后，组织设计的首要工作是围绕目标要求进行任务分解，分析出需要哪些具体的经营活动来实现目标任务。

在此基础上，设计和确定组织内从事具体管理工作所需的岗位种类和数量，并明确各工作岗位的职责权限范围和任职条件。

（2）进行部门划分

即依照一定的归类管理原则和标准，根据各工作岗位的性质和岗位间的相互关系，将各相关岗位组成能履行一定管理职能的部门。

（3）形成组织结构方案

完成上述两项工作后，选择适当的结构模式，初步构建企业的组织结构。在此基础上，对部门和岗位进行适当调整，以平衡各部门和岗位的工作量，以使组织结构更趋合理，形成组织结构设计方案，包括设计的目的、依据和原则，企业的组织结构图和岗位说明书等内容。其中，岗位说明书要简明界定各管理岗位的名称、工作内容、职责权限、与

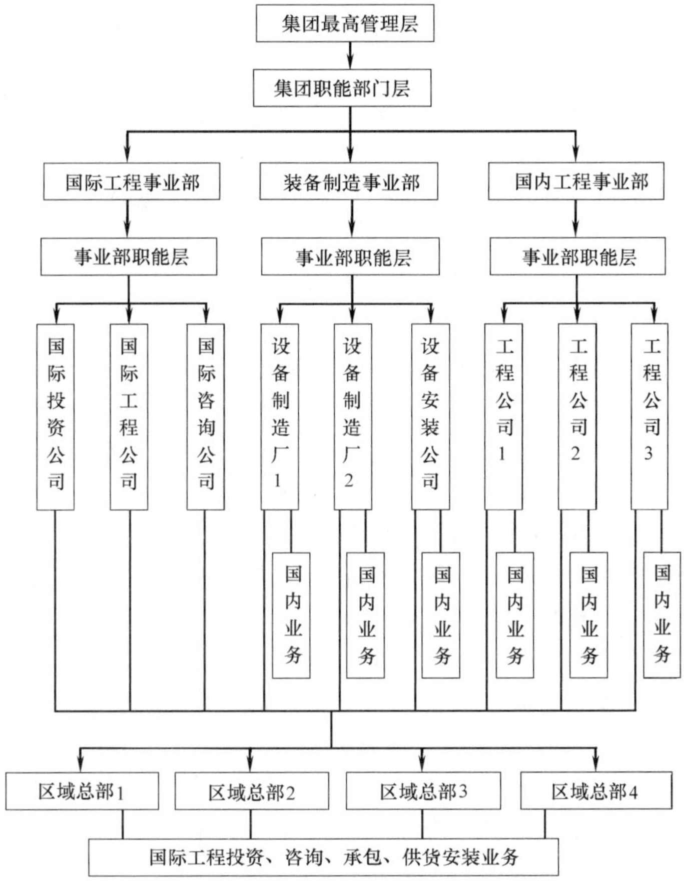

图 3-8　事业部式组织模式示意

组织中其他部门或岗位的关系，以及任职的能力、素质、经验、资格等方面的要求。

（4）方案审核批准

组织设计方案完成后，应提交企业最高管理层讨论审核，必要时可以提交多个备选方案，并根据审核意见进行修改完善，形成最终组织方案，由最高管理者签发付诸实施。

需要说明的是，这类组织方案一般只包含管理职能层和执行层的组织结构，不会涉及最高管理层方面的人事变动。企业最高经营管理者，即公司总经理，一般要由董事会批准或其他主管部门任命；最高层其他班子成员由总经理提名推荐，由企业董事会或其他主管部门批准任命。当然，企业最高层的人事变动也可能与管理执行层的组织结构变动同时进行，或者在最高管理层人事确定后，由其发起领导，进行下级组织结构的设计变动。

2.3　组织的实施控制

国际工程企业组织管理的实施控制过程，就是按照批准的组织设计方案进行组织结构的构建或调整，并对组织的运行状态进行动态控制，以确保组织发挥正常管理功能，实现企业的经营战略目标，一般包括组织实施和组织运行控制两方面。

2.3.1　组织实施

组织实施就是将组织设计的方案计划付诸实施的过程。企业在实施组织设计方案时，应遵循以下几条原则：

（1）按方案计划执行的原则，即企业组织的构建或变动应严格按最高管理层批准的方案计划进行；

（2）程序合规合法的原则，由于组织实施要涉及企业的众多人事变动，需要遵循一定的组织程序和规定；

（3）快速高效的原则，组织结构和人事的调整变动过程或多或少会影响企业日常经营活动的正常开展，所以要尽快完成。

组织实施管理的主要内容包括以下几个方面：

（1）组织任命

国有国际工程企业的组织任命需遵循一定的程序。企业领导班子的任命由上级主管部门或上一级公司的人事组织部门，按相关组织程序进行。企业组织机构中各级各部门负责人的选拔任命程序一般要经过提名或公开招聘、考察、任命、公示等步骤。在正式任命前，还需进行民主推荐或民主测评，并与拟任者进行沟通交流，充分考虑其个人意愿。另外，一些任命还需向上级公司或有关组织管理部门备案。任命要以公司名义下发正式文件，如果在任命公示期内没有出现异议，公示期结束后任命文件即可正式生效。

部门负责人确定后，可确定各部门内的岗位人选，一般采取公司统一安排、部门负责人挑选和个人自愿报名等方式。

组织任命下发或岗位人选确定后，应尽快安排同一岗位新老员工进行工作交接，实现管理的平稳过渡。

（2）硬件准备

主要是根据新的组织结构需要，准备相应的办公条件，包括提供办公场地和设施，制作更换门牌、标识、名片或工装等。

（3）人员招聘

即当企业现有人力资源无法满足新的组织结构需要时，可以通过公开招聘等方式引进新的人才。

（4）制度完善

包括制定新的制度和对原有制度进行必要的审核修订，如岗位责任制、绩效评价考核制度、薪酬制度、员工守则、各种业务程序文件等。

（5）其他相关工作

主要是与组织结构变动相关的工作，如富余人员的安置，修改相关文件上的组织机构图，与相关合作单位进行必要的对接沟通等。

2.3.2 组织控制

组织控制是国际工程企业对内部组织的运行过程进行动态控制，以保证该组织发挥正常的管理功能，达到组织设计的预期目的的过程。

国际工程企业的组织设计是在特定的环境条件下进行的，但由于受设计者认识水平、企业管理资源等限制或其他方面的原因，组织设计并非一定完全符合实际情况。而在组织实施的过程中，环境又可能随时在发生变化。而且，组织机构设计都在一定程度上下放和分散了管理权力。另外，由于员工个人的差异性，并非每一个员工的实际工作表现与其应有的岗位职责要求相符合。因此，国际工程企业有必要对内部组织的运行进行控制管理。

组织控制管理一般采取事前控制、事中控制和事后控制的方法。

事前控制就是在组织运行的某一阶段开始前进行控制。比如，企业提前建立岗位说明书、岗位责任制及其他管理制度，在一个管理员工入职前，将这些制度提前告知该员工，或者采取签订经营责任书、劳动合同等方式，让员工明白工作的目标是什么，哪些工作是应该做的及如何去做，哪些行为又是不能做的及做后应承担的后果，要求员工自觉遵守执行，做到尽职尽责。实际上，这也是企业员工在统一的制度规则条件下自我约束、自我管理的一种方式，故也可称为自我控制。

事中控制也称同期控制，就是在组织运行的过程中对组织进行动态控制，主要是从整体上掌握了解组织的运行状态是否正常，各部门各岗位员工是否发挥了应有的作用，组织内部上、下级间的信息传递是否通畅，部门之间和岗位之间的沟通交流和协作配合是否顺畅，组织功能是否做到了业务全面覆盖等。

事后控制也叫反馈控制。企业的组织机构在运行一段时间后，各种问题和矛盾可能会显现出来，实际运行结果与组织设计的初衷相比发生了一定程度的偏差，这就需要进行局部的纠偏控制。常采取的措施有：更换个别岗位的员工，修订或出台一些管理制度，重新定义一些岗位职责范围，对组织结构进行局部调整等。

2.4　组织评价调整

国际工程企业组织管理评价调整，就是根据企业组织管理目标要求，运用可操作的科学手段，通过系统的收集、分析和整理企业组织管理的信息资料，对组织管理中的人员、活动、过程和结果进行价值判断，并根据价值判断的结果对企业组织进行必要的调整变革，以进一步完善企业的组织管理，确保企业目标的实现。

2.4.1　评价标准

一个运行管理良好的国际工程企业组织体系应满足以下几个要求：

(1) 组织适应性

即所建立的国际工程企业组织的结构、规模及员工能力等方面，在总体上与企业的目标、规模、环境、资源、业务及发展阶段等因素相适应。

(2) 能为追求共同的目标而自愿效力

即企业组织通过建立一个被共同接受的目标体系，在组织内部形成号召力，调动组织全员的积极性，激发全体员工自愿为组织的共同目标而效力。

(3) 沟通协调顺畅

一个良好的组织应该是沟通员工意志的桥梁和协调工作的枢纽，组织中的上下级意志沟通的渠道必须畅通，且对执行工作的任何环境变化都能及时发现、调整或提前预防。

(4) 圆满实现组织目标

这是组织管理的终极目标，也是企业组织满足上述三条要求后的必然结果。

2.4.2　评价原则

(1) 全面评价的原则

当然，检验组织管理工作好坏的最终标准，是要看实施组织管理最终取得的成果是否达到预期的要求。但是，组织管理评价不仅要看结果，还要综合考虑管理中的个人表现、活动过程等因素，以便分析组织管理的成本和效率，评判组织结构的完整性和运行的顺畅性，找出造成管理结果背后的原因和管理中存在的优缺点，为组织调整提供可靠的决策依据。

（2）评价的层次性原则

就是说组织管理评价要分不同层次进行。根据国际工程企业组织的规模和结构的不同，组织含有的层次不尽相同，通常包括员工层、部门层、（子）公司层和集团层等。一般是在企业组织或人力资源部门的统一安排下，由机构中的上一层对所属下一层进行评价。

（3）定性评价与定量评价相结合的原则

组织评价是一个将组织管理的实际情况与预设标准体系的各项指标进行分析比照的过程。这些指标中有些是量化的刚性指标，也有些是定性的柔性指标。

（4）自我评价与组织评价相结合的原则

自我评价是组织中的个人对自己在评价考核期内所发挥的作用、行为表现及取得的绩效进行的评价，如述职报告，自我鉴定表等形式。组织评价是上级组织对所属下级组织或个人的评价。一般可采取上报自我评价与上级考核评价相结合的方式。

（5）评价的频度性原则

由于组织管理评价要耗用一定的管理资源和时间，对组织管理的日常工作也会造成一定的影响，因此要掌握好评价的频次，太过频繁或过于稀少都不能发挥应有的作用。一般员工评价以一季度或半年举行一次为宜，部门或公司评价每年举行一次为宜。并且，在每个战略发展期结束时，应对整个企业组织进行一次全面综合评价，为战略调整和组织改革做好准备。

（6）评价的系统性原则

组织管理评价要有目标、有计划、有组织、分步骤地展开，体现组织管理工作的系统性。企业的组织评价体系一般应由评价的目标标准系统、信息搜集处理系统、工作内容系统和程序方法系统等多个子系统构成。

2.4.3　评价程序

组织管理评价的程序一般包括制定计划、收集信息、整理和分析信息、形成评价报告等几个步骤。

（1）制定组织评价计划

评价计划的内容应包括：①评价标准，是由企业组织各层级中的不同部门、不同岗位的多项评价指标构成的标准系统，这些指标既有一般指标也有特殊指标；既有定性指标也有定量指标，并根据各项指标的作用大小赋予其一定的权重；②评价工作内容分解及其进度和人员安排；③确定分析评价的方法，由于评价的对象和内容不同，一般可选择多种系统评价方法；④信息收集和分析评价过程中采用的问卷或表格的格式等。

（2）收集组织评价信息

可以通过查阅相关文件资料、问卷调查、直接访谈、收集自我评价报告等方式获得评价所需要的基础信息资料。

（3）整理和分析评价信息

即把收集到的大量信息进行归类整理，剔除虚假信息，将真实信息按一定的标准或方式进行折算后，录入预先设定的表格或格式文件内，并与相应的标准进行分析对比，确定二者差别的大小，从而形成评价结果，并对造成这种差别的原因进行系统的分析。

（4）形成评价报告

评价报告的具体内容和容量因评价对象的不同而不同，但无论是针对某一个人、某一部门还是某一（子）公司，报告的基本内容应包括以下四个方面：①评价得出的结论；②造成当前结果的原因分析；③改进管理的意见建议；④附录：一些重要的原始资料信息。

2.4.4　组织调整

（1）一般概念

国际工程企业的组织调整是通过对国际工程企业组织内部生产关系的调整，使之适应企业内外环境变化和发展要求的过程，组织调整也叫组织变革或组织改革，它是国际工程企业组织再设计的前提。

造成国际工程企业组织调整的原因一般来自三个方面：①企业面临的国际国内环境发生了变化，包括国际国内宏观的政治、法律、经济、文化环境及市场竞争形势等因素；②企业自身条件发生变化，包括企业的技术、人员、管理等条件的变化；③企业自身生存发展的需要，企业处于不同的发展阶段，发展战略的侧重点不同，原来的组织模式与之不相适应，相应地需要对组织进行必要的调整。

但是，组织变革是一个破旧立新的过程，期间会牵涉到相关单位或个人的利益，必然会遇到各种抵制和阻力，包括来自组织内个体或来自群体的反对，并且往往相互交织在一起发生作用。

克服组织变革阻力的方式通常有以下几种：①教育与沟通，即通过与员工进行沟通，帮助他们了解变革的理由和目标，克服变革的阻力；②参与活动，即让有关人员参与变革的计划与实施，使他们对变革有发言权；③促进与支持，即通过提供一系列支持性措施来减少阻力；④奖惩结合，即及时对先进单位和个人给予奖励，对阻碍变革的部门和个人进行批评和调整；⑤强制，即直接对抵制者实施威胁和压力，如解聘、下岗及调动等手段。

（2）调整方式

组织调整一般可采取渐进式调整、革命性调整和计划式调整三种方式进行。

1）渐进性调整

是指采用逐步演变的方式，在原有的结构与框架内进行一系列小的改革，期间维持组织的大体均衡。例如，为了协调某几个职能部门的关系，而新成立一个委员会。它的优点是能根据企业当前的实际需要，局部地进行变革，阻力较小。其缺点是缺乏总体规划，“头痛医头，脚痛医脚”，带有权宜之计的性质。

2）革命性调整

这是一种特殊的组织调整方式，是彻底改变企业组织的现状，抛弃旧的一套而断然采用新的方法。这种变革往往涉及企业组织结构重大的以至根本性的变革，从而建立起新的均衡，而且宣布改革后在较短时间内限期完成，最典型例子是企业间的合并重组。

另外，作为革命性变革的一种特例，就是企业组织的流程再造。所谓流程再造是指对企业流程进行基本的再思考和彻底的再设计，以期用首尾相接、完整的整合性过程来取代以往的被各部门割裂的、不易看见也难于管理的支离破碎的过程，使企业管理在成本、质量、服务、速度等关键绩效上取得重大的改进。

这种整合式设计不是简单地考虑如何优化企业现有的工作流程，而是运用突破性的思维，在抛开原有的规则、假设之后，探索和开发出新的跨职能工作流程。它与一般的组织过程改进活动的不同之处，就在于它不是进行一般性的修修补补，甚至也不是单纯借助现代化科技手段使原本可能已千疮百孔的工作过程达到自动化，而是自上而下的彻底性的变革。

国际工程企业在出现以下三种情形之一时，需要进行流程再造：①公司陷于严重的生存发展困境；②企业最高管理层意识到危机；③高速发展的公司为继续保持优势。

规模较小的企业由于其组织层级较少，往往比大企业更容易彻底进行再造。因此，我国国际工程企业的流程再造可以从中小企业或大企业的子公司开始。其中，非公有制国际工程企业的流程再造具有相对自由的自主权。

再造的过程可以分为如下几个步骤：内外环境分析；企业战略调整；问题诊断；目标设定；新流程的设计；新流程的实施；绩效评价和反馈。

3）计划式的调整

这种方式是首先对企业组织结构进行系统研究，制定出合理的改革方案，然后结合各个时期的工作重点，有计划、有步骤地加以实施。这种方式的特点是：有战略眼光，适合组织长期发展的要求；组织结构的变革可以同人员培训、管理方法改进同步进行；职工有较长时间的思想准备，阻力较小。因此一般认为这种方式是比较理想的方式。

回顾我国国有企业内部近四十年的改革历程，总体上说，是在中央的统一领导部署下，有计划有步骤地实施渐进式的改革，是一个逐步调整完善的过程，并且还将持续进行下去。

第4节　国际工程企业的领导管理

1　企业领导的一般概念

1.1　定义

严格地说，国际工程企业的领导管理和人力资源管理都应属于其组织管理的范畴，因为企业领导和普通员工都位于企业组织架构上的不同层次和岗位上。但是，考虑到企业领导在企业管理中的特殊地位和作用，本节将对企业的领导管理专门作进一步的讨论，而将普通员工的管理纳入企业人力资源管理的范畴，但二者间难免有交叉重叠的地方。

中文中的“领导”一词通常有两层意思，一是指领导者个人或机关；二是指领导活动。领导者是组织中那些有影响力的人员，他们可以是组织中拥有合法职位的、对各类管理活动具有决定权的主管人员，也可能是一些没有确定职位的权威人士。领导活动是领导者运用权力或权威对组织成员进行引导或施加影响，以使组织成员自觉地与领导者一道去实现组织目标的过程。在这层意思中，领导应被理解为贯穿于管理活动整个过程中的一项基本管理职能。

相应地，企业领导也有两层含义，一是指企业的领导者个人或集体；二是领导企业的活动，即指挥、带领、引导和鼓励企业员工从事生产经营活动实现企业目标的过程，在这种意义上说，企业领导也可称之为领导企业。本节讨论的企业领导主要是指企业领导者个人和集体。

1.2　分类

企业领导的分类方法有多种。比如，按制度权力的集中度的不同，可分为集权式领导者、民主式领导者，或者二者的结合——民主集中式领导者；从创新的角度，可以分为维持型领导者和创新型领导者；以领导的分工不同，可以分为政治领导、行政领导和业务领导；以领导在组织机构中所处的层次不同，可分为企业最高层领导、中层领导和基层领导；按领导个人在领导班子中的地位不同，企业领导又可以分为正职领导和副职领导两种；按承担领导岗位的份量不同，还可以分为全职领导和兼职领导等。

1.3　作用

企业领导者在带领、引导和鼓舞企业员工为实现企业经营发展目标而努力的过程中，要发挥一个领导者应有的功能作用，主要包括以下四个方面：

（1）预见决策作用

所谓领导就是领先，也就是站在一个组织或团队的前面，首先是思想上的领先。因此，一个企业领导者应该能够胸怀全局、高瞻远瞩，超前预见事物发展的趋势，准确把握企业未来可能面临的机遇和挑战，为企业的经营活动提前确定和指引发展的方向。同时，在企业的经营活动中还面临着大量的决策问题，需要领导者不仅要敢于决策，而且还能善于决策，即综合权衡科学决策，为实现企业经营目标选择确定正确的路径和方法。

（2）组织指挥作用

没有企业领导者的组织过程，一个企业的人、财、物可能只是独立的、分散的要素，难以形成有效的生产力。通过领导者的组织活动，对人、财、物进行合理配置，使之构成一个有机整体，才能去实现企业的经营发展目标。而在企业的生产要素中，人是最重要的因素，也是最复杂的因素，需要领导者发挥组织指挥作用，应用领导者的权威和影响力，来号召全体员工齐心协力，向共同的目标迈进。

（3）激励表率作用

除了上述的组织指挥作用之外，企业领导者还可以通过激励方法来调动员工的积极性，使之能为实现企业目标而积极努力。激励的方式方法有多种，包括物质的和精神的，而领导者“以身作则，身先士卒”的表率行为，在激励员工中发挥着不可替代的作用，正所谓“榜样的力量是无穷的”。

（4）控制协调作用

在实现组织的目标过程中，“偏差”是不可避免的。这种“偏差”的发生可能源自于不可预见的外部因素的影响，也可能源自于内部不合理的组织结构、规章制度、不合格管理人员的影响。因此，纠正目标“偏差”，控制活动进程，协调解决经营活动中可能出现的各种矛盾和问题，从而保证企业目标的最终实现，也是企业领导者的应有作用。

1.4　企业领导与政府领导

企业领导和政府（部门）领导同是领导，都具有领导的一些共同特点，比如都要承担一定的权力和责任；都具有自然性和社会性的双重属性；都需要在组织中发挥一定的领导作用等。

同时，二者又存在明显的区别，主要表现在以下几个方面：1）身份性质不同，政府领导的身份是国家公务员，而企业领导的身份是企业职工；2）所处组织性质不同，政府领导处在行政管理组织中，企业领导则处在经济组织中；3）管理的范围不同，政府领导管理的是社会事务，企业领导的管理集中于企业的生产经营活动，社会事务中包括了企业的经济活动，但政府领导不应干预企业合法正常的经营活动，而企业领导也无权去管理企业之外的社会事务；4）二者管理的对象、目标、原则和方法不同。

1.5 企业领导与企业管理

领导与管理之间的关系是既相互联系又相互区别的。二者间的联系主要表现在：①领导是从管理中分化出来的。就领导活动自身发展的历史而言，决策与执行的分离、领导权与管理权的分离，是领导科学发展进程中的重要变革，这一具有里程碑意义的变革同样证明了领导是从管理中分化而来的。当领导权与管理权实现分离后，组织的领导者不一定就是管理者。②尽管如此，领导和管理无论是在社会活动的实践方面，还是在社会科学的理论方面，都具有较强的相容性和交叉性。

二者的区别主要表现在：①管理是建立在合法的、有报酬的和强制性权力的基础上对下属命令的行为，而领导可能是建立在合法的、有报酬的和强制性权力的基础上，也可能是建立在个人影响权和专长权以及模范作用的基础上。在这种意义上说，一个组织的管理者不一定就能发挥领导者的作用。②领导具有战略性。领导侧重于重大方针的决策和对人、事的统御，强调通过与下属的沟通和激励实现组织目标；管理则侧重于政策的执行，强调下属的服从和组织控制实现组织目标。领导追求组织乃至社会的整体效益；管理则着眼于某项具体效益。③领导具有超脱性。领导重在决策，管理重在执行。工作重点的不同，使领导不需要处理具体、琐碎的日常事务，主要从根本上、宏观上把握组织活动。管理则必须投身于人、事、财、物、信息、时间等具体问题的调控与配置，通过事无巨细的工作实现管理目标。

在企业管理的实践中，凡是从事企业管理工作的人，都可以称之为企业管理人员。这些管理人员大体上可以分为两种，一种是从事具体的、专门的管理工作的一般管理人员，如计划管理人员、概预算管理人员、文秘人员等；另一种是担任某种领导岗位在某一团队中发挥一定的领导作用的管理人员，如公司总经理、驻外分公司经理、部门经理等，他们往往兼具企业领导和管理的双重作用，既是企业领导者又是企业管理者，而这些人正是本节所要讨论的对象。

2 企业的领导管理

2.1 定义

当我们将企业领导限定为在企业组织架构里担任一定领导岗位的管理者后，领导管理的定义就变得简单明了了，套用管理学大师彼得·德鲁克在《管理的实践》中的一句话，就是“管理管理者”。具体地说，企业的领导管理就是对企业内部组织中各层级的领导进行结构设计、选拔任用、履职监督、沟通协调、支持服务，以及评价考核调整等，以充分发挥企业各级领导的应有作用。简而言之，就是选好、用好和管好企业领导。

为加深对企业领导管理的理解，笔者在此强调以下几点：

（1）在企业管理中，企业领导是管理主体。而在企业领导管理中，企业领导成为被管理的对象。

（2）企业领导管理所要管理的对象不是企业某个单一的领导，而是企业组织中各级各层的领导团队。

（3）管理的主体主要是上级组织或领导和同级党组织，而领导的下属、公共舆论及社会群体等方面也不同程度地参与了对企业领导的管理。

（4）在管理方式上，除了体现管理的计划、组织、控制、协调和调整的基本功能外，还包括来自不同方面的对企业领导的支持和服务。

（5）管理的目的是为了充分发挥企业各级领导的应有作用，也就是要用好领导。用好领导具有多层含义，一是指通过对领导的管理，使企业领导自觉履行好职责和权力；二是指上级领导要用好下一级领导；三是指下一级领导也要用好上级领导。

2.2　领导管理的内容

根据上述定义，我们可以确定企业领导管理的内容，主要包括以下几个方面：

2.2.1　领导结构设计

领导结构设计是对企业组织结构设计的细化和完善，是对企业领导结构的一种规划方案，体现了管理的计划功能，主要包括以下一些内容：①确定企业组织结构中的领导层级及相互关系，通常包括决策层（最高层）、职能层（中层）和作业层（基层）三个层级，复杂的企业组织中领导层级会更多。原则上说，在企业的各领导层级中，从上到下的垂直关系中是领导与被领导的关系，在同一层级中是平行的协作配合关系；②确定各领导层级中领导团队的数量，一般来说，企业的决策层应只有一个领导团队，而在职能层和作业层，则需要根据每个企业的具体情况，分别设立多个领导团队，包括在境内和境外的团队；③确定各领导团队的内部结构和规模，即在各领导团队内部设立什么样的领导岗位，团队由多少人组成；④确定各领导岗位的职责分工和任职条件。

国有企业的领导结构相对比较复杂庞大。以企业的最高层为例，通常包括董事会、党组织和总经理三套班子，且三套班子中经常出现交叉兼职的现象，如董事长兼任党委书记或总经理，或总经理兼任党委副书记等。董事会原则上是企业的决策层，设有董事长、副董事长和董事等职位。党组织是企业的政治领导机构，机构中一般设有专兼职书记、副书记、纪委书记等数名。总经理班子是企业管理的执行机构，设有总经理1名、副总经理数名，班子成员中还有总工程师、总经济师、总会计师和工会主席等。除此之外，在机构设置上还有各类专家咨询、专业管理委员会等，在领导职位设置上还有常务副总、执行副总、总助、副总师等。企业下属的各级各个领导机构也纷纷效仿最高层进行领导配置，由此构成了一个国有企业庞大的组织领导体系，让企业自身不堪重负，矛盾重重，决策缓慢。

2.2.2　领导的选拔任用

与企业领导的选拔任用管理对应的是管理中的组织功能。

担任国有企业的领导必须具备一定的能力和素质修养。选拔任用企业领导的条件一般从以下四个方面考虑：①思想品德，包括领导者的政治信仰、思想修养和道德品质等方面的要求；②知识素养，包括政治理论知识、科学文化知识、管理和专业知识等方面的要求；③领导能力，包括领导综合能力（如综合分析能力、利益或资源整合能力以及人际交往和组织协调能力等）和创新驱动能力（如洞察、预见、决策、推动、应变以及识人用人的能力）；④身心素质，包括良好的个人心理素质、充沛的精力和健康的体魄等。

除此之外，个人的工作经历、群众的口碑、教育背景、政治面貌、年龄性别、民族等也是在选拔任用时需要适当考虑的一些因素。当然，一个企业领导要想在以上各方面都表现得十分突出优秀是很难做到的，那种“高大全”式的理想人物在现实中是不存在的。因此，在实际选拔任用时，应本着实事求是、人无完人的原则，在坚持基本底线的同时，根据领导岗位的层次和分工不同而有所侧重。原则上，职位层次越高，则要求越严格全面，并侧重于其掌控全局的能力。而基层领导则需更看重其专业知识和能力以及推动执行的能力。

国际工程企业领导的选拔任用除了应遵照上述条件外，还要根据国际工程业务的特点，额外考虑以下几个因素：①在思想品德方面，由于国际企业领导要与来自不同信仰、政治制度、民族文化背景的人进行交往联系，因此在坚定自己的政治信仰的同时，还应具有包容不同政治信仰和民族文化的胸怀，并且在面对外面世界不同的生活方式和各种形形色色的诱惑时能坚守自己的道德底线和职业操守。②在知识素养方面，应具备与国际工程管理相关的多方面知识。③在领导能力方面，要具备国际利益或资源的整合能力、国际沟通交往能力（最好能熟练应用外语）、观察分析问题能力、决策时的国际视野以及更为敏捷的应变能力等。

企业领导的选拔任用程序可参见本章上一节组织管理中的相关内容。

私营企业的领导任用条件和程序，可能更为直接简单，一些家族式的企业领导岗位可能是由企业所有者直接指定或通过继承方式确定。在当下价值多元的社会，很难要求一个私企领导坚持马克思主义的政治信仰和为民服务的价值观念。但是，对企业领导在道德品质、知识素养、领导能力及身心素质等方面的要求，无论在国有企业还是在私有企业都是一样的。

2.2.3　领导的履职监督

对企业领导的履职进行监督体现领导管理中的控制功能，包含两层意思，一是企业领导的履职，即行使领导岗位应有的权力和职责；二是对企业领导的履职行为进行监督。

任何一名企业领导都是在企业组织机构中某一层次上担任某一领导岗位，都肩负着一定的岗位权力和责任，必须忠于职守，做到尽职尽责。企业领导的履职分三个方面：①对于其上一级的组织领导来说，就是要传达落实上级组织领导的指令信息，完成上级组织领导下达的目标任务；②对于同级的组织领导（包括同一领导集体中的其他成员）来说，则是在企业统一目标的引领下，在工作上相互支持、密切配合；③对于下一级领导或员工来说，则是要发挥引领鼓舞作用，即上文提到的预见决策、组织指挥、激励表率和控制协调作用。

履职监督是对企业领导的履职资格、履职过程和履职结果进行全面监督，以规范其履职行为。监督的内容包括企业领导的任职条件和程序是否合格规范；履职过程中是否尽职尽责，有无重大工作失误，有无以权谋私、贪污腐败等违纪违法行为；履职的结果是否完成了预定的目标，是否给企业造成严重的经济和社会信誉损失等。监督的方法和形式有多种多样，有来自企业外部的监督，包括相关法律法规、上级组织领导、社会群众和大众媒体等；有来自企业内部的监督，包括内部的相关管理制度规定，同级党组织和纪检监察、审计部门，上级、同级领导或下一级领导或员工，班子成员间的相互监督，以及领导者个人的自我约束监督等。

2.2.4　领导的沟通协调

我们说，企业领导管理的目的是要充分发挥企业领导的应有作用。但是，在履职过程中，一些企业领导由于种种主客观原因的限制，无法完全做到有效履职。在领导管理中，企业领导被视为管理对象，为了用好企业领导，就必须加强沟通协调工作，沟通是信息沟通，而协调则包括关系协调和资源协调。

企业领导在履职过程中难免出现信息不畅、人际关系冲突或资源不足的情况。在这些情况下，企业领导作为企业管理者，首先要发挥沟通协调功能，即由自己直接采取适当的沟通协调方法去解决问题。但在某些特殊情况下，还需要第三方居间沟通协调。

以信息沟通来说，我们要求企业领导有一定的沟通交流能力，但并不是所有企业领导的实际沟通交流能力都能满足工作需要，比如一些专家型领导，可能专业能力很出色，却不善于对外沟通交流；第二种情况是由于某种客观原因，信息在领导与信息接受者间出现了阻塞障碍，需要第三方从中疏通；另一种情况是，出于管理方式方法的考虑，让第三方替代企业领导去进行沟通交流，可能更为适宜有效。

在协调方面，有时也需要第三方参与其中。比如，企业领导一般都有一定的权限和管理范围，当所面对的人际关系或所需资源超出了其权限掌控的范围时，往往需要第三方居间协调；第二种情况是企业领导与某一方的矛盾冲突严重到了相互间无法自行化解的程度；第三种情况也是出于管理方式方法的考虑，采取第三方居间协调为宜。

上述沟通协调中所说的第三方，根据不同情况，可能是该企业领导的上级组织领导，也可能是其同僚或者下属领导员工。

2.2.5 领导的支持服务

在当下大多数对管理的定义中，都没有将支持服务列为管理的功能。在笔者看来，是这些管理定义过分强调了对管理对象的管制作用，并没有给予被管理者应有的尊重，在某种程度上扭曲了现代社会中管理者与被管理者的关系。在现代社会中，参与社会活动的大多数人都同时兼具管理者和被管理者的双重身份，因此当一个管理者在管理过程中未给予被管理者应有的尊重时，同时也是对自己的不尊重。而且，这类定义与管理实践也是不相符的。我们虽不能说所有的管理工作都需要管理者履行支持服务功能，但是毫无疑问，的确有一些管理工作要想达到预期的管理效果，是离不开必要的支持服务的。

对企业领导的管理，并不是只要给予领导一定的授权，下达一个任务指标，再制定一套限制规则，并从四周对其履职行为进行全程监督，就一定能让企业领导正常发挥其应有的作用。实际上，企业领导在履职过程中离不开相关方的全力支持和周到服务，这是因为任何领导都会受到自身的能力和权力的限制，而一些问题的解决远远超出了其自身能力和权限范围。比如一个国际项目的项目经理，作为国际工程企业生产一线的基层领导，没有被授权对外进行融资，当项目实施过程中出现资金紧张，严重影响到项目的施工进度和社会声誉时，就需要得到总部的资金支持。另外，企业领导在得到一定的支持和服务后，可以从一些日常琐碎的事务中解脱出来，节省时间，更加集中精力去履行其应有的职责。

对企业领导的支持和服务可以来自上一级的组织领导，也可以来自同级领导或者下属。支持服务的内容既有精神层面的，也有物质层面的。

2.2.6 领导的评价考核与调整

领导的评价考核可参见组织管理及业务管理中的相关内容，下面主要讨论企业领导的调整。

在国有企业的领导管理中，应建立完善的用人制度，其中重要的一条是要做到企业领导的能上能下，而不是领导终身制或者只能上不能下，也就是说能根据企业内外环境的变化和企业领导的履职表现对企业领导进行正常的调整。

企业领导调整可分为重大调整、例行调整和特殊调整三种情况。

重大调整通常发生在下列两种情况下：①当企业进行战略调整和组织重构时，需要相应地对企业领导进行重大调整；②当一届领导班子任期期满时，也会对企业各级领导进行重大调整。

例行调整是根据企业年度评价考核的结果，定期对企业个别领导进行必要的调整。调整的方式有：①保留企业领导的原有岗位，只对其岗位职责权限进行修改；②企业领导的平级调换；③表现突出，予以晋升；④连续多年考核不达标，给予降级或免职。

特殊调整是在出现一些特殊情况时，对企业领导进行的个别调整，如某领导因为晋升、辞职、正常退休或其他原因，离开原岗位或工作单位，需要对空缺岗位进行补缺；或者由于管理上的需要新增或削减了部分领导岗位，也需对领导进行相应的调整。

第5节　国际工程企业的业务管理

1　一般概念

国际工程企业的主要经营业务是为国际客户提供各类工程产品和服务。而提供工程产品服务的过程，实际上就是实施国际工程建设项目管理（简称为在建项目或项目）的过程。在市场竞争条件下，工程产品和服务的一个特点是订单式生产，也就是说，国际工程企业要首先获得工程订单，然后才能开始组织生产和交付工程产品，或履行工程服务过程。而在通常情况下，工程订单（亦即工程合同）是国际工程企业通过开展适当的市场营销活动，在市场竞争中获得的。因此，无论国际工程产品和服务的具体内容是什么，大体上都可以将国际工程业务划分为两大任务，即：①开展国际工程市场营销活动，以获得工程合同；②根据工程合同要求，向客户提供国际工程产品或服务。相应地，国际工程业务管理就是对国际工程市场营销、产品或服务的生产交付等相关经营活动进行管理的过程。

国际工程的另一个特点是异地化和国际化生产经营，换句话说，生产经营的法人主体和客体一般不在同一场地，即国际工程的客户和生产交付地与国际工程企业分属不同的国家或地区。那么，国际工程企业为了有效开展市场营销和实施工程项目，就必须在市场或项目所在地配置一定的资源，在现场开展业务活动。但是，这不等于说国际工程企业在完成现场资源配置后就万事大吉，对现场组织管理机构或人员的行为放任自流。相反，为实现国际工程企业的经营目标，企业总部要加强对生产经营活动的管控。这样一来，国际工程的业务管理就划分为企业总部管理和现场管理两部分。而本节所要讨论的国际工程企业业务管理，主要是以企业总部相关人员和业务部门为管理主体，来对企业的国际工程市场营销、产品或服务的生产交付等相关经营活动进行管理。笔者以为，国际工程业务管理是国际工程管理的核心内容，每一项业务需要的篇幅较大，因此将在本书后面的有关章节，从具体的现场操作层面进一步详细讨论。

国际工程企业总部的业务管理和境外管理机构的业务管理，是国际工程企业业务管理的两个重要组成部分，二者既相互联系互为支持依靠，又各自相对独立相互区别。相互联系主要表现在：①业务管理的客观对象都是国际工程市场和在建项目；②管理的目的都是为了实现企业的经营战略目标；③一般来说，总部的业务管理也包括对境外业务管理机构的管理。在此基础上，相互间需要分工协作和支持配合。

而二者存在的区别则主要表现在以下几个方面：

（1）管理的主体不同

企业总部的业务管理主体是总部的相关领导、业务或职能部门，如分管副总经理、营销管理委员会、经营管理委员会、工程部、营销部、科技质量部、安环部、法律合约部等；现场的业务管理主体是现场组织机构，如境外区域总部、分公司、项目部等。主体的不同还表现在管理主体组织在层次、构成、规模、功能等方面的差异，总部的业务部门位于企业组织机构中的职能层，主要由纯业务的相关专业人员构成，分到每一个具体市场或在建项目的岗位人员较少，甚至是一人统管多个市场或项目；而现场的管理组织机构位于组织机构中的执行层，一般来说其结构要相对综合全面，规模也要大一些。

（2）管理的范围不同

通常总部的管理范围是企业的全部国际市场，其每一个业务部门所覆盖的管理范围较广。而现场的管理机构管理的范围一般限制在某一具体的市场或在建项目。范围不同导致各自经营管理的目标值不同，现场业务管理的目标通常是组成总部业务管理目标的一部分，而总部管理目标是全部现场管理目标的集合。

（3）管理的地点不同

总部业务管理者除了偶尔根据需要去现场外，大部分时间在总部工作；而现场的管理者多半长期在国外市场或项目一线工作。地点不同导致管理的方式也不同，总部多采取远程监控间接管理的方式，而现场管理采取亲临一线直接管理的方式。

（4）管理的侧重点和详细程度不同

不同的国际工程企业内部的组织结构不同，对总部业务部门和现场管理机构的功能定位也互不相同。但一般说来，总部业务管理的重点是制定发展战略、经营计划和制度规则，对现场业务管理实施决策、监控和考核评价，进行综合统计分析，并为之提供必要的协助、支持和服务，其管理的程度一般较为宏观粗放，不会深入涉及每个现场具体业务的细节。而现场业务管理则是执行总部的制度规则和决定，完成总部下达本市场或项目的战略和计划目标，上报现场管理的进展情况，需要直接面对市场、客户或在建项目，负责解决市场营销一线和在建项目现场管理中的各种各样的具体问题。

2 国际工程企业业务管理的内容

国际工程企业总部对国际工程市场营销和在建项目进行管理的具体内容阐述如下：

2.1 国际工程市场营销管理

（1）制定国际工程市场营销战略

市场营销战略也称市场经营战略，是国际工程企业的核心战略之一，通常是在企业最高管理层中的国际工程业务分管领导的直接领导之下，由企业的战略管理部门或市场营销管理部门负责起草制定，企业在境内外的其他相关组织参与其中。有关制定营销战略的详细内容，参见本文后面有关章节。

（2）建立健全国际工程市场营销管理的制度体系

通常是以市场营销业务指导手册的形式出现，内容一般包括：①手册的适用范围；②编制的依据和引用文件；③市场营销管理的目标体系；④企业内部组织机构中，从最高管理层到基层境内外各部门或单位在市场营销中的功能作用；⑤这些部门或单位中的相关岗位人员在市场营销中的职责权限；⑥市场营销业务中各个环节、各种活动的程序、规则、内外接口、质量标准或时限要求等程序性文件；⑦市场营销的业绩考核和薪酬管理制度；⑧其他与市场营销相关的制度规定；⑨市场营销中需要用到的各种表格或格式文件模板。

制度体系一旦建立，企业各层级各部门对市场营销管理应严格按制度要求执行，并在执行过程中不断改进完善。

（3）建立境外市场营销网络

即根据营销战略要求，开展境外营销网络选点布局，确定各境外营销机构的市场和业务范围，完成机构设置、组织任命和资源配置等相关工作。具体操作见后述相关内容。

（4）分解下达市场营销任务目标

把企业营销战略目标按年度分解，再按区域市场和业务种类细分，下达给总部各营销业务部门和各境外营销机构。总部各业务部门要根据下达的任务目标，结合部门的实际情况，制定本部门的行动计划。

（5）建立和运行市场营销信息库

包括建立市场营销信息的传输渠道网络和数据库，对企业全部市场营销信息的收集整理、分析决策、录入更新以及分发输出等进行全过程动态管理。

（6）与境外营销机构密切配合开展市场营销活动

市场营销是企业总部和境外营销机构的共同任务，受职责定位、管理层次、信息来源、客户倾向、时机地域等多种因素影响，有些工作要由总部承担，有些以现场负责为宜，因此双方应通过分工协作、相互支持、无缝搭接、密切配合来完成营销任务。

（7）负责组织或参与支持项目投标工作

项目投标是市场营销活动之一，因此企业总部对投标管理责无旁贷，只是在具体的责任分工上，各个企业的情况不尽相同。首先，总部都应建立投标流程与管理制度，这些制度是市场营销管理制度的一部分。而针对一个具体项目的投标，总部有可能是全面负责决策和组织实施；也有可能仅仅是全程参与、协助或支持，具体的工作则由企业所属境内外有关单位组织完成。原则上，对企业生存发展具有重大影响的战略项目，应由总部领导集体或分管领导进行决策，并组织调集企业在境内外各种相关资源进行投标，力争在竞争中获胜。有关国际工程项目的招投标管理，详见本书后面有关章节。

（8）对市场营销管理进行评价考核

评价考核通常分两种情况，一种情况是以项目投标为基础进行不定期评价考核，即在项目投标完成后，对项目营销和投标过程进行总结评价和整理归档，故也称投标专项考核。项目中标后，如果经评价认为，标书质量高，中标价格合理，则应根据企业薪酬管理和绩效奖励制度规定，对参与项目投标的相关组织和个人给予奖励；如果评价认为，项目投标中存在严重人为失误，可能给企业造成潜在的巨大信誉或经济损失，则应给予相关责任组织或个人相应的处罚。另一种情况是定期对境内外各市场营销组织和责任人的绩效进行全面综合评价，根据其完成营销目标的具体情况进行相应的奖励或惩罚，一般每年举行一次。

2.2　国际工程在建项目管理

（1）建立健全在建项目管理的制度体系

国际工程在建项目制度体系的结构形式与营销管理类似，以项目管理指导手册的形式出现，二者构成国际工程企业业务管理的核心制度体系。手册内容通常由以下几个部分组成：①手册的适用范围；②编制的依据和引用文件；③在建项目管理的目标体系；④企业内部组织机构中从最高管理层到基层境内外各部门或单位在在建项目管理中的功能作用；⑤这些部门或单位中的相关岗位人员在在建项目管理中的职责权限；⑥现场管理的组织模式；⑦在建项目管理中各个环节、各种活动的程序、规则、内外接口、工作标准或时限要求等程序性文件；⑧在建项目绩效考核和薪酬管理制度；⑨其他与在建项目管理相关的制度规定；⑩在建项目管理中需要用到的各种表格或格式文件模板。

同样地，在建项目管理制度体系也是一个制定、实施和不断修改完善的循环过程。需要特别说明的是，对于一个刚刚涉足国际工程业务的企业来说，业务管理（包括市场营销和在建项目管理）的制度建设具有十分重要的作用，因为对这些企业的从业人员来说，国际工程完全是全新的领域，他们以前没有系统的从业经验，纵使有满腔的热情和较强的国内工程业务能力，也很可能一时不知该从何处下手。这样一来，就需要通过对国际业务各个环节制定符合国际工程业务管理要求的详细的可操作的制度，让从业者通过学习和执行这些制度来逐步了解和适应国际工程业务管理的要求，从而能够少走弯路。而且，这些制度是针对全公司的国际业务，因此覆盖的范围广，一旦在企业内全面贯彻执行，很容易在从业人员中达成共识，比起从业者各自在实践中逐步摸索积累要快捷得多，不失为新国际工程企业尽快全面熟悉业务的一条捷径。所以，新从事国际工程业务的企业应特别注重国际业务的建章立制工作。

（2）分解企业生产经营计划，下达各在建项目的生产任务指标

国际工程企业的年度生产经营计划，是在统计分析各在建项目和预计新开工项目的年度进度计划的基础上，结合战略目标要求和环境资源条件的实际情况而制定的。总部对年度生产计划按部门和项目进行分解，作为控制指标下达给各项目管理部门和境外项目部贯彻落实。

（3）对所属各在建项目过程实施全面的动态管理

这些管理工作包括但不限于：①组建现场管理机构（一般为项目部），选拔配备项目部管理人员；②组织项目原投标团队和项目部进行项目交接；③负责组织编写或审核批准项目管理计划，确定项目经营管理目标；④协助项目部进行各种资源的组织进场；⑤通过报表、网络通信和现场检查等方式，动态监控各在建项目的进展情况；⑥协助项目部解决在项目开工、实施和竣工移交过程中出现的进度、质量、合同、成本、安环，以及设计、分包、风险、信息、技术、资金、设备材料、人力资源等方面的问题；⑦组织安排对在建项目的责任审计；⑧在各项目间进行资源协调和资源处置等。

（4）建立三标管理体系

三标管理体系是对工程建设项目实施过程中的质量（QMS）、环境（EMS）、职业健康安全（OHSAS）三个管理体系的统称。三标体系认证对项目的质量、环境、职业健康和安全管理有着非常严格具体的要求，并非所有的国际工程企业都有能力达到这些要求。

建立三标管理体系有两方面的含义，一是指企业通过达标培训、管理提升等一系列活动，建立企业自身符合三标体系要求的管理体系，并按体系程序要求申请获得体系认证；二是在获得认证后，企业在项目管理中严格推行三标管理体系，持续改进项目的质量和环境、职业健康安全管理工作。

（5）在建项目管理评价考核

评价考核的对象是总部参与项目管理的各相关部门、单位及现场项目部，考核评价的依据是在建项目管理的绩效考核制度、经营责任书、生产经营的计划指标及实际完成情况。对总部管理部门的考核一般按年度进行，而对跨年经营的在建项目部的考核，可分为按年度进行预考核和项目竣工后的最终考核。

第6节　国际工程企业的资源管理

1　一般概念

企业资源是指企业所控制或拥有的要素的总和，包括企业的内部资源和外部资源。内部资源包括企业的人力资源、财务资源、实物资源、信息资源、技术资源、管理资源、可控市场资源、内部环境资源等；而外部资源包括行业资源、产业资源、市场资源、外部环境资源等。

企业资源按其构成类别来分，又可分为有形资产、无形资产、人力资源与组织能力三大类。有形资产是指可以在企业资产负债表上体现的资产，如房地产、设备原材料等。无形资产包括公司的声望、品牌、文化、技术知识、专利、商标以及各种日积月累的知识和经验。人力资源和组织能力，则是资产与管理因素的现实的、复杂的结合。

本节所要讨论的国际工程企业资源管理，主要是指国际工程企业从企业总部的角度对其内部的人力、财务和工程设备物资等资源实施的管理，也涉及境外生产经营组织的资源管理，但主要是在这些组织的外部，通过建立规则制度、决策审批、监督指导、沟通协调、考核评价以及支持服务等履行监管责任，而一般不涉及其内部的具体管理事务。现分别讨论如下。

2　人力资源管理

国际工程企业的人力资源管理就是根据国际工程企业的经营发展需要，对人力资源的获取、开发、保持和利用等进行计划、组织、指挥、协调、控制和评价等活动，实现企业人力资源的合理配置和有效利用。所谓“合理配置、有效利用”，就是企业的人力资源管理工作要在进行科学的组织分析和结构构建的基础上，在适当的时间，把适当的人选安排在适当的工作岗位上，并综合采取一些有效的管理措施来充分发挥人的主观能动性，使得人尽其才，事得其人，人事相宜。

企业的人力资源管理与组织管理既相互联系又有区别，二者管理的主客体都是企业中人，目的都是为了实现企业的战略目标，在管理内容上也有交叉重合的地方。但二者也有显著的区别，组织管理的重点是组织的结构管理，包括结构的设计构建、运行管理和调整完善，即企业中人采取何种方式组织在一起，这样一种形式的组织，运行状况如何，是否有必要进行调整以及如何调整等，它是人力资源管理的前提。而人力资源管理则主要是选什么样的人充实到组织结构中，以及如何发挥和评价其在组织中的作用等，是对组织管理的充实和具体化。形象地说，如果把企业比作一个建筑物，组织是这个建筑物的整体框架样貌，而人力资源是构成建筑物的各种建筑材料。有时企业的组织结构是科学合理的，只是选用的人力资源不符合结构要求，需要对人力资源进行重新配置；有时企业的人力资源能力素质都很高，但组织结构不尽合理，也难以发挥组织的应有功能，需要对组织结构进行重新设计调整。

严格地说，企业的人力资源包括企业各级领导管理人员、一般技术管理人员和生产一线的操作人员。其中，领导管理人员已在企业的领导管理中专题讨论，因此本处所说的企业人力资源是指一般技术管理人员和生产一线的操作人员，对国际工程企业的总部来说，重点是指一般技术管理人员。

人力资源管理的主要内容包括以下几个方面：

2.1 工作分析

工作分析也叫岗位分析，就是通过一定的方法对国际工程企业经营管理活动中所需的各种岗位进行信息收集和分析，进而对各个岗位的人数、工作职责、环境条件和任职资格作出明确规定，编写工作描述和工作说明，它是企业组织管理和人力资源管理共同的基础性工作。

2.2 编制人力资源管理计划

人力资源计划的内容通常由以下计划构成：①总体人力资源管理计划，即在一定发展时期内企业人力资源开发的总目标、总政策、实施步骤和总预算安排；②人员配备计划，即组织中各个部门、职位所需人员的规模和结构的计划安排；③人员补充计划，用于保证企业由于扩大规模或退休、离职等原因出现职位空缺时，能及时地获得所需数量和质量的人员；④人员使用计划，即对企业内部员工的晋升、轮岗作出事先安排；⑤人员培训开发计划，企业通过有计划地实施人力资源培训开发，一方面可以使企业员工更好地适应所从事的工作，同时也为企业未来发展所需要的职位准备后备人才；⑥员工职业发展计划，企业为不断提高其员工的满意度和忠诚度，并使他们与企业的发展和需要统一起来，需要制定协调有关员工个人的成长和发展与企业的发展需要相结合的计划；⑦薪酬福利计划，包括绩效标准及其考核衡量方法、薪酬结构、工资总额、工资关系、福利项目，以及绩效与薪酬的对应关系等。其中，总体人力资源管理计划属于企业人力资源战略规划，其余的是为实现人力资源战略目标，根据战略规划要求所做的具体人力资源管理行动计划。

2.3 人员聘用

包括内部聘用和外部聘用两种方式。内部聘用是根据岗位需要，从企业现有人员中选用合适的人员担任；外部聘用是通过合适的渠道和方法，从企业外部吸引和选择录用合乎要求的人员担任企业组织的一些岗位。

2.4 组织实施人员培训

即根据人员培训计划安排，负责组织对员工的培训。培训的对象和目的不同，培训的内容安排也不同，有新员工的入职上岗培训，也有为老员工提高业务水平或适应新业务要求而举行的培训；有综合性知识培训，也有专项技能培训等。对于拟派往国外长期工作的员工，国际工程企业还应有针对性地进行教育培训，培训的内容除了专业知识技能外，还包括语言、安全、国外工作注意事项及所在国情况的综合介绍等。

2.5 员工职业生涯管理

就是根据企业发展需要，结合各个员工个人的专业背景、素质能力、职业志向、性格爱好等因素，为员工的职业晋升发展提供相应的机会和通道。国际工程企业员工的发展通道一般有行政管理、技术专家和职业经理人三个方向。员工职业生涯管理包括员工职业发展方向和发展阶段规划，职业发展沟通，职业培训，员工履职情况跟踪评价，职业晋升以及发展方向调整等。

2.6 出勤、薪酬及社保管理

根据企业的薪酬管理、绩效考核制度及有关部门的社保规定，综合考虑企业的整体经营状况、员工的工作岗位、出勤、绩效完成情况等因素，定期编制全员工资、奖金和福利发放计划，并报企业资金财务部门按时发放或支付。

2.7 企业员工劳动关系管理

包括组织员工劳动合同的起草、协商、签订、变更、续签、终止、存档等，处理员工与企业或员工之间可能出现的劳动纠纷，规范员工的权力义务，建立员工投诉制度，根据相关的法律规定和企业有关管理制度，处理员工管理中的其他问题，如解聘、退休、返聘、就医、因公伤亡事件处理等。

2.8 职业资质资格管理

即各类专业技术和管理人员的职称、执业资格以及操作人员的岗位证书的管理工作，包括根据企业需要确定企业各类职业资质资格的需求计划，并按有关规定进行资质资格的申请、培训、材料审核上报、评审、考试考核、发证、领证、换证及保管等相关事宜。

2.9 员工出国证件管理

国际工程企业经常有员工需要到国外工作，因此出国证件的管理成为企业人力资源管理的内容之一，主要包括员工护照的申领、发放、回收保管以及注销或更换等，各类签证的申请及各类相关法律文书的公证认证等工作。大型国有国际工程企业负责人持公务护照需要出国的，还应向上级主管单位申请为其办理出国批准手续。

2.10 员工绩效评价

国际工程企业员工绩效评价与上一节中业务部门的绩效考核评价程序办法相类似，但考核评价的范围比业务部门的更广，涵盖企业的全部员工。

2.11 跨文化人力资源协调管理

国际工程企业无论在总部还是在境外经营管理组织中，都可能是由来自不同文化背景、存在文化差异的员工所组成，成为一个跨越地域、民族、政体、国体的跨文化经营管理的经济组织。组织内部不同文化的差异性会导致国际工程企业经营管理上的冲突，因此企业应重视人力资源中的跨文化现象，加强跨文化人力资源的协调管理。

跨文化人力资源协调管理，是指与企业有关的不同文化群体在交互作用过程中出现矛盾和冲突时，加入对应的文化整合措施，有效地解决这种矛盾和冲突，从而提高企业人力资源的整体协作水平，实现人力资源的最优配置。协调管理的程序方法一般可采取以下步骤：①识别和理解文化差异；②进行跨文化培训；③实施跨文化管理，即采取跨文化的思维方式和管理措施，化解不同文化背景员工间或群体间的矛盾冲突，达到不同文化间的相互理解、适应和融合。

3　财务管理

国际工程企业的财务管理是组织企业财务活动、处理企业财务关系，为国际工程企业的生存发展提供资金支持的一种综合性管理活动，管理的目标是企业经营利润最大化和股东财富最大化。财务活动包括企业在筹资、投资、生产经营和分配等过程中引起的财务活动。财务关系是指企业在上述财务活动中与企业内外各方发生的联系，包括企业与其所有者、债权人、被投资单位、债务人、税务机关、内部各单位及员工等之间的关系。

国际工程企业财务管理具有一般企业财务管理的特点，即：①综合性；②联系的广泛性；③能及时反映企业的生产经营状况。除此之外，它还有国际性和高风险性的特点。国际性是指国际工程企业财务管理中的活动、关系、资金种类等来自多个国家。国际性意味着国际工程企业财务管理更为分散、复杂，增加了管理的难度和成本、降低了管理的效率，同时也使其风险性远远高于国内一般企业的财务管理。

国际工程企业财务管理的内容包括以下几个方面：

3.1　建立健全财务管理制度

国际工程企业的财务管理制度是国际工程企业依据国家现行有关法律、法规及财会制度，并结合企业具体情况制定的用于规范、指导企业财务管理工作的内部管理制度。制度的内容包括财务管理的总体目标、一般原则、制度的适用范围、管理的组织机构、职责权限、程序规定、业务内容及其工作要求或标准等。

财务管理制度适用于企业总部及下属公司或机构，各下属公司或机构可根据自身的实际情况，在此制度的基础上制定实施细则和补充规定。

3.2　实施资金预算管理

资金预算管理是企业财务管理的重要内容和方法，国际工程企业总部及所属各单位都应全面实行资金预算管理。资金预算管理一般是由资金预算编制、预算的执行及调整、监督考核等三个管理步骤组成的循环过程。

3.2.1　资金预算编制

资金预算分为年度预算及月度执行预算，年度预算侧重于全年资金的平衡与预算，月度执行预算主要用于月度的资金调度与控制。编制采用“以收定支，与成本、费用匹配”的原则，并以最优的资金成本制定资金使用方案，综合平衡和编制单位的资金总预算。

资金预算包括资金收入预算和资金支出预算两部分。收入预算主要由货币资金预算、预付账款回收预算、应收账款回收预算、其他应收款回收预算等构成。支出预算由固定资产投资、材料费、工资福利、经常性费用及其他支出等项支出预算构成。

资金预算由企业所属各单位的计划经营部等相关部门会同财务部门共同编制，编制完成后报企业总部财务部汇审，经审核批准后下发执行。

3.2.2　预算的执行及调整

资金预算下发后，企业总部及所属各单位都应严格遵照执行。但在执行过程中，当遇到前提条件发生变化时，如业务量增加、业务划转以及出现新的业务时，需要对资金预算进行调整或追加。由预算责任部门提出申请，资金管理部门提出调整意见，实行逐项申报、审批制度。预算必须是最新调整过的预算，以统一口径，及时跟踪经营情况的变化。资金流量执行的跟踪管理是在月度执行预算交给资金管理部门后对各部门用款进行监控的重要步骤。但调整不宜过于频繁，通常情况下半年调整一次为宜。

3.2.3 监督考核

对资金预算管理的监督考核是企业根据所属各单位现金流量使用的特点，以预算为基准建立指标考核体系，由总部资金管理部门根据各单位执行预算的实绩，按月、季、半年及年度进行分析与考核。考核的内容对预算编制部门是预算精度，对预算执行部门是完成情况。

3.3 筹资管理

企业筹资是企业根据生产经营、对外投资和调整资本结构等需要，通过一定的筹资渠道，应用一定的筹资方式，经济有效地筹集和集中资本，满足资金需要的财务活动。

筹资渠道有以下几种：①政府财政资本；②银行信贷资本；③非银行金融机构资本；④其他法人资本；⑤民间资本；⑥企业内部资本；⑦国际资本。

筹资方式按占用资金的期限长短分为短期筹资和长期筹资两种方式。

短期筹资是指筹集在一年内或者超过一年的一个营业周期内到期的资金，通常是短期负债筹资，包括自然性筹资、短期借款筹资和短期融资券等。长期筹资是企业通过一定的方式筹集供企业长期使用的资金，一般有投入资本、发行股票、债券、长期借款和融资租赁等几种方式。

另外需要说明的是，互联网与金融的结合催生了互联网金融，也产生了一些新型筹融资方式，如 P2P 借贷、众筹等融资方式等。

企业筹资的一般程序是：①提出资金需求计划；②分析企业财务状况；③制定筹资方案；④筹资方案审批；⑤实施筹资活动；⑥筹资发放和使用；⑦资金债务偿还。

国际工程企业筹融资的重要目的之一是满足其生产经营活动对资金的需要，具体地说，就是满足国际工程项目的营销和实施的需要。而项目融资不仅是国际工程企业融资的重要任务，而且已经成为国际工程企业开展市场营销的一种重要优势和手段，融资渠道和方式都有其特殊性。有关项目融资的具体内容，详见本书后面有关章节。

3.4 投资管理

由于所处的内外部环境的变化，我国的一些国际工程企业国际业务的经营范围也发生了变化，除了传统的国际工程承包和劳务输出外，还开始涉足多种形式的国际工程项目投资开发。有关国际工程项目投资的内容，也会在本书后面的章节中进一步讨论。因此，下面所要讨论的国际工程企业投资管理，不再涉及国际工程项目投资。实际上，从事多种经营的国际工程企业，除了进行国际工程项目投资经营外，还有多种其他投资渠道和方式。

企业投资是指企业将资金投入生产经营过程，期望从中取得收益的一种行为，其根本目的是谋取利润，提高企业价值。

根据投资的内容，企业投资可分为直接投资和间接投资。直接投资是企业把资金投放于生产经营性资产，以便获取利润的投资方式。间接投资是企业把资金投放于证券等金融资产，以便获取股利或利息收入的投资方式。根据投资收回时间的长短，企业投资又分为短期投资和长期投资两种。短期投资也称为流动资产投资，是指能够在一年或者在长于一年的一个营业周期内收回的投资，主要是对现金、应收账款、存货、短期有价证券等的投资。长期投资是指在一年以上或长于一年的营业周期以上才能收回的投资，主要包括对生产办公设施、施工设备等固定资产的投资，以及对无形资产和长期有价证券的投资。根据投资的方向，企业投资可分为对内投资和对外投资两类。对内投资是指将资金投放在企业内部，购置各种生产经营用的资产。对外投资是指企业以现金、实物、无形资产等方式，或者以购买股票、债券等有价证券的方式，对其他单位的投资，这类投资实际上超出了本文所定义的国际工程的经营范围。

企业投资管理就是通过市场调研获取投资机会，开展投资项目的可行性分析，对投资进行科学决策，并有效控制投资风险，做好资金规划和管理，实现投资目标的过程。

3.5　财务资金的日常管理

企业财务资金管理要处理大量的日常业务工作，主要涉及以下几个方面：

(1) 内部资金调拨管理，即在企业总部、所属各单位、项目间各账户的资金往来管理，实现内部资金的统筹安排和有效利用。

(2) 财务担保管理，包括作为债务人根据有关合同规定自己或通过第三方向债权人提供担保（如向项目业主提供的预付款和履约保函），以及作为债权人根据有关合同规定要求债务人或与之相关的第三方提供担保（如分包商提交的预付款和履约担保）。

(3) 库存现金日常管理，即按有关规定保有一定量的现金，用于日常开支。

(4) 银行账户及存款管理，包括账户的开立、变更、注销，账户内资金的往来及其核对，以及与银行账户相关的票证、文件及印鉴等的管理。

(5) 外汇管理，国际工程企业在境内外设有多个外汇账户，使用多种外币，外汇资金量大，因此应加强外汇管理，包括外汇的结收、调拨、兑换和使用等，以加快资金周转，提高资金效率，降低外汇风险损失。

(6) 财务账目管理，包括建账、记账、结账和对账等工作。

(7) 票据和凭证管理，在财务管理过程中会发生大量的各类票据和凭证，应加强对其管理，保证票据和凭证的真实性、合法性和有效性，并妥善保管防止损坏或丢失。

(8) 财务核算管理，即对企业已经发生或已经完成的经济活动进行事后核算，主要包括设置会计科目，填制或取得原始凭证，编制记账凭证并据以登记账簿，进行成本计算和财产清查，定期编制会计报表等工作。

(9) 固定资产和存货管理，主要是对企业的固定资产和存货进行价值管理。

(10) 配合或协助有关部门对企业总部或所属单位、项目进行财务审计等。

3.6　利润分配管理

利润分配，是将企业实现的净利润，按照国家财务制度规定的分配形式和分配顺序，在企业和投资者之间进行的分配。企业利润分配的主体是投资者和企业，利润分配的对象是企业实现的净利润。分配的时间即确认利润分配的时间，是利润分配义务发生的时间和企业作出决定向内向外分配利润的时间，一般按年度进行分配。利润分配的过程与结果，是关系到所有者的合法权益能否得到保护，企业能否长期、稳定发展的重要问题，为此，企业必须加强利润的核算和分配管理。

3.6.1　分配原则

利润分配应坚持以下原则：

(1) 依法分配原则

利润分配在企业内部属于重大事项，企业的章程必须在不违背国家有关规定的前提下，对本企业利润分配的原则、方法、决策程序等内容作出具体而又明确的规定，企业在利润分配中也必须按规定办事。

（2）资本保全原则

资本保全是责任有限的现代企业制度的基础性原则之一，企业在分配中不能侵蚀资本。利润的分配是对经营中资本增值额的分配，不是对资本金的返还。按照这一原则，一般情况下，企业如果存在尚未弥补的亏损，应首先弥补亏损，再进行其他分配。

（3）充分保护债权人利益原则

债权人的利益按照风险承担的顺序及其合同契约的规定，企业必须在利润分配之前偿清所有债权人到期的债务，否则不能进行利润分配。同时，在利润分配之后，企业还应保持一定的偿债能力，以免产生财务危机，危及企业生存。此外，企业在与债权人签订某些长期债务契约的情况下，其利润分配政策还应征得债权人的同意或审核方能执行。

（4）多方及长短期利益兼顾原则

利润分配涉及投资者、经营者、职工等多方面的利益，企业必须兼顾，并尽可能地保持稳定的利润分配。在企业获得稳定增长的利润后，应增加利润分配的数额或百分比。同时，由于发展及优化资本结构的需要，除依法必须留用的利润外，企业仍可以出于长远发展的考虑，合理留用利润。在积累与消费关系的处理上，企业应贯彻积累优先的原则，合理确定提取盈余公积金和分配给投资者利润的比例，使利润分配真正成为促进企业发展的有效手段。

3.6.2 分配程序

企业分配利润的程序一般分为以下几个步骤：

（1）计算可供分配的利润

企业以前年度未分配的利润，可以并入本年度分配。因此，可将本年净利润（或亏损）与年初未分配利润（或亏损）合并，计算出可供分配的利润。如果可供分配的利润为负数（即亏损），则不能进行后续分配；如果可供分配利润为正数（即本年累计盈利），则进行后续分配。

（2）提取法定盈余公积金

在不存在年初累计亏损的前提下，法定盈余公积金按照税后净利润的10%提取。法定盈余公积金已达注册资本的50%时可不再提取。提取的法定盈余公积金用于弥补以前年度亏损或转增资本金。但转增资本金后留存的法定盈余公积金不得低于注册资本的25%。

（3）提取任意盈余公积金

任意盈余公积金计提标准由股东大会确定，如确因需要，经股东大会同意后，也可用于分配。

（4）向股东（投资者）支付股利（分配利润）。

3.6.3 分配方式

国际工程企业的性质不同，利润的分配方式也不同。其中，国营企业实现的利润是在企业和国家之间按一定比例分成，具体办法多种多样；私营企业实现的利润依法交纳各种税收，剩余利润全部留给企业，由企业所有者拥有或者进行处置。

3.7 财务报表与财务分析

3.7.1 财务报表

国际工程企业应根据我国企业会计准则和会计制度的规定，定期编制和报送财务报表，反映企业的财务状况、经营成果及财务状况的变动情况，为有关各方了解企业财务信息、加强企业自身的管理提供帮助。企业财务报表主要包括资产负债表、利润表和现金流量表，俗称财务“三张表”，其常见的格式见表3-1～表3-3。

企业资产负债表（格式） **表3-1**

单位：万元

资产	年初数	年末数	负债及所有者权益	年初数	年末数
流动资产：			流动负债：		
货币资金			短期借款		
短期投资			应付票据		
短期投资跌价准备			应付账款		
短期投资净额			预收账款		
应收账款			应付工资		
其他应收账款			应付福利费		
坏账准备			应交税费		
应收账款净额			应付利息		
存货			应付股利		
存货跌价准备			其他应付款		
存货净额			其他流动负债		
其他流动资产					
流动资产合计			流动负债合计		
非流动性资产：			非流动负债		
长期股权投资			长期借款		
长期债券投资			应付债券		
长期投资减值准备			长期应付款		
长期投资净额			专项应付款		
固定资产			其他非流动负债		
减：累计折旧			非流动负债合计		
减：固定资产减值准备			递延税款贷项		
固定资产净额			负债合计		
固定资产清理					
在建工程					
工程物资			所有者权益：		
无形资产			实收资本（股本）		
无形资产减值准备			资本公积		
无形资产净额			减：库存股		
递延税款借项			盈余公积		
其他非流动资产			未分配利润		
非流动资产合计			所有者权益合计		
资产总计			负债及所有者权益合计		

企业利润表（格式）

表 3-2

单位：万元

项目	本月数	本年累计数
一、主营业务收入		
减:折旧与折让		
主营业务收入净额		
减:主营业务成本		
主营业务税金及附加		
二、主营业务利润		
加:其他业务利润		
减:销售费用		
管理费用		
财务费用		
三、营业利润		
加:投资收益		
补贴收入		
营业外收入		
减:营业外支出		
四、利润总额		
减:所得税		
五、净利润		

企业现金流量表（格式）

表 3-3

单位：万元

项目	金额
一、经营活动产生的现金流量	
销售商品、提供劳务收到的现金	
收到的租金	
收到的增值税销项税额和退回的增值税	
收到的除增值税以外的其他税费返还	
收到的其他与经营活动有关的现金	
现金流入小计	
购买商品、接受劳务支付的现金	
经营租赁支付的现金	
支付给职工及为职工支付的现金	
支付增值税款	
支付所得税款	
支付其他税费	
支付其他与经营活动有关的现金	
现金流出小计	

续表

项　　目	金　额
经营活动产生的现金流量净额	
二、投资活动产生的现金流量	
收回投资所收到的现金	
分得股利或利润所收到的现金	
取得债券利息收入所收到的现金	
处置固定资产、无形资产和其他长期资产所收回的现金净额	
收到的其他与投资活动有关的现金	
现金流入小计	
购建固定资产、无形资产和其他长期资产所支付的现金	
权益性投资所支付的现金	
支付的其他与投资活动有关的现金	
现金流出小计	
投资活动产生的现金流量净额	
三、筹资活动产生的现金流量	
吸收权益性投资所收到的现金	
发行债券所收到的现金	
借款所收到的现金	
收到的与其他筹资活动有关的现金	
现金流入小计	
偿还债务所支付的现金	
发生筹资费用所支付的现金	
分配股利或利润所支付的现金	
现金流出小计	
筹资活动产生的现金流量净额	
四、汇率变动对现金的影响	
五、现金及现金等价物的净增加额	
加：期初现金及现金等价物余额	
六、期末现金及现金等价物余额	

资产负债表反映企业在会计期末的资产、负债和所有者权益的基本情况，一般在月末和年末编制。资产负债表按照会计等式编制，一般有账户式和报告式两种形式。我国的资产负债表采用账户式，分为左右两方，左边是资产，右边是负债和所有者权益，资产总额等于负债加所有者权益。

利润表是反映企业在一定期间生产经营成果的财务报表。通过利润表可以了解企业的收入来源、成本费用及利润的构成等基本情况。利润表每月编报，同时计算累计数。企业的收入主要包括主营业务收入、其他业务收入、投资收益和营业外收入。企业的成本费用等支出项目主要包括主营业务成本、主营业务税金及附加、管理费用、财务费用、营业外支出等。企业所得税按照利润总额的25%缴纳，利润总额减去所得税后为税后净利润。

现金流量表反映企业一定会计期间内现金和现金等价物流入和流出的信息，便于报表使用者了解和评价企业获取现金和现金等价物的能力，并据此预测企业未来现金流量。现金流量表按照企业经营活动、投资活动、筹资活动等产生的现金流入和现金流出及其变动进行计算填列。现金流量表中的现金是指企业的库存现金以及随时可以用于支付的存款，包括库存现金、银行存款和其他货币资金；现金等价物是指企业持有的期限短、流动性强、易于转换为已知金额现金、价值变动风险很小的短期投资。现金流量是某一段时期内企业现金流入和流出的数量。

3.7.2 财务分析

财务分析是以企业的财务报告等会计资料为基础，对企业的财务状况和经营成果进行分析和评价的一种方法，主要包括分析评价企业的偿债能力、获利能力、营运能力和持续发展能力等。常用的财务分析方法有比率分析法和比较分析法等。比率分析法是将企业同一时期的会计报表中的相关项目进行对比，得出一系列财务比率，通过财务比率来反映企业财务状况的分析方法。比较分析法是企业不同时期的财务状况或不同企业之间的财务状况进行比较，从而揭示财务状况的变化或差异的分析方法。

财务分析可分为初步分析和进一步分析两个步骤。初步分析是对财务报表进行直观的解读分析，以定性分析为主，形成对企业财务状况的初步判断；进一步分析以定量分析为主，通过计算得出反映企业财务状况指标的精确数值，形成对企业财务能力的客观精确的判断。

3.7.2.1 财务报表初步分析

1. 资产的初步分析

资产负债表的左方列示的企业资产，代表了该企业的投资规模。资产越多表明企业可以用来赚取收益的资源越多，可以用来偿还债务的财产越多。但是，这并不意味着资产总是越多越好。资产并不代表收益能力，也不代表偿债能力。资产规模只是代表企业拥有或控制的经济资源的多少。

(1) 货币资金

资产负债表中的“货币资金”项目反映企业库存现金、银行存款和其他货币资金的期末余额。企业持有货币资金的目的主要是为了经营的需要、预防的需要和投资的需要。企业持有过多货币资金，会降低企业的获利能力；持有过少的货币资金，不能满足上述需要并且会降低企业的短期偿债能力。货币资金过多和过少，都会对扩大股东财富产生不利的影响。

(2) 短期投资

资产负债表上“短期投资”项目反映企业购入的能随时变现且持有时间不准备超过1年（含1年）的投资成本。“短期投资跌价准备”项目反映企业已计提的短期投资跌价准备。“短期投资”项目金额减“短期投资跌价准备”项目金额为短期投资净值。“短期投资净值”项目反映短期投资的市场价值。

按照新的《企业会计制度》规定，在资产负债表中“短期投资”项目反映短期投资的净额，而将“短期投资跌价准备”放在“资产减值明细表”中报告。

(3) 应收款项

应收款项包括应收账款和其他应收款。资产负债表的“应收账款”项目，反映企业尚未收回的应收账款净额；“其他应收款”反映尚未收回的其他应收款净额。“坏账准备”项目是“应收账款”项目和“其他应收款”项目的抵减项目，反映企业已提取、尚未抵消的坏账准备。“应收账款”项目和“其他应收款”项目的合计，减“坏账准备”项目后的余额是应收账款净额。

应收款项增长较大，应当分析其原因。一般说来，应收账款增加的原因主要是三个：

1) 是销售增加引起应收账款的自然增加；

2) 是客户故意拖延付款；

3) 是企业为扩大销售适当放宽信用标准，造成应收账款增加。

(4) 存货

在资产负债表上，“存货”项目反映企业期末在库、在途和在加工中的各项存货的实际成本，“存货跌价准备”项目反映计提的存货跌价准备，“存货”项目减“存货跌价准备”项目的余额为“存货净额”项目，反映存货资产的可变现净值。存货资产分为原材料、库存商品、低值易耗品、包装物、在产品和产成品等。存货规模的变动取决于各类存货的规模和变动情况。

(5) 其他流动资产

资产负债表中的“其他流动资产”指除流动资产各项目以外的其他流动资产，通常应根据有关科目的期末余额填列。当其他流动资产数额较大时，应在报表附注中披露。

(6) 长期投资

在资产负债表中，反映长期投资的项目有以下几个：

1)“长期股权投资”项目反映企业投出的期限在1年（不含1年）以上的各种股权性投资的价值；

2)“长期债权投资”项目反映企业购入的在1年内不能变现或不准备变现的债务和其他债权投资的本金利息和尚未摊销的溢折价金额。

3)“长期投资减值准备”项目反映企业提取的长期股权投资和长期债权投资的减值准备。

4)“长期投资净值”项目反映长期投资的可收回金额，用“长期股权投资”项目和“长期债权投资”项目的合计数减“长期投资减值准备”项目后的余额填列。

(7) 固定资产

在资产负债表上，固定资产价值是通过以下项目反映的：“固定资产”项目反映报告期末固定资产的原值。“累计折旧”项目反映企业提取的固定资产折旧累计数。“固定资产减值准备”项目反映企业已提取的固定资产减值准备。“固定资产净值”项目反映固定资产原值减累计折旧、固定资产减值准备后的余额。“工程物资”项目反映各种工程物资的实际成本。“在建工程”项目反映企业各项在建工程的实际支出。“固定资产清理”项目反映企业转入清理的资产价值及在清理中发生的清理费用等。将工程物资、在建工程和固定资产清理项目纳入固 定资产总额中，是因为它们具有固定资产的特点。

影响固定资产净值升降的直接因素包括固定资产原值的增减、固定资产折旧方法和折旧年限的变动和固定资产减值准备的计提。

(8) 无形资产

无形资产按取得时的实际成本作为入账价值，在取得当月起在预计使用年限内分期平均摊销，计入损益。无形资产应按账面价值与可收回金额孰低计量，对可收回金额低于账面价值的差额，应计提无形资产减值准备。在资产负债表中无形资产通过以下 3 个项目反映。

1)“无形资产”项目，反映无形资产的摊余价值。

2)“无形资产减值准备”项目，反映无形资产可收回金额低于账面价值的差额。

3)“无形资产净额”项目，反映无形资产的可收回金额，是“无形资产”项目减“无形资产减值准备”项目的差额。无形资产是以净额计入资产总值的。

(9) 递延税款借项

递延税款借项是指所得税费用小于应交所得税的差额，反映企业尚未转销的递延税款的借方余额。该项目反映由于时间性差异，应纳税所得额大于会计利润，企业尚未转回的应纳所得税大于所得税费用的金额。

2. 负债的初步分析

(1) 流动负债

流动负债是指在一年内或超过一年的一个营业周期内偿还的债务。一般包括：短期借款、应付票据、应付账款、预收账款、应付工资、应付福利费、应付股利、应交税金和其他应付款项等项目。

流动负债具有两个特征：一是偿还期在一年内或超过一年的一个营业周期内；二是到期必须用流动资产或新的流动负债偿还。

(2) 长期负债

长期负债是指偿还期在一年或超过一年的一个营业周期以上的债务。企业的长期负债一般包括：长期借款、应付债券、长期应付款等项目。

在我国的会计实务中，除长期应付债券按公允价值入账外，其他长期负债一般直接按负债发生时的实际金额记账。

(3) 递延税款贷项

“递延税款贷项”项目反映企业尚未转销的递延税款的贷方余额。与递延借项不同的是“递延税款贷项”项目反映由于时间性差异，应纳税所得额小于会计利润，企业尚未转回的应纳所得税小于所得税费用的金额，与“递延税款借项”项目正好相反。

3. 股东权益的初步分析

企业组织形式不同，所有者权益的表现形式也不同。在股份有限公司，所有者权益以股东权益的形式表示。

(1) 股本

股本是股份有限公司通过股份筹资形成的资本。股份公司在核定的股本总额和股份总数的范围内发行股票，股票面值与股份总数的乘积为股本。一般情况下，股本相对固定不变，企业股本不得随意变动，如有增减变动，必须符合一定的条件。

(2) 资本公积

资本公积指由股东投入，但不构成股本，或从其他来源取得的属于股东的权益，主要包括两项内容：一是股票溢价；二是资本本身的增值。资本公积在资产负债表的“资本公积”项目列示，表示会计期期末资本公积的余额。

（3）盈余公积

盈余公积是指企业按规定从净利润中提取的各种累计留利，主要包括三部分：

1）法定盈余公积。

2）任意盈余公积。

3）法定公益金。

盈余公积按实际提取数计价，资产负债表的“盈余公积”项目反映会计期期末盈余公积的余额。

（4）未分配利润

从数量上来说，未分配利润是期初未分配利润，加上本期实现的净利润，减去提取的盈余公积和分出利润后的余额。

4. 利润表的初步分析

利润表的初步分析可以分为净利润形成分析和利润分配分析两个部分。

（1）净利润形成的初步分析

净利润的形成过程包括四个步骤：主营业务利润的形成、营业利润的形成、利润总额的形成和净利润的形成。在进行分析时，一般应与会计核算的综合过程相反，从净利润开始，逐步寻找净利润形成和变动的原因。

在分析上述利润形成各步骤时，应特别关注是否存在报表粉饰问题。报表粉饰的主要途径有：

1）提前确认收入，例如提前开具销售发票、滥用完工百分比法、存在重大不确定性时确认收入、在仍需提供未来服务时确认收入等；

2）延后确认收入，例如不及时确认已实现收入等；

3）制造收入事项，例如年底虚作销售并在第二年退货、利用一个子公司出售给第三方而后由另一子公司购回以避免合并抵消等；

4）不当的费用资本化，例如将不应资本化的借款费用予以资本化处理、研究开发费用的资本化等；

5）递延当期费用，例如广告费用跨期分摊、开办费和递延资产摊销期变动等；

6）潜亏挂账，例如少转完工产品成本和已销产品成本、报废的存货不在账面上注销、不良资产挂账、高估存货价值、少计折旧、不及时确认负债等；

7）利用关联方交易操纵利润，例如托管、经管、转嫁费用负担、资产重组和债务重组等；

8）利用非经常性损益操纵利润，例如出售、转让和资产置换、债务重组等；

9）变更折旧方法和折旧年限；

10）变更长期股权投资的核算方法；

11）改变合并报表的合并范围等。

为了发现报表粉饰的线索，分析时应注意以下几方面的资料：

1）注册会计师的审计报告；

2）公司管理当局对审计报告的解释性说明或保留意见的说明；

3）会计报表附注中关于会计政策和会计估计变更的披露、会计报表合并范围发生变动的披露、关联方交易的披露、非经常性损益项目的披露等。

此外，连续观察若干年度的财务报表，也有助于发现报表粉饰情况。

（2）利润分配的初步分析

一个公司的未分配利润是指公司历年净利润数字，经扣除历年累计分配后的余额。

未分配利润＝历年累计盈余－历年累计分配＝年初未分配利润＋本年净利润－本年利润分配

历年累计盈余的来源包括经营损益、投资损益、筹资损益、前期损益调整等。历年累计分配包括分给股东的利润、提取盈余公积和转增资本等。未分配利润是两者的差额，代表着可供以后向股东分配红利的盈余。

3.7.2.2 财务报表的进一步分析

主要包括盈利能力分析，盈利质量分析，偿债能力分析，运营能力分析和发展能力分析。

（1）盈利能力分析

1）销售净利率＝(净利润÷销售收入)×100%

该比率越大，企业的盈利能力越强。

2）资产净利率＝(净利润÷总资产)×100%

该比率越大，企业的盈利能力越强。

3）权益净利率＝(净利润÷股东权益)×100%

该比率越大，企业的盈利能力越强。

4）总资产报酬率＝(利润总额＋利息支出)/平均资产总额×100%

该比率越大，企业的盈利能力越强。

5）营业利润率＝(营业利润÷营业收入)×100%

该比率越大，企业的盈利能力越强。

6）成本费用利润率＝(利润总额÷成本费用总额)×100%

该比率越大，企业的经营效益越高。

（2）盈利质量分析

1）全部资产现金回收率＝(经营活动现金净流量÷平均资产总额)×100%

与行业平均水平相比进行分析。

2）盈利现金比率＝(经营现金净流量÷净利润)×100%

该比率越大，企业盈利质量越强，其值一般应大于1。

3）销售收现比率＝(销售商品或提供劳务收到的现金÷主营业务收入净额)×100%

数值越大表明销售收现能力越强，销售质量越高。

（3）偿债能力分析

1）净运营资本＝流动资产－流动负债＝长期资本－长期资产

对比企业连续多期的值，进行比较分析。

2）流动比率＝流动资产÷流动负债

与行业平均水平相比进行分析。

3）速动比率＝速动资产÷流动负债

与行业平均水平相比进行分析。

4）现金比率=（货币资金+交易性金融资产）÷流动负债

与行业平均水平相比进行分析。

5）现金流量比率=经营活动现金流量÷流动负债

与行业平均水平相比进行分析。

6）资产负债率=（总负债÷总资产）×100%

该比值越低，企业偿债越有保证，贷款越安全。

7）产权比率与权益乘数

产权比率=总负债÷股东权益，权益乘数=总资产÷股东权益

产权比率越低，企业偿债越有保证，贷款越安全。

8）利息保障倍数=息税前利润÷利息费用=（净利润+利息费用+所得税费用）÷利息费用

利息保障倍数越大，利息支付越有保障。

9）现金流量利息保障倍数=经营活动现金流量÷利息费用

现金流量利息保障倍数越大，利息支付越有保障。

10）经营现金流量债务比=（经营活动现金流量÷债务总额）×100%

比率越高，偿还债务总额的能力越强。

（4）营运能力分析

1）应收账款周转率

应收账款周转次数=销售收入÷应收账款

应收账款周转天数=365÷（销售收入÷应收账款）

应收账款与收入比=应收账款÷销售收入

与行业平均水平相比进行分析。

2）存货周转率

存货周转次数=销售收入÷存货

存货周转天数=365÷（销售收入÷存货）

存货与收入比=存货÷销售收入

与行业平均水平相比进行分析。

3）流动资产周转率

流动资产周转次数=销售收入÷流动资产

流动资产周转天数=365÷（销售收入÷流动资产）

流动资产与收入比=流动资产÷销售收入

与行业平均水平相比进行分析。

4）净营运资本周转率

净营运资本周转次数=销售收入÷净营运资本

净营运资本周转天数=365÷（销售收入÷净营运资本）

净营运资本与收入比=净营运资本÷销售收入

与行业平均水平相比进行分析。

5）非流动资产周转率

非流动资产周转次数=销售收入÷非流动资产

非流动资产周转天数＝365÷(销售收入÷非流动资产)

非流动资产与收入比＝非流动资产÷销售收入

与行业平均水平相比进行分析。

6）总资产周转率

总资产周转次数＝销售收入÷总资产

总资产周转天数＝365÷(销售收入÷总资产)

总资产与收入比＝总资产÷销售收入

与行业平均水平相比进行分析。

（5）发展能力分析

衡量企业发展能力的一般有以下 5 个指标：

1）股东权益增长率＝(本期股东权益增加额÷股东权益期初余额)×100％；

2）资产增长率＝(本期资产增加额÷资产期初余额)×100％；

3）销售增长率＝(本期营业收入增加额÷上期营业收入)×100％；

4）净利润增长率＝(本期净利润增加额÷上期净利润)×100％；

5）营业利润增长率＝(本期营业利润增加额÷上期营业利润)×100％。

在进行发展能力分析时，可以计算和对比企业连续多期这 5 个指标的值，分析预测其发展趋势。

4　设备物资管理

国际工程企业总部的设备物资管理是对企业的国际工程生产经营活动中所需的各种设备物资进行计划、组织和调控管理，为企业的生产经营过程提供必要的专业支持和可靠的物质保障。

国际工程企业主要的生产经营活动是国际工程项目的招投标和建设过程管理，因此设备物资管理应涵盖国际工程项目招投标和建设全过程。管理的对象是招投标和建设过程中所需设备物资及其相关技术信息，包括用于国际工程中的永久设备材料和施工过程中所使用的机电设备、工器具和材料等。管理的内容包括以下几个方面：

4.1　建立健全企业的设备物资管理制度

包括企业各级设备物资管理部门和人员的责任制度、设备物资管理的流程、招标采购制度、材料储备和消耗的定额标准、设备物资信息报表管理制度、与施工设备的使用保养和折旧报废相关的各种制度规定、设备材料成本核算制度等。

4.2　全球设备物资供应链管理

国际工程企业设备物资的供应合作方可能来自世界各地，应加强全球供应链的管理，主要包括：①建立和动态更新全球合格供应商和运输服务商名录；②建立和组织实施设备物资全球采集的招投标制度；③建立和动态更新大宗建筑材料、永久设备和施工机械等市场信息库。

4.3　建立和动态更新企业设备物资信息库

即对国际工程企业全部设备物资分门别类地建立信息库，并进行动态更新，做到对其计划、审批、采购、运输、使用、储存、处理、价值变化等状况全程跟踪管理，实现设备物资的合理调配和有效利用。

4.4　为国际工程项目投标提供专业支持

主要包括：①将企业现有设备物资信息资料提供给投标团队，供其编制标书时参考选用；②根据投标团队的要求，对项目未来施工所需设备物资进行市场询价；③负责编制投标项目的施工机电设备配置方案，或者对投标团队编制的方案提出意见建议。

4.5　在建项目的设备物资监控管理和协调服务

主要包括：①编制和下发合格设备物资供应商名册，并负责组织指导各项目部对其设备物资供应商的评价、合格供应商的复审和更新工作；②参与制定或负责审批重大项目的设备物资需求计划；③负责或参与重大项目设备物资招标采购过程，或对项目部上报的招标采购合同进行审查批准，并根据项目部要求办理付款审批工作；④协助项目部完成国内采购的设备物资的招标采购、运输、保险、出口核销和出口退税工作；⑤负责协调各在建项目间设备物资的调拨使用；⑥协助项目部办理回运设备的进口报关手续；⑦在建项目设备物资管理的现场检查指导；⑧负责或参与项目重大设备事故调查处理工作；⑨审核项目施工设备报废报告；⑩协助监督项目施工设备的价值管理和信息管理等。

第 7 节　国际工程企业的文化管理

1　企业文化的一般概念

1.1　定义

关于企业文化的概念，有许多不同的认识和表达，笔者比较认同将企业文化定义为：企业在生产经营实践中逐步形成的、为全体员工所认同并遵守的、带有本组织特点的使命、愿景、宗旨、精神、价值观和经营理念，以及这些理念在生产经营实践、管理制度、员工行为方式与企业对外形象的体现的总和。

1.2　产生的背景条件

最早对企业文化的关注和研究，源于二次世界大战后日本经济的崛起对美国所造成的冲击。在 20 世纪七、八十年代，一些管理学者在系统地比较了日美两国企业在管理上的差异，并在总结了美国成功企业的经验后，认识到企业文化在企业发展中的重要作用，纷纷发表论著，阐述其对企业文化的概念、内容和作用的观点，由此初步形成了企业文化理论。

事实上，企业文化理论的出现有其历史的必然性，这是因为：

（1）生产力的发展，导致新型办公工具普及应用，企业的日常管理规则也发生了一些变化，劳动工具的变化要求思想观念的更新。

（2）在现代企业中，劳动中人的智力因素比例增加，脑力劳动者人数相对增长。相应地，企业管理者也不能再把这些高素质的员工视作机器人，而是要给员工以感情尊重、理智尊重。

（3）随着生产力的发展，人的需要满足的层次攀高，企业必须适应这一新情况，从而制定出适合现代人的管理方法，这一点与“社会人”在管理界的提出有相同的现实基础。

(4) 市场竞争加剧，企业为了在竞争中取胜，在提高劳动效率的同时，职工的生产积极性与创造性在劳动中显得越来越重要，企业必须提出符合需要的价值观念，如创新、服务、信誉等。

(5) 企业规模的扩大、跨国公司的出现，成千上万人，甚至是不同国籍、不同民族的人在一个公司工作，需要统一思想、统一观念、统一行为。

1.3 企业文化的要素

一些管理学者把企业文化整个理论系统概括为5个要素，即企业环境、价值观、英雄人物、文化仪式和文化网络。

(1) 企业环境，是指企业的性质、企业的经营方向、外部环境、企业的社会形象、与外界的联系等方面，它往往决定企业的行为。

(2) 价值观，是指企业内成员对某个事件或某种行为好与坏、善与恶、正确与错误、是否值得仿效的一致认识。价值观是企业文化的核心，统一的价值观使企业内成员在判断自己行为时具有统一的标准，并以此来选择自己的行为。

(3) 英雄人物，是指企业文化的核心人物或企业文化的人格化，其作用在于作为一种活的样板，给企业中其他员工提供可供仿效的榜样，对企业文化的形成和强化起着极为重要的作用。

(4) 文化仪式，是指企业内的各种表彰、奖励、聚会以及文娱活动等，它可以把企业中发生的某些事情戏剧化和形象化，来生动地宣传和体现本企业的价值观，使人们通过这些生动活泼的活动来领会企业文化的内涵，使企业文化"寓教于乐"。

(5) 文化网络，是指非正式的信息传递渠道，主要是传播文化信息。它是由某种非正式的组织和人群，以及某一特定场合所组成的，它所传递出的信息往往能反映出职工的愿望和心态。

1.4 企业文化的内容

企业文化包含着十分丰富、广泛的内容，其中最主要的应包括如下几点：

(1) 经营哲学，也称企业哲学，是一个企业特有的从事生产经营和管理活动的方法论原则。它是指导企业行为的基础。一个企业在激烈的市场竞争环境中，面临着各种矛盾和多种选择，要求企业有一个科学的方法论来指导，有一套逻辑思维的程序来决定自己的行为，这就是经营哲学。

(2) 价值观念，即人们基于某种功利性或道义性的追求而对人们（个人、组织）本身的存在、行为和行为结果进行评价的基本观点。可以说，人生就是为了价值的追求，价值观念决定着人生的追求。价值观不是人们在一时一事上的体现，而是在长期实践活动中形成的关于价值的观念体系。企业的价值观，是指企业职工对企业存在的意义、经营目的、经营宗旨的价值评价和为之追求的整体化、各异化的群体意识，是企业全体职工共同的价值准则。只有在共同的价值准则基础上才能产生企业正确的价值目标。有了正确的价值目标才会有奋力追求价值目标的行为，企业才有希望。因此，企业价值观决定着职工行为的取向，关系企业的生死存亡。

(3) 企业精神，是指企业基于自身特定的性质、任务、宗旨、时代要求和发展方向，并经过精心培养而形成的企业成员群体的精神风貌。企业精神要通过企业全体职工有意识的实践活动体现出来。因此，它又是企业职工观念意识和进取心理的外化。企业精神以价值观念为基础，以价值目标为动力，对企业经营哲学、管理制度、道德风尚、团体意识和企业形象起着决定性的作用。可以说，企业精神是企业的灵魂。

(4) 企业道德，是指调整本企业与其他企业之间、企业与顾客之间、企业内部职工之间关系的行为规范的总和。它是从伦理关系的角度，以善与恶、公与私、荣与辱、诚实与虚伪等道德范畴为标准来评价和规范企业。企业道德与法律规范和制度规范不同，不具有那样的强制性和约束力，但具有积极的示范效应和强烈的感染力，当被人们认可和接受后具有自我约束的力量。因此，它具有更广泛的适应性，是约束企业和职工行为的重要手段。

(5) 团体意识，是指组织成员的集体观念，它是企业内部凝聚力形成的重要心理因素。企业团体意识的形成使企业的每个职工把自己的工作和行为都看成是实现企业目标的一个组成部分，使他们对自己作为企业的成员而感到自豪，对企业的成就产生荣誉感，从而把企业看成是自己利益的共同体和归属。因此，他们就会为实现企业的目标而努力奋斗，自觉地克服与实现企业目标不一致的行为。

(6) 企业形象，是企业通过外部特征和经营实力表现出来的，被消费者和公众所认同的企业总体印象。由外部特征表现出来的企业的形象被称为表层形象，如招牌、门面、徽标、广告、商标、服饰、营业环境等，这些都给人以直观的感觉，容易形成印象。通过经营实力表现出来的形象称深层形象，它是企业内部要素的集中体现，如人员素质、生产经营能力、管理水平、资本实力、产品质量等。

(7) 企业制度，是企业在生产经营实践活动中所形成的，对人的行为带有强制性，并能保障一定权利的各种规定。企业制度作为职工行为规范的模板，使个人的活动得以合理进行，内外人际关系得以协调，员工的共同利益受到保护，从而使企业职工有序地组织起来为实现企业目标而努力。

1.5　企业文化的结构

企业文化结构就是企业文化的构成、形式、层次、内容、类型等的比例关系和位置关系。它表明各个要素如何连接，形成企业文化的整体模式。从结构层次上说，企业文化由企业的物质文化、行为文化、制度文化和精神文化四个层面构成。

(1) 物质层文化，是由企业员工创造的产品和各种物质设施所构成的器物文化，主要包括企业产品结构和外表、款式，企业的生产设备设施、劳动或办公环境，员工的休息娱乐环境和文化设施，企业名称标示及厂容厂貌等。物质层文化是企业员工的理想、价值观、精神面貌的具体反映，所以尽管它是企业文化的最表层，但却集中表现了一个现代企业在社会上的外在形象。

(2) 行为层文化，是指企业员工在生产经营、学习娱乐中产生的活动文化，包括企业经营、教育宣传、人际关系的活动、文体活动中产生的文化现象。行为层文化是企业经营作风、精神面貌、人际关系的动态体现，也折射出企业精神和价值观。

(3) 制度层文化，是具有本企业文化特色的各种规章制度、道德规范和职工行为准则的总称，包括厂规、厂纪以及生产经营中的交往方式、行为准则等，也包括企业内部长期形成的企业风俗，是一种强制性文化，是企业为实现自身目标对员工的行为给以一定限制的文化，具有共性和强有力的行为规范要求。制度层文化在企业文化中居于中层，是人与物、人与企业运营制度的结合部分，既是人的意识与观念形成的反映，又是由一定物质的形式所构成的。

（4）精神层文化，又称观念层文化，是指企业在生产经营中形成的独具本企业特征的意识形态和文化观念，是企业文化的核心层，包括企业精神、企业价值观、企业理念和企业伦理等。

企业文化的物质层、行为层、制度层和精神层是密不可分的，它们相互影响、相互作用，共同构成企业文化的完整体系。其中，企业的精神层是最根本的，决定着企业文化的其他三个方面；制度层是精神层、物质层和行为层的中介；而物质层和制度层又是精神层的体现。

1.6 企业文化的特点

（1）历史性

企业文化是历史的产物，必定带有历史的烙印，折射出大到一个时代，一个国家的一定时期，或者一个民族、一个地域，小到一个地方区域的经济与文化特征。反过来，企业文化一旦形成，也在改造着企业所处的环境，因为企业毕竟是走在时代前列的社会生活中最活跃的社会组织，信息交融与思想变革首先从企业发生。

（2）人本性

企业文化关注的中心，在于对企业中人的因素的管理与激发，虽然如此做的终极目标在于企业价值的顺利实现，但这并不妨碍企业以开发人的潜能为切入点的管理模式为企业带来的巨大张力。企业文化是一种以人为本的文化，着力于以文化因素去挖掘企业的潜力，尊重和重视人的因素在企业发展中的作用。

（3）民族性

企业文化作为文化系统中的亚文化，不可避免地受到作为主文化的民族文化和社会文化的影响和制约。由于企业文化是企业的全体员工经过长期的劳动交往而逐渐形成的被全体成员认可的文化，而这些成员的心理、感情、行为不可避免地受到民族文化的熏陶，因而在他们身上必然表现出共同的民族心理和精神气质，此即文化的民族性。

（4）客观性

企业文化是一种文化的积淀。尽管不排除人的主观努力，但从总体上说，它主要是客观、独立地形成的。不管人们是否意识到，企业文化总是客观存在的，并不断地发挥着或正或负、或大或小的作用。

（5）独特性

每个企业都在特定的环境中生存与发展，所面临的历史阶段、发展程度，以及本身固有的文化积淀都不相同。正如成功是不能复制的，企业文化也同样不能拷贝。

（6）动态性

一个企业的企业文化一旦形成，就具有在一定时期之内的相对稳定性。随着企业的发展以及企业生存环境的变化，企业文化也随之发生改变。即便是僵化的、落后的企业文化也在变化，只是在企业内部的没有经过合理的梳理、整合与提炼的文化因素没有形成良性体系，各种文化因素的冲突正在进行量变的积累。一个优秀的企业文化体系建成之后，就会显示其对外部因素以及新生文化因子强大的吸收力、包容力与消化力，形成动态开放的系统。

（7）有机性

企业文化是一个整体有机系统，企业文化的各个构成要素以一定的结构形式排列，各个要素相对独立，各司其职。同时，企业文化又是一个系统工程，是一个严密有序的有机结合体，由企业内互相联系、互相依赖、互相作用的不同层次、不同部分结合而成。企业文化既然以企业价值实现为最终目标，那么就不可能不涉及企业的战略规划；既然以人为本，那么就不可能不涉及人力资源开发；既然是一种管理方法，那么就不可能不涉及企业的管理制度……可以说，企业文化今天之所以被管理界推崇备至，与它的这一性质不无关系。

1.7 企业文化的功能

企业文化为企业的生存与发展发挥着重要的功能作用，主要表现在以下几个方面：

（1）企业文化的导向功能

所谓导向功能就是通过它对企业的领导者和职工起引导作用。企业文化的导向功能主要体现在以下两个方面：一是经营哲学和价值观念的指导。经营哲学决定了企业经营的思维方式和处理问题的法则，这些方式和法则指导经营者进行正确的决策，指导员工采用科学的方法从事生产经营活动。企业共同的价值观念规定了企业的价值取向，使员工对事物的评判达成共识，有着共同的价值目标，企业的领导和员工为着他们所认定的价值目标去行动。二是企业目标的指引。企业目标代表着企业发展的方向，没有正确的目标就等于迷失了方向。完美的企业文化会从实际出发，以科学的态度去建立企业的发展目标，这种目标一定具有可行性和科学性。企业员工就是在这一目标的指导下从事生产经营活动的。

（2）企业文化的约束功能

企业文化的约束功能主要是通过完善管理制度和道德规范来实现的。企业制度是企业内部的法规，企业的领导者和企业职工必须遵守和执行，从而形成约束力。道德规范是从伦理关系的角度来约束企业领导者和职工的行为。如果人们违背了道德规范的要求，就会受到舆论的谴责，心理上会感到内疚。

（3）企业文化的凝聚功能

企业文化以人为本，尊重人的感情，从而在企业中造成了一种团结友爱、相互信任的和睦气氛，强化了团体意识，使企业职工之间形成强大的凝聚力和向心力。共同的价值观念形成了共同的目标和理想，职工把企业看成是一个命运共同体，把本职工作看成是实现共同目标的重要组成部分，整个企业步调一致，形成统一的整体。这时，“厂兴我荣，厂衰我耻”成为职工发自内心的真挚感情，“爱厂如家”就会变成他们的实际行动。

（4）企业文化的激励功能

共同的价值观念使每个职工都感到自己存在和行为的价值，自我价值的实现是人的最高精神需求的一种满足，这种满足必将形成强大的激励作用。在以人为本的企业文化氛围中，领导与职工、职工与职工之间互相关心，互相支持，特别是领导对职工的关心，职工会感到受人尊重，自然会振奋精神，努力工作。另外，企业精神和企业形象对企业职工有着极大的鼓舞作用，特别是企业文化建设取得成功，在社会上产生影响时，企业职工会产生强烈的荣誉感和自豪感，他们会加倍努力，用自己的实际行动去维护企业的荣誉和形象。

（5）企业文化的调适功能

调适就是调整和适应。企业各部门之间、职工之间，由于各种原因难免会产生一些矛盾，解决这些矛盾需要各自进行自我调节；企业与环境、与顾客、与企业、与国家、与社会之间都会存在不协调、不适应之处，这也需要进行调整和适应。企业哲学和企业道德规范使经营者和普通员工能科学地处理这些矛盾，自觉地约束自己。完美的企业形象就是进行这些调节的结果。调适功能实际也是企业能动作用的一种表现。

1.8 企业文化的分类

（1）按照企业的任务和经营方式的不同，企业文化分为四种类型：即强人文化；拼命干、尽情玩文化；攻坚文化；过程文化。

1）强人文化，又称硬汉型文化。这种文化鼓励内部竞争和创新，鼓励冒险，具有竞争性较强、产品更新快的企业文化特点。

2）努力工作尽情享受型文化。这种文化把工作与娱乐并重，鼓励职工完成风险较小的工作，具有竞争性不强、产品比较稳定的企业文化特点。

3）攻坚文化，又称赌注型文化。它具有在周密分析基础上孤注一掷的特点。一般具有投资大、见效慢的企业文化特点。

4）过程型文化。这种文化着眼于如何做，基本没有工作的反馈，职工难以衡量他们所做的工作，具有机关性较强、按部就班就可以完成任务的企业文化特点。

（2）按照企业的状态和作风的不同，企业文化分为：活力型企业文化；停滞型企业文化；官僚型企业文化。

1）有活力的企业文化。特点是：注重组织，追求革新，有明确的目标，面向外部，上下左右沟通良好，责任心强。

2）停滞型企业文化。特点是：急功近利，无远大目标，带有利己倾向，自我保全，面向内部，行动迟缓，不负责任。

3）官僚型企业文化。特点是：例行公事，官样文章。

（3）按照企业的性质和规模的不同，企业文化分为温室型、拾穗者型、菜园型和大型种植物型四种。

1）温室型。这是传统国有企业所特有的，对外部环境不感兴趣，缺乏冒险精神，缺乏激励和约束。

2）拾穗者型。中小型企业特有的，战略随环境变动而转移，其组织结构缺乏秩序，职能比较分散。价值体系的基础是尊重领导人。

3）菜园型。力图维护在传统市场的统治地位，家长式经营，工作人员的激励处于较低水平。

4）大型种植物型。大企业特有的，其特点是不断适应环境变化，工作人员的主动性、积极性受到激励。

（4）按照企业对各种因素重视的程度不同，企业文化可分为科层型、职业经理型和技术型三种。

1）科层型。垄断的市场中从事经营的公司所拥有的，具有非个性化的管理作风，金字塔式组织结构，注重对标准、规范和刻板程序的遵循，组织内部缺乏竞争，人们暗地里勾心斗角的特征。

2）职业经理型。工作导向，有明确的标准，严格的奖惩制度，组织结构富于灵活性，内部竞争激烈。

3）技术型。技术专家掌权，家长式作风，着重依赖技术秘诀，职能制组织结构。

（5）按照企业的价值取向或行为标准的不同，企业文化可分为民族文化型和市场文化型，各自的特点见表3-4。

企业文化的特点对比表 **表3-4**

	民族文化型	市场文化型
个体与组织的关系	①亲情关系；②互有长期承诺；③对相互利害关系依赖紧密；④对本公司的认同感；⑤等级制的结构关系	①合同关系；②相互短期承诺；③对个人利益的依赖，功利主义；④按组织成员与组织的交换条件形成相互关系
组织成员之间的关系	①以具有本公司成员身份而自豪；②具有相互依存的意识；③广泛的同事关系网；④一致性压力较大；⑤强调集体而非个体的首创性	①对同事保持独立性；②有限的相互交往；③有限的一致性压力；④强调个体的首创性
对公司文化的适应性	①长期的适应性过程；②上级人员均为辅导、教育、榜样角色；③金字塔式组织	①社会化程度低；②上下级关系疏远，但工作中却是磋商者和资源分配者；③扁平型组织

2 企业文化管理

企业文化管理，也称企业文化建设管理，就是企业根据自身的生存发展要求，结合企业内外部环境条件，对企业文化进行规划设计、组织构建、实施运行和持续改进，以充分发挥企业文化在企业管理中的功能作用，有利于实现企业经营管理目标的过程。企业文化管理既是企业培育自身核心竞争力的一种有效方法，也是现代企业管理的一项重要内容。

2.1 企业文化管理的原则

（1）义利兼顾的原则

企业作为经济组织，其存在发展的目的和动力是获取经济利益。企业文化必须为企业的经济活动服务，要有利于提高企业生产力和经济效益，有利于企业的生存和发展。但是，企业同时又是社会的一个组织单元，要与社会发生联系，必须承担其应有的社会责任。企业文化建设要有助于企业明确自身的社会道义和社会价值，在追求经济效益的同时也注重其社会效益，切实做到义利兼顾。

（2）以人为本的原则

文化以人群为载体，人是文化生成的第一要素。企业文化中的人不仅仅是指企业家、管理者，还应该包括企业的全体职工。企业文化建设中要强调关心人、尊重人、理解人和信任人。企业团体意识的形成，首先是企业的全体成员有共同的价值观念，有一致的奋斗目标，才能形成向心力，才能成为一个具有战斗力的整体。

（3）表里一致原则

企业文化属意识形态的范畴，但它又要通过企业或职工的行为和外部形态表现出来，这就容易形成表里不一致的现象。建设企业文化必须首先从职工的思想观念入手，树立正确的价值观念和哲学思想，在此基础上形成企业精神和企业形象，防止搞形式主义，言行不一。搞形式主义不仅不能建设好企业文化，而且是对企业文化概念的歪曲。

（4）个性化原则

个性化是企业文化的一个重要特征。文化本来就是在本身组织发展的历史过程中形成的。每个企业都有自己的历史传统和经营特点，企业文化建设要充分利用这一点，建设具有自己特色的文化。企业有了自己的特色，而且被客户所公认，才能在企业之林中独树一帜，具有竞争的优势。

（5）继承与创新相结合的原则

首先，企业文化建设应该在民族的传统文化基础上进行增值开发，否则企业文化就会失去存在的基础，也就没有生命力。增值开发就是对传统文化进行借鉴，去其糟粕，取其精华。同时，企业文化要适应时代发展的需要，体现鲜明的时代特色。因此，企业文化应该是在融合了民族传统文化和时代特色的基础上形成的。

除此之外，一个企业的文化也需要在继承自身原有文化的基础上进行创新发展，因为企业在发展，在不同的发展时期，企业发展目标和侧重点不同，企业的内外部环境在不断变化。而且，社会也在持续进步，企业文化的理论研究和实践探索在不断丰富深入。所有这些因素都要求企业文化自身不断进行创新发展，实现动态管理。

2.2 企业文化管理的一般途径

（1）培育共同价值的观念

企业文化核心的价值观念的培养，是企业文化建设管理的一项基础工作。企业组织中的每个成员都有自己的价值观念，但由于他们的资历不同、生活环境不一样、受教育的程度也不相同等原因，使得他们的价值观念千差万别。企业价值观念的培育是通过教育、倡导和模范人物的宣传感召等方式，使企业职工扬弃传统落后的价值观，树立正确的、有利于企业生存发展的价值观念，并达成共识，成为全体职工思想和行为的准则。

企业价值观念的培育是一个由服从，经过认同，最后达到内化的过程。服从是在培育的初期，通过某种外部作用（如人生观教育）使企业中的成员被动地接受某种价值观念，并以此来约束自己的思想和行为。认同是指受外界影响（如模范人物的感召）而自觉地接受某种价值观念，但对这一观念未能真正地理解和接受。内化不仅是自愿地接受某种价值观念，而且对它的正确性有真正的理解，并按照这一价值观念自觉地约束自己的思想和行为。

企业价值观念的培育是一个长期的过程。在这个过程中，企业组织中个体成员价值观念的转变，还可能由于环境因素的影响而出现反复，这更增加了价值观念培育的复杂性。价值观念的培育，需要企业领导进行深入细致的思想工作，并善于把高度抽象的思维逻辑变成员工可以接受的基本观点。这其中，思想政治工作十分重要，它能唤起职工对自己生活和工作意义的深思，对自己事业的信念和追求。由于企业价值观念是由多个要素构成的价值体系，因此在培育中要注意多元要素的组合，既要考虑国家、企业价值目标的实现，又要照顾职工需求的满足。但首先考虑的还应是国家和民族的利益。

（2）构塑企业精神

企业精神构塑是在企业领导者的倡导下，根据企业的特点、任务和发展走向，使建立在企业价值观念基础上的内在信念和追求，通过企业群体行为和外部表象而外化，形成企业的精神状态。

企业精神与企业价值观是既有区别又密切相关的两个概念，价值观是企业精神的前提，企业精神是价值观的集中体现。价值观具有分散性和内隐性，如存在的价值、工作价值、质量价值等，它是人们的信念和追求。但企业精神则不同，它比较外露，容易被人们所感觉。企业价值观和企业精神共同构成了企业文化的核心。

企业精神构塑，首先要根据企业的行业特点，确定和强化企业的个性与经营优势，通过这种确定和强化唤起职工的认同感，增强职工奋发向上的信心和决心，形成企业的向心力、凝聚力和发展动力；二是以营销服务为中心，引导和培育企业职工创名牌、争一流、上水平的意识和顾客第一、服务至上的经营风尚，使企业在市场竞争中立于不败之地；三是大力提倡团结协作精神，使企业形成一个精诚合作的群体，建立和谐的人际关系；四是发扬民主，贯彻以人为本，造就尊重人、关心人、理解人的文化氛围，激励职工参与意识，使他们把自己与企业视为一体，积极为企业的兴旺发达献计献策；五是提炼升华，将企业精神归纳为简练明确、富有感召力的文字表达，便于职工理解和铭记在心，对外形成特色加强的印象。

企业精神的形成具有人为性，这就需要企业的领导者根据企业的厂情、任务、发展走向有意识地倡导，并亲手培育而成。在构塑企业精神的过程中，特别应将个别的、分散的好人好事从整体上进行概括、提炼、推广和培育，使之形成具有代表性的企业精神。

(3) 确立正确的经营哲学

作为企业经营管理方法论原则的企业经营哲学，是企业一切行为的逻辑起点。因此，确立正确的经营哲学是企业文化建设的一项重要任务。企业确立经营哲学时，虽有某些共同的方法论要素，但各企业由于人、财、物的状况不同、所处的环境不同，每个企业选择具有本企业特色的经营哲学是不同的。确立企业哲学，需要经营者对本企业的经营状况和特点进行全面的调查，运用某些哲学观念分析研究企业的发展目标和实现途径，在此基础上形成自己的经营理念，并将其渗透到员工的思想深处，变成员工处理经营问题的共同思维方式。企业经营哲学通常应在代表企业精神的文字中体现，这不仅有利于内部渗透，而且也便于顾客识别。经营哲学的确立，关键是要有创新意识，创建有个异性的经营思想和方法。

(4) 做好形象设计，提高企业形象

企业形象设计一般经过形象调查、形象定位和形象传播三个阶段。形象调查是了解公众对本企业的认识、态度与印象等方面的情况，为企业形象设计提供信息。形象定位是在形象调查的基础上，根据企业的实际状况，用知名度和美誉度的高低程度对企业形象进行定位。形象传播是以广告或公关方式，将企业形象的有关信息向社会传播，让更多的顾客认识和接受，从而提高企业形象。

2.3 企业文化管理的阶段和内容

企业文化建设过程一般要经过设计构建、实施运作和评价改进三个阶段，在每个阶段有各自的管理流程和具体内容。

2.3.1 设计构建阶段的管理

设计构建阶段的管理是建立文化管理体系，包括组织管理体系和企业文化体系，一般要经过以下几个步骤：

(1) 成立文化管理机构

企业为实施文化建设管理，首先要成立专门的组织机构，如企业文化战略委员会、文化管理领导小组或文化管理部等，或者将文化管理纳入某现有相关职能部门的工作职责范围。在企业的最高管理层和职能层都要有专人负责（最好是企业最高领导和部门经理），在基层各单位也应设定相应的责任部门或个人。必要的话，还可与专业咨询机构合作组建企业文化执行小组。要明确组织机构的管理目标和职责，并由其制定行动计划付诸实施。

（2）进行文化环境分析

即调查分析企业现状、行业态势、竞争状况、企业最终目标等，得出企业存在的必要性、企业发展要求等，分析企业文化与企业生存发展的关联性，从而确定企业实施文化建设管理的必要性。

（3）企业精神文化设计

即科学性、艺术性地归纳总结出企业远景、企业使命、企业精神、企业理念、企业战略、企业口号等。

（4）企业制度和行为文化设计

依据已提炼出的理念层和企业实际需求，整理完善企业的各种管理制度，设计企业行为规范，包括员工行为规范、服务规范、生产规范、危机处理规范、典礼、仪式等。

（5）企业物质文化设计

主要是进行企业形象系统规划和设计，一般要请专业设计机构进行，以确保设计符合艺术性、国际化、高识别性、行业要求等，并体现企业特色。

（6）企业文化体系的优化

完成上述精神、制度、行为和物质文化的初步设计后，将设计成果整理汇总，就形成了企业文化体系的初步方案。可通过适当方式，在企业普通员工、有关领导和专业机构中广泛征求对初步方案的意见，并根据反馈意见不断对设计方案进行优化修改，直至基本取得普遍的认可，形成可接受的、可执行的企业文化体系。

2.3.2 实施运作阶段的管理

2.3.2.1 概述

企业在完成企业文化体系设计后，就可以开始实施运作阶段。首先应该实施企业视觉形象系统，通过视觉形象系统的实施，可以使企业形象在极短的时间内发生巨大的变化，无疑会在社会中、行业中和该企业员工心目中产生很大的反响，员工对新的形象、新的理念、新的战略目标产生兴趣，油然而生自豪感。在这个时候，贯彻企业精神、企业理念、企业规章制度就会事半功倍，辅之以长期的培训、文化活动、表彰优秀代表人物和倡导英雄事迹，企业风气、企业环境气氛会焕然一新，员工个人目标必然会与企业战略目标走向一致，企业文化也逐步向强势文化转变。但同时要求企业内要有一支勇于变革的领导团队，能够不断更新和改变企业文化（即企业文化的再定位），塑造尊重人才的高素质职业经理人，为人才创造良好的工作环境，使企业文化在企业战略执行、核心能力营造中始终发挥积极的作用。

2.3.2.2 应注意的问题

在企业文化实施运作管理过程中，应注意做到以下几点：

（1）建立有效的运作管理机制

企业文化作为一种当代企业管理理论，在于把企业价值观渗透到企业经营管理的各个方面、各个层次和全过程，用文化的手段、文化的功能、文化的力量，去促进企业整体素质、管理水平和经济效益的提高。

在运作管理中要建立和实施一套有效的管理机制，包括：①激励机制，企业文化管理的首要任务是通过一定的方式调动人的积极性，这些激励方式有：目标激励、参与激励、强化激励、领导者言行激励；②纪律约束机制，即要有明确的规范，落实上不走样，将企业理念贯穿到制度、纪律与行为规范中；③凝聚机制，即确立广大职工认同的企业价值观，确立企业目标，确立企业人际关系，发挥企业文化对员工的向心力和凝聚力作用。

（2）辩证处理相关关系

在企业文化管理上，一是要处理好借鉴与创新的关系，把握企业文化的个性化、特色化；二是要处理好用文化手段管理文化，坚持以文化引导人、培育人；三是要处理好虚与实、无形与有形的关系，坚持内外双修、软硬管理相结合。

（3）避免产生各种误区

在企业文化建设管理过程中，如果对企业文化的理解不准确，采取的管理方法措施不当，很容易走进一些误区，不仅达不到预期的效果，甚至会劳民伤财且产生了负面影响。容易出现的误区有：

1）企业文化政治化

在许多企业的走廊、办公室、各车间的墙上四处可见形形色色、措辞铿锵的标语口号，如“团结”、“求实”、“拼搏”、“奉献”等。这些已经被滥用的词汇无法真实地反映该企业的价值取向、经营哲学、行为方式、管理风格，更遑论在全体员工中产生共鸣了。

2）企业文化口号化

企业文化等同于空洞的口号，缺乏企业的个性特色，连企业的决策者本身都说不清楚其所代表的具象表现，对员工自然无法起到强烈的凝聚力和向心力作用。

3）企业文化文体化

有的企业把企业文化看成是唱歌、跳舞、打球等之类的文体活动，于是纷纷建立舞厅，成立音乐队、球队，并规定每月活动的次数，作为企业文化建设的硬性指标来完成，这是对企业文化的含义缺乏真正的理解造成的。

4）企业文化表象化

有人认为，企业文化就是创造优美的企业环境，注重企业外观色彩的统一协调，花草树木的整齐茂盛，衣冠服饰的整洁大方，设备摆放的流线优美。但这种表面的繁荣并不能掩盖企业精神内核的苍白。

5）企业文化僵化

有些企业片面强调井然有序的工作纪律，下级对上级的绝对服从，把对员工实行严格的军事化管理等同于企业文化建设，造成组织内部气氛紧张、沉闷，员工缺乏创造力、活力和凝聚力，这就把企业文化带到了僵化的误区。

（4）采取适当的方法

在实施运作管理中，每个企业可根据自身的实际情况，举行丰富多彩的活动，或采取灵活多样的方法，多措并举达到最佳效果，比如：定期举行晨会、夕会、总结会，开展思想小结，张贴宣传企业文化的标语，树立先进典型，举办权威宣讲会，安排外出参观学习，编写或宣讲故事，建立企业创业、发展史陈列室，组织文体活动，引进新人新文化等。

2.3.2.3　运作管理的程序

企业实施文化管理的过程，是一个让企业员工对企业文化从感性认知到理性认同的逐步深化过程，并最终落实在自觉践行企业文化的具体行动上，即需要经历入眼、入脑、入心和入行四个步骤，称之为4R路径。

（1）入眼（R1），是指员工对企业文化的感性认知。可以将企业文化体系汇总编写成册，让全员认识、感知自己的企业文化。

（2）入脑（R2），是指员工对企业文化的认可。可以通过专题培训或举办一系列其他相关活动，让全体员工认可、感受自己的企业文化。

（3）入心（R3），是指企业文化的认同，即通过讨论、研讨企业文化核心，让企业文化在全体员工中深入人心。

（4）入行（R4），是指员工对企业文化的践行。通过主题演讲、公开承诺、团队活动等形式，让理念变成行为。最重要的是，通过举行各种文化建设管理活动，让全体员工在自己的实际工作和日常生活中，体验和践行自己的企业文化，并通过长期坚持，逐步成为员工的自觉行动。

2.3.3　评价改进阶段的管理

企业文化管理是一个设计、实施、评价和改进再设计的循环过程。在文化管理战略实施一段时期后，应对之进行评价。评价分为例行评价和全面综合评价两种，例行评价是定期（一般以间隔一年为宜）随企业的年度管理评价考核进行的，即把企业文化管理评价考核纳入企业年度管理评价考核范围中。全面综合评价是按战略发展期（一般三～五年）进行的，在战略发展期交替、实施战略调整转型时进行。评价的内容分两个方面：一是对企业文化的建设管理工作进行评价，包括管理的过程和取得的效果；二是对企业文化体系进行评价，衡量其是否完备可行，是否适应企业内外部环境条件，并有利于促进企业的发展。评价的方式可以灵活多样，如采取问卷调查、访谈、座谈、专家打分、系统分析等。

根据评价结果及基于结果提出的改进意见，对企业文化管理进行调整完善，包括管理工作的改进和文化体系的改进。其中，对企业文化体系的改进实际上也是企业文化体系的再设计过程。

需要说明的是，一个企业的文化是在企业长期生存发展的过程中慢慢沉淀积累形成的，优秀的独具特色的企业文化是企业的一笔巨大的无形资产，这样的文化体系，特别是体系中的核心内容，比如企业的经营宗旨、理念、价值观、企业精神以及企业字号和商标等，不应随一时的环境变化或领导更换而随意改动。当然，事物都是一分为二的，也有企业在其长期经营发展过程中逐渐形成了一些不良企业文化，比如因循守旧、自我封闭、拉帮结派、官本位以及企业行政化等，严重阻碍了企业的持续健康发展，这样的文化糟粕应予坚决革除。

一般来说，在企业刚开始启动实施文化管理的第一个周期时，管理循环一次需要相对较长的时间。在进行全面综合评价的那一个周期，循环时间也较长。而在其他时期，正常情况下企业文化管理一年完成一次管理循环。

3　国际工程企业文化管理

国际工程企业可以参照上述关于企业文化体系及其管理的一般原理和方法，结合国际工程的行业特点和企业自身的实际情况，开展企业文化的建设管理工作。

国际工程的本质属性是其国际性和工程性。国际性首先意味着，国际工程企业的内部员工（包括企业总部和驻外机构）很可能来自不同的国家和民族，也必然要与不同国家和民族的人发生交往联系。相应地，其企业文化的一个特点就不再是单一民族性，而应该是国际性，或多民族融合性。

工程性特点表明，国际工程企业的总部和所属各经营生产单位不属于同一地域时空。而工程性与国际性相叠加，又使得国际工程企业内部一些组织之间地域时空的差异性超越了国界。首先，地域时空对处在本地域时空内的企业组织文化是有影响的。其次，地域时空的差别构成了一个企业处在不同地域时空的内部组织间沟通交流的天然障碍。相应地，表现在企业文化上是组织间文化的自然隔离和认同困难。

工程性的另一个特点是项目的周期性，就是说项目是有一定的生命期限的。项目文化作为企业的一种亚文化，是随项目的建立而开始形成，并随项目结束而消失，也就是说，项目文化具有一次性或临时性。而在企业的经营发展过程中，总是不断有新项目开工，有老项目竣工，与之相伴的是项目文化的诞生和消失。因此，国际工程企业的一些亚文化具有流变性。

我们说一个企业的文化是其全部精神文化和物质文化的总和。这个总和是由企业内部各组织的亚文化构成的。当企业内部各组织相对集中时，企业通过一定的整合管理手段，可以相对容易地使其各亚文化形成一致，表现为该企业的统一的企业文化，而亚文化各自的特色和差别就不明显了。但是，国际工程企业的内部组织不同于一般的企业，除了在总部设有一些部门或下属单位外，在境外还设有一些生产经营管理机构，这就使得构成其企业文化的各亚文化呈现出分散性、相对独立性和多样性特点。

因此，国际工程企业文化的多民族融合性和其亚文化的临时性、流变性、分散独立多样性，是其区别于一般企业文化的显著特点。这些特点使得国际工程企业的文化建设管理工作比一般企业更为复杂困难，也使管理的范围更为广泛，不仅涵盖企业总部文化建设，还涵盖各境外分支机构和在建项目等亚文化建设及其相互间的协调整合管理。

第 8 节 国际工程企业的创新管理

1 一般概念

“创新”的概念是经济学家约瑟夫·熊彼特于 1912 年首次提出的，它是指以独特的方式综合各种思想或在各种思想之间建立起独特联系的一种能力。这种能力可以激发具有创造力的组织或个人不断地开发出做事的新方式以及解决问题的新办法。创新一般具有创造性、风险性、效益性、艰巨性的特点。

而“创新管理”一词，在实践的意义上可以有三种互有联系的不同含义：

（1）管理的创新，即组织的管理者把新的管理要素（如新的管理思想方法、新的管理手段、新的管理模式、新的管理资源等）或把各管理要素进行新的组合后引入组织管理系统，以便更有效地实现组织目标的活动。

(2) 对创新活动的管理，即对创新活动进行决策、计划、指挥、组织、控制、激励、评价和持续改进的过程。

(3) 创新型管理，就是把创新体现在管理过程中，而且要求整个组织和成员是创新型的。如果说管理的创新只是一次性创新活动的话，那么创新型管理则是在管理过程中进行的持续性的创新活动，管理创新在整个组织和成员中已经变成一种自觉行动。

本节所要讨论的国际工程企业的创新管理主要是指上述第二种含义，即对国际工程企业实施的创新活动进行决策、计划、组织、控制、激励、评价和持续改进的过程。企业创新的内容可以丰富多样，其中就包含了企业在管理上的创新。同时，由于企业管理涉及企业生产经营过程的各个环节和各个方面，因此企业对其中任何一个环节或方面所做的创新，都可以称为管理的创新，对创新的管理也就是一种管理上的创新，因为它开辟了管理的新领域，即管理内容的创新。正是由于创新管理与管理创新之间的密切联系和高度重合，本文在下面的讨论中，原则上不再将二者区别对待。

2 创新过程管理

2.1 创新决策

2.1.1 创新环境

创新决策不是要在管理决策上进行创新，而是要对创新活动进行决策。创新决策要决定的是创新要不要做和做什么的问题。

首先，企业决策管理者要在分析企业内外部环境条件的基础上，明确实施创新的必要性和可能性，从而决定是否需要实施创新。

从现代企业面临的宏观环境看，当今的企业处在一个市场经济和知识经济时代。市场经济的发展一日千里，企业在市场经济的大潮中如逆水行舟，不进则退。经济全球化是当今世界经济发展的特征，各国经济通过商贸往来相互联系、相互依存、相互融合。我国已加入 WTO，融入世界经济的大潮中，现代资源、技术、信息、人才和商品在全球范围内流动，企业竞争日益激烈。综观当代企业，唯有不断创新，才能在竞争中处于主动，立于不败之地。而知识经济的一个重要特征是知识创新和技术创新。创新性是知识经济的灵魂。知识的生产和创新、知识的传播、知识的应用是经济和社会发展的核心。随着全球化、知识经济时代的来临，我国面临着更为激烈的竞争。为此，大力推进科技进步，提高我国企业的创新能力，特别是原始创新能力，成为中国企业在新时期发展的必然选择。

从企业的现实情况看，企业可能遇到严重的生存危机或发展瓶颈，或者是由于经营环境变化以及新竞争者出现而对企业形成战略性威胁，或是企业员工对企业管理流程、业务操作等产生抱怨等，对企业现状的不满是激发企业创新的内在原动力，促使企业不得不进行创新。

中国国际工程企业是国际竞争的直接参与者，面临的竞争形势更为激烈。而随着中国社会经济的发展提高，国际工程企业原本拥有的一些成本优势逐步消失，产能过剩已成为不争的事实，而从长期的计划经济时代遗留下来的传统思维和管理模式在企业里一时还难以消除。另外，中国经济正面临着转型升级，中央适时提出了科技创新的发展战略，并大力提倡“大众创业，万众创新”，以促进社会就业和经济发展。在这样的内外环境下，中国国际工程企业面临着严峻的生存发展危机，因此，以创新求发展于中国的国际工程企业就变得既必要又十分迫切了。

但是，并非所有的企业在任何时候都有能力进行创新，企业创新还须具备一定的条件，主要包括以下几个方面：

(1) 创新主体（企业管理者和员工）应具有良好的心智模式

这是实施创新的关键。心智模式是指由于过去的经历、习惯、知识素养、价值观等形成的基本固定的思维认知方式和行为习惯。创新主体应具有的心智模式：一是远见卓识和创新意识；二是较好的文化素质和价值观。

(2) 创新主体应具有较强的能力结构

创新主体必须具备一定的能力才可能完成创新，包括核心能力，必要能力和增效能力。核心能力突出地表现为创新能力；必要能力包括将创新转化为实际操作方案的能力和从事日常管理工作的各项能力；增效能力则是控制协调加快进展的各项能力。

(3) 企业应具备较好的基础管理条件

现代企业中的基础管理主要指一般的最基本的管理工作，如基础数据、技术档案、统计记录、信息收集归档、工作规则、岗位职责标准等。创新往往在基础管理较好的基础上才有可能产生，因为基础管理好可提供许多必要的准确的信息、资料、规则，这本身有助于创新的顺利进行。

(4) 企业应营造一个良好的管理创新氛围

创新主体具备创新意识，并能有效发挥其创新能力，与拥有一个良好的创新氛围有关。在良好的工作氛围下，人们思想活跃，新点子产生得多而快，而不好的氛围则可能导致人们思想僵化，思路堵塞，头脑空白。

通过以上分析可以看出，只有在具备了创新的内外部环境条件和动力后，企业才能决策实施创新活动。

2.1.2　创新选择

一旦确定实施创新后，企业就要根据对自身当前面临的具体的突出问题或将要遭遇的潜在危机的分析，有针对性地选择进行什么样的创新。可选择的创新方向或内容很多，表现为生产力、生产关系和上层建筑三个方面，主要包括观念创新、组织创新、制度创新、技术创新、营销创新、产品创新、环境创新和文化创新等。企业在创新决策时，可以选择其中一项实施，或者选择多项同时进行，但一般很难做到能同时全面展开。

(1) 观念创新

一定的管理观念必定受到一定社会的政治、经济、文化的影响，是企业战略目标的导向、价值原则，同时管理的观念又必定折射在管理的各项活动中。在现代企业管理的理论研究和管理实践中形成了许多新的管理思想和观念，如知识增值观念、知识管理观念、全球经济一体化观念、战略管理观念、持续学习观念等。我国企业应该尽快适应现代社会的需要，在学习借鉴先进的管理理念的基础上，结合自身条件，构建自己独特的经营管理新理念。

国际工程企业直接与国际同行开展同台竞争和合作，有机会最先接触到国际工程管理先进的理念和实践，因此应充分利用这种天然的学习借鉴机会，将国际上先进的管理理念与中国传统文化中的精华有机结合起来，并考虑行业的性质和企业自身的特点，提出和践行自己的经营理念。

（2）组织创新

企业系统的正常运行，既要求具有符合企业及其环境特点的运行制度，又要求具有与之相适应的运行载体，即合理的组织形式。企业的组织结构形式受到企业活动的内容、特点、规模和环境等因素的影响，不同企业有不同的组织形式，同一企业在不同的时期，随着经营活动的变化，也要求组织的机构和结构不断调整。组织创新的目的在于设计建立合理的企业组织结构，来充分发挥组织成员的潜能，提高经营管理的效率。

（3）制度创新

企业制度主要包括产权制度、经营制度和管理制度三方面的内容。制度创新就是企业根据内外环境需求的变化和自身发展壮大的需要，对企业自身运行方式、原则规定的调整和变革。制度创新要以反映经济运行的客观规律、体现企业运作的客观要求、充分调动组织成员的劳动积极性为出发点和归宿。企业制度创新的方向是不断调整和优化企业所有者、经营者、劳动者三者之间的关系，使各个方面的权利和利益得到充分的体现，使组织的各种成员的作用得到充分发挥。

（4）技术创新

现代企业的一个主要特点是在生产经营过程中广泛运用先进的科学技术。技术水平是反映企业经营实力的一个重要标志，企业要在激烈的市场竞争中处于主动地位，就必须不断进行技术创新。由于一定的技术都是通过一定的物质载体和利用这些载体的方法来体现的，因此，技术创新主要表现在要素创新、要素组合方法的创新及产品创新三个方面。

（5）营销创新

营销创新就是在营销过程中根据市场形势的变化，通过采取新的营销理念、方法和手段，或者重构市场营销网络和业务流程，整合营销资源，选择新的营销合作模式和合作伙伴，开拓新的市场领域等方式，以扩大市场销售，在整体上提升市场销售额和占有率。国际工程企业营销创新针对的是国际工程市场。

（6）产品创新

产品创新包括产品的品种、结构和价值的创新。品种创新要求企业根据市场需求的变化，根据消费者偏好的转移，及时地调整企业的生产方向和生产结构，不断开发出用户喜欢的产品；结构创新在于不改变原有品种的基本性能，对现有产品结构进行改进，使其生产成本更低，性能更完善，使用更安全，更具市场竞争力。价值创新是在保持产品基本不变的情况下，开发出其新的使用功能，实现产品的价值增值。

国际工程产品的价值创新还包括通过优化设计或采取替代方案等方式降低建造成本，为客户节省投资，或者通过精心组织来加快施工进度，提前交付工程使客户早日从中受益。

（7）环境创新

环境是企业经营的土壤，同时也制约着企业的经营。环境创新不是指企业为适应外界变化而调整内部结构或活动，而是指通过企业积极的创新活动去改造环境，去引导环境向有利于企业经营的方向变化。例如，通过企业的公关活动，影响社区、政府政策的制定；通过企业的技术创新，影响社会技术进步的方向等。对于国际工程企业来说，环境创新则包括国际和国内环境两个方面。

（8）文化创新

现代企业管理发展到文化管理阶段，可以说已经到达顶峰。企业文化通过员工价值观与企业价值观的高度统一，通过企业独特的管理制度体系和行为规范的建立，使得管理效率有了较大提高。创新不仅是现代企业文化的一个重要支柱，而且还是社会文化中的一个重要部分。如果文化创新已成为企业文化的根本特征，那么，创新价值观就能得到企业全体员工的认同，行为规范就会得以建立和完善，企业的创新动力机制就会高效运转。国际工程企业的文化创新还包括扩大企业文化的开放包容性。

2.2　创新计划

在通过创新决策确定创新方向后，就需要制定实施创新的行动计划。创新计划的内容应包括：①创新目标，创新目标具有很大的不确定性，因此制定创新目标是一件困难的事情，但是如果没有一个恰当的目标则会浪费企业的资源，这与管理的宗旨是不相符的；②创新进度计划，即对创新过程中的各项活动进行分解，确定活动间的关联关系和预计占用的时间；③创新资源配置计划，有组织的重要的创新活动，必定需要耗用一定的企业资源，包括人力、资金、物质、技术、信息等资源，因此需要对这些资源进行事先计划安排；④创新实施方案，包括实施选择的方式方法和策略措施等；⑤创新成果的衡量评价标准和办法。

需要说明的是，这种创新计划只是针对某一专门的创新活动制定的行动计划。如果企业将创新视为其强化管理和提升核心竞争力的一项长期的重要举措，则应对创新管理进行全面的谋划，局部单项的创新计划就上升为整体综合的创新战略规划。

2.3　创新的组织实施

创新的组织实施是企业根据创新计划的要求，组织投入一定资源，采取适当的方式方法和策略措施，具体实施创新活动，以争取实现预定的创新目标。

2.3.1　创新组织

创新组织是为实施创新组织投入一定的资源，包括人力、物质（如设备仪器、场地、材料、设施等）、资金、技术、信息等各种创新活动所需的资源，其中最主要的是人力资源的组织投入。而人力的组织投入则因创新的内容和方式方法的不同而各有不同，可能需要企业组织抽调专业人员组成攻关团队，或者指定某一下属单位的部门负责；可能只是少部分员工参与其中，也可能需要全员参与；还有可能需要与其他单位联合进行，或者聘请社会专业机构单独承担或参与合作。也不排除有的员工自发开展创新活动，过程中不需要企业额外投入或只需要极少的投入。

2.3.2　创新方式

在实施创新时可以采取模仿或自主的方式进行创新。

模仿创新是指企业通过学习模仿率先创新者的创新思路和创新行为，吸收成功的经验和失败教训，引进购买或破译率先者的核心技术和技术秘密，并在此基础上改进完善，进一步开发。模仿创新是一个技术积累、消化、吸收和“二次创新”过程。通过模仿创新不仅可以最小代价、最快速度追赶世界先进水平，而且可以逐步培育出一支善于创新的人才队伍，不断增强自己的研究开发实力。

自主创新是指企业通过自身努力，攻破技术难关，形成有价值的研究开发成果，并在此基础上依靠自身的能力推动创新的后续环节，完成技术成果的商品化，获取商业利润的创新活动。自主创新具有三个显著的特点：①核心技术的自主突破；②关键技术的领先开发；③新市场的率先开拓。自主创新是企业提高市场竞争力的有力武器和获取大量垄断利润的有效途径。同时，它又有难度大、投资多和风险高等对企业不利的一面。

2.3.3 创新方法

在进行创新时可以采取不同的方法，有人总结归纳了以下六种方法：

（1）头脑风暴法

头脑风暴法是美国创造工程学家奥斯本在1939年发明的一种创新方法。这种创新方法是指通过一种别开生面的小组畅谈会，在较短的时间内充分发挥群体的创造力，从而获得较多的创新设想。当一个与会者提出一个新的设想时，这种设想就会激发小组内其他成员的联想。当人们卷入“头脑风暴”的洪流之后，各种各样的构想就像燃放鞭炮一样，点燃一个，引爆一串。

这种方法的目的在于创造一种自由奔放的思考环境，诱发创造性思维的共振和连锁反应，产生更多的创造性思维。讨论一小时能产生数十个乃至几百个创造性设想，适用于问题比较单纯，目标较明确的创新。这种方法在应用中又发展出“反头脑风暴法”，做法与头脑风暴法一样，对一种方案不提肯定意见，而是专门挑毛病、找矛盾。它与头脑风暴法一反一正，正好可以相互补充。

（2）综摄法

综摄法是由美国麻省理工学院教授戈登在1952年发明的一种开发潜在创造力的方法。它是以已知的东西为媒介，把毫不相关、互不相同的知识要素结合起来创造出新的设想，也就是吸取各种产品和知识精华，综合在一起创造出新产品或知识。综摄法有两个基本原则：一是异质同化，即“变陌生为熟悉”。这实际上是综摄法的准备阶段，是指对不熟悉的事物用熟悉的事物、方法、原理和已有的知识去分析对待它，从而提出新设想；二是同质异化，即“变熟悉为陌生”。这是综摄法的核心，是对熟悉的事物、方法、原理和知识进行观察分析，从而启发出新的创造性设想。

（3）逆向思维法

逆向思维是顺向思维的对立面，是一种反常规、反传统的思维。顺向思维的常规性、传统性，往往导致人们形成思维定式，是一种从众心理的反映，因而往往使人形成一种思维“框框”，阻碍着人们创造力的发挥。这时如果转换一下思路，用逆向法来考虑，就可能突破这些“框框”，取得出乎意料的成功。逆向思维法由于是反常规、反传统的，因而它具有与一般思维不同的特点，即突破性、新奇性和普遍适用性。

（4）检核表法

检核表法是一种能够大量开发创造性设想的方法，几乎适用于任何类型与场合的创造活动，因此又被称做“创造方法之母”。它是用一张一览表对需要解决的问题逐项进行核对，从各个角度诱发多种创造性设想，以促进创造发明、革新或解决工作中的问题。检核表法是一种多渠道的思考方法，包括以下一些创造技法：迁移法、引入法、改变法、添加法、替代法、缩减法、扩大法、组合法和颠倒法。它启发人们缜密地、多渠道地思考和解决问题，并广泛运用于创造、发明、革新和企业管理上。它的要害是一个“变”字，而不把视线凝聚在某一点或某一方向上。

（5）信息交合法

信息交合法是通过若干类信息在一定方向上的扩展和交合，来激发创造性思维，提出创新性设想。信息是思维的原材料，大脑是信息的加工厂。通过不同信息的撞击、重组、叠加、综合、扩散、转换，可以诱发创新性设想。要正确运用信息交合法，必须注意抓好搜集信息、拣选信息和运用信息三个环节。

（6）模仿创新法

人类的发明创造大多是由模仿开始的，然后再进入独创。勤于思考就能通过模仿做出创造发明，当今有许多物品模仿了生物的一些特征，以致形成了仿生学。模仿不仅被用于工程技术、艺术，也被应用于管理方面。模仿创新法与上述模仿创新方式有所不同的是，被模仿的对象更广泛，并且也可以应用在自主创新中，比如在技术创新中，不仅可以在模仿别人现有的技术基础上进行创新，而且可以通过模仿某些自然生物的特征进行创新。

2.3.4　创新策略

（1）根据创新的程度不同，可以分为首创型创新策略、改创型创新策略和仿创型创新策略

1）首创型创新策略，是指观念上和结果上有根本突破的创新，通常是首次推出但对经济和社会发展产生重大影响的全新的产品、技术、管理方法和理论。这类创新本身要求全新的技术、工艺以及全新的组织结构和管理方法。首创型创新还常常引起产业结构发生变化，从而彻底改变组织的竞争环境和基础。

2）改创型创新策略，就是在自我或他人的产品、技术或管理的基础上进行大胆创新，探索出新的产品、技术或管理思路、方式、方法。简单地说，就是在已有成果上进行有创意的提高。

3）仿创型创新策略，是创新度最低的一种创新活动，其基本特征在于模仿性，包括创造性模仿和简单性模仿。在创新理论的创始人熊彼特看来，模仿不能算是创新，但是模仿是创新传播的重要方式，对于推动创新的扩散具有十分重要的意义，没有模仿创新，创新的传播可能十分缓慢，创新对社会经济发展和人类进步的影响也将大大地减小。

（2）根据创新的过程是量变还是质变，可分为渐进式创新策略和突变式创新策略

1）渐进式创新策略，是指通过不断的、渐进的、连续的小创新，最后实现管理创新的目的。这种创新策略从小的方面入手，不至于猛烈攻击既得利益者的利益，易于被这群人所接受。由于许多大创新需要与之相关的若干小创新的辅助才能发挥作用，而且小创新的渐进积累效应常常促进创新发生连锁反应，导致大创新的出现，所以，单个小创新虽然带来的变化是小的，但它的重要性不可低估。它说明企业的管理创新是从无数的小创新开始的，当大量的小创新不断地改善着企业的经营管理，并达到一定程度时就会产生导致质变的大创新。这种创新具有渐进性、模仿性，创新的周期一般较长，而创新的效果却不错。

2）突变式管理创新，是指企业的管理首先在前次管理创新的基础上运行，经过一段时间，直到创新的条件成熟或企业运行到无法再适应新情况时，就打破现状，实现管理创新质的飞跃。它具有突变性，创新的周期相对较短，而创新的效果相对较好。这种突变式管理创新的实现通常由专业管理人员、企业家来实现。

（3）根据创新的独立程度，可以分为独立型创新、联合型创新和引进型创新

1）独立型创新策略，就是依靠企业自己的力量自行研制并组织生产，独立型创新的成果往往具有首创性。

2）联合型创新策略，是指由若干组织相互合作进行的创新活动。联合创新往往具有攻关性质，可以更好地发挥各方的优势。但是这种创新活动涉及面广，组织协调及管理控制工作比较复杂。然而，随着科学技术的发展、高新技术的兴起，许多重大的创新项目，无论从资金、技术力量以及该创新项目内容的复杂性，都并非一个企业或组织所能承担，因此，联合创新就变得日益重要。

3）引进型创新策略，是指从事创新的组织从其他组织引进先进的技术、生产设备、管理方法等，并在此基础上进行创新，因此是一种模仿创新方式，中国高铁技术就是成功地实施引进型创新策略的典型案例。

2.4 创新激励

由于企业实施创新的目的是通过创新为企业带来一定的效益，因此企业应采取适当的激励措施，将创新成果对企业产生的效益与参与者个人的热情和利益有机结合起来，以此来激发、鼓励和保护企业创新活动。激励可以是在事前、事中或事后进行，伴随创新活动的全过程。

首先，创新是一种具有创造性和挑战性的活动，通过创新可以挖掘释放员工的内在潜能，因此它能激发企业员工的兴趣和热情去积极参与。应该说，绝大多数员工潜意识中都有投身创新实现自我价值的愿望。因此，企业应珍视员工内在的创新驱动力，营造一种鼓励创新的良好氛围。

其次，创新具有一定的风险性，不能保证每一次创新都获得成功或达到预期的效果。对此企业管理者应有客观和充分的认识，要允许创新有失败，甚至是多次失败。尤其是在遭遇失败时，管理者不应埋怨责怪，而是要多给予关心鼓励，以坚定创新者继续攻坚克难的信心和决心。而且，一些创新所取得的效益可能是隐性的或者是长远的，短时间内难以发现或发挥作用。但是无论如何，企业都不应挫伤创新者的热情和积极性。

一旦创新取得积极成果，企业就应组织对创新成果的评价认可和推广利用工作，并给予一定的奖励。而创新成果能获得社会的广泛认可，也许是对创新者最大的褒奖。评价、认可和奖励根据具体情况，可以是在企业内部或者在企业外部，比如准备提交鉴定报告，组织召开成果鉴定会议，以及申请专利、发表论著、申报奖励、发放奖金或其他物质奖励等。

2.5 创新评价和持续改进

如上所述，创新评价是对创新活动所取得的成果进行客观的分析评价，以获得企业内部或社会的认可。评价应做到客观公正、实事求是。评价的内容主要包括：(1) 成果的性能评价，即评价创新成果是否具有独创性、先进性、实用性等；(2) 成果的效益评价，即评估成果带来的潜在经济效益和社会效益；(3) 创新团队评价，即评价参与创新活动的各个成员在创新过程中各自发挥的作用和贡献大小；(4) 成果的未来评价，即分析成果可能还存在哪些不足，提出成果的改进意见或未来再创新的发展方向。

创新的持续改进具有两层含义：一层是针对某一单项创新活动来说的。毫无疑问，实施创新大多会取得一定的阶段性成果。这一阶段性成果受种种主客观条件的影响，可能不尽完美。成果中的不足也许在成果鉴定评价时就已发现存在，或者在应用一定时期后才出现，或者即使当初完美，但经过一段时间后已经不能顺应新时代、新形势的要求等。凡此种种，都为创新成果留下了持续改进的空间。

另一层是针对企业的经营管理来说的。人类是在不断创新和否定自我的过程中获得生存和发展的，而企业作为社会人的一种组织形式，其生存发展莫不如此。创新管理的定义是对创新活动的管理，其根本目的其实是要引导企业不断地对经营管理进行创新改进，成为一个管理创新型企业。也就是说通过营造一种适宜创新的环境条件，造就一支积极创新的管理团队，使创新不再只是一项单独的专门活动，而是融入企业经营管理的各个环节和各个方面，企业的经营管理因此得到持续改进，企业的成长发展也因此日新月异、充满活力，无论社会环境如何变化，企业在竞争中始终立于不败之地。

第 4 章　国际工程市场营销管理

第1节　概　　述

1　定义

所谓国际市场，是在世界范围内因国际分工和经济联系而进行商品、服务、技术等交换活动的场所，是国际经济体系的一个重要组成部分。因此，国际工程市场就是跨国进行工程产品、服务和技术交换活动场所的集合。

市场营销是在创造、沟通、传播和交换产品中，为顾客、客户、合作伙伴以及整个社会带来价值的活动、过程和体系，主要是指营销人员或群体针对市场开展经营活动、销售行为的过程。而国际工程市场营销就是企业为满足国际工程市场需求和获得利润而进行的跨国经营和销售活动，目的是获取国际工程产品和服务订单。

2　营销原则

在国际工程市场营销过程中应坚持以下几条原则：

（1）诚实守信的原则

诚实守信是基本道德要求中的最基础部分，它是企业经商道德中最重要的品德标准，是其他标准的基础，应被奉为国际工程市场营销的至上律条。

（2）义利兼顾的原则

义利兼顾是指企业在获利的同时，要考虑是否符合客户的利益，是否符合社会整体和长远的利益。利是目标，义是要遵守达到这一目标的合理规则。二者应该同时加以重视，达到兼顾的目标。义利兼顾的思想是处理好利己和利他的关系的基本原则。

（3）互惠互利原则

互惠互利是进一步针对企业的营销活动的性质提出的交易中的基本信条。互惠互利原则要求在市场营销行为中，正确地分析、评价自身的利益，评价利益相关者的利益，对自己有利而对利益相关者不利的活动，由于不能得到对方的响应而无法进行下去。而对他人有利，对自己无利的，又使经济活动成为无源之水、无本之木。

（4）理性和谐的原则

理性和谐的原则是企业道德化活动达到的理想目标模式。在市场营销中，理性就是运用知识手段，科学分析市场环境，准确预测未来市场发展变化状况，不好大喜功，不因单纯追求市场占有率而损失利润。那种不问自身的生产条件，只为拿标而拿标的做法，必然要付出高昂的代价，最终只能自食恶果。和谐是指在营销的过程中，要与营销对象建立和保持良好互信的关系，即所谓的“和气生财”，那种强买强卖的做法是很难在双方达成交易的。

3　营销的作用

国际工程市场营销所面对的是本国以外的其他国家或地区的工程市场，其市场范围辽阔且距离遥远，各个国家的政治制度、法律体系、经济体制、社会治安、人口状况、风俗习惯、宗教文化、自然条件、技术水平以及工程管理模式等不可控制的环境因素存在较大差异，因此国际工程市场营销面临着极为复杂的环境条件。

我们说，国际工程是跨国的技术经济交易活动，活动的相关方来自不同的国家或地区。但是，正是由于相关方地处不同的国家或地区，彼此间互不了解和认识，如何能进行这种交易？那么，国际工程的市场营销就为这种跨国交易提供便利，使交易成为可能。一个企业的主要业务无非是商品（包括服务）的生产和销售，国际工程企业也不例外，从事的是工程产品（服务）的生产和销售。而且，由于工程的特殊性，工程企业只有在获得订单后，才能在客户指定的地点进行工程产品的生产和交付，而获取订单需要通过市场营销来实现。因此，市场营销既是企业主要业务活动之一，也是其他一切经营活动的起点。在充分竞争的国际工程市场环境下，国际工程企业的一切活动都必须围绕订单合同来开展，市场营销在国际工程企业的经营中起到了核心主导作用。国际工程企业要生存和发展壮大，就必须紧紧依赖市场，开展市场营销工作，在保持原有客户及其需求的同时，积极寻求和创造新客户、新需求，争取多拿订单、拿好订单。而且，国际工程企业通过市场营销，可以快速准确地了解国际工程市场的变化动态，了解掌握客户的需求，从而提高和改进工程产品和服务的质量，并为其适应市场变化而进行科学的经营预测和决策提供前提条件。所以，市场营销在国际工程经营管理中具有十分重要的作用。

4　营销管理

国际工程市场营销管理，则是在进行国际工程市场分析的基础上，对国际工程市场营销活动进行计划、组织、控制和评价改进，以实现营销目标的过程。

其中，国际工程市场分析主要是对国际工程市场的环境、规模、位置、性质、特点、容量及吸引范围等调查资料所进行的技术经济分析，以及国际工程企业自身状况的分析。

市场营销计划，包括决定国际工程企业的发展方向和目标的长期战略规划，以及实施战略计划目标的具体市场营销计划。

市场营销组织，由于营销计划需要有一个强有力的国际营销组织网络来执行，因此要根据计划目标，组建一个高效的营销组织网络结构，并对组织人员实施筛选、培训、激励和评估等一系列管理活动。

市场营销控制，即在国际工程市场营销计划实施过程中，需要控制系统来保证市场营销目标的实施，通常采取目标计划来进行控制，包括年度销售营业额计划及利润计划等。为实现市场营销目标，在营销过程中还需采取一定的营销策略技巧和措施方法。

如上所述，国际工程市场营销的目的是获取国际工程产品和服务订单。严格地说，国际工程市场营销管理的范围应从市场调研分析开始，一直延伸到工程项目的招投标及最终签订项目合同为止。在这个营销周期的完整过程中，我们可以把项目招投标之前的市场营销定义为市场营销前期，而把招投标及合同签署阶段定义为市场营销后期。考虑到招投标涉及的是一个具体的工程项目，属于国际工程微观管理的范畴，将在第5章专门讨论，故本章所讨论的内容主要是项目招投标之前的相关营销活动过程，即国际工程市场营销前期管理。

第2节 国际工程市场分析

1 概述

要进行国际工程市场营销工作，首先须了解和认识国际工程市场，而对国际工程市场相关信息的搜集整理和系统分析，则是全面准确把握国际工程市场情况的有效途径。由于国际工程市场时刻处于动态变化之中，不同历史时期的国际工程市场状况各异，因此，站在某一特定时刻对国际工程市场进行具体的分析，对未来国际工程的从业者未必有多少实际的参考价值。基于这种考虑，本节的主要内容是介绍国际工程市场分析的基本原理和方法。掌握了这种基本原理和方法，在工作中随时可以根据需要进行市场分析，此所谓“授人以鱼不如授人以渔”是也。

国际工程市场分析主要是对国际工程市场的环境、规模、位置、性质、特点和容量及吸引范围等调查资料所进行的技术经济分析。开展国际工程市场分析，有助于及时把握多样化的国际工程市场需求，有利于捕捉国际工程市场的变化特点和发展趋势，有利于国际工程企业制定正确的市场战略和策略。国际工程市场分析应遵循客观性、系统性、时效性和目的性原则。

2 市场分类

（1）国际工程市场按所涉及的空间范围大小分为：①外国市场，即工程企业国家之外的任何一个国家或地区；②国际区域市场，即由若干个存在某种联系的国家或地区形成的市场；③世界市场，亦称“全球市场”，全部外国市场的总和。

（2）按地区划分，可分为欧洲市场、北美市场、亚洲市场、非洲市场、拉丁美洲市场、大洋洲市场等。这些市场还可以进一步细分为较小的地区市场，如西欧、中东欧、中亚、东南亚、南亚、中东、西亚、中非、东非、南非、西非、北非等地区市场。

（3）按不同的经济发展水平，可分为发达国家市场和发展中国家市场。

（4）按交易的对象分：承包、咨询服务、劳务和资本市场。

（5）按竞争程度分为竞争性市场和非竞争性市场，其中竞争性市场又细分为充分竞争性市场和有限竞争性市场。

3 市场分析的层次

根据工程企业的内部需要和市场的具体情况，可以将国际工程市场分析分为宏观分析、中观分析和微观分析三个层次，分别对应于国际工程的全球市场、目标国家或地区市场和目标项目。在进行国际工程的行业管理和企业管理时，宏观分析最为重要；在目标市场国家开展市场营销时，应进行中观分析；而针对一个具体项目的营销，则应侧重于与该项目相关的微观分析。

4　市场分析的基本内容

（1）国际工程市场的环境分析，包括政治法律环境、经济环境、安全形势、人口环境、科技环境、市场供应情况、社会文化环境及自然环境等。

（2）国际工程市场的结构分析，国际工程结构按交易对象分为投融资、承包、制造安装、设计咨询和劳务服务等；按专业领域分为房屋建筑、制造、工业/石化、水利、排水、交通、有害废物处理、电力、电讯及其他等。

（3）国际工程市场发展分析，亦称国际工程市场纵向分析，即对国际工程市场在各个不同的历史时期全行业的发展状况进行统计分析，从中找出规律的东西，用于预测行业未来的发展方向。

（4）竞争对手分析，即国际工程行业管理部门或企业对该行业市场上的竞争国家或企业情况的分析。

5　市场分析的程序

一般要经过以下几个步骤：①编制国际工程市场分析方案；②收集调查市场信息；③进行国际工程市场分析；④完成国际工程市场分析报告。

5.1　市场分析方案编制的内容和程序

国际工程市场分析方案的主要内容包括：①市场分析的目的和要求；②市场分析的信息收集对象；③市场分析的范围；④市场分析的内容；⑤调查表；⑥样本的抽取；⑦资料的收集和整理方法。

编制分析方案的程序为：①确定国际工程市场分析的目的和任务；②确定信息收集对象和信息收集单位；③确定信息收集项目；④设计信息收集表或问卷；⑤确定信息收集的时间期限；⑥确定信息收集的方式和方法；⑦确定资料整理方案；⑧确定分析方案；⑨确定市场分析的进度安排；⑩确定市场分析的费用预算；⑪制定信息收集的组织计划；⑫撰写国际工程市场分析计划书。

5.2　收集调查市场信息的方法

常见的方法有：①文案调查法；②访谈调查法；③网络调查法；④观察调查法；⑤实验调查法。

文案调查法是从企业内外部现有的各种信息、情报资料中获取市场分析所需的信息资料的方法。资料的来源包括：①企业内部资料，如历年的生产经营活动资料、市场环境资料；②企业外部资料，包括各国的统计部门和政府机构、相关国际组织的公共资料，各类信息咨询机构、行业协会提供的相关情报，各种媒体、学术刊物等提供的资料；③互联网资料，即通过互联网搜索获取的所需的资料。这些资料可以通过筛选、抄录、复制、剪辑、情报网络、借阅、购买等方式获得。这是一种相对比较容易获得信息资料的方法，且成本较低、时间较短，常被采用。

访谈调查法是指通过询问的方式向被调查者了解市场情况的方法，有个别访谈或集体访谈、直接访谈或间接访谈等多种形式，可以通过面谈、电话、邮寄、留置以及网络等渠道进行。

网络调查法，即利用网络信息传递与交换技术来获取有价值的市场信息的一种调查方法，包括网上问卷调查、网上讨论、网上测验、网上观察等形式。与传统的市场信息搜集方法相比，网络调查法具有私密性好、成本低、时效性强、客观性较高、互动性较强等优点。

观察调查法，就是通过人体感官或借助仪器，有目的、有步骤地对研究对象进行观察、记录、分析，以获取有关市场营销方面的原始资料和信息，如在对某个具体项目开展市场营销时，可以通过在与项目相关方的交谈中察言观色，来获得对微观市场分析有价值的信息。这种方法具有可靠性高、直观性强、干扰性较弱的优点。

实验调查法，即按照一定的实验假设，通过改变实验环境的时间和活动来认识实验对象的本质及其发展规律的调查。这种方法在国际工程市场调查中较少采用。

5.3 国际工程市场分析的方法

（1）系统分析法

市场是一个多要素、多层次组合的系统，既有营销要素的结合，又有营销过程的联系，还有营销环境的影响。运用系统分析的方法进行国际工程市场分析，可以使研究者从企业整体上考虑企业经营发展战略，用联系的、全面的和发展的观点来研究市场的各种现象，预测国际工程市场的发展趋势，从而做出正确的判断和决策。

（2）比较分析法

比较分析法是把两个或两类事物的市场资料进行比较，从而确定它们之间的相同点和不同点的逻辑方法。对于一个事物不能孤立地去认识，只有把它与其他事物联系起来加以考察，通过比较分析，才能在众多的属性中找出本质的属性。

（3）结构分析法

结构分析法是通过市场调查资料，分析某一现象的结构及其各组成部分的功能，进而认识这一现象本质的方法。

（4）案例分析法

所谓案例分析，就是以典型企业的营销成果或某一具体项目的营销过程为例证，从中找出规律性的东西或总结营销的经验教训。市场分析理论是从企业的营销实践中总结出来的一般规律，它来源于实践又高于实践，用它指导企业的营销，能够取得更好的经营成果。

国际工程市场分析可采用的方法还有多种，在进行方案设计时可以根据具体的情况选择，通常是多种方法的组合运用。

另外，在进行市场分析时要做到定性分析与定量分析相结合，因为任何市场营销活动都是质与量的统一。通过定性分析可以确定问题的性质；通过定量分析可以确定市场活动中各方面的数量关系。将二者有机结合起来，才能做到不仅对问题的性质看得准，又能使市场经济活动数量化，从而更加具体精确。还要做到宏观分析与微观分析相结合，因为市场是国民经济的综合反映。要了解市场活动的全貌及其发展方向，不但要从企业的角度去考察，还需从宏观上了解整个国民经济的发展状况。这就要求必须把宏观分析与微观分析结合起来，以保证市场分析的全面性、客观性和正确性。

5.4　企业自身市场分析

国际工程企业在分析市场和竞争对手的同时，还要对自身的状况进行分析评价，以明确企业在市场竞争中的优劣条件及其市场地位。只有这样才能做到知己知彼百战百胜。

最常用的分析方法是 SWOT 方法，它是用来确定企业本身的竞争优势、竞争劣势、机会和威胁，从而将公司的战略与公司内部资源、外部环境有机结合。SWOT 是英文 strength，weakness，opportunity，threat 的缩写，其中 strength（优势）是评估自己的长处；weakness（劣势）是找出自己的短处；opportunity（机会）是发现自己的机会；threat（威胁）是认识到存在的威胁。

SWOT 分析法实际上是就分析的内容与目的而言的，并未真正提供一种可操作的分析方法。所以，企业在进行自我分析时，还需根据实际情况同时采用其他适当的方法，包括灵活借用上述各种市场分析的方法，才能达到 SWOT 分析的目的要求。以分析企业的优势和劣势为例，可能需要采取比较分析法，即把企业当前的情况与过去进行比较，或与竞争对手的现状进行比较，才能分析找出企业的具体优势和劣势是什么。

第 3 节　国际工程市场营销战略

1　一般概念

通过上述的市场分析，国际工程企业对市场的环境条件、结构分布、发展现状、未来趋势、潜在机会以及竞争对手的情况有了比较全面系统的了解。而自我分析又让企业掌握了自身的情况。在此基础上，企业可以结合自身的实际情况，综合考虑企业的经营理念、业务范围、资源配置、竞争实力及市场地位等多种因素，制定与自身发展需要相适应的市场营销战略。

市场营销战略是指企业在现代市场营销观念下，为实现其经营目标，对一定时期内市场营销发展的总体设想和规划。市场营销战略具有企业战略的一般特点，主要是：①全局性，即营销战略在企业战略中的地位、重要程度及范围都是全局性的；②长远性，是指营销战略目标是企业制定的较长时间的目标，比如未来 3～5 年的营销目标；③纲领性，是指营销战略在市场营销活动中的统帅作用；④竞争性，是指营销战略实施过程中的激烈竞争；⑤应变性，是指要适时地对营销战略进行适当的调整；⑥稳定性，是指营销战略必须保持相对稳定，不能朝令夕改。

相应地，国际工程市场营销战略就是国际工程企业为适应环境和市场的变化，站在战略的高度，以长远的观点，从全局出发来研究市场营销问题，策划新的整体市场营销活动，一般由营销战略目标和实施行动计划构成。

尽管在国际工程企业的战略管理中，市场营销战略属于职能层战略，但是由于其在国际工程企业经营活动中的先导性作用，使得市场营销战略成为国际工程企业战略中的核心战略之一。

该战略的制定应在企业分管负责人的领导下，由市场营销职能部门负责起草完成。制定国际工程市场营销战略，必须立足于市场调研分析，只有这样才能在环境和市场的变化有很大不确实性的情况下做出正确的决策。国际工程市场营销战略要以创造项目客户为目的，在维持老客户的同时获取新客户，争取获得更多、更好、更大的工程订单。同时，国际工程市场营销战略也是实现营销目标、战胜竞争对手的策略组合，要从长远的观点来考虑如何有效地战胜竞争对手，使自身在市场竞争中立于不败之地。国际工程市场营销战略要在审时度势的前提下积极推进创新，战略创新的程度与营销的效果成正比。在实施国际工程市场营销战略过程中，还要注重过程监控，在变化中对营销战略进行决策和调整，并持续改进。

2 市场营销战略目标

2.1 定义与特点

国际工程企业的市场营销战略目标是在国际工程市场营销中对企业使命的进一步具体化，是国际工程企业希望通过市场营销活动在一定时期（比如 3～5 年或更长）内达到的市场占有率或在竞争中达到的地位，既可以是定性的，也可以是定量的，比如竞争地位、市场份额、合同存量、合同额增速等。市场营销战略目标应包括在一定时期内达到的：①量的目标，如合同规模、利润额、市场占有率等；②质的目标，如提高企业形象、知名度、获得客户等；其他目标，如新市场开拓，新型项目的开发，现有市场的促销等。

市场营销战略目标作为市场营销战略的重要内容，不仅具有市场营销战略的特点，而且又有自身的一些特点，总括起来有如下几点：

（1）宏观性，即它是对企业市场营销工作的一种总体设想，其着眼点是整体而不是局部。

（2）长期性，即它的着眼点是市场营销的未来和长远，它所设定的目标是一种长期的任务，绝不是一蹴而就的，需要企业经过相当长的努力才能够实现。

（3）相对稳定性，营销战略目标既然是一种长期目标，那么它在其所规定的时间内就应该是相对稳定的。这样，企业的经营活动才会有一个明确的方向，大家对目标的实现才会树立起坚定的信念。

（4）全面性，科学合理的营销战略目标，总是对现实利益与长远利益，局部利益与整体利益的综合反映。目标虽然总是概括的，但它对人们行动的要求，却又总是全面的，甚至是相当具体的。

（5）可分性，营销战略可以分解成某些具体目标、具体任务和具体要求，不仅在内容上可以分解，在空间上和时间上也可以划分。只有把战略目标进行分解，才能使其成为可操作的东西。

（6）可接受性，企业营销战略的实施和评价主要是通过企业内部人员和外部公众来实现的，因此，营销战略目标必须被他们理解并符合他们的利益；其表述必须明确，有实际的含义，不至于产生误解，易于被企业成员理解的目标也易于被接受。

（7）可检验性，营销战略目标必须明确，具体地说明将在何时何地达到何种结果。目标的定量化是使目标具有可检验性的最有效的方法。

（8）可挑战性，目标本身是一种激励力量，可以激发组织成员的工作热情和献身精神。

2.2　目标内容

对于刚成立的国际工程企业来说，制定市场营销战略的首要工作是选择并建立目标；对于具有一定历史的国际工程企业来说，就是根据市场和自身的发展变化情况，对已有市场营销战略目标作相应的更新调整。主要包括以下几个方面：

2.2.1　确定国际工程业务在企业经营业务的份额占比

国际工程企业根据国际工程业务在其整个经营业务中所占比例的不同，可以分为以下几种：

(1) 探索型国际工程企业，即该企业原来从事国内工程或其他业务，现在开始拓展市场，探索进入国际工程市场；

(2) 成长型国际工程企业，即在已有部分国际工程业务的基础上，逐步增加国际工程业务在其整个经营业务中的比例；

(3) 稳定型国际工程企业，即在一定时期内，企业的国际工程业务占比相对变化不大；

(4) 收缩型国际工程企业，即企业的国际工程业务占比呈逐年下降的趋势；

(5) 国际化国际工程企业，即国际工程业务已经成为企业的主要业务和支柱业务；

(6) 纯国际工程企业，即该企业的经营业务全部为国际工程及相关业务。

国际工程企业在制定或修改市场营销战略目标时，要根据自身的实际情况和对市场的判断，确定未来几年内国际工程业务应达到的占比。

2.2.2　确定国际工程业务结构分布

国际工程市场根据业务结构的不同可分为：①投融资；②设计咨询；③工程承包商；④专业分包/供货安装；⑤劳务或其他服务。

国际工程按专业领域分为房屋建筑、制造、工业/石化、水利、排水、交通、有害废物处理、电力、电讯及其他等十大类。

一般来说，有实力的金融机构或项目开发单位，可以选择做项目投融资和项目开发；工程施工单位可选择工程承包和分包；设计单位可选择项目设计、咨询和管理服务；制造安装企业可选择专业制造安装分包，小型企业可做国际工程的专业分包和劳务分包。大型、特大型国际工程企业可以一为主，逐步向全产业链延伸，并做到业务领域全覆盖。比如，设计单位可以尝试做项目开发或总承包管理；知名综合性国际工程建设企业可以总承包为主，逐步开始进军工程设计咨询和项目投资开发领域，必要时也做一些项目分包，在业务领域上以土木工程为主，与之相关的所有专业领域都有能力经营。

在国际工程市场中扮演单一角色，且从事单一业务领域的国际工程企业，其业务结构为单一结构；同时承担不同领域业务的国际工程企业，其业务结构为复合结构。

在确定或调整国际工程市场营销战略的结构目标时，通常面临以下几种选择：

(1) 保持原有结构不变，比如在未来几年内，原来做总承包的仍做总承包，原来以房屋建筑为主业的仍然以房屋建筑为主业。

(2) 结构转变，即单一结构转变为复合结构或者相反，相应地表现为国际工程营销的战略拓展或战略收缩。

(3) 结构内部调整，对于单一结构来说，即包括从一种主体转变为另一主体，如从分包转为总包，从劳务转为专业分包等；也包括从一种领域转变为另一领域，比如从房建转变为水利，从石化转变为电力等。对复合结构来说，结构的内部调整是指对各种业务或专业领域的比重进行适当调整，比如增加投融资的比重、减少分包的比重，或减少对建筑、水利的投入以增加对交通领域的业务比重等。

另外，国际工程按项目规模的大小可以分为超大型、大型、中型和小型多种。因此，国际工程企业在选择市场营销战略的结构目标时，可能还需考虑对项目规模的倾向性。这种倾向性应与公司的综合实力和特点相适应，比如特大型、大型国际工程企业可能更倾向于承揽超大型、大中型项目；中型企业可以承担大、中、小型项目；而小型企业或许只能承担中小型项目，或在超大型或大型项目中担任分包任务。

2.2.3 确定企业在国际工程市场的地位

企业在国际工程市场中的地位可以通过以下两个指标来确立：①行业排名；②市场份额占比。各指标又可细分为多项子指标，比如行业排名除综合实力排名外，还可细分为营业收入、合同规模、利润指标、人才指标、劳动生产率等多个子项，其中前三项最为重要。企业的排名越靠前、份额占比越高，则其市场地位越高。

国际工程企业的市场地位，根据不同的空间范围和竞争对手群体，可以细分为以下四个层次：①国际工程行业的全球排名，最著名的有美国ENR排行榜，基本囊括了每年全球最大的225家国际工程承包商企业。另外，国际工程企业还可以加入世界500强企业排名。②国际工程企业在本国同行业竞争者中的排名。③国际工程企业在项目所在国或地区的竞争排名；④国际工程企业在某一业务或专业领域的排名。

对于众多的中小型国际工程企业来说，每一个企业在国际市场上的地位、作用和影响力都是微不足道的，可以结合实际，制定更为长远的市场营销战略地位目标计划，并尝试从某一国家地区或某一业务、专业领域寻找突破口，力争为自身在局部市场或业务领域赢得一席之地。

对于大型知名国际工程企业来说，确定市场营销战略地位目标，就意味着在此战略实施期间，是保持原有的市场地位，还是进一步提高市场地位，或是做提高多少等方面的选择。

2.2.4 市场划分和目标市场的选择

国际工程企业可以根据市场空间和规模的大小不同，将市场分为三种：①单一国家市场，即国际工程企业只在某一个国家从事经营活动；②多国市场，即企业同时在多个国家从事经营活动；③全球市场，即企业将整个世界的工程市场看作自己的市场。

国际工程企业可以根据上述国际市场的划分，结合本身的实力和业务结构特点，选择不同的模式进入目标市场，通常包括以下5种模式：

（1）单一市场集中化，即企业只选择一个目标市场，对其采取集中营销的策略，将市场做深做透，占据市场主导地位，但高度的集中化会带来较高的市场风险。

（2）选择性专业化，即企业有选择地进入几个目标市场，这些目标市场符合企业的目标和资源条件，且市场间相互影响较小，分专业化的策略可以减少企业的市场和经营风险。

（3）工程产品和服务专业化，即企业只提供一种工程产品或服务，比如石化工程公司、发电设备或玻璃幕墙生产厂商以及工程咨询公司等，都可以选择这种模式，以发挥自身的专业优势，将工程产品和服务做精做细，从而在市场竞争中占据一席之地。

（4）市场专业化，即企业对有限的目标市场提供多种工程产品和服务，以满足目标市场国家不同客户的不同需求。

（5）全面进入，即企业在全球范围内向不同的客户提供不同的工程产品和服务，这一点只有实力雄厚的企业才能做到。

小型国际工程企业，或探索型国际工程企业，可以选择单一市场集中化的模式。专业化国际工程企业可选择工程产品和服务专业化的模式。大中型国际工程企业则与多国市场相适应，即上述的（2）和（4）两种模式。大型国际工程企业则要将全球视为自己的市场范围，即可选择全面进入的模式。

对于大多数已经从事多年国际工程业务的企业来说，所要面临的选择则更多的是对市场布局的调整，即：①是否保持原有市场国家不变？②如果改变，是收缩还是扩展，该退出哪（几）个市场国家，该进入哪（几）个新的市场国家？③对于全球市场来说，市场的格局、侧重点和营销的组织网络是否需要进行重构调整以及如何进行重构调整？

2.2.5　确定营销发展目标

国际工程企业市场营销战略的发展目标主要包括以下几个指标：①未来几年内每年新签合同额和订单数量，以及战略期内的新签合同总额和订单总数，反映的是营销发展的规模；②战略期内新签合同额的年比增速，反映的是营销发展的速度；③企业的合同存量，体现了企业经营发展的潜力；④战略期内的利润额和利润率，不仅体现了企业的经营质量，也在很大程度上反映了市场营销发展的质量及未来潜力。

在制定营销发展目标时要进行综合考虑，既要有发展速度和规模，更要注重发展的质量和效益。速度和规模是短期利益，质量和效益是长远利益，做到二者的平衡统一才是科学合理的。

2.2.6　选择确定目标项目

规模相对较大、生命周期相对较长的一个或数个重要工程项目，可能会对一个国际工程企业一段时期内的经营发展起到关键性的作用，这样的项目的营销过程可能需要耗费较长的时间和较多的其他投入，一旦签订合同对营销成果指标的影响也很大。因此，在确定市场营销战略目标时，还要瞄准一个或几个与企业能力特点相适应的重点项目作为目标项目，进行重点跟踪和营销。

除此之外，市场营销战略目标还包括一些其他目标，不再逐一展开讨论。

从上述讨论中可以看出，市场营销战略目标不是一个简单的目标，而是由多种目标形成的组合目标，即目标体系。国际工程企业在制定市场营销战略时，可以根据自己对市场形势及自身情况的把握判断，相应地选择确定各种目标，构建企业独具特色的市场营销战略目标体系。

3　市场营销战略行动计划

在确定市场营销战略目标后，还要制定营销行动计划，并通过实施行动计划来达到营销的战略目标。行动计划一般包括以下几方面的内容：

3.1　战略目标分解

就是将上述总的市场营销战略目标体系进行逐级分解，分解的方式和层级有：①按年度进行分解；②按部门进行分解，即如果国际工程企业有多个市场营销部门，需将年度总目标分配到各个部门；③按市场区域或国家进行分解。通过这样的多重分解，就构建了国际工程企业市场营销战略目标的多维网络体系，明确了企业不同层级的各个营销单元组织每一年度的具体营销任务目标。

3.2 领导与组织机构设计

对新进入国际工程市场的企业来说，首先要在公司领导层进行分工，确定一名领导负责分管全公司的市场营销工作，通常都是公司行政一把手（即公司总经理）负责主抓市场营销工作。然后建立相应的总部市场营销管理部门，部门设置要综合考虑公司的组织结构、业务流程设计、规模大小、市场范围、国际业务占比等因素，使部门设置与之相匹配。可以按市场区域（国家）或业务领域的不同，来设置一个或几个专门从事市场营销的部门或分公司；也可以将市场营销与在建项目管理业务合并，来设置一个或几个业务部门或分公司。二者各有利弊，前者可以发挥各自的专业优势；后者则责任明确，容易实现业务统筹。完成部门设置后，要对各部门进行岗位设置和责任分工，包括部门负责人和员工的数量、岗位及其责权范围等，并根据岗位设置进行人力资源配置。

在确定企业总部市场营销的领导和组织机构设计后，还需要在各个市场区域或国家相应地进行领导和组织机构设计，遵循的原则和流程与上述类似。事实上，这一过程同时也是在构建国际工程市场营销的组织网络体系。

对于已经从事国际工程业务多年的企业来说，市场营销的领导与组织机构设计，就是根据新的营销战略目标要求来确定的，如果有必要的话，对原有的企业总部和境外营销网络的领导与组织机构进行重构调整。

需要说明的是，企业的市场营销领导与组织机构设计，也是企业的组织管理和领导管理的一部分内容，本质上是一种生产关系的调整，是对企业内部相关组织结构的变动和改革。这中间牵涉的因素很多，涉及企业众多领导和员工的岗位调整、业务分工和利益关系，处理不当容易造成人心浮动、人才流失和工作瘫痪等现象，因此会对公司的市场营销业务本身造成不利影响，花费的成本也高。所以，决策要慎重，设计要科学合理，行动要迅速。并且，一旦确立就要保持相对的稳定性，这样才能有利于公司市场营销业务的发展。

3.3 建立或修订市场营销管理制度

市场营销管理制度主要包括市场营销岗位责任制、员工守则、市场营销管理办法、程序文件、驻外机构管理办法以及业绩考核办法等。管理制度也可以是一套相对完整全面的国际工程市场营销业务指导手册，用于规范市场营销各参与方的行为和各个营销环节的活动，主要内容涵盖国际市场营销管理的目标、体系、战略、组织网络、职责、业务流程（公共关系管理、项目信息备案及投标立项、投议标管理、投标评审、递交标书、合同谈判和缔约）、品牌、激励机制、保密原则等管理流程与要求，以及市场营销管理过程中需要用到的各种文件格式模板。

新进入国际工程市场的企业需要起草建立这样的管理制度，老的国际工程企业则需要根据营销战略要求，对原有管理制度进行必要的修改完善。

3.4 确定新目标市场的进入方式

如果根据市场分析和营销战略要求，国际工程企业确定要开拓一个或多个新的目标市场区域或国家，或者要进行业务结构转型，则都面临着如何进入新目标市场的问题。

国际工程企业进入新市场，有间接进入和直接进入两种方式，每一种方式又有多种渠道。

其中，间接进入包括：①分包进入，也叫“借船出海”，就是通过为在该市场中已有工程企业的在建项目承担分包任务的方式，进入该市场。②代理进入，就是通过与对该市场有一定的影响力和人脉关系的组织或个人开展代理合作，进入该市场，代理组织或个人可以来自目标市场国、第三国或者与企业同属一个国家。③联营进入，就是与目标市场国家已有企业（本地企业或国际企业分支机构）组成项目联营体投标经营项目，从而进入该市场。

直接进入包括：①项目进入，即独自通过直接参加公开投标和经营项目进入新市场，这些项目主要是通过公开渠道发布其招标信息，如国际金融组织融资的项目通常要求发布国际招标公告。②网点进入，即先在该目标市场设立营销网点，如成立代表处、分公司、区域总部等形式。然后，逐步熟悉市场，开展营销工作。

3.5　制定进度计划

进度计划主要是指新建或调整组织机构、营销网点的进度安排。为尽快开展市场营销工作，确保营销战略目标的实现，必须尽快完成相关的人事安排和机构设置，以免人心浮动、组织瘫痪，无法开展正常的业务活动。

3.6　编制费用预算

费用预算即本战略期内市场营销所需全部成本的计划安排，主要包括：①费用支付方式，各个部门和营销网点的年度费用是采取总额包干、人均费用包干的方式，还是采取基本费用加业务提成的方式。②费用来源，是由企业总部统筹还是采取各部门、营销网点自筹资金，或者采取二者分摊的原则。③费用分解，即按年度、部门、驻外机构及费用明细等，将总的营销费用预算进行分解。

3.7　编制培训计划

培训计划主要包括培训的对象、时间安排、培训方式和培训内容等的计划。培训的内容根据不同的培训对象不尽相同，主要包括业务培训和语言培训。业务培训的内容包括公司的总体情况、管理制度、营销战略和业务流程、新市场国家的环境、新业务领域的专业知识和工作流程，营销人员的礼仪与行为规范、营销策略技巧、境外安全和纪律教育等。

3.8　选择确定市场营销策略

选择确定市场营销策略即选择确定为保证实现目标而在进行市场营销时应采取的策略。根据营销主体的不同，营销策略可以分为集中营销和自主营销。根据营销方法的不同可以分为无差异化市场营销和差异化市场营销策略。通常情况下，营销策略是选择多种策略形成的组合。

所谓集中营销，就是企业整合集中所有的营销资源和力量，对其进行分工和部署，统一开展市场营销，对外使用统一的品牌。

自主营销，就是企业允许各下属子企业或驻外机构，利用自身的资源和优势，独自开展市场营销，可以灵活使用旗下的多个品牌。

无差异市场营销，即国际工程企业设计出一套标准化的营销方案，在所有的目标市场中采取单一的营销策略去开拓市场。这种策略比较适合于从事单一工程产品和服务经营活动的企业。

差异化市场营销，即根据工程产品和服务的不同性质，以及目标市场或目标项目的不同特点，采取不同的营销策略组合，以满足不同市场和客户的需求。

实际上，市场营销的策略措施还有很多种，在实施国际工程市场营销时，还可以根据具体情况，灵活采取多种策略组合在一起加以运用，本文将在下面有关章节进一步系统讨论营销策略问题。

总之，市场营销战略目标及其行动计划，就构成了国际工程企业某一发展时期的市场营销战略，它对企业未来一段时期的发展具有重要的指导意义。因此，企业领导层应高度重视营销战略管理，亲自参与到战略规划的决策和制定过程中来。战略目标要定得科学合理，措施要切实可行，并应取得广泛共识。营销战略一旦确定，应通过适当的方式，如公司年度工作会议、职工代表大会、市场营销专题会议、公司文件或总部到驻外机构宣贯等方式，在全公司范围内得到贯彻执行。

同时，还要注重战略实施过程的动态监控，定期对执行效果进行评价和必要的调整修改，公司总部层面的评价调整以每年进行一次为宜。

第 4 节　国际工程市场营销的实施程序

国际工程企业以直接进入的方式，在目标市场国家或地区开展国际工程的市场营销工作，从进入目标市场国家到最终获得项目合同，通常要经过以下 7 个程序步骤：设立市场营销网点；熟悉当地市场情况；建立市场关系；获得项目信息；确定目标项目；开展目标项目营销；组织参与项目招投标。现分别介绍如下，其他方式进入也可参照执行：

1　设立市场营销网点

要在一个国家或地区开展市场营销，应尽早在当地设立组织机构。组织机构要满足以下三个方面的要求：

（1）符合公司总部的决策

营销组织机构是公司总部国际工程市场总体营销网络布局的组成部分，机构的名称、形式、位置、营业范围、作用、规模、内部结构及主要负责人等，应按总部的决策和总体营销战略部署的要求执行。

（2）符合当地相关法律法规

目标市场国家对外国公司在当地开展工程业务活动的组织机构有明确的要求，一般都会要求必须先注册成立合法的组织机构才能营业。中东一些国家要求，境外公司必须与当地组织或个人组成联营公司，且当地人的持股比例至少占 51%。除此之外，一些国家还可能有业绩资质方面的要求，甚至对办公场所的大小、设施配备、人员构成等都有明确要求。因此，设立境外分支机构时应按其规定，到当地有关部门申请注册，获得经营许可和资质。

（3）满足工作需要

设立境外组织机构的目的是为了便于在当地开展市场营销业务，因此，机构的性质、规模、结构及资源配置要与其承担的任务相适应。如不相适应，要么不能满足工作需要，要么造成资源浪费，影响工作效率。

组建境外营销组织机构的一般程序是：①到当地相关部门了解对成立组织机构的要求；②按其要求准备申请文件，包括机构负责人的授权文件；③准备办公场所设施；④提交申请文件供当地主管部门审核，审核期间当地主管部门可能还会亲自去办公场所实地核查；⑤获得经营许可和资质；⑥完成组织机构内部人员配置和相关管理制度、工作生活设施等建设；⑦到中国驻当地使领馆、经商参处或行业协会登记备案。

需要说明的是，一些国家对申请文件要求极为严格，因此申请的递交可能遭遇多次反复，耗费较多的时间和费用，需要公司总部及相关方的大力支持和配合。如果对业务流程要求等不熟悉，公司可以考虑聘请当地有经验和人脉的公司或个人代为办理或提供咨询服务。

根据境外营销组织机构的作用和规模不同，机构的名称可以是办事处、代表处、经理部、分公司、区域总部等形式。其中，办事处、代表处规模较小，一般只能承担市场信息的收集工作和招投标的现场沟通协调工作，并为在建项目（如果有的话）提供一些服务。经理部、分公司则可以全面负责一个市场国家的营销和在建项目的经营管理工作。区域总部可以直接负责一片区域市场内多个国家国际工程经营管理工作，如果需要可下设多个国家代表处、经理部、分公司等分支机构。

机构的位置一般选在当地国的首都、经济相对发达的城市或工程市场集中的地区。如果已经有在建项目，也可选在项目所在地，或与其办事处合署办公，达到资源共享、节约成本的目的。

境外组织机构通常是公司总部全资拥有，或按当地法律规定，与当地组织或个人名义上共同出资。有实施在建项目的，可以考虑用项目登记注册，成立项目公司。私营企业在选择对外开展国际工程合作的方式上可以有更多的灵活性。

在内部资源配置方面，不仅有来自企业总部的资源，也可以利用当地或来自第三国的资源，特别是人力资源，利用包括当地人力资源在内的国际资源，往往不仅具有成本优势，而且他们熟悉当地情况，没有语言障碍，又方便管理，也体现了企业的国际化形象，值得在资源配置时充分考虑。

另需说明，如果当地法律法规要求对营业执照年审，则应按其要求进行年审。经营过程中，如果业务的发展需要更高级别的营业资质，则可按要求申请办理资质升级。

2　熟悉当地市场情况

在制定国际工程市场营销战略、确定目标市场国家时，通过对国际工程市场的分析，我们对全球及目标国家的国际工程市场在整体上有了初步的了解，但这种了解只是宏观层面的，尤其是对目标国家的市场情况的了解还不够深入细致。因此，一旦进入一个目标市场国家开始进行营销工作，还需进一步了解该国的具体市场情况。

可以借鉴上节介绍的市场分析的方法和步骤，来进一步收集该国的市场资料，对市场情况进行中观分析，分析的内容基本与宏观分析相似，只是针对的市场领域局限于该国的国际工程市场，要求更为具体透彻，包括：①该国市场环境，如政治、经济、法律、社会、科技、人口、宗教、文化、市场供应等状况，该国与中国的政治、经济和外交关系，及其与国际金融组织的合作关系等。②该国的工程市场结构，如目前的基础设施状况，在建项目的数量、规模及其领域和地区的分布情况，各项基础设施的未来规划和发展潜力评估等。③竞争对手情况，即在该国开展业务活动的所有主要的同行业竞争对手的情况，包括来自中国、当地和其他国家的工程企业。对竞争对手的了解，不仅有利于自身在未来竞争中赢得获胜的机会，也便于在必要时有可能选择合适的合作伙伴。

必须指出，由于工程市场的多面性、复杂性和多变性，对一个国家的国际工程市场的了解，不可能在短时间内一蹴而就，形成的判断也不会一成不变。相反，它是一个长期的动态过程，需要对之进行长期的观察和分析研究，才能逐步丰富对该市场的认识，形成较为全面、客观的判断，为营销的决策和实施行动提供准确可靠的依据。

3 建立市场关系

市场关系是参与市场的相关方之间的关系，在国际工程市场，主要是承包商与业主的关系。但是，境外市场营销组织机构，作为国际工程市场营销的主体，在实施市场营销的过程中，却要与众多相关方发生或多或少的交往和联系，主要包括：

（1）所在国的国家管理组织关系，包括其国家和地方的政党、行政、法律（包括立法、司法和执法）、经济、行业规划和主管部门；

（2）客户关系，包括各种竣工、在建和待建项目的投资人、业主和设计/咨询单位或个人；

（3）竞争/合作关系，包括竞争对手、合作伙伴、供应商、分包商、代理商等；

（4）媒体关系，包括各种报纸、杂志、电台、电视台、网络媒体等；

（5）内部关系，即与公司总部、区域总部、相邻驻外机构、在建项目等关系；

（6）驻外使领馆关系，即与我国驻当地的使领馆、经商参处、行业协会的关系；

（7）其他社会关系，如当地华人社团或个人，有一定社会地位和影响的组织（如工会、协会等）或个人，以及其他关系等。

由于这些组织和个人与市场营销存在或近或远的联系，因此，市场营销的重要工作之一，就是要建立和发展与他们的关系。建立和发展市场关系，既是市场营销组织在市场中存在本身的需要，也是向市场相关方彰显己方这种市场存在的需要。同时，在构建市场关系中，通过沟通交流可以让相关方认识并了解自己的目的和公司的情况，增强对方的信心，也可以为市场营销获取有价值的信息和资源，或者赢得其他支持和帮助。市场关系越广越深，获取市场的机会就越多。所以，在某种程度上说，建立和保持市场关系的过程，实际上也是广交朋友的过程。通过广交朋友，达到营销组织与市场相关方相互间增信释疑和良性互动，进而获得帮助和商机。

4 获得项目信息

市场营销的目的是为了获得客户订单。根据营销者对待客户订单态度的不同，市场营销表现为三种行为方式：

（1）消极营销，即坐等客户主动找上门来签订项目订单，这种行为方式在竞争性国际工程市场是不可取的，但时常会发生，特别是实力强、市场口碑好的企业，往往有客户主动找上门来洽谈项目合作。

（2）积极营销，即主动出击，在市场中寻找和追随客户，以争取获得项目订单，这是国际工程市场营销中最常见的一种方式。

在国际工程市场中，一份项目信息就意味着一份商机。只有通过建立市场关系，在市场关系的交往中，首先获得项目信息，开展有目的的营销，最终才有可能获得客户订单。因此，市场关系交往是获取项目信息的有效途径。

在同上述各类市场关系人的沟通交流过程中，任何一方都有可能提供项目信息。按提供的方式不同，项目信息通常分为直接信息和间接信息。直接信息是由市场相关方直接发布或提供，主要来源于上述市场关系人中的前两种，即政府相关部门、项目投资人/业主/咨询工程师等；间接信息是经由第三方来获得项目信息，主要是由上述市场关系人中的后面5种组织或个人提供，他们本身不是信息的制作者，只是信息的公开或非公开传递者。

项目信息按载体不同，除了有纸质项目信息外，还有电子项目信息和口头项目信息，一些特定市场关系人在非正式场合，不便以书面的形式传递项目信息，则可能更多选择电子网络形式传递信息，甚至只是模糊的口头信息，需要营销者敏锐地捕捉和把握。

作为营销者，获取项目信息的方法有多种，如各种媒体和信息传播渠道、各类政府文件、正式拜访、参加聚会活动、私下交流等，都有机会获得项目信息。

（3）创造性营销，即在市场关系交往中，发现客户的潜在需求，为其提出满意的工程产品和服务项目方案，从而创造出新的项目客户订单，这是国际工程市场营销中值得鼓励的最有价值的行为方式。

另外，还有一类有价值的项目信息，即由中国政府或金融组织主导的国际工程援助项目或经济合作项目，国家战略（如“一带一路”、互联互通等）项目，通常由中国的国际工程企业承担实施任务。项目信息可以通过使领馆、经商参处、公司总部等渠道获得。这类项目通常由总部负责跟踪推进，所属境外机构负责在项目当地联络配合。

无论采取何种方式和渠道获得的项目信息，应在境外营销组织内及时汇总，建立动态项目信息库，以方便市场营销管理。

5 确定目标项目

如上所述，在市场交往的过程中，营销人员会从不同的渠道获得大量的项目信息。这些信息有真有假，有的模糊有的清晰。因此，需要对之进行甄别筛选，剔除虚假信息，排除不可行的项目信息，留下可信又可行的项目信息作为市场营销的目标项目。

5.1 项目信息可信性判断

拿到项目信息后，首先要对其可信度进行分析判断，可以从以下几个方面进行：

（1）信息来源的渠道，通常由政府规划、行业主管部门、项目业主、设计、咨询单位等发布的信息可信度较高，道听途说的信息则需要进一步核实。

（2）信息内容，可以分析信息的内容是否真实可靠，那些夸大其词的信息往往不可靠。

（3）实地考察，为落实信息的真实性，有必要可以进行现场考察，向项目周围相关人员了解情况。

（4）多方求证，即向项目相关单位或其他第三方询问求证。

（5）直觉判断，从事市场营销多年后，积累了一定的市场经验，对项目信息的真伪有时凭直觉就能判断出来。

(6) 冷处理，就是把项目信息暂时搁置一边，一些谣言信息会随着时间的推移不攻自破，烟消云散。

5.2 项目可行性分析判断

通过项目信息可信性分析后筛选出真实的项目信息，再对这些真实信息进行初步的可行性分析判断，主要考虑如下几个因素：

(1) 是否符合项目业主或当地社会当下或未来一段时期内的需求；

(2) 是否与业主或该国的经济实力、科技水平、融资能力等相适应；

(3) 项目本身是否可行，包括项目规模、技术难度、周围环境等；

(4) 是否与本企业的实力、业务结构、营销战略等相符；

(5) 其他主要潜在风险分析。

综合考虑上述因素，在分析判断项目的可行性时，可重点考虑以下几类项目：

(1) 已列入所在国发展计划且优先实施的项目；

(2) 国际金融组织贷款支持的项目；

(3) 中国政府或银行各类贷款支持合作的项目；

(4) 虽未列入所在国发展计划但通过企业的努力可以列入并优先上马的项目；

(5) 技术可行、风险较小的项目；

(6) 已经启动了前期工作（如可研、初设、动迁等）的项目；

(7) 与企业自身的能力、业务领域和发展方向相适应的项目；

(8) 其他合适的项目。

完成可行性分析判断后，就将那些虽然真实但并不可行的项目信息排除在外，留下了既真实又可行的项目信息作为目标项目，从而进一步开展有针对性的市场营销工作。可以建立目标项目信息库，包括项目的名称、规模、类别、目前进展的状况、预计启动开发的时间等，对目标项目信息实行动态跟踪和管理。

6 开展目标项目营销

初步将项目信息确定为目标项目后，确定是否对之开展进一步的营销工作以及如何开展营销，由于项目营销需要一定的时间和经济成本投入，所以应对目标项目营销进行评审决策。重要的项目信息要经过境外组织机构和企业总部两级评审决策，评审前应准备尽量详细的项目信息资料。评审决策形成的决议，最终明确了目标项目，即可按决议要求开展更为细致的营销工作。

围绕目标项目可以开展以下几方面的营销工作：

(1) 制定项目营销方案，指定专人负责目标项目的营销工作。

(2) 接触项目业主或相关单位，表达参与实施项目的意愿。

(3) 促销宣传，宣传的方式有多种，比如当面口头介绍公司的总体情况和实力，播放视频资料，呈送公司宣传册，浏览公司网站，邀请对方到公司在建项目、竣工项目或总部参观访问等。促销的重点应放在公司在该国的经营情况，及其与本项目类似的经验和能力上。促销的目的是加深对方对公司的了解，增强其对公司的信任和信心。

(4) 收集研究项目情况，包括项目的规模、性质、地点，项目的业主、咨询或其他相关方的情况，项目的规划、可研、融资、设计、招投标情况，项目当前的进展状态，存在的问题以及未来的进展安排等。需要收集研究的资料相对来说比较复杂全面，收集研究的过程是一个由浅入深、由粗到细的渐进过程，要花费大量的时间精力，还要有一定的专业知识和经验。收集资料可以通过项目相关单位或实地考察等方式进行。

（5）参与项目进程，如果认为有必要，国际工程企业可以参与到目标项目的前期进程中来，包括规划、融资、地勘、初设、场地准备等活动，为业主提供项目解决方案，在增加业主好感的同时，也增加了企业对项目的了解程度和掌控力，为今后做好项目投标工作并最终赢得项目合同奠定坚实的基础。参与项目前期进程是否采取收费方式，则要视具体情况综合考虑来确定。

（6）完成目标项目营销分析报告，即前文提到的国际工程市场微观分析。通过上述营销活动，在对目标项目的环境、特点、目前的进展以及存在的问题等方面有了深入细致的了解后，可以编制较为完整客观的目标项目营销分析报告，作为重要的依据供开展下一步项目营销和投标决策参考。

7　组织参与项目招投标

项目招投标是国际工程市场营销的后期工作，涉及的内容较多，将在本书后面有关章节专题讨论。

值得注意的是，在上述市场营销活动中，有时营销人员不适合直接公开地接触项目业主或其他相关方，可以通过项目代理或其他第三方作为双方沟通交流的桥梁。另外，上述的营销程序只是营销过程中通常要经历的几个过程，由于一般同时会有多个目标项目在进行项目营销，同一时刻每一个项目的营销进展也不尽相同，所以这些营销活动并非遵从上述那样固定的顺序。

第 5 节　国际工程市场营销的策略技巧

国际工程市场营销策略，就是国际工程企业以工程客户需要为出发点，根据在市场中获得的客户需求及其购买力的信息，有计划地组织各项经营活动，通过相互协调一致的产品策略、价格策略、渠道策略和促销策略，为客户提供满意的工程产品和服务而实现企业目标的过程。

国际工程市场营销策略包含以下 4 个因素（简称 4P），即：①Product，工程产品和服务；②Price，产品和服务的价格；③Promotion，产品和服务的促销；④Place，营销网点布局。在营销过程中，针对这四个因素采取不同的策略，就形成了国际工程企业独具特色的营销策略组合。如何进行策略组合则是选择策略的一种技巧。

1　产品策略

为方便描述，下面如无特别说明，产品一词就代表工程产品和服务的一部分或全部。

国际工程市场营销中实施产品策略时，主要面临以下几方面的选择：

1.1　产品的品种数量

即企业是向国际工程市场提供单一产品还是同时提供多种产品。一般来说小型专业工程企业只能向市场提供单一产品，而大型综合性工程企业有能力同时提供多种产品。

1.2 产品的特色

即产品是通用产品还是差异化产品。通用产品是一般工程企业都能提供的产品，可以满足国际工程市场的普遍需求，如土木工程承包施工。差异化产品是只有一家或少数几家企业能够提供的产品，以满足国际工程市场的特殊需求，比如玻璃幕墙、核能发电设备的供货安装等。

1.3 产品的质量

主要是国际工程企业对产品质量的方针和投入，在工程产品质量上是要求精益求精，还是仅仅满足项目合同对质量的最低要求。

1.4 产品的调整

包括四个方面：①品种数量调整，即是否在原有产品基础上增加或减少产品的品种数量；②结构转型，即是保持传统产品不变，还是转向新的产品；③产品延伸，即是否在保持原有产品的基础上，向上游或下游产品延伸；④产品创新，即是否需要根据对市场需求的科学预测，投入资源研究开发新产品，以抢占先机，满足未来的市场需求。

1.5 品牌的使用

即在市场营销中是否使用品牌以及如何实现品牌增值。在多产品多品牌的情况下，要决定产品与品牌在市场中的匹配性。比如，一个国际工程企业可能同时拥有分别以工程承包、设计咨询为特色的两个品牌，那么在进行承包类项目营销时，可选择使用以工程承包见长的品牌和业绩；在进行设计咨询类项目营销时，则选择以设计咨询为特色的品牌和业绩为宜。

1.6 附加产品

即在满足项目客户合同需求的同时，是否提供额外的产品，比如免费为业主提供项目规划设计、工程运营维护人员培训、赠送施工设备设施以及改善当地基础设施条件等。

2 价格策略

国际工程市场的情况可谓千变万化、千差万别，为适应不同的国际市场行情，可采取的价格策略灵活多样，下面介绍几种常见的价格策略。

2.1 低价策略

低价策略是以低于市场价格水平，甚至是以低于成本的价格，获得工程项目订单的价格策略。通常在以下三种情况下，可以考虑采取低价策略：①急于进入新市场的需要，即先以较低的价格中标项目，从而进入某一新市场，站稳脚跟，再图发展；②资源有效利用的需要，在已有市场内缺乏后续项目，却有大量可利用的剩余资源（如施工设备设施和项目管理人员），这些资源如不加以有效利用，不仅造成资源浪费和贬值，而且储备处置也需要额外支出较高的费用；③排挤竞争对手的需要，包括已进入和拟进入该市场的竞争对手，以减少未来市场竞争的激烈程度。

2.2 低盈利价格策略

就是以较低盈利水平的价格，争取多拿项目，以扩大市场占有率，实现规模效应。同时，在项目实施的过程中，加强管理和变更索赔工作，以弥补盈利的不足。在国际工程充分竞争的市场环境下，这是众多企业经常不得不采取的价格策略。

2.3　保守价格策略

即在报价时考虑风险因素和盈利较多，以较高的价格报出。保守价格一般很难获得项目订单，通常在下列情况下，可以考虑采用：①初入市场试水，即在刚进入某一新市场时，对市场的情况不了解，不宜贸然行动，以保守的价格参与竞争，用于试探市场的价格水平，为今后的市场开拓做好准备；②任务饱满，即企业目前的合同存量很充裕，对一般性项目不感兴趣，但出于照顾老客户情面的考虑，参与竞标，但价格较高；③彰显市场存在，即通过参加投标显示自身在市场中的存在，同时也对其他竞争对手造成一定的心理压力；④市场竞争的其他特殊需要。

2.4　稳定收益价格策略

即不管市场情况如何变化，在竞争中总是以相对稳定的盈利水平来确定价格，这种策略通常在竞争程度较低的行业，且自身有某种独特产品的情况下，才有取胜的机会。

2.5　规避竞争价格策略

即在竞争程度较低的情况下采取的价格策略，一般收益较高。在以下几种情况下可以考虑采用：①有限邀请招标或议标；②拥有独特的竞争优势，比如，可以为业主解决项目融资问题，这是其他一般竞争对手所不具有的；③拥有差异化的产品。

2.6　高风险高收益价格策略

即认为项目实施的风险较高，需要考虑足够的风险准备金和利润，因而价格很高。

3　促销策略

国际工程市场促销是一个含义较广的概念，泛指国际工程企业在工程客户中进行的旨在影响其购买行为的所有活动。促销策略则是对促销的人员、方法、内容的选择组合，通常包括人员推销策略、公共关系策略、广告策略及其他促销措施。

3.1　人员推销策略

国际工程市场与一般的国际市场不同，主要表现在两个方面：①产品不同，国际工程产品在数量、价格、体量、技术难度、生产交货方式等方面，与国际贸易中的普通商品存在明显区别；②客户不同，一般商品面对的销售对象是大量的普通消费者，而国际工程的客户则是具有特殊需求的个人或群体，客户的要求复杂，投资巨大，客户的数量要比一般消费者少得多。

国际工程市场的这种特殊性，决定了其促销策略的特殊性，也就是需要更多地采取营销人员与个别客户面对面交流的推销方式。因此，要特别重视推销人员在国际工程市场促销中的关键作用。相应地，人员推销策略的重点，也应集中在营销人员的管理策略上，包括营销人才的来源、营销人员的培训以及营销人员的考核激励等。

3.1.1　营销人才来源策略

国际工程市场营销人才主要来自以下几个方面：①企业总部或总部所在国，他们与总部沟通容易，忠诚度高，会在市场上加强公司的外来形象；②目标市场的当地人才。当地人才除了能使用当地语言外，还能使用国际通用语言，甚至企业总部所在国的语言（即汉语），有当地的社会关系资源，有工程、营销教育背景或工作经验，将是不可多得的营销人才；③从企业总部所在国移居到目标市场的人才，即当地华人，他们懂得两国的语言文化，在当地有一定的影响力或人脉关系，也可以加入到营销团队中来；④来自第三国的国际人才，懂得国际语言或当地语言，有丰富的国际工程管理或营销知识和经验，加入营销团队有利于加强公司的国际化形象。

3.1.2 营销人员培训策略

国际工程市场营销对促销人员的基本素质有一定的要求，主要包括：①一定的工程专业知识或工作经验；②一定的合同商务知识和能力；③良好的沟通能力和技巧，包括流利的外语表达能力；④懂得国际商务交往礼仪，举止得体大方；⑤掌握一定的推销技巧；⑥对目标市场国家及本企业的总体情况有一定的了解。

除此之外，营销人员应忠诚于企业，为人诚实可靠、性格开朗、乐于助人，并具备较强的环境适应能力。优秀的市场营销人员还应具备较高的市场调研、预测判断和分析决策能力。

当促销人员的能力素质无法满足工作需要时，则要通过系统的培训来加以提高。

3.1.3 营销人员的考核激励策略

对于大多数人来说，一般都需要鼓励和特殊的刺激才会努力工作，并且激励的力度越大，努力的程度会越高，就越有可能取得更大的成绩。

对营销人员的绩效管理应强调目标导向，定期对员工完成的业绩目标进行评价考核，以考核结果作为激励的依据。

由于国际工程市场营销的特殊性，营销业绩的表现与普通产品销售的业绩呈现不一样的态势，普通产品的销售业绩通常表现为连续的、缓慢的增长或下降态势，而对国际工程营销的个人或小团体来说，其新签合同额则多呈现垂直跳跃式的变化态势，“三年不开张，开张吃三年”是司空见惯的现象。因此，在制定国际工程市场营销的考核激励制度和措施时，要充分考虑其市场营销的特点，将长远激励和短期激励、物质激励和精神激励有机结合起来，以充分发挥激励应有的积极作用。

3.2 公共关系策略

公共关系是指一个企业或组织运用各种传播手段，通过双向信息交流或其他活动，在组织与公众之间建立相互了解和信赖的关系，树立企业良好的社会信誉和形象，从而促进组织本身目标的实现。

如上所述，国际工程产品不同于一般的商品，而且有时是一种公共产品。国际工程产品的特殊性，使得它不可避免地会与当地社会环境产生交互影响，这种影响可能是正面积极的，也可能是负面消极的，往往会成为社会关注的热点和焦点。

国际工程市场营销的公共关系策略，就是建立和保持良好的公共关系，目的是利用公共关系作为一种促销手段，发挥其在市场营销中重要作用。在维护和利用公共关系方面，可以采取以下一些措施：

（1）尊重和支持当地的政府目标，与当地政府保持良好的关系，让当地政府认识到国际工程企业在当地的经营活动有利于其社会经济发展。

（2）利用各种宣传媒介、团体或个人，以第三者的身份正面宣传企业，使当地社会对国际工程企业产生好感。

（3）听取和收集当地社会各个方面对本企业的各种意见，迅速采取措施，消除相互间的误解和矛盾。

（4）同与国际工程企业业务活动有关的重要部门和关键人物保持良好的关系。

（5）积极参与有益于当地社会的各种社交活动，如捐助支持当地的教育、文化、慈善机构以及基础设施的改善等。

（6）协调内部的劳资关系，尊重当地雇员的社会文化习俗和宗教信仰，保障他们的正当权益。

3.3　广告策略

广告是企业以支付一定费用的形式，通过适当的媒体，向消费者传播商品和服务等信息的一种促销手段。

严格地说，国际工程企业的广告并不是广而告知那种意义上的广告，因为其受众不是普通大众，而是特殊的小众群体，只是二者在形式上有些类似，比如都可以印刷品、视听资料的形式出现，且其功能与预期效果也是相同的。

但是，二者又存在明显的区别，主要表现在：①广告的内容不同，普通广告的内容多半是围绕具体的商品展开宣传，而国际工程广告则主要围绕国际工程企业进行宣传。由于工程产品是订单式生产，在客户未下单前，产品是不存在的，因此工程广告的宣传重点是企业的能力、特色和以往的工程经验，以增强客户的信任。②传播的媒体和方式不完全一致，普通商品广告可以采取多种大众媒体进行传播，而国际工程的广告不必采用大众媒体，而是要当面呈递、演示，或者通过邮寄、互联网、专业杂志刊登等方式传送。③广告的容量大小不同，通过大众媒体传播的普通商品服务广告，受成本、占用时间或版面等因素影响，广告的容量不能太大；而国际工程广告容量相对大一些，可以全面系统地宣传国际工程企业。

国际工程广告的另一特点是，可以利用在建或竣工项目作为活的广告，特别是在目标市场国家如有成功的类似工程实例，就更具说服力。所以，工程实例也是国际工程企业可以选择的一种广告策略。

3.4　其他促销措施

其他促销措施是指除上述人员推销策略、公共关系策略、广告策略之外，所有旨在宣传企业实力、提振客户信心的营销活动或措施，比如：

（1）争取政府支持，开拓国际工程市场。这里所说的政府是指企业总部所在国的政府，即中国政府，包括中央和地方各级政府以及中国驻当地使领馆、经商参处等。具体的活动包括：企业领导随政府代表团到目标市场国家访问，并视察驻外机构或在建项目；安排当地国家政府领导人到中国访问；请政府领导、大使参赞等在目标市场国家牵线搭桥，或出席企业举行的相关业务活动等。近期，国家主要领导人在全球范围内推销中国高铁，就是典型的例子。

（2）积极参加与本企业有关的一些商业技术活动，如当地的项目推介会、招商引资会、施工设备展销、工程相关专业的国际学术会议、合作论坛（如中非合作论坛、中阿合作论坛）、承包商年会、中资企业年会等。

（3）开展团队合作营销。任何一个大型目标项目的营销，都不是靠某一个营销人员的“单打独斗”能成功完成的，而是需要一个团队齐心协力和分工合作，包括团队负责人、主营销人及各种技术、商务支持人员等，实施在同一营销目标引领下的分层级专业化营销。所谓分层级，有两层含义，一是指营销的过程是从一般认识到谈项目、谈企业能力、再谈技术、谈商务等这样由浅入深、由一般到具体逐层展开的；二是指参与营销双方的人员也是由高层领导、项目负责人、业务人员等不同层级构成的，应注意相互间层级的对等，以尊重对方为前提。

（4）注意发挥高端营销的作用，所谓高端营销就是由高层领导人参与的市场营销，包括双方国家各级政府及企业组织高层领导人。

领导人参与营销的方式，有主动和被动、直接和间接之分。主动参与是指领导人出于不同的目的或战略考虑，主动参与到市场营销活动中来；被动参与是指领导人应营销主体任意一方邀请而参与其中，这种邀请可能是单边垂直的，也可能是双边交叉的（即一方主体邀请另一方的高层领导）。直接参与是指领导人亲自参与到市场营销中来；间接参与是指领导人不亲自出面，而是通过其他适当的方式参与或干预营销活动。

由于国际工程的特殊性，双方高层的对接和参与，在国际工程市场营销中具有不可替代的作用，特别是在双方形成合作意向和营销进程中的关键时刻，其作用更为显著。发挥高端营销作用，就是要发挥高层领导人在国际工程市场营销中的重要影响力和关键决策作用。

（5）充分发挥互联网在市场营销的作用

互联网是一个抛开了时间和地域限制的虚拟世界，作为一种信息双向交流和通信的工具，它把国际工程产品、服务及其相关方都集中在互联网这样一个虚拟空间里。在这个虚拟的空间里，企业的广告、资料收集、市场调查分析、客户和项目信息以及营销活动中的信息交流，都通过互联网转化为数字化行为，任何信息都可以在任何时间通过互联网直接迅速地传递到世界的任何一个角落。营销人员对工程产品服务的推销，不再是面对面地与客户交流，而是可以通过互联网与客户在网上进行视频见面交流。客户也不再是被动地接受来自企业营销人员的信息，而是可以选择利用互联网、多媒体手段，主动与企业建立双向互动的联系和关系。互联网在市场营销中的运用，不仅大大方便了双方间的沟通联系，也大大节省了营销成本，提高了营销效率。因此，要充分认识并发挥其在市场营销中的作用。

4 营销网点布局

国际工程市场营销网点布局有三种情况：①无境外营销点；②分散营销网点；③全球营销网络。

4.1 无境外营销点

一些初入国际工程市场的企业，或企业的业务主要是为国内其他国际工程企业提供专业分包、劳务服务，营销的重点对象是国内的这些国际工程企业，在境外项目上不以自身企业的名义正式出现。另一种情况是，企业依靠国外的代理或工程合作伙伴进行市场营销开发工作。在互联网高度发达的今天，一些国际工程企业甚至可以将网络营销作为其主要营销手段。在这些情况下，企业暂时不必在境外设立专门的营销组织，这是一些中小型专业国际工程企业可以选择的一种权宜之计。

4.2 分散营销网点

即国际工程企业根据营销需要，在国外有选择性地设立一些营销机构，机构间分散独立，缺乏相互联系和系统性。这种情况比较常见。

4.3 全球营销网络

即把全球国际工程市场视为企业的市场范围，对市场进行整体划分和营销网络布局，形成比较全面和相互关联的营销网络。通常是把全球市场划分为多个区域市场，设立区域市场总部或分公司，在区域市场内选择一些目标市场国家设立营销点。这种布局在纵向上，形成了公司总部——区域总部——目标市场国家网点的关联互动；在横向上形成了区域总部间的呼应，以及区域内网点间的关联互动，从而建立了覆盖全球的营销网络。全球营销网络是有实力的大型综合性国际工程企业在进行市场开发时的必然选择。

从以上的介绍可以看出，市场营销策略贯穿于市场营销从战略计划到实施的全过程。在营销战略计划的制定中，就包括了对营销策略的选择决策。而开展营销的过程实际就是落实战略计划中选择确定的营销策略的过程，实施营销策略是为实现营销战略目标服务的。

5　营销新理念

以上主要介绍了传统营销的 4 大因素策略。随着社会的进步、市场形势的变化和客户要求的提高，为适应市场发展的需要，除了上面提到的网络营销外，国际工程市场营销还出现了其他一些新理念、新方向，现简单介绍如下：

5.1　社会营销理念

传统的市场营销观念强调的是客户需求和企业经营目标，而回避了客户的需求、利益与社会长期福利之间隐含着的冲突的现实。社会市场营销观念则是对市场营销观念的修改和补充。它认为，企业的任务是确定各个目标市场的需要、欲望和利益，并以保护或提高客户和社会福利的方式，比竞争者更有效、更有利地向目标市场提供能够满足其需要、欲望和利益的产品或服务。社会市场营销观念要求市场营销者在制定市场营销政策时，要统筹兼顾三方面的利益，即企业利润、客户需要的满足和社会利益。总之，社会营销理念的本质，是在营销中考虑了社会大众的长远利益，体现了企业的社会责任担当。

5.2　绿色营销理念

在当今的社会经济发展条件下，社会发展与环境的矛盾日益突出。因此，经济的发展要求人们更加重视自身的生存环境，以牺牲环境为代价来换取经济发展的观念，已逐渐被摒弃。为了追求生活质量的提高和人类的长期生存发展，客户的环保意识的增强，也驱使越来越多的客户追求产品的安全性、健康性和无害化，与之相伴的绿色营销也就成为一种新的营销观念。

实际上，绿色营销理念是社会营销理念的延伸和具体化，体现的是企业社会责任中的环境责任。在国际工程市场营销中，绿色营销理念有以下几方面的含义：

（1）工程产品的生产过程绿色环保

国际工程企业要利用现代化管理手段、先进的设计、生产工艺和设备，尽可能节约资源和能源投入，减少废弃物的排放和环境破坏，生产和交付一个绿色环保的工程产品。

（2）工程产品使用运行过程绿色环保

即国际工程建成投入运行或使用过程中，要尽量安全可靠，耗用的资源和能源少，对人体或周围环境的损害或其他负面影响最低。

（3）市场营销过程绿色环保

即在国际工程市场营销的各个环节和各种活动中，尽量节约资源，避免造成资源浪费、环境污染或干扰。

（4）企业形象的绿色环保

国际工程企业在内部员工教育、外部宣传报道方面要精心策划，从理念识别、行为识别、视觉识别等方面，突出企业的绿色环保形象。

运用绿色环保理念营销的一个成功案例是2008年北京奥运会。当年，北京市奥组委正是以“科技奥运、人文奥运、绿色奥运”的全新理念，赢得了国际奥委会的认可，从而获得了2008年奥运会的举办权。

5.3 大市场营销理念

大市场营销亦称大营销，它是针对贸易保护主义下的封闭性国际市场提出的营销理念，即是说在贸易保护主义思潮日益增长的条件下，从事国际营销的企业为了成功进入特定市场从事经营活动，除了运用好产品、价格、渠道、促销等传统的营销策略外，还必须依靠权利和公共关系来突破进入市场的障碍。更具体地说就是，企业为了成功地打入特定市场，并在那里从事业务经营，在策略上必须综合协调地使用经济的、心理的、政治的和公共关系的手段，冲破各种贸易壁垒和公众舆论方面的障碍，使企业在市场上取得有关方面的支持和合作，使外部环境朝有利于企业自身的方向转化，而不是仅仅服从和顺应外部宏观环境。

与传统的市场营销相比，大市场营销主要存在以下几方面的不同：

（1）营销目标

传统市场营销的目标在于明确目标客户，并比竞争对手更好地满足客户需求，即市场需求已经存在。而大市场营销除了满足这些需求外，还要致力于开发新需求。

（2）营销对象

传统市场营销针对的主要对象是项目业主、设计、咨询、项目合作单位或金融机构。而大市场营销除了涉及上述项目相关方之外，企业还可能需要与立法机构、政府部门、政党、公共利益团体、工会、宗教机构及一些国际组织打交道，企业必须争取到他们的支持，或至少使他们不成为阻力，因此大市场营销的复杂性远高于传统市场营销。

（3）营销手段

传统市场营销是在研究市场后，采取产品、价格、网点及促销的4P营销组合手段，来实现营销目标。而大市场营销除了运用这些手段外，还要用好政治权力和公共关系这两种手段，来达到预期的效果。

（4）成本投入

由于大市场营销涉及面更为广泛，手段更为复杂，营销工作难度更大，需要打开的“大门”更多，因此需要投入更多的时间、人力和经济成本。

大市场营销观念对于国际工程企业的市场营销具有重要的现实意义，重视和恰当地运用这一观念，有利于企业突破贸易保护障碍，进占国际工程市场。

第6节 国际工程项目投融资管理

1 一般概念

所谓投资是指企业为获取未来收益而将一定数量的货币资金、股权以及经评估后的实物或无形资产等作价出资，进行各种形式的投资经营活动。投资经营中的资金来源，通常有企业的自有资金和外部资金。当自有资金无法满足投资需要时，就需要通过一定的筹资渠道，应用一定的筹资方式，经济有效地筹措和集中资金，以满足投资需要，这就是融资。国际工程项目投融资管理就是国际工程企业为开发实施国际工程项目，对资金筹集和投放活动进行的管理。

本书将国际工程项目投融资管理纳入市场营销管理的内容，主要是出于以下两方面原因的考虑：

（1）市场营销过程中会涉及项目投融资问题

在国际工程项目生命周期内，投融资属于项目前期。一般要求项目在开始实施前，其资金必须已经落实或者投融资方案已经确定。市场营销过程中，营销人员在获得项目信息后，要分析项目信息是否可信可靠，需要考虑的重要因素是资金是否落实，这往往需要直接同项目投资方（业主）和金融机构沟通核实。在项目跟踪的过程中，要了解项目及其投融资的进展，要通过推销来增强投融资方对企业的信任和信心，也要经常与项目投融资主体进行沟通交流。

（2）投融资已成为市场营销的重要手段和优势

自国家实行改革开放政策以来，中国工程企业追随“走出去”的国家战略，纷纷跨出国门参与国际工程的市场竞争。在“走出去”的前30年，中国国际工程企业以劳务输出、专业分包和施工总承包为主，属于产业链的中低端。

进入21世纪以后，特别是自2008年全球金融危机后，由于国际经济形势的变化和我国劳动力成本的上升，加之部分国家为保障本国就业而采取限制外籍劳务的措施，我国国际工程企业的市场竞争力因此受到严重影响。

同时，经过改革开放30余年的发展，中国的社会经济迅猛发展，综合国力和国际地位显著提高，因此中国有责任和经济能力，广泛参与国际经济技术活动，以重塑中国的国际形象，并实现国家的全球战略。这无疑为中国国际工程企业的经营发展提供了前所未有的历史机遇。

为有效应对国际工程市场挑战，抓住历史机遇，提高市场竞争力，图谋企业的长期发展，国际工程企业必须进行结构的转型升级，逐步向产业链高端延伸，在完成劳务输出、技术输出后，开始尝试资本输出。因此，参与国际工程项目投融资成为国际工程企业发展的必然选择，相应地，投融资也成为其市场营销的重要手段和优势。

本节将要讨论的项目投融资管理，主要是在市场营销过程中解决项目投资方（业主）的资金问题，并不涉及国际工程企业作为承包方在项目实施过程中因资金短缺而需要筹资的问题。当国际工程企业通过融资渠道获得资金，用于自己在境外投资建设项目时，就是在进行项目投资，由于企业自身往往没有足够富裕的资金，所以这样的投资往往也需要一定的融资支持。而当国际工程企业在营销过程中，通过帮助项目业主获得融资便利，以取得项目竞争优势时，即在为项目融资。

2 国际工程项目投资

2.1 定义与特点

国际工程项目投资是指国际工程企业将资本投放到母国以外的国家和地区，从事工程项目开发经营活动而获得一定的利益回报的经济行为。国际工程项目投资，除了具有投资规模大、作用时间长、不能很快收回成本获得收益等工程项目投资的一般特点外，还具有以下几个特点：

（1）投资目的多样性

国际工程项目投资的目的不仅限于企业获得经济利益，往往还伴随着更加长远的目的和战略目标考量，有时甚至后者更重要。有时出于政治考虑进行某项投资，要先搞好与东道国的双边经济关系或政治关系，以便在以后的另一项投资中获得优惠政策，或取得有利可图的投资机会。参与这种投资的行为主体不仅是国际工程企业，也可能还有母国政府或其他相关组织的背后支持。

（2）投资环境的复杂性

国际工程项目投资涉及的地域广泛，不同国家和地区的自然资源、气候环境和人文社会环境迥异，这些因素综合起来加大了项目投资环境的复杂性。

（3）投资高风险性

国际工程项目投资正是由于面对更加复杂的环境，增加了投资回报的不确定性，是一项风险很高的投资行为。

2.2　投资合作模式

国际工程企业参与国际工程项目投资最常见的合作模式是 PPP 模式。PPP 是英文“Public-Private Partnership”的简写，即“公私合伙制”，简言之，是指公共部门通过与私人部门建立伙伴关系，并提供公共产品或服务的一种方式，具体地说，就是在公共服务领域，政府采取竞争性方式选择具有投资、运营管理能力的国际资本，双方按照平等协商原则订立合同，由国际资本提供公共服务，政府依据公共服务绩效评价结果向国际资本支付对价。

PPP 具有三大特征，首先是伙伴关系。PPP 公共部门之所以和民营部门合作并形成伙伴关系，原因在于双方目标一致性，即在某个具体合作项目上，以最少的资源投入，实现最多最好的产品或服务的供给。私营部门是以此目标实现自身利益的追求，而公共部门则是以此目标实现公共福利和利益的追求。

其次是利益共享。共享利益除了指共享 PPP 的社会成果，还包括使作为参与者的私人部门、民营企业或机构取得相对平和、长期稳定的投资回报。利益共享显然是伙伴关系的基础之一，如果没有利益共享，也不会有可持续的 PPP 类型的伙伴关系。

再者是风险共担。伙伴关系作为与市场经济规则兼容的 PPP 机制，利益与风险也有对应性，风险分担是利益共享之外伙伴关系的另一个基础。如果没有风险分担，也不可能形成健康而可持续的伙伴关系。在 PPP 中，公共部门与私营部门合理分担风险的这一特征，是其区别于公共部门与私营部门其他交易形式的显著标志。在公私伙伴关系（PPP）中，公共部门尽可能大地承担自己有优势方面的伴生风险，而让对方承担的风险尽可能小。比如，在隧道、桥梁、干道建设项目的运营中，如果因一段时间内车流量不够而导致私营部门达不到基本的预期收益，公共部门可以对其提供现金流量补贴，这种做法可以在“分担”框架下，有效控制私营部门因车流量不足而引起的经营风险。与此同时，私营部门会按其相对优势承担较多的、甚至全部的具体管理职责去管理，而这个领域，却正是政府管理层“官僚主义低效风险”的易发领域。由此，风险得以规避。如果每种风险都能由最善于应对该风险的合作方承担，毫无疑问，整个基础设施建设项目的成本就能最小化。

PPP中的私营合作伙伴具有广泛的含义，中国的国际工程企业无论是国有的还是私有的，都可以私营合作伙伴角色，与目标市场国家的政府部门开展合作，投资开发相关的基础设施项目。

2.2.1 BOT模式

（1）定义

PPP广义范畴内的项目运作模式灵活多样，最常见的项目投资合作方式是BOT，即建造（Build）、运营（Operate）、移交（Transfer），它是指政府部门就某个基础设施项目与私人企业（项目公司）签订特许权协议，授予签约方的私人企业（包括外国企业）来承担该项目的投资、融资、建设和维护，在协议规定的特许期限内，许可其融资建设和经营特定的公用基础设施，并准许其通过向用户收取费用或出售产品等方式以清偿贷款，回收投资并赚取利润。政府对这一基础设施有监督权，调控权。特许期满，签约方的私人企业将该基础设施无偿或有偿移交给政府部门。

（2）特点

BOT投资作为一种新的投融资方式，同其他投融资方式相比，有其自身的法律特点：

1）从权利转移看：政府只是通过与项目公司签订特许权协议（合同），将建设项目的经营权交给项目公司，项目公司则在经营一定的时期后将其转交给当地政府。

2）从责任范围来看：政府依据签订的协议（合同），通过经济活动的方式将设计、融资、建设、经营、维护公共设施的责任转移给项目公司。

3）从项目的资金来看：采用BOT融资的项目所需要的资金全部由外国投资者或国内投资者通过融资、贷款解决。政府不提供担保资金，但可适当贷款或参股，共同投资。

4）从参与主体来看：政府与项目公司作为主要主体通过合同达成合作意向，项目公司分别通过贷款合同、经营合同、建筑合同、设计合同与银行、经营承包商、建筑商、工程设计机构达成有关贷款、经营、建设、设计方面的合作意向。

（3）优点

BOT投资有如下优点：

1）可利用私人企业投资，减少政府公共借款和直接投资，缓解政府的财政负担。

2）避免或减少政府投资可能带来的各种风险，如利率和汇率风险、市场风险、技术风险等。

3）有利于提高项目的运作效益。因为一方面BOT项目一般都涉及巨额资金的投入，以及项目周期长所带来的风险，由于有私营企业的参加，贷款机构对项目的要求就会比对政府更严格，另一方面私营企业为了减少风险，获得较多的收益，客观上促使其加强管理，控制造价，减低项目建设费用，缩短建造期。

4）可提前满足社会与公众需求。采取BOT投资方式，可在私营企业的积极参与下，使一些本来急需建设而政府目前又无力投资建设的基础设施项目，在政府有力量建设前，提前建成发挥作用，从而有利于全社会生产力的提高，并满足社会公众的需求。

5）可以给大型承包公司、银行金融机构提供更多的投资发展机会，有利于刺激经济发展和就业率的提高。

6）BOT国际投资项目的运作可带来技术转让、培训本国人员、发展资本市场等相关利益，也有助于促进东道国法律制度的健全与完善。

（4）相关参与方

参与BOT项目的相关方包括：①项目发起人；②产品购买商或接受服务者，如发电项目中的购电者；③债权人，一般是银行金融机构；④建筑发起人，即承包商；⑤保险公司；⑥供应商；⑦运营商；⑧当地政府。

（5）开发程序

BOT项目投资开发的一般程序是：

1）项目发起人成立项目专设公司（项目公司），专设公司同东道国政府或有关政府部门达成项目特许协议。

2）项目公司与建设承包商签署建设合同，并得到建筑商和设备供应商的保险公司的担保。专设公司与项目运营承包商签署项目经营协议。

3）项目公司与商业银行签订贷款协议或与出口信贷银行签订买方信贷协议。

4）项目设计建造过程，项目公司以银行贷款支付建筑、设计承包商。

5）进入经营阶段后，项目公司把项目收入转移给一个担保信托。担保信托再把这部分收入用于偿还银行贷款。

中国的国际工程企业可以项目发起人（投资方）或项目承包商（供应商）的身份，参与投资开发BOT项目。如果是作为发起人参与，在市场营销阶段，主要是完成上述开发程序中的前三个步骤。当然，也可以公司的名义商签特许协议后再成立专门的项目公司。企业本身有资质能力承担项目设计施工的，可以自行组织项目的设计施工，不必另找其他承包商。

2.2.2 其他模式

除了BOT项目外，国际工程企业还可以参与采用其他多种方式合作开发的项目，包括：

（1）移交、运营、移交（TOT），即政府部门将拥有的设施移交给民营机构运营，通常民营机构需要支付一笔转让款，期满后再将设施无偿移交给政府方。

（2）民间主动融资（PFI），PFI是对BOT项目融资的优化，指政府部门根据社会对基础设施的需求，提出需要建设的项目，通过招投标，由获得特许权的私营部门进行公共基础设施项目的建设与运营，并在特许期（通常为30年左右）结束时将所经营的项目完好地、无债务地归还政府，而私营部门则从政府部门或接受服务方收取费用以回收成本的项目融资方式。

（3）建造、拥有、运营、移交（BOOT），私营部门为设施项目进行融资，并负责这些设施的建设、拥有和经营，待期限届满，民营机构将该设施及其所有权移交给政府方。

（4）建设、移交、运营（BTO），民营机构为设施融资并负责其建设，完工后即将设施所有权移交给政府方；随后政府方再授予其经营该设施的长期合同。

（5）重构、运营、移交（ROT），民营机构负责既有设施的运营管理以及扩建/改建项目的资金筹措、建设及其运营管理，期满将全部设施无偿移交给政府部门。

（6）设计建造（DB），在私营部门的合作伙伴设计和建造基础设施，以满足公共部门合作伙伴的规范，往往是固定价格。私营部门合作伙伴承担所有风险。

（7）设计、建造、融资及经营（DBFO），私营部门的合作伙伴设计、融资和建造一个新的基础设施组成部分，以长期租赁的形式，运行和维护它。当租约到期时，私营部门的合作伙伴将基础设施部件转交给公共部门的合作伙伴。

（8）建造、拥有、运营（BOO），私营部门的合作伙伴融资、建立、拥有并永久的经营基础设施部件。公共部门合作伙伴的限制，在协议上已声明，并持续的监管。

（9）购买、建造及营运（BBO），一段时间内，公有资产在法律上转移给私营部门的合作伙伴，由其负责建造和运营。

（10）建造、租赁、营运及移交（BLOT）。

（11）纯投资，私营部门的合作伙伴，通常是一个金融服务公司，投资建设基础设施，并向公共部门收取使用这些资金的利息。

3　国际工程项目融资

3.1　定义与分类

项目融资是与企业融资相对应的，它是指贷款人向特定的工程项目提供贷款协议融资，对于该项目所产生的现金流量享有偿债请求权，并以该项目资产作为附属担保的融资类型。它是一种以项目的未来收益和资产作为偿还贷款的资金来源和安全保障的融资方式。在这种融资方式中，银行承担的风险较企业融资大得多，如果项目失败了，银行可能无法收回贷款本息，因此项目融资结构往往比较复杂。为了实现这种复杂的结构，需要做大量前期工作，前期费用较高。项目融资一般适用于竞争性不强，且有较强经济效益、社会效益的资源开发和基础设施类项目，如电力、供水、高速公路项目等。

项目融资的种类有无追索权（No-recourse）和有限追索权（Limited-recourse）两种。

无追索的项目融资也称纯粹的项目融资，在这种融资方式下，贷款的还本付息完全依靠项目的经营效益。同时，贷款银行为保障自身的利益必须从该项目拥有的资产取得物权担保。如果该项目由于种种原因未能建成或经营失败，其资产或收益不足以清偿全部的贷款时，贷款银行无权向该项目的主办人追索。

有限追索权的项目融资，除了以贷款项目的经营收益作为还款来源和取得物权担保外，贷款银行还要求有项目实体以外的第三方提供担保。贷款行有权向第三方担保人追索。但担保人承担债务的责任，以他们各自提供的担保金额为限，所以称为有限追索权的项目融资。项目融资的有限追索性表现在三个方面：①时间的有限性，即一般在项目的建设开发阶段，贷款人有权对项目发起人进行完全追索，而通过“商业完工”标准测试后，项目进入正常运营阶段时，贷款可能就变成无追索性的了。②金额的有限性，如果项目在经营阶段不能产生足额的现金流量，其差额部分可以向项目发起人进行追索。③对象的有限性，贷款人一般只能追索到项目实体。国际工程项目一般采取有限追索融资。

3.2　特点

项目融资和传统融资方式相比，具有以下特点：

（1）融资主体的排他性

项目融资主要依赖项目自身未来现金流量及形成的资产，而不是依赖项目的投资者或发起人的资信及项目自身以外的资产来安排融资。融资主体的排他性决定了债权人关注的是项目未来现金流量中可用于还款的有多少，其融资额度、成本结构等都与项目未来现金流量和资产价值密切相关。

（2）追索权的有限性

传统融资方式，如贷款，债权人在关注项目投资前景的同时，更关注项目借款人的资信及现实资产，追索权具有完全性；而项目融资方式如前所述，是就项目论项目，债权人除和签约方另有特别约定外，不能追索项目自身以外的任何形式的资产，也就是说项目融资完全依赖项目未来的经济强度。

（3）项目风险的分散性

因融资主体的排他性、追索权的有限性，决定着作为项目签约各方对各种风险因素和收益的充分论证，以确定各方参与者所能承受的最大风险及合作的可能性，利用一切优势条件，设计出最有利的融资方案。

（4）项目信用的多样性

将多样化的信用支持分配到项目未来的各个风险点，从而规避和化解不确定的项目风险。如要求项目“产品”的购买者签订长期购买合同（协议），原材料供应商以合理的价格供货等，以确保强有力的信用支持。

（5）项目融资程序的复杂性

项目融资数额大、时限长、涉及面广，涵盖融资方案的总体设计及运作的各个环节，需要的法律性文件也多，其融资程序比传统融资复杂。且前期费用占融资总额的比例与项目规模成反比，其融资利息也高于公司贷款。

项目融资虽比传统融资方式复杂，但可以达到传统融资方式实现不了的目标。一是有限追索的条款保证了项目投资者在项目失败时，不至于危及投资方其他的财产；二是项目所在国政府部门对于“看好”的大型建设项目，可以通过灵活多样的融资方式来处理债务可能对政府预算的负面影响；三是对于跨国公司进行海外合资投资项目，特别是对没有经营控制权的企业或投资风险较大的国家或地区，可以有效地将公司其他业务与项目风险实施分离，从而限制项目风险或国家风险。

3.3 融资程序

国际工程企业作为承包商参与项目融资，其程序一般包括以下几个步骤：

3.3.1 工程项目选择

一般来说，国际工程目标市场国家，特别是非洲国家很缺钱，大都需要融资来解决资金问题，而且目前融资项目大都是以项目所在国政府来主导。所以，当承包商获得某个工程项目信息时，一定要了解项目的背景、大小、性质、投资额度等信息，因为项目发起者在需要建设这个项目时，已经做了投资决策分析，包括请咨询公司做初步的可行性研究报告，他在决定项目投资结构时也考虑了许多因素，如项目的现金流量、债务责任、税务结构、将要选择的融资结构和资金来源等。

3.3.2 融资决策

融资决策也就是选择何种融资方式。方式不同，选用的融资结构不同，风险和费用也不同。如果采用项目融资，要考虑贷款资金数量、时间、融资费用，因融资结构复杂，投资者就需要选择和任命融资顾问，开始研究和设计项目的融资结构，对项目有关的风险因素进行全面分析和判断，确定项目的债务承受能力和风险，设计出切实可行的融资方案。

3.3.3 融资申请

承包商了解融资方式后，与贷款银行沟通确定合适的融资方案，向银行提供项目本身合法文件，如政府批准文件，可研和环评报告及政府批复，东道主国家财政担保或者是当地国银行的担保，承包商与投资者签订的商务合同，供银行进行风险评估。当贷款银行为中国的银行时，银行会提出贷款要有中国出口信用保险公司（以下简称中国信保）承保，因而承包商也要提交相关资料给中国信保评估。待银行和中国信保评估可行后，与投资者进行融资条件的谈判，包括贷款周期、贷款费用、合同金额的贷款比例等，并由双方律师起草贷款协议。签署协议后，由中国信保出具承保函，待承包商或投资者支付保险费用后，承保函生效。

3.3.4 贷款发放

贷款协议生效后，银行可以应投资者的要求，按贷款协议规定开始放款，承包商开始实施项目。

3.4 融资方式

根据项目所需融资的金额规模大小、贷款偿还期长短、项目风险大小和承包商所能承受的风险大小，承包商选择相应的融资方式。目前，我国国际工程承包的融资方式较为单一，从政策优惠不同分，有优惠贷款和商业贷款。前者贷款利率比较低，贷款期限比较长，但运作的程序较复杂，周期比较长；后者贷款利率执行市场化，最终由双方谈判确定，但总的来说比较高，贷款期限没有前者长，但运作程序简单，周期比较短。

根据项目性质和融资对象的不同，融资方式有买方信贷、卖方信贷、融资租赁、福费廷等。融资租赁主要是承包商租赁一些较大型的施工设备，故融资规模不大，但承包商承担的风险较大，承包商能通过福费廷融资的规模也不是很大，相比融资租赁、卖方信贷，承包商承担的风险较小。

国际工程企业在市场营销过程中，将解决项目融资作为一种营销手段和竞争优势，通常选择出口买方信贷或出口卖方信贷的融资方式，融资规模根据实际情况可大可小，其中买方信贷对承包商的风险最小。

常见的买方信贷有商业信贷、两优信贷和互惠信贷等形式。

3.4.1 出口买方商业信贷

出口买方商业信贷，简称“买贷”，是指银行在出口信用保险公司提供信用保险的前提下，向国外借款人提供的中长期外汇贷款，用于向中国企业支付货款或技术、劳务费用、工程承包款项。其主要特征是：①一般需有出口信用保险支持，采用不同的出口信用保险公司，贷款期限参照承保期限；②采用商业贷款利率；③一般贷款额不超过合同额的85%，其余部分需要投资方的配套资金；④可以与其他类型贷款混合；⑤需要的担保形式比较多样，包括主权担保、公司担保、协议及资产等。

办理买贷一般程序是：①国际工程企业在投标阶段向银行申请兴趣函；②完成与业主方的合同谈判及签署，期间需要向银行提交经参处支持函、商会协调函、商务部投议标许可、可研环评、财务报表等资料；③准备贷款意向函和条件清单；④提出贷款申请；⑤银行完成尽职调查和内部评审；⑥出具承贷方案，起草谈判各类协议；⑦贷款前提条件的履行；⑧贷款发放及贷后检查。

申请买贷所需要的文件材料有项目商务合同、可研环评及相应的批复、申贷函等，涵盖的具体内容包括：商务合同主要内容、项目背景情况介绍、工程范围说明、项目可行性分析、项目经济效益分析、项目的中国成份说明、项目现金流量预测表、承包商情况介绍、项目业主情况介绍，以及项目分包商（或主要合作单位）情况介绍等。

3.4.2　两优贷款

“两优贷款”指“中国政府对外优惠贷款”（Chinese Government Concessional Loan）和“优惠出口买方信贷”（Preferential Buyer's Credit Loan）两种优惠性质贷款。“中国政府对外优惠贷款”简称“优贷”，指中国政府指定中国进出口银行对外提供的具有政府援助性质、含有赠予成分的中长期低息贷款。“优惠出口买方信贷”简称“优买”，指为推动与重点国家和地区的经贸合作，经国务院批准，采用出口买方信贷形式对外提供的具有一定优惠条件的特定贷款。其主要特征是：①借款人为政府，通常由项目所在国的财政部代表；②由政府主导，额度有限，通常通过政府高层的访问或双边合作框架协议达成；③采取主权担保的形式；④贷款利率低，期限长；⑤只有中国进出口银行可以办理。

办理两优贷款的基本程序和所需材料，大部分内容可参照商贷，但重点要双方政府发挥更多的作用，例如需要中国驻当地经参处出具使用两优的支持函，进出口银行评估后需要报商务部明确意见等。

在两优贷款中，优贷的政府主管部门为商务部援外司和财政部行政政法司，贷款币种为人民币，额度不低于2000万元人民币，融资比例可达100%；而优买的政府主管部门为商务部合作司和财政部金融司，贷款币种为美元，额度不低于200万美元，并需要一定比例的自筹资金，一般为15%。

3.4.3　互惠贷款

互惠贷款，俗称“一揽子贷款”（Master Loan Facility），是指在政府部门主导下，合作国以对华出口能源、资源产品收入或其他方式作为还款来源和担保，换取中国进出口银行提供的带有一定优惠性质的自营贷款，由中国企业在该国用进出口银行贷款承建工程项目、出口机电产品的合作模式。互惠贷款的操作程序及相关方间的关系见图4-1所示。

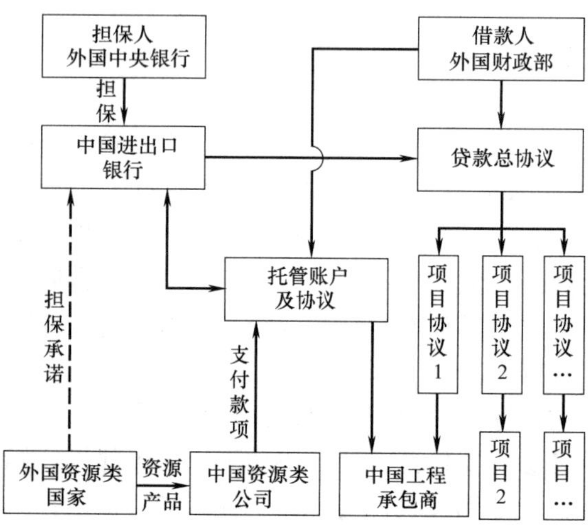

图4-1　互惠贷款项目程序示意

3.4.4　出口卖方信贷

出口卖方信贷指出口商与境外进口商/业主签署延期付款的商务合同，银行可以在中国出口信用保险公司提供保险的情况下，向出口商/承包商提供中长期出口卖方信贷，用于解决执行项目所需资金，金额一般不超过出口商务合同或承包合同金额的85%。其基本特征是：①卖方承担应收账款风险；②卖方负债；③部分项目需要母公司担保；④银行贷款利率比较优惠。中国的国际工程企业作为承包商，利用出口卖方信贷资金参与国际工程建设，实际上相当于垫资施工，因此要承担较大的账款回收风险。

办理出口卖方信贷的程序和文件要求是：

（1）贷款申请人需提交如下文件资料：正式的书面申请书，说明申请贷款项目出口情况、申请贷款的用途和还款计划；

（2）填交出口卖方信贷项目贷款申请表；

随申请表提供的文件还包括：有关部门对出口项目的批准文件（不需要的除外）；出口项目的商务合同副本（正本批贷后退还企业）；出口项目的可行性研究报告或经济分析报告；借款企业与国内供货单位签订的供货合同，自营出口生产企业需提供其出口货物的国内生产计划和设备清单；借款人需提供国外银行的付款保函或信用证或其他支付保证；借款人公司简介、营业执照、出口经营权批文、近 3 年和近期的财务报表；担保人简介、担保意向书、营业执照、近 3 年和近期财务报表、借款人或担保人的财产抵押证明文件；银行认为有必要的其他材料。

（3）企业将上述材料提供给银行后，银行正式受理此项目。银行按规定进行贷前调查、贷时审查和项目评审。

（4）经过项目审核批准贷款后，由银行向企业发贷款通知书，并与企业签订借款合同、保证合同，与代理行签订委托代理协议。

（5）借款合同生效后即可按合同规定的用款计划向企业发放贷款，并按规定监督企业的贷款资金的使用。

出口卖方信贷与买方信贷的主要区别在于：

（1）借款人不同，卖方信贷的借款人是承包商（卖方）；买方信贷的借款人是业主（买方）委托的银行（借款银行）。

（2）担保情况不同，卖方信贷是业主委托银行依据工程总承包合同直接给承包商开出还款保函或信用证；买方信贷是借款银行与中国进出口银行签订借款协议，然后由第三家金融机构（银行、保险公司或所在国家财政部）再进行担保。

（3）付款方式不同，卖方信贷相当于工程总承包合同项下的分期付款。建设期工程承包企业从中国进出口银行贷款是人民币，业主的还款是外汇；买方信贷对承包商来讲就是现汇项目。

（4）融资风险管理情况不同，卖方信贷存在利率风险（中国进出口银行的人民币贷款利率每年按中国人民银行公布利率情况调整）、汇率风险（人民币有升值的可能性，如果发生，企业难以承受）、收汇风险（对于非承包商责任业主和担保银行到期不还款，中国出口信用保险公司赔付率为 90%，剩余 10%要由承包商承担）；买方信贷对承包商来讲不存在上述风险，或上述风险发生对企业影响不大（出现不还款情况，承包商要协助银行和保险公司追讨）。

（5）对企业财务状况影响不同，卖方信贷是承包企业的长期负债，且需要找信誉好有实力的单位为贷款担保，所以对企业压力很大；买方信贷不存在上述问题。

（6）前期开拓工作量不同，卖方信贷的融资条件是由承包商直接与业主谈判，所有融资条款都在工程总承包合同中明确，如：贷款条件、保函格式、信用证格式等；买方信贷是由承包商协调和安排业主指定的借款银行与中国进出口银行谈判贷款合同；安排业主指定的担保金融机构与中国进出口银行和中国出口信用保险公司谈判担保条件（保函格式）。

（7）前期的工作周期和投入不同，卖方信贷项目融资条件的谈判，收汇保险和信誉担保单位的落实，都由承包商自己完成，所以一般情况下工作周期较短，前期费用投入较少；买方信贷的融资、担保、保险条件由中国进出口银行和中国出口信用保险公司与各方商定，承包商要从中斡旋，并承担相应公关协调费用。

（8）控制程度不同，卖方信贷的融资条件以及商务条款、技术条款确定后，承包商顺理成章地与业主签订工程总承包合同；买方信贷则存在业主公开招标的可能性。

（9）倾向不同，卖方信贷业主委托一家金融机构担保还款即可，操作简便。且融资条件双方可讨论变通，如利息可计入合同总价中等。业主一般倾向卖方信贷的方式融资；买方信贷业主要委托两家金融机构介入，工作难度大，银行费用高，既要支付担保费，又要支付转贷费。

4 融资项目风险管理

承包商对于融资项目的风险，主要从两个方面来管理和控制，一是外部环境风险，即融资项目所在国的政治风险、法律风险和经济风险等；二是选择融资方式本身的风险。

在选择项目时，首先要考虑项目所在国的政局是否稳定；法律是否健全，是否对外国承包商有种种限制的法律规定，包括税法、劳工法，环保法等，有没有以前签订合同又不执行的案例。同时，要了解项目所在国近几年的经济情况如何，是否平稳，通胀率如何，国家的整个经济财政能力强弱，未来经济发展的趋势如何，外汇是否管制等。另外，还要考虑项目本身的经济效益和社会效益，以及偿还能力，又要考虑施工环境，能否在合同期内按时完工，包括在项目完工维修运行期间的各种风险。

在选择融资方式时，要了解各种融资方式本身的特点和风险，以及承包商自身的财务能力，才能选择何种符合自己的融资方式。出口买方信贷、福费廷对承包商的财务能力要求不是太高，买方信贷是由业主或业主方银行向承包商银行贷款，而业主则以现汇方式向承包商支付工程进度款，业主不能按期还贷的风险将主要由银行间承担，通过银行的担保及保险公司出口信用保险来转移这些风险，因此承包商的融资风险极小。福费廷融资方式承包商所承担的风险与买方信贷相似，但由于福费廷的重要特点之一是无追索权，即承包商将票据拒付的风险完全转嫁给了承接福费廷业务的银行，不过福费廷融资方式需要先由承包商向业主垫资，完成量待业主确权后，再由银行买断票据，因而事实上这种融资方式的风险要比出口买方信贷略大。出口卖方信贷、融资租赁的承贷人为承包商，如业主不能按期还本付息，则由承包商偿还，承包商则通过投保出口信用保险、业主方银行的担保或其他手段来转移风险，因此在这些融资方式中承包商承担了很大的融资风险，也要求承包商有较强的财务能力。融资承包项目的风险最大，因而也要求承包商有极强的财务能力，因为它具有无追索权或有限追索权的特点，当业主（项目公司）不能偿还承包商以垫资方式向项目公司提供的资金时，项目业主不对承包商的垫资有无限追偿之责任，追索权仅限于项目公司的资产以及项目公司得到的任何合同权利，履约保证金，保险金和担保。因此，承包商要明确知道，承包商融资的目的是为了拿到项目，并通过项目实施获得承包利润，但融资风险与承包利润率并不完全成正比，承包商应根据自身的抗风险能力和项目风险的大小来选择融资方式，不可盲目推行，否则将带来不可估量的损失。

应该说，完全没有风险的融资是不可能的。承包商通过风险识别和分析，可以明确风险的来源，评估其发生的可能性及损害程度，并尽量选择将其控制在自身能够承受的范围以内。即便是较大的风险，在融资过程中还可以通过严格合同管理，实现风险的公平分担，以减轻自身的融资风险责任。在融资相关合同协议商签和实施过程中，为做到公平地分担融资风险，承包商应坚持以下几条原则：

（1）全面公平原则，就是既要强调合同条款本身对风险权利义务的均衡，也要强调合同所派生的风险权利义务的均衡；既要关注合同主体由于风险事件引起的收益，同时也要关注合同主体面临的风险损失，真正做到“有福同享，有难同当”。

(2) 归责原则，即针对不同类型的项目风险因素确立不同的归责原则，形成具有内在逻辑联系的归责原则体系。

(3) 风险收益对等原则，即当一个合同主体有义务承担风险的同时，也应该有权利享有风险变化带来的收益，并且该主体承担风险程度与其所得回报相匹配。

(4) 有效控制原则，即风险的分担应与参与各方的控制能力相称，将风险分担给最能管理和减少该风险的一方。

(5) 风险成本最低原则，即风险的分担应使参与各方承担风险的总成本最小。

(6) 风险上限原则，即每一方承担的风险要有上限，超过上限后实施调节或调价机制，甚至启动重新谈判。

(7) 直接损失承担原则，即如果风险发生后，项目参与方为直接受害者，则该风险应分担给该方承担，这样可以促使该方积极管控风险，从而提高风险管理的效率。

(8) 动态原则，即风险分担应该随着外部条件和合同各方情况的变化而改变，各方要主动制定应对风险的措施，协同解决风险，实现共赢的目的。

第 5 章　国际工程项目招投标管理

第 1 节　招投标管理概论

1　招投标的定义

招标投标是由交易活动的发起方在一定范围内公布标的特征和部分交易条件，按照招标文件确定的规则和程序，对多个响应方提交的报价及方案进行评审，择优选择交易主体并确定全部交易条件的一种交易方式。

招标投标是进行工程项目采购时采取的一种国际惯例，是商品经济高度发展的产物，是在应用技术、经济的方法和市场经济竞争机制的作用下，有组织开展的一种择优成交的方式。这种方式是在货物、工程和服务的采购行为中，招标人通过事先公布的采购项目及其要求，吸引众多的国际投标人按照同等条件进行平等竞争，并组织技术、经济和法律等方面专家，按照规定程序对众多的投标人进行综合评审，从中择优选定项目的中标人的行为过程。其实质是以较低的价格获得最优的货物、工程和服务。

招标投标最早起源于英国，自二战以来，招标投标影响力不断扩大，先是在西方发达国家，接着世界银行在货物采购、工程承包中大量推行招标投标方式。近几十年来，发展中国家也日益重视和采用招标投标方式进行货物采购和工程建设。招标投标作为一种成熟的交易方式，其重要性和优越性在经济活动中日益被各国和各种国际经济组织广泛认可，进而在相当多的国家和国际组织中得到立法推行。

从新中国成立初期到十一届三中全会期间，我国实行的是高度集中的计划经济体制。这一时期，受国际环境及我国自身体制和政策的制约，工程建设行业几乎没有参与国际工程市场竞争的机会，因此没有必要也根本不可能采用招标投标方式。十一届三中全会以后，国家实行改革开放政策，我国的建筑工程行业逐步开始走出国门，参与国际工程市场竞争，开始接触到工程项目的招标投标，通过学习和国际工程项目的实践，逐步熟悉和适应了这一国际工程项目管理的通行规则，并将其引入国内工程项目管理中来，实现了工程建设领域交易方式的根本性变革。

事实上，招投标不仅在工程建设领域得到广泛应用，而且已经推广到国际国内与技术、经济、贸易相关的众多其他领域，成为一种被普遍接受的交易方式。

2　招投标的意义

在工程项目采购中实行招标与投标，无论是对整个社会和行业的发展，还是对参与项目相关方来说，在经济效益和社会效益方面都具有重要的意义。

招投标通过采用市场定价的价格机制，使工程价格更加趋于合理。它不仅能够不断降低社会平均劳动消耗水平，使工程价格得到有效控制；而且便于供求双方更好地相互选择，使工程价格更加符合价值基础，进而更好的控制工程造价；同时还能够减少交易费用，节省人力、物力、财力，进而使工程造价有所降低。大量的国际工程实践经验表明，实施招投标的工程项目，其造价普遍有效合理下降，因此有效提高了项目的经济效益。

另外，实行招标投标还有利于规范价格行为，使公开、公平、公正的原则得以贯彻，有效防止不正当竞争和工程腐败现象。在交易的过程中，由于发包方和承包方各自的责任权利和义务通过合同的法律形式得以明确，可以保障双方的权利，减少项目实施过程中的扯皮现象，密切了承发包双方的协作关系。而承包方为了在向发包方提供优质工程产品和服务的同时，实现自身的项目经营目标，就必须加强项目管理，千方百计缩短工期、提高工程质量、节省工程成本。这样，承包方企业的项目管理水平、竞争力及社会形象得以显著提高。因此，工程项目实施招投标采购具有显著的社会效益。

3 招投标管理

工程项目招投标管理，根据管理主体的不同可以分为招投标的行业管理、招投标的企业管理和项目招投标过程管理。不同的管理主体，对招投标管理的范围和方式各有不同。本书在国际工程行业管理和企业管理的有关内容里，已经分别从行业和企业的角度涉及了国际工程的招投标管理问题，下面重点讨论国际工程项目招投标实施过程中的管理问题。

国际工程项目招投标管理，是指参与实施国际工程项目招投标的相关方对招投标中的一系列活动进行决策、计划、组织、控制、服务和评价，以实现其目标的过程。

考虑到项目招标和投标管理的主体不同，各自的侧重点也不一样，本章的大部分内容是把招标管理和投标管理区别开来进行讨论，二者带有共性的问题则合并讨论。另外，以笔者的理解，项目招投标管理实际上是业务与管理的结合，因为招标和投标本身都是技术性很强的业务活动，但是要做好这两项业务无疑又离不开管理。基于这种认识，笔者在本章的结构安排上，就从管理和业务的双重视角来讨论项目招投标问题。

第2节 国际工程项目招标管理

1 招标的一般概念

1.1 招标的定义

招标是指在一定范围内公开货物、工程或服务采购的条件和要求，邀请众多投标人参加投标，并按照规定程序从中选择交易对象的一种市场交易行为。

1.2 招标方式

招标按照竞争开放程度不同，分为公开招标、邀请招标和议标三种方式。

公开招标又称无限竞争性招标，是指招标人以招标公告的方式邀请不特定的法人或者其他组织投标。

邀请招标又称有限竞争性招标，是指招标人以投标邀请书的方式邀请特定的法人或其他组织投标。

议标（又称协议招标、协商议标），是指招标人以议标文件或拟议的合同草案为基础，直接通过谈判方式，分别与若干家承包商进行协商，选择自己满意的一家，签订承包合同的招标方式。

1.3 组织形式

招标分为招标人自行组织招标和招标人委托招标代理机构代理招标两种组织形式。

自行招标，是指具有编制招标文件和组织评标能力的招标人，自行办理招标事宜，组织招标投标活动。

委托招标，是指招标人自行选择具有相应资质或能力的招标代理机构，委托其办理招标事宜，开展招标投标活动。

1.4 招标的特点

工程项目招标具有如下特点：

（1）公平竞争，即招标人公布项目需求和条件，通过投标人公平竞争，择优选择交易对象和客体。

（2）规范交易，招标投标双方通过规范邀约和承诺，确立双方权利、义务和责任，规范了合同的交易方式。

（3）一次机会，招标投标双方不得在招标投标过程中协商谈判和随意修改招标项目需求、交易规则以及合同价格、质量标准、进度等实质内容。招标要约邀请、投标要约和中标承诺只有一次机会，这是保证招标投标双方公平和投标人之间公平竞争的基本要求。

（4）定制方案，招标项目大多数具有不同程度的单一复杂的需求目标，其项目需求目标、投标资格能力、需求解决方案与报价、投标文件评价、合同权利义务配置等方案均具有单一性和复杂性的特点。因此，必须采用书面定制描述，并通过对投标人竞争能力、技术、报价、财务方案等进行书面综合评价比较，才能科学判断和正确选择有能力满足项目需求的中标人。仅仅通过简单价格比较无法判断交易主体及客体是否能够符合项目需求。这也是大多数招标项目无法采用拍卖、竞价方式选择交易对象的主要限制条件。

（5）复合职业，招标投标是按照法律程序，经过技术、管理、经济等要素的竞争和评价实现项目需求目标的交易活动，因此招标采购职业是一个包含法律、政策、技术、经济和管理专业知识能力的复合性职业。

1.5 基本原则

招标应遵循“公开、公平、公正和诚实信用”的基本原则。

公开原则，即要求招标投标活动必须保证充分的透明度，招标投标程序、投标人的资格条件、评标标准和方法、评标和中标结果等信息要公开，保证每个投标人能够获得相同信息，公平参与投标竞争并依法维护自身的合法权益。同时招标投标活动的公开透明，也为当事人、行政和社会监督提供了条件。公开是公平、公正的基础和前提。

公平原则，即要求招标人在招标投标各程序环节中一视同仁地给予潜在投标人或者投标人平等竞争的机会，并使其享有同等的权利和义务。例如，招标人不得在资格预审文件和招标文件中含有倾向性内容或者以不合理的条件限制和排斥潜在投标人；不得对潜在投标人或者投标人采取不同的资格审查或者评标标准。公平原则主要体现在两个方面：一方面，机会均等，即潜在投标人具有均等的投标竞争机会；另一方面，各方权利义务平等，即招标人和所有投标人之间权利义务均衡并合理承担民事责任。

公正原则，即要求招标人必须依法设定科学、合理和统一的程序、方法和标准，并严格据此接受和客观评审投标文件，真正择优确定中标人，不倾向、不歧视、不排斥，保证各投标人的合法平等权益。为此，招标文件应对招标、投标、开标、评标、中标、签订合同等作出明确规定，以保证招标投标的程序、方法、标准、权益及其实体结果的公正。例如，评标委员会必须按照招标文件事先确定并公开的评标标准和方法，客观评审投标文件和推荐中标候选人，并明确否决投标的法定情形等。

诚实信用原则，即要求招标投标各方当事人在招标投标活动和履行合同中应当以守法、诚实、守信、善意的意识和态度行使权利和履行义务，不得故意隐瞒真相或者弄虚作假，不得串标、围标和恶意竞争，不能言而无信甚至背信弃义，在追求自己合法利益的同时，不得损害他人的合法利益和社会利益，依法维护双方利益以及与社会利益的平衡。诚实信用是市场经济的基石和民事活动的基本原则。

1.6　基本程序

1.6.1　投标资格审查

为了保证潜在投标人能够公平获取公开招标项目的投标竞争机会，并确保投标人满足招标项目的资格条件，避免招标人和投标人的资源浪费，招标人可以对潜在投标人组织的资格进行审查，一般采取资格预审和资格后审两种方式。

资格预审是招标人根据招标计划或方案，编制发布资格预审公告，向不特定的潜在投标人发出资格预审文件，潜在投标人据此编制提交资格预审申请文件，招标人或者由其依法组建的资格审查委员会按照资格预审文件确定的资格审查方法、资格审查因素和标准，对申请人资格能力进行评审，确定通过资格预审的申请人。未通过资格预审的申请人，不具有投标资格。

资格后审，是指招标人将对投标人的资格要求编入招标文件内，潜在投标人据此编制资格申请文件，并随同投标书一同提交招标人。招标人先组织对投标人的资格文件进行审查，再对资格获得通过的投标人的投标文件进行审查。资格后审与资格预审相比，其优点是节省了招投标的时间，但对资格后审未获通过的投标人来说，则是浪费了资源。

1.6.2　编制发售招标文件

招标人应结合招标项目需求的技术经济特点和招标方案确定要素、市场竞争状况，根据有关法律法规、标准文本编制招标文件。境内依法必须进行招标项目的招标文件，应当使用国家发展和改革部门会同有关行政监督部门制定的标准文本。国际金融组织（如世界银行）融资的项目，招标文件应按其要求的文件范本编制。招标文件应按照投标邀请书或招标公告规定的时间、地点发售。

1.6.3　踏勘现场

招标人可以根据招标项目的特点和招标文件的规定，集体组织潜在投标人实地踏勘了解项目现场的地形地质、项目周边交通环境等条件，并介绍有关情况。潜在投标人应自行负责据此踏勘作出的分析判断和投标决策。工程设计、监理、施工和工程总承包以及特许经营等项目招标一般都需要组织踏勘现场。

1.6.4 投标

（1）投标预备会

投标预备会是招标人为了澄清、解答潜在投标人在阅读招标文件或现场踏勘后提出的疑问，按照招标文件规定时间组织的投标答疑会。所有的澄清、解答均应当以书面方式发给所有获取招标文件的潜在投标人，并属于招标文件的组成部分。招标人同时可以利用投标预备会对招标文件中有关重点、难点等内容主动作出说明。

（2）编制提交投标文件

1）如上所述，潜在投标人在阅读招标文件中产生疑问和异议的，可以按照招标文件规定的时间以书面提出澄清要求，招标人应当及时书面答复澄清。

2）潜在投标人应依据招标文件要求的格式和内容，编制、签署、装订、密封、标识投标文件，按照规定的时间、地点、方式提交投标文件，并根据招标文件的要求提交投标保证金或保函。

3）投标截止时间之前，投标人可以撤回、补充或者修改已提交的投标文件。投标人撤回已提交的投标文件，应当以书面形式通知招标人。

1.6.5 开标

招标人或其招标代理机构应按招标文件规定的时间、地点接收投标人的投标书，组织邀请所有投标人代表参加开标，如实记录开标情况。除招标文件特别规定或相关法律法规有规定外，投标人不参加开标会议不影响其投标文件的有效性。

实际投标人少于招标文件规定的数量时，招标人不得开标，应作废标处理，可按照有关要求重新组织招标。开标时，初步检查发现投标书没有对招标文件作实质性响应的，也可宣布该投标书为废标。比如，投标人未按规定提交投标保函，其总工程工期计划不符合招标文件的要求，以及投标书未在规定的时间内送达等，均可能成为废标的原因。

1.6.6 评标

评标由招标人依法组建的评标委员会负责。评标委员会应当在充分熟悉、掌握招标项目的需求特点，认真阅读研究招标文件及其相关技术资料，依据招标文件规定的评标方法、评标因素和标准、合同条款、技术规范等，对投标文件进行技术经济分析、比较和评审，向招标人提交书面评标报告并推荐中标候选人。

1.6.7 中标

招标人按照评标委员会提交的评标报告和推荐的中标候选人，根据法律法规和招标文件规定的定标原则确定中标人。

1.6.8 授标

招标人确定中标人后，向中标人发出中标通知书，同时将中标结果通知所有未中标的投标人。

1.6.9 签订合同

中标通知书发出后，招标人和中标人应当在招标文件规定的时间内，按照中标通知书、招标文件和中标人的投标文件签订合同。

需要说明的是，作为一种招标结果的特例，招标人可以选择废标。招标文件中一般都规定，招标人有废标的权力。废标除了上述废除个别投标人的投标书外，还包括对所有投标书全部废标。通常在下列情况下，招标人可能会选择废标：①投标人的数量未达到招标文件规定的数量（比如 3 家以上）；②所有投标人的投标资格不合格；③所有投标书未对招标文件作出实质性响应；④所有投标报价远远高出招标人的标底预算；⑤其他特殊情况。

2　招标管理的工作内容

项目招标管理是招标人为实现招标目标而对项目的招标活动进行计划、组织、控制和评价的过程，主要包括以下工作内容：

2.1　制定招标管理计划

招标管理计划是指招标人通过分析和掌握招标项目的技术、经济、管理的特征，以及招标项目的功能、规模、质量、价格、进度、服务等需求目标，依据有关法律法规、技术标准，结合市场竞争状况，针对一次工程项目招标组织实施工作的总体策划，包括合理确定项目招标的管理目标、组织架构、组织形式、内容范围和招标方式，建立招标管理制度和流程，并对招标进度计划及配套资源进行计划和安排等，是科学、规范、有效地组织实施招标采购工作的必要基础和主要依据。

2.2　成立专门的招标管理机构

招标机构应与所选择的招标组织形式相适应，可以是业主单位所属的原有某一部门，也可为某一项目的招标专门组建新的管理机构，而对采取委托招标形式的，业主可能只需指定专人负责即可。如果是新成立的招标管理机构，则要进行组织架构设计，并选择任命机构负责人，明确组织机构内部岗位设置，定义岗位责任，并根据组织架构选聘管理团队成员。招标管理机构确定或成立后，即可根据招标管理计划开展工作。当然，招标发起人也可以先确定招标管理机构，再由其负责编制招标管理计划，并按计划组织实施。

2.3　确定招标方式和形式

即确定是采取公开、邀请或是议标的方式。国际工程项目，特别是国际金融组织融资的项目，通常要求采取公开的国际招标方式。中国政府投融资的国际项目，通常只邀请中资公司参加投标。私人投融资的国际项目，选择招标的方式则更加灵活。

如果确定采用委托招标的组织形式，则要选择确定招标代理机构，并与之签订招标服务合同。对于国际工程项目，业主可以将招标工作全部委托咨询工程师负责实施；也可由业主自行组织实施，咨询工程师对招标过程只提供专业的咨询服务和技术支持。

2.4　招标过程管理

主要是监督控制招标的进度，可根据实际情况确定是否需要对招标进度进行延期，如是否需要更改编制完成招标文件的时间，以及随后的现场考察和澄清会议、投标截止、评审结束及确定中标结果等招标里程碑的日期。过程管理也包括把控招标文件的质量、组织现场考察和标前会议、提供开标场地、投标保函的接收保管及其必要的延期通知，以及支付招标过程中发生的相关费用等。

除此之外，招标过程管理还包括：①选择组建评标委员会，招标人可以选择咨询工程师负责评标，也可另行选择组织评标委员会；②定标和签订项目合同，招标人根据评标机构的推荐意见决定中标人，并签发书面的中标通知书，准备项目合同文件，在规定的时间内与中标人签订项目合同。签订合同时，中标人应提供履约保函。合同签订后，招标人可将投标保函退还各投标人，并通知投标人的最终投标结果；③招标和合同备案，如果项目所在国的相关法律法规有规定，招标人应在招标开始前和签订合同后，到有关主管部门进行备案登记。

由此可见，招标过程管理实际上是对项目招标组织实施和监督控制的过程。

2.5 招标管理总结评价

招标管理告一段落后，应对其进行总结评价，妥善保管相关资料，工作成果移交或留待项目管理的下一阶段使用。是否解散招标管理机构则由业主视具体情况决定。

3 国际国内工程招标的区别

国内工程项目招标制度是在引进吸收国际工程项目招标通行惯例的基础上建立和发展起来的，二者已经没有本质的区别。原则上说，以上关于招标管理的内容既适用于国内工程，也适用于国际工程。但是，国际工程项目招标与国内工程项目招标比较，仍然存在一些区别，主要表现为：

（1）招标和投资方不同

国内项目的招标和投资方通常是中国的政府、企业组织或个人，而国际工程项目的招标投资方多为项目所在国或其他国家的政府、企业组织、个人或其他国际组织。

（2）参与投标人来自不同国家

国内项目招标无论采取何种方式，选择的投标人的范围一般只限于一个国家内部，是国内建筑市场的竞争。而国际工程招标则要邀请不同国家或地区的投标人参与投标，因此招标选择的范围更广，属于国际建筑市场的竞争。

（3）采用的招标文件不同

招标文件的区别还包括采用的语言、合同条件、技术规范等。

（4）工程项目实施地点不同

国内项目的实施地点与招投标人同属一个国家或地区，而国际项目所在地与招投标人不属同一国家或地区。

第3节 世行贷款项目采购招标

国际工程项目采购，根据工作或服务范围的不同，其招标一般可划分为：工程（通常指土木工程）采购；机电供货/安装采购；服务（包括设计、咨询、管理等）采购。

在不同的国家或地区，国际工程项目招标采用的方式、文件、程序也不尽相同。以下以世界银行贷款项目为例，分别简要介绍国际工程项目的工程采购、咨询服务采购和机电供货安装采购招标。

1 （土木）工程采购招标

世行贷款项目，必须按照世行的要求，通过公开的国际竞争性招标（International Competitive Bidding，ICB）方式进行工程采购，一般包括投标人的资格审查和工程招投标两个过程，其他国际金融组织（如亚洲开发银行，即ADB）贷款项目也有类似要求。

1.1　投标人的资格审查

资格审查包括资格预审（Prequalification）和资格后审（Post Qualification）两种，世行项目一般要求进行资格预审。

资格预审的程序是：①编制资格预审文件；②刊登资格预审公告；③出售资格预审文件；④对资格预审文件进行答疑；⑤接收潜在投标人完成的资格预审文件；⑥澄清资格预审文件；⑦资格评审；⑧向潜在投标人通知评审结果。

资格预审文件的内容主要包括：

（1）工程项目的总体描述：简要介绍工程内容、资金来源、工程所在地的自然条件、工程合同的类型等。

（2）简要合同规定：包括潜在投标人的合格条件，进口材料设备的关税，当地材料和劳务，投标保证和履约保证，外汇支付条件，本国潜在投标人的优惠条件以及联营体的资审要求等。

（3）资格预审文件说明：主要对潜在投标人准备资审文件的要求，进行资格审查的内容、依据和标准等的描述。

（4）要求潜在投标人填报的各种表格，主要包括潜在投标人公司的一般资质情况，年营业额，在建和以往类似工程情况，财务状况，拟在本项目安排的人员、设备、分包、组织计划等情况。

1.2　工程采购招标

世行贷款超过 1000 万美元的项目，必须按其《工程采购标准招标文件（Standard Bidding Documents for Procurement of Works)》进行招标采购。该文件由三部分组成：①招标程序，包括投标人须知、招标资料表、评标和资格标准、投标书格式、合格国家；②工程要求；③合同条件和合同格式，包括通用合同条件、专用合同条件、专用合同条件附录——合同格式。

工程采购招标一般遵照以下程序进行：①编制招标文件；②刊登招标公告；③发售招标文件；④组织投标人现场踏勘；⑤投标人问题答疑澄清；⑥接收投标书并开标；⑦投标书评审；⑧通知投标人的投标结果；⑨与中标投标人签订工程合同。

编制招标文件，主要是采用世行规定的上述标准文本，并根据项目的实际情况，对其进行增补和修改，新增内容包括合同专用条件、工程用规范、图纸、工程量清单等。

评标一般分两个步骤：①对投标文件的初步审核，主要检查投标书文件是否实质性响应了招标文件的要求，并对投标报价进行核对；②正式评标，包括对投标人的以下几个方面进行审查比较：价格，施工技术方案，拟投入的管理技术人力资源，商务法律，优惠条件或其他条件。世行一般规定，凡实质响应招标要求而报价最低的投标人中标。

1.3　工程采购合同

1.3.1　合同构成

世行项目施工合同一般采用 FIDIC 施工合同条件，通常由以下几部分组成：①合同协议书；②中标函；③投标函（投标书格式及其附件）；④专用合同条件；⑤通用合同条件；⑥技术规范；⑦图纸；⑧数据表及其他构成合同一部分的文件，其中数据表包括投标人的报价工程量清单和计日工表等，其他文件包括招标和投标文件的一些内容、投标和合同谈判中的各类补遗、会议纪要、来往文函，以及预付款和履约保函格式等。

1.3.2 FIDIC施工通用合同条件

FIDIC工程施工通用合同条件大体上有两大体系，一种是1999年以前FIDIC编制出版的《土木工程施工合同条件（Conditions of Contract for Works of Civil Engineering Construction)》，俗称红皮书（Red Book），共计72条184款。1987年版为第4版，后又在1988年、1992年多次修订，现仍被广泛采用。

另一种是FIDIC为适应国际工程建筑市场发展的需要而出版的新合同条件，包括用于工程施工的《施工合同条件（Conditions of Contract for Construction)》第1版，俗称新红皮书（New Red Book），旨在逐步取代以前的合同条件。2005年，FIDIC会同世界银行等多边开发银行（Multilateral Development Banks，MDBs），在1999版新红皮书的基础上，编制出版了《施工合同条件协调版（Harmonized Edition of Conditions of Contract for Construction)》，简称MDB版本，后又经2006年和2010年两次修订。

与原红皮书相比，新红皮书主要有以下特点：①在工作范围上，业主方负责工程的设计，承包商按业主提供的设计施工，至多负责部分施工图设计；②在计价方式上，一般采取单价形式，个别子项采取包干价格；③在管理方式上，由业主委派工程师进行合同管理，监督工程的具体实施，签发支付证书、接收证书和履约完工证书；④在风险管理上，合同中的风险分担基本上是均衡的；⑤合同语言更加简洁易懂。

新版施工合同通用条件共计20条163款，简介如下：

第1条：一般规定（General Provisions），共14款，包括合同条件中关键术语的规定，合同条件的组成及优先顺序，文件的提供、照管及版权，合同双方的信息沟通、保密规定和权益转让，合同语言、法律和联合承包的规定。

第2条：业主（The Employer），共5款，主要是业主的基本权利和义务。

第3条：工程师（The Engineer），共5款，主要是工程师的权力和职责。

第4条：承包商（The Contractor），共24款，明确承包商在合同中的基本规定责任和义务。

第5条：指定分包商（Nominated Subcontractor），共4款。

第6条：职员和劳工（Staff and Labor），共11款，主要涉及承包商雇佣职员和劳工时应注意的问题。

第7条：工程设备、材料和工艺（Plant，Materials and Workmanship），共8款。

第8条：工程开工、延误和暂停（Commencement，Delays and Suspension），共12款，包括开工和竣工日期的确定，如何编制进度计划，承包商的工期索赔和工程拖延时的补偿，以及暂停施工与复工的规定。

第9条：竣工检验（Test on Completion），共4款。

第10条：业主的接收（Employer's Taking Over），共4款，包括业主接收工程和区段的前提条件，承包商获得接收证书的程序，业主接收部分工程的限制条件和处理方法，业主阻碍承包商按时进行竣工验收的后果责任。

第11条：缺陷责任（Defect Liability），共11款。

第12条：计量和估价（Measurement and Evaluation），共4款，包括实际工程量的计量程序和方法，如何对承包商的工作进行估价，以及工作删减的规定。

第13条：变更和调整（Variations and Adjustment），共8款，工程师有变更工程的权力，承包商可运用价值工程提出建议书，暂定金的概念和支付，调价的规定。

第 14 条：合同价格和支付（Contract Price and Payment），共 15 款，包括合同价格的性质，预付款的支付和扣还，中期支付证书和最终支付证书的申请与签发，材料和生产设备的支付，应支付的时间和延误支付的处理办法，保留金的扣留与退还，多币种汇率的规定。

第 15 条：业主提出终止（Termination by Employer），共 5 款，承包商的哪些行为可导致业主有权终止合同，终止合同的程序，终止后对承包商已完工程的估价和支付，业主出于自身原因终止合同的权利。

第 16 条：承包商提出暂停或终止（Suspension and Termination by Contractor），共 4 款，包括承包商暂停工作或放慢进度的含义，业主的哪些行为将导致承包商有权终止合同，终止合同后承包商的义务及对承包商的补偿。

第 17 条：风险和责任（Risk and Responsibility），共 6 款。

第 18 条：保险（Insurance），共 4 款。

第 19 条：不可抗力（Force Majeure），共 7 款。

第 20 条：索赔、争端和仲裁（Claim，Disputes and Arbitration），共 8 款，承包商索赔的程序，争议评判委员会的组成和运作机制，友好解决和仲裁的规定等。

2　咨询服务采购招标

2.1　概述

咨询服务是以信息为基础，依靠专家的知识、经验和技能，对委托人的问题进行分析研究，提出建议、方案和措施，并在需要时协助实施的一种高层次、智力密集型的服务。

为国际工程项目业主进行的咨询服务，工作内容通常包括：①投资前研究，即在确定项目之前进行的调查研究；②准备性服务，指明确项目内容和准备实施项目所需的技术、经济和其他方面的咨询服务；③执行过程服务，项目实施过程中的管理和监理服务；④技术援助，指为国际金融机构的借款人提供开发计划、行业规划和机构建设等方面的服务。

与工程施工和设备安装采购相比，咨询服务采购具有如下特点：①委托人在邀请之初提出的任务范围不是已经确定的合同条件，只是合同谈判的内容，咨询公司可以对其提出改进建议；②委托人可开列短名单，并只向短名单内的咨询公司发出邀请；③委托人选聘咨询人员应以技术方面的评审为主；④一般不进行公开开标，不宣布应聘者的报价。

2.2　采购的程序和原则

2.2.1　采购程序

国际上通行的咨询服务选聘程序通常按以下步骤进行：

（1）编制任务大纲（Terms of Reference，TOR），委托人对咨询公司应当完成的咨询任务的具体说明，包括咨询服务的背景、目标、工作范围、工作进度、委托人的义务及培训要求等。

（2）编制费用概算，作为咨询公司准备建议书时编制预算的依据。

（3）开列咨询公司短名单，世行规定，短名单一般为 3～6 家，其中来自同一国家的最好不超过 2 家，并鼓励将本国公司列入短名单。

（4）确定竞争性的评选办法

通常有两种：①先进行技术评审，然后邀请技术评审为第一公司提交报价，并与之进行谈判；②技术和报价分装同时提交，技术标评审为第一的公司，再开其经济标，并进行价格谈判。

（5）制作并向列入短名单的咨询公司发出咨询招标文件（Request for Proposals，RFP）。

（6）接收和评审各咨询公司的建议书，选择一家为谈判对象。

（7）与选中的咨询公司洽谈并签订合同。

2.2.2 采购原则

世行项目业主在选聘咨询公司时，必须按《世界银行借款人选择和聘请咨询顾问指南（Selection & Employment of Consultants by World Bank Borrowers）》的规定执行，该指南介绍了以下六种方法和原则：

（1）以质量和费用为基础的选择（Quality & Cost-Based Selection）

首先评审技术建议书，再审查技术建议书合格的公司财务建议书，然后对质量和价格进行综合评审后确定咨询顾问。

（2）以质量为基础的选择（Quality-Based Selection）

适用于复杂的或专业性很强的咨询任务。

（3）固定预算选择（Selection Under a Fixed Budget）

仅适用于简单的并能够准确界定的，而且预算是固定的咨询任务。

（4）最低费用选择（Least-Cost Selection）

适用于按照公认的管理和标准或常规性的咨询任务的咨询选择。

（5）以咨询顾问资格为基础的选择（Selection Based on Consultants' Qualification）

适用于小型咨询任务。

（6）单一来源选择（Single-Source Selection）

适用于以下特殊情况：该工作是公司以前承担工作的自然延续；紧急情况下的任务；非常小的咨询任务；只有一家公司合格并具有特殊的经验。

2.3 咨询服务合同

2.3.1 合同的类型（Type of Contracts）

（1）固定总价合同（Lump-Sum Fixed Price Contracts）

这种合同被广泛用于简单的规划和可行性研究、环境研究、标准或普通建筑物的详细设计等工作范围和工作量比较明确的咨询服务。

（2）计时制合同（Time-Based Contract）

1）人月费单价法（Man Months Rate）：通常按酬金加上其他非工资性开支（如可报销费用和不可预见费）来计算支付。

2）按日计费法（Per Diem）：按咨询人员工作时间（日数）计费支付。

（3）成本加固定酬金（Cost Plus Fixed Fee）

是在对咨询专家为完成项目任务的所有服务和投入用品的费用给予补偿的基础上，再加一笔固定酬金，用于补偿专家的不可预见费、奖金和公司利润。

（4）顾问费合同（Retainer Contract）

当委托人希望在一段特定的时间内随时使用咨询专家时，常采用此类合同，可以按月支付，或按双方事先约定的方式支付。

（5）百分比合同（Percentage Contract）

将付给咨询人的费用与估算的或实际发生的项目建设成本或所采购和检验的货物的成本直接挂钩。

（6）不定期执行合同（Indefinite Delivery Contract）

在委托人需要随叫随到的专业服务，以对某一特定活动提出意见，而提意见的程度和时间在事先无法确定的情况下，可使用此类合同。双方就专家的费率单价达成协议，按实际工作时间支付。

在上述 6 种合同中，使用最多的是固定总价和计时制合同。

2.3.2　常用的咨询合同

（1）世界银行的咨询合同

世界银行要求，借款人在选择咨询顾问时，应尽可能使用世行的《标准建议书征询文件——选择咨询顾问（Standard Request for Proposals——Selection of Consultants）》，费用超过 20 万美元的咨询合同必须采用该文件。

该文件包括：邀请函，标准咨询顾问须知（后附资料表），技术建议书，财务建议书，标准合同书和以下四个附件：①咨询服务：基于时间的合同；②咨询服务：基于总价包干的合同；③小型服务：基于时间的支付；④小型服务：基于总价包干的支付。其中，标准咨询顾问须知和标准合同书（通用条件）在任何情况下都不得修改。

以基于时间支付的咨询服务合同为例，其内容包括：合同格式，通用条件，专用条件及合同附件：服务综述；报告要求；人员和分包咨询服务——关键人员时间；外汇成本估算；当地货币成本估算；委托人的责任；预付款保函。

合同通用条件（General Conditions of Contract）共 8 条：①一般规定；②合同的开始、完成、修改及终止；③咨询顾问的义务；④咨询顾问的人员和分包咨询；⑤委托人的义务；⑥对咨询顾问的支付；⑦公平和守信；⑧争议的解决。

合同专用条件（Special Conditions of Contract）是业主根据项目的具体情况，对通用条件的补充、修改和具体化，其合同效力高于通用条件。

（2）FIDIC 咨询服务合同——白皮书（White Book）

白皮书的全称是《委托人/咨询工程师服务协议书范本（Client/Consultant Model Services Agreement）》，其结构内容与世行咨询服务合同类似，由协议书格式、通用条件、专用条件和附件组成。其中，附件为：①服务范围；②委托人提供的职员、设备、设施和其他服务；③报酬支付；④服务进度表。

通用条件共 8 条：①一般规定；②委托人；③咨询工程师；④开始、完成、变更与终止；⑤支付；⑥责任；⑦保险；⑧争议和仲裁。

特殊条件和合同附件的内容，根据项目的具体情况制定，并经谈判协商双方达成一致。

3 货物采购招标

货物采购招标，就是业主或购货方通过招标的形式选择合格的供货商，来为工程项目提供所需货物及相关服务的过程。

货物采购遵循的招标程序与工程采购类似，只是由于货物采购的特殊性，招标文件和采购合同文件的构成，与工程采购会有所区别。

3.1 采购招标文件的构成

不同的国家地区或国际组织，采用的货物采购文件范本各有不同。世界银行的2007年版《标准招标文件——货物采购》由下列文件构成：

第一部分　招标程序

第一章　投标人须知

第二章　投标资料表

第三章　评标和资格标准

第四章　投标书格式

第五章　合格国家

第二部分　供货要求

第六章　货物需求一览表

第三部分　合同

第七章　合同通用条件

第八章　合同专用条件

第九章　合同协议格式

附件　招标邀请函

3.2 货物采购合同文件的构成

货物采购合同构成与工程采购合同的结构基本类似，主要由以下文件组成：

合同协议书；

中标函；

投标函；

合同专用条件；

合同通用条件；

雇主任务书；

资料表；

承包商的建议书和其他构成合同一部分的文件。

其中，合同通用条件可采用FIDIC《工程设备和设计-建造合同条件》，俗称黄皮书，主要包括：定义；合同文件的组成及效力优先次序；语言及解释；通知；主导法律；供货范围；交货和文件单据；工程师；合同双方的责任；合同价格及付款；技术规范和标准；包装和文件；保险；运输；检验和测试；误期赔偿费；质量保证期；变更指令；知识产权保证；税和关税；法律法规的改变；不可抗力；履约保证；保密；分包与转让；合同生效及终止；争端的解决等。

第 4 节　国际工程项目投标管理

1　一般概念

国际工程项目投标是与国际工程项目招标相对应的概念，它是指具有合法资格和能力的投标人，根据国际工程项目招标人的招标条件，经过初步研究和估算，在指定期限内编写提交投标报价文件，并等候招标人开标评标，以决定能否中标的跨国经济活动。从法律意义上讲，国际工程项目投标一般是经过特定审查而获得国际工程项目投标资格的投标人，按照该项目招标人的招标文件要求，在规定的时间内向招标人填报投标书，并争取中标的法律行为。总之，国际工程项目投标是一种跨国经济活动中的法律行为。

从投标人的角度看，国际工程项目投标的一般程序，主要经历以下几个环节：①向招标人申报资格审查，提供有关文件资料；②获得投标资格后，购领招标文件和有关资料；③组织建立投标团队；④参加踏勘现场和投标澄清会；⑤编制、递送投标书；⑥对投标书进行答疑澄清；⑦接受中标结果，如果中标，签订合同并提供履约担保。

本节所要讨论的国际工程项目投标管理，是以一般的国际土木工程施工总承包项目为基础，对其投标活动中的各个环节进行决策、组织、计划、实施控制、支持服务及总结评价的过程。现分别介绍如下：

2　投标的决策管理

投标决策是投标人在投标可行性分析的基础上，选择确定投标目标和为实现目标应采取何种措施的过程，包括：①选择决定是否参加投标；②如果决定参加投标，则设定投标目标；③选择确定投标过程中采取的策略和技巧。

在投标决策时，投标人应遵循以下原则：①可行性；②可靠性；③盈利性；④审慎性；⑤灵活性；⑥综合性。

投标决策是一个持续的过程，几乎伴随投标活动的全过程。在投标过程中的不同阶段，决策的内容各不相同。在投标前期，需要决策的主要问题是：①是否参加投标；②如果决定投标，则需要确定投标的目标，并选择投标方式。在编制和投递标书阶段，需要决策的主要问题是：①选择确定投标报价的策略方法；②确定最终报出的投标价格。而开标后需要决策的主要问题是，是否选择中标及为此应采取的策略措施。现分别介绍如下：

2.1　投标前期决策

2.1.1　投标与否的决策

影响投标决策的因素来自主观和客观两个方面，主观因素即承包商的内部因素，包括：

（1）技术实力：包括精通本行业的各类专业人员组成的组织机构；设计和施工专业特长；解决各类施工技术难题的能力；与招标项目同类型国内外工程的施工经验；有一定技术实力或专业优势的合作伙伴。

（2）经济实力：包括垫付资金的能力；一定的固定资产和机具设备及其投入所需的资金；一定的周转资金用来支付施工用款；支付各种担保的能力；支付各种纳税和保险的能力；抵御由于不可抗力带来的风险；有一定经济实力的合作伙伴。

（3）管理实力：包括成本控制能力；健全完善的规章制度和先进的管理方法、企业技术标准、企业定额、企业管理和项目管理人才；“重质量”、“重合同”的意识及其相应切实可行的措施。

（4）业绩信誉实力：包括同类或相似的工程业绩；良好的信誉是投标中标的一条重要标准。

（5）当前的经营状况与战略规划，包括业务的范围、规模及其饱和程度、就业情况、总体盈亏状况以及战略发展方向等。

影响投标决策的客观因素即承包商的外部因素，主要包括：

（1）业主的合法地位、支付能力、履约信誉，监理工程师处理问题的公正性、合理性等。

（2）竞争对手的实力、优势及其在建工程状况。

（3）招标文件确定的要求和条件是否可以接受。

（4）工程项目的特点，包括项目的环境、性质、规模、实施的难易程度以及潜在风险等。

投标人是否参加投标，要综合考虑上述各种因素，作出全面分析，才能作出正确的投标决策。

通常情况下，下列项目承包商应考虑主动放弃投标：①本承包企业主营和兼营业务范围之外的项目；②虽在业务范围之内，但工程规模和技术要求远远超出本承包企业承担能力的项目；③本承包企业当下生产任务饱满，而招标工程竞争激烈必然导致盈利水平较低或风险较大的项目；④参与竞争的对手实力过分强大的项目；⑤业主或项目的合法性存疑、资金不落实、合同和付款条件极为苛刻的项目。

2.1.2 确定投标目标

投标报价目标是投标单位以特定的投标经营方式，利用自身的经营条件和优势，通过竞争的手段所力求达到的利益目标。这种利益目标是投标单位经营指导思想的具体体现，也是投标报价策略的核心要素和选择竞争对策、报价技巧的依据。

由于投标单位的经营能力和条件不同，出于不同目的的需要，对同一招标项目，可以有不同投标报价目标的选择，包括以下几种选择：

（1）生存型。投标报价是以克服企业生存危机为目标，争取中标可以不考虑种种利益原则。

（2）补偿型。投标报价是以补偿企业任务不足，以追求边际效益为目标。对工程项目投标表现较大热情，以亏损为代价的低报价，具有很强的竞争力。但受生产能力的限制，只宜在较小的招标项目考虑。

（3）开发型。投标报价是以开拓市场，积累经验，向后续投标项目发展为目标。投标带有开发性，以资金、技术投入手段，进行技术经验储备，树立新的市场形象，以便争得后续投标的效益。其特点是不着眼于一次投标效益，用低报价吸引招标单位。

（4）竞争型。投标报价是以竞争为手段，以低盈利为目标，报价是在精确计算成本的基础上，充分估价各个竞争对手的报价目标，以有竞争力的报价达到中标的目的。

（5）盈利型。投标报价充分发挥自身优势，以实现最佳盈利为目标，投标人对效益无吸引力的项目热情不高，对盈利大的项目充满自信，也不太注重对竞争对手的动机分析和对策研究。

不同投标报价目标的选择是依据一定的条件进行分析决定的。竞争性投标报价目标是投标人追求的普遍形式。

确定什么样的投标报价目标不是随心所欲，任意选择的。首先要研究招标项目在技术、经济、商务等诸多方面的要求，其次是剖析自身的技术、经济、管理诸多方面的优势和不足，然后将自身条件同投标项目要求逐一进行对照，确定自身在投标报价中的竞争位置，制定有利的投标报价目标。这种分析和对照主要考虑以下因素：

（1）工程施工能力、技术装备能力和工人技术操作水平。投标项目的技术条件，给投标单位提出了相应的工程施工能力、技术装备能力和工人技术操作水平的要求。如果不能适应，就需要采取联合、分包合作模式，更新或新置技术设备，对工人进行技术培训，因此投标单位有无能力或由此引起的报价成本的变化，都直接影响着投标目标的选择。反之，具有较高施工、技术装备和操作能力的投标人去承担技术水平较低的工程项目，效益选择同样有较大局限性。

（2）设计能力。工程设计往往是投标项目组成部分，特别是在EPC总承包项目招标中，设计工作要求和工作量占有重要的地位，投标单位的设计能力能否适应招标项目的要求，直接决定着投标的方式和投标目标的选择，一个适应招标工程的设计能力，可以充分发挥投标单位的优势，立于竞争的主动地位。

（3）对招标项目的熟悉程度。所谓熟悉程度是投标人对此工程项目过去是否承建过，积累有什么经验，预测风险的能力有多大等。项目熟悉就可以增强信心，减轻风险损失，尽可能扩大投标的竞争能力。项目不熟悉，就要充分考虑不可预见的风险因素，提供保障措施和设计应变能力。这就意味着间接投入的增多，在投标目标选择上就有一定的困难。

（4）投标项目可带来的随后机会，所谓随后机会，就是投标单位在争取中标后，可能给今后连续性投标带来的中标机遇，或是在今后对类似项目投标时争取中标占有有利位置。如果随后机会较多，对投标单位树立形象和扩大市场有利，那么对这一招标项目在经济利益上做某些让步达到中标目的也是有利的。如果随后机会不多，那么对投标的经济效益要着重考虑。

（5）投标项目可能带来的生产质量提高。投标项目一方面需要相适应的生产装备和劳动技能，另一方面也可能给投标单位带来技术的进步，管理水平的加强和工作质量的提高，这种质量提高的程度，无疑是投标单位感兴趣的，直接影响其投标盈利目标的决策。

（6）投标项目可能带来的成本降低机会。投标单位在争取中标后，在履约过程中，一般来说，各项管理提高的综合成果会直接反映在成本降低的机会和程度上，投标项目的完成能为以后承包经营带来成本降低较多较大的机遇，也会影响到投标单位投标盈利目标的决策。

（7）投标项目的竞争程度。所谓竞争程度是指参与投标的单位的数量和各竞争投标者投标的动机和目标。它是从外部制约着投标单位效益目标选择的分寸。投标的竞争性决定了投标单位在投标时必须以内部条件为基础，以市场竞争为导向，制定正确的投标目标。

除此之外，对于不同投标单位来说，诸如工程交工条件、支付币种和比例、付款方式、历史经验、风险性等都是影响到投标目标选择的因素，从而对选择投标目标的决策起重要作用。

以上介绍的设定投标目标是以中标为目的，在确保中标的前提下，根据每个具体的项目和投标人当时面临的内外部环境，选择合理的经济及未来发展目标。但在市场营销中，选择参与投标并非以中标为唯一目的，还可能是为了实现投标人的其他意图或目标，通常包括以下几种情况：①投标人新进入一个市场或专业领域，对市场行情、竞争程度和价格水平不了解，通过参与合适项目的投标，可以增加对新市场新领域的了解；②投标人因种种原因在某一传统市场已经多年未参加投标竞争，需要通过参与投标向竞争对手彰显自身的存在；③其他目的，比如为保持与老客户的友好关系，或者配合合作伙伴的投标行动等。所有这些都可能成为投标人投标目标的选项。

2.1.3 选择投标形式

项目投标报价的形式取决于其承包的方式，即取决于投标与招标双方之间的经济关系形式，不同的承包方式决定了不同的报价形式。工程项目承包方式主要有：总包、分包、转包、联合承包四种方式。由四种承包方式相应产生了总包价格、分包价格、转包价格、联合承包价格等四种不同的价格形式。

(1) 总包价格

总包合同即对工程项目进行全部一揽子承包。采用这种承包方式的招标单位只要提出技术要求和交货时间，投标单位中标后，即可按照有关招标文件要求进行生产施工，总包价格按中标后的合同价格执行。

(2) 分包价格

分包是相对总包而言，分包的单项工程价格由总包人统一向招标单位报价和结算。而总包与分包之间的单项工程价格需另外通过协商或招标方式来确定，分包者一般不与招标单位发生直接关系，但总包人在选择分包人时应征得招标单位同意；并有义务使用招标单位指定的分包人。如分包人拒绝与总包人签订合同时，即便指定的分包人，总包人也可不予接受。

(3) 转包价格

转包是指承包人把从招标单位那里承包的工程项目或部分单项工程再转让给其他承包人。投标过程中确定项目转包的，承包人一般在受让人的报价基础上加上一定的管理费作为投标报价。在中国的国际承包商中，窗口型企业常选择这种承包经营模式。转包与分包从形式到内容都有所不同，转包受让人必须按照原合同相应项目的价格和条款执行。

(4) 联合承包价格

联合承包由两个以上的承包人组成联营体参加投标，并在中标后共同完成全部工程项目的建设施工。它与转包中把部分单项工程转包给其他承包人的主客体不同，转包是总承包人与接受转包的承包人之间的经济关系，而联合承包是招标单位与各承包者的直接经济关系。

获得投标资格的投标人向招标人投标时，可以选择独家总承包或联合总承包，而在编制投标报价文件时，可以考虑采用自行编制的总承包或联合总承包的价格，也可以部分或全部采用分包商或转包方提供的价格。

2.2 投标期决策

在此阶段的主要决策内容是：①根据对招标项目特点的分析研究，确定投标的总体价格水平；②确定最终对外报价。

2.2.1 确定投标的总体价格水平

投标时，既要考虑自己公司的优势和劣势，也要分析投标项目的整体特点，按照工程的类别、施工条件等考虑投标的总体价格水平。

一般说来，在下列情况下的报价可适当调高一些：①施工条件差的工程，如场地狭窄、地处闹市，或地处偏远、交通闭塞的工程；②专业要求高的技术密集型工程，且当本公司这方面有专长，声望也高时。

下述情况报价应适当降低一些：①施工条件好的工程，工作简单、工程量大而一般公司都可以做的工程。如大量的土方工程，一般房建工程等；②本公司目前急于打入某一市场、某一地区，以及虽已在某地区经营多年，但即将面临没有工程的情况（某些国家规定，在该国注册公司一年内没有经营项目时，就撤销营业执照），机械设备等无工地转移时；③附近有工程而本项目可以利用该项工程的设备、劳务或有条件短期内突击完成的；④投标对手多，竞争激烈时；⑤非急需工程；⑥支付条件好，如国际金融组织融资、现汇支付、国际通用货币比例高。

2.2.2 最终报价决策

投标报价决策是投标报价工作中的重要一环。是指投标人召集编标人员和本公司有关领导或高级咨询人员共同研究，就标价计算结果进行静态、动态分析和讨论，作出有关调整标价和最终报价金额的决定。

标价的静态分析，是在假定初步测算出了暂时标价合适的情况下，分析标价各项组成及其合理性，并对明显不够合理的标价构成部分进行细致的分析检查，通过提高工效，改变施工方案，压低分包、供应商的价格和节约管理费等措施，来修订暂时标价，形成另一低标方案，再结合计算利润和各种潜在利润以及承包商能够承受的风险，从而可以测算出最低标价方案，将原暂定标价方案，较低标价方案和最低标价方案对比分析，把对比分析资料整理后提交给有关决策人员进行决策，作为决策人进行决策的依据。

标价的动态分析，是通过假定某些因素的变化，来测算标价的变化幅度，特别是这些变化对工程计划利润的影响，通过动态分析，向决策人员提供准确的动态分析资料，以便使决策人员了解某些因素的变化所造成的影响，诸如工期延误、物价和工资上涨以及外汇汇率变化，对工程标价和工程利润的影响，以供决策人员进行正确的决策。

2.3 开标后决策

招标文件一般都规定，在公开开标以后，投标人对报价不可作任何实质性的修改；招标人也不能以任何理由要求投标人对报价作实质性的修改。这表明投标人在招标投标中的主动地位已经转化。但是在开标、评标过程中，允许投标人对标书中含糊不清之处给予澄清和说明；招标人也可以要求投标人对报价书中的不足部分给予澄清和说明，从而为投标人在开标后争得中标的有利地位提供了机会。

因此，投标人绝不可在开标后消极等待，而应该根据预先设定的投标目标和开标结果做出决定，是努力争取中标还是主动放弃中标，并选择应采取相应的策略措施。

2.3.1 开标后的进退选择

公开开标后，投标人已经明确了报价的高低位置，也看清了竞争对手的报价排列顺序和允诺报价条件的优劣。这时，投标单位就该果断地决定其进退策略。当投标前期确定的目标是力争中标时，投标人可根据自身标价水平及其在竞争中的排位情况来作进退选择。

（1）投标人的报价排在在前两名的，通常应不放过任何竞争手段，争取中标。在这种情况下，两者共处于竞争中的有利地位，尽管报价条件又大体相近，但各有长短。这时，对于决标者，难以作出倾向性的决定。关键问题是谁的说明有吸引力，谁的市场信誉更好，那么谁就有中标的可能性。

需要说明的是，如果开标后发现，投标人的报价远远低于其他承包商的报价，除非投标人的确有某些非同寻常的优势，或出于某种特殊投标目的的考虑，否则，意味着投标人对市场的价格水平把握不准，在投标中出现了重大失误，如果中标履约，可能会招致严重的经济损失。在这种情况下，投标人需慎重考虑，是否应该主动放弃中标的机会。

（2）投标人的报价排在第三、四名的，应调整竞争策略，争取得到报价答辩的机会。特别是对投标人经营影响较大的项目，更应通过报价答辩，发挥报价条件中的独有专长，要增强自信心，争取跻身前茅，提高中标概率。

（3）投标的报价明显高于竞争对手的价位，如果报价条件无明显优势，或者投标项目无太大吸引力，基本中标无望，就应毅然选择放弃，以减少投标费用支出。但也需通过总结其报价失利的原因，积累报价经验。同时，要摸清竞争对手的实力和竞争手段，以便为今后的报价竞争做好准备。

另外，如果投标人初设的投标目标原本不是为了中标，但开标后投标人的报价排位很靠前，中标希望很大，投标人应在认真分析判断的基础上做出进退决策，如无特殊情况，仍应选择争取中标。

2.3.2　选择报价澄清策略

投标人对报价澄清希望达到的目的不同，对澄清策略也可以做出不同的选择，包括：①修正报价条件，增加承包费用，力争中标；②修正报价条件，保证中标，同时适当降低承包费用，取得更好的经济效益；③修正报价条件，使其失去中标机会，体面退出投标活动；④修正报价条件，不以中标为目的，而是借机宣扬自身的形象和实力，为以后招标投标活动创造良好印象。选择什么样的策略，要根据投标人的投标目的来决定，借报价澄清的机会去实现。

3　投标的组织管理

对于一个具体的国际工程项目，投标人一旦决定参加投标，就要立即着手组织建立投标工作团队，调配利用企业内外部资源，尽快开始编投标及相关工作。

在选择确立投标团队的组织形式、内部结构、岗位职责及团队规模时，要综合考虑投标单位的内部组织架构、业务流程、市场布局以及拟投标项目的特点、投标方式等因素。通常有以下几种组织形式：

（1）临时性投标团队

类似于实施项目时成立的项目部，即投标单位从组织内外部抽调安排相关技术管理人员，组成临时投标团队，全面负责项目投标。团队组织结构相对较为复杂庞大，岗位职责分工明确，是可以独立运转的团队组织。团队的内部架构、规模，成员的专业分工等，应与所投标的项目规模、性质及招标文件的要求相适应，才能胜任编投标工作。投标工作完成后，投标团队即告解散，团队成员返回原工作岗位。

（2）专业性投标团队

一些国际工程企业在其组织内部设有专门负责市场开发和投标工作的职能部门，如市场开发部、投标管理处等，大的职能部门还可能根据专业领域或国际市场区域的不同细分为多个科室，这样的部门或科室长期从事同一区域或同类专业领域的国际工程项目开发工作，具有丰富的经验，熟悉区域市场情况，适合承担国际工程项目投标。因此，投标单位在获得一个国际项目投标信息后，可直接安排相应的部门科室负责投标的全部工作。

（3）组合性投标团队

即指定一个投标负责人或建立一个小型的投标管理团队，负责投标工作的统筹协调管理，而投标的具体业务工作则由企业内部各职能部门或专业部门完成，如技术标由技术部门完成，商务标由经营部门完成，资质文件由综合部门完成，投标保函由财务部门办理等。

（4）驻外机构投标团队

如果承包企业在拟投标项目所在国家或地区设有分支管理机构或在建项目，并且该分支机构或在建项目部有足够的能力承担编投标工作的，可交由他们完成编投标工作，总部进行必要的决策、支持、协助和把控。

在确定项目投标的团队组织后，还需确定投标团队的工作地点，通常有如下几种方式：①境内编标境外投标，即在企业总部所在国完成主要编标工作，通过邮寄或当面投递的方式投标；②境外编投标，即编投标的主要工作全部在项目所在国家或地区完成；③境内外联合编投标，即参加编投标的团队成员及其工作时段部分在国内，部分在国外。

至于具体的工作场地和办公设施，可利用公司总部或境外机构的现有场地和设施。如果投标团队规模庞大，现有场地设施不满足要求，或者出于保密或方便工作的考虑，也可以在境内外临时租用合适的办公场地设施。

另外，在组织投标时还需确定采取何种编标报价方式，这与投标决策时选择的投标形式密切相关，包括单独投标和合作投标两种形式。当选择单独投标的形式时，编标组价工作由投标人组建的投标团队负责完成，有三种方式：①投标团队完成全部编标组价工作；②投标人下属子公司、分公司承担部分或全部标书编制任务；③委托专业投标代理公司编制完成投标书。

当选择合作投标的形式时，根据合作的方式不同，编投标工作由投标团队与合作伙伴（如联营体伙伴、分包商、转包合作方）通过分工合作的方式共同完成。这时要确定是采取集中办公还是分开办公，如选择各自分开行动，则要在合作方间建立联系沟通机制。

当采取委托或合作方式进行编投标时，还要与对方签订相应的合作协议，如投标书委托制作协议、联营体合作协议、分包或转包合作协议等。其中，联营体合作协议需要随投标书一同提交招标人审查，由于时间限制及中标的不确定性，该协议一般只是意向性的简单协议，重点是表达合作意向，明确在投标期间合作各方的责任、权利和义务。待项目中标后，合作各方再详细商谈签订项目实施合作协议。而分包或转让合作方为保证中标后能参与到项目实施中来，也希望与投标方签订合作协议。这类协议为内部协议，投标时不需要提交招标人。

在国际工程项目招投标中，承包商在当地选择代理是一种惯常做法，代理在当地一般具有一定的影响力和人脉关系。代理可以通过各种渠道，从相关方了解到项目和招标的内部信息，也可以在投标过程中为招投标双方进行信息传递交流，对澄清问题，消除误解，促成投标人获得项目起到独特的作用。不过，选择代理应慎重行事，一些代理可能不仅起不到实质性积极的作用，甚至有可能起到消极作用。一旦选择代理，就需与之签订代理服务协议。

另外，国际工程项目的招投标，一般使用的是一种或多种外语。如果投标单位或投标团队现有人员的外语能力不能满足投标需要，则需要从外部聘请外语专业人才参与投标，或将招投标相关文件委托专业外文服务公司进行翻译。由于国际工程项目投标时间短，专业性强，文件量大，语言翻译的质量和速度对投标报价工作意义重大，应引起投标管理者的重视。

总之，国际工程项目投标的组织管理，就是在综合考虑上述因素后，选择实施的多种资源组织手段的合理组合，目的是保证项目编投标工作的顺利进行。

4　投标的管理策划

重要的大型国际工程项目投标开始前，应进行投标管理策划，也就是事先对投标过程的组织、进度、流程、资源等进行计划安排，用于指导控制编投标过程，确保投标目标的实现。

在投标管理团队组建后，应由团队负责人（俗称“标头”），牵头负责进行投标管理策划，策划的输出结果是投标管理计划。

投标管理计划的内容主要包括：①投标项目的一般性描述，包括项目本身的主要特性和招标文件的主要要求；②编制投标管理计划的依据；③投标目标，按高层管理者下达的总体投标目标进行细化和分解；④投标的组织安排，可参见上述内容做出组织方案；⑤投标进度计划，根据招标文件确定的投标进度里程碑，如现场考察、标前会议、投标截止日等，对投标过程中的各项工作进行结构分解，制定详细的进度计划；⑥资源计划，包括需要的人员、资金预算、办公场地和设施计划等；⑦投标管理流程，即从投标开始至结束各个环节应遵循的流程；⑧投标合作计划，包括合作形式（联营、分包、转包、代理服务）和合作方选择的计划安排等；⑨投标管理制度（如岗位责任制度、作息制度、保密制度、评审制度等）；⑩附件，可视具体情况将如下文件内容作为管理计划的附件：招标文件主要条款；总进度计划表及其他投标管理用格式文件；相应的合作协议格式文件；投标管理程序框图等。

编制完成的投标管理计划，应由相关主管领导或部门审查批准后，作为指导投标管理工作的纲领性文件，分发投标团队及公司相关部门遵照执行。小型国际工程项目的投标，可简化投标管理计划，保留团队成员职责分工、进度计划和投标管理流程即可。对于长期从事国际工程项目投标的专业团队，由于熟悉投标程序和要求，团队成员相对稳定，相互了解，配合默契，对一般项目投标工作不必进行正式的策划，可由投标负责人在投标启动会议上将投标目标、责任分工、进度安排等主要工作计划向团队成员作出明确说明，即可开始投标工作。

采取合作方式投标的，投标管理计划应明确规定各合作方承担的工作任务内容及其质量要求和完成时间，要求合作方按计划要求提交工作成果。

5　编投标的过程控制和检查

投标书编制是投标过程中需要完成的最重要的工作，实际上投标管理的重点就是围绕编制投标书以实现投标目标而展开的，同时它又是一项专业性很强的业务工作，所涉及的内容很多，因此我们将在本章下一节专门讨论投标书的编制问题。

从管理的角度看，编投标的过程控制和检查的重点是对投标进度的控制和投标书质量的检查，目的是按期完成一份高质量的投标文件，力争实现预定的投标目标。

进度控制的主要工作包括：

（1）根据投标进度计划的要求，组织安排投标工作，确保按招标文件规定的时间要求完成相应的任务，如按期参加现场考察，在规定的时间内向招标人提出需澄清的问题（如果有的话），按期参加澄清会，按期投出标书和参加开标，开标后在规定的时间回复澄清业主可能发出的疑问等。

（2）申请投标延期。国际工程项目投标相较于国内工程项目，时间紧、任务重、要求高、过程复杂，投标人很难在规定的时间内完成一份满意的投标文件。因此，投标人在接到招标文件后，要对投标时间进行计划和评估，如果评估后认为时间太紧，则应考虑向招标人提出申请，延后投标截止日期或其他活动日期。

（3）延期后进度计划调整。无论投标人自身是否提出过延期申请，如果招标人书面通知延长投标期限，则投标人应根据通知要求，相应地调整后期的编标进度计划，并按更新后的进度计划目标控制投标工作进展。

（4）延误后的应急处理。如果由于种种主客观原因，导致投标人无法按期实现节点目标时，应采取应急措施，及时与招标人进行沟通解释，寻求招标人的宽容理解或采取变通补救措施。如因签证或飞机延误无法参加现场考察，保函因技术原因无法及时办理出来，或者标书在投递过程中发生意外无法按时送达等。

投标质量检查的方式包括：自我检查；小组检查；评审检查；最终检查。

（1）自我检查，就是编标人对自己所编标书文件内容与形式的检查，包括工作过程中的检查和工作成果的检查。

（2）小组检查，较大项目的投标团队内部一般要分为几个班组，如技术组、商务组、资审组、文件组等。小组内成员完成的文件在提交前应进行组内检查把关，由小组负责人或组内有经验的成员负责完成。

（3）评审检查，包括内部评审和外部评审，通过评审发现问题或不妥之处，然后进行修改完善。内部评审在投标团队内部进行，由团队负责人召集团队内部负责人和主要技术骨干、标书编制人参加。外部评审是组织投标团队以外的领导、专家对投标文件的宏观检查和评价，重点是整体的或重要的技术方案、投标总价和主要工程项目价格及其构成的分析评价等。

（4）最终检查，是在投标文件定稿后的检查，包括电子版文件在正式打印前的检查和投标文件封装前的检查。

6　开标后澄清与竞标

投标人编制完成投标书后，按照招标文件的规定进行封装，并在规定的时间内提交给招标人。随后招标人对所有按期投递的标书进行公开开标，并当场公布和记录开标结果。

公开开标后，招标人为了选择更理想的中标者，要对有价值的标书全面认真地进行评估。报价低的标书在竞争中占据有利地位；而报价稍高、接近标底的标书，如果报价条件占有明显优势，对招标人同样具有较大的吸引力。为了捕捉一个理想的标书，给投标人以弥补疏漏的机会，招标人往往组织报价前几名（一般为1～4名）的投标人进行报价澄清。

对投标人来说，投标书送递招标人并在规定的时间开标后，原则上说，大部分投标团队成员的工作基本告一段落，可以适时离开团队。

开标后，投标人要根据开标结果及预先设定的投标目标的不同，按照相关决策要求开展相应的工作。如果出于种种原因，投标人不想承接此项目，则可以通过适当方式让招标人了解其真实想法，顺利退出投标竞争。如果开标结果是标价偏高，则失去了竞争力，基本中标无望，投标工作就此结束。

但是，如果标价排名靠前，且预设的投标目标就是争取中标，投标人则应至少保留部分投标团队成员，开展开标后的标价澄清和竞标工作，包括随时了解评标进程，及时回应和澄清招标人在评标中提出的疑问，通过各种渠道开展与招标人的沟通交流，以增加招标人对投标人的了解和信心，力争中标。

投标人的报价澄清不是简单的说明，也不是对标书的重复申述，而是以技术、商务条件为重点，深层次地对招标人提出的质疑问题进行分析论证。一般来说，报价澄清需说明的主要内容是：①论证所提供的技术方案的先进性、适用性和可靠性；②对报价工程量清单及结算条款的某些让步和修正；③对自身优势条件的说明及实施项目自信心的表白。

投标人在报价澄清时，经常会涉及对报价条件的修正和补充，因而会引起投标人承包费用的增加或减少，在报价不变的情况下，如果中标，投标人的经济效益会受到影响。因此，任何投标人在修改报价条件时，必须要做好费用评估工作，并以费用变动对其经济效益的影响来衡量其得失，决定修改报价条件的范围和程度。

而且，投标人通过修正技术和商务条件，以争取中标的有利地位，在减少招标人的风险的同时，却相对增加了投标人实施项目时的风险。因此，投标人要对这种修改报价条件所带来的潜在收益和风险进行分析论证，只有当分析认为风险是在可控范围以内，或者说中标后的潜在收益能弥补可能的风险损失时，才考虑答应修改报价条件。

投标人提交的澄清文件，论证要有理有据，措施要现实可行，数据要切实可靠，必要时要附上有关分析的详细说明。投标澄清可能一次性完成，也可能需要进行多次，占用较长的时间。投标澄清文件要经投标单位负责人或授权人签字，连同投标书一起作为评标决标的法律依据，并在授标后成为项目合同文件的组成部分。

一般来说，投标澄清双方以书面文件的形式进行，但也不排除招标人邀请投标人召开澄清会议，双方进行面对面的沟通交流和协商谈判，会议形成的决议文件经双方确认后对双方具有法定约束力。

7 投标的后勤服务保障

投标是一件相对复杂艰巨的工作，需要有良好的后勤服务保障才能顺利开展。这些后勤保障主要包括：①投标团队办公场地和设施的提供和运行维护及必要的生活起居安排；②投标过程中不可避免地要发生一定的费用支出，因此投标企业应为投标工作提供必要的资金支持，并加强资金的计划和使用管理；③出国人员的服务，如护照、签证、换汇、机票酒店预订，以及在国外的生活工作便利等。这些服务管理可由社会化、公司内部提供，也可能需要投标团队安排专人负责或成员个人自行管理。但无论管理方是谁，投标的后勤服务保障都是投标管理工作的一部分。

8　投标工作的总结评价

投标工作结束时，应对整个投标过程进行总结评价，主要是回顾投标过程，对比投标的实际结果是否达到了预期的目的和效果，分析总结投标过程中的经验教训，提出改进措施意见，形成投标总结评价报告。要将报告及招投标文件进行整理归档，妥善保存，以资借鉴。如果项目投标最终中标，则投标团队应尽早向项目执行团队进行交底，移交相关文件资料。

第 5 节　投标文件的编制

1　概述

1.1　定义

工程投标文件，是工程投标人单方面阐述自己响应招标文件要求，旨在向招标人提出愿意订立合同的意思表示，是投标人确定、修改和解释有关投标事项的各种书面表达形式的统称。

投标人在投标文件中必须明确向招标人表达愿以招标文件的内容订立合同的意愿；必须对招标文件提出的实质性要求和条件作出响应，不应以低于成本的报价竞标；必须由有资格的投标人编制；必须按照规定的时间、地点递交给招标人。否则，该投标文件可能将被招标人拒绝。

1.2　构成

工程投标文件通常分为技术标、商务标和资格证明文件三部分。

技术标：主要是以承包商的技术建议体现，即承包商提出的所投标工程项目施工组织方案，包括施工方法、工艺流程、质量控制、总进度计划及配套资源计划、现场组织机构及主要技术管理人员配置以及主要施工机械设备等。它是投标人进行商务标编制的重要依据，也是招标人进行商务标评审的前提。

商务标：即结合自身和外界条件对整个工程的造价进行报价，主要是报价工程量清单。商务标是整个投标的重中之重。

资审文件：是以企业、人员、机械等相关资质等级要求，主要是审查公司有无投标、中标及完成一定的工程项目资格等。资审文件的编制和提交有两种方式，即：资格预审和资格后审，详见前述。

投标文件一般由下列内容组成：①投标函；②投标函附录；③投标保函；④法定代表人资格证明书；⑤授权委托书；⑥具有标价的工程量清单与报价表；⑦辅助资料表；⑧资格审查表（资格预审的不采用）；⑨技术建议书；⑩招标文件规定提交的其他资料。

投标人必须使用招标文件提供的投标文件表格格式，但表格可以按同样格式扩展。招标文件中拟定的供投标人投标时填写的一套投标文件格式，主要有投标函及其附录、工程量清单与报价表、辅助资料表等。

1.3 编制步骤

编制投标文件的一般步骤是：①熟悉招标文件、图纸、资料，对图纸、资料有不清楚或不理解的地方，可以书面或口头方式向招标人询问、澄清；②参加招标人施工现场情况介绍和答疑会；③调查当地材料供应和价格情况；④了解工程现场的水文、地质、气象、交通运输等现场环境和条件；⑤编制技术标，复查、计算图纸工程量；⑥编制或套用招标文件中的工程量表；⑦计算取费标准或确定采用何种取费标准；⑧计算投标造价；⑨核对调整投标造价；⑩确定投标报价。其中，重点是技术标和工程量报价文件的编制。

2 技术标的编制

2.1 技术标的构成

不同的招标文件对技术标的内容格式要求各异，通常技术标由下列内容组成：①工程总体施工技术方案；②总进度计划；③现场总平面布置图；④现金流计划；⑤人力资源需求计划；⑥施工机电设备计划；⑦现场组织机构及主要技术管理人员简历等。

有的招标文件要求将上述内容整合在一个文件内，形成一份完整的承包商技术建议方案；也有的要求分开编制，并遵循招标文件提供的各种图表格式模板，对编制各种文件时采用的计算机软件版本也有明确规定，还要求附带电子版文件。

2.2 编制原则

编制技术标应遵循如下原则：

（1）全面响应招标文件的要求

招标文件在工程的工期、技术、质量、安全环保以及主要管理人员的资历等方面的要求要得到全面满足，技术标不能低于或遗漏上述任何要求。

（2）合理安排施工工艺流程和进度计划

编制施工工艺流程和进度计划，顺序上要符合逻辑，时间上合理可行，内容上不能有缺项漏项，进度的关键线路清晰，体现技术标的专业水准。

（3）采用先进的施工管理理念和方法

技术标在施工管理方面要引入先进的管理理念和方法，借助现代科学技术手段，以体现承包商先进的施工管理水平。

（4）经济节约的原则

要均衡安排施工强度，尽量减少因不均衡施工造成的资源浪费。

（5）分工合作，按期完成

编制技术标是一项专业性强技术要求高的工作，需要一些施工经验丰富的工程技术专业人员承担，因此相互间需要分工合作，齐心协力，才能按期圆满完成。

2.3 编制程序

编制技术标的一般程序是：①学习熟悉招标文件；②收集相关资料信息；③编制技术标任务大纲；④进行编写任务分工；⑤编写施工方案；⑥绘制总平面布置图；⑦编制总进度计划；⑧编制资金、人力、设备计划；⑨编制现场组织机构图和主要技术管理人员简历；⑩技术标汇总调整；⑪技术标审核、修改定稿。

2.4 编制技巧

编制技术标的目的是为了提高投标书中标的可能性，而在国际工程项目的招投标过程中，由于种种条件的限制，真正留给编写技术标的时间非常有限。要在短时间内完成一份业主评委感兴趣的技术标，编写过程中需应用一些技巧，比如：

(1) 抓住特点，突出亮点

编写技术标时，要研究招标文件的要求，分析项目的特点、难点和重点，了解承包商自身的特色优势，综合考虑这些因素后，编写起来就具有很强的针对性，可以做到粗细结合，对大家都知道的一般性技术流程和措施可以一笔带过，而对招标人感兴趣的且我方具有明显优势的一些问题可以浓墨重彩，以吸引评委的眼球，成为得分的亮点。

(2) 明确承诺

要在认真研究招标文件（包括图纸、规范等技术文件）的基础上，对业主提出的项目工期、质量、技术、安环、经济、组织等方面的要求，作出保证实现的明确承诺，并给出完成这些目标要求的具体措施。

(3) 展现公司实力和诚意

要通过技术标充分展示公司独到的施工能力和手段，体现公司在管理、技术、人才、资金、设备等方面的雄厚实力，并表达出公司承接该工程项目的诚意和圆满完成项目的信心和决心，使业主和评委对本公司的项目执行能力感到放心。

(4) 适当留有余地

由于技术标是在短时间内基于现有资料编制完成的，很难做到详尽细致，一些技术举措需在实施过程中加以调整和完善。而且，对于业主的承诺也不能信口雌黄、夸下海口，需要留有一定的回旋余地。至于涉及专利的技术工艺，更应做到适可而止，不能随意和盘托出。

(5) 语言简洁易懂，形式美观多样

由于业主和评委人员各自具有不同的背景，评标时间短工作量大，因此技术标使用的语言应尽量简洁易懂、合乎规范，篇幅应尽量压缩，特别是一些招标文件对技术标的篇幅有明确的规定，须遵照执行。标书在形式上力求图文并茂，版面设计上力求简洁美观、合乎要求。

2.5 注意问题

在编制国际工程项目的技术标时应注意以下几个问题：

(1) 国际工程项目采用技术规范与国内不同，而且在不同的国家和地区采用的规范可能也不同。因此，编制技术标时应熟悉招标文件规定的该工程项目所采用的技术规范，技术标中相关的技术、质量、工艺的性能参数应满足其要求，而不是照搬国内规范标准。

(2) 国际工程项目投标书最终是用招标文件规定的外语成文提交，而目前国内的大多数技术管理人员，虽然一般具有丰富的工作经验，但其外语水平还很难达到直接熟练地采用外语编写标书的程度，甚至一些参与编标的人员中文的写作表达能力都不强。因此，语言翻译在标书编制中具有十分重要的作用。好的语言翻译，不仅能如实表达原文的意思，而且能纠正原文中的逻辑和语言错误，对标书起到不可多得的加工润色作用。而且受编标时间限制，语言翻译应尽早介入，与原文作者密切配合，才能如期完成满意的标书。

(3) 编制技术标不能简单地理解为在电脑上进行“复制—粘贴—修改”的过程，而是一项十分复杂的技术活动。它需要编标人员在充分了解招标文件的要求，掌握现场条件和相关信息资料后，应用自己的专业知识和经验，并在集思广益、综合考虑后，才能编制出技术先进、经济合理且针对性强的标书，充分体现公司的整体实力。

（4）技术标是若干人分工协作共同完成的成果，因此，在编制过程中要进行充分的沟通交流，形成统一的观点和思路，避免各自为阵导致最终结果各执一词相互矛盾。

（5）编制技术标不是凭空想象闭门造车，编制人员应加强平时施工经验的积累，学习掌握工程施工中的新工艺、新技术、新材料和新设备的知识，并熟练掌握使用相关计算机软件的技巧，如梦龙项目管理软件、AUTOCAD，Project 或 Primavera 系列软件等。

3 商务标的编制

3.1 影响报价的因素

工程项目的商务报价是投标的关键性工作，也是整个投标工作的核心。它不仅是能否中标的关键，而且对中标后的盈利多少，在很大程度上起着决定性的作用。认真计算工程价格，编制好工程报价是一项很严肃的工作。采用哪一种计算方法进行计价，应视工程招标文件的要求决定。但不论采用哪一种方法，都必须抓住影响编制报价的主要因素，主要包括：

（1）工程量

工程量是计算报价的重要依据。多数招标单位在招标文件中均附有工程实物量。因此，必须进行全面的或者重点的复核工作，核对项目是否齐全、工程做法及用料是否与图纸相符，重点核对工程量是否正确，以求工程量数字的准确可靠。在此基础上再进行套价计算。另一种情况就是标书中根本没给工程量数字。在这种情况下，就要组织人员进行详细的工程量计算工作，即使时间很紧迫也必须进行计算。否则，影响编制报价。

（2）单价

工程单价是计算标价的又一个重要依据，同时又是构成标价的第二个重要因素。单价的恰当与否，直接关系到标价的高低。因此，必须十分重视工程单价的制定或套用。制定单价的根据：一是国家、地方规定的预算定额或公司自己的定额标准、单位估价表及设备价格等；二是人工、材料、机械使用费的市场价格。

（3）其他各类费用的计算

这是构成报价的第三个主要因素。这个因素占总报价的比重是很大的，少者占20%～30%，多者占40%～50%左右。因此，应重视其计算。

为了简化计算，提高工效，可以把所有的各种费用都折算成一定的系数计入报价中去。计算出直接费后再乘以这个系数就可以得出总报价了。工程报价计算初稿出来以后，可用多种方法进行复核、分析和调整。然后，认真详细地分析风险、利润、报价让步的最大限度，并参照各种信息资料以及预测的竞争对手情况，确定报价方案，供相关专家、领导进行评审和报价决策。

3.2 价格构成

投标报价的各个价格主要由直接费、间接费、利润、税金以及不可预见费等构成。

直接费由直接工程费和措施费组成。直接工程费是指在工程施工中耗费的构成工程实体上的各项费用，包括人工费、材料费和施工机械使用费。措施费是指为完成工程项目施工，发生于该工程施工前和施工过程中非工程实体项目的费用。

间接费由规费和企业管理费组成。规费是指政府有关权力部门规定必须缴纳的费用。

企业管理费是指施工企业组织施工生产和经营管理所需费用，一般包括现场管理费和总部管理费。

利润是承包商企业在承担工程项目施工任务时应计取的利润。

税金是按相关规定承包商应在本国和项目所在国缴纳的各类法定税费。

不可预见费是考虑项目实施过程中的风险因素而预留的准备金。

3.3　各项费用的计算

3.3.1　直接费

由直接工程费、措施费组成。

1. 直接工程费：是指施工过程中耗费的构成工程实体的和有助于工程形成的各项费用，包括人工费、材料费和施工机械使用费。

(1) 人工费

指直接从事建筑安装工程施工的生产工人开支的各项费用。构成人工费的基本要素有两个，即人工工日消耗量和日工资单价。

人工工日消耗量可套用相关国家、地方或公司内部的消耗定额。

国际工程项目的工人日工资单价，根据工人的国别、技术等级、市场行情、公司员工工资水平和相关政策等因素确定。

人工费计算公式为：人工费＝Σ（工日消耗量×日工资单价）＝Σ（工程量×人工定额消耗量×日工资单价）

(2) 材料费

材料费是工程施工过程中耗用的构成工程实体的原材料、辅助材料、构配件、零件、半成品的费用。包括：

1) 材料原价（或供应价）；

2) 材料运杂费：指材料自来源地运至工地仓库或指定堆放地点所发生的全部费用；

3) 运输损耗费：指材料在运输装卸费过程中不可避免的损耗；

4) 采购及保管费：指组织采购、供应和保管材料过程中所需的各项费用。包括采购费、仓储费、工地保管费、仓储损耗；

5) 检验试验费：是指对建筑材料、构件和建筑安装物进行一般鉴定、检查所发生的费用，包括自设试验室进行试验所耗用的材料和化学药品等费用。

材料费＝Σ(材料消耗量×材料基价)＋检验试验费＝Σ(工程量×材料定额消耗量×材料基价)＋检验试验费

式中，①材料定额消耗量是指在合理和节约使用材料条件下，生产单位假定建筑安装产品(即分部分项工程或结构件)必须消耗的一定品种规格的材料、半成品、构配件等的数量标准。包括材料净耗量和不可避免损耗量。

②材料基价＝(材料原价＋运杂费)×(1＋运输损耗率)×(1＋采购保管费率)

③检验试验费＝Σ(单位材料量检验试验费×材料消耗量)

(3) 施工机械使用费

指施工机械作业所发生的机械使用费以及机械安拆费和场外运费。构成施工机械使用费的基本要素是机械台班消耗量和机械台班价格。

1) 定额机械台班消耗量

定额机械台班消耗量是指在正常施工条件下，生产单位假定建筑安装产品（分部分项工程或结构件）必须消耗的某类某种型号施工机械的台班数量。

2）机械台班价格组成

机械台班价格包括折旧费、大修理费、经常修理费、安拆费及场外运输费、燃料动力运输费、人工费（指机上司机、司炉和其他操作人员的工作日工资以及上述人员在机械规定的年工作台班以外的基本工资和工资性质的津贴）、运输机械养路费等组成。

施工机械使用费的基本计算公式为：施工机械使用费＝∑（工程量×机械定额台班消耗量×机械台班价格）

2. 措施费

措施费的内容包括：

（1）安环和文明施工费：是指施工现场用于安全、环保和文明施工的各项费用。

安环费＝直接工程费×安环费费率(%)

（2）临时设施费：是指施工企业为进行建筑工程施工所必须搭设的生活和生产用的临时建筑物、构筑物和其他临时设施费用等。

临时设施包括：临时宿舍、文化福利及公用事业房屋与构筑物，仓库、办公室、加工厂以及规定范围内道路、水、电、管线等临时设施和小型设施。

临时设施费用包括临时设施的搭设、运行维护、拆除费或摊消费。由以下三部分组成：

1）周转使用临建（如活动房屋）

2）一次性使用临建（如简易建筑）

3）其他临时设施（如临时管线）

临时设施费＝(周转使用临建费＋一次使用临建费)×(1＋其他临建设施所占比例(%))

（3）夜间施工增加费：夜间施工所发生的夜班补助费、夜间施工降效、夜间施工设备摊销及照明用电等费用。

夜间施工增加费＝(1－合同工期/定额工期)×直接工程费中的人工费合计×每工日夜间施工费开支/平均日工资单价

（4）二次搬运费：是指施工场地狭小等特殊情况而发生的二次搬运费用。

二次搬运费＝直接工程费×二次搬运费费率(%)

（5）大型机械设备进出场及安拆费：是指机械整体或分体自停放场地运至施工现场或由一个施工地点运至另一个施工地点，所发生的机械进出场运输转移费用及机械在施工现场进行安装、拆卸所需的人工费、材料费、机械费、试运转费和安装所需的辅助设施的费用。

大型机械设备进出场及安拆费＝一次进出场及安拆费×年平均安拆次数/年工作台班

（6）混凝土、钢筋混凝土模板及支架费：是指混凝土施工过程中需要的各种钢模板、木模板、支架等的支、拆、运输费用及模板、支架的摊销（或租赁）费用。

1）模板及支架费＝模板摊销量×模板价格＋支、拆、运输费

摊销量＝一次使用量×(1＋施工损耗率)×[1＋(周转次数－1)×补损率/周转次数－(1－补损率)50%/周转次数]

2）租赁费＝模板使用量×使用日期×租赁价格＋支、拆、运输费

（7）脚手架费：是指施工需要的各种脚手架搭、拆、运输费用及脚手架的摊销（或租赁）费用。

1）脚手架搭拆费＝脚手架摊销量×脚手架价格＋支、拆、运输费

脚手架摊销量＝单位一次使用量×(1－残值率)/耐用期÷一次使用期

2）租赁费＝脚手架每日租金×搭设周期＋支、拆、运输费

（8）已完工程及设备保护费：是指竣工验收前，对已完工程及设备进行保护所需费用。

已完工程及设备保护费＝成品保护所需机械费＋材料费＋人工费

（9）施工排水、降水费：是指为确保工程在正常条件下施工，采取各种排水、降水措施所发生的各种费用。

施工排水、降水费＝∑排水降水机械台班费×排水降水周期＋排水降水使用材料费、人工费

3.3.2 间接费

（1）间接费的组成

1）规费，包括工程排污费、社会保障费及意外伤害保险等。

2）企业管理费，分现场管理费和总部管理费，主要包括：管理人员的工资、办公费、通信、差旅、食宿、交通费等。

3）工程保函保险费用

4）财务费用

5）佣金

6）风险金

（2）间接费的计算

间接费的计算方法按取费基数的不同分为以下三种：

1）以直接费为计算基础：间接费＝直接费合计×间接费费率（%）；

2）以人工费和机械费合计为计算基础：间接费＝人工费和机械费合计×间接费费率（%）；

3）以人工费为计算基础：间接费＝人工费合计×间接费费率（%）。

一般采用第一种方式计算间接费。

3.3.3 利润

利润是指施工企业完成所承包工程获得的盈利。

3.3.4 税金

根据项目所在国及承包商所在国的相关法律规定计提。

3.4 标价的计算依据

（1）招标文件，包括工程范围、质量、工期要求等。

（2）项目设计图纸、技术规范和说明书、工程量清单。

（3）投标技术建议方案。

（4）有关国家的法律法规及取费标准。

（5）汇率。

（6）工程量计算的规则。

（7）施工现场条件。

（8）各种资源和服务的市场信息及企业消耗标准或历史数据等。

3.5 编制方法

以下介绍的是按工程量清单计价模式编制报价。

3.5.1 投标报价的构成

工程量清单计价的投标报价应包括按招标文件规定完成工程量清单所列项目的全部费用，包括分部分项工程费、措施项目费、其他项目费、规费和税金。

工程报价＝分部分项工程费＋措施项目费＋其他项目费＋规费＋税金

工程量清单应采用综合单价计价。综合单价指完成一个规定计量单位的工程所需的人工费、材料费、机械使用费、管理费、利润和税金，并考虑风险因素。

（1）分部分项工程费是指完成“分部分项工程量清单”项目所需的工程费用。投标人根据企业自身的技术水平、管理水平和市场情况填报分部分项工程量清单计价表中每个分项的综合单价，每个分项的工程数量与综合单价的乘积即为合价，再将合价汇总就是分部分项工程费。

（2）措施项目费用是指为完成工程项目施工，发生于该工程施工前和施工过程中技术、生活、安全等方面的非工程实体项目所需的费用。

（3）其他项目费，是指分部分项工程费和措施项目费以外的在工程项目施工过程中可能发生的其他费用，如业主的现场服务费用、暂定项费用，承包商对指定分包商的协调费用等。

（4）计日工单价，即业主在工程施工过程中在本工程合同范围以外的零星工作中可能需要临时使用承包商的各种工人的价格。

需要说明的是，一些招标文件在给出工程量清单的同时，还给出一般项（Preliminary Works）清单，一些间接费可列入其中，如现场临时设施、现场管理费、保函保险费用、业主服务费等。这样就需把这笔费用从工程间接费中扣除；也有一些招标文件要求投标人自行列出或补充一般项清单，并认为没有列在其中的内容已包含在清单中的其他项目中，这就需要在投标前仔细考虑，避免出现大的漏项。

3.5.2 注意事项

编制工程量清单报价时，应注意以下几点：

（1）按招标文件提供的工程量清单计价格式填写。

（2）封面应按规定内容填写，每页按规定签字盖章。

（3）投标总价应按工程项目总价表合计金额填写。

（4）工程项目总价表中单项工程名称应按单项工程价格汇总表的工程名称填写，表中金额应按单项工程价格汇总表的合计金额填写。

（5）单项工程价格汇总表中，单位工程名称应按单位工程价格汇总表的工程名称填写，金额应按单位工程价格汇总表的合计金额填写。

（6）单位工程价格汇总表中的金额应分别按照分部分项工程量清单计价表、措施项目清单计价表和其他项目清单计价表的合计金额和按有关规定计算的规费、税金填写。

（7）分部分项工程量清单计价表中的序号、项目编码、项目名称、计量单位、工程数量必须按分部分项工程量清单中的相应内容填写。

4　投标书编制的其他相关工作

编制投标文件除了上述的技术标和商务标之外，还有其他相关工作，主要包括：

（1）编制资格后审文件。如果本项目招标采取资格后审方式，投标人就需在编标时按招标文件要求准备资审资料，形成资审文件随投标书报出。

（2）办理投标人授权书。一般招标文件要求投标人在投标文件每页上签字，如果承包企业的法定代表人不能亲自在投标文件上签字投标，则需办理授权书，授权他人代表承包企业在投标书上签字，并参加招投标活动，授权书原件作为投标文件组成部分报出。

（3）办理投标保函。招标文件一般规定只接受项目所在国当地银行出具的投标保函，并附带给出了保函格式。投标期间应按招标文件要求办理和提交投标保函。投标人在当地已经有驻外机构和银行业务的，可安排直接从当地银行开出保函，以节省费用和时间。否则，则需要从国内银行（多为中国银行）经由当地银行转开。以联营体名义联合投标的，投标保函通常由牵头方负责，按联营体协议相关规定办理。

（4）投标文件格式设计。招标文件一般对投标文件格式有明确规定，因此投标文件格式设计应严格按照招标文件的要求进行。而招标文件要求没有覆盖到的一些具体细节，投标人需另行进行细化设计，这些设计在遵循或参照招标文件所述的一般原则基础上，应尽量做到规范一致、条理清晰和美观大方。

第 6 节　投标报价的方法和策略

在项目投标过程中，投标人有了投标取胜的实力还不够，还需采取适当的方法和策略向招标人展现这种实力，使之真正变为实现投标目标的优势。投标报价方法和策略应用得恰当，可以使实力较强的投标人取得满意的投标成果，使实力一般的投标人争得投标报价的主动地位，并在报价出现某些失误时，可以得到一定程度的弥补。因此，对投标人来讲，必须十分重视对投标报价方法策略的研究和使用。下面分别介绍投标中常见的一些报价方法和策略。

1　报价方法

1.1　不平衡报价法

不平衡报价法（Unbalanced bid），也叫前重后轻法（Front loaded），是指一个工程项目的投标报价，在总价基本确定后，调整内部各个单项的报价，以期既不提高总价，不影响中标，又能在结算时得到更理想的经济效益。一般可以在以下几个方面考虑采用不平衡报价法：

（1）能够早日结账收款的项目（如开办费、土石方工程、基础工程等）可以报的高一些，以利资金周转；后期工程项目（如机电设备安装工程，装饰工程等）可适当降低。

（2）经过工程量核算，预计今后工程量会增加的项目，单价适当提高，这样在最终结算时可多赚钱；而将工程量可能减少的项目单价降低，工程结算时损失不大。

但是，上述两点要统筹考虑，针对工程量有错误的早期工程，如果不可能完成工程量表中的数量，则不能盲目抬高报价，要具体分析后再定。

（3）设计图纸不明确，估计修改后工程量要增加的，可以提高单价；而工程内容说不清的，则可降低一些单价。

需要说明的是，不平衡报价一定要建立在对工程量表中工程量仔细核对分析的基础上，特别是对报低单价的项目，如工程量执行时增多将造成承包商的重大损失。同时，一定要控制在合理幅度内（一般可以在10%左右），以免引起业主反感，甚至导致废标。如果不注意这一点，有时业主会挑选出报价过高的项目，要求投标者进行单价分析，而围绕单价分析中过高的内容压价，以致承包商得不偿失。

1.2 多方案报价

投标人如果在招标文件中发现工程范围不明确、条款不清楚或不公正、技术规范要求过于苛刻时，按多方案报价法处理，即按原招标文件要求报一个价，然后再按某条款（或某规范规定），对报价条件作某些变动，报一个较低的价，这样，可以降低总价，吸引业主。比如选用替代设备材料，或者一个投标人同时中标一个合同包下多个标段，都可以成为降低标价的条件。

1.3 提出替代建议方案

有时招标文件中规定，可以提出替代建议方案（Alternatives），即是可以修改原设计施工方案，提出投标人的方案。

在这种情况下，投标人应组织有经验的设计和施工专业人员，仔细研究原招标文件的设计和施工方案，提出更合理的方案以吸引业主，促成自己的方案中标。这种新的建议方案要么可以降低总造价，要么可以提前竣工或使工程建成后能发挥更大效益。但要注意的是，对原招标方案一定要作报价，以供业主比较。增加替代建议方案时，不要将方案写得太具体，保留方案的技术关键，防止业主将此方案交给其他承包商。同时要强调的是，建议方案一定要比较成熟，或过去有这方面的实践经验。因为投标时间不长，如果仅为中标而匆忙提出一些没有把握的替代建议方案，可能引起很多后患。

1.4 突然降价法

报价是一件保密性很强的工作，但是竞争对手往往会通过各种渠道、手段来刺探情报。因此，投标人在报价时可以采取迷惑对方的手法，即先按一般情况报价或表现出自己对该工程项目兴趣不大，到快投标截止时，再突然降价。采用这种方法时，一定要在准备投标报价过程中考虑好降价的幅度，在临近投标截止日期前，根据情报信息与分析判断，再做最后决策，通常可以准备多套降价方案以供选择。如果由于采用突然降价法而中标，因为开标只降总价，在签订合同时，如果允许的话，可采用不平衡报价的思路调整工程量表内的各项单价或价格，以期取得更高的效益。

1.5 先亏后盈法

有的承包商，为了打进某一国家或地区市场，依靠国家、某财团和自身的雄厚资本实力，而采取一种不惜代价，只求中标的低价报价方案。承包商不期望通过初入市场时的项目获利，而是寄希望于进入市场后，通过后续项目的开发经营来获取利润。

应用这种手法的承包商必须有较好的资信条件，并且提出的实施方案也先进可行，同时要加强对公司情况的宣传，否则即使标价低，业主也不一定选中。如果其他承包商遇到这种情况，不一定和这类承包商硬拼，而努力争取获得第二、三标的位置，再依靠自己的经验和信誉争取中标。

1.6　联合保标法

在竞争对手众多的情况下，投标人可以采取联合几家实力雄厚的承包商的方法来控制标价，可安排一家出面争取中标，再将其中部分项目转让给其他承包商分包，或轮流相互保标。这种做法有围标的嫌疑，如被招标人发现，则有可能被取消投标资格。

2　投标策略

投标人参与国际工程项目竞标，在报出具有竞争力的价格和高水平的技术方案的同时，选择采取一些恰当的投标策略，必然有助于提高中标的几率。至于选择何种投标策略，则需要对招标要求、竞争对手、自身条件进行全面综合分析，如果必要，还应进行定量分析和计算，在此基础上加以确定。投标策略可以有一种、两种乃至多种选择，投标人要根据投标报价过程中的具体情况，灵活加以选择使用，以达到中标的目的，并取得理想的效果。

2.1　恰当宣传投标人的自身形象

一个好的形象对招标人来讲无疑具有较大的吸引力，正确宣传自身形象是取得中标目的的一个技巧。宣传自身形象主要包括：①投标人的施工能力、技术实力、设计力量、质量保证体系及生产应变成熟程度。②投标人的经济实力，包括资金运用情况、资金调剂渠道、现金财务状况及管理等。③投标人承包类似项目的经验、专长，过去承建项目的技术、经济综合效果，对投标项目的承包把握及有创造性的建议。④投标人在履约中的保证情况，重信誉、守合同的形象。在宣传自我形象时，应注意做到实事求是、恰到好处，既能增加招标人对自身的了解，又不至于引起招标人的反感。

2.2　善于把握招标人的需要和特点

投标人要想中标，必需善于投其所好。投标书在全面满足招标项目的各项要求的基础上，对其要求的重点要予以重点满足，对其担心的部分要予以充分提供保证措施，只有做到让招标人满意、放心，才有中标的可能。

2.3　注意对合作伙伴的选择

选择恰当合作伙伴是中标的重要技巧。投标工程项目愈大，愈复杂，愈要精心选择。选择合作伙伴应注意以下几点：①合作伙伴必须是知名度高，专业擅长的单位，同它合作有利于增强投标的竞争地位，扩大合作的知名度。②要选择投标必需的环节能弥补自身不足的合作伙伴，以增强投标取胜的整体实力。如自身设计能力不足，或无确实把握；或是关键技术或配套部分不成熟等，合作伙伴必须是针对自身的薄弱环节选择的，保证投标具有取胜的条件。③合作伙伴必须是同自身实力、条件相互匹配、相互适应的，在设计上、技术上可以相互沟通的。如果不匹配、不适应，即使能达到中标目的，也不可能保证投标项目的顺利完成或达到预期的经济目的。④合作伙伴要尽可能选择具有国际工程经验和声誉的合作者，通过对合作方的技术、管理或设备的了解和适应，增加相互了解和信任，拓宽双方合作渠道。

另外，还要注意选择合作伙伴的数量，一般不宜过多，以免给招标人造成滥竽充数的印象，且真要中标后，项目实施过程中的协调管理难度很大。在笔者以往的经验中，确曾见过投标人因投标联合体国际合作伙伴过多过滥，而最终痛失中标机会的例子。

2.4 善于将投标报价同优惠商务条件相结合

在投标报价同其他竞争伙伴比较不占优势的条件下，要从技术条件、质量保证、工期、资金、保修服务等商务条件中寻找优势，恰当地利用这些优惠条件，弥补报价的不足，增加对招标人的吸引力。这是投标报价技巧的一个重要方面。投标人特别需要重视的是，使用优惠附加条件争取投标答辩的主动地位。

2.5 慎用“中标靠低价，赚钱靠索赔”策略

由于当前国际工程承包市场竞争激烈，有些承包商为了承揽到工程，采用以低价拿标、靠索赔赚钱的策略。这方面虽有一些成功的例子，但索赔成功的确不是一件容易的事情，索赔可索但常遇不赔，承包商在处理索赔事件时，又不可能不分金额大小都去付诸国际仲裁。把报价建立在没有把握的索赔期望上，是一项风险很大的事情，尤其要杜绝自杀性标价竞争项目的现象，必须脚踏实地做工作，绝不能存有任何侥幸心理。

2.6 不可盲目相信所谓的“标底价格”

在进行最终投标报价决策时，投标人应主要依据自己算标人员的计算书和分析指标，至于通过其他途径获得的所谓“标底价格”和关于竞争对手的“标价情报”等，只能作为一般参考，而不能以此为依据。因为所谓的“标底价格”可能是业主多年前编制的预算价格，或者只是从“可行性研究报告”上摘录出来的估算值，它们的计算依据同本工程的最后设计文件内容差别极大，毫无比较价值。或者某些业主为了引诱承包商以更低价格参加竞争，有时故意（包括利用中间人）散布所谓的“标底价格”，而实际工程成本却比这个“标底价格”高得多。竞争对手的“标价”情报，有时是竞争对手故意“泄漏”的，目的是迷惑其他竞争对手，增加自身在竞标中获胜的机会。

2.7 加强对竞争对手的分析了解

深入分析竞争对手情况，特别是主要竞争对手的情况，确定自身与竞争对手的优势和劣势，采用优势劣势对比分析方法，比较各自的优劣势对标价的影响，从而确定自己的报价水平和相应采取的策略，做到“知己知彼，百战不殆”。如果分析认为，己方已不可能在报价方面战胜某些竞争对手，就应考虑另辟蹊径，在其他方面发挥优势，争取获得业主的青睐，以求列入议标者的行列，为进一步争取该工程留有余地。

2.8 重视决策者的素质，提高科学决策质量

如前所述，在整个投标过程中，投标人要面临大量的决策。根据需要决策问题的不同，决策者可能是来自投标人不同层级的领导集体或个人。科学决策是保证决策质量的前提，决策者不仅要有强烈的市场竞争意识，超人的谋略和魄力，较强的应变能力和判断力，而且要掌握科学的决策方法，遵循科学的决策程序，以作出科学决策。

2.9 注意投标报价的保密工作

投标人在分析研究竞争对手情况的同时，也不可避免地成为竞争对手的关注对象，特别是那些极有希望中标的投标人，更有可能成为众矢之的。因此，全体参与投标人员应树立防范意识，加强投标保密工作，并保持良好的职业道德，不做有损于企业的事情。由于投标工作参与的人员多来源复杂，不仅有企业内部人员，也有参与合作各方的人员。投标都会持续一段时间，中间会经历各个环节，期间要进行各种各样的信息制作、传输和交流等活动，任何一点处置不当，都有可能将投标人的技术、商务、策略方法等方面的核心信

息，有意或无意泄露出去，造成投标工作的被动或损失。

2.10　积极开展开标后的竞标工作

有些投标人只重视满足招标文件的规定和要求，忽视对开标、评标条件的分析，甚至认为开标、评标是招标人的事，同投标人关系不大，把投标同开标、评标分割开来，以为标书投出去后就万事大吉，在开标、评标方面无所作为。这往往会给开标后的竞争带来不利影响。

事实上，投标人能否中标，真正决定的时候是开标后的评标。因此，即使投标书公开开标后，竞标依然十分重要，它是投标人在投标报价后争取中标活动的继续，投标人在此阶段不应放松争取中标的任何努力。一方面，投标人应积极同招标、评标人配合，寻求标书中的某些灵活原则和可变更因素采取相应对策，使用策略性手段，使不完善的投标书更加完善，使较为完善的投标书具有更强的竞争力。另一方面，投标人可以妥善动用一些其他社会资源，如通过当地代理、合作伙伴或社会、政治有关团体或人士，寻求与招标评标人的沟通交流，以及时了解评标、决标的进程，增加对评标活动的影响力。

第 7 节　招投标的项目化管理

1　一般概念

项目是一个内涵丰富因而获得广泛应用的概念，不同的行为主体，站在不同的角度，对项目的理解各有不同，或者说对不同的人和场合，项目的内涵是不同的。因此可以说，凡是符合项目的定义和特征的，都可以称之为项目，比如实施一个大型的建设工程，安排一个演出活动，抑或开发推介一种新产品，甚至主持一次会议等。

一般来说，项目有明确的起始和结束时间，也就是说，它是一个过程，因而就可以划分为不同的阶段。同时，项目又是一组相关联的活动，需要一些资源的组合，那么它又可以细分为多个子项目。这种划分后的每一阶段和每子项也可以称为一个项目。

以一个工程建设项目为例，通常要经过立项、可研、规划、设计、招投标、建造、保修运营等多个阶段。每一个阶段，在不同人眼里都可以被称为项目，对投资建设方来说，项目可能是指从立项到运营的整个过程；而对报批的人来说仅仅是指工程的立项过程；对设计单位来说是工程的规划和设计工作；对招标代理来说是指项目的招标，对承包商和监理来说是工程的建造过程。因此，站在招标者和投标者的角度，我们完全可以将招标和投标分别视为一个项目。

即便将项目严格限定在狭义的工程建造过程，我们也不难发现，工程建造与招（投）标过程二者之间有许多共同或相似的性质和特点。所以，我们至少可以借用项目的概念来指称招、投标，或者说在特定情况下将项目的内涵仅仅限定为招、投标。也许不同的是其过程的内涵和最终的可交付成果，工程建造项目的过程是一个完成交易的过程，其结果是一个实在的物化产品；而工程招（投）标项目的过程是一个确立交易的过程，其结果是纸质的知识信息产品。作为一个特例，在专门从事招、投标代理制作业务的公司和人看来，招标或投标一定是一个项目。

既然招（投）标是一个项目，那么，我们完全有可能以项目管理的理念、手段、要求、程序和方法来对招（投）标工作进行管理，即招投标的项目化管理。也就是说，招（投）标的项目化管理是可能的。

另一方面，由于招（投）标是为了在一定的时间和资源投入范围内达到某一特定的目标，为实现这一目标，我们有必要对招（投）标全过程实行项目化管理。换句话说，项目化管理是加强招（投）标过程管理，确保招（投）标目标实现的一种必要的和有效的手段。对大型国际工程的招（投）标工作来说，实施项目化管理显得尤为重要。

事实上，本章前面关于招投标管理的讨论，是根据招投标程序的特点，在体现一些管理基本职能的基础上，很大程度上已经采取了项目管理的一些方法。

2 招（投）标的过程划分与管理内容

正如可将项目过程划分为初期、施工期和竣工保修期一样，我们可以将招投标过程划分为招投标前期、招投标期和招投标后期，核心是招投标期。对招标人和投标人来说，因管理主体不同，项目期限的起始点及各期限内的管理内容不尽相同。以下以投标过程为例，介绍在不同期间，投标项目化管理的主要工作内容。

2.1 投标前期

也称资格预审期，从购买资审文件起，至获得资审结果为止，主要工作包括：①购买资审文件；②组织资审编制人员和资源；③填报资审文件；④接收资审结果。

2.2 投标期

自购买招标文件起至开标为止，包括投标准备期和投标书编制期。

2.2.1 投标准备期

投标准备期是为编制标书进行计划、组织安排和资源准备的时期，主要工作和管理内容包括：①购买招标文件；②组织编标团队和资源；③分发和熟悉招标文件；④编投标项目计划；⑤召开投标启动会议等。其中，编标策划是重点，策划形成的成果文件是编投标项目管理计划，其主要内容参见上节。

在编投标项目管理计划中，有以下几点需要特别说明：

(1) 投标目标的确定

项目投标目标是在相关决策方（如上级领导）确定总体投标目标后，项目团队结合招标文件的要求，为实现这一总体投标目标而建立的具体目标，也可以像在建项目管理目标那样，设定进度、质量、合同、费用和 HSE 等目标，只是这些目标的含义完全不同于在建项目的管理目标。以进度目标为例，投标的总进度目标是招标文件中规定的或随后下发正式延期文件确定的投递标书的最后截止日期时间，节点工期则是指诸如现场勘查、答疑澄清、工程量校核、形成投标书初稿、标书评审等阶段性成果的完成日期。在这些目标中，进度、质量和合同目标是关键。

(2) 构建项目的组织机构及职责分工

通常可以在项目经理（俗称“标头”）负责下，根据投标项目规模大小和难易程度，设置合同文件、技术、商务及后勤保障等内部机构或人员，明确他们各自的责任分工。在投标团队组建时，要强调项目经理在投标项目管理中作为核心、组织者和掌舵人的能力及其重要作用，因此选择任命一个优秀的项目经理非常重要。

另外，对于以中标为投标目的的项目，在投标组织机构中，最好安排一个或一些将来项目中标后拟参加实施的人甚至是主要人员（如拟任项目经理、合同经理或技术施工经理等）参加投标，甚至是承担其中的主要岗位工作，以有利于中标后项目管理的连续性。

2.2.2　投标书编制期

投标书编制期的管理就是对投标项目的过程控制，包括对进度、质量、合同、费用和 HSE 的过程控制，以达到项目策划中确定的目标。其中，最重要的是进度和质量的控制管理。

（1）进度管理

毫无疑问，如果不能实现最终进度目标，也就意味着标书没有按期完成并投递出去，投标归于失败。

进度管理的内容和措施有：制定总进度计划及其配套的资源计划；将总进度计划分解成月、周甚至是日计划，以确保总进度计划完成；对进度计划的执行过程进行动态监督和评估；如延误，采取必要的赶工措施，如增加资源、延长工作时间、提高工作效率、改变资源组合方式等；对总进度计划进行调整；召开进度计划协调会议；根据情况确定是否向招标单位申请投标延期；如确定需要延期，起草并向招标单位提交延期申请函；根据新的投标日期调整总进度计划并监督执行。

通常情况下，投标总是前松后紧。因此，在制定总进度计划时要有意做到前紧后松，给后期留有充分的余地。

（2）质量管理

在确保上述进度目标实现的前提下，投标书质量的好坏就决定了投标项目的最终结果。我们认为，项目是否中标不是衡量投标质量好坏的唯一标准，有些投标由于对市场、当地及工程情况不了解，对自身的实力不清楚，或者恶意做低价格，或者由于工作失误，未发现工程量严重偏低或漏项，或者技术方案存在严重不足，风险认识不足等，即使中标，也将给项目经营造成严重困难甚至重大损失，这样的标书文件不能称为是高质量的投标书。

投标书质量分形式和内容两个方面，衡量投标书质量的基本要求是：①保证投标人资格的合法性；②响应招标文件中提出的条件；③建立在广泛的市场调查和充分掌握信息的基础上；④体现了投标单位自身的实际情况；⑤价格具有竞争性。

可以通过指定专门的质量负责人，选择经验丰富的编标团队，建立和执行质量保证体系，建立并严格执行科学的编标工作流程等方式来减少失误，提高编标质量。图 5-1 就是某国际工程公司建立的标准化编投标工作流程，可供相关方在进行投标的项目化管理时参考。

另外，为严格把控投标工作质量，可以根据对编标工作内容的分析，对投标书中有可能出现的质量问题集中列成一表，作为质量缺陷源辨识的依据，重点进行跟踪检查，详见表 5-1。

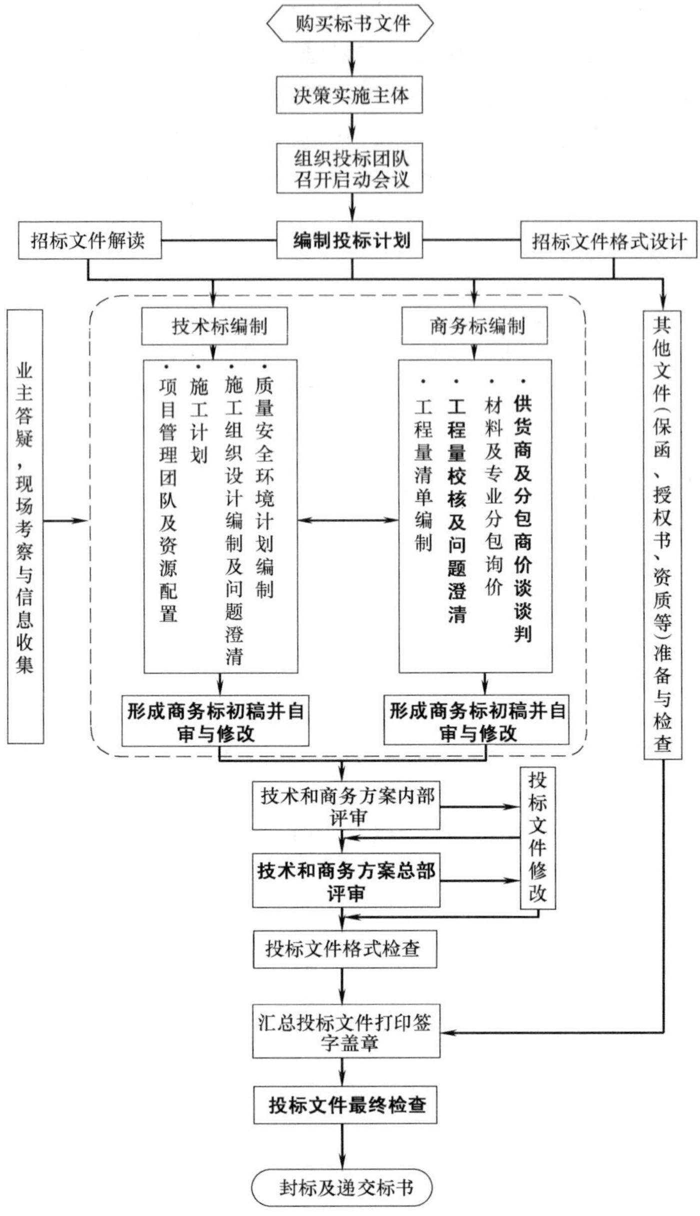

图 5-1　项目编投标流程

注：黑体字所示作业程序为重点实施和控制内容。

投标文件质量缺陷源辨识表　　表 5-1

序号	检查内容
	标书封面
1	封面格式是否与招标文件要求格式一致，文字打印是否有错字
2	封面标段(或里程)是否与所投标段(或里程)一致
3	企业法人或委托代理人是否按照规定签字或盖章，是否按规定加盖单位公章，投标单位名称是否与资格审查时的单位名称相符
4	投标日期是否正确

续表

序号	检 查 内 容
	标 书 目 录
5	目录内容从顺序到文字表述是否与招标文件要求一致
6	目录编号、页码、标题是否与文件内容的编号、页码(内容首页)、标题一致
	附　　录
7	投标书格式、标段(里程)是否与招标文件规定相符,业主或招标单位名称是否正确
8	报价金额是否与"投标报价汇总表"中的各项价格及其合计一致,用投标语言表示的报价金额与用数字表示的报价金额是否一致,币种和外汇比例是否有误
9	投标书所示工期是否满足招标文件要求
10	投标书是否已按要求盖公章
11	法人代表或委托代理人是否按要求签字或盖章
12	投标书日期是否正确,是否与封面所示吻合
	降价函(如果有的话)
13	降价函的内容是否与投标书相一致
14	降价函是否按招标文件要求装订或单独递送
	授权授信文件
15	授权书、信贷证明是否按照招标文件要求格式填写办理
16	投标保函是否符合招标文件要求
17	委托代理人是否正确签字或盖章
18	委托书日期是否正确
19	委托权限是否满足招标文件要求,是否加盖单位公章
20	信贷证明中信贷数额是否符合业主明示要求,如业主无明示,是否符合标段总价的一定比例
	商 务 报 价
21	报价编制说明要符合招标文件要求,繁简得当
22	报价表格式是否按照招标文件要求格式,子目排序是否正确
23	"投标报价汇总表"、"报价工程量清单"及其他报价表是否按照招标文件规定填写,是否有计算错误或互不一致的情况,投标人是否按规定签字盖章
	施工技术方案
24	工程概况是否准确描述
25	进度计划中的开竣工日期是否符合招标文件中工期安排与规定,分项工程的阶段工期、节点工期是否满足招标文件规定
26	进度计划图表(横道图或网络图)是否采用招标文件规定的计算机软件编制
27	工期的文字叙述、施工顺序安排与进度计划图表是否一致
28	进度计划图表中的工程项目是否齐全
29	"网络图"工序安排是否合理,关键线路是否正确
30	"网络图"如需中断时,是否正确表示,各项目结束是否归到相应位置,虚作业是否合理
31	施工方案中的工期保证措施是否可行、可靠,并符合招标文件要求

续表

序号	检查内容
	施工技术方案
32	施工方案与施工方法、工艺是否匹配
33	施工方法和工艺的描述是否符合招标文件、设计文件及设计规范和标准的要求？采用的数据是否与设计文件中的数据一致
34	施工方案与招标文件要求、投标书有关承诺是否一致？材料供应是否与招标人要求一致，是否统一代储代运，是否由业主供应或招标采购
35	投标文件的主要工程项目工艺框图是否齐全
36	施工方法、工艺的文字描述及框图与施工方案是否一致，与重点工程施工组织安排的工艺描述是否一致？总进度图与重点工程进度图是否一致
37	施工方案、方法是否考虑与相邻标段、前后工序的配合与衔接
38	特殊工程项目是否有特殊安排，如冬雨季施工、防汛度汛等？措施是否得当，工序工期安排是否合理
39	施工组织及施工进度安排的叙述与质量保证措施、安全保证措施、工期保证措施叙述是否一致
40	“总平面布置图”是否按招标文件布置了营地、施工场地及临时设施等位置，驻地、施工场地及临时工程占地数量及工程数量是否与文字叙述相符，是否满足施工需要及招标文件要求
41	劳动力、材料计划及机械设备、检测试验仪器表是否齐全
42	劳动力、材料是否按照招标要求编制了年、季、月计划
43	劳动力配置与劳动力曲线是否吻合？总工天数量与预算表中总工天数量差异要合理
44	主要工程材料名称、规格、数量是否准确可靠
45	机械设备、检测试验仪器表中设备种类、型号与施工方法、工艺描述是否一致，数量是否满足工程实施需要
	工程质量
46	质量目标与招标文件及合同条款要求是否一致
47	质量保证措施是否合理可行
48	质量保证体系是否健全，是否运用ISO9002质量管理模式
49	特殊工程项目(如果有)的技术保证措施是否完善
50	是否有完善的冬、雨季施工保证措施及特殊地区施工质量保证措施
	职业健康、安全与环保
51	健康、安全、环保目标是否与招标文件及企业目标要求一致
52	健康安环保证措施是否符合项目所在国有关部门规定
53	安全保证体系及安全生产制度是否健全，责任是否明确
54	安全保证技术措施是否完善，安全工作重点是否单独有保证措施
55	环境保护措施是否完善，是否符合当地有关环保法规要求
	现场组织机构及主要人员配置
56	现场组织机构图是否与项目特点相适应
57	现场组织机构图及岗位设置是否符合招标文件要求
58	主要管理及技术负责人简历、经历、年限是否满足招标文件强制标准，拟任职务与前述是否一致
59	招标文件中要求的主要负责人证件是否齐全
60	主要技术管理人员简历、学历、职称及类似工作经历是否前后一致、真实可信

续表

序号	检查内容
	价值工程
61	检查核实招标文件是否要求有此方面的措施(没有要求不提)
62	若有要求,检查降低造价的措施是否切实可行、具体可信
63	遇到特殊有利条件时,要发挥优势,比如利用现有在建项目资源、采用同品牌中国产品等
	资信文件
64	营业执照、资质证书、法人代表文件等是否齐全并满足招标文件要求?公司地址和联系方式等是否正确?有公司更名的,是否有证明文件
65	银行授信文件、ISO9000系列证书是否齐全并符合招标文件要求
66	近年来从事过的类似工程主要业绩是否满足招标文件要求
67	在建工程的数量、规模、企业生产能力是否满足招标文件要求
68	财务状况表、近年财务决算表及审计报告是否齐全,数字是否准确、清晰,并满足招标文件要求
	文件格式
69	投标文件格式、内容是否与招标文件要求一致
70	投标文件是否有缺页、重页、装倒、涂改等错误
71	复印完成后的投标文件如有改动或抽换页,其内容与上下页是否连续
72	投标文件是否有标点使用不当、错别字、逻辑错误、语法错误等,投标书内容描述用语是否符合行业专业语言
73	工期、机构、设备和人员配置等修改后,与其相关的内容是否修改换页
74	投标文件内前后引用的内容,其序号、标题是否相符
75	如有综合说明书,其内容与投标文件的叙述是否一致
76	按招标书要求是否逐页小签,修改处是否由法人或代理人小签
77	投标书的底稿是否齐备、完整,所有投标文件是否建立电子文件
78	投标书正、副本是否标示清楚
79	投标文件是否按规定格式密封包装、加盖正副本章、密封章
80	投标文件的纸张大小、页面设置、页边距、页眉、页脚、字体、字号、字型等是否按规定统一
81	页眉标识是否与本页内容相符
82	页面设置中"字符数/行数"是否使用了默认字符数
83	附图的图标、图幅、画面重心平衡,标题字选择得当,颜色搭配悦目,层次合理
84	一个工程项目同时投多个标段时,共用部分内容是否与所投标段相符
85	投标书以外文标书报出,应加强中外文对照复核,尤其是对外文标书的重点章节、重点内容的复核(如工期、质量、造价、承诺等)
86	各项图表是否图标齐全,设计、审核、审定人员是否签字
87	采用施工组织模块,或摘录其他标书的施工组织内容是否符合本次投标的工程对象
88	其他应检查的内容

由于进度和质量是投标过程管理中最重要的内容，可以考虑将两项结合起来进行动态评估和监控。例如，可将投标工作项目进行详细的分解，明确各项工作的责任人、起始和

完成时间以及质量要求，当前的完成状况等，进行系统综合管理，见表5-2。

××项目投标过程动态监控表　　表5-2

日期：

序号	工作内容	责任人	起始日期	完成日期	质量要求	目前状况
1						
2						
3						
4						

但是，这种表格的缺点是无法形象地反映投标进展情况。

(3) 合同管理

主要内容包括：①对招标文件中给出的合同条款进行研究评估，提出评估意见，包括合同风险分析；②如果是联营体投标，与联营伙伴的协议或合同管理；③如果有分包商或供应商参与投标或报价，与分包商、供应商在投标期间的合同管理；④如果选用投标代理，与代理人之间的合同管理。包括合作方的选择，合作协议或合同的起草、谈判、签署及投标期间合同执行的过程管理等。

(4) 费用管理

涵盖投标费用预算编制，资金筹措，现金管理，财务账目，费用核销等工作。有些投标的费用管理纳入了公司的财务管理体系中，则另当别论。

(5) HSE管理

HSE过程管理可以理解为：①投标文件内容尤其是重要技术、经济内容的安全保密性，不致重要信息被泄密；②采用环境友好的投标方式，比如节约办公和生活资源；③为投标工作人员提供舒适安全、健康环保的工作生活环境。

还需说明的是，为保证投标的顺利进行，应加强投标的后勤保障管理工作，如办公和生活设备设施的提供和运转维护管理，考勤记录，会议安排，差旅管理（预订机票和旅馆、接机（站）服务、护照及签证等）。确有因差旅途中的差错无法按时赶到指定投标地点投标而导致废标的情况出现，而因打印、装订、包装等问题或差错而导致投标失败的事情也时有发生，都是十分令人惋惜的，因此切莫对后勤保障工作麻痹大意掉以轻心。

2.3 投标后期

投标后期是指从投标书递交后到获得投标结果这段时间，期间的管理工作主要有：①投标文件澄清答疑；②投标后信息跟踪与公关；③可能要求的投标保函延期；④投标工作总结和资料的整理归档；⑤投标场所清场、人员遣散以及费用清算；⑥投标结果的获知获取；⑦如果中标，组织合同谈判和签署；⑧撤回投标保函等。其中，最重要的是澄清答疑和后期公关。

3 招（投）标项目化管理的特点

与我们平常从事的招投标工作相比，招投标项目化管理主要有以下几个特点或创新点：

（1）将项目管理的概念引入招投标工作，建立了招投标的项目化管理体系；

（2）确立了招投标管理的目标；

（3）在管理方式上，注重招投标的计划性、组织架构建设、前期策划、过程监控与纠偏、质量检查和全面管理，以及标后评价总结工作，体现了管理的一般职能，使招投标不再只是一项单纯的业务工作；

（4）建立了衡量投标书的质量标准，不再将中标作为投标的唯一目的；

（5）强调招投标过程中分工协作与互动交流；

（6）在建立标准作业程序的基础上，突出程序中的重点环节和重点内容。

第 8 节 招投标管理的信息化

1 一般概念

工程项目招投标信息化，简单地说，就是参与工程项目招投标的各相关方通过计算机网络完成招投标的所有活动。招投标信息化管理，是采用计算机智能模拟技术，以计算机、电子大屏幕及触摸屏等硬件为依托，以网络传输为媒介，以计算机信息软件的智能管理为途径，对工程项目招投标过程中的相关活动进行全面系统管理的现代化科学管理方法。

在招投标过程中全面推行信息化管理，是对传统的招投标管理方法的一种根本性变革，是国际工程招投标管理未来发展的方向。为适应信息化管理，需要对传统招投标的法律环境、操作程序和标准、管理模式、方法及其他相关软硬件设施进行更新变革，对管理从业者也提出了更高的要求。信息化的推广运用，克服了手工操作的弊端，可以更迅速、更准确、更灵活地解决工程项目招投标过程中信息渠道不畅、透明度不高的问题，切实改善工程招投标环境，从源头上杜绝工程中腐败现象的发生，并且能够节约招投标的成本，提高招投标工作的效率。

但是，就国际工程项目招投标目前采取的方法看，虽然说计算机技术已经得到普遍运用，但多数仅限于招投标文件的制作上，一些项目招投标在提供纸质文件的同时，会附带提供电子版本，招标信息发布也可能采取网络发布，在招标人或投标人内部的信息交流上也会分别利用现代网络通信技术。而所有这些举措都只是现代信息技术在招投标领域的局部运用，没有形成系统性，也没有做到过程全覆盖，它与传统的全手工操相比，虽有明显的进步，但并无本质的区别。

传统的国际工程项目招投标存在以下问题和不足：①招投标成本高。招投标过程需要大量的纸质文件，因此耗用了大量的纸张及相关材料，形成巨大的资源浪费。招投标过程必然要发生人员的国际流动，耗费大量的精力和费用，评标需要聘请专业人员，对招标人来说是增加成本，对整个社会来说是人力资源浪费。②工作效率低下。招投标纸质文件在制作、包装、传递中要耗用时间，人员国际流动要耗用时间，评标过程也要耗用大量的时间等，所有这些环节都占用了一定的时间，延长了招投标的进程，降低了招投标的工作效率。③操作不规范，容易滋生腐败。尽管说招投标是在市场经济条件下，遵循公开、公平、公正和诚实信用的原则，采用竞争的手段实现工程建设及有关设备的采购，其目的是保护招投标参与各方的合法权益，提高经济效益，保证项目质量。但在实际操作中，由于人为因素占有主导地位，难免出现违规行为，背离招投标制度设计的初衷。比如，业主单位明招暗定，以邀代招，干预评标等；投标单位业绩资质造假，围标串标，非法转包等；还有评标专家主观臆断，招标代理机构不规范操作，以及相关方相互勾结内部操作，实现利益交换等。

2 招投标信息化目的及原则

招投标信息化的基本目的是为了进一步体现“公开、公平、公正”的招投标理念，增加招投标过程的透明度，同时为招投标活动参与各方提高效率、降低成本、创造价值，最终目的是实现招投标工作的高度智能化。

对招标人而言，实现招投标信息化，能够节省会务费用和交通费用，降低成本；通过网络进行沟通，提高工作效率；有利于招投标数据的积累和挖掘，为分析和决策提供实时准确的数据依据。对投标人而言，实现投标信息化，可以降低投标成本，进而以更低廉的采购成本回馈招标人；而缩短或省去不必要的时间，投标人可以把更多的时间精力投入标书编制上，从而可以提高投标书的质量。而且，招投标各方及相关管理部门也可以实时掌握和监督招标活动的进程，方便了对招投标工作的管理。

在实施信息化过程中应注意遵循如下原则：

（1）可控性原则，招投标系统要符合 ISO 体系的要求，实现业务流程过程和结果的记录，实现相关企业内部的可控性。

（2）标准化原则，计算机系统只能模拟和替代标准化和规范化的业务操作，并不是将纸张化的内容简单地传递成计算机化，所以必须总结出规范化、标准化的业务操作，才能实现其信息化。

（3）全面实施原则，为了达到提高效率、减低成本的目的，招投标信息系统应该包含并替代现有业务流程，即涵盖全部正常业务状态和大部分非正常业务状态，避免系统只作为简单的事后记录工具。

（4）数据化原则，注重数据管理，建立关系型数据库，能够根据工作需要构建关系模型，实现数据整合和统计分析。

（5）持续改进原则，招投标信息化涉及面多，环境复杂，不可能在短时间内全面推行，应坚持循序渐进、持续改进的原则，这一点对国际工程招投标尤为重要。

3 招投标信息化的工作流程

图 5-2 是工程项目招投标的一般工作流程。

在招投标过程中采取信息化管理，虽然其中的各个环节没有明显变化，但其形式和方法完全不同，主要包括：

（1）招投标中所有文件（如招标文件、投标文件、澄清答疑文件等）采用电子版文件；

（2）全部的文件及信息传递采用现代网络通信技术（如发布网络招标信息、出售发送招标文件、投递标书等）；

（3）招投标的全部活动通过网络视频进行（如澄清答疑、公开开标等）；

（4）支付手段采用电子网络（如支付购买标书和专家服务费用等）；

（5）在评标过程中采用计算机辅助技术，即一部分评标工作直接由计算机完成，另一部分由计算机辅助评标专家完成，专家可以采取远程评标，不必组团亲自到场。

采取信息化后，全部招投标活动可以在招、投标相关各方互不见面的情况下完成全部交易过程。

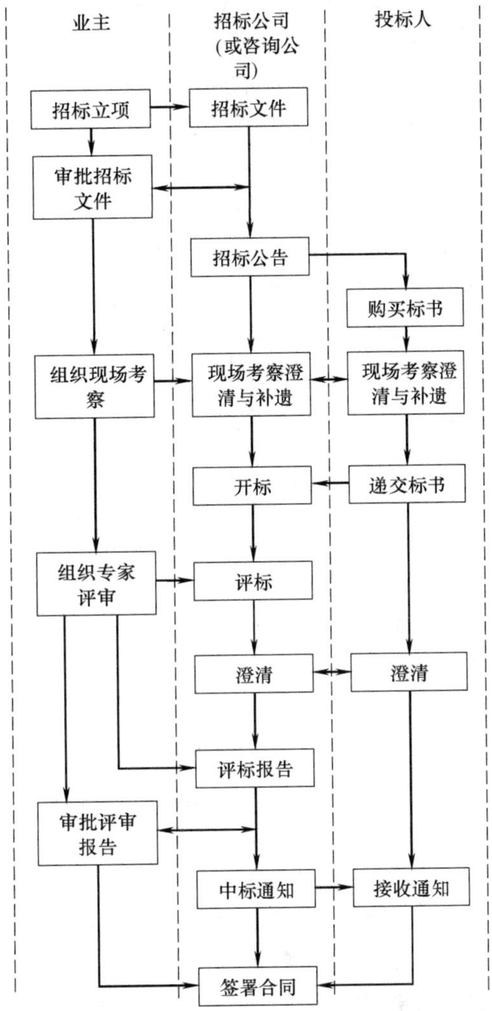

图 5-2　国际工程项目招投标流程

推行招投标信息化，有利于招标人和投标人严格按照规范所规定的操作要求，形成工程项目承发包合同，规范了招投标操作，包括：①招标人按相关规范和标准要求准备招标文件，形成招标电子标书，通过网络发给投标人。招标电子标书具有严格的数据保护功能，保护招标文件内容（包括工程量清单），防止投标人擅自修改招标条件。②投标人购买招标文件后，使用电子标书进行报价。电子标书保证了投标人能够按照招标人规定的格式进行报价，规范了投标人的操作，保证了投标质量和投标效率，大大降低因投标人不规范操作而产生废标的可能性。③由于投标书实现数字化，为实现科学、合理的评标分析创造了良好的条件。同时，推广使用计算机辅助评标系统，可以对上述各项商务标指标进行快速分析计算，并把结果提交给评标专家，有利于评标专家科学地判断各投标报价的合理性，最终实现“合理低价中标”的评标定标方式，为工程招标投标创造良好的市场环境。

4　国际工程招投标信息化存在的困难

尽管招投标信息化与传统的招投标管理模式相比，具有不可替代的明显优势，但就当下的现实情况看，实施起来还存在一定的难度，特别是国际工程项目招投标，要在全球范围内全面实行信息化管理，更是难上加难，主要有以下一些原因：

（1）缺乏统一的法律环境。实行招投标信息化需要建立一定的法律制度来保障和规范，一个国家在（国际）工程招投标领域是否采取信息化管理，如何采取信息化管理，以及电子文件签名的法律效力及其安全性等，不同的国家认识和重视的程度不同。相应地，是否立法以及立法的内容和进程，各国的情况也不尽相同。缺乏统一的认识和法律环境，难以在国际工程招投标中全面实施信息化。

（2）缺乏统一的技术规范标准。国际工程招投标信息化管理牵涉到一系列的技术层面和操作层面的规则、规范、程序、文件的建立或修改，并且这一新的技术体系需要获得国际上的广泛认可，目前还没有做到这一点。

（3）各国的社会经济发展状况不同。信息化是以计算机和现代网络通信技术为基础的，当前世界各国的社会经济和科学技术水平各不相同，在信息化的软硬件设施、人才和资金投入方面表现迥异，因此影响管理信息化的程度和深度。

（4）多语言导致的障碍。世界语言种类繁多，即便国际工程招投标仅采取几种广泛使用的语言，与在一个国家内仅使用一种语言相比仍然要复杂困难得多，因此在信息化过程中，它依然是一种需要克服的障碍。

5　国际工程招投标信息化的途径

尽管目前还存在这样那样的困难和问题，但信息化依然是国际工程招投标管理未来发展的趋势。随着科学技术的不断进步，相关的法律制度、国际规则的逐步建立和完善，信息化在国际工程项目招投标管理中会逐渐被采用。就当前的形势看，可以采取以下途径循序渐进地推进。

（1）单方面信息化。招投标分为招标和投标两个方面，可以在法律、技术和设施相对完善的国家，由某一参与方在内部管理方面开始信息化，比如招标人（业主、招标代理）在招标管理中，或投标人在编制投标书中或在分包招标中，尽量实施信息化管理。

（2）单一项目信息化。国际工程所涉及的两个国家，如果信息化的条件都已经成熟，则可在这两个国家间合作的工程项目招投标管理中全面实行信息化。

（3）国际组织项目信息化。相关国际组织可以在国际工程项目招投标信息化管理中率先垂范，比如世界银行可以制定信息化的相关制度、流程、规范文件，并要求所有世界银行投融资项目实行招投标信息化管理。

（4）全面信息化。即在全球范围的国际工程项目招投标中广泛采用信息化管理。

第 6 章　国际工程项目管理概论

第 1 节　国际工程项目的概念

1　项目

项目是一个非常宽泛的概念，不同的组织和个人对项目有不同的理解和定义。比如：

项目是一件事情、一项独一无二的任务，是在一定的时间和一定的预算内所要达到的预期目的。

项目是在一定的时间内为了达到特定目标而调集到一起的资源组合，是为了取得特定的成果开展的一系列相关活动，即特定目标下的一组任务或活动。

项目是为完成某一独特的产品或服务所做的一次性努力。（A project is a temporary endeavor undertaken to create a unique product or service）

2　工程项目

工程项目也称建设（工程）项目，或简称项目。站在不同的角度，工程项目的含义也各不相同。常见的定义有以下几种：

2.1　投资的角度

联合国工业发展组织《工业项目评估手册》的定义是：项目是对一项投资的一个提案，用来创建、扩建或发展某些工业企业，以便在一定周期时间内增加货物的生产或社会的服务。

世界银行的定义是：项目一般系指同一性质的投资或同一部门内一系列有关或相关的投资或不同部门内的一系列投资。

2.2　建设的角度

所谓建设项目就是按照一个总体设计进行施工的基本建设工程。

项目是在批准的总体设计范围内进行施工，经济上实行统一核算，行政上有独立组织形式实行统一管理的建设单位。

2.3　行业规范

在《建设项目工程总承包管理规范》GB/T 50358—2005 中，建设项目是指需要一定量的投资，经过决策和实施（设计、施工等）的一系列程序，在一定约束条件下以形成固定资产为明确目的的一次性事业。

《建设工程项目管理规范》GB/T 50326—2006 把建设工程项目定义为：为完成依法立项的新建、扩建、改建等各类工程而进行的、有起止日期的、达到规定要求的一组相互关联的受控活动组成的特定过程，包括策划、勘察、设计、采购、施工、竣工验收和考核评价等，简称为项目。

3 项目的特征

尽管对项目的定义各有不同，但项目具有一些共同的特征，主要包括：

（1）唯一性（专门性）

它是指每个项目的内涵是唯一的或者说是专门的，具有区别于其他任何项目的特征，并具有排他性，即独特的产品、服务或结果。

（2）一次性

项目的一次性是指，项目具有明确的开始时间和明确的结束时间，项目任务完成（或因项目目标不能实现而项目被终止）项目即告结束，没有重复。一次性并不意味着项目历时短，但是项目的历时总是有限的，项目不是一直持续进行的工作。

（3）整体性

项目是一个整体，在按其需要配置生产要素时必须追求高的费用效益，达到数量、质量、结构的总体优化。

（4）渐进明细

这是综合了一次性和唯一性的一种项目特征，一般需要渐进地详细描述用以区分产品或服务的特征。渐进意味着“这是一种持续不断的增长过程”；明细意味着工作需要仔细、详细，并要通盘考虑。

（5）其他特征

1）有明确定义的最终结果；

2）有既定目标和完成时间、预算和质量要求；

3）有特定的组成要素，项目实施要动用一定的资源。

建设工程项目除了上述项目的共同特点外，一般还具有如下特点：

1）涉及众多专业领域；

2）多方参与，相互间以合同来规范各方责权和义务；

3）规模大、投资多、结构和过程复杂，周期长，管理难，风险和利润并存。

4 国际工程项目

根据上述关于建设工程项目的概念，我们可以将国际工程项目定义为：由来自国际组织或不同国家的相关方参与的建设工程项目。因此，国际工程项目与一般的项目或国内建设工程项目相比，显著的区别是其国际性，即它是一项跨国的工程建设活动，项目所面临的环境及其建设过程更为复杂多样。

第2节 国际工程项目管理的概念

1 项目管理的定义

1.1 管理

广义的管理是指，应用科学的手段安排组织社会活动，使其有序进行，也即英文中的

Administration 或 Regulation 的意思。狭义的管理是指，在特定的环境条件下，以人为中心通过计划、组织、指挥、协调、控制及创新等手段，对组织所拥有的人力、物力、财力、信息等资源进行有效的决策、计划、组织、领导、控制，以期高效的达到既定组织目标的过程，对应的英文是 Management 或 Run。

1.2　项目管理

美国项目管理协会（PMI，PMBOK2008）把项目管理定义为，将知识、技能、工具和技术应用于项目活动，以满足项目的要求。需要对相关过程进行有效管理，来实现知识的应用。

1.3　工程项目管理

《建设工程项目管理规范》GB/T 50326—2006 把（建设）工程项目管理定义为：运用系统的理论和方法，对建设工程项目进行的计划、组织、指挥、协调和控制等专业化活动。简称为项目管理。

实际上，工程项目的建设过程就是将资源进行有机组合转化为工程产品（服务）的过程。而如何做到资源的有机组合并转化为产品？一般而言，由于工程项目的上述特点，要实现资源的有机组合进而转化为产品，并不是一件简单容易的事情。这就需要管理，也就是需要采取一定的管理技巧、方法、措施、手段等，我们统称其为管理方法。当然，这些方法是以一定的管理经验和理论为基础的。实施这些方法的主体是人，但并不只是一个人或一些人放羊式的简单集合，而是经过科学合理构建的项目组织。而且，工程产品的生产过程和结果如何也不是随意的，而是要满足一定的要求，这些要求通过项目目标来界定。另外，项目产品的生产不可能在真空中进行，总是处于某种环境和约束条件之下。

因此我们说，工程建项目管理就是在特定的环境约束条件下，项目管理者组织采取一定的管理方法，将资源有机组合起来，转化为符合目标要求的建筑产品的过程。

2　项目管理体系

根据以上对项目管理过程的理解，我们可以将项目管理看作一个管理体系，该体系包括组织、环境、资源、目标和方法 5 大构成元素，每一元素形成一个管理子体系，子体系间互为关联，如图 6-1 所示。

其中，①项目组织包括项目管理模式、业主的组织机构、承包商的组织机构及管理团队建设等；②项目环境包括自然环境和人文环境，内部环境和外部环境等；③项目管理方法包括系统工程方法、管理策划、PDCA 循环、沟通协调、信息化方法及风险管理等；④项目目标包括工期、成本、合同、质量、HSE 和售后服务等；⑤项目资源包括人力、设备材料、技术和资金等。本书对项目管理的讨论，其主要内容也是根据这种体系架构来构建的。

对于国际工程项目管理来说，其所面临的环境条件更为复杂多变、风险更大，项目组织参与方来自不同的国家或国际组织，项目目标的要求更为苛刻严格，所以，需要采取更为先进特殊的管理方法。

需要说明的是，目前业界和学界对国际工程项目管理体系的认识，大多参照美国项目管理协会（PMI）定义的项目管理 9 大知识领域，即项目的整体管理、范围管理、时间（进度）管理、成本管理、质量管理、人力资源管理、沟通管理、风险管理以及采购管理。

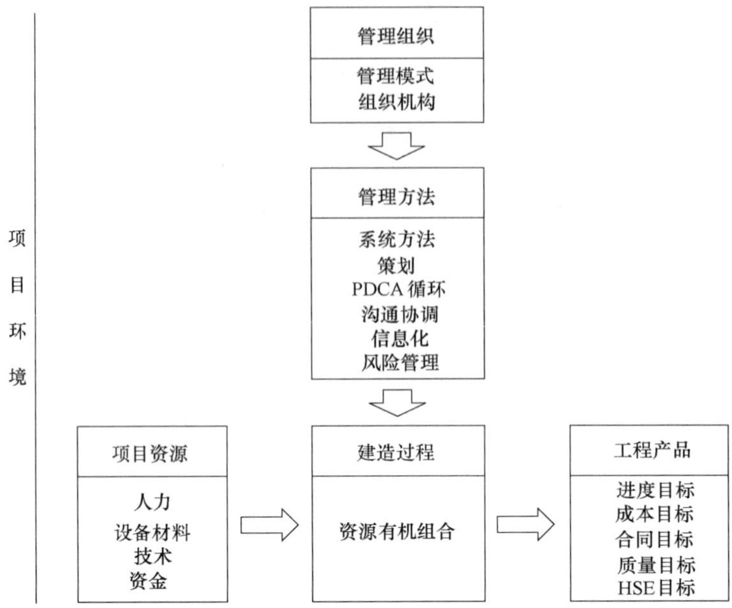

图 6-1　项目管理体系示意图

不可否认，PMI 作为国际上专业项目管理协会，通过长期的研究、实践和积累的过程，逐步丰富和完善而形成的这一管理知识体系，能得到广泛的国际认可，的确具有先其进性、系统性、完备性和很强的适应性。但是，在笔者看来，至少有以下几点值得注意：①9 大知识领域虽然包括了项目管理的主要内容，但并没有覆盖项目管理的全部内容；②9大知识领域涉及的是项目管理中带有普遍性的问题，具有适合所有项目管理的普遍性，但并不能保证一定适应特殊的项目。从另一角度来看，就中国组织或个人从事的国际工程项目管理来说，一个项目有以下几点特殊性：①它是一个工程项目；②它是一个国际工程项目；③项目管理的主体是中国组织或个人。

基于上述考虑，本书在下面讨论国际工程项目管理时，并没有沿用已有的成熟的项目管理体系的思路，而是基于笔者对国际工程项目管理的理解和多年的实践经验。

第 3 节　国际工程项目的建设程序

1　建设程序框图

如图 6-2 所示。

该程序框图是在业主的主导下，由咨询工程师和承包商共同参与的大型国际工程项目的一般建设程序框图。其中，咨询工程师通过参与业主发起的咨询服务采购招投标活动，加入到国际工程项目的建设管理程序中来。根据业主项目建设的管理模式不同，介入项目建设程序的可以是一家或多家设计咨询单位，相应地可能在项目初期的各个阶段开始参与到建设过程中来。如果业主只选择一家设计咨询单位，则咨询工程师可能从项目刚开始的

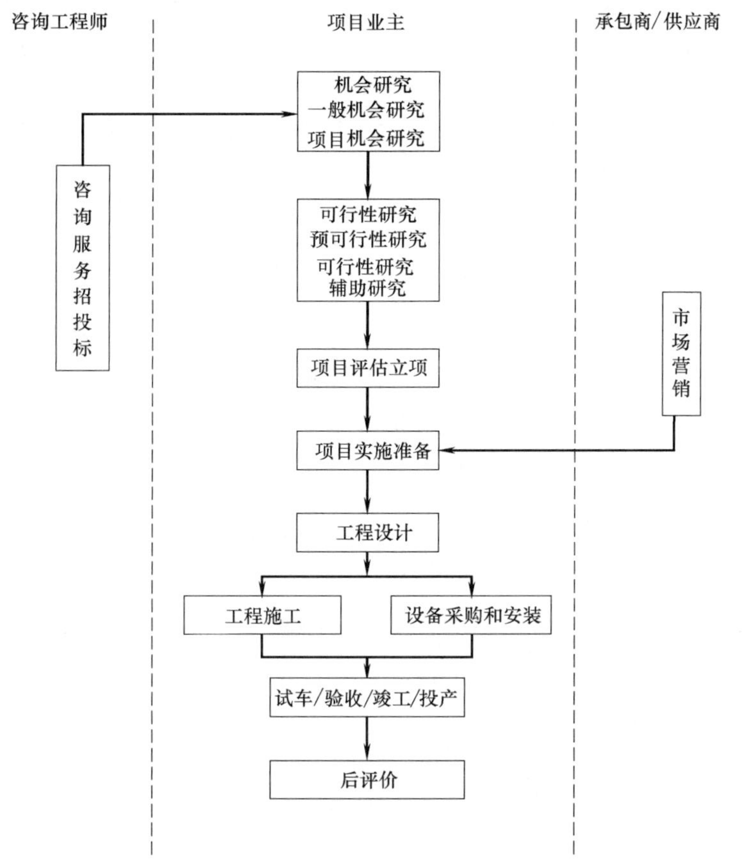

图 6-2　国际工程项目的建设程序

机会研究就参与到项目中；如果选择多家，各家咨询加入项目程序的时间和任务不同，可能有的咨询工程师承担项目立项前对业主的协助工作，有的负责工程设计和招投标工作，有的负责工程建造实施过程中的现场监督工作。承包商（供应商）也要视具体情况，可能是一家或多家，通常通过市场营销的前期工作而追踪获得投标机会，进而在项目实施准备阶段，通过工程（货物）采购招投标过程参与到项目建设程序中来。

2　项目建设程序

2.1　机会研究

即投资机会研究，是进行可行性研究之前的预备性调研，业主用较少的时间和经费投入，将项目设想变成初步的项目投资建议，重点是作投资环境分析，对建设投资和成本进行估算（误差±30%左右），包括一般机会研究和特定项目的机会研究。

2.2　可行性研究

通常包括预可研和可研两个阶段。

预可研又称初步可行性研究，是对机会研究阶段提出的项目方案通过技术经济分析做出鉴别和估价，判断投资建议是否可行，是否有必要进行详细的可研，其投资估算误差在±20%左右。

详细的可行性研究，是对预可研确定的项目方案进行全面深入的技术经济论证，为投资决策提供全面可靠的基础，其调查范围更广泛，数据更准确，主要内容是对各种可能的拟建方案和建成投产后的经济、社会、环境效益进行技术经济分析、预测和论证，以确定项目建设的可行性，并在可行的情况下提出最佳建设方案及建设地点的建议，作为决策和设计的依据。

可行性研究最终形成的可行性研究报告，既是业主投资决策、筹措资金和申请贷款的依据，也是下一步编制设计文件的依据，其投资估算误差在±10%左右。

2.3 项目评估立项

可研报告完成后，一般要委托一家咨询公司对其进行评估，评价其真实性和可靠性。不同的项目相关方对评估的内容可能有不同的要求，如政府部门可能侧重项目的国民经济效益，私营业主则更注重其财务效益，商业银行则要注重其还贷能力。评估内容包括：项目目标、资源、实施条件、效果以及效益等。

根据评估报告，业主才能最终确定某个项目是否立项，以及立项后将开始的各项准备工作，并确定项目的投资目标、项目规模、投资额度及建设地点等项目关键指标。

2.4 项目实施准备

项目实施准备包括确定项目实施模式，组建项目实施机构，筹集资金，确定项目进度要求，办理各种审批手续，委托进行工程设计等，并随后由咨询设计单位协助业主进行工程施工招标、谈判和签订合同等工作。

2.5 工程设计

工程设计包括概念设计、基本设计和详细设计。

概念设计又称规划设计或方案设计，包括项目的设计依据、基础资料、工程总体布置、主要建筑物和设备选型、环保措施、技术经济分析、价格估算和方案比较、评价。

基本设计亦称初步设计，是根据对概念设计的审查意见和要求编制，就已确定的方案进行深入的分析计算，对图纸和技术要求进行深入研究和细化。以房建项目为例，针对单个建筑物，包括其建设场地和总平面图，各层平面图、立面图，主要剖面图，结构构件布置图，主体结构，装饰工程，机电设备等，项目的概算和技术经济指标。在国际工程项目中，基本设计将作为工程采购招投标、施工详图设计和工程施工的依据。

而施工详图设计在国际工程项目中通常由承包商负责完成，报咨询工程师批准后用于施工。

2.6 工程招投标

国际工程项目一般要经过公开的国际招标，从投标者中选定工程施工和设备供货安装的承担者，可以是承包商独家全部承担，也可由承包商、供货商分别承担。

2.7 工程实施阶段

通常包括施工准备期，施工期和缺陷责任期三个阶段，由选定的承包商和供货商在业主咨询工程师的协助和监督下，完成工程的建造安装和调试工作，并交付业主。

2.8 项目后评价

利用世行贷款的国际工程项目在竣工交付后还要进行项目后评价。一般在项目正式投产一年后由世行派专家进行，通常包括过程评价（立项、实施建设过程中的管理）、效益评价（财务评价、国民经济评价）、影响评价（经济影响、环境影响和社会影响）、可持续性评价及综合评价等。

第 4 节　国际工程项目干系人

主要参与国际工程项目的相关方一般包括：

1　业主

业主是工程项目的提出者、项目论证立项和投资等重要事项的决策者以及资金筹措和项目实施的组织者，也是项目的产权所有者，并负责项目的生产、经营和偿还贷款，一般也是项目的使用者，但在房地产等商业开发项目中例外。项目业主可以是公共部门、企业或个人。

通常业主并不一定要参与到项目的管理过程中，而是选择其代表或项目经理来参与。业主代表是经由业主正式授权任命的代表，在授权范围内代表业主行使对工程项目进行控制的权力，并履行相应的义务。业主代表一般具有合同中规定的业主的全部权力（除终止合同外），但无权修改合同或解除承包商的责任。业主代表可以由业主内部的专业人员担任，也可以是一家业主指定的独立的工程咨询公司。

如今许多工程项目日益复杂，特别是当一个业主在同一时期内有多个项目处于不同的实施阶段，所需执行的多种职能超出了建筑师以往主要承担的设计、联络和检查的范围，就需要设置专门的项目经理，对一个项目从前期到工程移交的全过程负责，包括编制项目任务书，控制预算，排除法律和行政障碍，筹集土地资金，并协调设计、工料测量师、结构工程师、设备工程师，施工总承包商等相关方的关系。

业主可在业主代表和项目经理二者间选其一。

2　工程师

工程师亦称咨询工程师，是指为委托人提供有偿技术和（或）管理服务，对某一工程项目实施全方位监督、检查和协调工作的专业工程师个人或组织，包括项目投资机会研究、可行性研究、项目评估、工程设计、招标文件编制和服务、施工阶段的工程监理、竣工验收、试车、培训、项目后评价及其他各类专题服务，涉及诸多专业领域。

工程师中还可能包括建筑师。建筑师是指按照相关文件规定拥有建筑师专业注册资格的个人或实体，一般既是工程项目的设计者，又是受业主委托的项目管理负责人。根据业主项目建设管理模式的不同，咨询工程师和建筑师在项目建设管理过程中承担的工作职责范围各有侧重。

3　承包商、总承包商、主承包商

承包商通常指承担工程项目施工及设备采购安装的公司、个人或几个公司组成的联营体。

总承包商或主承包商是指与业主签订合同将整个工程或其中一个阶段的工作全部承包下来的公司或公司联合体，一般有施工总承包商、设计建造总承包商、设计建造运营总承包商、管理总承包商等。

4 其他干系人

4.1 建设经理

是建筑工程管理模式中的关键性角色，与业主是合同关系，负责工程的监督、协调及管理工作。

4.2 工料测量师

为委托人（业主或承包商）进行工程造价管理，协助委托人将工程成本控制在预订目标之内。

4.3 监理

进行施工过程中的质量管理，并协助业主方项目经理做一些必要的合同管理工作。

4.4 分包商

与承包商签订合同，承担一部分承包商与业主所签合同中的任务的公司。分包商也包括指定分包商和供应商。

指定分包商：业主在招标文件中或在开工后指定的分包商或供应商，指定分包商仍应与承包商签订分包合同，接受承包商的统一协调管理。

供应商：为工程实施提供永久设备、材料或施工机械的公司或个人，可以与业主签订合同，也可以与承包商、分包商签订合同。

第7章　国际工程项目的组织管理

第1节　项目管理模式与组织

1　项目管理模式

国际工程项目管理模式是项目相关方在整体上对项目管理的运作方式，包括业主方的项目管理模式和承包商方的项目管理模式。

最常见业主方的项目管理模式是传统的设计－招标－建造模式（Design-Bid-Build Method，DBB），如图7-1所示。

这种模式主要是由业主、咨询工程师和承包商形成的三角形经典结构。采用这种管理模式，业主先委托建筑师和/或咨询工程师进行前期的各项工作，如机会研究和可研等，待项目评估立项后再进行设计。在设计阶段，进行施工招标文件准备，随后通过招标选择承包商。业主和承包商订立工程施工合同组织实施项目。实施中，业主一般指派业主代表与咨询方和承包商联系，负责有关的项目管理工作，也有的业主将有关管理工作授权给建筑师/咨询工程师负责进行。

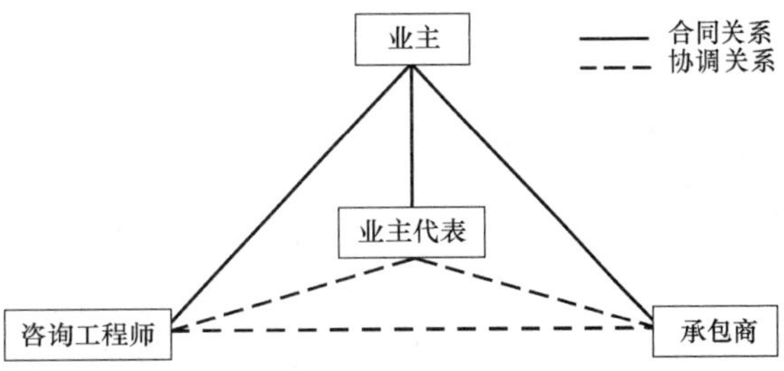

图7-1　国际工程项目的管理模式

在这种项目管理模式的基础上，可以根据项目的具体实际情况，进行适当的调整，形成各种不同的管理模式，如施工管理模式（Construction Management Approach，CM）、设计—建造模式（Design-Build，DB）、设计－管理模式（Design-Manage，DM）、设计－采购－施工模式（Engineering Procurement Construction，EPC）、交钥匙模式（Lump Sum Turn Key）等。

同样地，承包商作为项目的建造管理方，也需要选择确定自己的项目管理模式。在选择管理模式时，承包商应考虑业主的项目管理模式、项目的特点、规模和性质，以及承包商自身的情况。

承包商的项目管理模式包括项目的管理组织模式和生产组织模式。其中，管理组织模式要视项目组织与公司总部之间的责任权限划分来决定，通常有以下两种模式：

（1）全能型项目管理组织，即项目管理组织代表承包商企业总部，全权负责项目建设施工过程的所有管理工作；

（2）执行型项目管理组织，采用这种组织模式，承包商的总部和现场组织机构有明确的职责分工，通常是由承包商企业总部或区域国家总部负责项目的策划、决策和控制，甚至包括部分实施管理工作的实施（如财务、合同、采购和人资等），而现场项目组织只负责执行上级组织的计划、决议和指示，并将现场执行情况及时如实地汇报给上级组织供其决策。

项目生产组织模式是指承包商内部组织施工生产的模式，通常有以下三种模式：

（1）纯管理型模式，也叫全分包模式，即承包商的项目管理组织只负责项目管理工作，包括与业主咨询工程师及其他相关方的对接，而将项目的施工生产全部分包给一家或多家分包商承担。采用这种模式，承包商投入的资源少，承担的风险较小，但对总承包商的综合协调管理能力要求较高；

（2）自营式模式，即承包商的项目组织不仅负责项目管理，还负责组织劳务和其他资源进行工程生产施工。选择这种模式的承包商通常拥有自己的施工设备和一线生产队伍，可以发挥自身的优势，内部管理也比较容易，但自身投入和经营风险较大；

（3）组合型模式，即承包商负责部分管理和施工生产，而把其余部分工程（特别是自身不擅长的专业工程）管理和施工任务分包给分包商承担。这种模式兼具上述两种模式的特点，能做到优势互补和风险分担，在实践中比较常见。比如，以土建施工为主的总承包商，可以自己承担主体工程的施工任务，而把配套的专业项目，如机电安装、房屋的内外装修等，分包给专业公司承担。

2　项目管理组织

项目管理组织是为了完成特定的项目任务而建立起来的，从事项目管理具体工作的载体，它在项目管理过程中具有十分重要的作用。它是开展项目管理工作的基础和项目正常实施的保障，其建立的目的是为了充分发挥项目管理的职能，提高项目管理的整体效率，最终实现所确定的项目目标。项目组织通常由组织的领导者（项目经理），组织成员，组织结构，规章制度及组织文化等要素构成。

要实施项目管理，首先就要组建项目管理团队，包括选择确定项目管理团队的组织结构，并根据组织结构需要从企业组织内外获取相应的人力资源，以组建成项目管理所需要的团队。

项目管理团队的组织结构设计，就是根据项目的特点、规模、性质及其内外环境条件，选择与之相适应的管理组织形式，并完成组织结构的设计，包括团队的整体组织形式和组织的内部构造等。内部构造是指团队内部的组织层次，各层次上的组织单元或岗位设置及其相互关系等。而选择确定项目管理团队的整体组织形式，一般来说属于公司高层管理者的职责范围，其决策是否合理在很大程度上决定了项目实施的成败。常见的项目整体组织形式有职能型、矩阵型和项目部型三种，各有利弊。

参与项目管理的相关方，无论是业主还是承包商，都需要首先选择确定自己的项目管理组织结构形式。

业主的项目管理组织结构形式与其选择管理模式相适应，其内部的架构和规模，要根据项目管理模式、项目的性质和规模，以及业主与建筑师/咨询工程师的职责划分等具体情况，综合考虑后确定，可以是一人（业主代表）或数人组成的小项目团队（Project

Team)，也可以是按项目管理的要求组建的职能齐全的项目管理部（Project Management Office），必要的话甚至可以成立专门的项目公司（Project Company）。

关于国际工程总承包项目管理组织，通常都是选择成立专门的项目部，包括以自身名义或以联营体名义成立的项目部。项目部的内部结构及规模，要与业主的项目管理模式、项目的特点和规模，以及自身的管理模式、生产组织模式相适应。

国际工程承包企业在确定成立项目部后，就要就企业总部与项目部间的关系进行定位，明确双方的责、权、利范围，下达项目部的经营管理指标，选拔确定项目经理，并授权项目经理组建项目部，实施项目管理。

而承包商以联营体名义组建的项目部，则需要通过联营体协议或章程来明确联营各方的责任、权利和义务，规定项目部的责权范围，必要的话需要设立联营体董事会，作为项目管理的决策机构。

下面两节以总承包商项目部为例，讨论项目经理的选拔与管理及项目团队建设问题。项目其他相关方如果需要，也可参考这些内容。

第2节　项目经理的选拔与管理

1　项目经理的选拔

1.1　项目经理的定义

国际工程项目的项目经理是国际工程企业法定代表人在所承包项目上的委托代理人。

1.2　作用

项目经理作为承包商在项目上的负责人，经授权将代表承包商负责对外履行项目合同，对内负责项目实施，包括项目的质量、进度、费用及安全环境卫生等全面的管理责任。

项目经理是承包商的项目授权代表，位于项目人力资源金字塔结构的顶端，是项目管理团队的领导者、核心和灵魂人物，项目经理的称职与否在很大程度上决定着项目实施的成败。有人说，选对了一个项目经理，一个项目就成功了一半，足见项目经理在项目实施管理过程中举足轻重的地位。

1.3　职责

项目经理的主要职责包括：

（1）贯彻执行承包商所在国、项目所在国的国家和地方性、行业性相关法律、法规、方针、政策和强制性标准，执行承包商的内部管理制度，维护承包商的合法权益。

（2）代表承包商组织实施项目管理，对实现合同约定的项目目标负责。

（3）完成承包商组织下达的综合性项目目标任务。

（4）在授权范围内负责与业主、工程师、分包商及其他项目干系人的沟通协调，解决项目实施中出现的问题。

（5）对项目实施全过程进行策划、组织、协调和控制。

（6）负责组织处理项目的管理收尾和合同收尾工作。

1.4 权限

（1）组建项目团队，包括提出项目管理团队的组织机构，选择团队成员，确定团队成员职责及团队管理制度等。

（2）在授权范围内履行项目经理的职责。

（3）调配使用相关资源，获得有关部门的支持。

（4）主持项目管理团队的工作。

（5）根据授权协调处理与项目有关的内外部事项。

1.5 任职条件与标准

1.5.1 设置任职条件与标准的意义

如前所述，既然项目经理在项目管理团队及项目实施过程中起着如此重要的作用，那么设置项目经理的任职条件和标准，以选拔合格的项目经理，就显得十分重要和必要了。它对国际工程企业来说，至少有三个方面的意义：

（1）为承包商企业选择任命合格项目经理提供依据；

（2）为正在履职的项目经理提供参照标杆，对照这一标杆检查自己是否合格，如果不合格，找出在哪方面存在不足，如何改进提高，或用其他方法弥补；

（3）为有志担当项目经理的人指出努力奋斗的方向。

另外，通过下面任职条件与标准的讨论，我们还会发现其额外的意义。

1.5.2 项目经理的一般条件

项目经理属于国际工程企业在生产一线的基层领导，大型项目的经理还可能是由国际工程企业中其他更高层级的领导兼任，其任职条件可以参照前述国际工程企业领导管理中的有关内容，总括起来一句话，就是“德才兼备、身心健康”的高素质复合型人才。

（1）项目经理在德方面的要求

德在这里是一个宽泛的概念，泛指项目经理的道德修养、职业操守和内在精神以及个人品行和性格等方面。

项目经理在德方面应该具有的素养是：敬业爱岗忠于职守，清正廉洁克己奉公，诚实守信遵纪守法，胸怀宽广善良公正，团结合作务实严谨，客观冷静乐观开朗等。总之，是要严于律己，宽以待人，理性行事。

（2）项目经理在才方面的要求

才是对项目经理在业务方面的才能、知识、经验和能力的要求，包括与所负责的工程项目相关的各项专业技术、工程管理、商务经济以及法律法规等方面的专业素养，作为项目领导者的决策、组织、领导和沟通能力，处理和协调与业主、相关方之间及承包商内部各专业、部门、人员之间关系的能力，口头和书面语言表达的能力。

这里还要着重强调，项目经理应具备对事物发展方向和可能性的洞察力和预见性，作为项目这艘航船上的掌舵人，项目经理要具有高瞻远瞩把握全局的能力。

在这里提出洞察力的三个层次：

1）项目经理在现场不能发现问题——不具备洞察力，结果是项目无法进行，这样的人很难称得上是一个合格的项目经理；

2）在现场能发现现实存在的问题——现实洞察力，结果是项目在进行的过程中矛盾和突发事情不断，四处救火，项目在跌跌撞撞中艰难前行；

3）能够预见未来可能发生的问题——未来洞察力，结果是尽量避免了可能发生的问题，无法避免的问题即使发生了，也有事先准备的处理预案应对，因而项目能有序顺利推进。

对应上述三种情况，作为类似的体验，大家可以体会一下自己骑自行车或开车的经验：①盲人骑（驾）车；②骑（驾）车只看脚下（态度问题）或只能看清脚下（能力问题，近视眼）；③骑（驾）车看前方，正常行驶。

项目经理在才方面的其他要求：类似项目的管理经验，相关专业的教育背景和执业资格等。

（3）项目经理的身心健康要求

心理素质：项目经理通常要承受来自各方面的巨大压力，每天要面临大量这样那样棘手的问题。因此，项目经理要有良好的心理素质和承压能力，要在思想上意识到工作中遇到问题是正常的，项目经理的责任就是发现和解决各种各样的问题，遇到问题、困难和麻烦不惧怕、不回避、不推诿、不拖延，以积极和负责任的心态去勇于面对和承担，这既是项目经理的日常工作与责任所在，也是其工作能力和价值的体现，同时更是自己锻炼提高和建立个人职业信誉的机会。良好的心理素质还表现在如何以适当的方式去释放压力和调整心理。

身体健康：如前所述，项目经理要承受巨大的压力，通常要超时超负荷的工作，工作和生活起居没有规律等，这一切都要以健康的体魄为基础和支撑，正所谓“身体是革命的本钱”。

（4）关于高素质复合型人才的进一步理解——软实力

对于项目经理的任职条件，除了上述基本要求外，一个卓越的项目经理应具备一些其他素养，形成自身独特的软实力，包括但不限于：①项目经理的人格魅力和亲和力；②项目经理的独特行为风格；③项目经理的文学艺术鉴赏力与素养；④项目经理健康有益的业余爱好；⑤项目经理的商务礼仪知识与行为；⑥项目经理对国际国内政治经济时事的关注度与敏感度；⑦项目经理的社会责任与公益事业的关注与担当；⑧项目经理不断学习、经验积累以及持续改进的能力。

（5）关于设置项目经理任职条件意义讨论的延伸

从以上设置的条件看，如若严格执行，可能很难选拔到合乎标准的项目经理。实际上，这些条件可能远远超出了合格项目经理的基本条件而趋于达到卓越的程度。那么，在实际选拔中，如果不能达到卓越，就退而求其次，选择一位优秀的项目经理；如果仍然达不到，再降低标准，选出一名合格的项目经理，这是最基本的底线。由此导出了项目经理从合格到优秀再到卓越的三个层次，而一个卓越的职业经理人往往是可遇不可求的。

上述这些条件似乎不仅仅是项目经理的任职条件，也是作为现代文明社会里受过良好教育的职场中人的理想要求，同时也与选拔各级领导干部的任职条件极为类似，这大概也能解释各级领导干部（尤其是施工企业的领导干部）中很多都具有早期在施工一线担当项目经理经验的现象，这里面显然不是偶然的巧合。

1.5.3　国际工程项目经理的特殊条件

首先，国际工程也是工程，因此上述项目经理的选择一般条件，原则上也普遍适用于国际工程。其次，由于国际工程又有区别于国内工程的特点，其项目经理的选择相应地也有其特殊条件。

在德方面，由于项目经理通常要与来自不同于本国本民族的人打交道，这些人的文化背景、民族习俗、政治制度、宗教信仰等方面迥异，因此项目经理应该具有更加开放的心态，更加宽阔包容的情怀，并应尽快了解、适应和融入当地社会环境。

在才方面，要熟悉了解国际工程的管理运作程序，商务条件（如FIDIC条件，银行保函和保险，居住和工作准证制度，结算和税收，汇率与外汇管理，银行开户条件，货物进出口手续与关税等），市场与供应环境，项目所在国或合同规定的政治经济法律制度、法规和技术行业标准等；要有熟练的外语沟通能力和技巧；要有国际工程管理工作经验；有国际认可或合同规定的职业资格等。

1.6 项目经理的选拔方法和程序

方法：①本企业的领导和人力资源主管部门选定；②社会招聘；③群众推荐；④个人毛遂自荐；⑤其他，如从上级主管部门的空降，从其他单位借调等。

程序：项目经理一旦选定，应履行一定的法律任命和授权程序，使其具有合法性，其中的授权范围要清晰明确。

1.7 项目经理履职过程的三个层次与境界

（1）项目经理具有做好项目的意愿和热情，能够吃苦敬业，任劳任怨，还时常偏好于自己以前擅长的专业领域，但未能发挥项目管理团队领头羊的作用，往往是自己累得半死，团队的其他成员却无所事事地在一边干看着，执行结果不理想——一个人的项目。

（2）项目经理如果在现场，雷厉风行，支撑项目能够比较顺利的进行。一旦离开现场，项目立刻停了下来，问题不断，电话不断，执行结果也许还好——人治的项目。

（3）项目经理通过建立和实施一套完整的组织架构和管理体系来运作项目，使整个项目团队像一部健康的机器一样正常运转，项目经理的作用表面上看似弱化了，即便他暂时离开现场，项目也能正常推进，很少接到求救电话，执行结果能达到甚至可能超出预期的目标——以系统的法治实现项目经理个人的无为而治。

项目经理履职的上述三个层次与境界，在某种程度上具有哲学与宗教的意味，其意义显然不只是在于项目管理的层面。

当然，随着社会的进步、人才素质的提高以及管理理论和方法的创新丰富，一个职业经理人对项目管理的探索是无止境的。在探索途中，其层次和境界也会逐步得到提升。

2 对项目经理的管理

由于项目经理在项目管理中的重要地位和作用，在选拔任命项目经理后，并不是万事大吉，在项目实施期间，还要针对项目经理进行适当的管理，目的是创造适宜的条件，使项目经理能很好地履职，以确保项目目标的实现。

严格地说，选拔任命也是项目经理管理的一部分。确定项目经理人选后，对项目经理的管理就是，为项目经理的履职提供适宜的环境条件，规范项目经理的履职行为，对其在项目管理过程中的工作表现和工作绩效进行控制评价，确保项目目标的实现。项目经理管理的主体是项目部的上级组织，如公司总部或公司在项目所在国家或地区设置的分支机构，管理对象是项目经理。

对项目经理的管理工作包括以下一些内容：

（1）以信任尊重为前提

选任项目经理的原则之一是“疑人不用，用人不疑”。选人的过程需要慎重，而一旦确定人选，就要充分信任，相信其工作能力和职业操守，放心让项目经理去按自己的理念、方法和经验实施项目管理。同时，要尊重项目经理的人格，尊重其决策权力。要认真听取和重视项目经理就项目问题提出的看法和意见，不要过多干预或随意否定项目经理在项目管理中作出的决策。

（2）充分授权，明确责任

即在给予充分授权的同时，明确界定项目经理的责任范围，使权力与责任对等适中。权责过大，容易造成对项目经理的约束失控；过小又不利于项目经理发挥其应有作用。可以通过授权书、责任状等形式明确其权责。

（3）鼓励支持其大胆开展工作

国际工程项目管理过程中，项目经理会遇到大量错综复杂的问题，工作中有时可能遭受一些难于接受的误解、挫折和压力，甚至是人身攻击和伤害。因此要大力鼓励项目经理，帮助其建立自信心，并采取一定的人身保护措施。同时，一些问题是在项目经理的权力或能力范围内无法解决的，比如一些资源（资金、设备、人才、技术等）的获取，或者与业主上层的重大谈判等，这就需要充分理解项目的难处，通过协调、筹集、委派专家等多种方式，帮助支持项目经理渡过难关。

（4）加强监督控制

信任支持项目经理的工作，并不等同于放任自流，信马由缰。要建立一套有效制度和机制，对项目经理的履职行为过程实施监督控制，包括规定审批程序和权限，岗位责任制，集体决策制度，定期检查、报表、汇报、述职报告、审计等多种途径和方法，防止项目经理对项目的管理工作偏离正常轨道。

（5）实施绩效评价考核

实施对项目经理的履职表现和工作绩效的评价考核工作，有以下几层含义：一是评价考核制度要有；二是评价考核办法要切实可行，不应流于形式；三是对其功过是非的衡量评价要客观公平；最后还要对考核结果真正兑现，并及时兑现，做到考核奖罚分明，效果立竿见影。

（6）项目经理的变更处理

包括以下两方面的内容：①项目经理权限的变更，即由于工作或管理需要对项目经理的原授权范围进行更改调整；②更换项目经理，在整个项目执行过程中，除非万不得已，不应更换尤其是不应频繁更换项目经理，一般在出现下列情况下，可能需要考虑更换项目经理：业主在初次面试或后期项目实施过程中提出更换项目经理；项目经理在项目管理过程中出现严重失误，并给项目造成一定损失，或者有违规违纪行为。在此情况下，除撤销其项目经理职务外，可能还需视具体情况追究相应的责任；项目经理主动提出辞职；项目上级组织拟安排项目经理担任本项目以外的其他工作岗位。

无论什么原因更换项目经理，应尽快选拔任命新项目经理补位，新老之间最好有一个工作交接的过程。

（7）加强对项目经理的人文关怀

优秀的项目经理是工程企业的宝贵财富，在选好用好项目经理的同时，还要关心爱护项目经理，切实帮助解决项目经理工作和生活中的现实困难，加强对项目经理的教育培训工作，为项目经理的成长进步提供良好的环境，为其晋升和职业发展提供有利的通道。

就目前的情形来看，项目经理队伍的职业素质良莠不齐，特别是高素质的国际工程职业经理人十分匮乏，而且人才流失现象颇为严重。尽管我国的国际工程企业大都能意识到项目经理队伍建设的重要性，但尚未真正地开展对项目经理自觉的、系统的和富有成效的管理，一些企业对项目经理的管理过于简单化和物质化，这一现象应引起业界相关方的足够重视。

第3节　项目管理团队建设

1　高绩效项目管理团队的组建

1.1　一般概念

所谓团队，就是一群具有技能和能力，通过相互补充和工作协调，既能达成特定目标的人的集合。而绩效，从企业管理的角度看，则是企业期望的结果，是企业里的团队为实现其目标而展现在不同层面上的有效输出。因此，高绩效团队就是一支能以较小的投入为企业带来较高有效输出的团队。它通常应具有如下特征：激人奋进的团队愿景，高绩效的标准，合理的分工与协作，全员的积极参与，彼此的充分信任，团结互助与互相认同，高度的凝集力与民主氛围，关心人的态度以及持续的学习进步等。

企业的基本目的之一是，以最小的资源投入来获取效益的最大化。因此，建立高绩效团队与企业的目的相符合，是企业实现其既定目标，并在市场竞争中提高自身竞争力，以战胜对手，持续进步，超越自我达到顶峰的基石和有效途径。衡量一支管理团队是否为高绩效团队的最低标准，就是要看其能否完成企业下达的目标；最高标准则是实现超越——超越企业给定的目标；超越客户的预期；超越团队及其成员自身原有的能力，使其最大限度地发挥潜能，实现其人生的价值。

由于国际工程的项目管理团队是为特定的项目目的而组建的临时性组织，因此需要特别强调团队的合作精神。通过项目的团队管理、沟通交流、制度建设、文化建设、技能培训、绩效考核、人员激励等多重措施和手段，逐步将其打造成相互信任、相互协调、团结合作、高效运转并具有独特项目文化特点的高绩效项目管理团队。同时，项目团队的运转又是一个动态的过程，团队组建后的组织架构和团队成员，根据项目管理需要，可能随时会进行调整和增减。这正是项目团队建设的任务，相对于初期的团队组建，它是一项动态的更为长期复杂的工作。

1.2　组建高绩效团队的步骤

组建高绩效团队一般要经过以下步骤：建立明确的目标，构建组织架构并选择合适的团队领导和成员，进行必要的授权，建立规则和制度，进行有效激励，提供支持和协助，评价执行结果。

（1）明确目标

建设高绩效团队首先要根据项目客户和企业的需要，为团队确定一个共同目标。这一目标将充分体现团队的共同愿景，用于统一团队的思想，凝集团队的战斗力，激发团队成员的激情，调动团队成员的积极性和创造性，为实现这一共同的目标而努力奋斗。团队目标一定要明确，具有可操作性，同时也应具有挑战性，还要根据客观条件的变化作出及时适当的调整。

针对一个项目来说，管理团队的目标来自项目业主和企业总部两方面的要求。从业主的要求来看，就是按项目合同规定的时间、质量、成本、功能和环保等方面要求，为业主提供合格的建筑产品和服务，达到业主的满意。而企业总部的要求则是最大限度地为公司创造经济效益和社会效益。因此，项目管理团队的工作目标就是在忠实地履行项目合同达到业主满意的同时，最大限度地为公司创造效益。具体的任务指标可通过项目合同和企业总部下达的有关文件体现出来。

（2）组建团队

组建团队分两个方面，一是构建团队组织架构，包括团队领导班子和部门及员工岗位的设置；二是领导和团队成员的选择。

组建团队要本着“精干高效”和“适应需要”的原则。组建团队并不是一个将企业中最优秀人才进行庞大集合的简单过程，而是要根据团队目标任务的大小和难易程度，进行任务与角色的划分，再选择合适的成员、部门和岗位的设置及团队层级和规模，使成员的能力大小与其所担当的角色相匹配，整个团队的结构和规模能与项目需要相适应。同时，在选用团队成员时还要充分考虑其个人的专业背景、性格特点和兴趣爱好，做到因人施用，以发挥其最大潜能。另外，团队一定要精干，只有精干才能提高效率。如果相对于所要管理的项目来说，项目团队的规模过于庞大，管理层级过多，不仅浪费了人力资源，增加了管理成本，而且容易造成管理过程中信息传递的拖延和失真，工作中层级或成员之间出现相互推诿的现象，形成团队里无谓的内耗，降低了管理效率，也不利于团队成员的健康成长。

（3）有效授权

有效授权要注意做到以下四步：①界定授权的目标；②诊断下属的发展阶段；③调适恰当的授权方式；④因人而异的授权沟通；⑤授权后的跟进。

（4）建立规则制度

建立科学完善的团队运行规则制度，固化工作流程，以规范和约束员工的行为，使之明白什么能做，什么不能做，何时做以及如何去做。

（5）采取有效激励

根据马斯洛的需求层次理论和赫兹伯格双因素理论，人的需求是各不相同的。因此，要认真分析团队中不同岗位和员工的各自需求，选择最有效的方式进行激励，以激发团队的工作热情和进取心。

（6）提供支持和帮助

一旦团队组建完成，并向团队下达了明确的任务和授权，企业或项目领导应转换角色，成为团队或团队成员的支持者和坚强后盾，为其提供决策和资源等方面的支持和帮助，及时解决团队执行任务过程中遇到的困难和问题。

（7）评价执行结果

由于高绩效团队的衡量标准是其有效输出，因此应对其执行任务的结果进行及时客观的评价，以衡量判断其是否圆满完成目标任务。肯定员工的工作业绩和贡献，并将之作为考核和激励的依据，能使团队成员改进工作，持续进步。

2 项目管理团队的优化

下面结合一个国际酒店项目案例，来讨论如何改进项目组织结构和加强管理团队建设工作。

2.1 背景介绍

2008年，某国营工程公司（占51%股份，牵头方）与一家大型民营建筑企业组成项目联营体，在中东某国承接了一大型酒店工程总承包项目，合同额约10亿元人民币（含合同变更），合同工期28个月，实际工期48个月（索赔工期20个月），项目业主为该国一皇室成员，设计监理为当地一家咨询公司。工程的土建结构工程由主包商自行承担完成，配套的机电管道和消防（MEP）、玻璃幕墙、内装修和家具及其他设备设施等工作，分别由不同专业分包商完成。

2.2 管理团队

为实施该项目，联营体授权组建了项目部。项目部成员有的来自联营体成员两个母公司的内部，有的来自外部，包括一些国际人才。其中，项目经理是牵头企业专门引进的具有多年国际工程管理经验的职业经理人。高峰时项目部人数达44人，其组织结构及人员构成见表7-1。

项目管理团队构成 表7-1

部门	岗位	人数	主要职责	备注
项目部	项目经理	1	全面履约管理	
	项目副经理	1	生产管理	
	项目秘书	1	信函文件管理	
行政财务部	行政经理兼财务总监	1	行政、人事、后勤及财务管理	
	行政工程师	1	行政后勤采购	
	会计	1	财务账目	
	出纳	1	现金管理	
技术部	技术经理	1	负责图纸、计划和方案	
	计划工程师	1	计划编制和修改	
	土建工程师	2	方案编制和施工图提交	
	资料员	1	技术文件管理	
合同部	合同经理	1	负责合同和结算	
	合同工程师	3	成本、合同和结算管理	
	采购工程师	1	施工设备材料采购	
	库管	1	仓库物资保管	
土建施工部	施工经理	1	负责土建施工	
	现场工程师	8	现场土建施工管理	
	设备工程师	1	现场施工机电设备管理	
	测量工程师	2	工程测量	

续表

部门	岗位	人数	主要职责	备注
机电部	机电经理	1	负责机电分包工程管理	
	机电工程师	5	机电分包管理	
	机电质量工程师	1	机电分包质检	
	机电资料员	1	机电分包文件管理	
质量安全部	质量工程师	2	质保和质检	
	健安环(HSE)工程师	1	健康、安全和环境管理	
	质检员	1	现场质检	
	安全员	2	现场安全监督	
	合计	44		
	说明:项目部中有9名新分学生,技术部1人,合同部1人,机电部3人,质安部1人,施工部3人。			

2.3 团队特点

该项目管理团队除了少量的60后和70后外，大部分为80后，因此这是一支以80后为主、年龄结构年轻合理的团队，充满朝气和进取精神，团队规模适中，且各岗位均基本采用具有相应或相近专业背景的人员担任。

团队具有明确的共同工作目标，且项目部还为各下属管理部门经理明确了责任和任务，项目部获得了总部的授权，建立了比较完善的内部管理规章制度和部分工作流程。团队成员虽然来自四面八方，但在相互信任的基础上，能够实现团结互助和合作，具有良好的工作和生活氛围。

项目采取了多种不同的考核和激励方式，如联营体董事会与项目部签订了经济责任状；根据季度和年度工程完成情况，并结合民主考评的结果，考核发放效益工资；对表现突出的员工进行不同层级的先进表彰；项目领导和管理技术骨干可带家属并酌情安排工作；解决青年员工的住房问题；为员工提供职业晋升机会；为员工探亲提供方便；组织和提供适当的文化娱乐活动等。

应该说，这是一支基本按组建高绩效团队的步骤和方法组织起来的具有高绩效团队主要特征的项目管理队伍。

2.4 执行结果

该管理团队通过对项目实施管理，取得了如下主要成果：

(1) 如期履约，达到业主的满意

尽管原合同工期为28个月，但由于在招标时大量的设计不完备，如内装修和家具设计等图纸尚不具备，实施中业主和酒店运营方又不断提出新的要求，由此导致大量的合同变更。项目部就此提出合理的经济和工期索赔，使合同额增加25%，工期延长20个月。项目最终避免了误期罚款，在规定的合同期（含延期）内完工，成功交付使用。

(2) 取得了良好的经济效益

工程在实施过程中不仅没有要总部的资金投入，而且还按期缴纳了应上缴的管理费。项目竣工交付使用后，根据联营体双方进行的竣工审计，项目可上缴总部利费约11%。

(3) 培养锻炼了一批国际工程的管理人才

通过实施该项目，管理团队每位成员的能力和素质都得到了不同程度的提高。他们熟悉了国际工程管理和施工的惯例，且外语能力有了明显的提高，大约 90%的员工可以直接用英语工作。到了项目中后期，管理团队的成员陆续离开，去承担更为重要的任务。其中，项目经理成为公司总部的公司级高管，多人通过内部竞聘回总部担任部门领导或处室领导，或地区经理部领导和重要岗位，三人从刚到项目时的普通工程师变成其他同等规模项目的经理。以本项目团队成员为骨干，已经组建了四个项目管理团队。而少部分仍留在项目上的成员，还可以扩大组建成一个项目管理团队。

（4）增加业绩，创立信誉，赢得新订单

该项目是该公司在国际上承接的第一个高星级酒店工程。因此，通过实施该项目，该公司获得了在高端国际酒店项目建设总承包方面的业绩，良好的履约行为为公司在国际上树立了信誉和品牌，也应得了业主的信赖，后来该公司承接了同一业主的多个后续项目——中东同一国家的一个别墅项目和南亚某国的公路项目。另外，该公司在同一地区还赢得了多个房建项目。

因此，该管理团队的执行结果可以称得上高绩效。

2.5 改进措施

尽管如上所述，该管理团队取得了良好的绩效，但是仍存在需要改进的地方。现提出如下改进措施，可为该公司或其他相关单位在同一地区承建同等类型和规模项目组建管理团队时提供参考。

2.5.1 优化团队结构，压缩团队规模

首先，优化结构压缩规模是必要的。据了解，依照该公司目前的管理水平，在国内承建同等规模（即 10 亿元人民币）的项目，至少需要约 100 人的管理团队。因此，上述管理团队与国内水平相比，人员规模还不到其一半，已属先进的了，但与国际先进水平相比仍存在很大差距。

例如，笔者在中东某国一个同等规模的房建中遇到过一个当地分包商，打算承接该项目中的机电管道工程，价值约在 3 亿元，他打算派到项目上的技术管理人员仅 5～6 人。实际上，依照本人的经验和看法，对于一个 1～10 亿元规模的项目来说，核心管理人员 5～7 人已经足够，再配上一般技术管理人员，整个团队应该在 20 人左右。当然，对这些核心管理人员的能力和素质要求极高，他们应具备丰富的专业知识和管理经验，善于沟通协调，具有团队合作精神，极大的热情和坚强的意志，全面的语言能力（即外语的听、说、读、写能力）以及健康的体魄等。

另外，在本文案例中，虽然分包工程占整个工程的一半以上，且各分包工程之间相互交叉影响，需要主包商的统一协调。但上述组织机构中没有充分实现这样功能的部门和岗位，比如，幕墙和内装修工程竟然没有专人负责协调管理。而实际过程中，恰恰是这两项分包工程出现了很多问题和麻烦，给项目造成巨大的损失和伤害。

其次，实现这一目标也是完全可能的。因为这个团队经过一个国际工程完整过程的实践，积累了宝贵的经验，业务能力、外语能力和管理水平大幅度提高，相互之间已经了解信任，更容易配合，易于形成良好的工作氛围，这是实现上述目标的前提。

另外，还可以采取任务双向分流的方式来精简一些管理人员。如工程测量、施工机电设备管理、仓库保管、质检员和安全员等工作，可以向下分流，由作业层中的工长和专业

技工等承担。还有一些其他工作则可以采取项目群资源共享的方式，实现向上分流。比如，如在同一国家，有 3～5 个在建项目，其行政后勤、劳务、生活管理，分包商招标选定和分包款审核支付，财务资金管理以及材料设备采购等，完全可以由地区经理部中一套班子同时服务多个项目，这样就可以压缩项目团队中的相应人员。

还要考虑项目团队进一步年轻化，60 后应退出项目管理团队，在团队后面担当专家，承担管理咨询工作，而由 70 后出任项目经理。

综合考虑上述因素，我们对案例中的管理团队进行优化后，形成新的团队组织结构，见表 7-2（以部分团队成员同时管 3 个项目为例）。

优化后的项目管理团队　　　　**表 7-2**

部门	岗位	人数	职责	备注
项目部	项目经理	1	全面履约管理	70 后
	项目副经理	1	土建生产和分包生产协调管理	70 后
	项目秘书	1	信函文件管理	
行政财务部	行政经理兼财务总监	1/3	行政、人事、后勤及财务管理	
	行政工程师	1/3	行政后勤采购	
	会计	1/3	财务账目	
	出纳	1/3	现金管理	
技术部	技术经理	1	负责图纸、计划和方案	
	计划工程师	1	计划编制和修改	
	土建工程师	2	方案编制和施工图提交	
	资料员	1	技术文件管理	
合同部	合同经理	1/3	负责分包选定和索赔	
	合同工程师	1	合同执行和结算现场管理	
	采购工程师	1/3	施工设备材料采购	
	成本工程师	1	成本核算与控制	
土建施工部	施工经理	1	负责土建施工	
	现场工程师	2	现场土建施工管理	
分包管理部	分包管理经理	1	负责分包工程管理	
	机械工程师	1	负责制冷空调、强弱电、上下水、防火消防、擦窗机、电梯、厨房设备设施、游泳桑拿设备分包的监控和协调管理	
	电气工程师	1		
	管道工程师	1		
	幕墙工程师	1	负责玻璃幕墙分包监控	
	内装修工程师	1	负责内装修分包监控	
质量安全部	质量工程师	1	质保和质检	
	健安环(HSE)工程师	1	健康、安全和环境管理	
	合计	23		

可以认为，经过优化的项目团队完全可以更好更全面地履行总承包管理职能，实现了人力资源的充分利用，而成本将大幅度下降，应该达到了国际先进水平。

2.5.2　细化授权，健全制度流程

在本案例中，虽然公司对项目经理进行了授权，项目经理对各部门经理进行了授权，但部门经理未对所属员工授权，因此需要将任务细化分解，进行补充授权，使每一位员工都明确知道自己的职责范围。

同时，要进一步补充和完善项目管理制度，将项目管理中更多流程进一步规范化、标准化和固化，并贯彻落实。

2.5.3　强化激励考核管理

虽然该团队采取了多种激励和考核措施，但这些措施多是随意的临时性的，因此需要系统化和制度化，针对不同层级岗位员工的不同需求，进行激励制度设计，形成一整套考核激励体系。要将考核指标尽可能地量化和细化，要增加激励的频率和力度。作为项目的领导，要善于发现员工的优点和成就，并及时给以肯定和赞赏，这也是激励措施之一，有时可能还是最有效的激励措施。

2.5.4　加强团队文化建设

文化，广义地讲，是指人类在社会历史发展过程中所创造的物质财富和精神财富的总和，包括物质文化、制度文化和心理文化三个方面；狭义地讲，是指社会的意识形态以及与之相适应的制度和组织机构，是人们普遍的社会习惯，如衣食住行、风俗习惯、生活方式、行为规范等。

所谓团队文化是指，团队成员在相互合作的过程中，为实现各自的人生价值，并为完成团队共同目标而形成的一种潜意识文化，是社会文化与团队长期形成的传统文化观念的产物，包含价值观、最高目标、行为准则、管理制度、道德风尚等内容。

依笔者的理解，团队文化以一定的社会文化背景为基础，一经团队组建便开始产生，并在团队运行的过程中形成，体现在团队的一切行为中，无论它是否被注意到或写在纸上。但是，这种自然形成的团队文化，是积极优秀的还是消极不健康的甚至带有致命缺陷，则值得考虑。因此，要善于发现团队文化的特征，总结挖掘其中积极正面的特质，并有意识的引入原文化所缺少的先进的文化导向，采取多种渠道和措施，用有利于完成项目目标的共同文化价值观、团队精神、道德规范、行为准则、历史传统、团队制度等来引导和统领项目团队成员，构建高绩效项目团队的精神基础。而这正是团队文化建设的作用和任务。

同时要注意到，项目团队基本构成的文化背景是东方文化，在采纳吸收西方先进管理知识和经验的过程中，必须考虑这一特点，要以西方文化中的优秀合理的成分来改造东方文化中的缺陷，而不是在文化上的全盘西化。还要考虑东方文化对西方文化的兼容，因为作为一支国际化的项目管理团队，其中或许就有一直受西方文化教育的成员；而在项目管理过程中，团队也可能会与西方人或公司打交道，对此应该有足够清醒的认识。

3　管理团队的国际化和本土化

3.1　定义

在经济学中，国际化是企业有意识的追逐国际市场的行为体现。它即包括产品国际流动，也包括生产要素的国际流动。

所谓“本土化”，是指从事跨国生产和经营活动过程中，为迅速适应东道国的经济、文化、政治环境所采取的淡化企业的母国色彩，在人员、资金、产品零部件的来源、技术开发等方面都实施当地化的经营策略，其实质是将生产、营销、管理、人事等经营诸方面全方位融入东道国经济中的过程，也是着实承担在东道国公民责任，并将企业文化融入和植根于当地文化模式的过程。

3.2　选人用人上的国际化和本土化

根据以上的定义，我们看到，项目团队成员作为项目人力资源的一部分，构成项目建设中的一种生产要素。所以，对于从事国际工程项目管理工作来说，在管理团队中采用国际化人才和本土化人才是再自然不过的事。在组建项目团队时一定要转变思想敞开胸怀，不拘一格招揽和使用人才。

采用国际化和本土化人才有如下几个优势：

（1）优化团队结构，具有类似物种进化的生物学优势；

（2）弥补自身人才数量不足和质量不高；

（3）国际和本土人才，熟悉当地项目管理的惯例和环境，也无语言障碍，很容易进入角色；

（4）带动自有团队成员尽快成长进步；

（5）减少项目结束后的后顾之忧；

（6）一些国际或本土人才具有成本优势。

可以根据构建项目管理团队的需要，直接聘用国际或当地的人才，充实到项目部的各个岗位上，甚至包括可以外聘项目经理，使其成为团队里名副其实的一员；也可以通过与国际或当地的人力社会资源进行合作方式，利用商务合同、法律事务、公共关系代理等个人或机构来为项目部提供相应的专业服务，做到“不求为我所有，但求为我所用”即可。

3.3　团队管理和建设的国际化本土化

作为以中国人为主要成员的项目团队，特别是如果这些成员长期在国内工作，难免会在思维和行为方式方法上，或多或少带上国内的习惯性色彩，很难说就一定能与国际项目管理的要求相适应，一些在国内来说习以为常的做法在国际项目上不一定行得通，而国际项目上一些基本和惯常的做法和要求可能原来在国内却闻所未闻，因此理解和执行起来有很大的难度，有时甚至产生严重的冲突和分歧，造成管理工作的被动。

因此，我们认为，团队的国际化本土化并非招用几个外国人那么简单了事，而是要真正进行思维和行为方式的转变融合，在团队组织架构、职能定位、运行管理和持续建设上推行国际化和本土化，把团队打造成一支适应当地环境的国际项目管理团队，进而实现项目全过程管理的国际化本土化，这正是“适者生存”这一古老自然法则在国际项目管理团队建设中的很好体现。

第 8 章　国际工程项目环境管理

第 1 节　项目环境的概念

1　项目环境的作用

人们常说，“时势造英雄”，“性格即命运”。而一个人的性格除了先天遗传因素外，与其成长生活的环境有关。可见，一个人能否成为英雄，其一生会遭遇怎样的命运，与其所处的环境有很大关系。而所谓的“天时、地利、人和”，其实说的都是环境。

同样地，一个项目最终经营结果的好坏也与项目环境密切相关。有时一个项目经营失败，不是因为这个项目本身多么艰难复杂，也不是其经营管理者能力不够，或者工作不够努力，而是环境因素使然。在那样的特殊环境下，无论是个什么项目，无论是什么人去干，可能都不会有好的结果。

实际上，项目环境是项目赖以存在和实施的基础条件，没有环境就不可能有项目，更不可能得以实施。良好的项目内外部环境有利于项目实施和取得好的效益；恶劣的环境严重影响项目的正常经营，使项目最终无法取得预期的结果。另外，项目也会对周围环境造成影响，项目的实施过程中可能要消耗一定的环境资源，对环境造成一定的破坏，项目建成后也可能对环境带来积极正面的影响。因此，项目环境对项目管理具有十分重要的作用。

但是，长期以来项目实施过程中的管理工作，一直将重点放在项目的计划、进度、质量、成本、现场管理、物资供应、组织机构和人员安排等方面。这些内容，都属于项目内部的重要问题。这说明，人们对项目实施管理的着眼点是内向的，毫无疑问这对项目管理是完全必要的，没有这些，要想顺利完成项目的既定目标是不可能的。

然而，随着客观世界的不断变化，科学技术的迅猛发展，要想实现有效的项目管理，仅仅考虑项目组织内部的事物，已经远远不能适应客观事物发展的新要求了。

任何项目都是处于一个特定的环境之中的，在不同的环境之下，做任何一个项目都不可能按照同一模式去做，而且，在很多时候这种环境是无法改变也无从选择的，只能够去适应，适者才能生存。

因此，如果不认识清楚项目所处的环境，不懂得在此环境下如何适应和利用环境，不善于协调环境中各方面的关系，项目管理是很难搞好的。要使项目取得成功，除了需要对项目本身、项目组织及其内部环境有充分的了解外，还需要对项目所处的外部环境有正确的认识。环境因素的存在，特别是它们的变化情况，对项目实施计划的制定、组织机构的设置、施工技术的选择以及人员的配备、施工机具的配置等都将产生重要的影响。因此，在项目实施过程中，项目管理者必须认清项目的环境情况，重视项目实施与环境之间存在的密切关系。

2　项目环境的定义与分类

项目环境是指围绕着项目并对项目会产生某些影响的所有外界事物总和，包括项目的自然环境和人文环境。所谓“围绕着项目”有两层意思，一是说在空间上包围着项目；二是说与项目相关联，二者的共同点是对项目产生某些影响。

自然环境，是指未经过人的加工改造而天然存在的环境，是客观存在的各种自然因素的总和。人文环境是人类创造的物质的、非物质的成果的总和。从项目人的角度看，项目的人文环境又叫社会环境，是一种人工环境。

项目的自然环境包括项目所在地的地理位置、水文、地质、气象、地形地貌、海拔高度等自然条件以及土壤、沙石、空气、水、森林、矿物资源等自然资源。其中，作为自然条件的水文、地质、气象，与作为自然资源的水、土壤、沙石、空气之间，既有联系又有区别。

项目人文环境中的物质方面又叫项目的物质环境，包括与项目相关联的交通基础设施、通信、水电能源供应、生产和生活物资市场供应、其他各类服务设施、文物古迹等；人文环境中的非物质方面又叫非物质环境或精神环境，包括项目所在地的社会风俗、语言文字、民族宗教、文化艺术、政治法律、社会安全、公民素质以及各种制度、项目所属公司总部的精神环境等。

项目的自然环境和物质环境又统称为项目的硬环境；相应地，非物质环境又叫软环境。

从项目环境与其相对位置来说，项目环境又可以分为项目的内部环境和外部环境。

从改变环境的难易程度来分，项目环境又分为可改良环境和不可改环境。比如，一个项目所在地区的气候，作为项目外部的自然环境之一，虽然在整体上会受到人类活动的影响，但这种影响不是少数人在短期内能起到的，因此属于不可改环境。而项目现场办公室的温度这一项目内部的自然环境，可以通过空调加以调节，就是可改良环境。自然环境和人文环境都有可改良和不可改之分，自然环境经改良后就变成了人文环境。

项目环境的这种复杂构成及其分类，就形成了项目的环境系统。

3　国际工程项目环境

国际工程项目环境系统，从结构上看与一般项目并无区别，但在结构的具体内容上与国内项目互有不同。中国人作为承包商从事国际工程项目管理，在每一个项目都会面临一个特殊的项目环境。

首先，从所处的地理位置来说，国际工程项目跨越国界，距离遥远，往往还有时差。这一特点导致在国际工程项目的经营管理中，增加了资源、信息传输的难度和成本，公司总部与项目部之间的联系互动，包括公司总部对项目的监管、支持和服务等，都变得极为不便，大有“鞭长莫及”之势。

其次，相对于国内工程项目来说，国际工程项目的环境是陌生的。项目管理者新到一个项目上，首先碰到的问题就是如何尽快认识环境和适应环境，这需要一个过程，为此要付出时间成本。而对环境认识不透、不完全适应，水土不服，造成工作冲突、失误、重复等现象，既会增加项目的时间成本也会增加其经济成本。出现这种情况的原因，既有项目管理者主观因素，也有项目环境的客观因素。比如，管理者初到项目时，想获取项目所在地历年的水文、气象资料，但由于当地科学技术基础工作薄弱，可能压根就没有对水文、气象资料进行记录统计，或者即使有也不够完备准确，并且采用的是当地的语言或方式，这些客观因素都增加了项目管理者对当地自然环境了解的难度和准确性，不是其主观因素所能左右的。

从项目环境的具体内容上看，国际国内之间在许多方面存在显著区别。并且，国际项目环境，虽然不排除在一些个别方面优越于国内，但在总体上比当下的国内项目环境复杂恶劣，特别是在一些贫穷落后的国家或地区，这种差别更为明显。具体表现包括但不限于如下一些方面：

（1）在气候方面，一些国家常年炎热、干旱、少雨，或严寒期长、暴雨洪水频发。

（2）在自然条件方面，有的是沙漠或多山国家，有的则自然资源匮乏。

（3）在物质环境方面，一些国家经济发展落后，其交通、通信、能源等基础设施差，市场供应严重不足且物价高，各类服务设施不齐全或质量差，医疗条件差疾病蔓延，工业体系不够完善发达，产品制造品种少质量差，科学技术和文化教育水平低下等。

（4）在非物质环境方面，有的国家的政治制度是封建君主制，或多党制资本主义国家，有的国家长期政局不稳，社会治安形势严峻。另外，在法律制度、技术规范、社会风俗、语言文字、民族宗教、文化艺术等方面，虽无原则上的优劣之分，但国际、国内间存在明显区别，这些差别可能会引起项目管理中的误解、冲突、摩擦等，增加项目内耗。

如果说上述论及的只是环境在具体内容上的区别的话，那么有些环境因素却是国际工程项目所独有的，比如国际项目上常见的国际物资采购运输、海关、人员签证制度、外币结算和支付、外籍劳工、管理团队的国际化、项目的合同文件、管理程序及参与方的国际化等，这些环境因素一般在国内项目是不会涉及的。

4 国际工程项目环境管理

环境管理通常是指运用经济、法律、技术、行政及教育等手段，限制或禁止人们损害环境质量的活动，鼓励人们改善环境质量；通过全面规划、综合决策，使经济发展与环境保护相协调，在达到经济发展满足人类基本需求这一目的的同时，又要保证破坏程度不超出环境所容许的极限范围。

而本书此处所说的国际工程项目环境管理，是指项目组织在国际工程项目建设过程中，通过对组织内外部各种环境因素的有效识别和系统分析，为组织的管理规划和决策提供可靠的环境依据，并采取切实可行的措施来规避项目环境风险，减少项目建设对环境的破坏或负面影响，开展对项目周围自然生态环境的保护，并积极改善和利用组织环境条件，以创造有利于项目建设的环境。

由此可见，这里所说的项目环境管理，与项目实施中 HSE 管理中所指的环境管理的内容是有所区别的。HSE 中的环境管理一般指是在施工过程中开展对自然环境的保护及人文环境中一些物质环境的改善工作，主要针对的是项目的硬环境，它只是整个项目环境的一部分。而此处所说的项目环境不仅包括项目的硬环境，也包括项目内外部的各种软环境。

第 2 节 项目环境分析

1 定义

项目环境分析，作为项目规划管理的一项基础工作，就是通过环境调查，收集项目内外宏观和微观的环境因素资料，并对之进行系统的整理分析，评价其对项目的影响，确定项目规划管理的环境因素和制约条件，为项目管理规划和实施及应对环境因素提供可靠依据。

由于任何项目都处在一定的环境之中，项目管理在特定的环境中生存、成长、发展，并从积极方面影响环境的变革，而项目管理与环境的交互作用，必然反映到项目管理工作中。所以，在制定项目管理计划或作出决策之前应进行环境分析。

环境分析主要包括外部环境分析与内部环境分析。通过外部环境分析，可以很好地明确项目面临的机会与威胁，从而决定选择做什么；通过内部环境分析，可以很好地认识项目自身的优势与劣势，从而决定项目能够做什么。

2 程序与内容

环境分析的程序是：①编制环境分析计划；②收集项目环境信息；③分析环境信息；④形成环境分析报告。

（1）编制环境分析计划

由于影响项目的环境因素很多，故环境分析工作量大，需要多人合作共同完成。而且，这种分析工作，根据环境因素的轻重缓急不同，可能要在项目实施中多次进行。因此，项目部应制定环境分析的总体计划，明确分析的目的、条件、频次，参加人员的职责分工，时间安排，对各次环境分析中的环境因素识别进行统筹规划，渐次进行。

通常在项目初始，项目部需对整个项目的环境进行综合性分析，作为编制项目管理计划和重要决策的依据之一。而在项目的实施过程中如果有必要，项目部可以就影响某一具体项目规划或决策的几个主要环境因素进行专业分析。

每次在进行环境分析前，如果需要，项目可以依据总体计划制定专项行动方案。

（2）收集项目环境信息

按照行动方案中要求的环境信息的搜集范围、详细程度、信息用途等进行信息收集，可以有多种渠道和方法，包括：①从合同文件中查找；②从业主咨询工程师处获取；③从当地相关组织或机构中获取，如从当地水文站获取水文资料、气象部门获取气象资料，从图书馆、档案馆获取相关人文或技术资料等；④从当地媒体、网络获取；⑤中国驻当地使领馆、公司驻当地机构、其他中资公司、华人华侨等；⑥实地考察调研；⑦现场采集、测量、取样试验；⑧以往工作积累的资料以及个人直觉感受等。

除此之外，项目部还可以从企业营销机构在市场营销阶段所作的市场分析，特别是针对具体项目的微观市场分析文件资料（如果有的话）中，获取与本项目有关的信息，这些信息往往针对性较强，很有参考价值。这样做可以避免重复工作，节省本次环境分析的时间和费用。但在取用其中的信息时，要注意甄别其真实性和时效性，一些早年的调查分析资料不见得符合当下环境的实际情况。

（3）分析环境信息

项目的环境分析分为项目宏观环境分析和项目物质性环境分析。项目宏观环境包括与项目有关的城市、地区乃至国家、全球的政治、经济、社会情况，以及文化背景、相关产业的环境分析。项目的物质性环境分析则包括项目区位及其周围的物质性环境（包括自然环境、人口、市场供应、基础设施等），以及项目用地内的地形、地貌和房屋动迁情况等。

环境分析的内容包括：①经济环境的分析，如资金、劳动力、价格、劳动生产率、管理人员水平、政府财政和税收政策、业主的要求等；②技术环境分析，技术包括的方面很广，人们所有的行动方法和知识的综合都属于技术范畴之内。技术环境分析是指对项目内外的技术水平、技术资源、技术能力和技术装备等的分析评价；③社会文化环境分析，包括当地人们的处世态度、要求、期望、智力与教育程度、民族、信仰与风俗习惯等；④政治与法律环境分析，政治法律环境会对项目造成直接影响，因此必须对其现状及未来趋势进行分析判断。

环境分析可以采用系统分析的方法，即把项目看成是处在该项目的组织管理机构内部和外部环境包围之中，把项目与周围环境中的其他组织机构或分系统联系在一起，从而产生互相依存的双重关系，即系统内各要素是相互作用而又相互联系的，系统内任何一个要素和存在于该系统中的其他要素是相互关联又是相互制约的，它们之间某一要素如果发生变化就意味着其他要素也要相应的改善和调整。

所以，项目管理者必须注意项目外部环境事物的情况，研究关系项目成败的各种外部因素，并且要依据外部环境不断变化的条件进行项目管理，及时对内部不适应的事物做出相应的调整。

面对复杂的项目环境，除了直接分析复杂的外部环境因素，找出这些因素对项目的影响关系，进而对项目内部不适应的事物做出相应的调整外，还可以从项目管理组织和管理者的角度入手应对环境和环境的变化，解决项目和项目管理与环境的相适应性问题。

（4）形成环境分析报告

就是将环境分析成果形成书面报告，包括环境分析的依据、信息采集、分析的内容、程序和方法，论证过程以及形成的结论，这些结论包括：①客观可靠的环境信息可在项目管理规划、决策和实施中直接采用；②对各相关环境因素进行评价得出结论，哪些有利于项目，哪些不利于项目；③项目管理中应采取的环境应对措施的意见建议等。

从以上描述可以看出，系统的环境分析需要经过一定的程序过程，因而会耗用一定的时间和资源，所以一般适用于项目的总体规划和重要决策。对于项目日常的工作计划或次要的决策问题，不一定必须采用。为节省时间和资源，项目管理者在做这样的计划或决策时可参照已有的分析报告，或者仅对现实环境情况作非正式的定性分析判断，而不必形成书面的分析报告。

第3节　项目管理应对环境的措施

项目管理者在项目管理的规划、决策和实施行动中，可以根据项目环境分析报告得出的结论，针对不同的环境因素影响采取合适的应对措施，通常包括如下几种情况：

1　直接采用

如果通过环境分析认为，一些环境信息是真实可靠的，或者一些环境资源是合格的，那么就可以直接采用。比如当地的气象资料、地形图等可以直接用在相关技术方案的编制中，当地市场价格可以直接用在项目成本计划中，当地的水资源、砂石料经检验合格可以直接用在项目施工中，或者当地的劳动力可以直接招录用于生产劳动等。

2　改良利用

如果环境分析认为，一些环境条件经适当改良后可利用，并具有性价比优势时，则可采取报告建议的措施进行改良利用。如：通往工地的道路部分路面和桥梁经加固维修后，就可以满足项目大重型设备材料运输，则可以制定方案并提前安排对之加固维修；现场附近的岩石，经破碎筛分加工后可用于项目混凝土施工，则可决策建立沙石料生产系统；当地工人经过适当培训后可用于满足项目的劳动生产，则在编制人力资源计划时就可考虑采用当地工人，并制定和实施相应的培训计划。

3　项目内部环境的改良

通常项目内部的环境，项目管理者是可以进行影响和改良的。分析发现项目内部的环境问题后，项目管理者可以根据具体情况，采取相应的改进措施。比如，如果分析认为，项目管理团队缺乏某一方面的专业人才，项目部可以通过向总部申请、社会招聘等方式引进人才，补强管理力量；当认为某些管理制度还不够完善合理时，可立即加以修改和补充。

4　化被动为主动

有些环境因素看似是对项目实施不利的因素，但若善加利用则可以变成于项目有利的因素。比如，原则上干旱少雨的气候本来不利于项目施工，但这种气候同时也增加了项目的有效施工时间，并且施工中不必考虑防雨防洪措施，或者可以降低设防标准。如果由一些环境因素造成了承包商的工期延误或经济损失，而这些不利因素又属于业主的风险或责任范围，则承包商可以借此向业主提出索赔。

5　被动适应

环境分析发现，一些环境因素虽然不利于项目，但项目管理者一时无法改变，则只能选择适应环境。比如，发现当地政府部门的办事效率低下手续繁琐，这是项目部无法改变的，只能选择适应，在工作安排上考虑充裕的时间，提前行动。

6　选择替代方案

对于一些于项目不利的环境因素，可以选择替代方案来避免其不利影响。比如项目原本计划在当地进行专业分包实施的工程，经调查分析发现，当地专业分包商数量少、实力不足、且分包价格高。这时，项目部可选择自行组织施工或从其他国家引进专业分包商来替代原来的分包方案。

7 加强预警防范

对于无法替代无法避免的不利环境因素，应事先采取预警防范措施，减少其负面影响发生的几率和损害程度。比如，经分析认为，当地治安环境恶劣、偷盗现象严重，则应告诫项目员工尽量减少外出，并应在现场配备更为严密的安保人员和设施等；对于当地自然和医疗条件恶劣、流行病易发的情形，则应注意加强项目环境卫生整治，配备适当的医疗人员和药品等。

8 严重环境危机的对策

当分析预见到项目实施过程中会发生严重的环境危机时，则应立即向公司总部报告，采取相应措施，不排除提前撤离项目的可能。比如，当分析认为，该国很可能发生严重的政治动乱、恐怖袭击、战争行为、大规模疫情暴发等情况时，应立即采取行动。近些年在伊拉克、利比亚、苏丹等国发生战争和政权更迭前，中国政府和公司组织大规模撤离行动，就是及时有效应对严重环境危机的成功案例。

9 开展环境保护

在实施项目过程中难免会给当地的环境造成不同程度的负面影响。在进行环境分析评估后，应根据实际情况，采取切实有效的环境保护措施，尽量降低负面影响的程度。比如，在人员密集区实施项目，要增加环境降尘降噪的投入；在生态环境脆弱的地区，尽量不要随意采挖、砍伐或捕杀，不得已的环境破坏行为要遵从合规、适度的原则；项目完工后应尽量恢复现场原貌等。

10 加强项目正面宣传

如上所述，项目实施虽然会给当地带来负面影响，但同时也能带来正面影响。项目管理者应注意加强对项目积极意义的宣传，比如：项目实施过程中可以增加当地就业，拉动当地消费，提高当地民众生活水平；项目建成后可以改善当地基础设施条件，促进当地社会经济发展等。

另外，项目部还可以加强与当地社会的良性互动，热心参与当地公益事业，开展形式多样的文化交流活动，以增进彼此间的了解与信任，为项目施工创造安全和谐的人文环境。

第 9 章　国际工程项目的管理方法

第 1 节　项目管理的系统工程方法

系统是由相互作用和相互依赖的若干组成部分结合的具有特定功能的有机整体，具有整体性、层次性、相关性、目的性和适应性的特点。系统工程则是组织管理系统的规划、研究、设计、制造、试验和使用的科学方法，它既是一门技术，又是一个管理过程。系统工程研究的内容是系统内部各要素的活动，使各要素为实现整体目标发挥作用，达到整体目标最优化的目的。

国际工程项目具有系统的特点，因此管理国际工程项目适合采用系统工程方法。事实上，系统工程作为一门技术和管理方法，正是从一些大型工程项目的管理实践中产生和逐步发展起来的。

在国际工程项目管理中，可采用的系统工程方法包括：①系统工程方法论；②系统分析；③系统预测；④系统评价；⑤系统决策；⑥网络计划技术等。

由于篇幅所限，本节只简略介绍这些方法的基本概念、一般原理或程序步骤，如在国际工程项目管理实践中确有需要用到这些方法的，可另行参考相关专业文献。

1　系统工程方法论

工程项目管理中的系统工程方法论，所要研究和探索的是解决项目管理问题的一般规律和途径，具有项目管理哲学中的方法论意义。其基本特点是，研究方法强调整体性，技术应用强调综合性，管理决策强调科学性，是一种把数学描述方法和逻辑推理方法，与工程技术的规范性及社会科学的艺术性有机结合的工程管理方法。常用的包括霍尔“三维结构”模型、并行工程方法、综合集成工程方法、物理-事理-人理系统方法以及“5W1H”方法，现分别简要介绍如下：

1.1　三维结构模型

根据系统工程方法论中的霍尔“三维结构”模型，可以把工程项目的整个管理过程分为前后紧密相连的 6 个阶段（即时间维）和 7 个步骤（即逻辑维），并同时考虑完成这些阶段和步骤的工作所需的各种专业管理技术知识（即知识维）。其中，工程项目的时间维从业主的角度可分为以下 6 个阶段：规划可研、评估立项、工程设计、工程准备（含招标采购）、建造施工和维护运营。逻辑维是指时间维中的每个阶段所要进行的工作步骤，一般都遵循以下的逻辑程序：明确问题→选择目标→系统综合→系统分析→方案优化→做出决策→付诸实施。三维结构中的知识维是指完成上述各个步骤所需要的各种专业知识和管理知识，包括科学理论、工程技术、经济学、商务合同、法律法规、数学、管理科学、环境科学、计算机信息技术等方面的知识。运用系统工程知识，把6个时间阶段和7个逻辑步骤结合起来，就形成所谓的霍尔管理矩阵（表9-1），矩阵中时间维的每一阶段与逻辑维中的每一步骤所对应的点 A_{ij}，代表着一项具体的管理活动。

霍尔管理矩阵　　表9-1

逻辑维 时间维	1明确问题	2选择目标	3系统综合	4系统分析	5方案优化	6做出决策	付诸实施
1规划阶段	A_{11}	A_{12}	A_{13}	A_{14}	A_{15}	A_{16}	A_{17}
2方案阶段	A_{21}	A_{22}	A_{23}	A_{24}	A_{25}	A_{26}	A_{27}
3研制阶段	A_{31}	A_{32}	A_{33}	A_{34}	A_{35}	A_{36}	A_{37}
4生产阶段	A_{41}	A_{42}	A_{43}	A_{44}	A_{45}	A_{46}	A_{47}
5运行阶段	A_{51}	A_{52}	A_{53}	A_{54}	A_{55}	A_{56}	A_{57}
6更新阶段	A_{61}	A_{62}	A_{63}	A_{64}	A_{65}	A_{66}	A_{67}

1.2 并行工程方法

并行工程方法就是对建筑产品及相关过程进行并行、一体化设计的一种系统化方法，这种方法力图使项目开发者从一开始就考虑项目全生命期内的所有因素，包括质量、成本、进度和用户需求等，以达到缩短项目开发周期、提高工程质量、降低工程成本和提供优质服务的目的。

这是一种多目标下的优化设计方法，更加注重于集成性、协同性、并行性，把以往那种序列化的设计、生产、保障研制过程变为并行的、交互作用的综合研制过程，达到缩短研制周期的目的。

并行工程方法可用于项目的规划可研、工程设计及进度计划编制等，对于承包商来说特别适合于EPC项目。

1.3 综合集成方法

综合集成工程方法是从整体上考虑并解决复杂问题的一种方法，其实质是专家经验、统计数据和信息资料、计算机技术三者的有机结合，构成一个以人为主的高度智能化的人-机结合系统，发挥整体优势，解决复杂的决策问题，其工作步骤和程序如图9-1所示。该方法可用于工程招标、投标决策及项目实施过程中对重大技术问题的论证和决策。

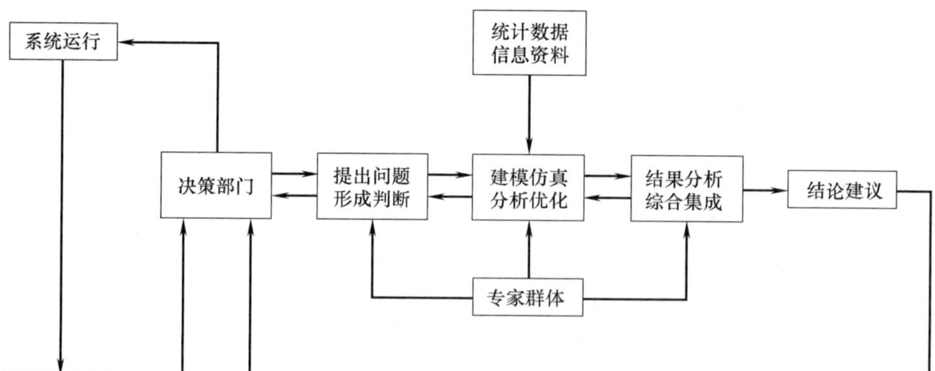

图9-1　综合集成方法示意

1.4　WSR 系统方法

物理-事理-人理（WSR）系统方法是指，在处理复杂问题时，既要考虑对象系统的物的方面（物理），又要考虑更好地使用这些物的方面（事理），还要考虑认识问题、处理问题、实施管理和决策都离不开的人的方面（人理）。把这三方面结合起来，利用人理性思维的逻辑性和形象思维的综合性与创造性，去组织实践活动，以产生最大的效益和效率。该方法的工作步骤为：理解领导意图→调查分析→形成目标→建立模型→协调关系→提出建议。

WSR 系统方法是具有东方文化传统的系统方法论，一个项目管理者应该做到懂物理、明事理、通人理，要善于协调使用项目的硬件、软件和人才，才能做好项目管理工作。

1.5　5W1H 方法

"5W1H"方法，是运用逻辑思维推理的方法对问题进行分析，在分析时往往要通过一系列的"为什么"而使问题得到圆满的解答，见表 9-2。这种方法无论在项目前期的规划立项，还是在中后期施工管理的具体工作中，都可以得到广泛的运用。

"5W1H"方法的要点　　表 9-2

项目	为什么	应该如何	采取什么对策
目的	为什么提出这个问题?	应提什么?	删去工作中不必要部分
对象	为什么从此入手?	应找哪个?	
时间	为什么在这时做?	应何时做?	合并重复的工作内容
地点	为什么在这里做?	应在何处做?	
人物	为什么由此人或此单位做?	应由谁做?	
方法	为什么这样做?	如何去做?	使工作尽量简化

2　系统分析

项目管理中的系统分析，就是为了发挥项目的整体功能及达到项目的总目标，采用科学合理的分析方法，对项目的环境、目的、功能、结构、费用与效益等问题，进行深入的调查，细致的分析、设计和试验，经过不断的分析和探索，从而制定一套经济有效的处理步骤或程序，或提出对项目实施管理工作的改进，或提出决策者所关心的某项工程的设想和建议等，以此为决策者提供正确决策所需的信息和资料。

系统分析的基本要素包括：目标、可行方案、费用、模型、效果、准则和结论，如图 9-2所示。系统分析的主要内容有：系统目标分析、环境分析、功能分析、结构分析。系统分析应坚持"内部因素与外部因素相结合"、"当前利益和长远利益相结合"、"局部利益与整体利益相结合"、"定性分析与定量分析相结合"的原则。

系统分析的具体步骤概括如下：①明确问题与确定目标；②搜集资料，探索可行方案；③建立模型；④对各种可行方案进行综合分析和评价；⑤经必要的检验和核实，选定应该采取的最佳方案。

3　系统预测

系统预测就是，在充分分析和理解系统的发展变化规律基础上，根据系统的过去和现

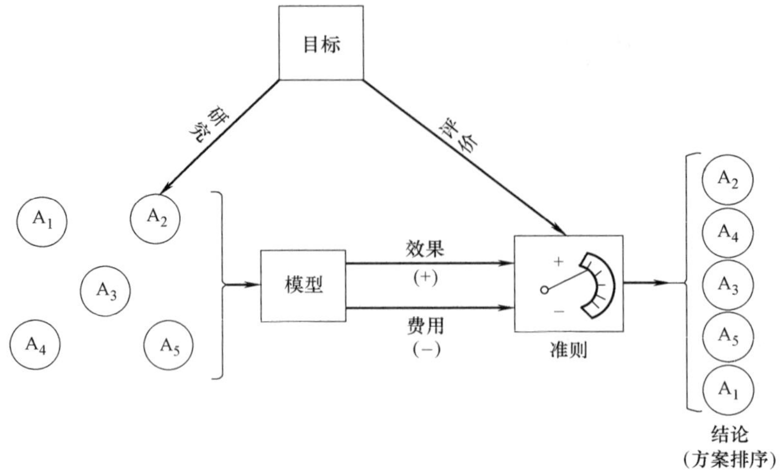

图 9-2　系统分析要素结构图

在估计未来，根据已知预测未知，从而减少对系统未来认识的不确定性，以指导决策行动，减少决策的盲目性。

系统预测有如下三类方法：①定性预测，就是依据人们对系统过去和现在的经验、判断和直觉，如市场调查、专家打分、主观评价等做出预测，主要有专家会议法、德尔斐（Delphi）法、主观概率法和领先指标法。②时间序列分析预测，就是根据系统对象随时间变化的历史资料（如统计数据、试验数据和变化趋势等），只考虑系统变量随时间的发展变化规律，对其未来做出预测，主要包括移动平均法、指数平滑法、趋势外推法及博克斯-詹金斯（Box-Jenkins）方法。③因果关系预测，由于事物发展变化具有内在因果关系，因此可以由先发事物的变化进程与状况，推测后发类似事物的发展变化，主要方法有：回归分析法、马尔可夫过程法、状态空间预测法、计量经济预测法、系统动力学仿真方法等。

系统预测的步骤为：①明确预测目的；②收集、整理数据资料；③建立预测模型；④模型参数估计；⑤模型检验；⑥预测实施与结果分析。

4　系统评价

系统评价（systematic reviews）是对新开发的或改建的系统，根据预定的系统目标，用系统分析的方法，从技术、经济、社会、生态等方面对系统设计的各种方案进行评审和选择，以确定最优或次优或满意的系统方案。根据系统所处阶段来划分，系统评价可分为事前评价、中间评价、事后评价和跟踪评价。

系统评价一般步骤包括：①明确系统方案的目标体系和约束条件；②确定评价项目和指标体系；③制定评价方法并收集有关资料；④可行性研究；⑤技术经济评价；⑥综合评价。

系统评价方法有以下四类：①专家评估，由专家根据本人的知识和经验直接判断来进行评价，常用的有特尔斐法、评分法、表决法和检查表法等；②技术经济评估，以价值的各种表现形式来计算系统的效益而达到评价的目的，如净现值法（NPV 法）、利润指数法

(PI 法)、内部报酬率法（IRR 法）和索别尔曼法等；③模型评估，用数学模型在计算机上仿真来进行评价，如可采用系统动力学模型、投入产出模型、计量经济模型和经济控制论模型等数学模型；④系统分析，对系统各个方面进行定量和定性的分析来进行评估，如成本效益分析、决策分析、风险分析、灵敏度分析、可行性分析和可靠性分析等。

5　系统决策

决策是为达到某种目标而从若干个问题求解方案中选出一个最优或合理方案的过程。在系统工程的工作过程中，由系统开发得到的若干解决问题的方案，经过系统建模、系统分析及系统评价等步骤之后，最终必须从备选方案中选出最佳的开发方案，就是系统决策。

构成一个决策问题必须具备以下几个条件：①存在试图达到的明确目标；②存在不以决策者主观意志为转移的两种以上的自然状态；③存在两个或两个以上可供选择的行动方案；④不同行动方案在不同自然状态下的益损值可以计算出来。

按决策的重要性可将其分为战略决策、策略决策和执行决策；按决策的性质可将其分为程序化决策和非程序化决策；根据人们对自然状态规律的认识和掌握程度，决策问题可分为确定型决策、风险型决策（统计决策）和非确定型决策（完全不确定型决策）；按决策目标数量可将其分为单目标决策和多目标决策。

系统决策的基本步骤为：①明确目标；②拟定多个行动方案；③探讨并预测未来可能的自然状态；④估计各种自然状态出现的概率；⑤估算各个行动方案在不同自然状态下的益损值；⑥决策分析，选择满意的行动方案。

6　网络计划技术

网络计划技术是一种编制大型工程进度计划的有效技术方法，也是系统工程中常用的一种科学管理方法。它是把工程开发研制过程当作一个系统来处理，将组成系统的各项工作和各个阶段按先后顺序，通过网络图的形式，进行统筹规划、全面安排，并对整个系统进行组织、协调和控制，以达到最有效地利用资源，并用最少时间来完成系统的预期目标。它不仅广泛用在时间进度的安排上，也应用在资源分配和工程费用的优化方面，特别适用于一次性的大型科研、生产和工程项目。

网络计划技术的实施步骤为：①确定目标，进行准备工作；②进行任务分解；③进行任务分析，列出作业清单；④绘制网络草图；⑤计算时间参数，找出关键路线；⑥综合平衡，进行网络的调整和优化；⑦绘制正式的网络图，编制计划文件。

第 2 节　项目管理策划

1　管理策划的概念

美国哈佛企业管理丛书认为：“策划是一种程序，在本质上是一种运用脑力的理性行为。”策划是以人类的实践活动为发展条件，以人类的智能创造为动力，随着人类的实践活动的逐步发展与智能水平的超越发展起来的，策划水平直接体现了社会的发展水平。生产力的进步推动社会的发展，社会的发展同时必然要求策划也随之发展，而策划的发展又依托于人类智能创造的提高，社会越发展，人类的智能创造力越丰富，策划的水平也就越高。由此可见，社会的发展造就了策划的历史，策划是社会发展文明化的必然产物，必将随着人类文明的高度发展，走入科学策划阶段。

项目管理策划是一种具有建设性、逻辑性的思维的过程。具体地说，就是项目团队根据项目的各种制约因素、假设条件以及各项目干系人的要求等，对项目管理进行总体布局规划的过程。其目的就是要把所有可能影响决策的决定总结起来，对未来起到指导和控制作用，最终借以达到方案目标。它是一门新兴的策划学，以具体的项目活动为对象，体现一定的功利性、社会性、创造性、时效性和超前性。

因此，项目策划可以帮助我们去明确了解项目的整体目标和工作任务范围，理清项目的环境条件、项目的过程和各组织活动之间的关系，为完成目标任务而应采取组织、管理和技术措施、资源投入、工作流程和方法以及团队应遵循的规则制度等。总之，项目策划是要明确项目管理“管什么、怎么管及管的结果如何”等问题，只有搞清楚这些，项目才能被管理起来，否则我们不能谈项目管理，只能说我们在管着项目，但是还没有理清楚，结果则是什么也没有管到位。

项目管理策划工作的输出结果是项目策划书，也有的根据项目的实际情况，将策划分为编制项目管理计划和实施计划两步走。策划工作应该在项目初期进行，宜早不宜迟，否则便降低或失去了策划的意义。一些策划工作甚至可以早在组织投标阶段就开始，提前对项目的运作进行整体的构思酝酿和规划布局。从这个意义上说，项目策划并非仅仅是编制策划书，它不过是整个策划工作过程的最终结果的体现罢了。同时，在一定程度上，它又是项目实施过程事先在文字上的一次预演。

国际工程企业根据各自内部在建项目管理制度规定的不同，策划书的编制可以是由公司总部相关职能部门或专家负责完成；也可以是在公司总部的参与指导下，由项目经理领导项目管理团队相关成员负责完成，并经总部相关职能部门、专家组织评审后再修改完善，报总部批准后作为项目的内部文件在项目上遵照实施。

项目管理策划是在项目管理过程的初期需要完成的最为重要的一项工作，策划书建立了开展项目管理、进行项目监控及衡量管理绩效的依据和标准，是指导团队实施项目管理的纲领性文件，并有利于激励项目团队的士气和建立项目相关方的有效沟通。从某种意义上说，项目策划不仅是管理团队在项目初期的一项工作任务，而且也是团队自身建设的重要内容和手段。

2 项目管理策划的基本内容

2.1 项目描述

主要阐述对项目基本特征及所处环境的认识，包括：①项目的名称、地理位置、业主和设计咨询单位、合同金额、合同工期、项目功能、结构构成及主要工程量；②项目的自然和社会环境，如水文、地质、气候条件、当地的政治、经济、文化、宗教、安全、交通、生活、资源供应情况等。

2.2　编制依据

主要依据有：①与业主签订的项目合同文件，包括合同条件、图纸、技术规范、工程量单、承包商的投标文件、双方往来的信函等；②相关国家和政府部门的法律法规和政策，行业主管部门或机构的规范规程和条例要求；③公司总部的各项管理制度、体系和规定；④公司总部专门为此项目下达的或与项目部签署的文件、目标任务和要求；⑤项目所面临的自然、社会环境和可利用的资源条件，包括综合性环境分析报告；⑥其他。

需指出，策划书的编制并非是上述各种信息条目的简单罗列，编制者及随后的项目管理团队应确实熟悉了解这些依据的内容和要求，并在项目实施过程中严格遵照执行。

2.3　项目目标

包括进度、成本、合同、质量、安全环境健康等方面的总体及分部分项或分阶段性目标，是完整的目标体系。在确定项目目标时，不仅要遵照项目合同规定和公司总部的目标指标要求，还要根据项目的实际情况经综合分析后设定项目自身的内控指标，以保证合同规定和总部要求的目标的顺利实现。

比如，一般项目合同都有明确的总工期期限和一些里程碑目标，企业总部会对项目下达一个总成本和经营利润指标。项目部在确定项目目标时经分析比较认为，只有加快施工进度提前完工才有可能降低成本，实现总部要求的利润目标。这样，项目部就应该相应地缩短工期，将其作为内控进度目标。再拿合同目标来说，业主和咨询工程师要求的合同目标是承包商应完全履行其合同规定的各种责任义务；承包商企业总部下达的合同目标是，项目部在代表本企业履行承包商的合同责任义务的同时，还要努力维护自身应有的合同权利。而项目部确定的内控合同目标则不仅涵盖主合同的责权利，还包括各个分包合同的规范履约。

因此，项目目标并非完全照搬项目合同和总部要求，不排除需要对各目标进行必要的调整，以同时满足合同和企业总部的目标要求。

2.4　项目组织

项目组织包括项目组织机构设置、人员安排及主要岗位职责定位等，可参见前述项目组织管理中的相关内容。

项目管理团队的组织结构设置应充分考虑项目的规模大小、建设的难易程度，建筑物的特点和建造要求，拟进入项目团队成员的能力素质以及团队运行成本等因素。最常见的组织形式是项目部（Project Office），由项目决策层和多个管理职能部门组成。其中决策层由一人（项目经理）或多人组成，每个职能部门设部门领导和成员若干。

需要说明的是，项目部适合于中等规模和难易程度一般的工程项目。对于规模相对较小、施工相对简单单一的项目，可采取项目队（组）（Project Team or Project Group）的形式，由项目经理和数名技术管理人员组成。而对于规模大、施工和管理难度大、工期长的项目，如果项目部即使规模扩大后仍不能满足要求时，甚至可以采取公司模式设置项目管理组织结构。而由多家公司联营的项目，其决策机构则可能是在项目经理之上的项目董事会。

组织机构确定后，可根据机构中的岗位设置定义其工作职责，并根据岗位职责的要求选择合适的人员，规定其工作岗位和进场时间等。当项目的组织机构比较复杂庞大时，管理计划可以只定义项目领导层和职能部门及其领导的责任范围，而将部门员工的具体责任分工交由各部门领导确定。

2.5 项目进度及资源计划

即施工总进度计划及与之相适应的劳动力、资金和设备物资计划。

总进度计划作为施工进度的内控纲领性文件，其最低限度是要满足合同规定的工期要求，实际上考虑到实施过程中可能会遇到多种难以预测的影响因素，总进度计划的编制应比合同要求适度从紧。而当该计划与合同要求一致时，则可对外发布。在策划阶段如果时间不允许，总进度计划可以是主进度计划的层级，即 MASTER PROGRAM，而在进场后再编制更详细的基线总进度计划，即 BASELINE PROGRAM，详见后述。

在编制出总进度计划，且主要施工方案确定后，则可据此编制相应的资源计划，包括劳动力计划、设备物资计划和资金计划。资源计划要在了解掌握现实条件的基础上，经过周密细致的考虑筹划，做到科学合理经济可行，并具有可操作性。否则，要么无法实现目标要求，要么造成巨大的时间和经济损失，或者干脆就没办法去按计划实施。

劳动力计划要确定：①劳动力的数量（各单月的人数、月均人数和高峰人数等数量指标）、工种和技能差别，从而形成在整个项目周期内的劳动力分布状况的计划——劳动力柱状图和计划表；②采用何种劳动组织管理方式，比如是以自营的方式，即采用自有或/和外招劳务后组建作业队，由项目部统一进行生产和生活管理；还是采取劳务外包的方式；亦或是二者兼有；③劳务的来源，确定是来自中国、项目所在国或者第三国的劳务及其各自的比例或数量；④与劳务管理相关的其他安排，如确定劳务生产管理和生活管理的负责人或部门，各批次劳务的进场时间和数量，劳动计量和薪酬标准，以及劳工生活营地、交通等方面的初步计划安排等。

设备物资计划需确定项目所需各种主要设备物资的名称、规格型号、数量、计划进场日期，预估价格，来源地，产权属性，采办负责人或部门等，其中来源地为中国、当地国或第三国，而产权属性则为自有或新购、租赁或分包商、供应商所有等情况。

在编制完成了项目的进度计划和成本计划后，可编制项目的资金计划，包括在整个项目周期内的项目资金收入和支出的分布及资金平衡状况。资金收入主要来自业主的工程预付款和进度款支付。当到账工程款不足以应对项目的成本支出并因此而影响到项目的正常运转时，不足部分应从项目外部获得，如公司总部的临时借款或银行的短期贷款。通过编制资金计划可以确定项目发生资金短缺的时段及金额大小，从而提前采取应对措施。当然，如果项目在某一时段内资金充裕，为提高资金使用效率，在不影响项目自身资金使用的前提下，多余资金可以转移出项目。资金计划通常还应考虑各币种在项目周期内的收支情况，以及相应的兑换和筹措对策。

需特别指出，上述各种资源计划的编制，也许可以由项目团队的相关专业人员或部门完成，但对这些计划的审查把控，特别是如何将计划的资源筹措落实到位，则是项目经理的重要职责之一。

2.6 项目分包计划

项目分包计划主要是确定拟分包的子项目、发包的方式、分包时间及分包控制价格以及分包发包工作的负责人或部门等，还应制定分包从发包到定标签订合同的工作流程和原则标准，编制分包招标文件的通用部分，制定项目实施过程中的分包管理计划，包括工作目标、内容、责任分工、业务流程和要求、风险识别以及应对措施等，当然也可以将分包管理纳入合同管理的范围进行统一管理。

2.7　项目成本计划

结合项目实际将上述成本目标进行分解，制定各单项和分阶段成本控制计划。成本计划的编制见后述。

2.8　其他管理计划

其他管理计划包括合同与风险管理计划、质量管理计划、HSE 管理计划、行政后勤管理计划等。这些计划可以是管理策划书中的一部分；也可以是专项计划，由各相应的管理部门负责编制完成。

2.9　难重点项目策划

通过对项目的全面梳理分析，选择确定项目实施过程中的难点和重点，这些难点和重点可能是技术、施工、质量、工期、安环方面的，也可能是经济、管理、沟通方面的，主要由其对整个项目及其经营结果的影响大小和实施的难易程度来决定。

由于对项目的成败起到关键性作用，在确定项目的难点和重点后，针对各个具体的难点和重点问题，要提出多种解决方案，经反复讨论比较，必要时可借助项目以外的专家支持把关，最终形成既可行又经济的方案，以及与之配套的措施和资源配置计划，作为未来项目实施的指导纲领。

例如，在中东某国的一个房建类项目，项目部经了解和分析比较认为，由于该项目是通过独家议标的方式承接的，项目价格在同时期的同类项目中属中等偏上的水平，且刚签订合同就遇到全球金融危机爆发，导致各类建筑材料价格直线下跌，这对即将开始实施的项目的经济性极为有利。但是，项目业主为了能尽快建成项目投入商业运营，在合同中限定的工期很紧，并规定了严厉的误期罚款条件。而且，项目部了解到，在该地区的建筑工程实施普遍存在工期拖延现象，只是拖延的程度各有不同而已。据此项目部认为，确保项目按期完工交付使用是实施的重点，只要能按期竣工，即便按照一般的经营管理水平，也可以顺利实现项目既定的经济目标。

该项目地处海边，基础最大下挖深度超过 25m，采取钢筋笼混凝土咬合桩围护方案，作为主包商以前没有这方面的施工经验，围护施工一旦失败后果不堪设想。另外，建筑物底板为厚度 2.5m 的大块体结构，并且根据总进度计划，正好在高温季节施工。还有，根据项目分包计划，该项目合同额的 60%将分包给各专业分包商，最多时项目上有数十家分包商在同时施工或提供服务。

针对上述情况，项目部将保证项目按期竣工确定为项目实施的重点；将高水头深基坑施工列为施工和技术难点，包括基坑钢筋笼混凝土咬合桩围护施工及其堵漏防渗处理，基坑排水，深基坑开挖，高温环境下的大块体混凝土浇筑的温控和防裂以及防水施工等；而把专业分包商的综合协调工作视为项目管理的难点。项目部针对这些重点和难点，分别采取了相应的应对措施。

2.10　项目管理制度

项目管理制度，是项目部为实现项目目标，在项目管理的计划、组织、控制、协调和反馈等活动中所应遵循的规范形式的总和，是规范管理的制度化成果，包括：①对项目的组织架构、功能和目的的界定；②项目团队成员的个人行为和道德规范及岗位职责定位；③项目管理活动的程序性规定和工作标准要求；④对管理活动结果、员工的行为和绩效的评价、奖惩的规定。

所谓“没有规矩不成方圆”，建立健全项目管理制度，是进行项目管理团队建设的重要手段，有利于规范员工的行为表现，维护项目团队正常的工作和生活秩序，提高工作效率，增强团队的凝聚力和战斗力，并规范项目管理过程，降低管理成本，实现项目的经营管理目标。因此，它是项目初期进行管理策划时必须完成的一项重要工作内容。

同时，项目的制度建设又是一个开放的过程，在策划时初步建立，并在管理过程中根据实际需要不断补充完善。项目管理制度可源自：①公司总部现行的有关管理制度；②其他已竣工或在建项目的管理制度；③根据本项目实际需要新制定的管理制度。

如下是某一国际项目管理制度的条目：

出国人员守则；

员工道德行为规范；

员工着装管理规定；

员工奖罚制度；

劳动管理条例；

外籍雇员奖惩制度；

项目组织管理工作制度；

计划管理制度；

分包商管理制度；

成本管理制度；

安全、环境与职业健康管理制度；

安全事故应急处理与报告制度；

安环健康处罚规定；

项目物资管理制度；

项目设备管理条例；

机械设备操作人员安全奖励制度；

项目事故处罚条例；

项目财务管理制度；

对外支付程序规定；

项目人事管理工作制度；

项目工资及考勤管理制度；

人事主管的职责和招工程序；

项目交通车辆管理条例；

项目通讯和传真管理条例；

手机通讯费补助管理办法；

项目办公用品及后勤物资采购与管理办法；

项目文件收发和归档管理制度；

会议管理制度；

统计管理制度；

项目部营地管理制度；

国内保障部工作管理规定；

附件：各类文件格式和表格模板。

最后需要说明两点：①项目管理策划是对项目管理的总体计划安排，编制过程中会面临众多的分析比较和决策选择问题，其中可以采用前面介绍的一些系统工程方法；②策划作为一种管理方法，不仅可以用于对项目管理的总体计划安排，而且可以用于某一具体的管理活动。

第 3 节　项目管理的 PDCA 循环

1　一般概念

在上一节中，通过策划我们可以获得整个项目的管理计划。所谓计划，是一个较为宽泛的概念，一般是指预先明确所追求的目标及相应的行动方案。从以上项目管理计划的内容，我们可以看出：①项目管理计划具有明确的目标及相应的组织、资源、技术、制度等措施；②项目管理计划是由多个目标和多个行动方案构成的综合计划，它是以进度计划为主线，以相应的资源计划、成本计划、分包计划等相配套；③在项目初期形成的管理计划只是一个粗线条的总体计划，在具体落实到某一个阶段和某一项活动时，还需制定更为详细的行动计划。

另外，计划只有在付诸实施后才有可能实现其所预先确定的目标。为保证计划目标的实现，还需对计划行动方案的实施过程进行监督控制。通过监督控制，不仅能够保证实施过程不偏离计划，而且可以发现实施过程中存在的问题，进而进行评价，提出相应的纠偏和改进措施。而这种从计划到实施、监控和纠偏的过程，正是所谓的 PDCA 循环。

PDCA 是英语单词 Plan（计划）、Do（执行）、Check（检查）和 Act（纠正）的缩写。PDCA 循环又叫戴明环，是美国质量管理专家戴明博士首先提出的，最初是应用于全面质量管理的科学程序，可以概括为：全面质量管理活动的全部过程，就是质量计划的制订和组织实现的过程，这个过程按照 PDCA 循环，不停顿地周而复始地运转。不论提高产品质量，还是减少不合格品，都要先提出目标，即质量提高到什么程度，不合格品率降低多少等，都要有个计划；这个计划不仅包括目标，而且也包括实现这个目标需要采取的措施；计划制定之后，就要按照计划进行检查，看是否实现了预期效果，有没有达到预期的目标；通过检查找出问题和原因；最后就要进行处理，将经验和教训制订成标准、形成制度。

在工程项目管理过程中也会涉及工程质量管理问题，当然可以采取 PDCA 循环进行全面质量管理。不仅如此，PDCA 循环可以使我们的思想方法和工作步骤更加条理化、系统化、图像化和科学化，实际上是有效进行任何一项工作的合乎逻辑的工作程序，因此还可以应用于项目管理的其他工作中，比如项目的施工进度管理、成本管理等，如图 9-3 所示。

2　特点

PDCA 循环具有如下特点：

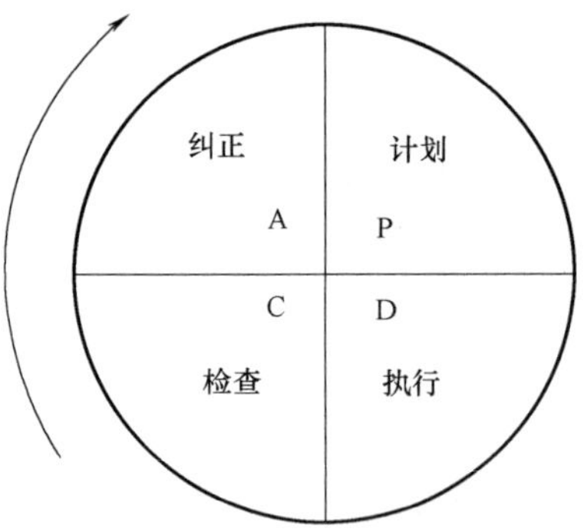

图 9-3　PDCA 循环示意

（1）大环套小环，小环保大环，推动大循环

循环作为借用于项目管理的基本方法，不仅适用于整个工程项目组织和生命周期，也适应于项目内部各个科室、工段、班组及个人，适应于生命周期内各个阶段、每年、每月、每周以至每天。各级组织和阶段根据项目的总体方针目标，设定各自PDCA 循环，层层循环，形成大环套小环，小环里面又套更小的环。大环是小环的母体和依据，小环是大环的分解和保证。各级组织和阶段的小环都围绕着项目的总目标朝着同一方向转动。通过循环把工程项目的各项工作有机地联系起来，彼此协同，互相促进，如图 9-4 所示。

（2）不断前进、不断提高

PDCA 循环就像爬楼梯一样，一个循环运转结束，项目管理工作就会提高或向前推进一步。然后，再制定下一个循环，再运转、再提高，不断前进，不断提高。

（3）门路式上升

PDCA 循环不是在同一水平上循环，每循环一次，就解决一部分问题，取得一部分成果，工作就前进一步，水平就进步一步。每通过一次 PDCA 循环，都要进行总结，提出新目标，再进行第二次 PDCA 循环，使项目管理的车轮滚滚向前。

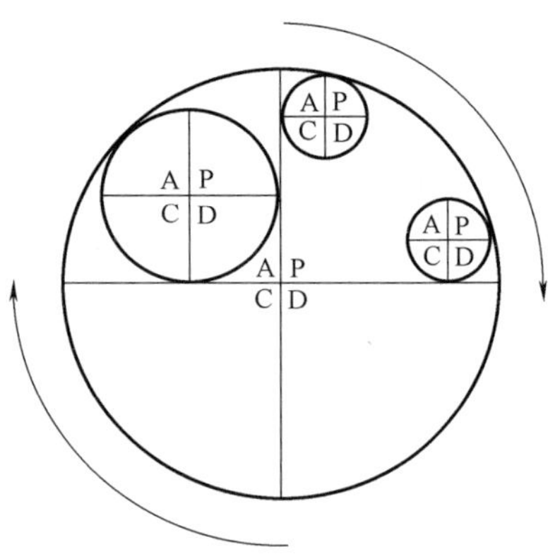

图 9-4　大环套小环 PDCA 循环示意

3　实施步骤

结合项目管理的系统工程方法，PDCA 循环四个阶段又各细分为相应的步骤：

3.1　P 阶段

即根据项目业主合同要求和公司总部的方针，为提供结果建立必要的目标和过程。

（1）选择课题、分析现状、找出问题。

这一步强调的是对现状的把握和发现问题的意识、能力，因为发现问题是解决问题的第一步，是分析问题的条件。

工程项目管理选择的课题范围是以满足业主合同需求为前提，以承包商获利为目标的。同时也需要考虑项目的资源、技术等能力。选择课题时可以使用调查表、排列图、水平对比等方法，以获取较为直观的信息，从而做出合理决策。

（2）确定目标，分析产生问题的原因。

找准问题后分析产生问题的原因至关重要，运用头脑风暴法等多种集思广益的科学方法，把导致问题产生的所有原因统统找出来。

明确了项目管理活动的主题后，需要设定一个活动目标，也就是规定活动所要做到的内容和达到的标准。目标可以是定性＋定量化的，能够用数量来表示的指标要尽可能量化，不能用数量来表示的指标也要明确。目标是用来衡量实验效果的指标，所以设定目标应该有依据，要通过充分的现状调查和比较来获得。制定目标时可以使用关联图、因果图来系统化地揭示各种可能之间的联系，同时使用甘特图来制定计划时间表，从而可以确定工作进度并进行有效的控制。

（3）列出各种方案并确定最佳方案，区分主因和次因是有效解决问题的关键。

正交试验设计法、矩阵图都是进行多方案设计中效率高、效果好的工具方法。

（4）制定对策、制定计划。

有了好的方案，其中的细节也不能忽视，计划的内容若要完成好，则需要将方案步骤具体化，逐一制定对策，明确回答出方案中的"5W1H"即：为什么制定该措施（Why）、达到什么目标（What）、在何处执行（Where）、由谁负责完成（Who）、什么时间完成（When）、如何完成（How）。使用过程决策程序图或流程图，方案的具体实施步骤将会得到分解。

3.2　D阶段

即按照预定的计划、标准，根据已知的内外部信息，设计出具体的行动方法、方案，进行布局。再根据设计方案和布局，进行具体操作，努力实现预期目标的过程。

在此阶段应注意以下几点：①设计出具体的行动方法、方案，进行布局，采取有效的行动；②通过对组织内外部信息的利用和处理，作出设计和决策，是当代组织最重要的核心能力。设计和决策水平决定了组织执行力；③对策制定完成后就进入了实验、验证阶段也就是做的阶段。在这一阶段除了按计划和方案实施外，还必须要对过程进行测量，确保工作能够按计划进度实施。同时进行数据采集，收集起过程的原始记录和数据等项目文档。

3.3　C阶段

即确认实施方案是否达到了目标，包括效果检查、检查验证、评估效果。

方案是否有效、目标是否完成，需要进行效果检查后才能得出结论。将采取的对策进行确认后，对采集到的证据进行总结分析，把完成情况同目标值进行比较，看是否达到了预定的目标。如果没有出现预期的结果时，应该确认是否严格按照计划实施对策，如果是，就意味着对策失败，那就要重新进行最佳方案的确定。

3.4　A阶段

（1）标准化，固定成绩

标准化是维持项目管理现状不下滑，积累、沉淀经验的最好方法，也是项目管理水平不断提升的基础。所以，对已被证明的有成效的措施，要进行标准化，制定成工作标准，以便以后的执行和推广。

（2）问题总结，处理遗留问题

所有问题不可能在一个PDCA循环中全部解决，遗留的问题会自动转进下一个PD-CA循环，如此，周而复始，螺旋上升。

对效果不显著的方案或者实施过程中出现的问题进行总结，为开展新一轮的PDCA循环提供依据。

4　局限与改进

需要说明的是，随着更多项目管理应用PDCA，在运用的过程发现了很多问题，因为PDCA中不含有人的创造性的内容，它只是让人完善现有工作，这就容易导致惯性思维的产生，习惯了PDCA的人很容易按流程工作，因为没有什么压力让他来实现创造性。因此，PDCA在实际的项目管理中也存在一些局限性。

另外，一些现代管理观点对PDCA进行了新的诠释，其中：①P（Planning）计划职能包括三小部分：目标（goal）、实施计划（plan）、收支预算（budget）；②D（design）代表设计方案和布局；③C为4C管理，即：Check（检查）、Communicate（沟通）、Clean（清理）、Control（控制）；④A（2A）表示Act（执行，对总结检查的结果进行处理）和Aim（按照目标要求行事，如改善、提高）。

第4节　项目管理中的沟通协调

1　定义与作用

一般来说，管理具有计划、组织、指挥、沟通、控制等五项基本职能，其中，沟通贯穿于计划、组织、指挥和控制的全过程。沟通协调就是通过对组成管理系统的人、物、时间、资金、信息等各要素之间或组织之间行为的调节，使之和谐统一，步骤一致，齐心协力，实现管理的目标。

建设工程项目是依靠资金、技术和管理，使用大量人力、物力，在一定的环境和约束下进行的多相关方集团作业的产物。集团作业的成功有赖于关系的和谐，和谐的关系要通过有效的协调来建立。所以，沟通协调在项目建设过程管理中具有十分重要的作用。它贯穿于项目建设的全过程全方位，牵涉到各个建设参与方和关联方。

对于国际工程承包商来说，开展沟通协调是总承包管理的有效方法和重要任务。甚至可以说，从管理的角度看，总承包管理在很大程度上是在进行沟通协调工作。这项工作的好坏，既反映了总承包商的管理水平和能力的高低，又直接关系到项目建设的成败。

2　内涵与分类

沟通是信息流在相关各方之间的交流与传递的过程，即信息发出者将某一信息通过中间媒体传递给信息接收者，而信息接收者对所接收的信息做出回应的过程。从沟通行为主体看，沟通可以分为人际沟通和组织沟通。若以总承包商作为行为主体，从沟通对象看，则可分为总承包商的内部沟通和外部沟通。内部包括项目部管理层、各职能部门、施工分包商、设备材料服务供应商及承包商总部等；外部则主要有项目业主、咨询、设计、相关政府部门及周边关联方等。从沟通的方向看，可以是信息流在相关各方间的单向、双向或多向交叉的交流与传递。而在频度上，沟通又有单次的与多次的，短期的与长期的，定期的和不定期的之分。从沟通的方式方法上看，又有正式沟通与非正式沟通、书面沟通与口头沟通、言语沟通与肢体语言沟通、面对面沟通与非面对面沟通之别。

协调则是为了完成项目计划和实现项目目标，对项目管理各项工作和各参与方的活动进行调节，使之同步，互为依托。在项目建设过程中，由于受环境因素、资源配置的限制，加之项目目标的多元性，且参与方和关联方众多，相互之间的要求与关系错综复杂，难免出现制约、矛盾和冲突，这就需要总承包商从大局和全局出发，通过科学合理的安排与调整，使之趋于协调一致。协调的对象包括人际关系协调、组织关系协调、目标关系协调、资源协调、生产过程协调等。

在总承包管理中，沟通与协调相互联系密不可分。沟通是围绕协调任务所作的沟通，是实现施工总承包各方关系协调的前提条件，也是进行协调的重要手段，没有沟通就无法进行协调。而协调是沟通的目的，只有通过充分沟通，达到相关各方相互信任与理解，才能实现相互协调的目的。良好的沟通有利于关系协调；反过来，和谐协调关系的建立又进一步促进了相互间的坦诚交流与沟通。

在国际工程项目管理中，由于相关参与方之间存在民族、宗教和文化的差异及语言障碍，加上国际间的距离和时差造成的信息交流不便等因素，其沟通协调管理变得更为困难，因而做好沟通协调也显得更加重要。只有通过良好的沟通协调，才能将不同宗教、语言、文化和民族背景，地处不同时距的人有效地联系起来，消除彼此的误解和矛盾，建立和谐的人际关系，为顺利实施项目、实现项目目标提供保障。

以下主要从总承包商的视角讨论与项目相关方组织间的沟通协调管理。

3　对象及相互关系

以项目为划界对象，总承包商的对外沟通协调对象可分为两个方面，一是项目内的对象，包括业主、设计、咨询和其他承包商；二是项目外的对象，涉及当地政府监管部门、相关单位、周边居民及媒体等。其中，重点对象是业主、设计咨询和政府监管部门。

业主，一般是项目的出资方和招标人，也是项目参与各方的总体组织协调者。他通过签订施工总承包合同，与总承包商形成合同关系，成为合同中总承包商的服务对象。

设计单位（承包商的设计分包单位除外），通过设计合同为业主提供专业化的设计服务，通常与施工总承包商不构成直接合同关系，而是与承包商一起，在同一业主下为同一项目工作，从事两个不同方面的服务。因此，在合同关系上，设计单位与承包商是独立并行的。在工作关系上二者是协同合作，在工作流程上是前后工序的关系。

咨询单位，也是业主通过合同选定的专业服务提供者，通过履行其合同职责和义务及相应的专业技能，在项目建设全过程中，为业主提供技术咨询服务，确保业主要求和承包商合同承诺的实现。在工作中具体协调承包商与业主、设计的关系，而它本身与承包商的工作关系则是监督与被监督的关系。

在国际工程项目中，项目设计与咨询有时是由同一家咨询公司承担。

政府，是指项目所在国家和地方政府相关职能和行业主管部门，涉及建设管理、规划、土地、市政、质检、安检、工商、税务、劳动、环保、公安、消防、卫生、档案等方面。政府一般不直接参与本项目的投资与招标，原则上也不干预项目的正常实施，但通过相关法律法规、方针、政策、技术标准规范和相关职能主管部门的行政许可、审核批准及必要的监督检查，来规范国际项目建设相关方从工程立项、设计、招投标、施工、竣工验收、保修等全过程的行为活动。

另外，与项目或总承包商发生联系或需要沟通协调的，还有分包商、项目周边关联单位如电力、通信、水务、市政、热力、医疗、银行、保险等，周边物业、居民以及与业主另签合同的其他施工承包商等。值得一提的是，一个大型建筑工程往往会引起媒体的广泛关注，媒体的宣传对项目及总承包商的公众形象起到十分重要的作用。因此，总承包商不可忽视与媒体的沟通协调。

4 主要内容

针对不同的对象，总承包商沟通协调工作的内容也各不相同，主要有以下几个方面：

4.1 与业主的沟通协调

总承包商应与业主建立畅通的信息交流渠道，通过沟通领会业主对项目的目标及其变化要求，明确总承包商应提供服务的范围，使业主的要求及承包商相应的责任义务能迅速贯彻到工程实施中。同时也要及时将履行合同和实施项目的进展情况及遇到的问题和要求等，通过沟通及时反映给业主，以使业主适时掌握项目的信息，了解承包商的处境，为其决策提供可靠依据，并争取业主的理解和支持。

总承包商应积极主动高效地为业主服务，从根本上讲，是要学会从业主的角度去考虑问题，主动促成总承包商与业主利益的一致性。如协助或参与业主落实开工前的重大事宜和现场施工条件，包括规划立项、拆迁安置、施工许可、市政管网连接、进场道路等。尽管这些工作并非一定是承包商的合同责任范围，但承包商的提前介入和适当支持配合，必将赢得业主的信任，同时更多地了解项目背景和外部关系，也有利于创造施工建设条件。在施工管理的各个环节上，与业主建立良好的相互信任、相互支持和相互理解的关系，以保证施工全过程的优质、高效、文明与安全。帮助业主解决工程实施过程中的重大问题，协助业主做好指定分包商或直接分包与采购的选择与管理，规避和防范业主建设施工过程中的风险，必要时配合业主进行项目的对外营销和宣传。在项目建设尾期，协助业主完成竣工验收和资料移交归档，提供保修服务，主动处理工程质量缺陷。

4.2 与设计单位的沟通协调

通过主动沟通及时了解设计的计划与进展情况，协调设计单位解决各专业之间的矛盾，帮助设计单位获取设计所需的基础资料和试验数据。向设计单位提供必要的技术参数，介绍施工质量、技术、工艺、进度、方案、经验、问题与风险等，反映在设计与施工方面可能出现的矛盾以及施工对设计的要求，并通过协调妥善处理由于设计施工间的不符、矛盾等可能带来的经济损失，兼顾业主与总承包商的利益。为设计提供必要的技术支持，提出合理的设计变更意见和建议，以完善设计。积极配合设计人员的详图制作（如果有）、现场查勘、模拟试验、技术指导等工作。

4.3 与咨询工程师的沟通协调

总承包商应与咨询工程师通力合作，建立和实施一套完备可行的标准化、规范化的施工监督机制和流程。在开工前，根据合同要求，向咨询工程师提交必要的资料信息，如开工申请及相应的资质资料、现场组织机构图、总进度计划、总体施工方案、需报批的图纸材料或其他必要的文件信息，供其审查批准后方可开工。在施工全过程中，要大力支持咨询的工作，维护咨询的权威性，自觉接受和配合咨询的工程监督检查。在每个分部分项施工前提交有关的施工方案或作业指导书，严格按照经咨询批准的施工方案、设计图纸等组织施工。各分部分项工程均在自检合格的基础上，及时向咨询发出检查验收通知，接受咨询的检查验收。所有进入现场使用的成品、半成品、设备、材料、器具，均主动向咨询提交产品合格证或质量证明书，主动递交按规定在使用前需进行复试的材料的检测报告，并配合咨询的现场材料见证取样工作。在施工中还应及时向咨询通报工程进展情况和可能

（或已经）出现的技术质量问题，并按照咨询的要求予以整改。提交完成的工程量供其复核确认，提供工程结算相关信息，提供可能出现的工程变更信息等。与咨询的沟通协调还包括从咨询处及时获得业主对项目的要求、审核批准及整改意见，以及协助咨询对分包施工的监督检查等。

4.4　与政府部门的沟通协调

总承包商要熟悉和掌握项目所在国各级政府及主管部门的相关法律法规、方针政策、技术标准和规定及其变化情况，向有关部门及时完备地提供开工许可、竣工验收、质量检查等所要求的资料和证明文件，熟悉相关审批要求与程序，在工程开工前办理好政府各部门规定的手续（如果需要）。施工中适时与规划、土地、质检、安检、工商、税务、市政、公安、消防、卫生、劳动、环保、档案等政府部门取得联系，以获得他们的指导、支持和理解，并应自觉地遵纪守法履行义务，积极配合相关部门的行政执法工作，及时通报工程施工可能出现的按规定应予上报的质量、环卫和安全责任事故及工程施工可能对周围环境与交通可能产生的影响等，获得政府部门对项目相关的审批与整改意见。

5　总体目的

可以说在项目管理中，总承包商每时每刻都在进行沟通协调，每一次的沟通协调都有其具体的目的性。而这些分散的具体的目的又都是为了一个总体目的，这就是：在承包商和项目相关方之间建立有效的沟通渠道和协调机制，实现相互间的信息无障碍交流，并通过沟通协调，达到相互信任、相互尊重和相互理解，为项目实施创造良好的合作关系和环境，最终全面实现项目建设的总体目标。

6　一般原则

6.1　信息的真实性原则

信息作为沟通的基础和所要传达的内容，应做到真实可信准确可靠。错误或虚假的信息将给被沟通方留下与事实不相符的印象，进而作出错误的判断和决策。一旦被揭穿，还会失信于对方。

6.2　沟通协调的目的性原则

沟通协调的目的要明确，双方围绕这一目的展开沟通协调，讲究工作的实效性，不要做漫无目的的无用功。

6.3　协调的公平性原则

承包商作为协调工作的行为主体，往往自觉或不自觉地会带上自己的私利。如果一味地只考虑自己的利益诉求，无视他方的存在，是无法进行关系协调的。所以，承包商应心胸开阔，站在大局的角度，设身处地地为他人着想，以公平合理的立场开展对外协调。

6.4　沟通协调的效率性原则

这是从事任何工作时应遵循的一般原则，而建筑工程施工一般都是工期紧迫，任务繁重，施工管理工作可谓千头万绪，因此，沟通协调的效率性显得尤为重要。要防止推委扯皮办事拖拉或议而不决的现象，有时牺牲一点蝇头小利，却可以换来对方的信任，并且节省了宝贵的时间，这样可能获益更大。

7 基本途径与一般措施

7.1 基本途径

总承包商与相关各方的沟通方式是多渠道的，总体上说，有直接渠道与间接渠道。例如，总承包商与业主之间的沟通与协调，可视具体情况，直接进行联系，也可以通过咨询工程师间接进行。甚至在双方关系紧张的情况下，可以邀请能被双方接受的与项目无关的第三方从中进行沟通协调。在与政府的沟通协调中，政府可能直接要求承包商提供相关信息，也可能在进行项目或设计规划审批时，通过业主和设计单位间接要求承包商提供相关资料。承包商获得有关政策法规，可以直接与政府联系取得，更可以通过相关政府网站等多种间接渠道获取。沟通与协调可以是在双方之间进行的或专题性的，也可以是有多方参加的或综合性的；可以是口头的，也可以是书面的；可以选择面对面的或会议的形式，也可以是不见面的非会议的形式；可以采用传统手段，也可以借助现代通信交流手段，如Email、电话、视频、微信及其他互联网方式。

总之，总承包商可以利用在施工总承包管理中积累起来的沟通与协调经验，充分和广泛利用社会各方资源，灵活选择沟通方式和渠道。而正是沟通协调方式的灵活选择，从侧面反映了总承包管理的艺术性。

7.2 一般措施

7.2.1 树立全员协调共赢意识

既然沟通协调是总承包管理中一项全方位的工作，总承包商要在内部加强教育，使全体员工树立沟通协调意识，明确总承包商作为一个整体及每个员工在沟通协调管理中的作用与位置。要使每个员工明白，总承包商的协调管理是以业主为服务主体，以项目为服务目标，在政府相关法律法规规范下，有多方参与，需要相互信任、相互尊重和相互合作的全方位全过程的综合管理工作，承包商的一切管理工作都要首先以业主和项目的要求为出发点和归宿，在此基础上才能保证承包商的利益，也达到各方利益的共赢。

7.2.2 项目经理负责，设置专门机构，具体落实沟通协调工作

项目经理对施工总承包的沟通协调管理负总责，是该项工作的首要责任人。亦可在项目领导班子中，安排一名富有管理协调经验具有亲和力的成员，具体主抓项目的沟通与协调管理工作。还可以根据项目实施的需要，将沟通协调明确落实到相关职能部门，对外直接对口开展工作。一些外国工程公司在进行项目团队组织机构设计时，在项目经理之下设置一名专门的项目协调人（Project Coordinator），授予其充分的权力，专门负责与项目相关方的沟通协调工作。这种做法值得中国国际承包商借鉴。

必须强调，内部各部门的工作不是相互独立各自为阵，而是在项目领导层的统一部署和领导下的职能分工与协作，要将部门的具体工作与整体协调有机地结合起来，从而达到在整体目标与利益下的综合协调。

7.2.3 制定沟通协调管理计划

项目总的沟通协调管理计划应在项目初期编制完成，可以作为项目管理计划的一部分内容，也可以是专项管理计划。在项目实施过程中，在进行一些重要的沟通协调活动之前，还需制定专项沟通协调计划。

7.2.4 建立健全相关的机制和制度

总承包商可以通过建立有效的机制和完备的制度来保证实施有效的沟通协调，如与设计单位建立设计图纸技术交底会议制度，与咨询单位建立工程月、周、日报告制度，定期与不定期例会，专题讨论会制度，多方协调会议制度，工程检查验收制度，与业主及咨询工程师建立工程月简报制度，根据事故等级分别报告咨询、业主和政府相关部门的制度规定等。在内部管理制度上，应加上与沟通协调有关的内容，如在内部岗位责任制中，将协调工作纳入相应的内部岗位职责中，采取问责与绩效考评制度，将沟通协调工作量化为具体的考核指标，定期进行考评等。

7.2.5　实施沟通协调管理培训计划

总承包商可以制定和实施员工培训计划，加强先进管理理论学习及成功的项目协调管理经验的借鉴，特别是要将服务业主的思想、团队精神、整体意识、大局观念、以人为本、构建和谐社会的理念等作为重要的培训教育内容纳入其中。

7.2.6　加强信息资料管理，充分利用现代通信与交流手段

这一点正是下文要详细讨论的内容。

第5节　项目信息管理与管理信息化

1　信息管理

1.1　定义与特点

如上所述，项目相关各方间的沟通实质上是信息资料在其相互间的交流与传递过程。因此，项目信息管理是项目沟通协调管理中重要的基础性工作。

一般认为，信息作为组织的一种资源，是具有新内容、新知识的消息（如书信、情报、指令等）。信息具有如下特点：①影响和决定组织的生存；②能够为组织带来收益；③获取和使用信息要支付费用和成本；④信息具有很强的时效性，延迟的信息可能起到相反的作用；⑤信息的使用者应当考虑信息的费用与它为改善管理所带来的功用相比是否合算。

显然，无论是从改进计划工作、组织工作、人员配备、指导与领导工作的角度，还是从直接利用信息资源的角度，都必须加强对信息的管理。虽然管理信息要支出费用，并且可能还会很高，但对信息管理不善而付出的代价也许更高。

项目信息管理是对项目信息资源和信息活动的管理，是为了有效地开发和利用项目信息资源，以现代信息技术为主要手段，对项目信息资源进行计划、组织、领导和控制的活动，信息管理的过程包括信息获取、信息传输、信息处理和使用以及信息储存等。

项目信息管理具有以下特点：①管理的对象不是人、财、物，而是信息资源和信息活动；②信息管理贯穿于整个项目管理过程之中；③信息管理具有明显的时代特征，当下信息管理表现的时代特征为：信息量迅猛增加；信息处理和传播速度更快；信息处理的方法日趋复杂。

尽管信息被视为一种资源，理应纳入项目资源管理的范围，但由于它与项目的沟通协调管理密切相关，且又是管理信息化的基础，而沟通协调是历来常用的重要管理手段，管

理信息化则是一种现代项目管理方法，项目信息管理具有承上启下的作用，故将之归入项目管理方法的范畴，主要包括项目信息的分类、获取、传输、处理、使用和储存以及信息系统的建立和维护。

1.2 分类与管理内容

项目信息按其来源不同，可以分为项目环境信息和项目内部信息；按信息的稳定性程度，可以分为固定信息和流动信息；按信息的载体不同，可以分为书面信息和非书面信息。

由于项目信息贯穿于项目建设的全过程，涉及项目管理的各个方面，可以说项目组织的所有成员都不同程度地参与了项目的信息管理。另外，一般项目部还要安排专职人员从事信息管理相关工作，包括项目部的计算机网络系统管理人员、项目文控或资料员等，他们所从事的工作都与信息管理息息相关。项目信息管理的主要工作内容为：

（1）项目信息的获取

项目信息获取通常有以下几种方式：①为满足项目管理需要，从项目内外部各种来源渠道主动收集相关信息；②在沟通交流过程中，项目组织或个人作为被沟通对象被动从对方接收相关信息；③项目组织或个人自己亲手制作或委托第三方制作的信息。

（2）项目信息的传输

项目信息的传输包括信息在项目组织内部部门或个人间传输和在项目组织或个人与项目外部间的传输。信息传输的过程往往也是沟通交流的过程，因此传输的方式也就是沟通交流的方式。比如，当承包商向咨询工程师报送一份文件时，实际上也是承包商在同咨询工程师进行书面的沟通交流；二者在就某一问题进行面对面谈论时，也就是二者在进行口头的沟通交流。

（3）项目信息的处理和使用

包括项目信息输入后或输出前的处理，如对信息的识别理解、格式化标准化、信息内容的修改或分析利用、对信息的响应或采取其他行动、信息的反馈或复制分发等，都属于对信息的处理和使用。

（4）项目信息的储存

包括对输入输出信息的分类登记，信息实物（输入信息的原件和输出信息的存底）的保管，电子化信息库的建立和更新，信息的检索、查询和再利用等。一些重要的项目原始信息应妥善保管，而电子信息库则需要经常进行备份，以防因其丢失、泄漏、毁坏或失真而给项目带来不必要的损失或麻烦。根据项目合同和有关管理规定，一些项目信息在项目竣工后需分别移交项目业主、政府部门或承包商公司总部。

（5）信息系统建设和维护

如上所述，由于项目信息管理是以现代信息技术为主要手段，因此项目部应建立现场信息系统并加强其运行维护，以保证信息管理的质量和效率，包括计算机网络系统，电话通信系统以及打印、复印、影像、视频设备设施等。

2 项目管理信息化

2.1 信息化的定义

信息化是指培养、发展以计算机为主的智能化工具为代表的新生产力，并使之造福于社会的历史过程。项目管理信息化就是将现代信息技术与先进的项目管理理念相融合，转变项目设计建造方式、经营方式、业务流程、传统管理方式和组织方式，重新整合项目内外部资源，以提高项目效率和效益，更好地实现项目目标的过程。

2.2　与信息管理的区别

显然，项目管理信息化与项目信息管理具有本质的区别。项目信息管理只是对管理过程中的信息资源和信息活动进行管理，它只是项目管理的辅助工具和手段，项目管理本身可能依然沿用传统的老套路。而项目管理信息化则是将现代信息技术与先进的项目管理理念相融合，从适应信息化的角度要求对管理进行变革和创新。可以这样说，项目信息管理是项目管理信息化的前身和基础，项目管理信息化是对项目信息管理的发展和质的飞跃。举一个简单的例子，项目部一个管理人员起草一份申请文件后，亲自报送有关领导审批后下发，在这一个过程中，文件的起草、报送、审批和分发，涉及信息的加工、传输、处理等管理环节，整个过程仍然遵从传统的管理流程，流程中的各个环节需要人工进行传输交接。但是，如果管理人员从下载文件格式、准备申请文件，再到传送文件供领导审批后分发下去，这中间所有的环节都通过计算机和网络完成，则是一种管理信息化了。

2.3　内涵与作用

项目管理信息化是为了达到项目经营目标，以适量投入获取最佳效益，借助一些新的信息管理工具和手段而有效利用项目人力、物力和财力等资源的过程。项目管理信息化是现代项目管理的一种手段，信息系统的运营是信息化的关键，管理业务流程的优化或重组是核心，增强项目的核心竞争力、实现项目价值的最大化是项目管理信息化的最终目的。

项目管理信息化不是 IT 与项目的经营管理简单结合，而是相互融合和创新。当项目的信息系统与现行的项目管理制度、组织行为发生剧烈冲击和碰撞的时候，需要通过信息化带动项目管理的创新，将信息技术融入新的项目管理模式和方法中。而在项目管理信息化过程中出现的新问题新要求，又为现代信息技术提出了新课题，开拓了新的应用领域，因而促进了信息技术的发展。

而且，信息化管理是一个动态的系统和一个动态的管理过程。项目管理信息化并不能一蹴而就，而是渐次渐高的。由于项目内外部环境是一个动态的系统，项目管理的信息化系统软件也要与之相适应，管理信息系统的选型、采购、实施、应用是一个循环的动态过程。这一动态过程是与项目的经营目标和业务流程紧密联系在一起的。另外，项目管理信息化不是一个孤立的系统或管理方法，而是与整个企业的战略目标、经营管理水平、信息化程度等密切相关，甚至只是整个企业管理信息化的一部分。

项目管理信息化的精髓是信息集成，其核心要素是数据平台的建设和数据的深度挖掘，通过信息管理系统把项目管理的环境、组织、方法、资源、目标等要素，以及项目的设计、采购、施工、财务、营销、经营、管理等各个环节集成起来，共享信息和资源，同时利用现代的技术手段来有效地支撑项目的管理决策和工作流程，达到降低资源投入、提高生产效能和质量、实现项目管理目标和价值最大化的目的。

要在项目管理中实施信息化，就需要改变传统的项目管理模式，实行扁平化管理和网络化管理，实现面向项目业主的集成化管理目标。这就要求对项目管理进行重组和变革，重新设计和优化项目的业务流程，使项目内部和外部的信息传输更为便捷，实现信息资源的共享，使管理者与员工、各部门之间以及项目与外部之间的交流和沟通更直接，提高管理效率，降低管理成本。

运用信息技术对项目的工作流、物流、资金流和信息流进行有效控制和管理，逐步实现工作流、物流、资金流和信息流的同步发展，通过四流系统将原来项目管理金字塔体系打破，实现扁平化的管理方式。通过这个主线条衔接并重建每个员工、每道工序、每个部门的数字化基础，并达到规范化、标准化的要求，企业总部和项目领导、管理人员可随时调用生产、采购、财务等部门所有数据，既实现资源共享、快速决策和响应，又实现实时监控，防微杜渐。

因此，实施项目管理信息化，对减轻项目管理人员的工作强度，减少管理人员数量，提高项目管理工作效率，降低项目管理成本，促进项目管理工作的规范化具有十分重要的作用。同时，项目管理信息化对项目的信息管理也意义重大，与传统的项目信息管理相比，它改变了项目信息的获取、存储和传递方式，提高了信息的处理效率、集成度和利用价值，并深刻影响和改变着项目管理中的沟通行为方式。

2.4 管理信息化的内容

项目管理信息化实施运作的过程管理主要包含对信息化过程的计划、组织、控制、协调和指挥。其中，①计划主要指对项目信息化过程的管理首先要通过对项目信息化进行规划，在制定项目信息化蓝图的基础上找出信息化存在的差距，确定项目信息化过程中所需要解决的问题，进而确定主要实施内容、资金投入计划、实施步骤、阶段目标和考核指标等内容。②组织主要指为项目信息化实施确定组织架构和职能，确定信息化组织岗位，建立项目信息化管理团队，制定信息化管理制度，对信息化人员技能与绩效进行考核。③控制主要是指对项目信息化的过程进行有效的控制，包括信息系统实施项目的选择、信息化项目实施过程的管理、制定企业信息化评价体系、评价方法，对信息技术的风险进行分析管理等。④协调主要是指调节项目信息化过程中产生的各种矛盾，业务部门与IT部门关系的协调，不同IT资源分配的协调，对不同信息化岗位职责间矛盾进行的协调等。⑤指挥主要是指通过下达命令、指示等形式，对项目内部个人施加影响，将信息化规划的目标或者领导者的决策变成项目全员的统一行动。

但是，工程项目往往由于受时间、资金、人才、技术等因素的制约，单靠一个项目的力量开展项目管理的信息化难度很大。实际上项目管理是企业管理的一部分，因此国际工程企业总部应将项目管理信息化战略作为企业管理信息化战略的重要组成部分，进行统一规划、分步实施，把握整体思路，找准信息化实施的切入点，稳步扎实地推进。

管理信息化不只是建设一个局域网，通过计算机网络在电脑上查查资料、看看文件等。这些只是最基础、最简单的电脑应用，根本还谈不上是什么管理，充其量只是手工劳动在电脑上的翻版，这并不是管理信息化的目的和本质。推行企业管理信息化的目的是要把企业的管理思想融入系统中，使企业管理者完全掌控企业的人、财、物情况，实现物畅其流、财尽其利、人尽其用。所以，信息化管理是一项系统工程，企业高层应予高度关注，不能急于求成，也不可能一蹴而就，它需要整体规划、分步实施，制订切实可行的信息化实施方案，并找准信息化实施的突破口，一步一步扎实地向前推进。

在实施信息化之前，企业管理者首先应清楚实施信息化管理的整体思路，把握住信息化系统的管理思想，摸清企业现有管理模式下企业管理的瓶颈和存在的问题，明确今后企业管理转变的方向，并对预期的新的管理体系要有清晰的认识。在把握企业信息化整体思路之后，就可以按照效益与实务互利、先局部后整体的原则，结合企业实际，逐步实施管理信息化。在启动项目管理信息化工作时，可以先选择一两个在建项目作为管理信息化的试点，在资金、人才、设备等方面给予支持，并作为扶持政策降低对项目经营效益的要求，帮助项目建立局域网，与总部管理网络联网，通过试运行发现问题，逐步完善，成熟稳定后再在各个项目全面推开。

总之，管理信息化牵涉到多个方面，如果单靠一个项目的力量，很难单独在某一具体项目上率先实施，可以在企业已经开始管理信息化的基础上，选择合适的在建项目作试点，获得成功后再全面开展，即把项目管理信息化纳入企业管理全面信息化的体系中，具体步骤如下所述。

2.5　管理信息化的构成与步骤

目前，企业管理信息化主要由以下几个子系统构成：

（1）以财务为核心的财务信息化管理系统，因为财务是一个企业的数据中心，企业生产经营情况最后都需归集到财务。

（2）企业管理文件处理系统，用于提高管理信息处理和决策效率以及政令的执行力。

（3）以存货管理为中心的供、销、存供应链管理系统，以实现供应链的信息化管理。

（4）市场开发和编投标管理信息化系统。

（5）以项目管理为核心的项目施工、成本管理系统，用于在建项目的动态监控管理。

（6）电子商务网络系统，可以实现企业内、外部信息资源的共享。

企业在推进管理信息化时，根据自身的实际情况，可以选择建立一个或几个子系统，在其顺利运行后再分步骤建立余下的子系统，这种方式相对稳健，易于被接受，但耗时较长；也可以选择一次性地全面建成信息化系统，这种方式推进速度快，但一次性投入较大，风险性较高。

企业实施管理信息化，一般要经过以下几个步骤：

（1）企业信息化需求调研及确定；

（2）信息化规划及方案确定；

（3）信息化设计及软硬件实施；

（4）信息化操作技能培训；

（5）建立健全信息化管理制度；

（6）信息化运行、分析与持续改进。

2.6　应注意的问题

在进行管理信息化的构建时，应注意做好以下几个方面：

（1）各级领导要统一思想，重视、决策并参与管理信息化。

管理信息化不仅是个技术问题，更是一项向传统落后的管理模式挑战的管理革命，是对原有旧的经营方式、管理机制、组织形式、业务流程的大变革。要实施管理信息化，首先要解决的是员工的思想认识问题，特别是各级领导对信息化建设的认识问题。企业领导的高度重视、直接决策，对信息化的成功实施起着决定性的作用。企业组织形式的重组、管理方式的变革、业务流程的再造、部门职能及利益的再分配等，势必要与一些习惯势力产生摩擦，如果没有领导坚定的支持，并身体力行，这些变革是很难推动的。

同时，信息化在初始化阶段，要把许多基础数据录入电脑，并要随时应对运行中出现的各种问题，工作量是巨大的，过程是枯燥的，成绩却不是怎么明显，人们持观望的态度用疑惑的眼光审视着每一个关系到自己的各个细节，这时领导的支持和鼓励显得尤为重要。所以，选择了信息化，就是选择了变革，各级领导应做好充分准备：①首先应从思想上认识到信息化是一场“革命”，要做好与一切旧的管理恶习作“斗争”的准备；②要加强对信息化知识的了解和学习，要从心灵深处认识到信息化是时代所需，是加强管理、适应社会发展所需，同时也不能盲从，应看到实施信息化的困难和阻力；③直接参与关键环节和重大事项的讨论和计划制订工作，只是给予人力、物力的支持还远远不够，要身体力行，亲自决策；④给予技术人员和实施人员以强大的支持，在他们遇到困难和挫折时，及时给予激励。

（2）发动群众，全员参与，增强全员信息化意识，使全体员工自觉成为信息化实施的推动者而不是“绊脚石”。

管理信息化是企业的一项综合性全身运动，几乎涉及企业的所有业务领域，需要内部各层次人员共同参与才能明确现有的和潜在的信息需求，从而设计出科学、实用、符合管理要求的信息化方案。况且信息化的应用，使用得最多的是各流程和各终端的员工，他们对具体的业务流程最熟悉，系统的使用效果直接与他们工作绩效密切相关，他们提出的建议也最具有针对性，所以信息化建设不是一个部门或是几个少数人就能完成的，它需要企业全体员工的共同参与，员工的素质、应用水平、参与程度直接影响着系统运行的好坏。因此，在系统的实施过程中，必须做好员工的教育培训工作：①有计划、分层次地对员工进行信息化管理理念、计算机应用、信息化管理系统等方面知识的教育培训工作，使员工逐步了解和熟悉信息化，明白信息化能给自己、给企业带来的实惠，使广大员工自觉参与信息化管理的实施；②强化系统操作方法和操作技能的培训，规范操作人员的操作行为，将培训贯穿于系统运行全过程；③有计划地组织各流程业务骨干到已经成功实现管理信息化的企业或项目参观学习，以取他人之长，补己之短。

（3）建章建制，完善各项基础管理工作，为信息化管理的顺利进行奠定基础。

信息化的基础是标准化和规范化，基础管理工作完备与否是信息化管理能否可靠运行的关键。基础工作没做好，将极大地影响信息化运行，而为此付出的代价也是巨大和惨重的。因为信息化的实施，简单地说就是利用计算机网络处理系统，将一张张单据、一个个信息输入电脑，用人脑来控制电脑，用电脑来控制流程。在这个过程中，要实现物流、资金流、信息流、流程控制、业主关系、供应链衔接等环节的科学管理，就必须夯实管理的基础，做到数据标准化、流程规范化，否则，计算机将拒绝执行操作指令。因此，在决定推行信息化之时，应完善各项基础管理：①建立、健全各项适应信息化管理要求的规章制度，实行标准的定额、计量、统计、物料的编码、名称的规范统一。②建立票据即日录入制度，做到业务日清日结，以保证数据录入的及时性。③建立严密的内部审核制度，以保证初始数据录入的规范性和准确性，减少数据录入的差错率，因为输入的是垃圾，输出的也必定是垃圾，这样不但不会给管理带来效益，同时还会误导企业的经营决策，给企业带来难以估量的损失。④健全科学的分工和各流程相互牵制的内部控制制度，以保证整个系统的规范透明运行。

（4）选好信息化系统软件，找准系统实施咨询队伍。

软件的选择一定要慎重，要经过仔细的斟酌和考虑，它是信息化实施过程中的重中之重。软件选择适当，不但可以节约大量资金，而且可以防止以后的各种后遗症。另外，软件的选择还要注意国家有关法律法规的规定以及各业务部门的专业需求。软件选好后，另一个因素也不能忽视，那就是软件实施的技术咨询服务队伍。因为一个具有极强能力的技术咨询服务队伍，哪怕是实施一个并不怎么好的软件，他们也能运用自己的知识和能力，让这个软件发挥到极致，并产生巨大的管理能量。

（5）注重人才的培养，积极开展后续教育培训工作，为管理信息化建设培养大批复合型人才。

人才是管理信息化成功的关键，信息化方案的引进和启动只是管理信息化的开始，接下来的实施应用过程，才是信息化最难啃的"硬骨头"。外部软件咨询顾问是必需的，但其不可能长期留在企业或项目上，随时解决系统运行中出现的各种大大小小的问题。所以，只有挖掘和培养自己的人才，消化并落实执行方案，才是管理信息化系统长期有效运行的保证。

3　管理信息化常用计算机软件简介

3.1　ERP 系统

为英文 Enterprise Resource Planning（企业资源规划）的缩写，由美国 Gartner Group 咨询公司在 1993 年首先提出的，作为当今国际上一个最先进的企业管理模式，它在体现当今世界最先进的企业管理理论的同时，也提供了企业信息化集成的最佳解决方案。它把企业的物流、人流、资金流、信息流统一起来进行管理，以求最大限度地利用企业现有资源，实现企业经济效益的最大化。它对企业所拥有的人、财、物、信息、时间和空间等综合资源进行综合平衡和优化管理，协调企业各管理部门，围绕市场导向开展业务活动，提高企业的核心竞争力，从而取得最好的经济效益。所以，ERP 首先是一个软件，同时是一个管理工具。它是 IT 技术与管理思想的融合体，也就是先进的管理思想借助电脑，来达成企业的管理目标。主要 ERP 厂家有：金蝶、用友和智邦国际。

按职能类别了解 ERP：

财务/会计：实时完整的账款信息，适时催账与客户信用额度管制，符合营业税法兼顾内稽内控准则；

采购/业务：满足企业采购基本工作，确实掌控订单处理状况，实时记录异动数据，精确掌握进度，达到客户要求交期；

生产制造：确实掌握生产进度、备料计划、制程及外包管理，实时核算生产成本，缩短制造周期，提高产能利用率，降低制造成本；

中高阶主管：实时整合信息，有效掌握公司营运状况，延伸 ERP 视野，结合经营理念提升企业竞争力。

3.2　CRM 系统

关于 CRM（Customer Relationship Management，客户关系管理）的定义，不同的研究机构有着不同的表述。

Group 认为：所谓的客户关系管理就是为企业提供全方位的管理视角；赋予企业更完善的客户交流能力，最大化客户的收益率。客户关系管理是企业活动面向长期的客户关系，以求提升企业成功的管理方式，其目的之一是要协助企业管理销售循环：新客户的招徕、保留旧客户、提供客户服务及进一步提升企业和客户的关系，并运用市场营销工具，提供创新式的个性化的客户商谈和服务。

Hurwitz Group 认为：CRM 的焦点是自动化并改善与销售、市场营销、客户服务和支持等领域的客户关系有关的商业流程。CRM 既是一套原则制度，也是一套软件和技术。它的目标是缩减销售周期和销售成本、增加收入、寻找扩展业务所需的新的市场和渠道以及提高客户的价值、满意度、赢利性和忠实度。

CRM 应用软件将最佳的实践具体化，并使用了先进的技术来协助各企业实现这些目标。CRM 在整个客户生命期中都以客户为中心，这意味着 CRM 应用软件将客户当作企业运作的核心。CRM 应用软件简化协调了各类业务功能（如销售、市场营销、服务和支持）的过程并将其注意力集中于满足客户的需要上。

CRM 应用软件还将多种与客户交流的渠道，如面对面、电话接洽以及 Web 访问协调为一体，这样，企业就可以按客户的喜好使用适当的渠道与之进行交流。

3.3 进销存软件

进销存软件是对企业生产经营中物料流、资金流进行条码全程跟踪管理，从接获订单合同、物料采购、入库、领用到产品完工入库、交货、回收货款、支付原材料款等，每一步都为用户提供详尽准确的数据，可有效地辅助企业解决业务管理、分销管理、存货管理、营销计划的执行和监控、统计信息的收集等方面的业务问题。

智邦国际进销存系统侧重销售、订单、进货、库存和账款管理，包括销售开单、采购、入库、出库、盘点、调拨、借货、还货、退货、预警、订单、回款、付款、售后、公告、知识库、备忘录、图表统计、自动提醒等功能模块，互联网、局域网皆可使用。

3.4 项目管理软件

项目管理是基于现代管理学基础之上的一种新兴的管理学科，它把企业管理中的财务控制、人才资源管理、风险控制、质量管理、信息技术管理（沟通管理）、采购管理等有效地进行整合，以达到高效、高质、低成本地完成企业内部各项工作或项目的目的。项目管理已成为继 MBA 之后的一种“黄金职业”。目前，常用的项目管理软件有 Project 系列和 Primavera 系列等。

3.5 供应链管理软件

供应链管理（Supply Chain Management，SCM）在 1985 年由 Michael E. Porter 提出，有多种不同的定义。供应链管理作为一个战略概念，以相应的信息系统技术，将从原材料采购直到销售给最终用户的全部企业活动集成在一个无缝流程中。

供应链综合管理软件是基于协同供应链管理的思想，配合供应链中各实体的业务需求，使操作流程和信息系统紧密配合，做到各环节无缝链接，形成物流、信息流、单证流、商流和资金流五流合一的领先模式。实现整体供应链可视化，管理信息化，整体利益最大化，管理成本最小化，从而提高总体水平。

3.6 OA 系统

办公自动化（OA）是面向组织的日常运作和管理，员工及管理者使用频率最高的应用系统，自 1985 年国内召开第一次办公自动化规划会议以来，OA 在应用内容的深度与广度、IT 技术运用等方面都有了新的变化和发展，并成为组织不可缺的核心应用系统。

3.7 EXP 系统

EXP：Enterprise Execution Improving 企业执行力提升软件，是北京领度飞扬软件有限公司提出的一个全新的概念。EXP是为知识密集型企业打造的，它建立在信息技术基础上，以系统化的管理思想，为企业决策层及员工提供战略、执行与评估的管理平台。

3.8　Linkwedo

Linkwedo领度系统的诞生来自一个简单而直接的需求，即作为公司的管理者，其主要职能是处理信息并作出决策。因此，该软件一开始设计的初衷，就是管理者、决策者从自身需求出发为了最大程度的掌握公司的“活动流”，并实现了这些信息为其决策服务。使用Linkwedo领度系统的决策者，不再会觉得自己是被不同的业务系统而驱使，到不同的系统中去试图获得那么一丁点信息，而是真正地感觉到，我是决策者，我能随时看到我想要的信息，所有的业务部门都是要为了我能做决策而服务的。

第6节　项目风险管理

1　一般概念

1.1　风险的定义与特点

风险是指在某一特定环境下，在某一特定时间段内，某种损失发生的可能性，包括风险因素、风险事故和风险损失等要素。其中，风险因素是指能产生或增加损失概率和损失程度的条件或因素，是风险发生的潜在原因，是造成损失的内在或间接原因。风险事件是指造成损失的偶发事件，是造成损失的外在原因或直接原因。风险损失一般是指非故意的、非计划的和非预期的经济价值的减少，通常以货币单位来衡量。

风险具有客观性、不确定性、不利性、可变性及阶段性的特点。客观性是指风险的存在不以个人的意志为转移，并且是无时不有、无所不在的。不确定性是指风险的发生是不确定的，即风险的程度有多大、风险何时何地由可能转变为现实均是不确定的。不利性是指风险一旦产生，就会使风险主体产生挫折、失败、甚至损失，这对风险主体是极为不利的，这就要求管理者在承认风险、认识风险的基础上，做好决策，尽可能地避免风险，将风险的不利性降至最低。可变性是指在一定条件下风险可以转化。阶段性是指风险一般要经历以下三个阶段：潜在阶段，发生阶段和造成后果阶段。

1.2　项目风险及其分类

项目风险是指由于项目所处环境和条件的不确定性，以及受项目干系人主观上不能预见或控制等因素的影响，使实施项目的最终结果与项目干系人的预期产生偏离，并给项目干系人带来损失的可能性。

以上关于项目风险的定义有两重含义：①预期的项目目标与实际结果的差距；②项目相关方遭受损失的可能性。

工程项目风险的分类有多种，常见的分类方法有：

（1）按风险来源分为自然风险和人为风险。自然风险是指由于自然力的不规则变化导致财产毁损或人员伤亡，如风暴、地震等。人为风险是指由于人类活动导致的风险。人为风险又可细分为行为风险、政治风险、经济风险、技术风险和组织风险等。

（2）按风险后果的承担者不同分为政府风险、投资方风险、业主风险、承包商风险、分包/供应商风险和担保方风险等。

(3) 按照项目目标系统的结构进行分类，有工期风险、费用风险、质量风险、合同风险、人身伤亡、安全、健康、环保以及工程或设备的损坏、信誉风险以及法律责任风险等。

1.3 项目风险管理的定义

正是由于项目实施过程中充满了人们无法预测或控制的各种风险，往往导致项目遭受意外损失或目标难以顺利实现，这就需要对项目风险进行管理。通过实施有效的风险管理，可以使项目管理者充分了解项目所面临的风险及其性质和严重程度，掌握项目的现实情况偏离项目目标的大小，及时采取措施避免或减少风险损失，进行目标纠偏，或者当风险损失发生时能够得到及时补偿，从而保证项目存续并迅速恢复正常的生产经营活动，最终实现项目目标。

同时，风险管理也有利于提高项目的经济效益。一方面通过风险管理，可以降低项目的成本支出，从而直接增加项目的经济效益；另一方面，有效的风险管理会使项目员工获得安全感和自信心，提高员工的工作效率和绩效，增加领导层经营管理决策的正确性，避免因决策失误造成的损失，无形中增加了项目的经济效益。

而且，风险管理还有利于项目树立良好的社会形象。有效的风险管理有助于创造一个安全稳定的生产经营环境，激发项目员工的积极性和创造性，为项目更好地履行社会责任创造条件，帮助项目树立良好的社会形象。因此，风险管理在项目管理中具有十分重要的意义，它既是项目管理的重要内容，也是避免或降低项目损失、确保实现项目目标的一种有效方法。

所谓项目风险管理，是指通过风险识别、风险分析和风险评价去认识项目的风险，并以此为基础合理地采用各种风险应对措施、管理方法技术和手段，对项目的风险实行有效的控制，妥善的处理风险事件造成的不利后果，以最少的成本保证项目总体目标实现的管理工作。项目风险管理应是一个系统完整的过程，而且这个过程是伴随着项目的实施过程在持续地周而复始地循环。

2 项目风险管理计划

项目风险管理的首要工作是风险管理规划，通过规划形成项目风险管理计划文件。它是指导风险管理的纲领性文件，也是实施风险管理的基础。有效的管理计划是风险管理工作的成败之关键，它直接决定管理的效率和效果。

2.1 编制原则

编制项目风险管理计划应遵循如下原则：

(1) 可行、适用、有效、合规原则，即管理计划首先应针对项目的具体情况，制定具有可操作性适用有效的管理措施，以提高管理的效率和效果，而合规是指计划应符合项目合同、相关法律、行业规范等规定要求。

(2) 经济、合理、先进性原则，管理计划所涉及的多项工作和措施，应力求管理成本的节约，管理信息流畅、方式简捷、手段先进，才能显示出高超的风险管理水平。

(3) 主动、及时、全过程原则，即应遵循主动控制、事先控制的管理思想，根据不断发展变化的环境条件和不断出现的新情况、新问题，及时采取应对措施，调整管理计划，并将这一原则贯彻项目全过程，才能充分体现风险管理的特点和优势。

(4) 综合、系统、全方位原则，风险管理是一项系统性、综合性极强的工作，不仅其产生的原因复杂，而且后果影响面广，所需处理措施综合性强，因此要降低乃至消除风险因素的影响，必须采取综合治理原则，动员各方力量，科学分配风险责任，建立风险利益的共同体和项目全方位风险管理体系，才能将风险管理的工作落到实处。

2.2　计划的内容

项目风险管理计划书的内容一般应包括：①项目概况；②编制依据和原则；③管理目标；④管理组织与制度，包括设立决策机构、管理流程设计、职责分工、工作标准拟订、建立协调机制等；⑤管理程序与方法，包括风险识别、风险分析与评估、风险应对组合方案设计、风险监控以及风险管理工作的检查评估；⑥典型风险事件应急预案；⑦风险管理活动进度安排及资源配置等。

需要注意的是，当项目风险管理计划被视为整个项目管理计划的一部分时，计划中的前面①至④项内容已经融入项目管理计划书的其他相应部分，编制风险管理计划的重点就在风险管理的程序方法、应急预案上。

3　项目风险识别

3.1　定义

项目风险识别作为实施项目风险过程管理的第一步，是指在项目风险事故发生之前，项目管理者运用各种方法系统地、连续地认识项目所面临的各种风险以及分析风险事故发生的潜在原因，包括：①识别哪些风险可能影响项目进展及记录具体风险的各方面特征。②识别风险属内在风险还是外在风险。内在风险指项目组织能加以控制和影响的风险，如人事任免和成本估计等；外在风险指超出项目组织掌控力和影响力之外的风险，如市场价格或汇率波动、政府行为等。

3.2　识别途径

风险识别的一般途径是，从通过各种方法获取的与项目相关的大量信息中，去寻找和发现潜在的项目风险因素，如项目的招标文件或项目合同、项目所处的外部自然和社会环境信息、项目本身的信息，其他项目的经验或本项目过往实施过程中产生的信息等。

风险识别应坚持系统化、制度化和经常化的原则，尽量做到全面周到和综合考察，并辅之以必要的科学计算。为了保证最初分析的准确程度，就应该进行全面系统的调查分析，将风险进行综合归类，揭示其性质、类型及后果。如果没有科学系统的方法来识别和衡量，就不可能对风险有一个总体的综合认识，就难以确定哪种风险是可能发生的，也不可能较合理地选择控制和处置的方法。此外，由于风险随时存在于项目的实施活动之中，所以，风险的识别和衡量也必须是一个连续不断的、制度化的过程。

3.3　识别方法

风险识别的方法可以采取：①实地考察；②文件审查，即从对各类项目文件信息的系统性查阅研究中对风险进行甄别和研判；③检查表法，是一种类比方法，即根据历史资料、以往类似项目的经验以及其他信息来源制定风险检查表，并将本项目的特点、环境及现状等与之进行比较，分析可能出现的风险；④信息搜集法，包括头脑风暴法、德尔菲法、SWOT（strength，weakness，opportunity，threat）分析法及图解技术法等。

3.4 识别步骤

一个风险识别循环一般要经过如下几个步骤：①分析项目活动，识别不确定性因素；②建立风险清单；③分析和预判风险结果；④建立风险分解结构；⑤建立风险登记册。

4 风险分析和评价

项目风险分析和评价，就是在风险识别的基础上，将项目风险的不确定性量化，用概率论来评价项目风险潜在影响的过程。

风险分析和评价主要内容包括：①确定风险事件发生的概率；②确定风险事件的发生对项目目标的影响程度，如经济损失的大小、工期延误的长短等；③确定项目建设期内对风险事件实际发生的预测能力和发生后的处理能力；④将每一种风险定量化，将项目风险清单中的风险进行排序，确定最严重、最难以控制的风险，将这部分列为最需要关注的项目风险；⑤将工程项目的所有风险视为一体，评价它们的潜在影响，从而得到项目的风险决策变量值，作为项目决策的重要依据。

风险分析评价的步骤是：①收集数据资料；②建立风险模型，包括风险概率模型和损失模型，以对风险事件发生的可能性和可能造成的结果给出明确的量化描述；③风险发生的概率与影响评估，其中风险发生的概率一般可采用相对比较法和概率分布法确定，风险损失影响表现为费用超支、进度延期、质量事故或健康、环保、安全事故等；④确定项目风险评价标准，即确定项目管理主体对不同的项目风险可以接受的程度，包括单个风险事件的评价标准和项目整体风险评价标准；⑤确定项目当下面临的风险水平，包括单个风险水平和整体风险水平；⑥综合比较，即把工程项目的单个风险水平与单个评价标准、整体风险水平与整体评价标准分别进行比较，进而确定风险是否在可以接受的范围之内，或应采取何种风险应对措施。

项目风险分析评价的结果是对项目风险登记册的排序更新。其中，那些发生的概率很高且对项目造成的威胁大、导致重大费用支出、最可能影响项目进度关键线路或对项目的社会信誉造成严重损毁的风险作为优先级风险，应受到重点关注。

5 项目风险应对

项目风险应对是在综合考虑项目风险来源、项目风险事件和风险影响程度、项目风险发生的可能性及其危害程度、项目风险等级等因素的基础上，确定采取何种风险应对措施及其实施方式的过程，包括项目风险应对方案的制定、决策和实施。

根据项目风险分析评价结果的不同，可以采取不同的应对措施，常见的措施有以下几种：

5.1 风险回避

即通过放弃或改变项目计划，以避免风险及其产生的条件，使项目目标不受影响，包括：①终止法，即通过终止或放弃项目或项目计划的实施；②工程法，即采取工程技术手段来消除物质性风险的威胁；③程序法，即采取标准化、制度化、规范化的方式从事项目活动，避免行为活动的随意性可能引发的风险或损失；④教育法，即对项目员工进行教育培训，提高全员风险防范意识。

风险回避是一种消极的风险应对措施，在选择采取这种措施时，可能会遇到一些问题。比如，一个承包商在项目实施到一定阶段时预见到项目存在遭遇重大经济损失的风险，损失额甚至可能远远超出履约担保的额度，因此有意通过提出终止项目合同来回避这一极大的潜在风险，可能出现以下几种情况：①业主不同意终止，承包商不得不继续履约承担风险，这说明回避风险有时是不可能的；②即便业主同意，终止项目对承包商就意味着彻底丧失了从中获益的机会，因为一个工程项目往往是风险与机遇并存；③承包商强行终止，可能为此要承担违约的法律责任风险，就是说在回避一种风险的同时，可能会产生一个新的项目风险。

5.2　风险减轻

即提前采取行动降低风险发生的概率，或减轻其对项目所造成的损失和影响。当项目风险无法回避时，就退而求其次，设法降低风险发生的可能性或损害程度，也不失为一种有效的风险应对措施，比在风险发生后进行补救更好。比如，承包商可以通过压缩关键活动时间和各种赶工措施，来减轻因项目进度滞后而导致最终的误期罚款风险或误期罚款的额度。

5.3　风险转移

亦称风险分担，就是在不降低风险发生概率的前提下，设法将风险造成的不利后果部分或全部转移给第三方，包括非保险转移和保险转移。非保险转移包括分包转移、联营转移、工程担保及合同转移等几种方式。而与工程项目相关的常见保险险种有：工程一切险、雇主责任险、职业责任险、与施工机械设备、机动车辆、货物运输相关的各类保险，以及涉及员工的人身意外伤害、医疗、社会保障方面的保险等，且多为强制性保险。

在选择风险转移时应注意以下几点：①转移的范围并不能覆盖项目的所有风险；②一些风险并非能真正转移出去，可能最终还是得由己方承担；③转移的同时需要支付一定的费用或牺牲一部分经济利益。

5.4　风险自留

也叫风险接受，即由项目主体自行承担风险后果，包括：①主动风险自留，或称计划性风险自留，是指对风险经过合理的分析评价，并权衡其他风险处理措施后，主动将风险留给己方，并事先为之进行了必要的准备；②被动风险自留，或称非计划性风险自留，是指在没有充分识别风险及其损失的最坏后果、没有考虑到其他风险处理措施的条件下，不得不自己承担损失后果的风险处理方式，这种情况的出现可能是由于项目风险管理工作失误或恰恰是风险的不可预见性造成的。

5.5　风险利用

尽管说风险一旦发生，往往会造成项目相关方的损失或对项目目标的偏离，但在有些情况下也会起到积极有利的作用。换句话说，有些风险是有利用价值的。比如，由于非承包商的原因导致工期意外延误发生后，承包商可以利用这种风险事件向业主提出索赔，获得工期和/或经济补偿。风险利用包括：①对已发生的风险事件的利用；②通过“风险共担，利益共享”的合作方式实现风险利用；③通过提高具有潜在利用价值的风险概率和积极影响来利用风险。

5.6　风险应急应对

即提前针对某一特定的风险制定应急计划，以便项目实施期间该风险真的发生时有条不紊地按应急计划加以应对处置。

以上介绍的是风险应对可供选择的各种措施，在制定项目风险管理应对方案时，应根据工程项目自身的特点，从系统的观点出发，整体考察风险管理的思路和步骤，经反复权衡比较，从可选措施中选择确定一个或多个由多种措施有机组合形成的方案，供项目领导层决策，并按最终批准确定的应对管理方案付诸实施。表 9-3 是在国际工程项目中，承包商常用的一些风险管理方法及应对措施。

国际工程承包项目常见风险及其应对策略措施　　表 9-3

序号	风险因素	风险类型	可选策略	具体措施
1	项目资金不落实	经济风险	风险回避	放弃投标
2	标价过低	经济风险	风险回避 风险转移 风险自留	放弃中标 项目分包 加强成本控制和索赔管理
3	设计失误或变更	设计风险	风险转移 风险自留	合同约定业主责任 加强变更索赔管理
4	业主违约	合同风险	风险转移 风险自留 风险回避	合同约定业主违约责任 加强合同及索赔管理 中止合同
5	分包(供应)商违约	合同风险	风险回避 风险减轻	加强分包资审或中止分包 约定分包责任和履约保函
6	物价上涨	市场风险	风险减轻 风险自留	合同约定调价条款 预留风险金、做好采购管理
7	汇率波动	经济风险	风险回避 风险自留	合同约定固定汇率 加强外汇管理
8	法律法规变化	政治法律风险	风险转移 风险自留	合同约定为业主风险 加强索赔管理
9	战争、恐袭、内乱	安全风险	风险回避 风险转移 风险减轻	放弃投标 合同约定责任范围，投保，加强预防安保、应急处置，索赔
10	严重工程量误差	经济风险 合同风险	风险自留 风险减轻	投标时认真复核工程量 合同约定计价方式或调差条件
11	不利地质条件	自然风险	风险自留 风险减轻	投标时仔细踏勘现场，预留风险金，合同约定责任范围，索赔
12	其他不利自然环境条件或灾害	自然风险 环境风险	风险转移 风险自留 风险减轻	投保 加强预防和应急处理 合同约定责任范围，索赔
13	自身工作失误	组织风险	风险自留	加强内部管理
14	人员、设备、材料事故	安全风险	风险转移 风险自留	投保 加强预防和应急处置

6　项目风险监控

项目风险监控是指在项目整个生命周期内，根据项目风险管理计划，对项目实施过程中的风险事件进行监测控制的过程，包括追踪已识别风险，观察清单中的风险，重新分析现有风险，监测应急计划的触发条件，监测残余风险，审查风险应对措施的实施情况并评估其效力等工作。

通常可以采取以下几种方法来监控项目风险：

（1）风险再评估

在项目风险监控过程中，风险发生的概率及其影响程度会随着项目的进展而发生变化，项目风险评级及其轻重缓急顺序也会发生变化，可能某些原有的风险消失了或者出现了新的风险因素，所以需要定期对项目风险在再识别的基础上重新进行分析评价，以实现对项目风险的动态监控。

（2）风险审计

即对项目风险管理计划的执行情况定期进行审计，包括对风险回避、减轻、转移等风险应对措施的执行情况以及风险管理责任人的效率进行检查和记录，重点是检查记录风险管理责任制的执行情况。

（3）偏差分析

即将项目实际已完成的工作与项目计划进行比较，包括费用和工作量的比较，找出二者间的差距，并预测这种偏差的发展趋势。若分析比较发现偏差过大，表明项目出现新的风险或者原有风险加重，需要进一步制定和实施风险监控管理措施。

与偏差分析类似的方法还有技术绩效衡量和状态审查会，都是对项目进展的实际情况与计划目标进行对比分析，从而评估确定项目的当前整体风险形势，并预测其发展趋势。

（4）储备金分析

作为风险管理的一种保障资源，通常在项目管理中会预留一部分资金来应对项目风险的不时之需。在项目进展过程中，应时常对风险储备金与项目风险状况进行分析评估，以确定该资金是否需要继续保留或足以应对剩余的项目风险。

7　后风险事件管理

项目风险管理的首要目标，当然是以最低的风险管理成本，降低乃至消除风险发生的可能性，以获得最大的安全保障。但是，由于风险的偶然性和不确定性特点，一个项目无论如何加强风险管理工作，都无法完全杜绝风险事件在项目实施过程中的发生。当风险事件发生后，项目就要采取必要的应对措施，来尽量减少风险造成的损失或不利影响，即开展后风险事件管理。

在制定风险管理计划时，要根据对项目各种风险的性质特点及其发生概率和影响大小的不同，制定相应的风险应急预案。当风险事件发生后，应立即启动应急预案机制，按预案计划实施后风险事件管理。针对不同的风险，需采取的应急措施不尽相同，通常包括以下几个方面：

①阻止风险事件进一步发生、蔓延、恶化或扩大；②开展紧急救援，如撤离现场人

员、设备财产、信息资料，实施医疗救治或其他保护措施，如隔离、覆盖、切断风险源等；③适时和必要的风险事件信息交流或发布，如通知、汇报或发布会等；④对无法阻止的风险事件的进展进行持续跟踪关注；⑤保护风险事件发生现场，获取和保存与事件相关的证据；⑥分析风险原因和性质，评估风险事件造成的损失和影响；⑦尽快恢复项目生产和秩序，包括物质层面和员工心理层面，如果影响到工程进度，还应采取赶工措施；⑧提出和实施风险管理的整改措施，以防类似风险再次发生；⑨若属管理责任的，还应追究相关管理者的责任；⑩启动风险损失自我补偿程序，包括索赔和保险理赔等；⑪对其他方的补救赔偿，风险事件还可能导致对相关第三方、当地社会、周围自然环境以及项目的社会信誉等造成损失或不良影响，项目组织应视具体情况，承担应有的责任，开展或协助实施补救赔偿、原貌恢复、信誉重建等善后处置工作；⑫编制后风险事件管理的专题总结报告，为今后的项目后风险管理工作提供经验借鉴。

8　项目风险管理效果评价

有别于上述的项目风险分析评价及后风险事件总结报告，风险管理效果评价是分析、比较已实施的项目风险管理计划和方法的结果与预期目标的契合程度，以此来评判管理计划的科学性、适应性和收益性，是对此前项目风险管理工作的阶段性的总体和综合评价。在此基础上提出计划修改或措施改进意见，经更新后的项目风险管理计划更加完善和符合实际。评价的内容、要求及频次应在风险管理计划中有明确规定。而项目结束时的评价则是对项目风险管理全部工作的最终评价。

第 10 章　国际工程项目的目标管理

第 1 节　目标管理的概念

1　目标的定义与特点

项目目标，简单地说，就是实施项目所要达到的期望结果，即项目所能交付的成果或服务。一个真正的项目目标必须符合“SMART”标准，即：①S——Specific（明确的）；②M——Measurable（可测量的）；③A——Action-oriented（行动导向的），也有的理解为 Achievable 或 Attainable，即可实现的；④R——Realistic（务实的），或 Relevant 即关联性；⑤T——Time-related（有时间期限的）。

而工程建设项目的目标不是简单的单一目标，是由多个目标组成的目标体系。该体系具有如下特点和含义：

（1）多目标性

对一个项目而言，项目目标往往不是单一的，而是一个多目标系统。业主希望通过一个项目的实施，实现一系列的目标，满足多方面的需求。目标系统通常包括项目的进度、成本、合同、质量、职业健康与安全环保（HSE）以及保修服务等目标。而且，这些目标之间不是孤立的，而是相互关联相互影响的，需要进行一定的平衡，实施项目的过程就是协调推进多个目标实现的过程。

（2）层次性

即一个项目目标既有最高层次的总目标，也有较低层次的具体目标，在时间阶段和目标内容上呈递阶层次结构，层次越低的目标描述的应该越清晰具体。

国际工程项目目标的层次性还表现在项目管理组织的不同层级上。项目业主作为项目的投资方和拥有人，在发起运作一个项目时，有其确定的目标体系。这个目标体系的各项要求通过与承包商协商签订实施合同传递给承包商。承包商企业总部则根据合同规定并结合自身经营发展的要求，制定出现场项目部经营项目所要完成的目标，以经营责任书或其他文件形式下达给现场项目部。项目部再根据这些目标要求，综合考虑项目现场的各种影响因素，制定出项目管理的内控目标，并以明确定义部门或岗位责任的方式将这些内控目标在内部进行逐级分解。

（3）优先性

具有三层含义：①同一个项目中的不同目标，在项目的不同阶段，根据不同需要，其重要性也不一样，例如：在启动阶段，可能更关注技术性能；在实施阶段，主要关注成本；在验收阶段，关注时间进度。②对于不同的项目，关注的重点也不一样，有的项目关注的重点是经济效益，而有的项目关注的重点可能是社会效益。③不同项目干系人关注的重点不同，比如，在与承包商签订合同后，业主咨询工程师可能更关注项目的进度和质量目标，而承包商则可能更关注项目的成本目标。

（4）可变性

在工程项目实施的过程中，可能由于各种主客观的原因，而需要对项目目标进行适当的修改调整，一成不变的项目目标几乎是不存在的。即使项目的总目标保持不变，一些子目标在实施过程中也可能会发生变化和调整。

2 目标管理的定义与特点

所谓目标管理乃是一种程序或过程，它使组织中的上级和下级一起协商，根据组织的使命确定一定时期内组织的总目标，由此决定上、下级的责任和分目标，并把这些目标作为组织经营、评估和奖励每个单位和个人的标准。

目标管理作为现代项目管理的一种管理思想和方法，是以相信人的积极性和能力为基础的，是以人为本的管理理念的具体体现，与传统的管理方法相比具有如下特点：

（1）建立了明确的目标体系

即把组织的总体目标逐级分解，转换为内部各单位各员工的分目标。在目标分解过程中，责、权、利三者已经明确，而且相互对称。这些目标方向一致，环环相扣，相互配合，形成协调统一的目标体系。通过逐个完成分目标来保证总目标的实现。

（2）重视人的因素

目标管理是一种全员参与的、民主的、自我控制的管理制度，也是一种把个人需求与组织目标结合起来的管理制度。在这种制度之下，上下级关系是平等、尊重、依赖和支持的关系，下级在承诺目标和被授权后，是自觉、自主和自治的。

（3）重视成果

目标管理以制定目标为起点，以目标完成情况的考核为终点。工作成果是评定目标完成程度的标准，也是人事考核和奖评的依据，成为评价管理工作绩效的唯一标志。至于完成目标的具体过程、途径和方法，上级并不过多干预。所以，在目标管理制度下，监督的成分很少，而控制目标的实现能力很强。

与传统的管理方法相比，目标管理具有以下优点：①管理强化，水平提高；②成果导向，结构优化；③任务承诺，责任明确；④监督加强，控制有效。因此，目标管理是一种超前性的、系统整体的和重视成果与人的价值的管理。采取目标管理，就克服了传统管理中的缺乏预见性和集权管理等诸多弊端，可以提高管理工作的成效，在使员工个体的能力得到激励和提高的同时，也改善了组织内的人际关系。

在国际工程项目管理中，作为项目管理组织的项目部实施目标管理，就是根据项目相关方（如业主、企业总部）的要求，建立项目管理的目标体系，并将这一目标体系分解和细化为项目部内部各部门或个人的目标责任，通过计划、实施、监控和评价改进等管理活动，确保项目目标的实现。

从本书前面的相关章节中可以看出，项目部通过项目初期的管理策划工作，建立了项目管理的目标体系，并通过组织机构设计和岗位职责定义，明确了各个部门和岗位的目标责任。因此，本章讨论的重点将集中在采取何种措施方法，来确保目标体系中各个目标的实现。

本章将以中东地区国际工程项目管理的惯常做法为基础，主要从承包商的视角来讨论项目建设过程的目标管理，因为作为项目建造的具体实施管理者，承包商承担的工作内容最为复杂繁重。同时，考虑到承包商在项目管理中要经常与业主咨询工程师打交道，而且一些中国公司也可能参与国际工程的投资和设计咨询工作，充当项目的业主和咨询工程师的角色。故本章还将顺带简略论及业主咨询工程师在项目建设过程中目标管理的工作内容。

另外，在项目建设管理过程中，业主和咨询工程师各自的责权范围，受业主所选择的项目建设管理模式、项目的规模和性质、业主与咨询工程师的工作责权划分、业主方参与项目管理的深度等因素影响，很难完全界定清楚。因此，除非有特别说明，以下的讨论暂且以传统的管理模式为基础，将业主和咨询工程师统一称为业主咨询工程师或业主方，来粗略介绍其在项目建设期的管理职责权限，其中一些完全属于业主的工作范围，一些是其与咨询工程师的共同和相互协助的工作内容，或可能完全是咨询工程师的工作。

讨论的内容按项目的进度、合同、成本、质量、HSE 及缺陷责任等管理目标的划分分别进行。而在进度目标中，首先要实现的目标是项目按期开工。但在开工之前，需要做各种大量的准备工作，而在项目启动阶段，管理团队又面临着特殊的情况，与项目进入正常施工后的目标管理有所不同。故对目标管理的讨论，先从项目开工这一进度目标开始。

第 2 节　项目开工

项目按期开工是在项目实施过程中需要实现的第一个进度管理目标，完成这个目标对承包商来说就是实现了开门红，可以给业主咨询工程师首先留下一个好的印象，为今后的顺利合作奠定一个信任基础。

项目开工有两层含义，一是指按项目合同的规定开始计算工期，另一个则是指永久工程正式开始施工。前者可能是一个硬性规定，而后者则具有一定的弹性，二者可能是同一日期，也可能不同，要视合同的规定或双方协商的情况而定。而业主咨询工程师可能更关心后者，希望永久工程施工越早开始越好。但是在此之前，还需进行大量的筹划和准备工作。而在项目之初，多数情况下承包商要面临诸多不利的条件，如资源还未准备到场，组织机构和管理制度不健全，管理人员没有全部就位，现场施工条件也不具备等。这样，项目目标管理不能像走入正常轨道时那样具有程序化和系统性。在此情况下，承包商要依靠现场的少量管理人员，来承担综合性的管理，克服重重困难，完成各项开工准备工作，尽早实现真正意义上的项目开工。

开工准备通常包括以下各项工作：

1　项目启动会

业主一般会在发出中标通知书后尽快主持召开项目启动会，参加方通常包括业主、咨询工程师和承包商代表。项目启动会作为项目授标后第一次正式会议，将明确业主（业主代表）、工程师及承包商各方身份及联络方式；部署项目启动阶段各项工作任务的目标节点，包括场地移交、建筑许可、基线计划、计划产值曲线、人力资源强度柱状图、资源动员计划、采购计划、施工方案、QA/QC/HSE 程序文件、临建设计、现场办公室及办公设备等目标完成时间。承包商承诺的目标完成时间将被记入会议纪要作为进度监控的依据。目标能否实现，将直接影响业主对承包商的第一印象。

2 场地接收

场地接收前，承包商需对业主提供的原始地貌数据进行检查、复测，并做好场地初始状态视频及图片记录。现场实际情况与合同描述的不同之处，应记入场地移交会议纪要内，并明确由此引起的任何费用增加或工期延长不属于承包商应承担的责任。对已有地下设施的移除、改线或保护，若属于承包商的工作范围，要在获得相关市政部门施工许可和图纸后，尽快组织施工，因为这部分工作所需的时间一般包含在总工期内；若不属于承包商的工作范围，相关的移除、改线或保护工作，将构成索赔点，需要严格按照合同条款规定的索赔程序，在时效内完成索赔通知、索赔申请、索赔报告及工期延长报告。

3 建筑许可（开工许可）

建筑许可（开工许可）按合同规定，可能是业主也可能是承包商负责申请。如果由承包商负责申请，申请建筑许可或其他市政手续所花费的时间一般计入总工期内。由于市政报批手续较为繁琐，政府机构效率较低，在基线计划中，应保守考虑办理建筑许可所需的时间。若由业主办理，在基线计划中，可视场地移交日期为业主应提供有效建筑许可的日期，任何延误将构成索赔点，承包商可依据基线计划及合同条款申请工期延长。

4 总进度计划

编制并向业主咨询工程师提交基线进度计划（Baseline Program），编制程序详见后述。

5 人力资源及设备材料动员

应按照项目管理策划书中确定的资源计划来组织人力和设备材料进场。

人员进场需要办理出国人员的护照签证、体检和工作许可及旅行安排。但是，受项目所在国劳工、移民管理部门的劳工配额审批及签证办理程序影响，人力资源往往不能及时动员到位，成为项目启动期甚至高峰期制约进度的主要影响因素之一。多数情况下，为了满足生产需求，有时不得不先临时向当地劳务公司雇佣高价非熟练劳务，劳动力成本增大，劳动效率降低。在投标过程中，应及时掌握劳务市场信息，综合考虑一定的劳动力成本风险。

通常情况下，项目经理、项目部主要的技术、合同、施工、测量、行政、采购管理负责人，以及生活和临建施工作业层人员，应优先安排进场。

在设备材料进场方面，可根据当地市场供应情况，综合考虑经济和时间成本因素，能够从当地市场获得的中小型设备工器具，可在当地市场购买或者租赁；当地无法采购的大型设备或者特种设备及大宗建筑施工用材，如需进口，应尽早计划和采购，并组织验收发货和国际运输通关。

另外，人员和物资设备能从其他项目调剂使用的，也可尽量调拨利用。

6　提交现场组织机构图

承包商在成立现场项目部并确定其内部组织架构后，应编制并向业主咨询工程师提交现场组织机构图，供其审查批准和方便双方今后的工作对接。实施过程中，组织机构及主要管理人员有变动的，还需提交修改后的现场组织机构图。

另外，承包商还应提交项目经理的授权文件和现场主要管理人员的工作简历。而且，业主咨询工程师还可能对项目经理和其他主要管理人员进行面试，中东地区的业主咨询工程师对项目主要管理人员特别是项目经理，一般都有语言要求。经面试合格的管理人员才能开始在项目工作。

7　编制提交质量计划

在项目正式开工前，项目部应组织进行项目质量管理策划，编制质量计划。质量计划是对特定的项目、产品或合同，为保证实现其质量目标，规定由谁及何时应使用哪些程序和相关资源的文件。

工程项目的质量计划一般包括以下内容：①计划的适用范围；②计划的编制依据；③项目概述；④质量方针和目标；⑤质量管理的组织机构及岗位职责；⑥必要的质量控制手段，施工过程、服务、检验和试验程序及与其相关的支持性文件，包括：质量策划控制程序，合同评审控制程序，工程设计控制程序，施工过程控制程序，设备材料采购控制程序，工程分包控制程序，业主提供设备材料控制程序，产品标示和可追溯性控制程序等；⑦确定关键过程和特殊过程及作业指导书；⑧与施工阶段相适应的检验、试验、测量、验证要求；⑨更改和完善质量计划的程序。

质量计划编制完成后，应经过内部相关评审程序，并报业主咨询工程师审核批准后，在施工过程中遵照执行。

8　编制提交 HSE 程序文件

项目主体施工开始前，承包商还需向业主咨询工程师提交职业健康、安全与环保程序文件或管理计划，获得审查批准后付诸实施。

9　总体施工方案/施工方案

在建筑工程项目中，业主咨询工程师往往要求承包商在项目启动阶段提交一份总体施工方案，内容涵盖项目中各项主要工作的施工方法。而在市政基础设施项目中，业主咨询工程师往往要求针对各项工作单独提交独立的施工方案。无论哪种方式的施工方案，只有在得到咨询工程师的批准后，才能进行现场施工，并且必须严格遵照执行。在国际工程中，很有可能由于施工方案未能及时获批而影响到施工进度，或者因为施工未能严格遵守批复的方案而导致工程返工或停工整顿。

10　车间图设计

与国内一般程序不同，国际工程总承包项目合同往往要求承包商依据初步设计图（IFC drawing）及指定规范进行深化设计，即车间图设计。车间图设计可以由承包商自行组织工程师完成，也可考虑采取专业分包的方式，由第三方专业公司或个人承担。计划进行专业分包的工程，如机电、装修、幕墙等项工程，其车间图设计可含在其分包合同范围内，由相应的分包商完成后提交承包商审核报批。图纸格式要经过咨询工程师的同意，所有的车间图都需经过咨询工程师批准后才能用于施工。

11 临建工作

承包商自用的临建工程包括现场的办公室、加工厂、仓储、风水电路和通信网络、围栏、工程标牌、生活营地设施以及混凝土沙石料加工拌合系统等。这些设施根据具体情况，可以是由承包商组织自建或专业分包建设，或者利用原有设施，也可在当地租赁使用，要在经过比较权衡后作出合理的选择。但无论采取何种方式，都要特别注意满足当地HSE及消防要求，比如生活垃圾、污水不得乱排乱放等。另外，通常情况下，在中东富裕国家，当地政府不允许将生活营地建在施工现场，劳工也不能在主城区居住生活。

如果合同有要求，承包商同时还要负责业主咨询工程师的现场临建设施，并为之提供办公设备、交通和其他各项服务。临建设计应遵照规范要求，并综合考虑业主咨询工程师的意见。应仔细研究合同和工程量清单，将向业主咨询工程师提供的现场设施和服务控制在合同规定的承包商责任义务之内。现场的临建设计在得到咨询工程师批复后才能进行施工。在临建施工及随后的所有工程施工中，如果因施工需要，出现不可避免的影响公共设施供应，如中断道路、水电、油气、通信等时，应提前获得有关部门的批准方可行动，以免引起不必要的法律问题。

12 分包商（供应商）选择

询价是成本控制的基础工作，只有掌握了这些基础信息，才能编制真实可靠的项目预算。供应商的选择，应本着货比三家的原则，在满足规范要求的前提下，尽可能选择报价较低的材料供应商。对于专业分包商的选择，在考虑价格因素的同时，也应考虑其财务能力和履约能力，选择的过程要严格按照分包商招投标程序要求进行，详见后述。

为尽快实现工程开工，通常要优先选择确定临建、现场测量、车间图设计、工程试验、混凝土供应、土石方工程、基坑排水、桩基工程、设备租赁以及油、水、气供应和垃圾、污水处理等方面的分包商或供应商。

13 其他工作

（1）开立境外账户，了解当地财税审计制度，建立财务账目体系

为方便资金的使用管理，项目一般要在项目所在国家或地区开设境外银行账户，包括当地币和国际通用货币账户。项目管理人员进场后应尽快了解当地开立账户的程序和条件，并按其要求申请开立账户，要选择实力强、服务优、信誉好的银行。如果公司总部在当地已经设立分支机构并拥有银行账户，项目可以与之共用银行账户。另外，如不考虑其他条件因素，为节省资金结算时间和成本，可优先选择在业主支付账号所在的银行开户。

同时，还要尽快了解项目所在国的财税和审计制度，做到心中有数，合法经营，合理避税，减少不必要的麻烦和损失。

项目财务人员应尽快进场，建立项目的财务体系和管理制度。即便项目一时暂无财务人员，项目使用资金时也要做好资金账目管理。

（2）办理工程保险

要根据项目合同要求办理工程保险，一般包括工程一切险、第三方责任险和设备险，应在当地知名保险公司通过报价比较确定投保，保单条款除要认真审阅外，还应征得业主咨询工程师的同意。项目部还应根据当地法律法规要求，为项目部员工在当地办理社会、意外伤害和医疗保险等。

（3）提交工程保函，接收预付款

项目中标后，承包商应按合同规定办理保函提交业主，一般包括预付款保函和履约保函，并及时要求撤回投标保函。通常由现场项目部协助总部从中国境内银行办理，并通过业主认可的当地银行转开。为节省担保费用和时间，也有的中国公司直接从当地银行办理。保函格式，包括担保条款、额度和期限等，都要按合同规定或经与业主咨询工程师协商一致后确定，银行或承包商都无权随意更改或自行确定。

保函提交业主并获得认可后，承包商可将银行账户书面通知业主，并根据合同规定向业主咨询工程师申请支付预付款。

（4）当地注册

如果项目所在国法律规定，外国公司在当地从事工程承包经营活动须进行注册登记的，而此前又还没有进行这项工作的，还需要尽快在当地完成注册登记，做到合法经营。

14　业主咨询工程师在此阶段的管理工作

如果说业主是一个建设项目的总司令，那么业主的管理团队就是项目的司令部。所以，严格地说，业主为做好项目的建设管理，首先应设立自身的项目管理机构，组建相应的管理团队，建立完备的管理制度和流畅的工作机制，并制定项目整体管理计划。而加强业主自身项目管理团队建设则贯穿于整个项目建设过程，是其项目管理的一项重要工作，所谓“打铁先须自身硬”。在这些方面，无论业主还是咨询工程师，都与承包商有些类似。

除此之外，业主在项目初期主要还应承担以下管理职责和工作内容：

（1）向咨询工程师和承包商提供完备的有效合同，包括附录资料；

（2）分别与咨询工程师和承包商召开项目启动会议（Kick-off Meeting），建立畅通有效的工作机制；

（3）任命业主代表和咨询工程师，并书面通知承包商和贷款方；

（4）完成工程场地准备，如征地、拆迁、场平、移民、进场道路、水电供应、场内管线移改等；

（5）完成工程各种报建工作，获得合法的证照许可；

（6）向承包商正式移交工程现场；

（7）签发工程开工令；

（8）审查批准设计方案和设计图纸，并提供给咨询工程师和承包商；

（9）审查批准咨询工程师和承包商的项目经理、主要管理人员和组织机构；

（10）审查批准承包商的总进度计划和总体施工方案；

（11）审查接收咨询工程师和承包商的保函、保险；

（12）筹措落实项目资金，并按合同规定支付预付款；

（13）监督落实承包商为业主、咨询工程师提供的现场服务；

（14）根据咨询服务合同为咨询工程师提供工作、生活便利；

（15）为承包商的人员、设备、材料进场在签证、许可、入关、免税等方面提供协助；

（16）协助承包商与当地政府部门和相关机构的联系；

（17）如果必要，策划组织召开项目开工典礼。

咨询工程师在与业主签订咨询服务合同后，在此阶段主要工作是为业主的上述相关工作提供技术支持和咨询服务。另外，如果工程设计也包括在咨询服务范围内，咨询工程师还应尽快完成工程设计工作。

第3节　工程进度管理

1　定义

工期目标是项目合同的重要目标之一，业主投入巨大资源策划实施一个工程项目，总是希望工程能按期建成，以尽早发挥其应有的效益。因此，按期实现项目各个进度目标是承包商项目管理的一个重要任务和目的，它不仅标志着承包商按期履约，可以规避违约损失的风险，增加承包商的市场信誉，而且可以避免因工期拖延而额外增加的成本。

承包商的项目进度管理，就是通过建立进度管理体系，系统采取计划、实施、监控和调整这一动态循环的方式，综合运用组织、合同、技术、经济等方面的措施，在有效利用项目资源的基础上，推动项目建造过程的顺利进展，确保项目各个进度目标的实现。

2　项目进度管理体系

进度管理体系或者说进度管理的系统性，包括以下几方面的意义：

（1）进度管理不是一个孤立的管理任务或事件，而是一个系统工程。它是项目管理这个更大系统中的一个子系统，同时自身也是由多个子系统组成的。

（2）进度管理贯穿于项目建设期的全过程。

进度管理不仅仅是编制进度计划，而且还要以计划为依据，经过计划的实施、监控和调整而形成一个完整的循环过程。并且，一个项目的施工期一般不止经历一个这样的循环过程，而是多次循环，是一个动态的过程，符合 PDCA 循环的特点。

（3）进度计划是由不同层级的计划组成的立体计划体系。在时间跨度上，在总的进度计划下，还应有年、月、周甚至是日进度计划，要通过各层级子计划目标的实现来保证上一级计划目标的实现。在范围覆盖上，通常由设计、施工、分包、供货安装等进度计划组成。在工程范围上涵盖整个工程，包括组成工程的各个单项工程、分部分项工程及各个施工工序。

（4）与进度计划体系相对应，还须有配套的资源计划作支持，包括相应的人力和设备材料计划等。没有配套资源分析的进度计划是不具有指导意义的。

（5）项目的进度管理体系与项目其他的子管理体系互为作用和联系，如项目的成本管理体系、质量管理体系及 HSE 管理体系等，需要综合考虑，而非单纯追求进度目标的实现。例如，在某些国家，由于平价建筑主材市场供应不足的问题，项目工期普遍延误，若此时为追求进度目标的实现而大量采购高价材料，由此引起的成本增加可能远大于工期延长而造成的费用增加。

（6）项目进度管理体系还与项目的相关方（如业主、咨询工程师等）及社会自然环境相关。

（7）进度目标的系统性，即进度目标不仅是指最终的项目竣工目标，还包括合同规定的其他阶段性目标，要通过阶段性目标的实现来保证竣工目标的如期完成。

（8）进度管理的组织体系由负责进度管理的项目领导者、计划管理层和进度作业层组成。其中，进度管理的领导者由项目经理或负责施工进度的副经理担任；计划管理层为专业计划工程师或计划编制部门，负责各类计划的编制、审核、下达、数据采集、分析、预警、纠偏等循环管理工作；作业层则按管理层下达的进度计划完成施工任务。

基于上述的理解，我们可以建立起进度管理的组织体系、计划体系和执行体系，并将系统化的思想方法应用到进度管理过程中。

3　进度计划的编制

进度计划主要包括项目总进度计划、年进度计划、季度进度计划、月进度计划和（双）周进度计划。中东地区通常采用总进度计划和（双）周进度计划。一些承包商在此基础上还增加了每月进度计划，作为施工进度控制和考核的内部依据，但无需对外上报业主咨询工程师。另外，一些总承包企业总部还可能要求各在建项目上报年度和季度进度计划。

进度计划编制是专业性很强的技术工作，一般以专业计划工程师为龙头，组织相关技术人员协同完成。编制复杂的进度计划往往需要采用专用的计算机软件（可能由业主指定），这类软件很多，如 Primavera、Project 等，中东地区多采用 P6 或 P3 软件。

3.1　总进度计划编制

FIDIC 施工合同条件（1999）8.3 款规定：“承包商应在收到根据第 8.1 款（工程的开工）规定发出的通知后 28 天内，向工程师提交一份详细的进度计划（基线计划 Baseline Programme）。当原定进度计划与实际进度或承包商义务不相符时，承包商还应提出一份修订的进度计划（Revised Programme）。每份进度计划应包括：承包商计划实施工程的工作顺序，包括设计（如果有）、承包商文件、采购、生产设备的制造、运到现场、施工、安装和试验各个阶段的预计时间安排。”实际操作中，业主往往针对 8.3 款增加相应的专用条款，例如：基线计划提交的时间、计划修订的程序、采用何种计划管理软件、使用何种计划编制方法、对人力资源和材料资源加载的要求、对产值 S 曲线的要求、对赢得值曲线的要求等。

其他版本的合同条件也会对进度计划作出类似的明确规定，编制进度计划时除了满足这些合同要求外，还应考虑承包商在费用和资源配置方面的要求。图 10-1 是进度与费用、资源的关系说明，从图中可以看出，进度计划应满足以下三个基本要求：①保证可以满足里程碑/项目的截止日期要求（业主合同要求）；②保证项目成本在预算范围之内（承包商经营要求）；③保证资源没有超额分配（承包商的资源限制）。

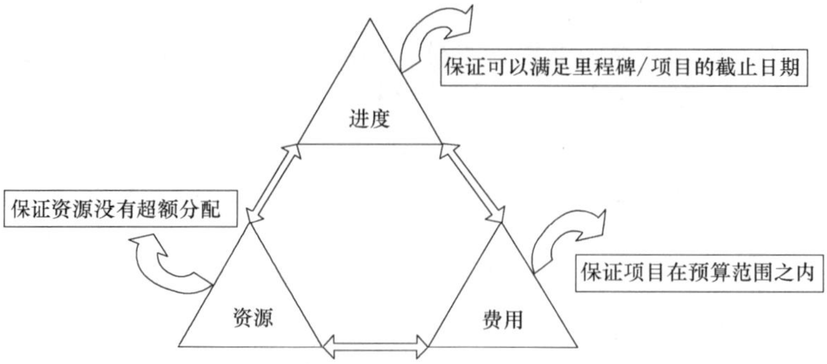

图 10-1　进度计划与费用、资源关系图

针对这些基本要求，承包商应在合同规定的时间内，调动各类技术人员组成以计划工程师为核心的计划团队，熟悉项目资料，把握项目重点，理清项目脉络，编制出合理的基线计划。

编制总进度计划应考虑的因素包括但不限于以下几个方面：①项目所在国的环境条件，如该国的法律、法规及政策，法定节假日或公休日，当地气象、气候等自然条件状况，人力资源（劳工签证政策）、施工设备资源供应状况；②合同要求，包括合同范围、技术规范、工期目标、质量和安全、职业健康及环保目标等；③承包商自身的情况，如自身拥有人力、设备资源及其动员情况，施工方案及施工与管理能力，主要材料、永久设备供货周期，分包规划，成本控制目标等。

最终确定的基线计划，是经过优化、与承包商生产、动员能力相符的计划，不仅要满足合同规定的各个进度目标的要求，而且要注意各个活动、工序搭接逻辑的合理性，并应尽量做到施工和资源加载的均衡性和平稳性，还要考虑同一作业面上多工序多工种同时作业的空间性要求。计划水平可以通过各项资源强度曲线较为精确地反映出来。在高端国际市场中，考虑不周全的基线计划，往往会导致合同执行的被动局面，甚至可能能带来不可预见的经济损失。

EPC 或类似的总承包项目总进度计划一般应包含以下五个模块：

（1）准备（Preliminary），主要用于监控项目的准备情况和临建的进展情况，并跟踪相应的合同要求；

（2）设计（Engineering），主要用于监控各分项工程需要设计的所有图纸到位的时间，确定各个图纸设计的流程、时间表以及各个图纸流程将与相应的工程施工计划的挂接，用于倒排各个分项工程图纸设计启动的时间点并确定必须提交的时间点；

（3）采购（Procurement），主要用于监控各项分项工程所需要的材料和设备到场的时间，并根据 BOQ 中的材料预算数量、各个分项工程的施工方法和手段，确定所需材料、设备的流程和相应的时间表。将各个分项工程所需要的材料和设备流程作业挂接到相应的详细施工计划，用于倒排各个分项工程的材料和设备启动的时间点并确定必须到场的时间点；

（4）施工（Construction），用于对各施工作业的逻辑和工期控制；

（5）测试和试运行（Testing & Commissioning），作为和施工作业穿插进行的不可缺少的重要程序。

另外，针对不同管理者的需求，计划应按不同层次挂接。例如，业主仅关心一级计划，往往表现为各类里程碑节点。承包商的项目经理仅关心粗线条计划，可以通过二级计划将设计、材料采购、设备动员和施工进度情况以及资源、费用整体情况简洁、形象地展现在项目经理面前，以利于项目经理作出准确的判断。而施工技术人员则更专注于三级详细计划，他们不得不仔细分析每道作业、每条逻辑，甚至每个资源。

基线总进度计划通常要经过如下程序步骤编制完成：

(1) 工作范围（SOW）的界定及工作分解结构（WBS）的确定

首先，应仔细研读合同文件，界定合同范围，并在此基础上对合同范围进行工作分解。工作分解是将整个项目分解成可控的树状结构，使得计划控制、费用管理和技术管理更加可行。工作分解结构（WBS）是项目工作范围定义的表现形式，其意义在于把复杂的范围模块化、专业化、简单化，并确保总进度计划包含所有必须的工作内容。

WBS的制定需综合考虑以下几方面因素：①项目阶段划分（例如，准备阶段、设计阶段、采购阶段、施工阶段、调试及试运行阶段和移交阶段）；②类别划分（例如，建筑物、室外基础设施）；③专业划分（例如，土建、机电、装修）；④工序划分（例如，开挖、垫层、钢筋、模板、混凝土、砌砖、抹灰、腻子、油漆等）；⑤节点划分（例如，按不同节点划分）；⑥区域划分（例如，按不同的区域划分）。

(2) 作业代码（Activity ID）规划

作业代码是作业的重要身份标识，应具有系统性和可读性。复杂项目的作业数量往往达到几千条甚至上万条，无论是在逻辑关系链接还是在资源加载的过程中，规划有序的作业代码系统，能够有效地减少大量重复性工作。一方面，借助EXCEL表格导入模式，能够缩短近90%的时间，清晰系统地完成作业之间逻辑关系的链接以及完成作业所需的资源分配，即系统性；另一方面，人们可以通过作业代码快速了解作业的工作阶段、区域、内容、专业及工序等信息，即可读性。

作业代码的编制，可参考WBS结构中所定义的阶段、类别、区域、专业、工序等层级信息。例如：第一级代码：E-设计，P-采购，C-施工，T-调试及试运行；第二级代码：BD-建筑物，INF-室外工程……；第三级代码：B1-1号建筑，B2-2号建筑，A1-1号室外区域，A2-2号室外区域……；第四级代码：STR-结构专业，ARC-建筑专业，MEP-机电专业……；第五级代码：SUB-地下结构，SPS-地面结构，BLK-砌体工程，PLS-抹灰……。由此可知，C-BD-B1-ARC-BLK-005表示的信息为：施工阶段-建筑物工程-1号建筑物-建筑专业-砌筑工程中的编号为005的砌筑作业。

(3) 作业分类码（Activity Code）规划

作业分类码顾名思义，就是将作业按预定义类别重新分类并排列的编码体系。可将作业以不同于WBS结构的形式按预先定义的码值分类层级重新排列，以满足工程师以各自不同的侧重点或视角浏览计划。作业分类码的定义，可以参照作业代码的层级。例如如下定义（相同字符，其意义参照上述（2）作业分类码中所定义的含义）：

代码1：WORK PHASE-工作阶段（包含E，P，C，T）；

代码2：WORK AREA-工作区域（包含BD，INF）；

代码3：FACILITY-建筑物或设施名称（包含B1，B2…A1，A2…）；

代码4：WORK DESCIPLINE -工作专业（包含SUB-地下结构，SPS-地面结构，

BLK-砌体工程，PLS-抹灰……）。

根据如上定义，项目作业除按原有的 WBS 层级排列外，还可以按以下层级重新排列：

排列 1：WORK PHASE-WORK AREA-FACILITY WORKDESCIPLINE；

排列 2：WORK AREA-FACILITY-WORK DESCIPLINE WORKPHASE；

排列 3：WORK ESCIPLINE-WORK PHASE-WORKAREA-FACILITY；

排列 4：WORK AREA-WORK DESCIPLINE-WORKPHASE-FACILITY……

（4）逻辑关系链接（Relationship）

常用的逻辑关系为 SF（开始-完成），SS（开始-开始）＋延时，FF（完成-完成）＋延时。值得强调的是，在一个计划中，各项作业的开始时间是由逻辑关系来驱控的。从理论上说，一个计划无论它有多么庞大，除了第一个开始里程碑可以没有紧前作业和最后一个竣工里程碑可以没有后续作业之外，其他所有作业都必须同时拥有紧前作业和后续作业。

在进行作业逻辑关系链接之前，需要根据专业讨论、编制和审定的施工、管理流程绘制逻辑关系框图。具体的链接工作需要依照框图循序渐进地进行。

一个复杂项目计划的逻辑关系线条往往超过上万条，Primavera ProjectManagement 提供了一种通过 EXCEL 表格交互式导入逻辑关系的手段。作业代码在 EXCEL 表格中充当了逻辑关系链接的桥梁。如上所述，合理规划的作业代码体系，在进行逻辑关系链接的时候，可以极大地减少计划编制人员的工作强度并最大限度地减少错误链接发生的概率。

（5）作业工期（Activity Duration）的确定

对于作业工期，业主咨询工程师通常会要求单个作业的工期不宜超过 14d，如遇确实不宜拆解成 14d 以下的作业，需明确指出并说明原因。由此可见，作业划分越细致，总进度计划的可操作性越强，也越具有可调性。所以，在编制施工作业时，尽量避免赋予单项作业较长的工期（例如 60d），以有利于周计划的编制与监控。

（6）资源计算及分配（Resource Assignment）

通常需要定义和分配的资源主要有材料、人力、设备以及费用。材料资源可以通过工程量清单或依据图纸计算确定。费用资源可以通过报价单确定。而设备和人力资源需要通过资源效率计算确定。

设备资源的确定：①依据所涉及的作业内容，列出所涉及设备组合及各设备的工作效率单；②依据各作业的工作内容选取相应的设备组合；③依据各作业的工程量和设备效率计算设备台时；④分配设备台时。

人力资源的确定：①依据所涉及的作业内容，列出涉及的人力资源工种组合及工作效率单；②依据作业工作内容选取相应的人力资源工种组合；③依据作业的工程量和人力资源效率计算人工工时；④分配人工工时。需要说明的是，在很多国家，人力资源效率远远低于中国的定额水平。在进行人力资源计算之前，需要根据所在国工程经验和人力资源构成状况合理确定人力资源效率，即作适当的降效处理。

（7）编制总进度计划初稿，就是根据项目的作业定义、作业编码、关系连接和作业工期估算的结果及所需的各类资源，编制进度计划，主要是确定各项作业的起始日期和完成日期。输出的结果包括总进度计划、里程碑图、进度基准、进度数据、资源需求、资源分解结构等文件。

(8) 总进度计划的优化，包括工期优化、费用优化和资源优化等。

(9) 总进度计划的内审定稿，经优化的进度计划还需在项目部内部经过相关专业人员、领导的内部讨论评审，提出意见修改后定稿。

(10) 上报业主咨询工程师审批，在正式上报前可事先与咨询工程师进行非正式的交流，达成一致后，再由项目经理签署上报。上报后如果咨询工程师有反馈意见，还需进一步协商和修改后再次上报，甚至可能出现多次反复。

(11) 下发执行，总进度计划在获得业主咨询工程师的批准后，可由项目经理正式签发项目部所属各相关部门、分包商、供应商和作业层等遵照执行。

3.2 短期进度计划的编制

完成总进度计划的编制审批后，在项目实施期间的进度管理中，要以此为依据，循环编制周进度计划和月进度计划。如果基线计划编制得足够详细可行并且未出现工期延误，月计划和周计划可直接从基线计划中截取。中东地区通常采用双周滚动进度计划，即在一份周进度计划中同时反映出前一周进度计划的完成情况和下周将要完成的进度计划，每周更新一次。周进度计划一般不需要咨询工程师的批准，由承包商先编制完成，并在每周进度例会上报与业主咨询工程师讨论评估后提交和下发实施。

4 进度计划的实施

进度计划可采取电子版或在每周（月）进度例会上下发。下发后，各相关方应遵照执行。其中，设备物资部门负责设备材料的准备，行政后勤部门负责人力资源的招募，施工部门负责组织生产，分包商要根据进度计划的要求，制定其分包范围内的工程进度计划并组织实施。

一般来说，项目部下达进度计划的详细程度到周计划为止。施工管理部门和工程师，作业队、班组负责人在接到周进度计划后，还要对未来一周每一天的各项工作安排进行细致的分解和计划。项目部配套的资源计划也主要是大宗主材和设备计划及人力资源的大体估算，施工管理层和作业层负责人还需提前就完成进度计划所需的零星工器具、材料及详细劳动力和工种数量、到场时间等，提出需求或领用计划。而项目部其他相关部门除及时按计划筹集准备外，也应保持一定的资源储备。

进度计划的实施是一个相对复杂的系统工程，过程中会遇到大量具体琐碎的问题，需要各相关参与方的协同配合。任何一点考虑不周、组织不力或配合不好，都可能影响进度计划的按期完成。

事实上，在工程项目建造施工过程中，出现不同程度的工期延误是普遍现象。造成延误的原因很多，国际工程项目由于其所处社会自然环境及项目自身的特殊性，进度的影响因素更为复杂众多，除了进度计划本身不尽科学合理之外，通常来自以下几个方面：

(1) 自然社会环境方面

1) 各类突发性或持续性事件的影响，如极端恶劣天气、地质灾害、政治、安全、军事、治安、社会、恐怖袭击、流行疾病、环境保护类事件；

2) 来自当地不同社会团体或个人的干扰，如各类政治派别、工会社团、当地民众、黑社会、民间组织、媒体、项目代理、邻近承包商或其他单位等；

3）政府相关部门和公共事业部门或单位（如交通、通信、水电、能源、消防等）因工作效率低下或其他原因的影响；

4）法律法规政策制度变化造成的影响；

5）宗教信仰民族文化差异和冲突的影响；

6）当地市场供应异常。

（2）业主咨询工程师方面

1）由于种种原因而导致业主设置的合同工期本身很短，其他合同条件也很苛刻，承包商难以达到；

2）项目准备不足就仓促上马，在技术方面包括地质水文等资料不全、设计存在重大缺陷、图纸不齐全或出现错误；在场地准备方面，征地拆迁、场平、水电路等条件未达到合同要求；各类行政审批程序未全部完成等；

3）业主提出设计变更；

4）业主未完全履行其合同义务，特别是不按时足额支付工程款等；

5）业主咨询工程师工作效率低下，承包商提交的各类问题和文件久拖不决；

6）因业主咨询工程师内部其他原因而有意刁难和拖延；

7）同一业主项下其他承包商供应商的干扰；

8）业主书面下令停工。

（3）承包商方面

1）投入项目的资源（资金、人力、物资设备等）数量不足，时间不及时；

2）技术准备存在问题，如图纸、方案、材料样品等的准备和报批不及时，或存在缺陷错误；

3）现场生产组织不周，管理不善，未发挥资源的应有效率；

4）选择分包商和供货商出现失误，或实施中对其管理协调不力；

5）与业主咨询工程师的沟通协调不畅，关系紧张；

6）受公司总部性质、管理体系、历史文化的影响；

7）项目部内部管理问题及员工的民族、宗教、文化及团队氛围的影响；

8）发生质量、安全事故；

9）遭遇事先无法预见的地质和技术难题。

5 施工进度的协调与监控

现场施工进度监控首先是对现场正在发生的各部位、各环节施工的动态监督和全面了解。监督过程中发现问题影响顺利施工时，应及时予以纠正或解决，包括现场作业的技术、安全交底，工作活动安排，人员的适当调配，制止不正确的施工工艺和方法，督促提高劳动工效，领用或调动设备、工具、材料，组织处理水电路和设备故障，处理图纸、规范、技术问题，协调同一工作面上各作业方的施工顺序和活动空间，指挥生产作业，检查控制工作和材料质量，检查和安排改进现场的HSE状况，协调配合质量部门和咨询工程师的检查验收，安排对不合格项的整改，做好现场施工记录和相关数据的收集统计等。而现场监督者认为出现的问题已经超出自身能力和权限范围时，应及时向上级负责人反映以求尽快解决。

现场施工的动态信息要及时反馈给计划部门和人员，包括现场施工监督者和负责人提供的书面或口头信息，计划人员经常巡视现场所获得的信息以及咨询工程师提供的现场信息。计划部门和工程师对这些信息进行收集分析，在与计划目标进行比较之后作出判断和评价，如果认为出现延误，则需评估延误的程度，分析找出延误的原因，并提出相应的改进措施。

现场会议是进行进度控制的有效手段，主要包括承包商与业主咨询工程师定期召开的每周进度例会和技术会议，承包商内部的管理和进度例会，承包商与分包商召开的进度例会，相关方为某一特定的进度问题而随时召开的专题会议等。其中，最重要的是承包商与业主咨询工程师的进度例会，有时一些主要的分包商也需要参会。会议一般要对过去一周项目的运营情况进行全面综合评价，包括合同、进度、技术、质量、安环、设计、变更、分包、支付等，讨论的焦点是施工进度问题。会上，业主咨询工程师会就项目目前的进展情况逐一提出自己的评价和质疑，承包商则需给予解释澄清，并提出解决进度问题的措施。同时，承包商也可以就属于业主咨询工程师责任范围的工作完成情况提出意见观点，以期获得业主咨询工程师的承诺和帮助。会议形成的统一的纪要经相互认可后由双方各自留存，纪要的主要内容是项目当下各项活动的进展状态，行动负责方及实施时限等。

当施工进度的延误程度超出了现场掌控的范围后，应从项目部层面采取控制措施，设法弥补被延误的工期。要根据造成延误的具体原因而采取不同的措施，包括组织、管理、合同、技术、经济等方面的措施，而且往往是多措并举综合应用。

6　进度计划调整

当项目的实际施工进度落后于进度计划时，一方面需要如上所述从不同层面采取赶工措施尽快跟上计划，另一方面也需要对进度计划进行适当的调整。根据工期延误的具体情况，通常要进行以下三种计划调整：

6.1　局部计划调整

当进度延误不是很严重，只是局部的短期的，可以在一定时期内采取措施赶回来时，则只需要调整周（月）计划，即增加未来数周（月）的施工任务量，直至实际进度与计划保持一致。这种计划调整相对简单容易，成本增加少，而且可能会经常发生。

6.2　总进度计划更新

当实际进度严重滞后，以至影响到工程竣工目标，无法在短时间内赶回，需要较长时间的努力才能保证最终按期竣工时，则需要更新总进度计划，就剩余的工作任务和工期时间重新进行规划安排。更新总进度计划的程序和工作量，几乎与项目初期时新编总进度计划一样，而且也需要得到业主咨询工程师的再次审批才能付诸实施。

无论如何，更新总进度计划相对来说还是容易的，关键是如何确保新计划得到落实，否则这种更新毫无意义。总进度计划更新后，周（月）进度计划将按新要求编制，意味着在单位时间内需完成的工程量加大。相应的资源投入也会增加，有时一些项目甚至为了确保工期而不惜一切代价，无疑会增加项目成本。

我们强调，要尽量做到项目施工进度和资源投入的均衡性和平稳性。但实际情况往往是工程进度前松后紧，投入的资源前少后多，在后期出现资源的激增或大起大落现象，这显然是不经济的。

通常影响进度的外在客观因素是难以改变的，因此，加强和创新项目管理，实现项目资源的合理配置，减少资源的无谓损耗，提高劳动生产效率，才是加快项目进度和降低成本的根本途径。

6.3 工期索赔后的总进度计划更新

当由于非承包商方的原因而导致工期延误时，承包商可以根据合同规定提出工期索赔。计划部门和工程师可以协助配合合同管理部门启动工期索赔程序，包括延误工期的估算（详见下述工期索赔定量分析），准备和提交索赔报告，参加与业主咨询工程师的索赔谈判等。其中，索赔报告主要内容包括叙述性报告、事件记录、合同依据、关键线路分析、资源分析、横道图表及附录的相关证据文件。

工期索赔部分或全部获得业主的书面同意后，一般情况下要相应地顺延原合同的最终竣工日期和剩下的其他相关工期目标。在新的工期目标下，再对原总进度计划进行更新，获批后下发执行。

伴随工期索赔的通常还有经济索赔，属于合同管理的范围。经济索赔成果的大小，对计划更新后剩余工程的成本产生影响。

6.4 调整程序

施工进度的控制调整流程如图 10-2 所示。

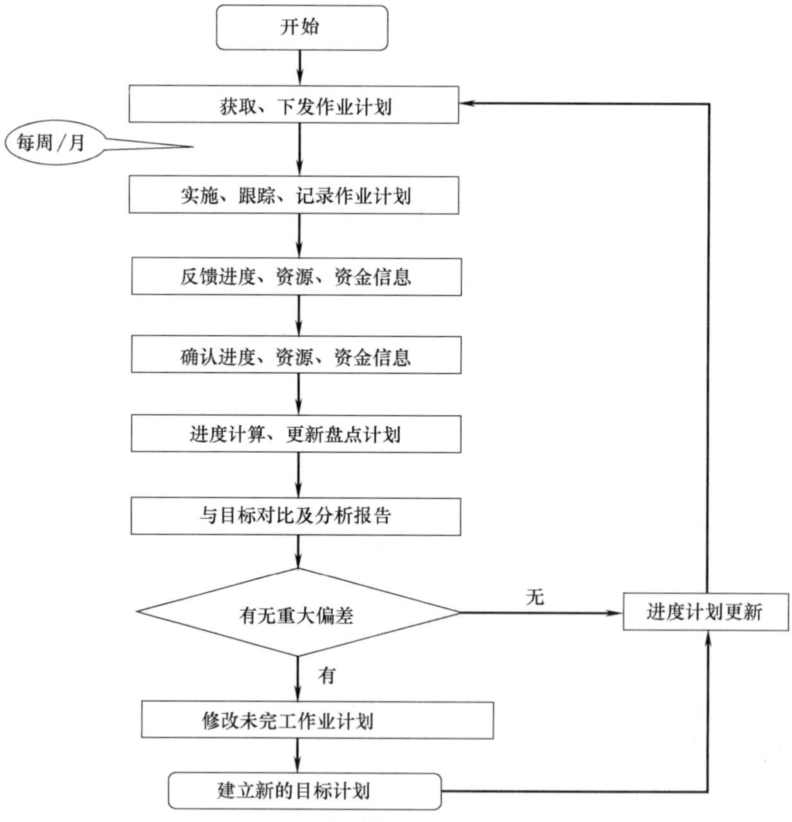

图 10-2　施工进度计划控制流程

7　工期索赔定量分析

多数情况下，造成工期延误的原因是来自多方面的，因此，区分业主、咨询和承包商的责任显得尤其重要。针对工期影响因素进行定量分析，是发达国家工程承包企业精细化管理、程序化施工的基本要求，而这正是我国工程承包企业的软肋。国际工程项目管理依据的是合同，需要用证据说话，更需要用数据说话。

初版总进度计划编制完成后，在执行过程中，总会遇到各种各样的可能对工期造成影响的事件，例如设计变更、施工干扰等。计划管理部门应就这些事件对工期的影响进行定量分析，为工期索赔提供可靠的依据。分析可遵照如下步骤进行：

（1）建立有效的响应机制，确保这些事件能够及时、准确地被反映到管理部门。计划管理部门应在第一时间获知这些事件的发生及进展。

（2）计划管理部门应针对各个事件分别记录、整理及分析，弄清事件发生的脉络，初步估算可能造成的影响。对于连续事件，定期分析、跟踪事件的发展进程。

（3）分析总进度计划中的关键线路，事件对总计划关键线路的影响如何？是否改变了关键线路？是否延长了关键线路？

（4）在总计划中加入影响因素（事件作业及逻辑），并进行整体计算，得到受到影响后的总工期及资源强度柱状图。

（5）计算事件发生前、后两种工况下，工期的差值以及资源强度的变化。

（6）会同合同管理部门，编制工期索赔影响报告，包括叙述性报告、事件记录、合同依据、关键线路分析、资源分析和横道图表等。

8　业主咨询工程师的进度管理

业主的进度管理工作，首先要切实履行自己的合同义务，消除因自身原因而影响承包商的施工进度。同时，对非承包商方面的影响因素，业主应尽量帮助协调解决。

在承包商施工进度基本正常的情况下，业主的进度管理主要是对施工进度的宏观管理，审查批准承包商的总进度计划，监督承包商根据合同要求按时开工，并确保各重要阶段性目标及最终目标的按期实现。而咨询工程师则要对现场的施工进度状态作具体的实时监控。

针对工期延误的情况，业主咨询工程师可视延误的原因和延误程度的大小等具体情况，采取相应的措施。如果出现非承包商的原因导致工期严重拖延，业主可审查批准承包商的延期申请及调整后施工总进度计划。如果完全是由于承包商自身的原因导致工期延误，业主可视具体情况采取以下措施：①采取不同方式，如会议、信函、撤换承包商项目经理、暂停施工、扣减工程款，向承包商总部投诉等，给予承包商警告，要求其增加资源投入或采取任何其他改进措施加快进度，赶上延误的进度；②为促使承包商加快施工切实提供力所能及的支持和帮助；③业主自行组织或另请第三方承担部分工程施工，费用由承包商承担；④终止承包商合同，将承包商清除出场。

对承包商提出的工期索赔报告，由于工程现场的情况可能错综复杂，进度延误的原因往往是多方面的，既有业主咨询工程师和承包商的原因，也可能有双方之外的其他原因。因此，业主咨询工程师的应对措施也应本着善意合作的态度，实事求是，客观公正。最常见的处理办法是，业主对承包商的延期申请给予适当认可后继续履约，而拒绝其经济补偿要求。而业主提出的设计变更，则一般要在合同工期和价格上通过书面确认给予合理追加。

第4节 成本管理

1 成本的概念

项目成本是以货币形式体现的在工程项目建设过程中所发生的各种消耗的总和。可以说，建设过程中所发生的任何一件事情或活动，都是以一定的成本为代价的，都要耗用一些以人力、物力、资金和时间形式体现的成本，并最终都可以全部折算成货币形式。其中，时间成本是一种特殊的成本形式，其价值是与资源、资金等成本形式相联系的。

如果说按期实现项目的进度目标，主要体现的是项目管理者对业主的履约承诺；那么，完成成本目标，取得最佳的经济效益，则体现的是项目管理者对公司总部经营目标的承诺。毫无疑问，承包商是以盈利为目的的，承包经营项目是其实现目的的手段。为达到这一目的，项目管理者在项目建设过程中必须加强成本管控，以最大限度地降低费用支出。

所以，项目成本管理就是以成本计划为依据，对建设过程中的耗费实施动态监控，并采取措施降低耗费，实现项目经济效益的最大化。成本管理的基本原则是“计划先导，动态监控，全面覆盖，开源节流，精打细算。”

成本管理与进度管理一样，是项目管理体系中的一个子体系。因此，上述关于进度体系的认识也基本适用于成本管理。而且，成本管理的程序同样遵循“计划—实施—监控—调整（PDCA）”动态循环的过程。而对工程进度产生影响的那些因素，原则上也多少会直接或间接地影响到项目的成本。

但是需要指出，虽然成本计划为成本管理提供依据，成本核算、分析和动态监控等可以让我们随时了解成本的构成、状态及产生的原因，并为成本管理提出建议和方向，使我们明白项目亏在哪里赚在哪里。但是，这些工作本身并不能降低项目成本，相反倒会因此增加一些成本支出。所以，成本管理的根本途径还是要采取哪些措施来降耗增效。从这一点说，成本管理不仅仅是成本管理部门或某些个人的事，而是项目全体员工的共同责任，也即全员的成本管理。

2 成本的分级构成

项目成本采取分级的方式逐步细化，上一级某项成本是由其下一级的各成本元素构成的。

其中，一级成本是项目的总成本，是从项目全部经营收入中扣除实际上交的经折算成货币形式的纯利润后的剩余部分，是项目建设管理过程中所发生的全部消耗的总和。经营收入通常是项目业主实际最终累计支付的工程款的总和，利润不仅指货币形式的资本盈余，也包括在项目实施过程中购买或形成的属于承包商的固定资产或剩余材料的净值等。

将一级总成本分解成二级成本，通常包括直接费和间接费。在二级成本中，直接费可分为人工费、材料费、机械费、分包费和其他措施费（如安环、冬雨季施工的额外支出等）。间接费包括现场管理费、总部管理费、临建、业主服务、资金成本、佣金、投标费用、保函保险、税金等费用支出。所有这些构成项目的三级成本。需指出，项目成本中不应包含风险费，风险费用通常是在投标报价或制定成本计划时为防止不可预见的事情发生而预先考虑的一部分费用。风险一旦发生，所发生的费用就构成项目成本的一部分；不发生，就是项目纯利润的一部分。业主的暂定项目也与此类似。

三级成本直接费中的各单项成本还可以进一步细分成四级、五级成本。以一个水电工程项目的人工费为例，可以再细分为分部工程（四级，如大坝、厂房、输水隧洞等分部）和分部分项工程（五级，如混凝土、土石方、护坡等）的人工费，混混凝土工程中人工费又可细分为钢筋、模板、浇筑等（六级）人工费，还可进一步细分为熟练工、非熟练工，中国籍、外国籍等。三级成本中的其他各单项成本也可以采取类似的方法进一步向下细分，直到各个成本消耗中不可再分解的基本单元，如人力的单个个体、材料的单位重量或尺寸、单台机械某一单项消耗等。在三级成本中的各项间接费也可根据具体情况进一步细分为四级、五级成本。

项目成本的分级构成见表 10-1。

项目成本分级构成表　　　　**表 10-1**

截止日期：年　月　日　　　　单位：元

<table>
<tr><th rowspan="2">一级成本</th><th rowspan="2">二级成本</th><th rowspan="2">三级成本</th><th colspan="2">四级成本分部工程</th><th colspan="2">五级成本分项工程</th><th rowspan="2">备注</th></tr>
<tr><th>名称</th><th>金额</th><th>名称</th><th>金额</th></tr>
<tr><td rowspan="24">项目总成本</td><td rowspan="23">直接费</td><td rowspan="8">人工费</td><td rowspan="3">大坝</td><td rowspan="3"></td><td>混凝土</td><td></td><td></td></tr>
<tr><td>土石方</td><td></td><td></td></tr>
<tr><td>护坡</td><td></td><td></td></tr>
<tr><td rowspan="2">厂房</td><td rowspan="2"></td><td>混凝土</td><td></td><td></td></tr>
<tr><td>砌筑</td><td></td><td></td></tr>
<tr><td rowspan="3">隧洞</td><td rowspan="3"></td><td>土石方</td><td></td><td></td></tr>
<tr><td>混凝土</td><td></td><td></td></tr>
<tr><td>锚固</td><td></td><td></td></tr>
<tr><td rowspan="8">材料费</td><td rowspan="3">大坝</td><td rowspan="3"></td><td>混凝土</td><td></td><td></td></tr>
<tr><td>土石方</td><td></td><td></td></tr>
<tr><td>护坡</td><td></td><td></td></tr>
<tr><td rowspan="2">厂房</td><td rowspan="2"></td><td>混凝土</td><td></td><td></td></tr>
<tr><td>砌筑</td><td></td><td></td></tr>
<tr><td rowspan="3">隧洞</td><td rowspan="3"></td><td>土石方</td><td></td><td></td></tr>
<tr><td>混凝土</td><td></td><td></td></tr>
<tr><td>锚固</td><td></td><td></td></tr>
<tr><td rowspan="3">机械费</td><td>1</td><td></td><td></td><td></td><td></td></tr>
<tr><td>2</td><td></td><td></td><td></td><td></td></tr>
<tr><td>3</td><td></td><td></td><td></td><td></td></tr>
<tr><td rowspan="2">分包项目</td><td>1</td><td></td><td></td><td></td><td></td></tr>
<tr><td>2</td><td></td><td></td><td></td><td></td></tr>
<tr><td rowspan="2">措施费</td><td>1</td><td></td><td></td><td></td><td></td></tr>
<tr><td>2</td><td></td><td></td><td></td><td></td></tr>
<tr><td>合计</td><td></td><td></td><td></td><td></td><td></td><td></td></tr>
</table>

续表

一级成本	二级成本	三级成本	四级成本分部工程		五级成本分项工程		备注
			名称	金额	名称	金额	
项目总成本	间接费	现场管理费	1				
			2				
			3				
		总部管理费					
		临建	1				
			2				
		业主服务					
		财务费用					
		投标费用					
		佣金					
		保函保险					
		税金					
	合计						
总计							

在这种成本结构分解的基础上，再引入时间坐标，就构成了项目的多维动态成本体系。这种体系是对项目成本客观存在的真实反映，有利于成本管理的精细化，方便不同层级的相关方对项目成本的掌控了解。比如，公司总部可能只关心项目的总成本，也即项目的盈利情况；项目领导层可能需要时刻知道项目的二级成本情况；项目的成本管理部门或个人至少应了解到三级成本；施工部门可能更关心项目的直接费；而作业层中钢筋班组长则可能只对其班组所发生的人工费成本感兴趣。

建立这样的成本体系是一件非常复杂细致的工作，工程规模越大结构越复杂，成本结构分得越细，工作量就越大，以致大到仅靠人工无法完成。但是，借助专业计算机软件，使这种体系的建立成为可能而且十分快捷。一般来说，从项目层面成本管理的要求来说，至少要细分到三级成本，在这一级无论是否使用专业计算机软件都是可以完成的。

3 总成本计划的编制

在项目初期，项目部应在项目班子成员的主持下，组织成本管理部门或成本（造价）工程师负责编制总成本计划，该计划可以就是项目管理策划书中的成本计划，也可以是在开工后对其进行的优化完善和进一步细化。

编制总成本计划时要充分了解项目内外的技术、经济和环境因素，进行综合考虑，使成本计划尽量做到切实可行。这些因素包括项目投标时的组价情况、最终确定的合同价格构成、价格工程量清单、图纸规范、总进度计划及配套的资源计划、分包计划、公司总部下达的利润和总部管理费指标、市场供应情况、相关行业的设备材料消耗及劳动定额、以往项目的成本经验数据和劳动生产率水平、当地的行政商务财务和税收费率、项目人员的薪酬待遇标准、潜在的风险因素等，不一而足。

编制成本计划的简单办法是，将合同中各单项的价格按比例扣除总部利润和管理费等因素，并作适当调整后，作为成本计划目标，结合总工期计划进行阶段性成本控制。

另一种方法是，根据总进度计划中的工作分解结构（WBS），综合上述各种因素，对各项工作预计发生的成本重新估算，并经优化平衡后作为其成本目标。这种方式更贴合实际，并易于采用计划软件，与基线进度计划一并使用进行成本管理。

编制成本计划的输出结果是成本目标体系、时间—成本曲线和现金流计划。其中，成本目标体系是由工作分解结构中的各个可交付成果或工作的成本目标组成的。为便于现场的成本管理，还应根据各单项成本目标确定该项工作相应的现场资源（人工、设备、材料、时间等）的消耗定额。时间—成本曲线反映的是引入时间因素后目标成本的分布情况，包括时间—成本横道图和时间—成本累计曲线两种。现金流计划是合同价格在合同工期内的分布情况，根据总进度计划和合同价格工程量清单编制完成。将现金流计划和上述目标成本计划进行同期比较，就得出预期的项目资金状况，为项目的资金管理（包括筹、融资）提供依据。

4　成本的动态管理

将总成本计划按工期时间分解成分期成本计划，即年、季、月、周成本计划。分期成本计划可随同期的进度计划一起下发执行，同样遵照“计划—实施—监控—调整”的周期性循环，对成本实行动态管理。

在实施和监控过程中收集相关成本数据，进行成本核算，并与成本计划目标进行对比分析，找出成本超支的原因，提出改进成本管理的措施，如有必要需对成本计划目标作适当的调整。另外，在出现变更索赔情况下，与业主咨询工程师书面确认后，也需对成本计划进行相应的修改。

由于成本核算工作量较大，传统的成本管理的循环周期不宜太过频繁，一般按年、季、月进行成本核算和考核。采用计算机软件可缩短循环周期至一周，甚至可以做到每天对项目的收支情况进行统计、对比和分析，时刻了解项目的成本和经营状况，并及时进行更改调整，真正实现对项目成本的实时动态管理。

5　降本增效措施

目标成本管理是成本管理的一种方法，通过周期性的循环过程，在保证实现其他经营目标前提下，实现计划的成本目标是成本管理的基本要求。但是，企业经营的目的是效益的最大化。影响项目成本的因素很多，而人们常说管理出效益，要实现项目经济效益的最大化，还得从强化项目管理入手，因此要在项目管理中从多方面采取一切可能的降本增效措施，来确保实现项目的经营目的。通常可以从以下几个方面考虑：

5.1　树立全员成本意识

成本管理不是某一个部门或某些个人的工作，而是项目全体员工的共同责任，项目经营成果的好坏直接与每个人密切相关。全体员工都应树立成本意识，大家需认识到，从事任何一件工作并非只是完成了就行，而是要以最小的资源投入完成才是最好，从而使节约成本成为全员的自觉行动。特别是项目管理者，无论是进行任何管理决策，还是采取任何管理措施，或编制任何技术方案，都要进行技术经济性分析比较，通过优化选择性价比最佳的方案。同时，要坚决反对一味贪图舒适方便、摆阔气讲排场等所谓上档次显大气的思想和行为。

5.2　充分发挥经济的激励作用

将成本与员工个人的经济收入挂钩，调动全员参与成本管理的积极性。在成本管理循环过程中，加强全员成本考核，使各个部门和所有员工知道在一定时期内完成工作量及其耗费的成本，并视其成本目标完成的情况调整其在该时期的报酬收入。

5.3 确保工程按期完工

实践经验表明，工期是影响项目成本的主要因素之一。不妨以一个 2 年合同工期的项目为例，假设项目的计划利润为 3%，其现场的实际间接费支出为 12%，由于各种原因导致工期延误半年，即原合同工期的 1/4，如果不能就此获得业主任何经济补偿的话，那么项目的现场间接费将额外增加支出 1/4×12%＝3%。也就是说项目的计划利润全部被吃掉了，更不用说业主可能因此根据合同规定，对承包商实施最高达 10%的误期罚款了。这样一来，原本计划盈利的项目仅此一项就可能变成亏损项目，甚至是严重的亏损。

当然，项目经营管理还要确保其他目标，而实现其中任何一个目标都要以一定的成本为代价，因此需要在这些目标与成本之间寻求一种合理的平衡。

5.4 加强项目管理的精细化、标准化和扁平化

人们常说，细节决定成败。以前那种凭经验、拍脑袋、差不多等粗放式的项目管理，在竞争激烈的当下已经越来越不适应了。在任何一项工作的决策、方案、计划、资源组织和实施过程中，每一个细节都必须做到精准细致。以一块混凝土板结构中的钢筋绑扎来说，板中含有的钢筋和绑扎节点数量，需要耗费多少扎丝和人工，都是可以精确计算出来的。如果凭经验或为图方便，原本根据图纸只需要 948 根钢筋却生产了 1000 根，原本只需要 9.5 公斤的扎丝却领用了 10 公斤，9 个人完全可以完成的工作却安排了 10 个人。工作结束后，剩余材料又没有很好的回收利用。那么仅此一项浪费就超过 5%，可能比项目的计划利润率还高。类似的现象在项目实施过程中比比皆是，我们的管理人员在安排工作前，为什么不能认真地想一想、算一算呢?

项目管理中的许多工作都是需要重复循环进行的。可以将管理文件的格式和内容，工作的流程，资源的组织投入以及执行结果的标准等，经优化后固定下来，并对参与人员进行事先培训，让其熟悉和理解这些标准化的信息。那么实施过程中就会减少随意性和相互摩擦，不仅可以保证工作质量，而且能提高工作效率，从而降低工作的成本支出。西方一些知名公司在管理标准化方面的成功做法，的确值得我们学习借鉴。

笔者理解，扁平化管理有两层意思，一是减少项目组织的层级设置及各层级中的人员安排；二是简化管理各项工作的流转程序。一切以有效输出为目的，那些可有可无的部门、无所事事的人员和形式主义的流程、文件都应从管理中剔除。否则，如果组织机构层级过多、人员过剩、办事程序太复杂、文件过多过乱，必然造成相互推诿、摩擦，费工费时，工作效率低下，结果就是项目管理的无用功增加，成本上升。

要把精细化、标准化和扁平化管理贯穿于项目实施的过程中。特别是在现场施工管理中，要从材料的计划、采购、入库、领用、使用损耗率、回收及仓储等方面加强精细化管理，做到材料的有效配置和最低损耗；在作业层人力资源管理上，要实现人数、工种、技能及工序搭接等的合理配置和恰当安排，避免窝工，并采取及时的目标激励考核措施，充分发挥人力资源在创造价值中的潜力。

5.5 加强计划管理

计划既包括项目的施工进度计划及与之配套的资源计划，也包括项目管理中的各个

方面各个环节的提前策划安排。工作中如果没有计划性、条理性，临时起意，想到什么干什么；对工作结果也缺乏预见性要求，最后的结果必然是进度和成本目标都无法保证。

加强项目管理中的计划工作，有三层含义：①项目的所有管理工作都应事先进行适当的计划或谋划，要以计划为先导。这种计划或谋划可以是以纸质或电子信息的形式体现出来，也可以是管理者头脑中对即将实施的工作所做的预先考虑安排。②各种计划的制定要尽量做到科学合理符合实际，具有可操作性。计划中的资源数量、品种、进场时间及使用期限等方面达到合理匹配和有效利用，在满足工程需要的基础上还要尽量降低其成本；各项工作计划预案不仅技术上可行而且经济上节省。③计划要切实得到落实，以维护计划的严肃性。计划作为一种有效的管理手段，不是纸上谈兵花拳绣腿，只有得到贯彻落实才能发挥应有作用。

5.6 及时办理工程款结算和变更索赔

项目的建设过程其实是承包商与业主咨询工程师等相关方相互博弈的过程。实施过程中，承包商试图从业主方获得额外的经济利益通常也不是一件容易的事情。但是，承包商至少应该注重维护自身的合法权益，把属于自己应得款项及时足额结算回来，主要包括预付款、工程款、保留金，因业主的设计变更而增加的合同价格，以及业主对因自身原因导致承包商损失所作的赔偿或补偿等。

5.7 加强分包商管理

承包商的分包成本（包括重要材料设备的采购分包）是其项目成本的重要部分，有的占到其直接成本的一半以上。甚至有的总承包商将所有施工项目全部分包出去，自己只承担总承包管理和各分包间的协调工作。因此，加强分包商管理，降低分包成本是承包商降本增效的重要措施之一。

5.8 坚持项目总体经济效益的最大化

项目成本管理的目标是整体经济效益的最大化，因此在项目的具体管理中要运用系统工程方法论的观点来看待和着手解决问题，切不能因小失大、顾此失彼。实践证明，过分注重项目成本而忽视其他管理因素，不一定能保证整个项目的经济性最优。举例来说，在施工过程中由于怕花钱而舍不得投入一些必要的资源，就有可能使得现场各种资源间的匹配性差，即有的资源充足，有的资源短缺，因此造成窝工或临时停工，影响工作效率和施工进度，结果造成总进度严重滞后，不仅导致项目固定成本的额外增加，还可能面临业主高达 10%合同额的误期罚款，项目的整体经济性显然变差。

6 业主咨询工程师的成本管理

包括：①咨询工程师对承包商实际完成的工程进度、工程量和进场永久设备材料等进行现场复核和签证确认；②审查批准承包商按月提交的中期进度款申请（Interim Payment Certificate），并筹措资金，按合同规定支付承包商，确保工程建设成本控制在其成本计划内；③当出现不可避免的额外成本支出时，应采取的决策和措施；④业主内部的成本费用管理，也包括对咨询工程师的成本费用管理。业主咨询工程师的成本管理工作内容，与其合同管理密切相关，将在合同管理中进一步阐述。

第5节 合同管理

1 定义

工程合同属于经济合同，是在工程项目的实施过程中，各相关参与方主体之间为了实现项目特定目的而签订的明确双方相互权利、义务关系的协议。它是订立合同的当事人在工程项目实施建设过程当中的最高行为准则，是规范双方的经济活动、协调双方工作关系、解决合同纠纷的法律依据。

工程项目的合同管理则是项目相关参与方对工程合同的订立、履行、补充变更和终止过程进行计划、组织、实施、协调和监督的一系列活动，以确保顺利实现项目组织的合同目标。

合同管理不仅是实现合同目标的重要手段，也是项目管理的重要内容。合同管理的好坏直接反映出项目团队管理能力和水平的高低，是决定项目经营成败的关键因素。通过合同管理，能够促使合同的双方在相互平等、诚信的基础上依法签订切实可行的合同，并有利于合同双方在合同执行过程中进行相互监督，以确保合同顺利实施。合同中明确规定了双方具体的权利与义务，通过合同管理，可以增强合同双方履行合同的自觉性，确保合同双方严格执行，以维护合同双方的合法权益。

承包商的合同管理范围，包括与业主签订的主承包合同的管理，及其与各分包商、供应商、服务商等相关方签订的分包、设备物资的加工、采购、运输、清关、租赁以及保险、法律、劳务、咨询、代理服务等方面的合同或协议的管理。它是承包商在工程建设过程管理中最重要的核心内容，也是其他管理工作的依据。承包商在项目施工阶段的合同管理是在与业主签订主承包合同后在项目建造实施阶段进行的与各种合同相关的管理活动，重点是主承包合同及重大分包合同的管理。

2 合同管理的原则

工程合同管理应遵循如下的原则：

（1）合同第一位原则

1）在合同所定义的经济活动中，合同是当事人双方的最高行为准则。合同一经签订，则成为一个法律文件。双方按合同内容承担相应的法律责任，享有相应的法律权利。合同双方都必须用合同规范自己的行为，并用合同保护自己的权益。

2）在工程建设过程中，合同具有法律上的最高优先地位。任何工程问题和争议首先都要按照合同解决，只有当法律判定合同无效，或争议超过合同范围时才按法律解决。

（2）合同自愿原则

1）合同自愿构成。合同的形式、内容、范围由双方商定。合同的签订、修改、变更、补充、解释，以及合同争执等均由双方商定，只要双方一致同意即可，他人不得随便干预。

2）不得利用权力、暴力或其他手段胁迫对方当事人签订违背其意愿的合同。

(3) 合同的法律原则

1) 合同不能违反法律，合同不能与法律抵触，否则合同无效。

2) 合同自愿接受法律原则的限制，工程实施和合同管理必须在法律所限定的范围内进行。

3) 法律保护合法合同的签订和实施。签订合同是一个法律行为，合同一经签订，合同以及双方的权益即受法律保护。如果合同一方不履行或不正确履行合同，致使对方利益受到损害，则必须赔偿对方的经济损失。

(4) 诚实信用原则

承包商、业主和咨询工程师的互相信任、互相配合和紧密协作，将使工程建设能够顺利地实施，风险和误解较少，工程花费较少。其基本的要求和条件如下：①签约时双方应互相了解，应尽力让对方正确地了解自己的要求、意图等情况。②双方都应真实地提供信息，对所提供信息的正确性负责。③不欺诈，不误导。④双方真诚合作。

(5) 公平合理原则

1) 承包商提供的工程（或服务）与业主支付的价格之间应体现公平的原则。

2) 合同中的责任和权利应平衡。

3) 风险的分担应公平合理。

4) 工程合同应体现工程惯例。

5) 在合同执行中，对合同双方公平地解释合同，使用统一的法律尺度。

3　合同管理的特点

(1) 全过程性

合同管理的全过程性有两层含义：①合同管理是对项目建设从立项到建成营运全过程中与合同问题相关的管理活动，完整的合同管理在持续的时间长度上，至少要伴随项目建设生命周期的始终；②每一个具体的合同，其管理涵盖从立项、计划、文件准备、谈判、订立，到实施、补充、变更、纠纷解决、终止等全过程。

(2) 系统性

合同管理的系统性是由工程项目的系统性所决定的，它本身是项目管理体系中的一个多维子系统。工程项目通常体量大周期长，结构复杂，参与方多，功能和目标要求多，导致与之相关的合同管理体系十分复杂。在内容构成上丰富全面，不仅涉及合同双方的责任权利义务，而且涉及技术、经济、管理、商务、法律等诸多领域。在形式上多种多样，有的是一套完整的合同文件，包括协议书、中标函、合同条款、规范、图纸和报价工程量清单等，而有的则只是协议、报价文件或订单等形式。合同所针对的客观对象覆盖建设过程的各个方面和各个过程，涉及合同主体也多，有业主、承包商、分包商、供货商、制造商、服务商等。在合同管理措施上要采取多措并举，包括组织、专业、管理和经济等方面的措施，参与负责合同管理的不只是某一专业部门或人员的工作，而是需要各个部门和人员的配合协作。在合同管理的目标构成上，每一份合同协议都是为了实现某些特定的目标，而所有这些目标又都是为了最终实现项目的综合经营管理目标。

(3) 动态性

工程项目建设过程是一个持续渐进变化的过程，因此与之相伴的合同管理也是一个动态变化的过程，而不是一成不变、一蹴而就的。

国际工程项目的合同管理，与国内工程项目相比，存在以下几点不同：①合同文件不同，一般包括合同的语言、合同条件、技术规范等方面的区别。②合同所涉及的法律体系及合同纠纷处理，与国内工程不同。③合同主体多半来自不止一个国家。④合同履约风险更大。这些特点使得国际工程项目的合同管理更为困难复杂，对管理者的能力素质要求及耗用的资源成本更高，同时也显示出合同管理、严格履约在项目管理的作用更为重要。

4 合同管理的措施

4.1 增强合同管理的意识

管理者要认识到合同管理在项目管理过程中重要地位和作用，增强全员合同意识，使大家明白承包实施工程项目不仅仅是组织工程的施工生产，而是要全面、严谨、高效地履行该工程项目的所有合同协议，施工生产是基于合同协议、围绕实现合同协议约定、最后又终结于合同协议的一个工作过程，其根本目的是为了通过一系列合同行为取得经济利益，扭转把项目管理的重点仅放在如何组织好施工生产而忽视经济成本的本末倒置思想上，避免项目建设最终圆满完成而承包商的经济目标却难以实现的结局。

在处理与合同协议对方的关系时，要在认真研究掌握合同的内容，准确理解合同双方责任义务的基础上，增强合同和规则意识，自觉履行己方的合同责任义务，同时监督对方履行其相应的责任义务，注重合同的证据、文件、主体、程序、时效等的规范性和合法性，在发生合同变更或纠纷，已经或将要给自身造成损失的情况下，要以合同为依据和手段，及时维护自身的合法权益。

同时，要增强合同管理的风险识别和防范意识，有两层含义，一是由于项目建设和管理中其他方面原因导致项目合同无法正常履行的风险；二是因合同本身内含的缺陷、陷阱和风险以及合同管理不善而给自身造成的严重损失。

而且，还应将合同法律意识贯穿到项目的内部管理工作中，在内部劳动用工、经营责任等方面应采取合同、内部协议或责任状的形式，并应建立规范的项目管理制度。在日常管理工作中，要克服“君子动口不动手”和随意表态的不良习惯，所有的管理措施、工作指令、情况通报、奖罚实施、作业交底、技术方案、经济核算以及各类通知等，都应采用书面或其他可留存（如电子文档、图片）的形式，以增强项目管理的严肃性、可追溯性和有效性。

4.2 建立合同管理体系

包括合同管理的组织体系、制度体系、风险防范体系、评价考核体系及文件体系等。

组织体系的建立包括成立项目内部合同管理的领导和组织机构，并明确定义机构中项目领导、各个部门和岗位的工作职责和权限范围。

制度体系是实现合同管理的标准化规范化，包括：①上述的合同管理组织体系制度；②合同管理业务程序制度，如分包合同的立项、文件编制、资审、招标、评审、报批、签署流程，合同文件的内部流转会签制度，合同变更索赔程序，工程款结算审核程序等；③合同管理评价和考核制度。

合同管理的风险防范体系可纳入项目管理的风险防范体系中。

评价考核体系是对合同管理评价的频度、范围、执行部门或个人、内容及相关责任部门人员合同管理绩效的考核兑现等方面的制度规定及其实施过程。

文件体系包括各类合同用文件的格式模板、合同证据的收集整理、合同文件的分发、使用和保管等制度性规定及其实施过程。

4.3　重视专业人才在合同管理中的作用

合同管理是专业性极强的工作，管理者不仅要具备丰富的合同法律知识和管理经验，还要拥有很强的语言能力，并熟悉其他与技术、经济、管理、商务相关业务知识，工作中不仅要做到缜密细致还要富有耐心，因此要安排综合素质高的专业人员负责项目的合同管理工作。同时要充分利用社会资源，如当地或国际上的律师、法律顾问、合同专家等，可以长期聘用，也可以就某一具体的复杂法律合同问题，请其提出咨询建议，准备或审查合同法律文书。另外，项目合同管理的实践过程，也是合同管理人员增加合同管理知识积累经验的过程，项目领导者和合同管理者个人都应注重在工作中提高自身的合同业务素质。

4.4　加强合同风险防范

合同风险是与项目风险紧密联系的一部分。项目实施过程中遭遇的任何其他风险都有可能导致合同履约的风险发生。因合同管理不善也很可能会导致项目发生其他风险的概率和损失程度增加。另外，在合同管理中，还要特别警惕因合同对方（如业主、分包商等）原因而造成双方间合同无法继续履行，或出现合同纠纷，由此而给承包商带来损失或伤害的风险。因此，必须加强合同风险管理，以规避或降低合同风险及其他关联风险的发生。

5　合同管理的工作内容

5.1　研究熟悉合同文件

合同签订后在实施阶段进行合同管理时，首先要研究熟悉合同文件，分析了解合同的结构、内容、要求、合同术语的定义、合同的完备性与合法性，掌握合同规定的双方各自的责任权利义务等。对研究过程中发现的问题要提前思考制定应对方案。对合同的研读要反复进行，除了刚开始时的全面阅读学习外，在遇到具体的合同事务时，要对合同某一部分、某些条款再次随时查阅理解。根据自身在合同管理中担任的岗位和责任分工，可能有的要侧重主合同的研究熟悉，有的侧重某个（些）分包合同或协议，抑或各自侧重合同的不同方面，如合同条款、合同结算、技术规范等。

5.2　合同交底

合同管理部门要组织对项目管理团队进行合同交底，把合同管理化作全体员工的自觉的和相互协同配合的工作。合同交底的内容包括对合同的总体情况介绍，合同双方的责任义务范围，也包括针对某一部门某一活动中合同在质量、程序、标准、时限、资格等方面的规定的交底及实施过程中应注意事项的提醒，并对接受交底的员工提出的疑问进行解释澄清。除了主合同的交底外，每签订一个分包合同，也要进行相应的合同交底。

5.3　日常管理

合同日常管理工作，主要包括：①按照合同要求履行己方的责任义务，主要是按合同规定的数量、质量、程序、时限等，实施工程建设的各项工作和活动；同时主张自己的合同权利，并监督合同对方履行其应尽的责任义务。在某种程度上说，主合同包里承包商的权利与业主的责任义务是一回事，如业主按合同规定应提供的便利、批复及支付等。②与合同相关方进行沟通交流，包括进行口头交流、参加相关会议、处理往来合同信函等，要特别注重书面信息在合同管理中的作用。③协调处理现场各相关方的关系和问题，如技术、资源、作业面等方面的问题。④制作（或收集）、整理和保存合同证据以备利用。

5.4 分包招标

分包商的选择应根据项目管理策划中的分包计划，遵照分包管理制度规定进行，一般情况下要采取招标方式选定分包商，基本与业主通过招标选定承包商所采用的程序相同，包括以下几个步骤：

（1）分包立项

分包立项是确定承包商的哪些工作应采用对外分包的方式实施。分包立项时应至少考虑如下一些因素：①承包商自身承担专业工作的能力和资格；②拟分包项在主合同中的实施时间和价格情况；③所在国在此项专业分包方面的规定；④该项工作可利用的分包商资源，包括其实力和资格；⑤是否有利于现场协调配合，等。

分包立项应在进行综合的技术经济分析后决策，通常由合同管理部门提出方案，项目领导最终决定，其中大的分包项目应由项目班子集体研究决定。一旦决定采取分包，还要进一步确定该项分包的工作范围和工期目标，估算分包合同价格，确定分包招标工作的具体负责人和实施时限，列出拟邀请的分包商名录等。公司总部建立了合格分包商名录的，可优选从该名录中选取分包商。

分包商招标通常由项目部负责完成，如果承包商总部管理规定有要求，或者项目部认为有必要，可以申请总部相关职能部门或专家负责实施，或协助支持项目部实施。

（2）分包招标文件编制

由于一个项目通常有多个分包工程，可以将分包招标文件分成通用文件和专用文件分开编制。其中的通用文件适合所有的分包工程，可以提前收集编制好，如合同条件、招标须知、资审文件、总进度计划，以及协议书、投标书、保函、中标函等文件格式。而技术规范、图纸、工程量清单，则可参考或截取主合同中的相应部分。专用文件是针对某一专业分包所特殊要求的，可以在进行该项分包工程的招标前编制完成，如分包商的工作范围，主包商应提供的服务便利等。

（3）分包招标

招标文件编制完成后可启动招投标程序，采取公开招标或邀请招标的方式发送招标文件，并在规定的时间内接收分包商的投标文件。中东地区一般不采取公开开标的方式。

收到投标文件后，合同管理部门应组织技术、商务等方面的专业人员，审查分包商的资格，对其投标书进行技术经济分析评审，推荐一、二家拟中标的分包商，供项目领导决定。

（4）报批澄清

从项目部决定的拟选分包商中优先选择一家，将其资格和技术文件报业主咨询工程师审批。期间，项目部需要协调分包商，对业主咨询工程师提出的问题质疑进行解答澄清。中间可能要经过多次反复，持续较长时间。当业主咨询工程师拒绝该分包商时，项目部应立即上报另一家备选的分包商。

另外，如果承包商公司总部管理规定有要求，项目部还需将该分包项目，特别是一些较大的分包项目，报总部评审批准。

只有经业主咨询工程师和公司总部批准的专业分包商才能选用在项目上。

（5）签发中标函，签署分包合同

获得业主咨询工程师和总部的书面同意后，项目部可向分包商发出中标函，通知其在规定的时间内提交履约和预付款保函，并前来签订分包合同。合同签署后，退还其投标保函，分包招标即告结束。

以上程序适合较大较重要的分包项目。对于一些规模相对较小、施工单一且时间紧迫的分包项目，如临建、施工降水、专业劳务等，业主咨询工程师一般不作要求，所以可以适当简化招投标程序，采取邀请报价的方式，在比较研究各分包商所报价格及其条件后择优选取，以经修改并得到双方最终签署确认的报价函作为分包合同（协议）。

一旦与分包商签订合同，可将该分包合同纳入项目部的合同管理中。对于各分包商的管理，应从合同、结算、计划、进度、施工、技术、质量、环安健康、设计、采购、安装、调试等进行全过程全方位监控，并保留在分包商履约不力的情况下直接干预的权利。

5.5 变更管理

合同变更指当事人约定的合同的内容发生变化和更改，即权利和义务变化的民事法律行为。工程项目在实施过程中由于受到多种因素的影响，经常会发生不同程度的变更。一般项目合同对工程合同变更都有明确的规定，变更的处理应严格遵循其规定。

在履行主承包合同中产生变更的原因包括：①业主要求增减工程或其中一部分的内容或施工期限；②业主设计方的原因，如设计图纸文件的缺陷；③施工条件的变化导致无法按原方案施工；④合同文件本身存在缺陷或与现场实际情形不符；⑤项目所在国法律法规在合同生效后发生变化；⑥优化施工方案，节省费用和工期。合同价格和工期常常因为工程变更而进行相应的调整。

根据变更具体情况的不同，业主咨询工程师和承包商均可以提出变更，但必须获得业主和/或咨询工程师的书面批准。这种批准的权限范围在合同条款中有明确的规定，如有的合同规定，批准核发变更命令属于业主的权限范围，工程师无权决定工程变更。

工程变更的处理一般遵循如下程序：

（1）承包商提出变更申请。在出现上述变更原因中的②～⑥的情形时，承包商可以主动提出书面变更申请，业主咨询工程师给予书面回复，明确表示同意或拒绝变更。

（2）或者，业主咨询工程师发出变更指令。在上述变更原因中的①、②和④的情形时，业主咨询工程师可以直接发出书面变更指令。

（3）编制提交变更文件。承包商根据业主咨询工程师下达的直接变更命令或同意变更申请的批复，编制提交变更文件，详细说明变更的原因、合同依据、工作内容及其增加的费用和时间等，供业主咨询工程师审查。

（4）双方就变更事宜进行协商达成一致。

（5）业主咨询工程师下达正式的变更命令，并得到承包商的书面确认。

（6）变更项的实施。

上述程序中，双方对变更项的价格和工期通过协商达成一致是关键。合同价格和工期因工程变更发生调整后，在实施工程变更时，工程款支付、保函和总进度计划也需进行相应的调整。在应对工程变更问题时，承包商应切记，一定要在获得业主咨询工程师的书面批准后，再开始变更项的实施，以免引起双方的合同纠纷或自身的损失。

承包商的变更管理还涵盖与分包商相关的变更管理，包括以下两种情况：①当主合同变更项涉及分包商的工作范围时，承包商通常需要得到分包商的支持配合，并在获得业主咨询工程师的书面指令后，向分包商发出相应部分的变更指令。分包商不得直接向业主咨询工程师提出变更申请，也不得直接从业主咨询工程师获得变更命令。②承包商纯粹出于自身的原因向分包商发出变更指令，或分包商向承包商发出变更申请，经承包商审核后给予书面答复。

5.6 索赔管理

索赔是在工程合同实施过程中，合同一方根据合同的有关规定，向另一方提出调整合同价格和/或工期或其他方面的要求，以弥补自己的损失、维护自身合法权益的行为，可以是承包商向业主提出索赔，也可以是业主向承包商提出索赔，而通常把前者称为“索赔”，后者称为“反索赔”。原则上在履行合同过程中，承包商（认为）已经由于非自身责任的原因而遭受了经济损失或工期延误，可以向业主提出索赔主张；而业主（认为）已经由于承包商的原因而遭受损失或伤害，才可以向承包商提出反索赔主张。

索赔与变更是在合同管理中相互联系又相互区别的两种行为。一般来说，变更引起的费用、工期的增加属于索赔范围，在这种情况下，变更是前提，索赔是结果。但这并不意味着，工程变更一定会产生索赔，索赔也非完全是因为工程变更。变更是技术行为，在双方就变更项协商达成书面一致后开始实施，即事先双方同意。索赔是经济行为，要在（认为）已经给己方造成额外损失后才启动，即事后单方追索。

造成承包商可以提出索赔主张的原因包括以下几个方面：

（1）业主咨询工程师的原因。如业主咨询工程师下达的变更指令（包括承包商提出并最终获得业主咨询工程师的书面变更指令），导致工程量的增减、设计变更和施工程序的变化；业主咨询工程师出于非承包商的原因下令要求赶工、暂停施工或终止合同；业主未按合同规定支付工程款；应由业主提供的材料、设备、现场条件等不符合合同规定；业主同一项目下其他承包商、供货商、分包商等造成的干扰、延误等；业主或其设计方提供的图纸有矛盾错误或不及时，影响施工；业主咨询工程师未按合同规定批复承包商的各类文件；业主咨询工程师提出额外的检查、验收、试验或鉴定，且证明承包商实施的工程符合合同要求；业主中途更换咨询工程师影响施工；业主咨询工程师提出的额外服务等。

（2）合同文件的原因。如勘测设计文件与实际工程地质不一致，且实际地质条件是一个有经验的承包商事先无法预计到的；图纸、工程量的错误或遗漏；合同条款存在缺陷等。

（3）社会经济环境原因。如项目实施过程中政府法律法规、技术标准规范的变化；政府临时下达的放假、戒严、停工、封路等命令；其他非承包商原因造成的停水、停电和中断交通、施工干扰；货币贬值或汇率变化；市场劳务、生产资料供应价格变动等。

（4）不可抗力原因。如地质灾害、风暴、雪灾、洪水等，使承包商遭受损失或影响施工；内外战争、军事政变、社会动荡、罢工学潮、恐怖袭击、瘟疫蔓延等，致使承包商遭受损失或影响施工等。

按照索赔的目的，承包商的索赔包括工期索赔和费用索赔。工期索赔是指承包商对非自身原因造成的工期延误而向业主要求延长施工时间。费用索赔是指承包商对非自身责任或合同定义的自身风险范围之外的原因而造成的经济损失或额外开支，向业主提出经济补偿，其中甚至包含合理的利润。

承包商一般都希望得到工期和费用两种补偿。实际操作中，承包商通常将工期索赔报告和费用索赔报告分开准备，先报送工期索赔报告，在业主咨询工程师认可工期延期后，再报送费用索赔报告以获得费用补偿。或者工期和费用索赔同时报出，在工期延期获批后再与业主咨询工程师商谈费用索赔事宜。

按照索赔的合同依据，承包商的索赔可以分为合同规定的索赔、非合同规定的索赔及道义索赔三种。

合同规定的索赔，是指承包商所提出的索赔要求在合同条款中有明确的规定，这些合同条款被称为明示条款，依据明示条款提出的索赔，一般处理起来相对容易。

非合同规定的索赔，是指承包商所提出的索赔要求，无法在合同条款中找到明确的规定，但可以根据某些合同条款隐含的内容合理地推断出来。这类条款被称为默示条款，依据这类条款，承包商的索赔如有充分的证据支持，也可能获得成功。

道义索赔，是指承包商不可能依据明示或默示合同条款提出索赔，但业主目睹承包商为完成某项困难的工程，承受了额外的费用损失，甚至出现了严重的亏损，出于道义上的原因，业主在承包商提出要求时，可能给予适当的经济补偿。这种索赔缺乏合同依据，难获成功，通常是在双方出于友好信任和长期合作的考虑时，才可能操作。

一般国际工程合同中对处理索赔的程序和时限都有明确规定，通常要经过以下几个步骤：

（1）发出索赔通知

承包商在工程实施过程中如果发现有索赔事件，认为自己有理由获得补偿时，应尽快且最迟在合同规定的时间内，向业主咨询工程师发出书面索赔意向，否则承包商可能无权提出索赔。

如果索赔事件是连续性事件，在其持续时期内，承包商应密切关注事件进展，保持同期记录，并按合同规定的时间定期提交中期报告，直至事件结束。

（2）编制提交索赔报告

在索赔通知发出后，承包商应编制正式的索赔文件，并在合同规定的时间内提交业主咨询工程师。

一个综合性索赔报告通常包括以下内容：①总论，包括项目实施过程情况的一般性描述，报告用词的定义，索赔陈述等；②索赔的依据，包括与索赔相关的合同条款，其他的索赔权和方法，总进度计划以及合同补充协议等；③工期延误分析，包括总进度计划延误分析，各个已经结束的延误事件及在本索赔期限内仍在持续发生的延误事件的描述，累计延误以及在考虑延误后预计项目竣工日期等，其中仍在持续的延误事件只考虑了在本索赔期限内延误的时间，剩余的延误时间要在其结束后再计算，这就为下一次的工期索赔埋下伏笔；④因延误导致的经济损失和费用计算，包括直接费、现场和总部管理费、财务费用、因延期造成的在本项目上的利润损失以及因延期而失去的机会利润等；⑤附件，包括各类支持性证据文件，如总进度计划、往来信函、会议纪要、现场记录、图片资料等。

索赔报告是索赔过程中的重要文件，要求具有很强的专业性、逻辑性，应由项目部合同、计划等专业人员负责编写，大型复杂综合性索赔报告项目内部人员无力承担编写任务的，可聘请社会专业人员编写或给予协助咨询。一般在项目实施过程中会多次进行索赔，可聘请社会专业人员编写第一份索赔报告，形成报告模板，项目部在后来的索赔中，可参照该模板自行组织编写索赔报告，也可参照其他项目已有格式编写。

（3）索赔的审核批复

业主咨询工程师在接收索赔报告后，应尽快进行审核，并在合同规定的时间内给予书面答复。审核期间，双方可能要经过多次质疑和澄清、谈判协商、修改重报的过程，直至最终双方达成一致，业主咨询工程师签发正式的批复，并获得承包商的书面确认。如果双方未能达成一致，业主咨询工程师签发的批复无法使承包商满意，则承包商需要权衡，要么选择同意，要么采取进一步的其他措施，如仲裁或诉讼等来维护自身的权益。

（4）索赔批复后工作

在获得工期延期和费用索赔后，承包商可以根据新的竣工日期修改原总进度计划，报业主咨询工程师批准后实施，并在结算时调整相应的合同价格或申请支付批准的索赔费用。

在项目实施过程中，引起索赔的原因很多。原则上说，一旦索赔事件发生，承包商认为有必要，就应立即根据合同规定启动索赔程序。但每一次索赔都要经过一个复杂漫长的过程，其中要牵扯到承包商和业主咨询工程师的许多精力和时间。索赔过于频繁，不仅耗费双方的成本大，而且影响双方的合作关系。因此，承包商可根据具体情况，在与业主咨询工程师达成默许的前提下，选择在索赔事件积累到一定程度后，采取综合性索赔办法一并处理多个索赔事件，以减少索赔频次，降低索赔成本，改善双方关系。同时，还要掌握好索赔的时机，在项目刚开工、双方关系紧张或项目竣工后进行索赔，可能难以达到预期的效果；而在双方关系良好，承包商为业主解决了某个重大难题或麻烦，或者业主急于希望整个工程或其中某一部分尽快完工投产等情况下，可能是进行索赔的有利时机。当眼看原合同工期就要结束而项目无法按期竣工时，承包商就不得不启动索赔来寻求延长工期，避免遭受误期罚款或给相关方工作带来被动。而索赔工作需要得到业主咨询工程师的理解和支持，因此在索赔报告中尽量不要把索赔原因和责任归咎于业主和咨询工程师个人。

承包商的索赔管理还包括应对与分包商（含供应商）相关的索赔问题，情况相对复杂一些，分以下四种情形：①索赔事件发生在分包商工作范围内，而且是由于非承包商内部的原因造成的，承包商可在分包商的支持配合下，向业主咨询工程师提出索赔，在获得批复后相应地给予分包商适当的工期和/或费用补偿。②由于承包商的原因造成分包商的工期延误或费用损失，且分包商按分包合同规定提交了索赔报告，则承包商应在分包合同规定的时间内审核批复索赔报告，包括要求重新提交、拒绝、部分同意或全部同意其报告等。③当分包商向承包商提出索赔，而造成索赔的原因是由承包商下的另一个（些）分包商引起的，则承包商最好能居间协调处理。否则，可用对责任方的反索赔所得来补偿遭受损失的一方。④当承包商由于分包商原因而造成工期和费用损失时，承包商可以向分包商提出反索赔，直至将其清算出场，没收其履约保函。

5.7 工程款结算

申请工程款结算是承包商在主张自己应有的合同权益，是在要求业主对承包商实施工程的应有回报。通过及时、足额、顺利的工程款结算，可以维护承包商正当的权利，增加承包商的经济收入，改善项目的资金状况，并有助于承包商履行其对分包商的支付义务。

因此，项目部应高度重视工程款结算工作。

施工期间的工程进度款一般按月结算，除非当月完成的工程价值低于合同规定的最小结算额（如果合同条款中有最小结算额的规定）。在施工过程中，现场施工生产管理人员应及时将本期内完成的工程（包括分包工程）、新到场的设备材料提交咨询工程师检查验收，妥善保留咨询工程师签字验收的原始单据。

项目部合同结算人员应按月定期收集统计当期经咨询工程师确认的已完工程量和进场材料，准备进度款中期结算单，结算单格式事先要获得咨询工程师的认可。在结算金额计算中，单价项目的结算额由该项工程的合同单价乘以本期完成工程量获得，包干价项目可按本期完成的百分比计算，一般包干项（包括临时设施、现场管理费、保函保险、业主咨询工程师服务费等）通常在初期进度款结算单中申请结算一部分（如包干价的 50%），剩余部分随后按工期比例分摊到每月结算申请中，设备材料预付款按合同规定比例计算。结算项目中有业主指定分包商、供货商、暂定金项目、变更项目、索赔金额或其他应结算金额的，也应计算进去，一并构成当月进度款合计。从合计金额中扣除预付款、质保金及其他应扣减金额后，即为本期实际可结算的进度款金额。有多币种结算的，还要按合同规定比例和汇率进行计算和折算。

为节省结算时间，减少争执和重复工作，在办理结算过程中，项目部应加强与咨询工程师相关人员的沟通，如与现场咨询工程师事先讨论确认工程量，结算单初稿完成后，可反复与咨询工程师的 QS、负责人等进行私下交流沟通。当双方意见分歧较大时，应由承包商项目经理直接与咨询工程师交涉谈判，直至达成一致。然后，结算人员要以最快的速度准确无误地完成中期结算单终稿并正式上报，由咨询工程师审核批准后报请业主支付。为尽早收到应结进度款，项目部应密切关注结算单的审批支付进程，可以通过口头、周进度例会及信函等方式与业主咨询工程师进行沟通交流，以确保进度款在合同规定时间内获得支付。如果业主未能按期支付，则属业主的违约，项目部应留下有效的书面证据以备后用。

承包商对所属分包商、供应商的进度款结算管理，首先是要本着公平合理的原则，在分包合同中设置与进度款结算相关的详细条款，以明确双方在结算中的权利责任义务，防范结算风险，维护承包商自身的权益。条款中除了明确规定分包结算的计量方法、程序、格式、时限、币种、汇率、扣款、最低结算额等方面的要求外，还要考虑如下一些因素：①分包商在主合同进度款结算中配合承包商的责任义务；②分包进度款支付与主合同进度款结算的背靠背原则；③分包工程中的合同变更、索赔等如何结算支付；④承包商以分包进度款支付其对外欠款的权力；⑤分包进度款支付的前提条件，如有效的分包保函、分包商的履约情况等；⑥材料供货及其支付与工程实际进度相联系等。通过明细完备的合同条件来严格规范对分包商的进度款结算管理，达到风险分担、减少纠纷和保护承包商自身权益的目的。

办理分包商的进度款结算，通常也是按月进行的。办理前，要由现场施工管理人员提前核算确认已完分包工程量。办理结算的程序、计算方法、格式要求等与主合同结算相似，只是主体不同。在分包进度款结算中，分包商是申请方，承包商是审核支付方。承包商通常是在收到业主的进度款后的合理时间内，按分包合同规定支付分包商，支付前需报公司总部批准的应提前报批。对分包商的进度款过早支付，可能会导致承包商资金流紧张和工作被动；逾期未支付则属承包商违约，也会使承包商处于不利地位。

同时，分包进度款也是承包商加强分包管理的重要手段，可以将其与分包商的履约好坏结合起来。当分包商未能完全履行其合同义务时，承包商可以通过警告将要采取或实际施行扣减、暂缓支付其进度款迫使其履约。在众多分包商中，对于善于合作、履约表现好的分包商可以优先给予支付，这样也会对野蛮专横、履约差的分包商造成一定的压力，从而提高承包商在分包管理中的威信和掌控力。

5.8 保函管理

在工程实施过程中，往往由于种种原因导致原合同工期的延期和合同价格的调整，相应地工程保函也需进行变更。当合同工期延期后，在原保函有效期到期前，承包商应业主咨询工程师的要求，需相应地延展其有效期并提交业主咨询工程师。当合同价格和预付款增加后，也需相应地增补履约保函和预付款保函额度。另一方面，原合同预付款是在进度款结算中逐步扣减的，因此预付款保函的担保额度也可以要求分步递减。保函在实施工程过程中的这种增减变化，使其管理工作变得非常纷繁复杂，必须谨慎细致地对待，稍有不慎疏忽，就可能导致业主兑付保函等意外情况的发生。而承包商在与银行、业主咨询工程师的保函业务往来中，对保函原件的核对检查更是要认真仔细以防出错和重复工作，原件的提取、递交、撤销、退回等环节都应留下书面证据存档。

同时还要注意，承包商提交业主的保函原则上只是其对业主的履约保证，如果合同条款和保函格式中没有明确规定，业主不能将其用作任何其他用途，如权益转让或贷款抵押等。因此，承包商还应注意防止业主将保函恶意用作其他用途而给承包商造成意外损失和麻烦，一旦发现应立即交涉或采取防范措施。

一些中国承包商，特别是长期从事国内工程建设，初入国际工程市场的承包商，对保函的重要性认识不足，以为那不过是一张纸而已。实际上，保函一般涉及的金额较大，一旦兑现就意味着大量的真金白银瞬间被掏走，给承包商造成巨大的经济和信誉损失。它像一把悬在承包商头上的达摩克利斯之剑，时刻提醒承包商，必须忠实地履行自己的合同义务，否则将遭受灭顶之灾。所以，做好保函管理防范保函风险最有效的措施，还是要自觉严格地履行承包商的合同义务。

当一个项目中有多个分包商参与施工时，承包商的分包保函管理更为复杂。除参照上述主合同保函管理的要求之外，在分包保函管理中，承包商要注意做好以下几点：①在分包合同中设置明细严格的保函条款和保函格式，一般可参照主合同的要求设置。②接受分包保函时要严格检查核对，确保其准确无误，必要的话可向银行咨询核实其有效性和可操作性。③要安排专人负责，妥善保管保函原件，确保其安全性。④一般工作中不宜直接调出和使用保函原件。⑤建立保函管理档案，动态监控各保函的有效性。⑥保函即将失效前，要提前书面通知分包商办理保函延期，否则应采取兑付措施。⑦当分包合同价格和工期发生变化时，要及时通知分包商办理相应的保函延展或更新。⑧要将合规有效保函视为签署合同和工程款支付的前提条件。⑨严格执行保函原件的流转程序，留存相应的有效书面证据。⑩在分包管理中要充分利用保函的威慑作用。

另外还需提醒，承包商公司总部一般都不会授权项目部对外进行任何形式的担保或保证，所以项目部在项目实施过程中，切莫无视公司总部的规定，随意越权对外出具任何形式的担保或保证。

以笔者近年在国际工程上工作的亲身经历看，一些项目的确因为保函管理人员的经验不足、工作疏忽或己方履约不力而在保函管理中出现严重失误或困难，如：①分包商在其履约保函到期后拒绝延期；②由于分包保函条款未遵照分包合同提供的格式，分包商违约后无法将其保函兑付；③担保支票被业主恶意兑付；④担保支票签字人被限制离境或在入境时被采取强制措施；⑤项目部因为担保问题陷入法律纠纷等。这些问题不仅给己方的项目管理带来工作被动、经济和信誉损失，而且使相关人员的身心受到不应有的伤害。所以，在项目经营管理过程中切莫轻视保函管理工作。

5.9　合同非正常终止

工程项目合同除了因双方履约完成后而正常终止外，还可能因种种其他原因而在履约过程中终止的现象。这些原因包括：①业主因自身原因提出终止合同；②业主因承包商严重违约而对其实施清算；③承包商因业主严重违约提出终止合同；④承包商因自身原因（如公司破产）提出解除合同；⑤以新合同代替原合同；⑥双方协议解除合同；⑦合同因双方当事人的约定而消灭的其他情形，如不可抗力。

合同因上述原因而非正常终结时，承包商应妥善做好善后工作，包括：①核算已完工程以及为完成预期工作所做合理准备工作的价格，要求业主支付；②在收到上述款项后，将为项目订购的由承包商接收的生产设备和材料移交给业主；③做好合同文件管理工作，将承包商所有文件或其他设计文件交给业主；④将临时工程和承包商设备撤离现场；⑤做好索赔工作，对于双方产生的争议，按照下述争议解决程序处理。

分包合同在履约过程中也可能出现半途终止的情况，承包商在应对分包合同非正常终止时可参照上述主合同的情况。对于承包商来说，提出欲对分包商实施清算也是管理分包合同的一种手段，运用得恰当可以迫使分包商忠实履行其合同义务，从而有效维护自身的合同权益。

5.10　合同争议解决

合同争议是指合同的当事人双方在签订、履行和终止合同的过程中，对所订立的合同是否成立、生效、合同成立的时间、合同内容的解释、合同的履行、合同责任的承担以及合同的变更、解除、转让等有关事项产生的纠纷。尽管合同是在双方当事人意思表示一致的基础上订立的，但由于当事人所处地位的不同，从不同的立场出发，对某些问题的认识往往会得出相对冲突的结论，因此，发生合同争议在所难免。国际工程项目由于其所处的特殊社会自然环境及自身的特点，使得在其实施过程中经常会出现合同争议现象。

导致合同争议的原因是多方面的，既有主观有意为之，也有客观原因造成的。争议的内容可能涉及双方对合同的不同理解，合同的变更、索赔、暂停及终止，工程款支付，工程的范围、数量、进度、工程、质量、技术、规范、HSE 等诸多方面。作为承包商，在项目实施过程中不仅可能会与业主发生合同争议，也可能会与其分包商、供应商、代理或其他服务商发生合同争议。

一般在国际工程项目合同和协议中，都会明确规定渐进式的解决争议方式，可以选择友好协商、第三方调解、准仲裁、仲裁或诉讼等。

（1）友好协商，是指合同当事人双方，在自愿、平等、合法、互谅互让的基础上，通过自行协商解决合同争议的一种方式。对于合同执行过程中发生的非重大原则性的不产生根本性利益冲突的争议，双方当事人综合考虑多方面的因素后，都可能首先选择通过反复沟通交流方式最终达成妥协的方法来化解矛盾和争议。

（2）第三方调解，是指由共同认可的第三方，通过查明事实、分清是非、说服劝导等工作，促成合同争议当事人双方在互谅互让的基础上，自愿达成协议来解决争议。

（3）准仲裁，是指合同当事人双方根据合同的事先约定，通过均担付费的方式，聘请独立的第三方，如 DRB（Dispute Review Board，争议审议委员会）或 DAB（Dispute Adjudication Board，争议评判委员会），对合同争议进行裁决。但这种裁决不具有法定约束力，当事人不同意裁决结果的，可以选择更具法定效力的其他解决方式。

（4）仲裁，是指在合同当事人中的一方按合同约定，将合同争议提交仲裁机构裁决来解决合同争议的方式。裁决机构为非政府组织，裁决过程和结果一般不对外公开，但裁决结果具有终局性和法律上的约束力。

（5）诉讼，是指一方合同当事人为解决合同争议，在一国法院对另一方提起法律诉讼的活动。如果合同没有事先约定仲裁，合同双方中的任何一方都可以向有管辖权的法院起诉另一方，通过法院判决来主张自己的权利。

5.11 合同风险管理

纳入项目风险管理的范畴。

6 业主咨询工程师的合同管理

在项目实施过程中，业主咨询工程师合同管理的主要内容有：

（1）切实履行好作为业主的合同义务和责任，最重要的义务是确保按合同规定支付承包商的进度款和其他款项；

（2）依据合同监督承包商履行其的合同义务，同时注意不随意向承包商提出合同外的过分要求；

（3）理顺内部的工作关系和流程，提高办事效率，积极有效地应对承包商的各类诉求；

（4）在不损害业主方权益不增加业主额外负担的前提下，为承包商施工提供必要的协助和便利；

（5）及时向承包商提供设计图纸文件，澄清或改正设计图纸中的问题；

（6）审查批准承包商的车间图设计、施工方案及其他技术文件；

（7）现场监督承包商施工按设计图纸、合同规范、已批准的施工方案和工艺要求进行；

（8）应对处理承包商的日常往来信函；

（9）合同变更管理，包括：①提出合同变更或审查签发变更命令；②修改合同内容，主要是工期和费用支付方面的修改，并予书面确认；③相应的工期和费用计划的调整和审查，及可能的额外资金筹措和支付等；

（10）索赔管理，有两方面：一是应对承包商可能提出的工期和费用索赔；二是因承包商违约而向其提出反索赔，以维护业主方的权益；

（11）审查批准承包商的重要分包商、供应商、材料样品、样板间等；

（12）协调承包商、咨询、指定分包商等各方间的关系；

（13）协助承包商与当地政府、市政部门的沟通和审批；

（14）保函、保险管理，确保其正常情况下合规有效，并在清算承包商等特殊情况出现时保函能及时顺利兑付；

（15）承包商出现严重违约时的合同管理，包括决策和相应的合同行动；

（16）应对解决合同执行中可能出现的各种争议；

（17）与合同相关的文件、证据的管理等。

第 6 节　质量管理

1　一般概念

国际标准化组织（ISO）把质量定义为反映实体（产品、过程或活动等）满足明确的或隐含需要的能力特性的总和。而质量管理是确定质量方针、目标和职责，并在质量体系中通过诸如质量规划、质量控制和质量改进，使质量得以实现的全部活动。

在《项目管理知识体系（PMBOK）指南》中，项目质量管理被定义为项目组织为了满足开展项目所应当满足的要求而确定质量方针、目标和责任的所有活动。

工程项目质量所应当满足的要求就是业主所希望达到的质量要求，通过工程项目合同体现出来，包括合同中明确的或隐含的国家相关法律法规、项目合同中采用的技术规范、设计文件及合同条款中规定的质量要求等。因此，承包商的工程项目质量管理要以满足合同质量要求、达到业主的满意为目标。

项目质量管理必须坚持以防为主。由于项目具有一次性的特点，承包商只有一次机会去完成项目建造，建造过程中通常不能像一般批量产品生产那样，对已完工程进行破坏性测试。所以，必须加强建造过程中的质量保证和质量控制，质量管理工作的重点是建造过程的控制管理，而不仅仅是事后的质量检验。

同时，项目质量管理必须实行全员管理和全过程管理。工程项目的质量管理需要项目相关方（业主、咨询工程师、设计方、承包商、分包商、供应商、政府监管部门等）的共同努力。任何一个相关方及其内部的一个成员的工作，都会在一定程度上影响项目可交付成果的质量，因此必须树立全员质量意识，使质量管理成为全员参与的共同行动。同时，必须对质量形成的全过程中的各项工作进行全面管理，把影响工程质量和可能造成工程质量不合格的因素消灭在质量形成的过程中。总括起来，这些因素包括人、材、机、工法、检验和环境等六大方面。

而且，为了提高竞争力，使交付业主的工程具有更高的价值或更大的效益，在不显著增加工程成本的前提下，承包商应不断地改进质量管理，从而使工程质量达到更高的水平。

工程项目质量管理包括制定质量计划、建立质量保证体系和开展过程质量控制。其中，质量计划在项目初期已经完成编制和审批，实施过程中如有必要，可适时进行更新。

在质量管理的组织体系方面，承包商项目部应在领导层设置质量管理的负责人（通常由项目总工或质量总监负责），并建立专门的质量管理部门或者安排专职质量工程师，在作业现场设置专（兼）职质检员。

如上所述，由于实施的是全员和全过程质量管理，所以质量管理要贯穿于项目全体参与者的各项工作和各个过程中，是系统化的管理。比如，设计图纸的质量管理体现在对设计人员的资格能力审查、设计者对设计成果的自查及业主咨询工程师和承包商的互查中，其中业主咨询工程师交给承包商的设计图纸，提交前要经过设计者自查、业主咨询工程师的审查，承包商收到后在按图施工前还要研究检查和澄清；而承包商提交设计图纸给业主咨询工程师审查批准前，也已经过了设计者自查和承包商的审查。承包商项目管理团队成员的工作质量需经过员工自查、领导审查或其他专业评审等程序来保证其工作成果的质量，分包商和材料进场前也经过了相关方的资格、性能等方面的审查等。

下面着重介绍围绕工程实施过程所开展的质量保证和质量控制（QA/QC）工作。

2　质量保证

2.1　质量保证的组织体系

2.1.1　质量管理的组织机构

承包商项目部质量管理的组织机构是由项目部组织机构中与质量管理有关的项目领导、职能部门及岗位构成的，其他职能部门协助配合质量管理部门做好质量管理工作。质量管理组织机构还包括各分包商、作业层的质量管理组织机构和岗位人员。

2.1.2　质量管理的职责分工

在项目部质量管理组织机构中，不同的部门和岗位承担着各自的质量管理职责，其中：

（1）项目经理的质量管理职责是：

1）负责建立、实施、持续改进质量管理体系，并做出有效性承诺。

2）负责制定项目部质量方针和目标，并应确保在项目部内相关职能和层次上建立质量目标。即在总质量目标确定后应能在部门的层次上展开，各分质量目标应与总质量目标相一致，并可测量和考核。

3）确保项目实施过程中各项质量活动获得必需的资源。

4）批准发布质量计划。

5）主持管理评审，对质量体系进行综合评价，发现体系的薄弱环节，不断改进质量管理体系，以保证体系持续运行的适宜性、充分性和有效性。

（2）工程副经理

1）正确处理施工质量与进度的关系；

2）合理安排施工程序；

3）及时掌握工程施工的质量情况；

4）定期组织现场质量检查，对主要质量问题亲自组织攻关；

5）组织处理质量事故，严格执行质量奖惩制度；

6）发生重大质量问题，及时上报有关部门，以尽快得到妥善解决。

（3）总工程师

1）负责工程设计的质量管理；

2）负责技术交底、测量的复查、审定和校准工作；

3）主持工程质量检查、评定和验收工作；

4）审核总体施工方案（或施工组织设计）、单项技术方案和施工工艺；

5）参与领导工程质量事故处理工作，提出质量事故技术处理方案；

6）对技术、质量问题提出改进措施；

7）组织开展工程质量创优达标活动。

（4）质量管理部门

1）在项目经理的组织领导下，具体负责建立和完善质量管理体系，保证其有效运转。

2）组织编制和维护项目质量手册和项目质量计划工作。

3）协助编制、审查项目部各部门和分包商的质量管理体系程序文件和详细的作业文件，以确保质量满足要求。

4）负责管理质量文件、资料和各项标准、规范、检验报告、不合格报告、纠正措施报告及各部门提交的质量文件等。

5）负责对项目的设计、采购、施工质量管理进行策划，并组织实施。

6）制定质量控制程序，负责工程设备材料的质量检验和试验。

7）按照有关法律法规的规定和合同约定，对设计、采购、施工质量进行检查，若有缺陷，督促有关部门改正。

8）负责组织协调咨询工程师或当地政府有关部门的现场检查验收工作。

9）负责检查、监督、考核、评价项目质量计划的执行情况，验证实施效果。

10）组织对质量事故进行调查、分析，并督促有关部门采取纠正措施，负责事故报告的编写。

（5）其他部门

1）设计管理部门按合同完成规定的设计内容，并达到规定的设计深度，对设计水平、设计质量和执行法规、标准全面负责；确保整个设计过程始终处于受控状态，对设计变更应严格控制并要记录存档。

2）采购部门对设备、材料的质量负责，对设备、材料供应商的评价和选择。有权拒绝不合格或质量证明文件不全的材料、设备与零配件，对业主供材，严格按照合同规定进行查收、检验、运输、入库、保存、维护。

3）施工管理部门应实施所有防止不合格品发生的质量控制工作，制定有效的纠正和预防措施，验明并改正施工中的不足，不得有擅自提高或降低质量标准的行为。

4）技术管理部门负责编写总体施工方案（或施工组织设计）和单项施工方案，负责对作业队、班组的技术质量交底并督促落实，负责工程测量和取样试验工作。

5）安全环保部负责对安全防护设施、设备、机械及环保设施的施工质量进行监督检查，对生产环境的质量情况进行检查，监督对隐患的整改。

除此之外，项目部各部门还应将分包商及其分包工程纳入项目质量控制范围，并协助维护质量管理体系运行，包括按质量管理体系文件要求填写、上报各种记录，开展质量管理活动，参加相关质量培训，在项目实施过程中互相协调，配合处理出现的质量问题等。

2.2　质量管理体系

2.2.1　总体要求

承包商应建立质量管理体系并形成文件，在项目实施过程中必须遵照执行并保持其有效性。项目部负责其内部各个部门的协调，组织协调、督促、检查各分包商的质量管理工作。各分包商也应相应建立其质量管理体系，并接受总承包商的审核，同时接受业主咨询工程师的监督和审核。总承包商项目部进行质量审核，及时发现质量管理体系的运行问题，并进行纠正、跟踪，确保质量管理能力不断提高。

2.2.2　文件要求

(1) 文件构成

项目质量管理体系文件由以下三个层次的文件构成：

1) 质量手册；

2) 按项目管理需要建立的程序文件；

3) 为确保项目管理体系有效运行、项目质量的有效控制所编制的质量管理作业文件，如：作业指导书、图纸、标准、技术规程等。图 10-3 为工程总承包项目质量体系文件框架。

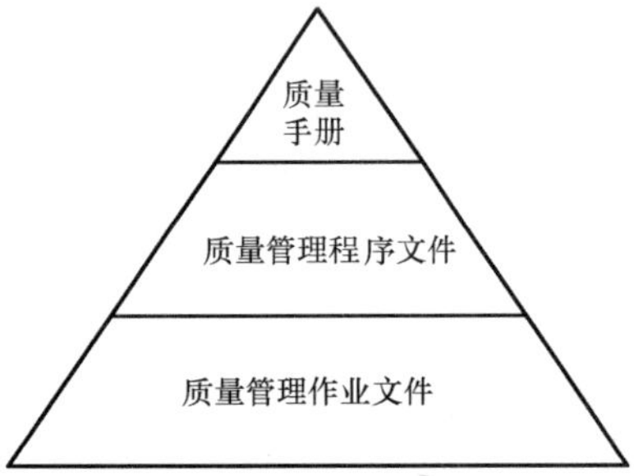

图 10-3　质量体系文件框架

(2) 文件控制

质量管理部对所有与质量管理体系文件运行有关和项目质量管理有关的文件都应予以控制。

(3) 记录控制

为保证记录在标识、储存、保护、检索、保存和处理过程中得到控制，承包商项目部文件信息管理部门或人员应编制并组织实施记录控制程序。

需要控制的质量记录有：

1) 各参与方、部门、岗位履行质量职能的记录。

2) 不合格处理报告记录。

3) 质量事故处理报告记录。

4) 质量管理体系运行、审核有关的记录。

5) 设计、采购、施工、试运行有关的记录。

记录要符合下列要求：

1) 所有记录都要求字迹工整、清晰、不易褪色。

2) 记录内容齐全、不漏项，数据真实、可靠，签证手续完备、符合要求。

3) 质量记录必须有专人记录、专人保管、定期存档，具有可追溯性。

4) 对于在计算机内存放的质量记录，要按照计算机管理的有关规定严格执行。

5) 记录应设保存期。

6) 记录的编号执行承包商项目部信息文控编码程序。

2.2.3　质量管理体系建立程序

(1) 建立过程

1) 确定项目的质量目标；

2) 识别质量管理体系所需的过程与活动；

3) 确定过程与活动的执行程序：

4) 明确职责分工和接口关系；

5) 监测、分析这些过程。

（2）文件编制顺序

质量管理体系文件的编制顺序有三种：

1）先编制质量手册，再编写程序文件及作业文件。

2）先编写程序文件，再编写质量手册和作业文件。

3）先编写作业文件，然后编程序文件，最后编写质量手册。

不同的编制方法，有不同的特点，应该根据项目特点和编写人员的能力等各方面的因素来决定选用哪种方式。

（3）文件编制流程图

图 10-4 为质量管理体系文件编制流程，详细描述了如何进行质量管理体系文件的编制，直至正式运行。

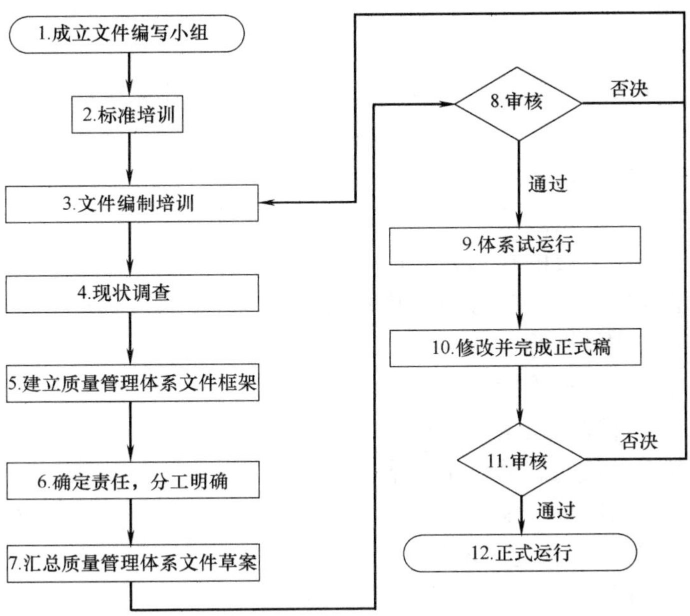

图 10-4　质量管理体系文件编制流程

2.3　质量管理制度体系

总承包项目部应根据质量管理体系的要求，建立健全配套的质量管理制度，并在质量管理活动中切实遵照执行，以确保质量管理目标的实现。有关质量管理的制度包括但不限于以下方面：

（1）质量管理岗位责任制；

（2）质量管理策划制度；

（3）教育培训和持证上岗制度；

（4）设计图纸审核制度；

（5）技术质量交底制度；

（6）测量复核制度；

（7）材料进场检验制度；

（8）开工前质量监督检查制度；

(9) 施工过程质量监督检查制度；

(10) 质检见证、旁站制度；

(11) 首件工程认可制度；

(12) 隐蔽工程检查签证制度；

(13) 与业主咨询、设计单位配合制度；

(14) 工程质量验收制度；

(15) 文件资料记录制度；

(16) 验收合格工程保护制度；

(17) 不合格品控制制度；

(18) 工程质量检查评比制度。

2.4 质量保证措施

为保证建设工程质量，总承包商项目部除了建立上述质量管理的组织体系、管理体系和制度体系之外，还应根据项目的具体情况，在质量管理中采取必要的保证措施，包括但不限于下列措施：

(1) 保证工程材料和设备的质量；

(2) 保证施工机具的正常使用和计量器具的有效性；

(3) 保证施工操作人员的技术素质；

(4) 加强技术管理，严格执行施工及验收标准、规范和规程；

(5) 加强施工前质量控制；

(6) 严格执行三级质量检验制度；

(7) 坚持施工全过程的质量监控；

(8) 制定和落实质量通病的防止措施；

(9) 冬雨季施工的质量保证措施；

(10) 确保赶工时的工程施工质量；

(11) 重点工程部位或特殊工序的质量保证措施；

(12) 成品和半成品保护措施；

(13) 保证施工中的资料完整齐全等。

3 质量控制

3.1 编制和实施质量管理计划

承包商项目质量管理部门应根据项目的特点，负责质量管理计划的编写、实施和维护。质量管理计划可以是项目管理策划的一部分，或者根据策划书中对质量管理的总体要求，编制专项的质量管理计划。质量管理计划应在项目初期编写完成，并报咨询工程师审核批准。

(1) 编制目的

编制质量管理计划的目的在于：确定项目应达到的质量标准以及为达到这些质量标准所必需的作业过程、工作计划和资源安排，使项目满足质量要求，并以此作为质量监督的依据。

(2) 编制依据

1）合同中规定的产品质量特性，产品应达到的各项指标及其验收标准。

2）项目管理策划或实施计划。

3）相关的法律、法规及技术标准、规范、设计图纸。

4）质量管理体系文件及其要求。

（3）编制原则

1）符合体系要求的原则：质量管理计划是针对项目特点及合同要求，对质量管理体系文件的必要补充，体系文件已有规定的尽量引用，要着重对具体项目及合同需要新增加的特殊质量措施，做出具体规定。

2）责任明确的原则：质量管理计划应把质量目标和要求分派到有关人员，明确质量职责，做到全过程质量控制，确保项目质量。

3）方便管理的原则：质量管理计划编制应简洁明了，便于在质量管理中的使用与控制。

（4）构成内容

质量管理计划一般由封面、批准页、目次、适用范围、引用标准、编制依据、质量目标、定义、正文、附录等部分组成。其内容如下：

1）项目概况；

2）项目需达到的质量目标和质量要求；

3）编制依据；

4）项目的质量保证和协调程序；

5）以质量目标为基础，根据项目的工作范围和质量要求，确定项目的组织结构以及在项目的不同阶段各部门的职责、权限、工作程序、规范标准和资源的具体分配；

6）说明本质量管理计划以质量体系及相应文件为依据，并列出引用文件及作业指导书，重点说明本项目特定重要活动（特殊的、新技术的管理）及控制规定等；

7）为达到项目质量目标必须采取的其他措施，如人员的资格要求以及更新检验技术、研究新的工艺方法和设备等；

8）有关阶段适用的试验、检查、检验、验证和评审大纲；

9）符合要求的测量方法；

10）随项目的进展而修改和完善质量计划的程序。

（5）计划的实施

项目质量管理必须严格按经咨询工程师批准的质量管理计划执行，包括计划中确定的质量管理的范围、目标、方针、职责分工、程序、标准、规范、措施和控制关键点等。其中，通过质量目标分解而建立的质量目标树，是在充分熟悉项目设计文件和科学分析项目特点的基础上，根据合同和企业总部的质量要求制定的，因而具有很强的针对性和严肃性。尤其是对项目总体质量等级评定有重要影响的主要单位工程、分部工程和分项工程的施工质量及其他指标，必须确保达到项目质量目标所规定的质量标准，一旦偏离，即会造成项目质量总目标难以实现的严重后果，所以工程质量计划一经颁布，必须严格遵照执行。

然而，由于影响项目施工的因素非常多，如设计变更、意外情况的发生等，均能阻碍项目质量计划的顺利实施。因而，在项目工程质量管理计划实施的过程中，必须加强对质量计划执行情况的检查，发现问题，及时调整。

而且，在项目施工的过程，由于主客观因素的影响，偶尔会发生某部位工程的施工质量经检查未能达到原质量管理计划规定的质量目标的事件，从而对项目质量总目标带来不同程度的影响。此时，在项目质量总目标不变的前提下，应根据原计划和实际情况进行分析，及时调整项目的质量目标树，并制定相应的技术保证措施，对原计划作适当的调整。确实无法调整时，经慎重研究，对影响项目质量总目标的部分实施返工，以确保项目质量总目标的实现。

所以，项目部质量管理部门要对质量管理计划实施情况定期组织内审，根据内审结果对质量管理计划进行必要的修改更新，并再次报咨询工程师批准后遵照执行。

3.2 质量影响因素的控制

如前所述，在工程总承包项目实施过程中，影响工程质量的因素主要包括：参与项目施工的人员、材料、施工方法、机械、检测以及项目环境等六大因素。因此，要控制工程质量，就必须对这些影响质量的因素进行控制管理。

（1）人员的管理

人员素质的高低是保证工程建设质量的重要条件，承包商项目部从事影响工程质量的人员必须具备相应的能力，拥有相应的职业资格或岗位操作上岗证书。项目部要根据各种不同的工作岗位，确定人员必须具备的能力，选择配备能胜任的人力资源。

当项目的生产和管理人员能力不能达到岗位要求时，项目部要组织开展系统的人员培训工作，通过制定和实施切实可行的培训计划，使他们掌握工程质量的政策、方针、目标、标准、规范和方法，增强质量意识，提高质量的知识和技能，获得执业资格或岗位证书，还要特别重视对专业岗位新补充的人员及转岗人员和对新设备操作及工作任务变化的培训。在进行人员培训时要注意保存培训记录。

（2）工程设备材料的管理

在设备材料用于项目前，必须经过各种检验，包括对供应商的资格审查、材料样品审查，生产供应商对设备材料的自检，业主咨询工程师和承包商在出厂前的检查（如果必要）及运抵现场时的进场检验等。不合格的设备材料不能进场，更不能在施工中使用。

（3）施工方法与施工工艺的管理

承包商项目部应根据项目的特点，选取适当的施工方法和工艺，组织编写具体的施工方案等，并报咨询工程师审查批准。这些施工方法、工艺应符合有关技术规范，充分考虑总承包合同规定的条件、现场条件及法规条件的要求，突出“质量第一、安全第一”的原则，符合安全、环保、消防和文明施工的要求，应具有较强的针对性、可操作性和先进性。没有施工方案或施工方案未获批准，不得开始施工。

项目部的施工管理部门应严格按照咨询工程师审查通过的施工方法、方案、工艺等组织进行施工。如有工程变更，应对变更部分重新编写施工方案，选取施工方法、工艺等，并报咨询工程师审查后组织施工。

（4）施工机械设备的管理

机械设备的选择，应考虑机械设备的技术性能、工作效率、工作质量、可靠性和维修的难易、能源消耗及其安全性灵活性等方面对项目质量的影响。施工机械设备的数量、型号及匹配性应满足施工需要，以免因施工强度不足影响工程质量。

（5）检测方法和工具的管理

承包商在工程施工中进行相关的检查、测量和试验时，所采取的手段、方法和程序应规范正确，使用的仪器、设备和工具应齐全合格，并根据相关要求定期对设备仪器进行检验校准，以降低检测过程中产生的误差。

（6）环境因素的管理

承包商提供和维护的工作和生活环境要体现“以人为本”的原则，符合项目所在国法律法规及行业有关规范要求，施工环境要满足工程建设对环境的需要，避免因不良环境干扰工程质量或影响其稳定性。这些环境包括所有工作生活场所、通信交通设施条件、水电风供应、控制和检测设备、生产管理所需的硬软件以及其他支持性服务设施等。

3.3 全过程质量控制

总承包项目质量控制应贯穿项目实施的整个过程中，包括设计质量控制、采购质量控制、施工质量控制、分包工程质量控制、试运行质量控制等。只有采用全过程的质量管理，才能控制总承包项目的各个环节，取得良好的质量效果。

3.3.1 设计质量控制

设计管理部门是设计质量控制的主管部门，应对设计的各个阶段进行控制，包括设计策划、设计输入、设计输出、设计评审、设计验证、设计确认、设计交底等，并编制各种程序文件来规范设计的整个过程。

3.3.2 采购质量控制

承包商采购管理部门是采购质量的管理和控制部门，应编制“物资采购控制程序”来确保采购的货物符合采购要求。

（1）采购前期

应根据不同的采购产品对项目实现过程的影响，以及对最终产品的影响，将物资进行分类管理。

应根据物资的重要性，采购管理部门组织评价，拟定合格的供应商，然后根据合同约定，由业主或者自行确定供应商。对供应商的评价和选择应考察供应商单位资质、经验、履约能力、售后服务能力等，并应保持持续的跟踪评价，减少因采购导致的质量风险。

承包商采购管理部门负责确定采购要求，在与供应商沟通之前，确保规定的采购要求是充分和适宜的。

（2）物资加工过程

要求供应商按照采购货物的特点建立并严格执行质量管理体系，采购部按照有关条款对各供应商的质量管理体系进行审核。

对于供应商承担的质量职责，承包商项目部要在与供应商达成的采购合同中给予明确。

（3）采购物资的验证

在采购合同中应明确物资验证方法，验证工作由采购部组织。

根据合同及行业规范对各种物资的规定、物资重要性的不同，确定对物资的抽样办法、检验方式、验证记录等，并组织遵照实施。

对验证中发现的不合格品，应按不合格品控制规定进行处理。

3.3.3 施工质量控制

（1）施工前管理

现场每项工程开始实施前，质量管理部门应会同其他相关部门或相关方，对施工所需的技术、物资、组织、现场条件等方面的准备工作质量把关。其中，应与设计、技术部门及咨询工程师沟通协调，确保施工所需的图纸、规范、标准、施工方案等技术文件的正确性、完备性、符合性，并完成了相关的审核批准程序。与合同、采购部门及咨询工程师沟通协调，确保用于工程的材料符合相关质量规定，并事先经过了必要的取样试验和/或驻厂监制及出厂进场等环节检查验收。与合同部门、咨询工程师确认，进场分包商通过了资格审查。与生产、人资、物资、安环等部门沟通，确认完成了技术、质量和安全生产交底或必要的培训，特种岗位持证上岗，操作人员的技能及施工设备能满足质量要求，现场施工条件具备，各种测量尺寸复核准确。在生产部门协助下，会同咨询工程师完成了上一道工序的检查验收并获得通过，并确认完成了工序交接手续。

开始施工前需要经过当地政府质量管理部门检查验收的，质量管理部门还应会同咨询工程通知政府质量管理部门到现场检查验收，并为其验收过程提供便利和协助。比如，在中东地区一些国家的房屋建筑工程中，每层楼板结构混凝土浇筑前，必须经过当地质检部门到现场检查验收。

（2）施工过程中管理

施工管理部门应自觉按上述技术文件组织施工，对施工过程的质量负责自检自控。质量管理部门在现场实施动态监督，发现不符合质量要求的部位、尺寸、工序、工艺等，要求施工部门或操作者立即改正，并按相关规定进行现场取样、试验，必要时采取拍照、绘图、文字等形式，留下评判质量好坏的证据。在检查确认过程质量符合质量要求后，准备质量验收文件，会同咨询工程师进行检查验收。检查未获通过，应根据咨询工程师的意见，通知施工部门组织整改，直至验收通过。通过后，施工管理部门组织上下两道工序的施工者进行现场工序交接后，开始下一道工序的施工及其过程质量监督管理。工序交接无法完成的，不得开始下一道工序。

（3）完工后管理

施工完成后形成工程成品或半成品，质量和施工生产部门应对其外观质量进行初步检查，如外形尺寸、颜色、平整度、光洁度等，发现存在质量瑕疵且可以修复的，无论咨询工程师是否发现并通知，都应自觉组织进行修复。按期对施工过程中采取的试验样品送专业试验机构进行试验。如果业主咨询工程师对完工部位的质量存在疑问，需要重新进行取样试验的，应配合其进行现场取样试验。还要整理分析施工过程中形成的质量文件、报告、数据等，并监督做好对成品或半成品的保护。对施工中发生的质量事故，按质量管理有关文件规定的程序和要求进行处理和报告。

需要指出的是，在施工过程的任何时刻，咨询工程师如果认为承包商施工的某一部位或某一程序不合格，就可能签发书面的不合格通知（NCR，Non-Compliance Record）。收到 NCR 后，质量部门应到现场了解查看实际情况，会同技术生产部门研究整改方案，并报咨询工程师批准后实施整改，整改完毕获得咨询工程师书面认可后，NCR 才算正式关闭。而且，工程竣工验收前所有的 NCR 都必须关闭。

3.3.4　分包工程质量控制

总承包商对分包工程施工的质量管理与控制包括以下主要内容：

（1）检查督促各分包商建立完整的质量保证体系。

（2）分包商进场施工前必须编制出科学、合理的施工方案（或施工组织设计），并上报总承包商项目部和业主咨询工程师审批备案。

（3）分包商必须设置专职质量检查员（持有效证件），负责质量检查、成品保护、资料报验，各种报验资料必须与工程同步，并及时向总承包商质量管理部门汇报工作，否则总承包商对其所施工的工程不予验收。

（4）分包商自行采购进场的材料必须是绿色环保材料，提供有效合格证、材质证明及复试报告等，并及时向总承包项目部和咨询工程师报验。无合格证、材质证明及复试报告或不合格材料严禁用在工程上。

（5）各分部分项检验批经总承包项目部和咨询工程师验收通过后方可进行下道工序。不经验收就进入下道工序者，或进场材料未检验通过强行施工者，总承包商将令其返工，并由其承担造成的一切工期和经济损失。

（6）分包商在大面积施工前必须先做样板，并报总承包商、业主咨询工程师和设计单位认可后，方可开始施工，否则总承包商有权责令其停工或返工。

（7）分包方的技术人员、工长、质检员，在施工过程中必须做好自检、交接检，如实填写好表格上报总承包商项目部后予以验收。

（8）分包方必须按设计、施工方案、规程、规范、标准的要求，施工前向总承包方提供自己的质量保证措施和质量控制点。当以上几种要求不一致时，应以较高要求为准。不按时提供质量保证措施和质量控制点者不允许施工。

（9）分包项目施工中如出现不合格品、不合格项，总承包项目部将向分包商下达不合格品通知单。分包方要针对其编制整改措施，经项目部审批后，在规定的限期内组织整改。对不及时整改或拒绝整改者，项目部有权责令其停工。

（10）施工过程中，总承包商项目部组织的定期或不定期的质量检查和质量会议，分包方的主管领导或者质检员必须按时参加，不得缺席。

（11）如果分包方承担工程施工质量达不到分包合同规定的质量标准，由此造成的返修、损失由该分包方承担。

（12）如果项目所在国有规定，分包商必须服从当地政府质量监督部门对其分包项目的监督检查，并承担相关费用。

3.3.5　试运行质量控制

（1）组织编制试运行计划或方案。

（2）编制有关试运行过程中出现质量事故的处理程序文件。

（3）逐项审核试运行所需原材料、人员素质以及其他资源的质量和供应情况，确认其符合试运行的要求。

（4）检查、确认试运行准备工作已经完成并达到规定标准。

（5）在试运行过程中，前一工序试运行不合格，不得进行下一工序的试运行。

（6）实施试运行全过程的质量控制，监督每项试运行工作按试运行计划或方案实施，并确认其试运行结果，凡影响质量的每个环节都必须处于受控状态。

（7）对试运行质量记录应按项目部记录控制程序的有关规定收集、整理、编目和组织归档，并提交试运行质量报告。

3.4 质量的检测、分析和改进

承包商项目部质量管理部门应负责策划并组织实施工程质量的检测、分析和改进工作，确保质量管理体系的符合性和有效性。通过收集体系审核中发现的问题，以及过程、产品测量和监控、不合格等各方面的信息和数据，并运用统计技术，分析原因，提出并实施纠正和预防措施，来达到持续改进质量管理的目的。

3.4.1 质量检测

项目部质量管理部门可以通过顾客满意度调查、内部审核、产品的监视测量等方式，获取有关工程质量的信息资料。

（1）顾客满意度调查

质量管理部门负责对顾客满意度的信息进行收集、监视和测量，包括对顾客的调查、顾客的反馈、顾客的要求、顾客的投诉等，确保质量管理体系的有效性并明确可以改进的方面。

项目部其他部门应及时将本部门收集或获取的信息传递到质量管理部门，由质量管理部门负责对信息进行整理汇总和统计分析，得出定性或定量的结果。对于顾客不满意的问题，质量管理部门应组织相关部门进行原因分析，责成有关部门采取纠正或预防措施，并跟踪实施效果。

（2）内部审核

质量管理部门应编制并组织实施“内部审核控制程序”，按照程序的规定进行内部审核，以确定质量管理体系是否满足标准的要求，是否有效地实施和保持。

在内部审核前，应按照“内部审核控制程序”的要求成立内部审核小组，编制具体的内审计划，准备工作文件和记录表格，包括：内部审核计划、检查表、不合格报告、内审报告、纠正/预防措施表、会议签到表等，在准备工作已经做好后，开始进行内部审核。

审核员的选择和审核任务的安排应确保审核过程的客观性、公正性和独立性。审核员不能审核自己的工作。

通过面谈、现场检查、查阅文件和记录、观看有关方面的工作环境和活动状况，收集证据，记录观察结果，评价与质量管理体系要求的符合程度，确定不合格项。

汇总全部不符合项后进行评定，总结审核结果并编写审核报告，对质量管理体系运行的情况及实现质量目标的有效性提出审核结论，并提出纠正、改进建议。

对于不合格项，分析不合格原因，制定纠正措施计划，经批准后实施。质量管理部门对实施情况进行跟踪，发现问题时，及时协调解决。纠正措施完成后，对纠正措施的有效性进行验证。

内部审核完成后，内审小组将审核的全部记录汇总整理后交质量管理部门，质量管理部门可按“记录控制程序”的有关规定接收和保存。

（3）产品的监视和测量

质量管理部门编制并组织实施“产品的监视和测量控制程序”，按照程序的规定对项目全过程进行测量和监视，保证项目每一道工序使用合格产品，以确保项目上使用的过程产品从原材料进货到项目竣工时的质量，达到设计和合同要求的质量标准。

对进场的各种材料都必须按物资检验规定进行验证，内容包括：观察材料的外观质量、产品标牌、规格、型号及数量，审核产品质量证明文件，如合格证、出厂证明、试验报告等，并进行登记、保管。

使用前对必须进行复检的材料要及时进行复检，未经复检或复检不合格的材料禁止投入使用。

施工前，施工管理部门制订监视和测量计划，规定监视和测量方法、评定标准、使用的设备。

施工过程中，必须按质量监视和测量计划的内容进行工序监视和测量。未经监视和测量的工序和过程产品，不得进入下一道工序，除非有可靠追回程序的，才可例外放行，但必须随后补作检验。放行的工序必须经主管领导批准。

隐蔽工程经检查符合要求后，做好隐蔽工程验收记录，经各方签字同意隐蔽后，方可进入下道工序。

对于需要过程试验项目，必须经过检验合格后才能进入下道工序。

总承包项目完成合同内容后，要进行最终监视和测量，其前提是确认所有前面工序的监视和测量均已完成，且满足规定要求后方可进行最终监视和测量。

在产品监视和测量中发现的不合格，应按总承包商项目部“不合格品控制规定”处理。

对总承包项目进行的各阶段的监视和测量，都要按总承包商项目部“记录控制程序”的规定记录、收集、整理、归档。

3.4.2　数据分析

质量管理部门负责编制并组织实施“数据分析控制程序”，确定质量相关数据并进行收集和分析，以证实项目质量管理体系的适应性和有效性。这些数据包括：在测量过程中得到的数据以及从其他渠道获得的数据。

质量管理部门负责确定分析数据所使用的统计方法，对应用统计技术的人员，按有关要求进行培训。

对于收集的质量数据用适当的统计技术进行处理后，质量管理部门根据分析提供的信息发现问题，进而确定问题产生的原因，并采取相应的纠正/预防措施。同时，利用这些信息确定质量管理体系的适宜性和有效性，并确定改进的方向。

3.4.3　质量管理的改进

总承包商项目部应利用质量方针、质量目标、审核结果、数据分析、纠正和预防措施以及管理评审等选择改进机会，持续改进质量管理体系的有效性，以便向顾客提供稳定的满意的工程和服务。

质量管理部门负责对日常改进活动的策划和管理，组织各部门进行策划，编制质量改进计划，经审核批准后组织实施。

对质量管理体系运行和项目实施全过程中已发现的不合格现象，总承包商项目部应采取纠正措施，并对纠正的有效性进行评定，直到有效解决问题。对此，质量管理部门应制定并组织实施“纠正措施控制程序”

为消除产生问题的潜在原因，防止发生不合格的情况，确保质量管理体系有效运行，质量管理部门应组织制定“预防措施控制程序”，并按照其程序规定组织其他部门分析产生潜在不合格原因，确定采取的预防措施。预防措施实施后，各部门对预防措施的实施情况及其有效性进行评价，并上报质量管理部门，由质量管理部门组织有关人员进行验证，做出验证结论，确认预防措施是否有效。

采取纠正措施和实施预防措施实施记录，由质量管理部门负责按“记录控制程序”的规定收集、保存。由此引起的质量管理体系文件的修改，具体按“质量文件控制规定”实施。

3.5 质量文件管理

在质量管理的过程中会产生大量的文件，这些文件是工程质量的证明材料，保证了工程质量的可追溯性，因此质量文件管理是质量管理的重要工作，包括文件的准备、审核、签发、接收、归档保管、分发、查阅等。常见的质量文件有施工验收文件、进场材料验收文件、现场取样记录、试验报告、工序交接文件、不合格项整改文件、分包商资格文件、测量设备校验文件、定期质量报告、质量管理体系文件以及其他资料和文件。

3.6 其他与质量管理相关的工作

总承包项目部质量管理部门的工作还包括：①主持质量例会、专题会，参加其他相关管理会议；②协助重大质量事故的调查处理；③组织开展质量管理教育培训；④协助合同部门对分包的管理、结算、变更、索赔等工作；⑤配合其他管理部门的工作。

4 业主咨询工程师的质量管理工作

（1）审查批准承包商提交的质量管理计划并监督执行；

（2）现场监督承包商的工程施工质量；

（3）对与承包商之间往来的设计文件进行审查、澄清和批复；

（4）对重要设备材料进行驻厂监制和出厂前的检查验收；

（5）对材料样品、样板间、工程施工和到场设备材料检查验收；

（6）配合政府相关部门对项目施工过程的检查验收；

（7）对不合格项签发 NCR，并审查批准承包商对质量缺陷、质量事故的整改方案，监督其实施过程；

（8）竣工验收准备工作。

第7节　健康、安全和环境（HSE）管理

1 一般概念

健康（Health）是指人身上没有疾病，心理、精神上保持一种完好的状态。安全（Safety）指没有危险，不受威胁，不出事故，即消除能导致人员伤害、发生疾病或死亡造成设备或财产损失，以及危害环境的条件。环境（Environment）是指与人类密切相关、影响人类生活和生产活动的各种自然力量或作用的总和，包括各种自然因素的组合以及人类与自然因素之间相互形成的生态的组合。

工程项目的 HSE 管理是指项目组织分析识别健康、安全和环境风险因素，预测项目活动可能产生的危害后果，并采取有效防范和控制措施，以减少生命财产损失、伤害以及不良环境影响，实现项目健康、安全和环境管理目标相关的一系列管理活动。

国际工程项目由于其建设过程环节多、周期长、结构复杂、参与者众，面临的自然和社会环境更为复杂多变，项目业主和合同通常对健康、安全和环境要求更为严格，项目实施过程中如果出现健康、安全和环境方面的问题，其影响更为深远广泛，处理起来更为棘手，因此，在国际工程建设过程中加强HSE管理显得尤为重要。

承包商在项目建设过程中实施健康、安全和环境管理，具有如下十分重要的意义和作用：①满足项目所在国法律法规及项目合同对健康、安全和环境的要求；②为实现公司总部下达项目的各项经营管理目标提供保证；③减少事故发生，保证项目参与者健康安全，保护项目相关方的财产不受损失；④保护环境，满足可持续发展的要求；⑤提高原材料和能源利用率，保护自然资源，增加经济效益；⑥减少医疗、赔偿、财产损失费用，降低保险费用；⑦满足公众的期望，保持良好的公共和社会关系；⑧维护企业的名誉，增强市场竞争能力。

2　HSE管理体系

2.1　定义

在工程项目的实施过程中，由于安全、环境与健康的管理有着密不可分的联系，因此把健康、安全和环境形成一个整体的体系进行管理，是现代项目管理的必然。HSE管理体系是将组织实施健康、安全与环境管理的组织机构、职责、做法、程序、过程和资源等要素有机结合起来构成整体，这些要素通过先进、科学、系统的运行模式有机地融合在一起，相互关联、相互作用，形成动态管理体系。

2.2　基本要素

体系要素及相关部分分为三大块：①核心和条件部分；②循环链部分；③辅助方法和工具部分。

（1）核心和条件部分

1）领导和承诺

它是HSE管理体系的核心，承诺是HSE管理的基本要求和动力，自上而下的承诺和企业HSE文化的培育是体系成功实施的基础。

2）组织机构、资源和文件

良好的HSE表现所需的人员组织、资源和文件是体系实施和不断改进的支持条件。

（2）循环链部分

1）方针和目标

即对HSE管理的意向和原则的公开声明，体现了组织对HSE的共同意图、行动原则和追求。

2）规划

即具体的HSE行动计划，并包括了计划变更和应急反应计划。

3）评价和风险管理

即对HSE关键活动、过程和设施的风险的确定和评价以及风险控制措施的制定。

4）实施和监测

即对HSE责任和活动的实施和监测，以及必要时所采取的纠正措施。

5）评审和审核

即对体系、过程、程序的表现、效果及适应性的定期评价。

6）纠正与改进

不作为单独要素列出，而是贯穿于循环过程的各要素中。

循环链是戴明循环模式（详见前述相关内容）的体现，项目部的安全、健康和环境方针、目标通过这一过程来实现。除 HSE 方针和战略目标由公司总部高层领导制定外，其他内容通常由各项目部根据总部要求制定和运行。

（3）辅助方法和工具

即为有效实施管理体系而设计的一些分析、统计方法。

在上述这些要素中，领导和承诺是核心，方针和战略目标是方向，组织机构、资源和文件作为支持，规划、实施、检查、改进是循环链过程。

2.3 原则

实施 HSE 管理体系应坚持的指导原则是：

（1）第一责任人的原则；

（2）全员参与的原则；

（3）重在预防的原则；

（4）以人为本的原则。

2.4 特点

HSE 管理体系具有以下几个特点：

（1）全员参与是 HSE 管理的基础；

（2）过程管理采取 PDCA 循环；

（3）以风险管理为核心，坚持预防为主；

（4）以管理组织的系统化运行为保证。

3 HSE 管理的工作内容

3.1 建立现场 HSE 管理组织体系

国际工程项目 HSE 管理的组织架构是项目部组织机构的一部分，项目经理是项目部的最高领导人，同时也是 HSE 管理的首要责任人。除此之外，还需在项目组织机构中设置 HSE 总监和 HSE 管理职能部门，包括部门经理和 HSE 工程师。另外，还要视具体情况在现场设置专职医疗急救人员，在现场和各作业队、班组设置专（兼）职安环员。总承包商应要求所属各分包商在现场建立 HSE 管理组织机构，配备相应的人员。在建立组织架构的同时，还要明确在组织架构中各相关岗位的 HSE 管理职责。而且，由于 HSE 管理是全员参与的管理，因此，项目部应通过制度或合同的形式，明确规定项目各部门和作业单位、分包供应单位负责人的 HSE 管理责任，从而构成覆盖现场全范围的 HSE 管理组织体系。

建立 HSE 组织体系时，应遵照国际工程企业总部的相关规定、项目所在国有关法律法规、项目合同和业主咨询工程师的要求，并综合考虑项目的规模、性质、环境等各种因素。

3.2 建立和实施 HSE 管理体系

一般来说，国际工程 HSE 管理体系是由国际工程企业总部负责建立和运行，国际工程项目的HSE管理体系是企业HSE管理体系的组成部分，是企业HSE管理体系在各个在建国际工程项目的具体体现。因此，在项目现场建立和实施HSE管理体系要按照总部的体系文件要求进行，通常要经历以下几个程序步骤，如果有必要，项目部可以要求总部派专家进行现场督促指导。

（1）学习标准、培训人员

项目部在建立HSE管理体系之前，应结合公司总部颁布的HSE系列标准，组织对岗位工人的宣传教育和对项目领导、管理人员的专门培训。

（2）风险评价和管理现状调研

风险评价和管理现状调研是建立HSE管理体系的前提和基础。项目部在建立HSE管理体系之前，必须对项目存在的事故隐患、职业危害、环境影响进行风险评价，对影响企业安全生产、环境保护及健康卫生的HSE管理问题进行现状调研，以使项目制定的控制目标和管理方案更具有针对性。

（3）规划设计和准备

根据风险评价和现状调研的结论，项目部应组织有关职能部门对拟建立的HSE管理体系进行规划设计和准备，其主要工作程序及内容应包括：

1）项目经理依照HSE管理规范确定的承诺原则和内容，向项目部员工和业主咨询工程师作出书面承诺。

2）项目经理指定和任命HSE管理者代表并授予应有的管理权限。

3）项目主管部门提出HSE方针和目标草案，项目经理组织评审并批准发布。

4）成立项目HSE管理委员会，制定HSE管理委员会章程。

5）调整和强化HSE管理监督机构，合理设置工作岗位，充实技术管理人员。

6）建立健全项目HSE组织管理网络，按要求选拔配备HSE管理人员或安全工程师。

7）依照HSE管理规范，制定各级组织和人员的HSE职责。

8）制定、修订和完善HSE管理工作所必需的制度、规定。

9）根据HSE管理规范和HSE制度、规定的要求，制定出HSE关键管理工作的程序。

10）提出建立和保持HSE管理体系所需的资源配置计划。

11）制定建立HSE管理体系的实施计划进度表，明确各部门和单位的责任与分工。

（4）HSE实施程序文件的编制

HSE实施程序是HSE管理体系可执行文件的集合，根据公司总部HSE管理体系和HSE管理规范的要求，项目部在建立HSE管理体系前，应编制《项目HSE管理体系实施程序》、《职能部门HSE职责实施计划》、《施工现场HSE实施程序》3种HSE实施程序文件。

（5）HSE管理体系的实施

以上准备工作全部完成后，即可进入HSE管理体系的实施阶段，其主要工作内容应为：

1）批准和发布HSE实施程序。

2）部门、现场按实施程序的要求，组织开展日常的HSE管理活动。

3）部门、现场建立体系要素运行保证机制，开展检查监督和考核纠正工作，保证HSE管理体系按既定的目标和程序运行。

（6）审核、评审

HSE管理体系在运行过程中，由于受到外因、内因的影响，管理目标、管理程序、管理方法与管理效果之间有可能发生一定的偏差。因此，在HSE管理体系运行一定时期后，需要对HSE管理体系的符合性、有效性、适用性进行审核、评审，以及时调整现实与体系不相符合、体系与现实不相适应的部分，达到持续改进、不断提高的目的。

体系一旦建立起来，项目现场的HSE管理工作应遵守体系要求，并纳入管理体系中。实际上，以上的组织体系建立和下述有关HSE管理的工作内容都可以被视为实施HSE管理体系的一部分。

3.3 编制项目的HSE管理计划

项目部要根据企业总部的HSE管理方针和管理目标，针对项目的各方面特点，编制本项目的HSE管理计划，该计划还必须符合项目所在国的法律法规、合同文件以及业主和咨询工程师在工程HSE方面的要求等。

HSE管理计划应在项目经理的领导下，由项目部所属HSE职能部门或专业人员在项目启动阶段编写完成。该计划视具体情况，可以是整个项目管理计划的一部分内容，也可以是HSE专项管理计划。

HSE管理计划通常包括以下一些主要内容：①HSE管理的目标和方针；②组织机构及职责；③HSE管理程序文件；④HSE培训计划；⑤现场HSE违规现象及其处罚标准；⑥HSE应急救援预案；⑦HSE管理评价标准；⑧HSE管理中所用的各类表格、报告、文件格式。

需要说明的是，国际工程项目的HSE管理计划或计划中的程序文件，在发布实施前应报业主咨询工程师审批，故应采用项目合同要求的语言编写报送。另外，HSE管理计划是在项目没有建立和实施HSE管理体系前提下才需要编制的，如果已经建立了管理体系，则可不必再编管理计划，因为体系文件所要求的内容与之大体相同。

3.4 组织开展HSE管理培训

即根据HSE培训计划规定的时间和内容要求，由相应的管理组织或个人组织对项目不同部门、员工和分包商供应商进行与HSE相关的教育培训，主要包括员工和分包商入场安全、环保基本知识、规则制度和要求培训，专项安全操作规程和技能培训，专（兼）职安全人员的业务培训，工人岗前安全交底和安全教育，以及必要的职业资格证取证考试培训等。

3.5 健康管理

总承包项目部应确立“以人为本，健康至上”的理念，本着“安全第一，预防为主”的原则，恪守承诺，为员工提供必须和必要的劳动防护用品，保障员工在生产工作中的安全与健康，努力为全体员工营造一个健康、人性化的工作氛围及生活环境。

健康管理的主要内容包括：

（1）职业卫生管理

1）采取相应的措施，使工作场所职业危害因素降到最小。

2）所有防护设施、设备应定期维修，保持运转性能良好。

3）所有在危害场所作业的员工，佩戴相应的防护用品。

4）要定期对职业病防治工作进行监督、检查、评价、考核。

（2）员工健康监测

1）所有参与项目人员都必须是体检合格人员，并定期对员工，特别是有毒有害工作环境中的人员进行健康检查，并记录。特别是一些国家对入境人员办理的工作许可有健康体检要求的，应按其规定为项目员工进行入境体检，体检合格者才能在项目上留用。

2）对项目所在地的地方病、传染病进行调查，并向员工介绍预防知识，采取预防措施。

3）对群发性疾病要及时报告并采取措施密切监护控制病情，经诊断确认为传染病应立即报告，采取隔离措施限制感染者。

4）按照“HSE 能力评价管理与培训”的规定，制定项目参与人员职业健康教育与培训计划并组织实施。

（3）劳动防护用品管理

1）制定劳动防护用品的管理制度，提供的劳保用品应满足项目人员的使用。

2）所有的劳动防护用品必须符合国家及行业标准中的规定。

3）根据安全生产和防止职业病危害的需要，按照不同工种、不同劳动环境配备不同防护作用、不同防护能力的劳动防护用品。

4）须对劳动防护设备、设施、机具进行定期的检查和维护，不合格的禁止使用。

5）对员工工作中使用劳动防护用品情况要经常检查，制定必要的管理制度，对违规者按制度处理。

（4）营地建设与管理

1）营地规划时应充分考虑营地周围环境、自然条件、交通通信、项目部规模等具体情况，合理确定营地的位置、大小、布置和设施。为劳工提供的营地条件应不低于当地平均水平。

2）建立营地管理规定，并体现“以人为本”的方针，为员工提供安全、卫生的生活场所。

3）营地内应配备良好的生活设施以及防护设施，包括洁净的宿舍、厨房、餐具、餐厅、厕所，消防灭火设施、通道和标识等。

4）加强营地的日常运行维护管理，保证营地的卫生、有序、环保和安全。

（5）医疗措施与急救

1）应为员工提供良好的医疗保障措施和医疗急救设备。

2）设立医疗站或急救站，为之配置一定的装备、药品、有资质的医护人员，以方便员工就诊。配备医护人员的数量应满足合同和当地有关法律法规的要求。

3）应调查项目所在地周边的医疗卫生机构，了解其所在位置、医疗、救护设施、能力及其交通通信情况并登记建立档案。确定适合的、可提供良好医疗保障、医疗急救的医疗单位，与之取得联系，建立医疗保障、急救关系。

4）现场配备相应的急救设施包括车辆（特别是在偏远落后地区施工的项目），保证在出现意外时能够紧急救援。

3.6 安全管理

安全管理的目的是为了加强总承包项目的安全管理工作，最大限度地保障员工在生产作业过程中的人身安全、健康和企业财产不受损失。安全管理的主要内容包括：

（1）建立和落实安全生产责任制

项目部应以制度的形式，明确各个领导、各个部门、各类人员在项目中应负的安全责任。严格执行安全生产责任制，使所有参与项目人员负起责任。并且，项目部应建立健全安全专职机构，加强安全部门的领导，严格执行安全检查制度。

总承包商及各分包商要加强生产安全管理，贯彻“安全第一，预防为主”的方针，认真落实安全生产责任制。

所有项目参与人员应自觉遵守安全生产规章制度，清楚和熟悉自己岗位的职责和安全程序，不违章指挥，不违章作业，遵守工作纪律和职业道德，主动做好事故预防工作。

（2）安全生产管理

1）对所有员工定期进行安全培训。

2）各有关部门必须制定并严格执行安全检查制度。

3）严格执行各种作业许可制度，包括动火许可、安全用电、设备车辆的检查校验、易燃易爆和危险材料使用、特种作业和安全管理持证上岗等制度。

4）建设和维护现场安全围栏、标识和门禁设施。

5）实施进场安全检查和出入场登记制度，杜绝不符合安全要求的设备、材料和人员入场。

6）项目的劳动安全卫生设施必须与主体工程同时设计、同时施工、同时投入使用，即“三同时”。

7）对危险性较大的作业，在作业前应编制和审批安全预案和安全应急计划。

8）在作业过程中，应随情况变化及时对安全应急计划进行修改和补充。

9）对关键生产设备、安全防护设施和装备应进行严格管理。

10）对危害应进行识别，并对事故隐患进行管理。

11）对劳动保护用品管理，保证其合格和适用。

12）对重点要害部位进行安全管理。

13）消防安全工作和交通安全工作应纳入整个安全生产的工作部署。

14）加强现场安全保卫，防止工程物资损坏或丢失。

（3）安全生产奖惩

1）项目部应设立项目安全生产奖励资金，在年度预算中应核定落实，做到专款专用。

2）运用行政、经济等措施对违反安全生产法规、制度的行为实行重罚；对认真履行安全生产责任，及时发现重大事故隐患，避免重、特大事故的员工要实行重奖。

3）对各类事故要按照“四不放过”原则（事故原因没有查清不放过；事故责任者没有严肃处理不放过；广大员工没有受到教育不放过；防范措施没有落实不放过）严肃处理，追究有关责任人的行政、经济乃至法律责任。

3.7 环境保护管理

在总承包项目执行过程中，应采取措施合理利用自然，防止对自然资源、生态资源等造成破坏或污染，保护项目当地社会的生存环境，并促进项目可持续发展，创一流 HSE

业绩。环境保护管理的主要内容是：

（1）所购物资、设备必须符合合同或行业有关的环保标准要求。对易污染环境的物资，供应商应提供有关运输、储存、使用和处置的详细说明；设备供应商应提供设备使用中控制污染的技术要求，并为设备的使用和维护保养提供技术服务支持。

（2）施工过程中会产生施工垃圾、污水、噪声等环境污染、消耗自然资源或破坏生态环境的行为，所以施工阶段环境保护工作的主要内容应该涉及以下方面：

1）废弃物、垃圾的妥善处理；

2）危险物溢出的预防与控制；

3）加强对粉尘、烟尘、污水、放射性物质和噪音的管理；

4）节约使用土地、水、砂石料等自然资源；

5）减少地面开挖破坏；

6）降低对野生动植物的干扰破坏；

7）重视对人工林、天然林和自然保护区的管理；

8）水源、湿地、河流保护的管理；

9）控制对河道、路面的不利影响；

10）水土保持的控制；

11）文物古迹的管理；

12）项目竣工前恢复地貌；

13）配合环境监测部门对试运行过程的监测。

3.8　HSE 信息管理

主要是与 HSE 管理相关的各类文件信息的管理，包括起草、填报、获取、审批、分析、更新、处理、分发、接收、登记、保管与移交等。

3.9　HSE 管理的评价和持续改进

HSE 管理不仅仅是一个项目的内部管理问题，而是要涉及项目各个相关方。因此，作为国际工程项目总承包项目部 HSE 工作的组织管理者，对其 HSE 相关管理的活动过程和结果的评价可能来自不同方面，包括管理者自身的评价、被管理者（如基层员工和分包供应商等）的评价、业主咨询工程师的评价、企业总部或当地政府、民众社会和媒体的评价等。评价可以主动获取，也可能不得不被动接受；可能是积极善意的，也可能是消极负面的。因此，评价的内涵相对于其他管理工作中评价的含义要丰富复杂得多。

项目 HSE 组织管理者应客观对待来自不同方的评价，冷静分析，针对管理工作中的不足，提出改进措施，不断完善 HSE 管理工作，在保障员工健康和环境安全，并尽量降低 HSE 风险发生的概率或损失程度的同时，树立承包商的良好社会形象。

3.10　其他与 HSE 管理相关的工作

如参加与咨询工程师的进度例会，组织应急预案演练，编制 HSE 专用设施材料需用计划，对特殊环境下的 HSE 管理，参与 HSE 事故救援、调查和善后处理，参与负责 HSE 资源投入的价值管理，参与 HSE 涉事纠纷或人员伤亡事件的处理等。

4　国际工程的非传统安全管理

4.1　一般概念

非传统安全是非军事、政治和外交等新安全领域中的全球安全、国家安全和人的安全通过互信、互利、平等、协作而形成的不受任何形式的危险、威胁、侵害和误导的外在状态和形式及内在主体感受，与传统安全相对应，也用以指与传统安全观相对应的新安全观。

非传统安全威胁，又称“新的安全威胁”，(new-security threats，简称 NST) 指的是人类社会过去没有遇到或很少见过的安全威胁，是相对传统安全威胁因素而言的。具体说，是指近些年逐渐突出的、除军事、政治和外交冲突以外的其他对主权国家及人类整体生存与发展构成威胁的因素。非传统安全问题主要包括：经济安全、金融安全、生态环境安全、信息安全、资源安全、恐怖主义、武器扩散、疾病蔓延、跨国犯罪、走私贩毒、非法移民、海盗、洗钱、严重自然灾害、核安全等。

非传统安全问题有以下主要特点：一是跨国性。非传统安全问题从产生到解决都具有明显的跨国性特征，不仅是某个国家存在的个别问题，而且是关系到其他国家或整个人类利益的问题；不仅是对某个国家构成安全威胁，而且可能对别国的国家安全不同程度地造成危害。二是不确定性。非传统安全威胁不一定来自某个主权国家，往往来自非国家行为体如个人、组织或集团等。三是转化性。非传统安全与传统安全之间没有绝对的界限，如果非传统安全问题矛盾激化，有可能转化为依靠传统安全的军事手段来解决，甚至演化为武装冲突或局部战争。四是突发性。不少非传统安全威胁缺少明显的征兆，经常会以突如其来的形式迅速爆发出来，而人类对某些问题的认识水平还有局限性。一些非传统安全威胁并非源于某个确定的行为主体，其威胁的形成过程也带有很大的随机性，使防范的难度明显增大。五是动态性。非传统安全因素是不断变化的，例如，随着医疗技术的发展，某些流行性疾病可能不再被视为国家发展的威胁；而随着恐怖主义的不断升级，反恐成为维护国家安全的重要组成部分。六是主权性。国家是非传统安全的主体，主权国家在解决非传统安全问题上拥有自主决定权。七是协作性。应对非传统安全问题要加强国际合作，旨在将威胁减少到最低限度。

非传统安全威胁之所以由原先潜在、局部的问题，演变成全球性的现实威胁，有其复杂深刻的历史背景和成因，主要有以下四个方面：一是国际政治秩序长期的不公正，引发更多矛盾和危机。二是世界经济发展长期的不平衡，造成更多不安全因素。三是人类发展与自然环境长期失谐，导致更多环境安全问题。四是国家间联系的迅速发展与国际危机防范机制建设不相匹配，使各种非传统安全威胁难以得到及时遏制。

以上所说的非传统安全是从全球层面的宏观角度来论及的，与国际工程项目所涉及的安全问题似乎并无太大关系。但实际上，国际工程项目处在复杂陌生的国际环境中，有时就可能会面临非传统安全威胁问题，特别是其中的恐怖袭击、疾病蔓延、信息安全、环境安全、非法移民、走私贩毒、洗钱、严重自然灾害等问题，更有可能与国际工程项目发生直接的关系，非传统安全威胁给国际工程项目造成严重人员伤亡和财产损失的情况时有发生。因此，在国际工程项目管理中必须纳入非传统安全管理的内容。

4.2 非传统安全管理的措施

在国际工程项目中，加强非传统安全管理的主要措施是：

(1) 树立全员非传统安全意识，要让全体员工明白，由于国际工程的特殊性，随时有可能受到非传统安全威胁，必须增强全员防范意识；

(2) 防止项目人员参与任何形式危及非传统安全的组织或活动；

（3）自觉遵守项目所在国的法律法规，保护自然生态环境，善待当地员工，与当地社会建立和谐友好的关系；

（4）对当地非传统安全危险源进行分析辨识，并采取针对性的防范措施；

（5）制定非传统安全应急预案，并适当组织应急演练；

（6）在非传统安全形势高危国家或地区实施国际工程项目时，应与中国驻当地使领馆、当地武装安全部门建立和保持畅通的联系渠道。

5　业主咨询工程师的健康、安全和环境管理

（1）审查批准承包商提交的 HSE 管理计划或程序文件，并监督其遵照执行；

（2）对承包商施工现场的 HSE 管理工作进行监督检查；

（3）审阅承包商提交的 HSE 月报；

（4）定期（如周例会）与承包商就 HSE 管理状况进行沟通交流，提出改进意见；

（5）应对处理现场可能发生的各类 HSE 意外事件。

第 8 节　竣工验收与保修服务管理

项目竣工验收及保修服务，一般在合同中都有明确规定的要求。因此承包商根据合同要求，组织对工程进行竣工验收，顺利移交业主，并在项目进入缺陷责任期后提供必要的服务，也是其项目管理所应努力达到的目标，属于目标管理的范围。

该目标不同于其他单一的目标，它是对项目合同所设定的各个目标完成情况的综合检验，因此是一个复合目标。首先，竣工验收和缺陷责任期，是项目相关联的两个重要进度里程碑，按期实现这两个目标是合同对项目进度目标的要求。其次，无论在竣工验收阶段，还是在缺陷责任期内，通过对工程的检查验收和试运行，来检验其质量和功能是否符合合同要求，体现合同的质量目标要求。项目顺利通过竣工验收，标志着承包商完成了施工期内的合同履约目标，通过办理竣工决算实现了项目的合同成本目标。而且，在缺陷责任期间，承包商要为项目试运行提供必要的支持和服务，属于售后服务的范围，则是合同中对服务目标的重要要求。

当项目进入其生命周期的后期，工程施工绝大部分工作已经完成，承包商开始陆续从项目现场撤离人员和各种设备设施。承包商与业主咨询工程师及相关方，开始按照合同要求对项目进行验收移交。完成移交手续后，项目进入缺陷责任期。在此阶段，承包商的现场组织机构、人员和设施配备不再完整，可进行综合性的项目管理。随着承包商退出施工管理高峰，业主咨询工程师开始逐步接管工程，参与到项目运行维护中来。此阶段双方需完成以下工作：

1　调试移交计划

由于一个工程通常是由多个系统组成的，在移交运行前，对各系统需要进行独立和联合测试、试运行。为做好此工作，承包商需提前编制工程调试移交计划，并报业主咨询工程师审批。对于系统组成多、技术复杂的工程调试，承包商可能需要聘请专业的人员或团

队负责。这些人员或团队应尽早介入此项工作，最好从参与编制调试移交计划开始。

2 验收移交准备工作

在正式的验收移交前，承包商应完成以下准备工作：①竣工图纸和其他竣工资料的编制；②施工期形成的质量检查验收资料的收集整理；③对发现的工程质量缺陷进行修复整改；④完成各单项工程的调试和试运行；⑤政府相关部门或单位对各单项已经验收通过，如消防、供电、供气等单项工程；⑥验收过程中需要的人员、工具和设施等已经准备就绪，场地清理完毕。其中，政府相关部门的验收可能要求严格，出现多次反复，耗用时间长，是承包商和业主咨询工程师都无法掌控的，双方都应有足够的思想准备。

3 工程验收移交

工程验收由承包商、业主咨询工程师共同进行，是否需要政府相关部门参与，要按项目所在国相关法律法规的规定及合同要求确定。验收程序通常是先查看竣工图纸资料、质量验收资料，然后在现场对工程实物进行检查和运行试验。验收通过后，各参验方在验收报告上签字，业主咨询工程师向承包商签发验收移交证书，标志着承包商将工程正式移交给业主。同时，承包商应将竣工资料、运行操作手册等文件资料，以及备品备件、附属设施等实物，一并移交业主签收。

4 工程验收移交后的现场工作

办理工程移交后，业主咨询工程师要监督承包商完成以下工程施工：①验收移交前遗留的或验收过程中发现的质量缺陷整改。②继续完成可能在验收前未完成的局部永久工程，这些局部工程一般不会对整个工程的移交运行影响太大。③解决缺陷责任期内工程运行时出现的缺陷或故障，其中由于业主人员的操作不当等原因造成的问题，承包商可以进行处理，但不承担由此造成的费用或损失。④从现场撤离人员、材料、设备设施等，清理现场，恢复场地和环境原貌。在缺陷责任期内，承包商可以在现场或项目所在国境内适当地方安排少量资源，承担项目随时可能需要的质量保修服务。

5 工程验收移交后的其他工作

工程验收移交后，承包商可向业主咨询工程师申请办理进度款决算及一半质保金的支付，也可与业主咨询工程师协商用质保金保函置换另一半质保金。如果此时业主尚未退还预付款保函的，承包商可以要求及时退还预付款保函原件，并将其退给银行。承包商还应办理人员、材料、设备的出关离境，以及在当地的税务审计和清缴税等工作。同时，承包商还应与各分包商办理最终结算，并相应地退还其预付款保函和部分质保金。

6 缺陷责任期内的项目运行

缺陷责任期内的项目运行由业主负责。为此，业主应提前建立项目运营组织，招募运营人员，建立健全项目运营管理体系，进行项目的运营管理，如有必要还需安排运行人员参加由承包商组织的业务培训。运行过程中，承包商要监督业主人员严格执行相关技术要求和程序，并为其提供专业咨询服务，为避免出现不必要的问题或故障，承包商甚至可以直接参与运行管理。

7　缺陷责任期结束后的工作

合同规定的缺陷责任期结束后，正常情况下，业主应向承包商颁发竣工证书，扣除所有应扣款项后支付剩余质保金，并将履约保函原件退还承包商。承包商也应将分包商的履约保函原件及分包项剩余质保金及时退还。承包商若在当地无后续项目或准备退出该国市场时，还应视具体情况办理撤销银行账户、注销当地公司等事宜。

第 11 章　国际工程项目的管理资源

第 1 节　项目资源管理的概念

1　资源的概念

1.1　定义与作用

项目资源是指对于项目来说，一切具有使用价值，可以为项目接受和利用，且属于项目过程中所需求的客观存在。资源需要同时满足下列条件才能成为项目资源：①可以被提供给项目用以输入；②使用过程会造成一定的耗费；③可以满足项目的结构性需求；④可以由项目的载体接收使用；⑤缺少会给项目造成不利影响；⑥使用会给项目带来产品增值。

我们在前面有关章节说过，工程项目就是将资源进行有机组合转化为工程产品和服务的过程。因此，资源对项目正常实施具有重要作用，它是项目环境的重要组成部分，为项目的启动和实施提供基础和保证，满足项目对资源的需求和损耗，并补充项目缺陷，一些资源还是构成项目的物质载体。而且，资源对于项目具有不可替代、不可缺少的价值，这种价值通过以下几个方面体现出来：①知识产权；②基本资产；③资金投入；④组织耗费；⑤过程能耗；⑥技术资产；⑦生存环境；⑧产品增值。因此，从价值的角度说，项目不仅仅是资源向产品的转化过程，同时也是项目资源的价值转化和增值，形成项目价值的过程。

1.2　资源的分类

项目资源的分类有很多种，一般有如下几种分法：

（1）资源从来源来划分，可分为：①启动资源；②配套资源；③过程资源；④项目外资源。

（2）从其重要性划分：①核心资源；②重要资源；③普通资源；④轻微资源。

（3）从形态划分：①有形物质；②无形环境；③无形成果；④资金资本；⑤技术信息；⑥人员组织。

（4）从提供方划分：①业主资源；②载体资源；③关联资源；④自产资源。

（5）从获取方式划分：①主动资源；②有条件资源；③被动资源；④争抢资源。

（6）从经济价值划分：①无价资源；②珍贵资源；③有价资源；④廉价资源；⑤无用资源。

（7）从经济代价划分：①垄断资源；②稀缺资源；③等价资源；④微成本资源。

（8）从需求的程度划分：①必需型资源；②急需型资源；③一般型资源；④储备型资源。

2 资源管理

2.1 定义

项目资源管理是指为了降低项目成本，而对项目所需的人力、设备材料、技术、资金、分包等资源所进行的计划、组织、指挥、协调和控制等活动。项目资源管理的全过程包括项目资源的计划、配置、控制和处置。其中，分包商管理已经分别在本书前面相关章节详细讨论过，本章不再专门论及。

2.2 内容

项目资源的种类不同，对其管理的具体内容不尽相同，一般都包括：

2.2.1 编制项目资源管理计划

项目施工过程中，往往涉及多种资源，如人力资源、原材料、机械设备、施工工艺及资金等，因此，在施工前必须编制项目资源管理计划。施工前，工程总承包商的项目经理部必须做出指导工程施工全局的项目管理策划，其中，编制项目资源计划便是其中一项重要内容，包括所需资源的种类、数量、进场时间、进场要求和进场安排等。项目实施过程中，还需分别编制详细的资源计划，作为总计划的细化、补充和完善。

2.2.2 保证资源的供应

在项目施工过程中，为保证资源的供应，应当按照编制的各种资源计划，安排专业部门或人员负责组织资源的来源，进行优化选择，并把它投入到施工项目管理中，使计划得以实施、施工项目的需要得以保证。

2.2.3 节约使用资源，发挥资源效能

在项目施工过程中，资源管理的最根本的意义就在于在保障供应的前提下，节约活劳动及物化劳动，因此，节约使用资源应该是资源管理诸环节中最为重要的一环。而要节约使用资源，就要根据每种资源的特性，设计出科学的措施，进行动态配置和组合，协调投入，合理使用，不断地纠正偏差，以尽可能少的资源数量投入或时间占用，满足项目的使用要求，达到节约的目的。

2.2.4 对资源使用情况进行核算

资源管理的另一个重要环节，就是对施工项目投入的资源的使用和产出情况进行核算。只有完成了这个程序，资源管理者才能做到心中有数，才知道哪些资源的投入、使用是恰当的，哪些资源还需要进行重新调整。

2.2.5 对资源使用效果进行分析

对资源使用效果进行分析，一方面是对管理效果的总结，找出经验和问题，评价管理活动；另一方面又为管理者提供储备与反馈信息，以指导以后的管理工作。

2.3 目的

如上所述，项目资源管理的目的是，在满足项目施工需求的前提下，尽量节约活劳动和物化劳动，具体地可以从以下几个方面来表达。

（1）对项目投入的资源进行优化配置，即适时、适量、按比例配置资源并投入到施工生产中以满足需要。

（2）进行资源的优化组合，即投入项目的各种资源在施工项目中搭配适当、协调，能够充分发挥作用，更有效地形成生产力。

(3) 在整个项目运行过程中，对资源进行动态管理。由于项目的实施过程是一个不断变化的过程，对资源的需求也会不断发生变化，因此资源的配置与组合也需要不断地调整去适应工程的需要，这就是一种动态的管理。它是优化组合与配置的手段与保证，其基本内容应该是按照项目的内在规律，有效地计划、组织、协调和控制各种生产资源，使它能合理地流动，在动态中求得平衡。

(4) 在施工项目运行中，合理地、节约地使用资源。

2.4 特点

项目资源管理工作是极其复杂的，这是由其以下特点所决定的：

(1) 资源的种类多，供应量大。例如材料的品种、机械设备的种类极多，通常一个工程建筑材料的种类多达几千种，总质量重达以万吨计；而劳动力则涉及对各个工种和不同技能级别的需要。

(2) 资源的不均衡性。由于工程项目生产过程的不均衡性，使得资源的需求和供应不均衡，资源的品种和使用量在实施过程中可能出现大幅度的起伏。

(3) 资源供应过程的复杂性。按照工程量和工期计划确定的仅是资源的使用计划，而资源的供应是一个非常复杂的过程。例如要保证劳动力使用，则必须安排招聘、培训、调遣以及相应的现场生活的设施。要保证材料的使用，必须安排好材料的采购、运输、验收、储存、领用等。在上述每个环节上都不能出现问题，这样才能保证工程的顺利实施。所以要有合理的供应方案、采购方案、运输方案及相关的管理制度和程序，并对全过程进行监督和控制。

(4) 资源与设计、施工计划（实施方案和工期计划）交互作用。资源计划是总计划的一部分，它受整个设计方案和实施方案的影响很大。设计和施工计划的任何偏差、错误、变更都可能导致材料积压、无效采购、多进、早进、错进、缺乏，都会影响工期、质量和工程经济效益，可能会产生争执（索赔）。例如，在实施过程中增加工程范围、修改设计、停工、加速施工等都可能导致资源计划的修改，资源供应和运输方式的变化，资源使用的浪费。所以，资源计划不是被动的受制于设计和施工计划，而是应积极地对它们进行制约，作为它们的前提条件。

(5) 资源的成本占比高。由于资源对成本的影响很大，要求在资源供应和使用中加强成本控制，进行资源优化。例如：选择使用资源少的实施方案；均衡地使用资源；优化资源供应渠道，以降低采购费用；充分利用现有的企业资源，包括现有的人力、物力、设备；充分利用现场可用的资源，如建筑材料、已有建筑以及已建好但未交付的永久性工程等。

(6) 外界影响因素多。资源的供应受外界影响大，作为外界对项目的制约条件，常常不是由项目本身所能解决的。例如：供应商不能及时地交货；在项目实施过程中市场价格、供应条件变化大；运输途中由于政治、自然、社会的原因造成拖延；冬季和雨季对供应的影响；用电高峰期造成施工现场停电等。这些是资源供应的外部风险。

(7) 资源的局限性。有时资源的限制，不仅存在上限定义，而且可能存在下限定义，或要求充分利用现有定量资源。例如，在某一国际工程中，按项目高峰劳动需求计划派出100人，由于没有其他工程相调配，这100人必须在一个工程中安排，不能增加，也不能减少，在固定约束条件下，使工程尽早结束。这时，项目部可能不得不将一些活动分开，或某些活动提前（修改逻辑关系），或压缩工期增加其他资源投入以有效利用多余的人力资源。这给项目的实施方案和工期计划安排带来极大的困难。在有的情况下，资源的限制不是固定的，而是不断变化的。

第 2 节　人力资源管理

1　定义与结构

项目的人力资源管理，就是对项目的人力资源开展的有效规划、积极开发、合理配置、准确评估、适当激励等方面的管理工作。

承包商施工现场的人力资源结构由项目经理、项目领导层、项目管理层和作业层组成，呈金字塔形结构，并由外围社会人力资源所包围，如图 11-1 所示。

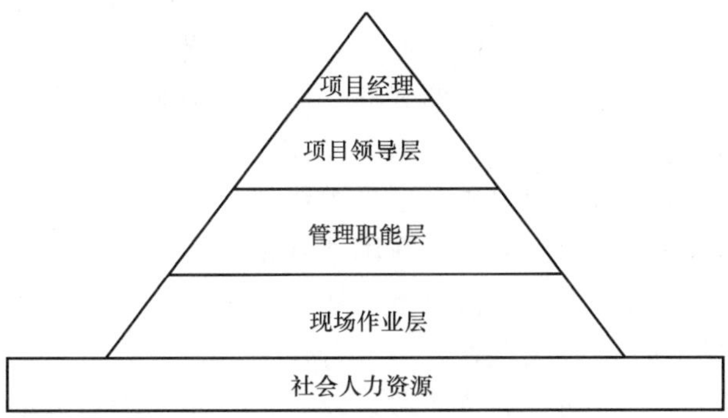

图 11-1　项目人力资源结构示意

其中，上部结构为项目经理、项目领导班子其他成员和项目管理人员，组成项目的管理团队。管理团队的组织机构及团队建设已在本书项目组织相关内容中讨论，以下重点讨论项目人力资源的基础结构，即作业层人力资源（即劳务）的管理问题，其中一些问题同时也是项目管理层人力资源的管理所要面对的。

项目人力资源管理的组织体系构成为：在项目班子成员中设置一人（如负责行政后勤或人资的项目副经理）作为项目人资管理的领导层，下设专门的人资管理部门（或人员）如行政后勤部或人资部作为管理层，并根据需要在部门内安排适当的管理岗位和人员，如行政人资经理、公关主管、人事主管、后勤服务主管等。作业层内各施工队、班组或分包商负责人或其人力资源管理人员，与行政人事部门进行业务对接。

2　管理的内容

人力资源日常管理工作主要包括以下几个方面：

2.1　人力资源管理计划

人力资源管理计划主要包括：①总体人力资源需求计划；②与之配套的办公和生活服务设施计划；③人力资源培训计划等。其中，项目的总体人力资源需求计划及主要配套设施计划是项目管理策划的内容之一，应在项目初期由策划组中的计划、施工、技术、行政等专业人员共同商讨确定并编制完成。实施过程中根据情况的变化再作必要的调整，比如出现变更、索赔、工期延期、赶工以及总进度计划更新等情况，原人力计划可能都需要作适当修改。另外，在项目实施中，如另有某种特殊的人力资源需求，由用人部门或单位事先提出，人资管理部门联系招用。培训计划包括入场培训、职业技能培训、职业取证考试和安全生产培训等专项计划，可由人资部门牵头，联合计划、生产、安环等业务管理部门，在项目实施过程中提前完成。而项目实施过程中人员生活、办公耗材计划，由各部门或单位定期提交行政人事部门汇总，经修改补充后报项目领导审批。

2.2 建立人事管理制度

人事管理制度是项目管理制度的一部分，在初期进行项目管理策划时编制完成。项目实施过程中，如有必要需进行评估和相应的修改完善。人资管理部门应将项目部的一些相关管理制度告知劳务人员，劳务人员作为项目部一份子，必须遵守项目部的相关管理制度规定。

2.3 人力资源招募进场

人力资源从来源国分，有来自承包商国家（中国）、项目所在国或其他第三国的；从来源单位分，有承包商公司自有、专业劳务分包公司、劳务服务代理及社会闲散劳务等。从使用时间长短来看，有长期劳务和短期劳务之分。招募时选择来自何方的劳务，要根据项目部所做的技术经济分析、项目的生产组织模式及人力需求计划确定，通常是多种来源渠道的组合，尤其是当下中国劳动力成本已失去优势，更应考虑其他国家的劳动力来源。

针对不同的劳务对象和不同的项目所在国，在招募进场过程中，人力资源管理部门应完成的工作或义务不尽相同，主要包括以下工作：①向项目所在国政府有关部门申请项目劳动用工配额；②与劳务公司或代理签订劳务合作协议，并为之组织劳务进场提供必要的协助和便利；③组织对拟招劳动者的技能考核或面试；④组织对劳动者的身体检查和流行病、传染病预防；⑤办理劳务人员的护照、签证、劳动许可、临时居住、出国旅行等手续；⑥与劳动者签订劳动合同；⑦办理劳动者工资关系、社保关系转移；⑧集中组织进场培训；⑨移交项目部内部各劳务用工部门或单位。

2.4 人力资源物质保障

劳务人员一旦进场开始工作和生活，必然要发生一定的物质耗费，因此要为其提供必要的物质保障，这种物质保障应不低于当地同等劳动者应享有的平均水平，包括居住、饮食、交通、劳保、清洁、安全等方面设施用品的持续提供和维护。

2.5 人力资源服务

项目部除为劳务人员提供上述物质保障外，还需按相关法律规定或劳动合同约定提供一些服务，如在施工现场及所在国的医疗卫生服务，出国人员意外伤害保险，安排员工带薪回国探亲休假，当地法定节假日员工休息，为中国籍职工在国内缴纳三险一金，有的国家还要求外籍员工参加在当地的医疗和社会保险，中国传统节假日安排休息和改善伙食等。另外，也可根据项目具体情况，适当组织安排业余文化娱乐活动。

2.6 护照签证管理

一般项目上对劳务人员的护照签证采取集中管理，这不仅仅是集中妥善保管，以防证件丢失，而且由于劳务人员在国外工作期限较长，期间护照和签证有效期可能会到期，因此需要密切关注，提前办理延期。另外，一些国家对劳动许可管理非常严格，一个项目或公司申请的劳务，只能为该项目或公司工作，否则属违法行为，不仅劳动者个人会受到处罚，也会追究原项目或公司的法律责任。因此，实行护照签证的集中管理，可以防止个别劳务人员擅自出走，违法打工，给本项目或公司带来不必要的麻烦和声誉损失，也是对劳动者个人及家庭负责。

2.7 劳动考核和支付

人力资源管理部门应会同劳务用工部门或单位及项目其他相关管理部门，对劳动者的劳动成果进行考核，包括对其劳动完成工作数量、质量、时间的记录、评定和考核，按项目部相关制度、定额或合同约定计算劳动报酬，按时支付给劳务人员个人、劳务公司或代理。

2.8 人力资源培训

员工培训由人力资源管理部门负责组织，其他相关业务部门给予协助，或者联系参加社会专业机构组织的培训。员工进场培训教育的内容，包括项目的大体情况介绍、员工的个人工作职责、相关的办事程序、工作劳动和生活纪律、安全基本常识、安全和消防应急演练、项目所在国生活交往应注意的事项等。一些劳务人员到项目之前，文化水平和劳动技能偏低，通过劳动技能培训，可以使之熟练掌握相关的劳动技能及注意事项，如机械的操作、工具的使用、工作质量的标准等，从而提高其劳动技能、工作的安全性和效率。需持证上岗的特殊工种，如有必要，应安排进行取证考试培训，如驾驶证、起重工证、电焊工证、安全员证等，直到取得合格证后才能安排相应的工作。安全培训则是针对各项具体工作中所需了解的安全知识、安全意识、安全防护等方面对一线生产人员的培训。

2.9 劳动争议解决

劳动争议既可能发生在劳动者与项目部之间，也可能发生在劳动者中间。人力资源管理部门应及时出面予以调停解决，对待员工的诉求要秉持公正客观的原则，给予积极响应和合理疏导，以免发生重大矛盾冲突，造成不良的社会、政治或外交影响。

2.10 人力资源评价与遣散

项目实施期间要定期对劳动者进行评价，包括工作态度、工作能力和工作结果等方面的评价，对表现优秀者应给予物质和精神奖励，对不符合项目工作要求的应及时给予清退，若因其工作失误给项目带来损失的，应按相关制度规定给予处罚。

劳动者结束本项目工作退场时，项目部应对其工作表现给予书面评价，送达其原工作单位。一些员工为未来另谋工作之需要，要求项目部出具就业证明、推荐信或同意离职函等，项目部可本着善意客观的原则，为其提供必要的帮助和便利。

第 3 节 设备材料管理

1 定义与分类

项目的设备材料在项目实施中具有十分重要的作用。一般项目的设备材料成本占比在 50%以上，是项目成本中最大最主要的组成部分，其成本的大小直接明显地影响到整个项目的成本和最终经营结果。同时，设备材料又是项目实施重要的物质保障，设备材料能否按计划进场，其品种、规格、数量、质量、性能等是否符合要求，施工机械设备是否配套及能否正常使用等，都直接关系到项目的进度目标和质量目标能否顺利实现，进而再次影响到项目的成本目标。加强设备材料管理是项目降低成本的关键环节，是保证工程进度、质量的重要手段，也是我国工程企业在激烈的国际市场竞争中盈利的重要保证。因此，在项目实施过程中必须加强设备材料管理。

所谓项目设备材料管理，就是对项目施工生产过程中所需各种设备材料的计划、获得、运输、储备、使用、维护等活动所进行的一系列组织与管理工作。

项目设备材料根据用途不同，可分为永久工程设备材料和施工用设备材料。根据设备材料提供者的不同，可分为业主（含其制造商、供应商）提供的设备材料和承包商（含其分包商、制造供应商）提供的设备材料。根据来源地不同，可分为当地设备材料和国际设备材料。根据获取的方式不同，又可分为自产、长期供货合同、采购、租赁及其他方式获取的设备材料。

永久工程设备材料是指直接用于永久工程中构成其组成部分的设备材料，分别称之为永久工程设备和永久工程材料。其中，永久工程材料通常是指用于工程的各类建筑材料，如用于工程填筑的沙石料、用于护坡的块石，用于建筑物的钢筋、混凝土、砌体、装饰装修材料等。永久工程设备通常是指安装在工程上的工程运行使用所需的设备仪器等，如水电工程中的发电设备、闸门启闭设备，建筑物中的电梯、空调设备，工厂厂房内的产品加工生产线等。

施工用设备材料，主要是承包商为工程施工而投入的各类机具、材料和设施，包括：①施工机械，如土石方开挖运输机械、混凝土生产运输设备、起重机械、发电设备、加工修理机械等；②施工用材，如模板脚手架等周转材料，各类手工工具，劳保防护用品，以及诸如油料、铁丝、钉子、电焊条等消耗性材料；③其他辅助仪器设备和材料，如试验仪器、办公设备、临建材料等。

国际工程项目的设备材料管理相较于国内工程项目更为复杂困难。由于目前我国国际工程企业承揽的国际工程大多位于经济发展相对落后的国家或地区，当地物资匮乏，制造能力薄弱，通常项目所在国的设备材料市场供应较差，设备材料经常要通过广泛的国际采购才能获得，因此采购周期长、跨距远、环节多，增加了采购的经济、时间成本和管理难度。而且，正是由于当地市场供应差，项目很可能因为一件很小的设备材料一时难以从当地市场获得，而使整个工程进度受到影响。这就对项目的设备材料计划和储备管理提出了更高的要求。另外，设备材料通常采用国际标准规范，采购和验收程序严格，使用多种外语，实行国际结算和担保，货物运输条件差等，这些因素都从不同侧面增加了国际工程项目设备材料管理的难度。

2 管理内容

设备材料管理的主要工作内容：

2.1 编制项目设备材料管理计划

编制项目总体设备材料管理计划应该是项目管理策划工作中的重要组成部分，需在项目初期完成，该计划编制的好坏直接影响后续设备材料采购的质量和进度，其主要内容包括：①项目设备材料总需求计划；②设备材料管理组织机构及岗位职责；③项目设备材料管理制度和程序文件；④附件，包括管理过程中所需要的各类表格、标准、格式文件（如采购招标文件范本）等。该计划可以是提前单独编制成册，在项目管理策划时纳入其中，也可以直接在进行管理策划时，将设备材料管理计划与项目管理策划书的相关内容融为一体，比如将设备材料需求计划列入资源需求计划中，将设备材料管理组织机构并入项目组织机构中，设备材料管理制度汇入项目管理制度中。

设备材料总需求计划应综合考虑项目的合同要求、施工总进度计划、市场供应情况等因素，经技术经济分析后编制而成，是在项目初期对项目所需主要大宗设备材料的计划安排。在具体实施时，要根据实际工程进度的要求和其他现实情况及时作出调整，并需不时补充编制零星的设备材料计划。设备材料计划一般由计划或生产部门编制，经批准后交设备材料管理部门，由其对照现场储存情况及项目资金情况，编制相应的采购计划实施采购。特别是大宗设备材料的采购，由于占用资金大，仓储占地面积大，其采购、支付和交货一定要结合工程进度的实际需要进行。而一些常用的小型工器具、消耗性材料，为保证项目的正常物资供应，设备材料管理部门可自行编制一些采购计划实施采购，以确保相应的库存量。

2.2　设备材料的获取

一个项目的设备材料获取，通常有如下不同的方式：①自产；②调拨；③采购；④租赁；⑤其他。无论采取何种方式获取设备材料，凡是用于永久工程的设备材料，都需经过业主咨询工程师的审查批准，包括材料产地、生产商供应商的资格、生产过程中和出厂前的检查、进场检查及使用前检查，以及不同国家和地区可能要求的第三方检测等。

2.2.1　自产

所谓自产就是通过自己组织开采、加工、生产来获取设备材料，比如一些工程建筑材料，一般用量都很大，可以充分利用当地自然资源，包括土壤、沙石、岩石、木材、水等，都可以经开采加工生产后，用于土木工程建设施工。这类建筑材料的自产程序一般要经过以下几个步骤：环境资源分析→自产决策→料场踏勘→质量检验→相关审批→开工准备→开采和加工生产。

通过环境资源分析，明确项目实施过程中需要用到哪些自然资源，在项目环境中哪些资源是可以利用的，用量和储量是否匹配。然后，对采取自产方式或其他方式获取这些资源进行技术经济可行性分析论证，当论证结论认为采取自产方式更为经济可行时，就决定采取自产方式。随后组织相关技术管理人员进行现场踏勘，可能有多个备选料场需要踏勘，主要考察原材料的位置、品质、储量，运距和开采运输条件等。上述三个步骤可能需要交叉进行，互为补充论证。

选定料场后，可以根据合同要求进行现场取样和必要的试验、化验。如果检验结果符合合同质量和规范要求，则可向业主咨询工程师报批以获得技术认可。需经当地政府部门批准的，还需按程序要求报批以获得开采许可。获批后需进行开工准备，包括施工方案编制、料场环境清理、风水电路准备、设备人力组织等，属有价使用的还需支付相关费用。一般土石方料场的开工准备较为简单，而混凝土骨料开采加工及混凝土拌合生产环节多、工艺复杂，需要的设备多、场地大，投入大、耗时长，开工准备应及早动工。材料加工生产过程一般分两种情况，一种是连续开采加工生产，形成一定的储量，如混凝土沙石骨料的开采、破碎和筛分，岩石的开采破碎，填筑料的开采和改良配级等；另一种是开采生产过程与工程施工同步进行，如土石方的开挖运输和填筑，混凝土拌合生产与浇筑施工等。对于需要爆破作业的，一定要综合考虑火工材料的采购、保存，及其对周边环境的影响以及安全因素等。

现场自然资源能否通过自产的方式用于项目施工建设，其决策和管理主要由项目决策层和技术、施工部门负责，设备物资部门一般只在其中提供必要的装备和技术支持。

另外，一些大型工程公司本身具有一定的设备设计、制造、安装能力，在经过技术经济分析决策，并获得业主咨询工程师的批准后，也可以通过自产的方式为项目提供设备、仪器和材料。而且，这种方式在那些以工程设备材料为主的国际工程承包商中更为普遍，如水轮发电机组、玻璃幕墙工程承包商等，在经营国际工程项目时，均以自产设备材料为主。

2.2.2 调拨

调拨是指承包商将其所属其他项目上闲置或剩余的设备材料调转至本项目使用。通过调拨获取设备材料具有以下好处：①实现承包商资源的共享和有效利用；②节省获取时间，由于是现有设备材料，不需要订货和加工生产的时间，特别是处于同一国家或地区间的调拨，省去了长途运输和清关等环节，大大节约了时间，可缓解本项目急需之用；③节约成本，由于是闲置剩余设备材料，其价值为剩余残值，一般要比新购价值低很多；④缓解资金压力，由于是同公司内部项目之间的调拨，经协商同意后可以不必立即支付，只需双方对剩余残值给予确认即可。

可以调拨使用的设备材料很多，如各种机电施工设备、周转材料、钢筋水泥等建筑材料、临时房屋、交通车辆、办公生活设备等。调拨时要办理正式的手续，双方确认调拨设备材料的品种、数量、调拨时间、设备残值等。施工设备附带有操作手册、运行维护记录和档案、随车工具、备品备件的，应随同原设备一同移交。特殊设备，可能还需将操作手一并转入新项目上。

2.2.3 采购

采购应根据采购计划的要求，履行严格的审批程序后进行。一般有如下几种方式：①当地市场采购；②当地长期供货合同；③订单采购；④招标采购。

对于当地市场可以采购到的项目急需的零星设备材料，可以直接到当地市场采购，这种方式简单易行，涉及金额不大，在项目采购中经常发生。

对于项目长期需用的材料、资源，如混凝土、沙石骨料、砌体、各类油料、水、天然气、乙炔、氧气等，可以与当地供应商签订长期供应合同，由其按需供应，双方定期结算支付。

订单采购是通过市场询价比较，确定设备材料制造供应商，双方协商供货支付条件，由承包商向制造供应商发出正式的订货单，双方按订单约定进行交易。这种方式类似于招标采购，但程序和要求相对简单，更为快捷易行，比较适合于定型标准产品采购，如建筑工程中装修用的卫生洁具、灯饰及铝合金门窗等。

招标采购是通过公开的招标程序，选定设备材料制造供应商，完成设备材料采购。这种方式程序复杂、投入多、时间长，适合于大宗的或单件的设备材料采购，一般涉及的金额较大，制造工艺特殊、专业性强、耗时长，如大宗的钢筋、水泥、周转材料的采购，发电机组、空调机组、电梯的供货安装等，特别是用于永久工程的设备材料，或者主合同中有要求的，都要通过招标进行采购。招标范围根据不同情况，可以是在项目所在国，承包商国家（如中国）或全球范围，凡采用国际金融机构资金的大型项目，其永久设备材料都必须经公开的国际招标进行采购。招标工作可以由项目部自行组织合同、技术、设备等管理部门完成，也可由承包商公司总部协助或负责完成。特别是一些大型中国工程承包企业，已经建立了自己的集中采购平台，其所属国际工程项目可以通过公司总部的采集平台进行招标采购，从其合格供应商名录中邀请投标人参加投标，不仅更加专业快捷，保证采购物品的质量和交货时间，而且由于规模效应还可以大大节省采购成本，应尽量采用。另外，一些国家设置有禁采要求，项目在国际采购中必须遵照执行，如在阿拉伯国家禁止使用产自以色列的设备材料。

承包商进行招标采购的程序基本与其选择分包商的程序相同（详见前述相关内容），只是招标文件的一些具体内容略有不同，其中的一般合同条件可参考选用一些国际通用的采购供货合同范本。属永久设备材料采购的，在确定供应商之前，应将其资格文件、产品技术文件等报业主咨询工程师审批，获批后再向供应商签发中标通知并签订供货合同。供货合同的实施可以纳入分包合同实施的管理范围，承包商应安排专人动态跟踪设备材料的生产运输进展。属永久设备材料的，还应保持制造供应商与业主咨询工程师之间的沟通协调，并且如果主合同有要求，可在制造生产期间安排陪同业主咨询工程师，到工厂进行过程监督和出厂验收。

2.2.4　租赁

租赁方式适合于施工用机电设备、周转材料以及其他设施，一般在下列情况下可以考虑租赁：①一些特种设备，如大型起重设备、钻孔设备等，如果采取新购，购置资金投入大、耗时长，经济上不划算、时间上来不及；②使用时间不长或机会不多的设备，如房屋建筑工程中的土石方开挖设备，仅在基础开挖时使用，一般没有必要自己花钱购买；③为某种特殊施工情况需要，如满足赶工或扩大工作面的要求，可以临时租赁一部分设备或周转材料，以补充自身设备材料的不足；④其他特殊情况，如在中东一些国家，运输工人上下班用的大巴，其司机必须拥有当地合法的大巴驾驶执照，项目上很难有这样的司机，只能考虑租赁自带司机的社会交通车辆。在一些国家，承包商的员工营地或房屋，如果采取自建不仅成本高时间长，而且很难获得营地用地，也只能考虑租赁，或者先临时租赁，等自建营地完成后再退租。

租赁可选择多种方式，可以是一次性租赁或长期租赁，可以仅租用其设备，也可以连带操作手、维护保养和燃油消耗均由设备提供方负责等。租赁设备材料一般具有上手快，使用管理方便，也为项目省去了竣工后退场出关的麻烦等优点。是否采取租赁来获取项目所需的设备材料，主要考虑以下两种因素：①项目所在地是否有可资租赁的设备材料来源；②经济和时间成本是否合理。

2.2.5　其他方式

对承包商来说，获取项目设备材料的其他方式主要包括业主、分包商/供应商提供的设备材料，如业主通过自产或招标采购获得的设备材料，商品混凝土供应商在浇筑时提供的混凝土运输、浇筑设备等。

2.3　设备材料的国际运输

国际工程项目的设备材料跨国运输，根据设备材料的性质、采办方及采购合同的规定等因素的不同，可由不同的相关方负责。一般来说，属于专业分包（如机电供货安装分包）工程中的设备材料，由专业制造商或分包商负责其全程运输；由承包商自己采购的施工用设备、工器具和材料，由承包商负责组织运输。其他情况则按供货合同规定由相应的责任方负责运输，比如，如果合同规定货物交付地为工厂交货，则全程货物运输由承包商负责；如果交货地为项目现场，则全程货物运输由制造供应商负责；而交货地在路途中间的（比如在货物产地的边境、港口、机场，或项目所在国的边境、港口、机场，则运输责任分别由制造供应商和承包商各自承担相应部分，即交货地前由制造供应商负责运输，交货地后由承包商负责运输。承运方可以是制造供应商或承包商自己，也可委托专业运输公司和清关代理负责。运输方式包括公路运输、铁路运输、内河运输、远洋运输、航空运输等。其中，航空运输最为快捷但成本最高，一般适合项目急需的小规模设备材料运输；其他方式较为经济但耗时较长，可视具体情况，经技术经济比较后选择。通常国际货物运输跨距长、运输条件复杂，需要跨山越水，有时还需经过第三国，受多种条件限制，要选择多种运输方式组合在一起才能完成，即采取国际联运方式。为保证货物的顺利运输，如有必要，需对运输线路提前进行规划、实地考察、局部整险加固以及运输许可报批等。

为便于国际运输和清关提货，采购方还需向供货方或承运方提供包装标志和产地证、形式发票、装箱单、保险单、提单（俗称“五联单”），以及其他必要的支持文件。

对于国际工程，根据所在国或地区的相关法律法规，设备材料分为临时进口和永久进口，实行全税或免税制度。这就要求设备物资管理人员认真学习项目所在国的相关文件，在设备物资报关出口，填报各种单据前，做好相关工作，既做到不影响出口，又能合理规避税收，节约成本。

伴随国际货物运输的有出关、联运保险、税务（交税或减免税）以及清关等相关业务工作，必须认真对待，任何一个环节出现问题，都可能导致货物的滞留、罚款或其他额外费用支出，增加项目成本，并可能影响项目的施工进度。

2.4 设备材料进场验收、仓储和领用

设备材料进场时应履行检查接收程序，其中施工用设备材料，一般只需承包商自己及相关管理人员进行验收，永久设备材料还需会同业主咨询工程师共同进行验收。验收的主要内容是检查设备材料的品种、规格、数量（或重量、方量）、尺寸、外观、质量、性能、交货时间、附带文件、工具、备品备件等是否符合订货要求。经远途运输到达的货物，在开箱进行上述验收之前，还应先行检验货物外包装，以确认货物在运输途中是否有受损或丢失现象。对能立即启动运行的机电设备，还可以进行开动试车检查。大宗以重量计算的材料，如钢筋、土壤、沙石料、油料、水、混凝土等，最好能进行称重检查，以防供应商以少充多，为此项目部可在工地入口设置地磅。验收不合格的，属严重问题的，可以拒绝接收货物，初步判定责任范围后，可分别与制造供应商、运输商交涉处理；无原则问题的可以附带条件接收的，在验收单上签字，并注明问题所在，可随后同相关方进行交涉处理。

合格货物签收后应在现场根据设备材料的性质、用途等，分门别类进行入库登记和储存。储存方式有露天堆放、围栏内储存、仓库内储存及特殊储存等。其中，露天堆放适合于砂石料、土壤、钢筋、模板等，但应采取适当的防护措施，如沙石土壤的防尘覆盖，钢筋、模板的防雨防潮措施等。围栏适合于存放施工机械、钢管脚手架等。仓库适合于储存各类工器具、备品配件、零星材料等。而油料、爆破材料等物品，则应分别采取不同的特殊方式储存，按相关要求配备看护、消防安全人员和设施。一些永久设备材料应特别注意储存看护，以防损坏、失效或丢失。经业主咨询工程师签字验收的设备材料，承包商可以

根据合同规定，向业主咨询工程师申请设备材料预付款支付。

为便于使用部门了解设备材料的进场动态，可以将设备材料的进场情况定期发布在项目内部管理网络平台上。

设备材料领用也要办理出库手续，由使用单位经授权的人员提出领料申请，经相关部门和领导核实批准后，到库管人员处按批准的品种数量领取，并在领料单上注明材料用途或使用部位、部门等信息。未履行出库手续，库管不得擅自或有权拒绝发放任何物品。领料未用完，或其他需要退回仓库的，应及时退还入库，特别是有毒、有害、危险化学物品以及爆破材料等，剩余料不得随意丢弃在现场。

2.5　施工机械设备使用维护

现代工程项目施工以机械化作业为主，因此加强施工设备的使用维护管理十分重要，主要目的是提高施工设备的使用效率和完好率。当然，保证设备完好率的最终目的也是为了尽力发挥其使用效率。

为提高机电设备的使用效率，管理者应注意做好以下工作：①熟悉了解现场各种设备的品种、规格、性能、特点、产能、完好率等情况；②建立健全各种施工安全操作管理制度并严格遵照执行；③在组织生产时选择合适的机械化施工工艺方法，并相应地做好关联设备的选型、数量等方面的匹配；④充分发挥操作者的操作技能水平和责任心；⑤加强施工现场的组织、指挥、协调和安全管理；⑥保障设备耗用的水、电、燃油等的供应的品质和用量；⑦做好现场生产记录，实施生产考核和激励措施。

为保证完好率，设备管理应注意做好以下工作：①建立和实施设备维护保养制度；②建立设备使用档案，做好设备的运行和维护记录；③安排适当的设备维修专业人员和仪器设备；④加强设备的日常保养和定期检查、保养、维修工作；⑤储备必要的备品备件；⑥其他特殊措施，如借助设备生产厂家、公司总部或社会上的技术咨询和维护保养资源，需更换的重要设备零部件的紧急采购和运输等。

2.6　库存材料盘存

材料盘存就是对项目各类仓储材料定期进行清点整理，以真实地反映材料的储存状况，为项目成本核算、补充库存材料提供依据。通常每月进行一次，对项目库存材料全面盘存一遍，分门别类地对库存材料的品种、规格、数量、价值、存放地，本月初、月末的库存，本月出、入库的明细等，进行全面盘点清理。采用计算机辅助材料管理，甚至可以做到时刻对库存状况进行更新，实行库存物资的连续动态管理。

盘存的要求是库存材料账账相符和账实相符。所谓账账相符是指库存材料反映在材料账面上的价值与财务账面上的价值要一致；账实相符是指材料账面上的品种数量等信息与仓储的实物相一致。如果出现不一致，要反复进行核查清理，弄清缘由并作适当调整处理。

2.7　设备材料折旧和成本摊销

施工机电设备和其他固定资产，在新采购时要花费一定的资金，形成相应的价值。这些价值随着使用或保有时间的增长而逐渐发生转移和消损，但又难以准确计算，因此一般按一定的使用年限和折旧比例计提折旧，将其价值逐步折算进入项目成本。而永久工程设备材料一旦用在工程上，即发生价值转移，应全部进入项目成本。材料管理部门需协助配合项目成本、财务部门，做好设备材料的折旧和成本摊销工作。

2.8　剩余设备材料下场处理

设备材料项目施工一旦不再需要，应及时进行清退下场处理。整个项目竣工后，所有的设备材料都必须全部撤离现场。属租赁设备材料，一旦闲置就应立即退还给供应商，以减少租赁费用。

自有设备材料和设施的下场处理方式通常有：①调拨到其他在建项目使用；②经适当维修保养后，在当地妥善停靠封存，留待后用；③免税设备材料出关；④当地作价变卖，属免税进口的需补缴税款才能在当地出售；⑤开展当地租赁或其他工程经营业务；⑥对折旧已经计提完毕或丧失使用功能的设备设施，可向总部申请按报废处理；⑦其他处理方式，如转赠项目业主、公益事业或就地填埋销毁等，大型沙石开采场、沙石料生产和混凝土搅拌场、员工营地等，在设备设施撤离后还要尽可能恢复场地原貌。

2.9　其他管理工作

与设备材料管理相关的其他管理工作包括：①参与或负责机械设备事故的调查处理；②负责设备材料的档案管理和统计报表；③协助相关部门向业主咨询工程师报批设备材料；④参加各类技术、进度、管理会议；⑤参与项目成本管理工作；⑥负责特殊设备设施的设计、加工、安装和运行维护工作，如沙石骨料筛分生产系统和混凝土拌合系统、塔吊安装等；⑦参与项目新设备、新材料开发引进工作；⑧参与永久设备材料的竣工验收及缺陷保修工作等。

第4节　技术管理

1　定义

在一般的项目管理著作中很少论及技术管理问题。实际上，我们说国际工程是一种跨国的技术经济交易活动，国际工程项目涉及多个专业领域的技术知识，因此国际工程的项目管理理所当然要涵盖技术管理，项目的技术管理必然直接构成项目管理体系中的一个子体系。

项目技术管理是技术与管理的结合，既包括在项目建设过程中从事具体的技术工作，也包括对项目的技术资源、技术活动进行管理，还包括对项目其他方面的管理提供技术支持。概而言之，技术管理就是对项目所涉及的技术资源、技术工作和技术活动进行计划、组织、实施、控制、协调等综合管理，发挥技术资源在项目中的使用价值，并最终实现项目合同约定的各项技术指标。实施技术管理不仅需要较高的专业知识，而且要具备良好的管理能力。

2　管理内容

技术管理的主要工作内容包括以下几个方面：

2.1　设计图纸管理

包括业主咨询工程师提供的设计图纸和承包商应提供的设计图纸。

对于施工总承包项目，通常在签订总承包合同后，业主咨询工程师应正式提供用于施工的初步设计图纸［IFC（Issued for Construction）Drawing］。如果业主未按合同规定提供设计图纸，则应会同合同管理部门去同业主咨询工程师进行交涉。在获得初步设计图（IFC drawing）后，应组织技术工程师对 IFC 图纸进行细致的检查研究，在熟悉了解工程结构和技术要求，寻找发现工程实施的重点难点的同时，还要留意图纸中的各种问题，尤其要重点关注以下几个方面的问题：①施工用图与原招标用图是否存在差异？原则上讲，施工用图与招标用图应该没有本质区别，只是对招标用图的进一步细化。但不排除在招标图纸发出后，业主咨询工程师由于各种原因，在施工用图中对原设计进行了重要的修改。②该图纸是否存在错误和相互不匹配的问题？通常初步设计由于往往是在短期内完成的，而且设计要求相对较粗，参与设计的人员多，图纸中难免存在错误或不匹配等问题。③图纸的数量、深度和提供时间是否满足承包商进行车间图设计及现场施工的需要？由于设计工作量大，时间紧，而且可能还需报政府相关部门审批，业主咨询工程师在开工前提供的设计图纸并不一定能完全满足承包商的设计和施工需要。

如在研究熟悉图纸过程中发现问题，应及时向业主咨询工程师澄清。属纯技术问题的，应通过 RFI（Request for Information）的形式请求予以澄清；牵扯到合同问题的（比如可能导致工程量和费用增加、影响工期等），应以书面信函同业主咨询工程师交涉。在项目施工过程中，对业主咨询工程师设计图纸的管理是一个持续的过程。

至于车间图设计，承包商可以自行组织设计人员完成或采取设计分包的方式完成。到底采取何种方式，要综合考虑技术经济多重因素后决策，技术管理者可以参与该决策过程，提出合理的建议和方案供项目领导决策。

如果是项目部自己组织完成，那么就要安排足够的能胜任的工程技术人员，提供必要的场地和设施，编制设计进度计划，并付诸实施，监督设计过程，审查设计出来的图纸。如果选择专业分包完成，则技术管理人员要参与到设计分包的招标过程，并在设计实施过程中加强与其沟通联系，确保其设计成果的数量、质量和成果交付时间满足施工要求。实际工作中，不排除在上述任何一种设计图生产过程中出现意外而转向选择另一种方式。

另外，对专业分包工程，通常承包商将该专业的车间图设计任务一并列入分包商的工作范围，所以技术管理者还应负责项目上各分包商的车间图设计管理。

通过上述方式完成的车间图，在经过技术管理者审查后，应报咨询工程师审批。期间可能需要反复与咨询工程师、分包、设计工程师等进行沟通协调，包括多次修改重报，直至最终获得批准，方可下发相关方组织施工。而且，车间图数量大，需要分批次报批，所以车间图的管理也是一个动态的循环过程。车间图的管理不仅仅是技术问题，而且过程中无论是在业主咨询工程师方面，还是在设计分包商和专业分包商方面，都可能牵扯到合同问题，所以需要与合同管理部门配合应对。

值得注意的是，在北非某些国家，一些业主在投标阶段并不提供设计图纸，中标后，由承包商根据业主在招标文件中的需求描述，开展相应的设计工作，这类项目实际上是 EPC 总承包项目。无论承包商委托何种设计单位进行设计，都应注重对设计过程的管控及设计方案的优化，确保设计成果的经济性，否则，一旦设计成果获批，将很难推翻。

2.2　施工技术文件管理

施工技术文件管理是技术管理的另一项重要工作，包括施工组织设计、施工技术方案/措施、工艺流程、操作规程、作业指导书等技术文件的收集、编制、审核、报批、分发、交底、实施监督、修改完善及总结评价等工作，也包括对分包商上述必要的技术文件的管理工作。作为一个专业人员来说，编制一份技术文件也许并不是难事，但编制者往往在编制过程中只关注文件的技术性而忽视其经济性。从管理的角度来看，编制出的一份技术文件不仅要求做到技术上可行甚至非常先进和完美无缺，也不仅是为了能顺利通过业主咨询工程师的审批，而且应该做到按其实施工程所耗费的时间和经济成本最低。这就是技术管理与纯技术工作的要求不同之处。为此，编制技术文件一定要慎重、细致，要对多种技术可行的方案进行综合比较权衡后，从中选择最优方案。特别是对项目中体量大、难度大的工程、重要的工程部位或过程，对项目的经济性和成败起到关键性的影响，其实施方案更是要慎之又慎。当以项目部的技术力量无法完全胜任此项工作的，可以借助公司总部或社会上同行业专家协助决策、编制、论证或审核，或者借鉴试验、试点、其他项目的经验教训等。

2.3 工程材料的选材、技术审查鉴定与报批

永久工程用材应事先提供材料样品，报经业主咨询工程师审查批准后才能采购使用。原则上，承包商应在材料规范和合同供应商名录中选用经济合理的材料，经初步审查鉴定符合要求后上报业主咨询工程师。名录中没有的材料或出于经济性的考虑，经业主咨询工程师允许，承包商也可以选择其他满足规范基本要求且更为经济的替代材料产品。

由于国际工程用材大多依靠进口，供应中间环节多，耗费时间普遍较长，若不能及时选定和报批，很可能导致工期延误。材料报批的一般程序是：研究规范及供应商名录（或建议满足规范要求的替代产品）→报批供应商资质→报批资料技术文件→报批材料样品→现场样板施工→最终批准→采购下单。

2.4 文件报批动态管理

在项目实施过程中，进度计划、施工方案、车间图、分包资质、材料样品等都需事先报业主咨询工程师批准，这些文件种类和批次多，呈现的报批状态也随时在发生变化。为便于管理，技术管理部门可将所有的报批文件集中列表，并定期更新上报，实现动态管理。这种表被称之为报批状态日志（Submittal Status Log），集中反映出各上报文件处于未提交、已提交、被拒绝、重新提交、已批准或有条件批准等状态情况，也体现出承包商和业主咨询工程师在文件报批上的责任范围。当发现业主咨询工程师在文件报批环节有违合同规定时，应会同合同部门采取措施。

2.5 参与项目管理决策

在项目实施过程中，项目领导者或领导层会经常面临管理决策。作为技术管理者，应参与到这种管理决策中，包括：①从技术的层面提出管理方案建议，供项目领导决策采纳；②在项目领导的决策过程中，为其提供技术咨询和支持，如技术分析、技术数据、技术依据等；③对项目领导已经决策采取的方案从技术层面进行细化和完善。

2.6 施工现场技术管理

主要工作包括：①就各类技术文件图纸向生产人员（部门）、分包商进行技术交底；②开展现场巡查和技术服务，指导解决施工现场技术问题，跟踪检查和掌握技术方案/措施的实施情况，实现持续改进；③及时发现现场的不合格产品、工序以及不良地质缺陷，提出返工、返修和技术处理的方案措施，并向咨询工程师沟通和报批。

2.7　技术规范管理

项目实施中不仅要符合合同中的技术规范要求，而且还牵涉到一些其他技术规范、标准、规程等，如在合同技术规范中，可能要求混凝土工程某一方面要满足英国规范或美国规范的相应要求，而英国规范或美国规范的具体内容并没有收录在合同中。因此，项目技术规范管理还应包括项目合同所涉及的其他国际规范或特殊规范的识别、收集、选编、研究、保管、收发、查阅和监督执行等工作。

2.8　竣工资料管理

竣工资料并非要到项目竣工后才开始准备，而是在工程进行到适当的时候就要开始组织进行收集、整理和归档，要提前着手策划组织编写竣工报告、运行手册、阶段验收、竣工验收以及各类技术总结、报告等技术工作。

2.9　其他技术管理工作

包括：①组织或参加各类管理、生产、协调会议和技术专题会议；②在分包招标过程中，参与工程分包和材料供货的立项策划，负责招标文件中的技术文件、图纸、规范的准备，负责对分包商/供应商的资格审查和技术方案评审；③为其他合同管理工作（如工程进度款结算计量、变更、索赔等）提供技术支持；④配合生产或人资部门进行员工培训；⑤与政府相关部门、公共设施服务单位或邻近承包商的技术沟通和市政审批；⑥组织推广并指导新材料、新技术、新设备、新工艺的应用及相应的技术改进工作；⑦负责或参与项目部的节能、减排、降耗、科研、论文、职称、知识产权保护等管理工作及技术层面的统计报表、天气记录等。

第 5 节　财务资金管理

1　一般概念

财务管理（Financial Management）是在一定的整体目标下，关于资产的购置（投资）、融通（筹资）和经营中现金流量（营运资金）以及利润分配的管理。项目财务管理是项目管理的一个组成部分，它是根据财经法规制度，按照财务管理的原则，组织项目的财务活动，处理财务关系的一项经济管理工作。

项目财务管理具有涉及面广、综合性强和灵敏度高的特点。就项目内部而言，财务管理活动涉及项目建造的各个环节，项目内部各个部门与资金不发生联系的现象是不存在的。每个部门也都在合理使用资金、节约资金支出、提高资金使用率上，接受财务的指导，受到财务管理部门的监督和约束。同时，财务管理部门本身为项目的设计、施工、合同、成本、质量、人力物资管理等活动提供及时、准确、完整、连续的基础资料。而且，项目的财务管理也涉及项目外部的各种关系，主要包括项目部与公司总部、业主、政府部门、金融机构、债权人、分包/供应商等之间的关系。财务管理作为一种价值管理，通过项目资金的收付及流动的价值形态，可以及时全面地反映项目物资运行状况，渗透在项目全部经营活动之中，涉及项目建造的各个环节和各个要素，所以抓项目内部管理要以财务管理为突破口，通过价值管理来协调、促进、控制项目的生产经营活动。因此，项目的财务管理是一切项目管理的基础、管理的中心。抓好财务管理就是抓住了项目管理的关键，管理也就落到了实处。

而项目资金管理又是项目财务管理的中心，因为工程项目的所有活动最终都要反映到资金方面，无论是从业主方结算工程款，还是项目内部的设备物资采购、员工工资发放或者分包款项支付等，项目的各种经济活动均离不开资金的运行。

项目资金可分为固定资金和流动资金两种。固定资金是指以货币形式表现的可以长期地在生产过程中发挥作用的劳动资料的价值。固定资金的实物形态是固定资产。在工程项目实施过程中，固定资产不改变自己的实物形态，只是根据其在使用过程中的损耗程度，将他们的价值以折旧费用的形式逐次转入产品中去，然后从产品的销售收入中收回。流动资金是以货币形式表现的流动基金和流通基金的总和。生产储备资金、生产资金之和称为流动基金，成品资金、货币资金之和称为流通基金。

2 财务资金管理的内容

所谓的项目财务资金管理，就是按照国家相关的政策、法令和财经制度，从价值形态的角度，对工程项目实施过程中计划、筹集、使用、耗费、收回和分配资金的活动进行的管理，主要包括以下几方面的内容。

2.1 项目资金管理计划

项目资金管理应实施计划管理，因此须编制项目资金管理计划。通过资金管理计划，可以对项目资金的使用数量、时间、用途等进行合理有效的计划、组织和控制，实现资金的动态管理。制定资金管理计划，有助于及时回收项目资金，加速项目资金周转，使项目资金处于有序的良性循环状态，减少因项目资金过度沉淀和分散而造成的项目资金浪费和流失，并有利于正确选择筹资渠道，降低项目资金成本，减少项目资金风险，提高项目资金的使用效益。

根据资金管理的目标和要求不同，资金计划有多种，从时间上分为项目总资金管理计划、年度、季度和月资金计划；从用途上分为资金收入计划、资金支出计划、资金流量计划及筹融资计划等。总资金管理计划应在项目初期进行管理策划时编制确定。其中，项目资金总收入计划要根据总进度计划和合同支付条件编制完成；项目资金总支出计划要根据总进度计划、设备材料计划、人力资源计划、主要施工方案，并综合考虑其他因素后编制完成；将收入计划和支出计划进行叠加即构成项目的现金流量计划；在现金流量计划中，资金支出与收入的差值即构成项目的筹融资计划，如果收入大于支出，表明项目资金富裕，一般无需额外注资。

资金计划通常用两种方式表示，一种是在合同工期内每单位时间（一般按月）的资金计划，一种是在合同工期内逐步（按月）累积的资金计划。二者既可以用表格表示，也可以用曲线或其他图形表示。

总资金管理计划编制完成后，承包商应将项目资金收入计划作为项目资金需求计划提交业主审批，以便业主筹集资金支付工程款。在项目实施过程中，承包商还应适时按年、季、月编制相应的资金管理计划。另外，如果在项目实施过程中现实情况发生重大变化，如出现变更、索赔、工期延误、合同支付情况变化、总进度计划修改、工程成本计划调整等，资金管理计划也应作适当修改。

2.2　资金筹集

承包商项目施工所需资金一般来源于以下几种渠道：①业主支付，包括工程预付款、设备材料预付款、进度结算款以及变更索赔所获得的款项等；②公司总部的自有资金；③银行贷款；④其他资金，如其他项目资金的调剂占用，其他公司的临时借贷，分包商的保证（抵押）金，项目外其他临时收入等。

在项目实施过程中，业主的支付往往无法满足承包商对资金的需要，导致项目现金流紧张，有时甚至严重影响到项目的正常进展。为此项目部不得不额外筹集资金。但是，一般项目部没有被授权直接对外进行筹融资，需要向公司总部申请资金支持，包括公司总部的自有资金、调剂资金或通过公司总部向银行贷款获得的资金等，并且这种额外资金支持往往都需要项目支付一定的利息。因此，项目部在筹集资金时应遵循“适量、适时和合规”的原则。所谓适量就是要将资金量减少到最低限度，只要能保证正常施工不受影响即可，以免造成资金浪费和增加项目的资金成本。适时是说要保证额外资金在项目的确需要时能及时注入到位，这有两层意思，一是说出于成本考虑筹集资金不宜太早；二是说出于项目需要和筹集资金需要一定时间的考虑，筹集资金又不能太迟以解燃眉之急。合规是指筹集资金的程序一定要遵循项目部和公司总部相关财务资金管理的制度规定进行。

2.3　资金收支的日常管理

在项目实施过程中，经常要发生资金的流动，即资金的各种收入和支出活动。项目的资金收支管理应遵循“计划先导，以收定支，早收晚支”的原则。在项目实施过程中，要综合考虑工程进度计划、业主支付情况、公司总部的垫资意愿和能力以及分包供应商的资金承受能力等因素，制定相应的资金计划，按计划进行资金的结收和支付。并且，在资金计划中，要先确定资金收入计划，再按其编制支出计划，包括大笔的专项资金支出（如分包、设备材料付款）和零星的小额资金支出（如员工报销、日常办公和生活物资采购等），要做到量入为出。在收入结算方面，则要做到，能结收的业主款项尽可能地多收早收。而在支出方面，切不可过早或超额支付，而是要在合理合法的范围内尽量少付晚付，以免造成自身资金压力过大和管理被动。大笔专项资金支出要严格按双方合同约定和内部申请审批程序进行，零星支付可定期办理和实行总量控制。

2.4　资金风险管理

项目实施过程中，承包商应密切注意业主的资金到位情况，特别是当业主无法按合同规定或以往常规支付工程款时，更应引起承包商的警觉。由于受合同支付条件和项目盈利水平的限制，承包商在实施过程中出现一定幅度的垫资是正常现象。但是，如果由于业主长期大幅度拖欠工程进度款，导致承包商垫资超出正常范围时，承包商就会面临资金难以回收的风险。遇到这种情况时，承包商应采取适当措施，如调整施工进度、压缩施工规模、减缓或暂停施工进度，并与业主咨询工程师进行合同交涉，力争尽早获得应有的支付。对变更索赔项目，则应以双方达成书面一致后再开始实施为宜，而不是按业主咨询工程师的口头指令先行施工，再谈价格和结算，置己方于极为不利的地位。

在承包商的资金风险管理中，对因未完施工造成的潜在资金收入风险管理十分重要，应引起足够的重视。所谓“未完施工”，是指反映在资产负债表存货项目中的施工企业（项目）的“工程施工”期末余额大于“工程结算”期末余额的差额。一个项目的未完施工，实质上是承包商已投入工程实体而实际发生的工程成本及其所形成的毛利还未得到业主批复结算的部分。相对于应收账款，未完施工的不确定性因素更多，风险更大，故应加强项目未完施工的风险管控。

造成未完施工的原因有多种，不同的原因所隐含的潜在风险大小也不同，可以进行分类管理，对不同的原因和风险等级采取不同的处理措施。通常有如下几种原因：①正常跨期结算，由此形成的未完施工一般能够在下一个结算周期内实现正常结算，是风险最小的因素之一。②业主滞后结算，又可分为两种情况，一是业主资金紧张，故意以各种理由拖延办理结算；二是由于其他各种原因，业主不能及时办理结算，但仍会按工程进度以适当方式预付部分或全部应付工程款。③变更待结算，包括三种情况：一是咨询工程师和业主均未签认挂账；二是咨询工程师确认但业主尚未签认；三是咨询工程师和业主均已签认但未办理结算挂账。④索赔待结算，这种情形的未完施工能否得到业主的批复，以及何时批复，批复多少等，在很大程度上取决于业主，承包商缺乏可控性。⑤无正当理由索赔，如由于合同的某种缺陷、陷阱、承包商的投标失误、经营管理不善或承包商出于其他原因的考虑，造成工程项目的漏项、漏量、价格严重偏低或成本超支，在实施过程中无法找到合适的合同依据或正当理由对业主提出索赔，这种情形风险最大。

以上5种原因造成的未完施工，一般情况下，其风险等级是逐渐增加的，承包商应重点加强对后三种情形的监控和风险防范，实施“事前、事中、事后”全过程管理。

所谓“事前”，就是要加强源头管理，提高投标质量，重视合同条款。在项目的投标决策阶段，要了解和分析项目和业主的总体技术经济情况，对明显存在风险的项目或资信实力不足的业主，应主动放弃参与竞标。在编投标的过程中，应全面研究招标文件和合同条件，了解市场供应和项目环境情况，组织有经验有能力的编投标团队，严格投标管理和质量把关，使投出去的标书不仅具有竞争力，而且充分考虑了项目和承包商的各种实际情况和潜在风险。在合同谈判和签署过程中，在保证公平的基础上，应尽量争取对己方有利的合同条件。在有关合同支付方面，对结算的时间、方法、数量、价格、违约责任等，应在合同条件中界定清楚。且与业主签订的合同应保证真实、完整、合法、有效，避免在签订合同时造成差错、疏漏或于己不利的合同陷阱。

“事中”就是要在项目实施过程中严格履行合同，重视合同证据资料管理，加强工程签证结算和变更索赔工作，以确保自身应有的合同权益不受损害。

“事后”就是在项目完工后，重视坏账风险管理，对已发生、未能及时办理结算的项目进行清理，要重点清理已完工未结算、已发生工程变更未理赔、已发生工程承包增加未补偿的项目。对长期得不到批复结算的项目，在有理有据的前提下，可以适当采取法律手段加大清理力度。

2.5 财务报表的编制与分析

财务报表是以会计准则为规范编制的，向所有者、债权人、政府及其他有关各方及社会公众等外部反映会计主体财务状况和经营的会计报表。一套完整的财务报表包括：①资产负债表（Balance Sheet / Statement of Financial Position），反映企业资产、负债及资本的期末状况，长期偿债能力，短期偿债能力和利润分配能力等；②利润表（或称损益表）(Income Statement/Profit and Loss Account)，反映本期企业收入、费用和应该记入当期利润的利得、损失的金额和结构情况；③现金流量表（Cash Flow Statement），反映企业现金流量的来龙去脉，当中分为经营活动、投资活动及筹资活动三部分；④所有者权益变动表（Statement of change in equity），反映本期企业所有者权益（股东权益）总量的增减变动情况，还包括结构变动的情况，特别是要反映直接记入所有者权益的利得和损失；⑤财务报表附注（Notes to financial statements），一般包括如下项目：企业的基本情况、财务报表编制基础、遵循企业会计准则的声明、重要会计政策和会计估计、会计政策和会计估计变更及差错更正的说明和重要报表项目的说明。其中，资产负债表、利润表和现金流量表俗称财务三张表。

国际工程项目部作为公司总部的一个经营单位，应根据国家相关财务制度和总部管理规定，定期编制财务报表，并按时上报公司总部汇总合并。

另外，需特别指出，作为项目管理者，特别是项目领导班子成员，应能够看懂项目的财务三张表，并经常关注三张表，因为它们全面系统地反映了项目一定时期的财务状况、经营成果和现金流量。通过解读三张表，项目管理者不仅可以了解本项目各项任务指标的完成情况，评判项目的经营业绩，而且可以及时发现问题，调整经营方向，制定措施改善经营管理水平，提高经济效益，为经济预测和决策提供依据。

2.6　项目资金管理的评价考核

包括对固定资产利用效果的评价考核，对流动资金定额的核定及对流动资金利用率的评价考核。其中，对固定资产利用效果的评价考核，主要有以下三个指标：

（1）固定资产占用率＝固定资产全年平均原始价值/年度完成建设项目工作量，固定资产占用率越小，即完成每单位建设项目工作占用的固定资产越少，说明固定资产利用效果越好。

（2）固定资产产值率＝年度完成建设项目工作量/固定资产全年平均原始价值，固定资产产值率是固定资产占用率的倒数，每个单位资产完成的建设项目工作量越多，说明固定资产的利用效果越好。

（3）固定资产利润率＝利润总额/固定资产全年平均原始价值，固定资产利润率愈高，表明固定资产的利用效果愈好。

流动资金定额核定一般可采取分析调整法和定额天数法。分析调整法是以上年度流动资金实有额为基础，剔除其中呆滞积压和不合理部分，然后再根据计划年度生产任务的发展变化情况，考虑施工技术水平和管理水平提高等因素，进行分析调整，计算本年度的各项流动资金定额，其计算公式为：

流动资金定额＝(上年流动资金实有额－不合理占用额)×本年计划工作量/(上年实际工作量×(1－计划期资金节约率))。

定额天数法，采用这种方法时，首先计算出平均每日垫支的流动资金额和该项流动资金的定额储备天数，然后将每日平均垫支的流动资金乘以定额储备天数即可求出该项流动资金的定额。比如，主要材料流动资金的定额数＝年度合同工程量×材料比重×材料定额储备天数/施工天数；机械配件资金定额数＝上年度机械配件耗用量×计划年度机械设备台数×定额天数/(360×上年度机械设备台数)。

衡量流动资金利用效果通常有如下几个指标：

（1）流动资金周转次数＝本期完成的建设项目工程量/流动资金平均占用额，在一定的时期内周转次数越多，流动资金的利用效果越好。

（2）流动资金周转天数＝360/流动资金周转次数，是指流动资金周转一次需要多少天，天数愈少，说明流动资金的周转速度愈快，效果愈好。

（3）流动资金占用率＝流动资金平均占用额/本期完成建设项目工程量，为周转次数的倒数，反映的是完成单位建设项目工作占用流动资金的多少，显然是越少越好。

2.7 财务资金管理的其他工作

项目财务资金的日常管理工作还包括：①建立项目财务台账，记录资金收支；②加强财务核算，及时盘点项目盈亏，参与项目成本控制和成本管理；③项目的各种现金、银行存款和换汇管理；④项目财务原始票据和凭证管理；⑤支票和财务印章管理；⑥银行账户管理；⑦配合公司总部及项目所在国相关机构对项目的财务检查和审计；⑧项目的涉税管理；⑨根据企业总部的下达经营指标，按时上缴总部管理费和经营利润；⑩支持配合总部的资金统筹管理。

第 12 章　国际工程项目管理的人文问题

第 1 节　国际工程项目管理中的哲学问题——管理哲学

1　一般概念

作为一切科学学科的基础，哲学就是理论化、系统化了的世界观，或者说，是人们世界观的理论体系，具有本体论、认识论和方法论方面的意义。

哲学一词的英文是 Philosophy，被赋予多重含义。广义地说，它是建立在逻辑推理基础上的对现实、知识或价值的性质、原因或原则的研究，或者一套基于或涉及这种研究的思想体系。狭义地说，它可以是对某一特殊领域或学科的理论基础的研究，或者是关于某一特殊活动领域或生活作为整体的一种基础理论或思想体系。形而下地说，它是指导实际事务的原则体系，甚至是指一种个人宁静的或哲学的态度。

而世界观（World Views）则是人们对整个世界以及人与世界关系的总的看法和根本观点，建立于一个人对自然、人生、社会和精神的科学的、系统的、丰富的认识基础上。

科学世界观体系的内容包括：①自然观（植物观、动物观、矿物观、进化观、土地观、海洋观、能源观）；②政治观（国家观、民主观、公民观、外交观、法律观、政府观、军事观（军人观、战争观））；③社会观（人口观、种族观、民族观、人文观、宗教观、教育观、传播观、新闻观、语言观）；④经济观（货币观）；⑤物质观（运动观、规律观）；⑥时空观（历史观、未来观）；⑦天文观（天体观、地球观）；⑧市场观、效率观、国际观、联系观、人生观、价值观等。

显而易见，对于一个具有国际工程管理经验背景的人，无论是从事其理论研究和教与学的，还是直接进行项目管理实践的，仅从上述世界观体系的简单罗列中，就能直观地看出，国际工程项目管理虽然不能说与哲学存在全面和普遍的联系，但至少可以说，一定是与其中的某些方面存在着或多或少的联系。

2　国际工程项目管理中的哲学问题

根据上述对哲学的定义，并借助研究哲学的一般方法，我们可以研究管理学中基本的和带有普遍意义的问题，构建管理学的基础理论体系，包括管理科学中的普遍原理、原则和哲学观，这就是管理哲学。

就本体论和认识论意义而言，管理哲学需要研究回答的一些基本问题是：①什么是管理，其本质和范围是什么？②为什么要进行管理，它有什么作用和意义？③管理中管理者与管理对象的关系等；就方法论意义而言，管理中应遵循什么普遍原则，采取什么一般方法？而就世界观而言，管理哲学的一个基本面是，管理者个人或组织在管理活动中应坚持的信仰和价值观。

同理，我们可以更进一步去研究回答国际工程项目管理中的一些基本问题，构建其自身的哲学体系，由此建立起管理哲学的一个分支，这就是我们所说的国际工程项目管理的哲学问题，它是这一问题的理论层面。

同时，国际工程项目管理又具有很强的实践性。当哲学被理解为不同层次的多种含义时，在国际工程项目管理实践中同样面临各种各样的哲学问题，或者说与哲学相关。现就此列出以下几个方面：

（1）国际工程项目管理自身的哲学体系一旦建立，我们可以借助其基本理论和一般方法，来认识和分析一个具体的项目及其各种要素和活动，并指导实施项目管理。

（2）即便这样的专业学科的哲学体系暂时还没有建立，我们还可以直接将一般哲学的理论和方法用于指导国际工程项目管理的实践。如，根据辩证唯物主义世界观中关于客观规律、物质与意识、实践与认识的观点，我们在具体的项目管理实践活动中就要尊重自然，尊重客观规律，要遵循“实事求是”和“理论联系实际”的原则。关于事物联系的普遍性、客观性和多样性的观点及整体与局部的辩证原理，有助于我们以客观、全面、综合、系统和均衡的观点和方法，来认识和处理项目管理中各种错综复杂的关系和利益诉求。辩证唯物主义的发展观则要求我们既要充分认识到管理过程的曲折性复杂性，也要对管理项目的实施结果充满信心；既要踏踏实实地做好每一件具体的管理工作，也要寻求管理创新。而辩证法的矛盾观点，即矛盾的普遍性和特殊性、主要矛盾与次要矛盾、矛盾的主要方面与次要方面等，有利于我们正确认识和处理项目管理中出现的矛盾，做到既抓住重点又统筹兼顾。

（3）每个社会人都有其自己独特的世界观，一个团队因其成员的个性差异，在自然状态下无法形成系统化的世界观。既然一个人的世界观是和他的理想信念有机联系的，一个人的世界观决定其人生观和价值观，那么，在项目管理中就可以有意识地培育引导管理者个人和整个团队树立积极向上的世界观、人生观和价值观，构建统一和谐的团队文化的哲学思想基础，以促进团队建设，增强团队的凝聚力。这是项目管理团队文化建设的灵魂和基础。

（4）除此之外，作为一个国际工程项目的管理团队，其工作交往的对象，可能是来自世界各地的个人和组织，带有不同的世界观、信仰和价值观，各自行为处世的原则、方式和方法也有差异。因此，相互间难免存在哲学意义上的冲突、理解、包容及相互的影响和吸收问题。

（5）国际工程项目管理的理论和实践是一个开放的和良性互动的有机体系。管理的哲学理论可以在一般意义上用来指导一个具体项目的管理工作，而项目管理的哲学实践反过来又有利于丰富和发展其哲学理论体系。

（6）如上所述，如果说哲学还可以是指一个人宁静的哲学态度，那么在国际工程项目管理中，哲学就有助于培养和提高管理者特别是项目经理的个人心理素质、行为修养和思想境界。一个项目管理者在面对各种各样错综复杂的项目管理问题时，如何能做到处惊不变；面对项目的成败得失、毁誉参半的结果如何能做到宠辱不惊；面对因从事项目管理而造成人生轨迹的波澜起伏，又如何能做到“不管风吹浪打，胜似闲庭信步”等，的确值得每一个参与项目管理者思考。

(7) 要注重将优秀的中国传统哲学思想运用到现代国际工程项目管理中，比如关于“和谐”、“天人合一”、“道法自然”、“中庸”的理念等。以中国古代哲学思想中“修身齐家治国平天下”的士大夫理想为例，应用到具体的项目管理上，在管理内容上，就是管理者首先要提高自身的业务素质和道德修养，并在此基础上要加强项目的团队建设，建立和谐有序团结合作的团队氛围（因为在某种程度上说，项目部就像一个管理者组成的大家庭），进而做好项目的治理工作，并处理好项目与当地社会、自然生态环境的关系，承担其应尽的社会责任。而在逻辑关系上，它是一个从管理者个人到团队，再到项目直至最终全社会的渐进递推关系，前两者是管理的基础和前提，后两者是管理的任务和目标。当然，这不仅是国际工程项目管理的哲学问题，更是其伦理问题。

第 2 节 国际工程项目管理中的社会伦理问题——伦理管理

1 概述

在社会生活中，人们之间存在着各种社会关系，从家庭生活中的亲属关系到工作中的同事和上下级关系，以及社会生活中的敌友关系等。同时，人还与所身处的自然发生联系和关系。因此，人们在社会、自然活动中必然会产生种种矛盾和问题，这就需要有一定的道理、规则或规范来约束人们的行为，调整人们相互之间以及人与自然之间的关系。这种人类社会中处理人与人之间，人与自然、社会、国家的关系和行为秩序规范的总和，就是伦理。伦理还蕴含着依照一定原则来规范行为的深刻道理，即做人的道理，包括人的情感、意志、人生观和价值观等方面。

管理与伦理存在着很强的内在关联性。一方面，管理作为人类社会活动的一种形式，当然离不开伦理的规范作用；另一方面，任何持续影响全社会的团体行为或专业行为，都有其特殊的内在伦理要求，企业和项目组织的生产经营管理也不例外。

管理与伦理结合就是“管理伦理化”或“伦理化管理”，它与传统的管理方式相比存在明显的区别，主要表现为：

(1) 不再以利润最大化为唯一经营目的

传统管理以利润最大化为目的，单纯从企业自身利益而非社会整体利益来看待企业目的。伦理化管理则把企业作为社会一份子所肩负的使命来界定企业目的。讲求伦理的企业倾向于追求好几个目标，既追求利润，也追求范围更广泛的、意义更深远的理想。在追求理想的同时又得到了利润，它们两方面都做到了。

(2) 坚持以人为本的理念，尊重人在管理中的价值和作用

管理中对人的认识从早期的“机器人”、“经济人”发展到“社会人”、“复杂人”、“自我实现人”，取得了明显的进步。传统管理之所以认为人重要，是因为人是一种弹性最大、具有潜力可挖的资源，是能带来丰厚回报的资源，是实现企业自身利益最大化的工具。伦理化管理尊重人，把人看作目的而不仅仅是实现目的的手段，尊重每个人的尊严、权利、价值和愿望，以人为中心，高度重视人的作用，充分发挥人的创造精神，认为这是企业社

会责任概念的核心。人在实现经济过程的同时，保持个人尊严并达到个人价值的实现。

（3）从注重目标、战略、结构、制度转变为强调企业价值观

目标、战略、结构、制度一直是管理中的关键因素。随着管理与伦理结合，进一步凸现了企业价值观的作用。首先，伦理观是价值观的核心。人们对真假、善恶、美丑等价值观的评判常常会是以善恶观为轴心的。在经营活动中，大量的价值判断都是关于“应该不应该”，即“善”或“恶”的。例如，是“质量第一还是假冒伪劣”，是“为顾客着想还是坑蒙拐骗”，是“爱护员工还是忽视安全”，是“公平竞争还是不择手段”，是“关心社会还是对社会不闻不问”等，都是“善恶”问题。其次，价值观有崇高和庸俗之分。伦理化管理所说的企业价值观，正是崇高的价值观。如P&G公司的核心思想是：一流的产品，不断自我完善，诚实与公正，尊重和关心人。IBM公司所坚守的信念是尊重人、一流服务、追求卓越。追求崇高的价值观，实际上也就是用道德的高标准来要求自己。

（4）注重所有利益相关者的利益

伦理是处理“人”、“己”关系的规范，管理与伦理结合，使人们对企业经营中各种“关系”的认识有了变化。人们发现，企业的所有决策，不仅会给企业及其所有者带来利益或者损失，而且会对其他利益相关者产生正面或负面影响。企业与利益相关者之间存在着相互依赖关系，企业离不开所有者、顾客、员工、供应者、政府、社区、公众，而后者也能从与企业的合作中获得好处。企业甚至需要竞争者，竞争可以促使企业更快地发展。所以，协调各有关方面，注重所有利益相关者，是企业经营管理中应持的正确态度。考虑利益相关者的利益是一种责任，它要求企业在实现所有者利益目标的同时，能合乎道德地对待其他利益相关者，使他们的需要也得到满足。

（5）从遵纪守法到德法并重

通常认为，只要不违法，做什么、怎么做都行。管理与伦理结合，对管理带来的最显著变化是：仅仅守法是不够的。不考虑伦理的企业，关心的是在合法的情况下能做什么。企业之所以不做某些事，是因为害怕受到法律的惩罚；员工之所以做或不做某些事，是命令、制度使然，服从命令、遵守制度可以获得承认、奖赏，否则，则会受到批判、处罚。这只是一种他律。管理与伦理结合，则要求企业通过管理措施营造良好的道德环境，使企业成员认识到什么是应该做的，什么是不应该做的，并以这种认识指导自己的行为。员工做或不做某件事，不仅仅因为奖惩，而且还因为感到那样做是道德的或不道德的。传统管理把讲究道德与追求利润对立起来，伦理化管理则认为，追求利润是企业的责任，讲道德同样是企业的责任，两者不能偏废，应该是两者兼得。

（6）从注重管理技巧到注重道德修养

管理与伦理结合，要求企业及其成员不断提高道德素质。技巧是末，修养是本，不能本末倒置。技巧应该是道德修养前提下的技巧，要从玩弄技巧转变到注重道德修养上来。管理者真正重要的是要做到处事公正，尊重人，为他人着想。做到了这些，哪一种技巧都能收到效果。即使方式方法不是很妥当，也会得到下属的谅解。否则，再注意技巧，也不能使下属心悦诚服。

伦理管理的内容主要有三个方面：

（1）以人为本的人力资源伦理管理；

（2）以诚信为本的经营伦理管理；

（3）以可持续发展为本的生态伦理管理。

伦理管理具有自身的特点，即全方位性，层次性和恒久性。

全方位性体现在两个方面：一是管理内容的全方位性。对内企业要实行人本伦理管理，全方位地尊重员工的人权；对外在企业与顾客、企业与社会之间寻求和谐的伦理关系，实行全方位的质量伦理管理；在企业与自然之间要尊重自然，保护环境，实行全方位的生态伦理管理。二是管理目的的全方位性。内容的全方位性也就决定了目的的全方位性，21 世纪是保护环境和满足消费者各种需求的世纪，企业必须通过全方位伦理管理做到：

让顾客满意，满足消费者的一切合理要求；让员工满意，创建强有力的企业文化，尊重员工的基本人权，增强员工的向心力；让股东满意，消除渎职，减少挥霍，保证资产保值增值；让经营者满意，杜绝欺诈，加强信用，与相关企业建立良好关系；让社会满意，增进社会福利，承担社会责任；让世界满意，树立全球观念，尊重异邦文化，维护世界利益；让地球满意，尊重自然，减少污染，保护生态环境。

就层次性而言，综合社会契约论认为，企业是由社会各方按契约组成的一个利益共同体，规范该利益共同体行为的契约存在两个层次：宏观社会契约提供了全球性规范（最高规范），而微观社会契约提供了社团规范。由此认为企业伦理管理也需要分为三个层次进行：

（1）普通伦理。普遍适用于世界上所有人的最高伦理规范。它包括：核心的人权、尊重所有权的尊严的义务以及维持自然和社会可持续发展的义务。也就是说企业必须通过普遍伦理管理，来尊重和维护人们的人身自由权、财产所有权、生存权、人身安全及健康权、政治参与权、知情权和发展权，保护环境，消除污染，维护和平。

（2）民族伦理。管理离不开一个国家或民族的文化背景和社会状况，管理必须和民族文化相结合，企业伦理管理更应如此。东西方文化存在很大区别，其社会道德伦理也各有特点，因此，企业伦理管理不能离开本国、本民族的国情、民族性和文化特色。

（3）职业伦理。伦理管理除了要符合其普遍性和民族性的要求外，还必须以职业道德为基础，实行职业伦理管理，以建立高于普遍伦理和民族伦理的具有企业自身文化特点的职业伦理，职业伦理也称之为企业个性伦理。

恒久性包括三方面的含义：

（1）作用的深刻性。伦理管理不同于经济管理，它直接指向人的精神世界，通过改变人的思想价值观念来控制、调节人的行为，从而控制、调节企业的行为。因此，它所解决的是企业深层次的问题，它的作用也是深刻的：一方面它使企业成为一个具有高度凝聚力的和谐大家庭，另一方面它为企业的长期持续的成长创造一个和谐的外部生态伦理环境。

（2）效益的长远性。企业伦理管理的效益不能着眼于短期，而只能立足于长远。其效益指标已不再仅以货币计算，而是以为此而获得的信用、声誉和企业成长的可持续性来衡量。也就是说，实施伦理管理，企业短期内可能为此要付出昂贵的代价，但长期所换来的却是宝贵的信用、声誉和企业可持续性的成长。

（3）实施的坚持性。要管好一个企业，就是要管好它的未来，企业伦理管理就是对企业未来的管理。因此，要使企业有持续的未来，必须长久坚持伦理管理。企业伦理管理作用的深刻性和效益的长远性也决定了它实施的长久坚持性。

2 国际工程项目伦理管理

2.1 一般概念

自然而然地，国际工程项目管理作为管理学的一个分支，也与伦理有着密不可分的联系。将伦理道德引入项目管理中，依照伦理道德的规范要求来进行项目管理，这就是项目的伦理管理。它既是项目管理的一项工作内容，也是提高项目管理水平和成效的有效手段，因此在项目管理中起着必不可少的作用。

从国际工程项目所处的社会环境和时代背景来看，当今时代是一个飞速发展变化的时代，经济全球化，知识爆炸，信息技术革命，地区动荡，政治和教派冲突，恐怖主义，贫富鸿沟，分配不公，环境污染，生态失衡，信仰危机，人心浮躁，个性张扬，价值多元，道德沦丧等，是这个时代的代名词。而贪婪、堕落、欺诈和腐败等丑恶现象，在当今社会也早已是司空见惯层出不穷。处在这样一个复杂多变的社会时代，哪些是项目管理者团队及个人仍应坚守的最基本的伦理道德底线，还要不要坚守以及如何坚守？什么是适应环境条件变化需要而新建立的伦理道德规范以及如何接受之？这是项目伦理管理首先要面临和回应的问题。

就国际工程项目的内在要求来说，管理目标的多重性，管理手段的人性化，管理团队的组织与文化建设，以及项目所面临的社会压力和竞争形势，都凸显了伦理在项目管理的重要性和必要性。

具体到一个项目，如果说法律、制度、合同是处理项目内外干系人关系和行为的刚性规定，那么项目管理伦理就是项目对处理这些干系人关系和行为的柔性规定。项目的伦理管理贯穿于项目的经营管理活动中，包括管理伦理、经营伦理、竞争伦理、质量伦理、职业伦理、社会责任伦理和环境伦理。在项目的经营管理过程中实施伦理管理，作为项目管理的重要内容和手段，体现出项目管理理念的先进性、内容的丰富性和方法的现代性。通过实施伦理管理，有利于提高项目管理团队的伦理意识，协调处理好各种关系，包括项目干系人、义与利、整体与局部、长远与当前、竞争与合作、项目管理行为与其行为责任的关系；有利于项目确立整体价值观和精神追求，增强项目的凝聚力；有利于使项目团队成员个人明确善恶、是非、正义非正义，树立正确的人生观价值观，增加员工对项目的认可度、归属感和向心力。

因此，在实施国际工程项目管理过程中，管理者应以社会公认的伦理道德规范为基础，根据项目的自身特点和要求，建立健全项目管理的伦理道德体系并切实践行，无论是在确立项目的文化价值观、经营目标和理念，制定管理制度和设置岗位职责时，还是在应对人力资源、社会和自然环境问题上，都应符合伦理道德的要求，协调处理好项目与各利益相关方的关系，包括与项目团队成员、公司总部、业主、设计咨询、分包供应商、当地政府和社会等方面，建立并维系项目管理的高效和谐运转，最终全面实现项目经营的综合目标。

项目管理伦理的内容主要包括管理组织（项目部）和管理者个人的伦理规范。

就项目组织来说，项目部是根据企业法人授权建立的项目经营实体，因此应全面忠实地贯彻执行企业的经营理念、战略、方针、政策、制度、指令等，完成企业下达的经营目标，自觉维护公司的品牌形象，在伦理上体现项目部对企业的忠诚。

同时，项目部经授权对外要签订各种各样的合同并加以执行，因此在签订和执行合同过程中，项目部要秉持平等自愿、诚实信用、公平公正、善意合作等原则，自觉履行自己的合同义务，并全力维护自身的合同权利。在具体的合同行为表现上，无论是作为业主方还是承包方，既不能低三下四，唯唯诺诺，有失人格尊严，也不能颐指气使，蛮横无理，不顾人际交往礼节。凡此种种，要在伦理上体现项目部的契约精神。

项目部在管理过程中，要充分重视员工的作用和价值，挖掘员工潜力，鼓励员工创新，并尊重员工的生命、自由、财产权及其生活方式、民族习惯和信仰自由，保护员工的隐私和尊严，保障员工其他应有的权利，在处理劳动报酬和与员工有关的其他问题上做到公平、公正和宽容，关心和解决员工在工作生活中遇到的问题和困难，丰富员工的业余文化生活等，在伦理上体现项目部以人为本的管理理念。

项目部在对外关系中，要自觉遵守项目所在国的法律法规，尊重当地社会的民族习惯和宗教信仰，尽量采用当地员工和市场供应，促进当地经济发展和社会稳定，保障当地员工的正当权益，热心参与当地公益事业，与当地社会民众友好和谐相处，妥善处理与当地民众或组织不可避免的矛盾和纠纷，最大限度地减少对当地居民生活的干扰和对周围自然生态环境的破坏等，在伦理上体现项目部的社会责任担当。

项目管理团队中的成员个人，兼具自然人和社会人的双重身份。作为自然人，对团队成员有“独善其身”的伦理道德要求。对项目管理团队每一个成员自身来说，要树立正确的世界观、人生观和价值观；要在对自身的客观认识基础上提高自我认可度，在人格上做到自信、自尊和自爱；要有豁达开朗的性格，坚强的意志和坚定的信念，要有自省自律持续进步的能力，要有高尚的生活情趣和简朴的生活方式等。

作为社会人，团队成员要与家庭、周围人们（朋友、同事、对手、其他人等）、项目部和相关方及社会整体进行交往和联系。

对于家庭，团队成员要处理好与其家庭各成员的关系，包括对配偶的忠贞和关爱，对子女的抚养爱护，对长辈的尊敬孝顺和对兄弟姐妹的支持帮助等，维系家庭的和睦和人伦亲情的持久，对整个家庭要有奉献和担当精神。需要特别指出，对于一个国际工程项目管理团队成员来说，由于通常要长期远离故土亲人，要尽到其家庭成员的应有责任和义务，维系家庭和睦完整，实属难能可贵。

团队成员在同周围的一般人际交往中，应做到为人诚实可靠、磊落坦荡，常怀善良、宽容、同情和感恩之心，多行慷慨助人之举，做到既能与人之间相互理解和尊重，又敢于在是非、正义非正义等原则问题上仗义执言，感情上珍视人际间的友情，态度上愿意与人合作，行为上懂得礼让他人等。而作为国际工程项目管理团队的成员，在不同民族的人际交往中，做到相互理解彼此尊重，显得尤为重要。

团队成员在处理与项目部及项目相关方的关系时，当项目的整体利益与自己的个人利益发生冲突时，应以项目的整体利益为重；要树立团队意识，主动融入团队之中，重视团队的智慧和力量，注重与团队其他成员间的团结合作和支持配合；要服从上级领导的工作安排，遵守团队的制度和纪律，爱岗敬业，切实履行好自己的岗位职责。在与相关方的交往中，要注意保守项目的商业机密，尽力维护项目的利益和形象，并自觉履行项目的合同义务。

在团队成员处理与社会整体的关系中，这里所说的社会整体具有多重含义，既是指项目所在地四周小范围的社会群体，也是指项目所在的国家和成员自己的祖国，以及整个人类社会乃至整个地球的一切生物。团队成员要了解和尊重当地民众的生活习俗和宗教信仰，平等善待在项目上工作的当地员工，为当地民众提供力所能及的帮助，积极参与当地公益慈善活动，爱护动物，保护环境；要自觉遵守项目所在国的法律法规，热爱自己的祖国，不做有损国格人格的事，关注全球范围内政治、经济、民生、宗教、教育、环保等方面关乎全人类共同命运的重点和热点问题。最为重要的是，团队成员应心怀对苍生万物的悲怜之情，这是他作为地球的一份子的最高思想境界和情怀，也是为人的最高伦理道德标准。

2.2 步骤和方法

实施项目伦理管理的步骤和方法是：

2.2.1 树立全员伦理管理意识

项目伦理管理作为现代项目管理的一种新理念、新内容和新方法，很难说就已经被管理团队所完全认识和接受，不免出现有的是闻所未闻或有的存在这样那样的误解的情况。因此，要采取培训、宣贯等多种形式普及伦理管理知识，使全体团队成员对伦理管理的实质、范畴、方法及其重要意义等有全面系统的认识，让伦理管理的理念牢牢扎根于团队成员的意识中，进而转化为其日常管理工作中的自觉行动。

2.2.2 制定伦理管理计划

伦理管理计划应由项目经理负责领导制定，计划内容包括项目对伦理管理的总体认识，伦理管理的理念、方针和预期目标，伦理管理的组织体系，预计的资源投入计划，伦理管理的制度体系，伦理管理的具体措施和行动计划，伦理管理效果评价的频度、标准和方法等。它是指导项目伦理管理的纲领性文件。

2.2.3 建立和实行伦理制度准则

包括项目部处理各方面利益相关者关系的行为准则，员工的职业操守准则及违规处罚规定等。单就建立伦理制度准则而言，有两种途径：一是将伦理道德要求贯穿于各项管理制度中；二是制定专项的伦理制度准则。实际制定过程中，可以二者择其一，或者兼而用之。

伦理管理制度体系的关键是落实，实行伦理管理制度准则包括自觉执行和监督执行两种情况，以自觉行动为佳。

2.2.4 项目经营决策中的伦理评估

通常在项目经营决策过程中，主要考虑从技术、质量、时间和经济等几项因素，一项决策是否科学合理，主要是综合考虑其技术上是否可行，质量上是否有保证，需要花费多少时间和经济成本等，并预估实施这一决策可能取得的时间和经济效益。

将伦理评估引入决策过程中，就是要在决策过程中不仅要综合考虑上述诸多因素，而且要考虑其伦理代价和预期的伦理效果，也就是说，这一决策是否符合项目的管理伦理要求？如果实施这项决策，其结果在伦理上对项目部的影响是正面的还是负面的，影响的程度有多大？一些行动可能时间和经济效益显著而伦理代价小；一些行动可能时间和经济成本小而伦理效果是巨大的。所以，决策过程中一定要慎之又慎，避免顾此失彼、因小失大。

2.2.5 伦理管理效果的评价

根据伦理管理计划的时间要求，组织对项目的伦理管理取得的成果进行阶段性评价。

评价标准可能是量化的刚性指标，也可能是定性的柔性指标。评价的方式也多种多样，有精确的数据计算和评价，也可通过召开专题会议或问卷调查的方式进行评价。

2.2.6　伦理管理的持续改进

毋庸置疑，项目管理是一个开放的系统，需要持续的改进。伦理管理作为项目管理的子系统，也是一项开放的持续改进的活动。通过上述的伦理管理评价活动，可以总结伦理管理取得的积极成果，也可以发现实施过程存在的问题和不足。针对这些问题和不足，提出相应的改进措施并付诸实施，以使项目的伦理管理逐步走向成熟和完善。

最后值得一提的是，伦理规范具有民族性、区域性和时代性特点。在国际工程领域，项目内部员工和外部干系人中，必然有来自不同民族和区域的人。因此，项目管理的伦理问题尤为复杂，人们之间不可避免地会因为伦理规范不同而发生误解、矛盾和冲突，这无疑增加了项目伦理管理的难度。这是国际工程项目管理在伦理方面与国内不一样的地方。

第 3 节　国际工程项目管理中的文化问题——项目文化

1　文化的基本概念

1.1　文化的定义

文化是一个非常广泛笼统的概念，广义地说，是人类在社会历史发展过程中所创造的一切物质财富和精神财富的总和，是人类的一种社会和历史现象，包括显性文化即物态文化，和隐性文化即制度、行为和心态文化。其中，物态文化是人类的物质生产活动方式和产品的总和；制度文化是人们在社会实践中形成的各种社会行为规范；行为文化是人际交往中约定俗成的以礼俗、民俗、风俗等形态表现出来的行为模式；心态文化则是人类在社会意识活动中孕育出来的价值观念、审美情趣、思维方式等主观因素，也即通常所说的精神文化、社会意识等概念，它是文化的核心。

1.2　文化的功能

文化具有整合、导向、维持秩序和传续的功能。

文化的整合功能是指它对于协调群体成员的行动所发挥的作用，就像蚂蚁过江。社会群体中不同的成员都是独特的行动者，他们基于自己的需要、根据对情景的判断和理解采取行动。文化是他们之间沟通的中介，如果他们能够共享文化，那么他们就能够有效地沟通，消除隔阂，促成合作。

文化的导向功能是指文化可以为人们的行动提供方向和可供选择的方式。通过共享文化，行动者可以知道自己的何种行为在对方看来是适宜的、可以引起积极回应的，并倾向于选择有效的行动，这就是文化对行为的导向作用。

就维持秩序的功能来说，文化是人们以往共同生活经验的积累，是人们通过比较和选择认为是合理并被普遍接受的东西。某种文化的形成和确立，就意味着某种价值观和行为规范的被认可和被遵从，这也意味着某种秩序的形成。而且只要这种文化在起作用，那么由这种文化所确立的社会秩序就会被维持下去，这就是文化维持社会秩序的功能。

文化的传续功能是说，从世代的角度看，如果文化能向新的世代流传，即下一代也认同、共享上一代的文化，那么，文化就有了传续功能。

2 项目文化

2.1 定义

项目文化是在项目建设过程中逐步形成的，并被参与项目建设的组织成员所认同的一次性组织文化，包括具有项目自身特色的共同文化观念、道德规范、价值观和行为准则等意识形态以及项目的物质形态。

2.2 层次

根据文化的结构层次理论，也可以将项目文化划分为如下四个层次：

（1）项目文化的物质层，也叫物质文化，由项目全体参建人员共同创造的产品和各种物质设施等构成，是以物质形态显现出来的表层项目文化，包括两个方面：一是工程项目产品本身，如项目的规模、布局、造型、特色、包装等，以及工程的建造质量和服务；二是建造过程中采用的技术、设备、材料、工艺、现场的设施和风貌等。

（2）项目文化的行为层，也叫行为文化，是全体员工在经营管理、工作劳动和生活娱乐中产生的活动文化，体现出项目的团队精神、价值观、工作作风、精神面貌、人际关系和生活情趣。

（3）项目文化的制度层，也叫制度文化，包括项目组织机构和项目规章制度，具有共性和强制的行为规范要求。

（4）项目文化的精神层，又叫精神文化或心态文化，包括价值观念、思维方式、审美情趣等。精神文化相对物质文化、行为文化来讲是更深层次的文化现象，在整个工程项目文化系统中处于核心地位，是物质文化、行为文化的升华，属于上层建筑范畴。

2.3 作用

项目文化通过共同的管理理念、价值观念和经营目标对项目团队发挥引领作用。管理理念决定了项目管理者的思维方式和处理问题的原则，项目共同的价值观念规定了项目的价值取向，经营目标指明了项目团队努力的方向。项目团队如果通过项目文化建设形成共同的管理理念、价值观念和经营目标，就能顺利理解和接受项目管理的思维方式和处事原则，在对事物的评判上容易达成共识，并能够齐心协力地朝着一个明确的共同目标努力奋斗。

项目文化通过完善管理制度和道德规范对项目团队发挥约束作用。项目管理各项规章制度是项目文化的组成部分，也是项目内部的法规，对整个团队都具有刚性约束力，大家都必须遵守和执行。项目的道德规范是从伦理关系的角度来约束项目团队的行为，形成柔性约束力。如果人们违背了道德规范的要求，就会受到舆论的谴责，心理上会感到内疚。

项目文化具有增强团队凝聚力的作用。项目文化通过建立执行以人为本、团结合作的理念，来营造一种团结友爱、相互信任的和睦气氛，强化团体意识，形成团结协作的团队精神。共同的价值观念形成了共同的理想信念和奋斗目标，在项目全体员工之间形成强大的凝聚力和向心力，使之凝结成一个命运共同体。不仅如此，项目文化还能发挥激励作用。因为共同的价值观念使每个员工都感到自己存在和行为的价值，而自我价值的实现是人的最高精神需求的一种满足，这种满足必将形成强大的激励，激发员工加倍努力工作。

不可否认，在项目团队内部之间，由于各种原因难免会产生一些矛盾，项目与业主、咨询、分包、企业总部、自然和社会环境等之间，都会存在不协调、不适应之处，项目文化中的价值理念和行为规范能使团队正确地看待矛盾问题，自觉地约束自己，恰当调整处理各种矛盾和关系。另外，团队成员个人长期处在相对封闭狭小的空间，工作压力大，生活单调，难免在情感、心理和生理上出现这样那样的问题。作为项目文化中物质层及审美情趣的一部分内容，优美的现场工作生活环境、丰富多彩又健康向上的业余文体活动，可以调节员工的情绪，有利于员工的身心健康。所有这些正体现出项目文化的调适作用。

工程项目具有一次性特点，项目文化与项目相伴相随。项目一旦结束，项目部解散，该项目的文化便不复存在。但是，文化作为一种历史现象，是社会历史的沉淀物。首先说，一个项目的文化不是凭空产生的，总是在某种程度上带有先前项目团体或个人的文化因子。其次，一个项目的文化作为一个整体虽然随项目的结束而消失了，但是却可以作为项目团队成员的一种碎片性的经验积累而保存下来，并可能以某种方式在其他新项目上显形，也可以传承到新的项目团队成员身上，使传统的项目文化得以发扬光大。正是从这种意义上说，项目文化是可以传续的。

3　项目文化建设

3.1　概述

以上所述的都是项目文化一般意义上的积极正面作用，但实际情况也有例外。我们说，项目文化是在项目建设的过程中产生的。而产生的方式有两种：自然产生和有意引导产生。如果我们不关注项目文化的建设管理，任由其产生和发展，这样一种文化形态未见得就是优秀的先进的项目文化，也未必能对项目建设管理起到积极正面的作用。有的项目上奉行“一切向钱看”的价值观；有的项目上盛行偷工减料、弄虚作假、野蛮施工的做法；还有的项目上团队成员之间勾心斗角相互猜忌，缺乏起码的团队合作精神，凡此种种，显然都是项目文化中的糟粕。但是，如果我们能认真对待项目文化问题，正确认识到项目文化对项目建设管理的重要性，那么我们就会采取适当措施，引导建立一种积极健康的项目文化，以有利于项目的建设管理工作。这正是项目文化建设的意义所在。

就项目文化与总部企业文化的关系来说，项目文化孕育于企业文化之中，从属于企业文化，并构成企业文化必不可少的组成部分，也是企业文化在特定时期、特定地域和特定项目上的具体体现。因此，加强项目文化建设，既是发扬企业优秀文化传统、不断丰富和发展企业文化内涵的迫切需要；又是提高企业发展质量、增强企业核心竞争力的内在要求；更是彰显企业风范、维护企业品牌的重要举措；同时还是增强项目团队与企业总部联系的情感纽带。

就其与项目自身的内在关系来说，项目文化是现代建设项目管理中出现的新理念、新内容，新途径和新方法。现代项目管理理论认为，项目文化是项目的核心竞争力。因此，加强项目文化建设是提高项目管理水平、提升管理效益、增强企业竞争力、实现项目经营目标的内在需要。在物质层面，可以通过项目文化建设来营造和谐气氛和良好环境，提高项目的技术、工艺和装备水平，保证工程的建造和服务质量。在精神层面，可以通过项目文化建设来增强项目团队活力，培育项目团队精神，增强员工凝聚力和向心力，发挥员工积极性创造性，同时规范员工的行为和职业操守，增强对员工的制度约束力。

3.2 基本内容

加强项目文化建设的基本内容，包括项目的物质文化建设、精神文化建设、制度文化建设和行为文化建设。

在物质文化建设方面有以下三项内容：①项目质量文化建设，包括三方面的工作，一是要保证项目的设计建造内在质量满足合同的要求；二是要保证为业主提供优质的服务，达到业主的满意；三是项目产品要体现一定的文化和精神内涵，在外观布局、造型等方面不仅方便实用而且具有审美效果，给人以美的文化享受。②技术装备文化建设，要在经济合理技术可靠的条件下，在建设过程中注重开发、引进和应用新技术、新设备、新材料、新工艺、新产品。③现场环境建设与文明施工，通过优化美化施工现场及员工办公生活设施环境布局，有利于愉悦员工心身，提高其工作效率，并展示出良好的项目品牌形象。

在精神文化建设方面，要以实现项目综合经营目标为目的，根据项目自身的特点以及项目组织、人员、设施等状况，确立项目的经营理念，倡导建立与之相适应的价值观，并使之深深扎根于每一个项目员工的心中，成为他们坚信不疑的精神支柱。项目的精神文化要体现人本理念、诚信原则、责任意识、合作精神、敬业态度和和谐氛围，要将完美履行合同，全面完成企业下达的经营目标与项目员工的价值实现及项目的社会环境责任结合起来，成为项目团队共同认可的经营理念和价值追求。

在制度文化建设方面，就是要将项目组织、运营、管理等一系列行为规范化和制度化，包括建立健全各项规章制度和办事流程，通过多种形式培养团队的规则意识，重在遵照执行。制度文化建设是开放的系统，需要循序渐进逐步完善。

在行为文化建设方面，包括项目经理的行为文化和项目员工的行为文化建设。结合项目的伦理管理，根据项目精神文化所确立的经营理念和价值观念的要求，建立完善的项目经理和项目员工行为道德规范，并在项目管理和员工工作生活中切实践行。行为文化建设要提倡并强化一种积极进取、乐观向上、团结奋斗、顾全大局、勇于担当的精神风貌和行为表现。

3.3 程序步骤

项目文化建设的一般程序步骤是：

（1）建立组织管理机构，通常应该由项目经理担任机构领导，项目人力资源部门负责管理执行；

（2）进行项目文化建设总体策划，形成文化管理策划书；

（3）收集相关资料，开展对企业总部和项目的分析认知；

（4）建立项目文化体系；

（5）建立或改善项目文化的视觉系统，营造氛围，增加项目员工对项目文化初步的感性认识；

（6）开展多种形式的宣传和教育培训活动，增加员工对项目文化体系全面系统的认识和认同；

（7）践行项目文化体系，使之转化为项目团队全体成员的自觉行动；

（8）项目文化建设的动态管理，包括持久践行、效果评价和持续改进等。

3.4 应注意的问题

在项目文化建设过程中应注意以下几个问题：

（1）项目文化作为企业文化的延伸和组成部分，要与总部的企业文化相协调，不能与企业的经营哲学、价值观念、企业精神、品牌形象等背道而驰，也不能改变或降低总部对项目经营目标的要求。同时还要结合项目自身的特点，考虑项目的实际环境因素，构建独具特色的项目文化。

（2）要注重项目经理在项目文化建设中的组织领导作用和表率作用。项目经理是项目的第一负责人，理应成为项目文化建设的首要组织者和领导者。如果项目经理不重视不支持项目文化建设，这项工作就无法顺利开展。同时，项目经理处在项目管理的中心位置，应该对项目的认识最为全面深刻，最清楚完成项目目标需要什么样的文化。他可以通过选用团队成员，制订各种规则、程序、工作模式，以及自己的言行举止、工作作风和精神风貌来倡导和培育他所期望的项目文化，因此项目经理也是项目文化的倡导者、培育者。优秀的项目经理在项目团队中具有强大的号召力和感染力，项目经理在文化建设上真抓实干，团队员工必然积极响应，所以项目经理更是项目文化建设的有力推进者。项目领导的文化建设是项目文化建设重要内容，核心是项目经理的文化建设。项目文化建设体系一旦建立，项目经理要率先遵照执行，凡是要求员工做到的，项目经理不仅首先要做到，而且要做得更好，要起到应有的率先垂范作用。

（3）项目文化建设策划要与管理策划同步进行，成为管理策划内容的一部分；建设过程也要与管理过程同步进行，自始至终融入项目管理实践中。这项工作越早开展越有成效。如果在项目已经进展到中途，某种不良的文化早已在项目上根深蒂固泛滥盛行，此时再开始项目文化建设，试图扭转这种局面就很难了。

（4）项目文化建设要采取多种形式但又不唯形式，形式要为实效内容服务。项目文化建设不是简单的贴标语喊口号，搞政治运动；也不是一阵风走过场，弄虚作假，突击应付检查。项目文化建设需要文明施工、文体娱乐活动和思想政治工作，但又不仅仅是简单地等同于这些事情。项目文化建设具有丰富的内涵和积极重要的作用，需要项目全体员工深刻认识、全面把握和积极参与，将其变为员工的自觉意识和自觉行动，持之以恒地加以践行，才能真正发挥项目文化建设的应有作用。

4 国际工程项目文化

4.1 面临的问题

国际工程由于地处国外，参与项目的相关方和个人通常来自世界不同民族和地区，其项目文化具有自身的特点。我们说，文化不仅具有群体性、历史性，而且还有民族性和区域性。不同的民族和地区形成的文化各具特色，换句话说，相互间存在文化差异。

国际工程项目文化突出特点是文化差异性，这种差异性表现在两个方面，一是项目文化与周围其他群体文化的差异，二是项目内部成员间文化背景的差异。文化差异自然会导致文化冲突，造成彼此误解和矛盾，增加了人际交往和关系处理的困难。以笔者长期国外工作的经验举一个简单的例子，在对外人际交往中，中国人通常表现得比较含蓄，对双方探讨的问题无论内心是赞同还是反对，一般不会直接明确表示出来，而是一笑而过。这在一些外国人看来是非常不严肃的行为，甚至误以为你是在嘲笑他，结果往往因此而闹得不欢而散。

国际工程项目文化建设面临的第二个问题是，项目员工长期远离祖国亲人和企业总部。这种现实情况，一方面使员工无法体会到祖国亲人家庭的温暖，也很难获得总部的信息、福利、机遇、支持和关爱，无形中造成员工与总部、亲人的疏离，增加员工心中被抛弃的孤独感以及对家庭的担忧和负疚感，并可能导致家庭矛盾或破裂。员工身居海外，有时还地处偏远落后，人生地疏，语言不通，感情压抑，独自面对工作、生活、家庭和个人身心方面的问题，凡此种种，难免造成心理问题。另一方面，这也增加了企业总部对项目真实情况的了解和监管难度，如果项目团队不能很好地自我约束，就可能造成项目管理的失控，最终给企业带来严重损失。

国际工程项目文化面临的第三种现实情况是，项目员工大都长期工作、居住生活在一起，可以说是形影不离。这会导致截然相反的两种情况发生，而且往往会同在一个项目上出现。一是员工因为长期相处而彼此了解和信任，工作上相互支持配合默契，生活上相互帮助照顾，建立了深厚的个人友谊。二是正因为相处久了，各种个人的性格、脾气、缺点也逐渐暴露出来，如处理不当，员工之间就容易产生矛盾纠纷，破坏项目团结和谐的氛围。甚至有些人拉帮结伙，干违法乱纪、有损项目利益、有损人格国格的勾当。

4.2 解决措施

上述所有这些情况反映出国际工程项目文化建设所面临问题的复杂性，也凸显了在国际工程中实施项目文化建设的重要性和必要性。针对国际工程项目面临的特殊复杂情况，项目文化建设除了上述一般项目文化建设的内容和程序步骤外，还要采取更多的综合性的措施。

针对项目文化面临的差异性，解决的办法有两条：一是换位思考，尊重这种差异性的存在，用对方可以接受的行为方式与其进行交往；二是将不同文化融合调适成各方都能认同的统一的新文化。前者较适合用于处理外部文化差异，后者更适合于处理内部文化差异。二者的基础和前提是对不同文化的认识和理解。

在处理项目与企业总部的关系问题上，要加强二者之间的良性互动。企业要增加对项目的关注度，加大对项目政策、资源等方面的支持和对项目员工人文关怀的力度，切实帮助解决项目管理中遇到的问题，在福利待遇、人才培训、晋升机遇等方面向生产一线倾斜，协助指导项目开展项目文化建设，加大企业文化在项目的宣贯力度和覆盖范围，增强项目对企业的荣誉感、认同感和归属感。同时采用管理、文化、技术等手段，加强对项目的动态监管，发现问题及时督促整改或协助解决，既要给项目一定的灵活自由，又要确保项目始终在圈内运行。项目则要认真贯彻执行企业总部的战略方针制度和政策，做到不越轨不逾矩。要增强项目团队的责任感使命感，为企业分忧解难，并把竭力完成总部下达的经营计划和目标视为项目部义不容辞的责任。要用企业文化统领和构建项目自身的文化建设，增强企业与项目的文化纽带。项目部要将项目的运转情况及时真实的汇报给总部，自觉地接受总部的监管控制。遇到问题和困难积极寻求总部的支持帮助，增加项目对总部的信任和信心。

在处理项目与内部员工的关系上，要通过项目精神文化建设，引导团队成员树立正确的世界观、价值观，正确对待个人利益与项目整体利益；并通过制度文化和行为伦理管理，增强员工的规则意识和自我约束能力；要通过项目物质文化建设，为员工创造优美舒适的工作和生活环境。要加强团队合作精神和和谐氛围的教育引领，及时化解员工之间的矛盾冲突。要关心员工的工作、生活和家庭情况，切实帮助解决员工的实际困难和问题，以增加员工对项目的归属感。

第 4 节　国际工程项目管理中的语言文学问题——工程语言学

1　工程与语言

1.1　语言的定义

语言是人类创造的以语音为物质外壳，由词汇和语法构成并能表达人类思想的符号系统，就其社会功能来说，它是人际交往的工具和承载信息的媒介，主要包括口头语言和书面语言。

1.2　语言在工程中的作用

就项目管理来说，语言是项目管理者与项目干系人进行交往的桥梁，是处理各类管理信息的载体，包括信息的准备、传递、交换和储存等，都离不开语言。

实际上，项目管理者最主要的日常工作是进行人际交往，通过交往来达到信息交流和人际关系沟通协调的目的。甚至可以这样说，他不是正在进行交往，就是走在交往来回的路上，几乎一刻也离不开语言。同时，管理对语言的依赖也是全方位的，换句话说，管理的所有方面都离不开语言。如果说没有语言就没有人类社会，更遑论什么项目管理；那么，管理者语言能力的高低，使用语言恰当与否，则从侧面反映了一个项目管理水平的高低，并影响管理最终效果的好坏。所以，语言在项目管理中具有十分重要的作用，管理者对此应予十分重视。

1.3　管理对语言的要求

既然语言在项目管理中如此重要，那么管理对语言就应该有严格的要求，主要是：

（1）意思表达和信息传递的真实性和准确性。

（2）语言的规范性及规范的多重性。

就是说既要符合语言本身的一般性规范要求，又要符合不同用途的特殊性规范要求，比如合同语言、制度语言、文件语言、技术规范语言、图纸语言等，都有各自的特殊规范要求。

（3）使用语言方式的得体性。

由于人是有感情的动物，人际间的交往交流，往往不仅仅是信息层面的，更内涵感情因素。因此，如果语言的使用方式不恰当，容易造成误解和障碍，就难以达到应有的效果，甚至起到相反的作用。

（4）目的性和时效性。

这是由管理的目的性和时效性要求所决定的。实际上，这些也是项目管理对管理者自身驾驭语言的能力和技巧的要求。

1.4　工程语言学

笔者认为，工程语言学作为工程与语言交叉的学科，应系统全面地研究工程语言的基本理论（如：工程语言的定义、分类、特点、对象、内容、目的、关系、方法、原则、要求、应用范围、作用、意义、起源与发展历史等），建立各类工程语言的特殊规范、标准和格式，提出提高工程语言应用能力的方法和途径等。而国际工程的语言学理论研究所涉及的问题更为复杂广泛。

1.5 国际工程中的语言问题

实践中，国际工程项目管理在语言方面有其特殊性，主要表现在多种语言并存及由此产生的相关问题。

通常在国际工程上可能同时使用的语言有：①项目干系人之间交流使用的工作语言，合同语言（有时与工作语言相同）；②管理者团队自己国家的母语；③项目所在国的官方语言和地方土著语言；④一种或多种来自第三国的其他语种。有些项目合同规定不止一种工作语言，并规定在不同语种发生歧义时要以何种语言为准。

语言具有某种神奇的魔力，能操持同一种语言进行交流的人们，相互间无形中就会产生一种好感和亲近感，自然拉近了彼此的距离。相反，语言不通，人际间仿佛竖起了一堵无形的隔墙。对项目管理者来说，特别是要经常与外接触的项目负责人和关键岗位人员，如项目经理、合同（商务）经理，技术经理、采购经理和行政经理等，掌握一门外语作为工作和合同语言，来直接无障碍地与项目相关方进行交流沟通，不仅可以提高沟通的效率和效果，而且能增进彼此的感情，故而是必不可少的。但是，一个人的母语能力是基础，母语基础不好，很难说能学好用好外语来对外交流。而且，母语在项目部内部沟通上更便捷，能发挥更大作用。另外，为便于工作交流，在项目团队成员中，应有人能使用项目所在国的官方语言，甚至需要学一些简单的当地土著语言，或一些第三国的语言。有些国家还规定，在与其政府部门打交道时，只能使用其官方语言。在这种情况下，掌握项目所在国的官方语言于项目部而言就是必须的了。

国际工程项目上既然有多种语言并存现象，往往随之而来的是不同语种间的语义转换问题了，即语言翻译问题。语言翻译讲究达雅兴，首先要求的是准确。但是，由于受到不同语言各自特点及其他客观因素的限制，要做到这一点又谈何容易！很多东西在一种语言上是弦外之音、言外之意，无论如何都无法简单地转换成另一种语言而被准确地理解成同一个意思，或者勉强一点，意思虽在却韵味全失，亦或是等费了很大的劲儿完全明白过来，却早已是时过境迁了。因翻译问题而造成的歧义、误解、伤害、延误以至更严重的后果，这样的例子可谓屡见不鲜。所以，国际工程项目上的多种语言并存现象，造成管理过程中人际交往和信息转换传递的失真和延时，增加了管理的难度和项目的经济、时间成本支出，降低了管理效率，这是国际工程项目不得不面临的语言困境。

项目团队成员可以通过多种途径来提高自己的外语水平。比如，可以在出国前参加专门的语言培训，也可以平时自学积累。在项目上，项目部还可以根据实际情况组织外语培训。更重要的是，在项目管理过程中的语言环境下，一个员工只要用心，通过不断学习和实践，外语能力就会提高更快，成本更低，效果更好。很多员工在刚出国到项目上工作时，外语无法张口，等到项目结束时就已经能熟练地用外语直接与外方交流了。当然，要真正掌握好外语，功夫不在外语之内，一个人至少应有很高的自身母语能力，甚至应具备一定的文学素养。这就是下面要涉及的国际工程项目管理中的文学问题。

2　工程与文学

2.1　文学的定义

在项目管理中，管理者经常需要写各种各样的文章。而文章是有其内在要求的，所谓文章，文有文法，章有章法。文法要求一个句子应符合语法的规范要求，在一篇文章中注重的是语言的局部细节问题，属于语言学的范畴；而章法讲究的是文章的布局谋篇，是关于文章的总体结构和逻辑安排，似乎已经超出了语言学的范畴。当然，写文章还有许多其他要求。一篇精美的文章则堪称文学作品。

那么，什么是文学？所谓文学，就是形象化地反映客观现实、表现作家心灵世界的语言艺术，它是文化的重要表现形式，属于社会意识形态的范畴。具体地说，文学就是作家以语言文字为工具，采用不同的形式（称之为体裁，一般包括戏剧、诗歌、小说、散文等），以独特的语言特点，来创造性地表现人的内心情感，艺术化地再现一定时期和一定地域的社会生活。而在笔者看来，文学其实就是人学，实质是关于人的生活、性格、情感、命运等的学问。

2.2　文学在国际项目管理中的作用

文学之于国际工程项目管理，由于其与语言的渊源，具备一定的文学素养无疑有助于写好各类文章或文件，也是在国际工程项目管理中学好用好外语的基础。除此之外，文学还有其内在非功利性的间接作用。就是说，它对项目管理不仅具有实用价值，更具有精神价值。

就文学的审美作用来说，文学活动的乐趣就在于，通过审美得到自由享受与审美快感的体验。文学创作与阅读过程中，那种深陷其中、物我两忘、驰骋想象的自由快乐，往往是其他活动无法获得的独特精神体验。而项目管理团队成员一般都是长期远离故土亲人，工作生活在一个相对陌生、孤立、狭小的空间，工作压力大，业余生活单调，内心感情孤独。因此，文学有丰富团队成员的业余文化生活、缓解心理压力、调节个人情绪和丰富个人情感世界的作用。

就文学的认识与教化作用来说，优秀的文学作品作为对人类社会生活的艺术化再现，不仅具有形式美感，更具有深刻的思想性。而现代项目管理奉行以人为本的理念，尊重人的多种需求及其在管理中的价值，管理工作本身又包含选人用人以及大量的人际交往和关系协调处理等。这一切的基础和前提是识人，是对人的客观正确的认识，认识人的性格、需求、能力及其社会属性等。文学作为人学，有助于增加管理者在一般意义上对人和社会的认识，对项目管理间起到间接的正面作用。管理者也可以通过文学，在这种认识的基础上，经过反躬自省，重塑自身的性格、情感、伦理和价值取向，激发其对现实社会、人类命运的深切关注与思考。正是在这种意义上说，文学之于管理者个人，是一种思想境界，一种生活态度和一种存在方式的选择和坚守，有利于管理者形成独特的内在气质和个人魅力，提升其软实力。另外，文学还对整个项目管理团队及其伦理、文化建设具有积极的影响。

文学还可以增进不同社会和民族人们间的相互了解和友谊。在国际工程项目上，管理者通过阅读项目所在地及干系人的民族国家的文学作品，借以间接了解那里的风土人情和民族性格，以及其民族文化精神生活的演变，为沟通思想感情，融入当地社会，建立和谐的工作关系和深厚的个人友谊奠定基础。文学的这种特别的潜在柔性作用，在国际工程项目管理中值得引起注意。

第5节　国际工程项目管理中的法律问题——工程法学

1　法律的基本概念

1.1　定义

法律通常是指由社会认可国家确认立法机关制定规范的行为规则，并由国家强制力（主要是司法机关）保证实施的，以规定当事人权利和义务为内容的，对全体社会成员具有普遍约束力的一种特殊行为规范（社会规范），包括宪法、法律、行政法规、地方性法规、自治条例和单行条例等法律部门。其中，宪法是高于其他法律部门的国家根本大法，它规定国家制度和社会制度最基本的原则、公民基本权利和义务、国家机构的组织及其活动的原则等。法律是从属于宪法的强制性规范，是宪法的具体化，可划分为基本法律（如，刑法、民法通则、民事诉讼法、行政诉讼法、刑事诉讼法、行政法、商法、国际法等）和普通法律（如建筑法、劳动法等）。行政法规，是国家行政机关根据宪法和法律制定的行政规范的总称。

法律是一系列的规则，通常需要经由一套制度（即法律制度）来落实。法律制度是指一个国家或地区的所有法律原则和规则的总称。法律制度从宏观角度来说，与法系的概念比较接近。而法系是指根据法在结构上、形式上、历史传统等外部特征以及法律实践的特点、法律意识和法在社会生活中的地位等因素对法进行的基本划分。

1.2　法系的分类

现代法系一般分为大陆法系和英美法系两种。有些国家则会以他们的宗教法条为其法律的基础。

大陆法系又称欧陆法系、罗马法系、民法法系、法典法系或罗马日耳曼法系，是承袭古罗马法的传统，仿照《法国民法典》和《德国民法典》的样式而建立起来的各国法律制度的总称。大陆法系也被称作成文法，其最重要的特点就是以法典为第一法律渊源，法典是各部门法典的系统的综合的首尾一贯的成文法汇编。其诉讼程序是以法官为重心，具有纠问程序的特点。欧洲大陆上的法、德、意、荷兰、西班牙、葡萄牙等国和拉丁美洲、亚洲的许多国家（包括中国大陆）的法律都属于大陆法系。

英美法系又称英国法系、普通法系或判例法系，是承袭英国中世纪的法律传统而发展起来的各国法律制度的总称。其诉讼程序是以原告、被告及其辩护人和代理人为重心，具有抗辩式的特点，同时还存在陪审团制度。英（苏格兰地区除外）、美国（路易斯安那州除外）、澳大利亚、新西兰、中国香港等国家和地区的法律制度均属于英美法系。

国际法指适用主权国家之间以及其他具有国际人格的实体之间的法律规则的总体。国际法又称国际公法，以区别于国际私法或法律冲突，后者处理的是不同国家的国内法之间的差异。国际法也与国内法截然不同，国内法是一个国家内部的法律，它调整在其管辖范围内的个人及其他法律实体的行为。

国际公法关注于国家之间的关系。作为法律，它有一个很特殊的地位，因为没有国际警察和法庭来处罚不守规则的对象。国际公法的起源来自于国家间的习惯、惯例与条约。

联合国基于联合国宪章与世界人权宣言，是最重要的一个国际组织，在凡尔赛条约失败及第二次世界大战后成立。其他如规定战争行为的日内瓦公约之国际协议以及如国际法院、国际劳工组织、世界贸易组织和国际货币基金组织等国际组织亦为日益壮大的国际公法的一部分。

国际私法主要在于处理涉外或区际民事法律关系中，审判权应该归属何国（或何地），及该使用哪一国（地）的法律。商业活动有着越来越多超越国界的资本与劳力供应移动，以及越来越多的海外贸易。这些都增加了在单一个法律架构外发生争议的机会，以及标准程序的施行性。越来越多的商业活动选择在承认及执行外国仲裁裁决公约之下进行商业仲裁。

欧盟法是第一个且唯一一个超国家法律架构的例子，这是由于欧盟正在寻求以经济的一体化来带动政治的一体化。但随着全球经济整合的持续增加，许多地区也出现了类似合约，尤其是南美洲国家联盟也追寻着相同的模式。欧盟里的各主权国家已透过一套法院与政治组织的机制，将它们的主权整合在一起，要求各成员国及其公民遵守共同的法令规范。欧盟法，正如欧洲法院于 1962 年所说的，以一种国际公法做不到的方式，对其成员国相互间的社会与经济利益形成了“一种新的国际法律秩序”。

国际经济法是指调整国家之间、国际组织之间、国家与国际组织之间、国家与他国私人之间、国际组织与私人之间以及不同国籍私人之间，相互经济关系的法律规范的总称。它是随着各国之间贸易和经济往来日益增长以及国家对贸易和经济活动的干预日益加强而形成和发展的。早在中世纪末期，欧洲主要商业城市就有一些关于国际商业交易的规则。第二次世界大战后，有关国际经济关系的法律规则和制度大量出现 ，并具有了国家之间条约的形式。

国内法（Domestic law）是指由某一国家制定或认可，并在本国主权管辖内生效的法律。国内法包括宪法、民法、诉讼法等。国内法的主体一般是公民、社会组织和国家机关，国家只能在特定法律关系中成为主体。

1.3　工程法学

建设工程作为人类一项有组织、有目的、大规模的经济活动，通常生命周期较长，参与方众多，建设过程复杂，质量要求高，且涉及多方利益和多种学科领域，因此不可避免地会涉及法律问题。由此产生了工程与法律的交叉学科——工程法学。它是以跨学科的研究方法，来系统、综合地研究现代工程营建与政府管制中的法律现象及其规律，其主要特色是学科之间的交叉融合，包括：①法学外学科，即与工程相关的土木、建筑、管理、投资、保险等学科；②法学内学科，即行政法、民法、刑法等部门法学学科。所涉及的主要内容为工程法律的基本理论（如工程法的概念、调整对象、基本原则等）以及与工程建设相关的法律法规体系，涵盖工程建设的从业资格、规划、招投标、建筑、合同、勘察设计、质量、安全、标准化、风险防范、环境保护、企业组织、劳动、税收、反不正当竞争、消费者权益保护、争议解决、法律责任等方面的法律制度。

2　国际工程中的法律问题

国际工程作为跨国的经济活动，相较于国内建设工程，其法律问题更为复杂，所涉及的范围更为广泛。在理论研究方面，国际工程法学问题属于国际经济法学的范围，尚未形成自身独立的系统的法学理论体系。

而在国际工程项目管理实践中，遇到的法律问题通常包括以下几个方面：

（1）多种法律制度并存

国际工程项目管理不仅涉及承包商自己国家的法律，还会涉及国际法、项目所在地的国家法律，也可能涉及一个或多个第三国的法律，这些国家还有可能是“复合法域国家”或“多法域国家”。正是由于多个法系并存，对项目管理者来说，很难做到对相关的这些法律完全收集到。就算收集到一些法律文件，由于受时间和语言等因素的限制，也很难做到真正的准确理解和全面把握。多种法律制度并存导致的第二个问题，是其相互间可能发生的矛盾和冲突。知法难和法律打架问题，增加了项目管理者知法守法的难度和困惑。

（2）法律和合同的执行

尽管有上述问题和困难，管理者在项目经营管理和相关经济活动中，应自觉地尽可能完全遵守相应的法律法规，做到合法经营，不仅包括项目内部的经营管理，也涵盖项目周围自然和社会环境的应对处理。所谓合法经营，就是要求承包商单位和个人的行为资格合法，办事程序合法，行为表现合法。

在项目管理中承包商必然会与相关方签订各类合同协议，这些合同协议依法签订后具有法定效力，管理者应自觉完全地履行其法定责任义务；同时也有权监督合约对方履行其应尽的合同和协议责任义务。承包商如果出现违法违约行为，可能需承担相应的法律或合约责任。同样地，承包商因相关方的违法违约行为而遭受伤害和损失时，也可通过法律和合同手段来维护自身的权利。

（3）争议的解决

解决合同争议的途径应在合同中明确规定，以便在争议发生时遵照执行。通常采取以下途径：①双方友好协商；②第三方调解；③仲裁；④法律诉讼。一般是渐进地采取多种措施，而仲裁和法律诉讼只能二者选其一。

采取第三方调解的，合同协议中应明确调解人的选择方法。采取仲裁的，应确定仲裁地或单位，遵从的仲裁规则。采取司法程序的，应明确规定管辖法庭及适用法律。

（4）法定效力问题

项目合同中用到的特定术语，需在合同中明确定义。合同一般由多个文件组成，如合同协议书、中标函、合同条件、技术规范、图纸、工程量价格清单等，这些文件可能会出现不一致的情况，故需在合同中明确规定文件的效力顺序。项目实施中可能会采用多种语言，相互之间难免会出现翻译或理解歧义，所以需规定主导语言。

（5）法定证据管理

项目在实施过程所形成的各类往来文件和信息，影像资料及实物证据等，在法律合同纠纷处理时都有可能成为真实有效的证据，因此承包商应具备自我保护的法律意识，平时注意这些证据材料的收集、整理和保管，以备不时之需。

（6）法律体系不健全

这似乎与上述的多法系并存相矛盾，这正是国际工程法律问题的复杂性所在。的确，在一些小的、落后的、政局不稳或实行特殊政体的国家和地区，其法律体系并不完善，身在其中甚至要面临恶劣的法律环境。在这样的国家实施国际工程，有可能承包商在遭受侵犯伤害时，无法采取正常的法律手段来维护自身的权益。而且，尽管说法律的作用是维护公平主持正义，但承包商毕竟工作生活在别人的国家，真要遇到法律问题而诉诸司法手段时，当地司法机关和个人可能有意无意会偏向当地人一方，何况他们还很有可能受司法以外的其他干预和影响。当然，也不排除个别无良承包商乘机钻法律的空子，明目张胆地干违法和突破伦理道德底线的勾当。

（7）法律风险管理

法律风险管理包括法律风险源识别，风险分析评估，风险预警防范以及风险实际发生后的处理和补救措施等。

（8）法律合同问题解决难度大

国际工程项目实施过程中一旦出现法律合同纠纷，处理起来过程复杂漫长，成本投入大。有时即便有了最终解决方案或裁决结果，也不一定能完全得到执行，那种得不偿失的例子举不胜举。

（9）广义合法性问题

广义合法性问题是指不仅上述所说的承包商单位和个人合法，项目本身也要合法，项目相关参与方，如业主、咨询、投资、分包、供应商等的主体资格和行为均要合法。广义合法性问题也要引起承包商的注意，否则可能会受之牵连。

（10）法律人力资源管理

法律人力资源管理是指与承包商内部法律专（兼）职人员、社会法律人力资源（如律师个人或单位）的相关问题的处理。

（11）法律纠纷的影响

在国际工程项目管理中遇到的法律纠纷事件，有时不仅仅局限于局部的单纯的法律层面，可能会演变成社会、外交或政治问题，其影响有时可能是国际性的。

第 6 节　国际工程项目管理中的政治问题——工程政治学

国际工程项目管理中的政治问题的基本内容包括：①宏观上，国际工程与政治的相互关系和影响，以及与工程和政治相关联的腐败问题；②微观上，一个具体项目内部的政治问题，即项目的政治管理。工程政治学是对工程与政治相关问题的研究，在学科上应属于政治学与管理学交叉的学科，现简述如下：

1　国际工程与政治

1.1　政治的定义

政治是人类社会中存在的一种非常重要的社会现象，它影响到人类生活的各个方面，其中就包括社会的经济生活和经济活动。现代的政治是从近现代的国家发展出来的，来自于市民社会的兴起。这形成了一种以私人利益为基础的社会关系，从而经济生活对政治生活产生了控制，政治需要从经济中寻求合法性的支持，政治的职能变成了维护经济利益的展开。因此马克思提出，政治是以经济为基础的上层建筑，是经济的集中表现，以政治权利为核心的各种社会活动和社会关系的总和。

就政治与经济的关系来说，经济是整个社会的基础，也是政治赖以存在和发展的基础。政治是经济的反映，是经济的集中表现。一方面，政治的发展最终取决于经济生活的状况，取决于社会生产力的性质和发展水平以及社会生产力与社会生产关系之间的矛盾运动的状况。另一方面，政治对于经济又有相对的独立性，它极大地影响经济的发展，并在一定的条件下决定着生产关系和生产力之间的矛盾运动的状况。政治对经济的作用最经常的是通过国家权力来实现的。

1.2 国际工程与政治

国际工程是一种经济活动，作为生产力发展的物质成果，属于国民经济的范畴，因此必然与政治相互间存在直接或间接的联系和影响。而且国际工程是跨国的，这种联系和影响要更为广泛、深远和复杂。

政治为开展国际工程提供制度保证。一种观点认为，政治是制定和执行政策的过程。通过这种过程来调整社会各方的利益关系，对社会价值进行权威性分配。没有这样的制度政策体系作保证，社会就会处于无序乱套状态，根本无法顺利开展国际工程建设。

良好的政治环境，完备的政治法律制度，可以促进国民经济的恢复和发展，增加市场供应和社会需求，增强经济实力，推动科学技术进步，从而带动国际工程的健康快速发展，此所谓“政治清明，百业兴旺”是也。相反，政局动荡，政权更迭，制度缺失，政治腐败等，导致民不聊生，社会需求和供给萎缩，必然阻碍甚至完全中断国际工程的发展，此所谓“政治黑暗，百业凋敝”是也。这样的例子比比皆是，比如：利比亚卡扎菲政府倒台，导致社会混乱，经济停滞不前，其境内的国际工程一度几乎停顿，中国承包商在该国损失惨重。

国际工程受政治影响来自多方面，这种来自多方影响往往是综合的，很难简单地以好坏或大小来定性，反映出其复杂性。宏观上的政治影响不仅有承包商国家的整体政治状况，也有业主和项目所在国的，以及两个国家间政治外交关系疏密的影响，还有项目其他相关方（如设计、咨询、分包商、供应商等）国家政治的影响。不仅如此，甚至还有来自其他国际政治经济组织、民间组织或他国政府的影响。比如，中国曾在南亚某国投资修建一大型水电站项目，受到一西方国家的干扰，该国政府迫于压力，不得不半途终止该建设项目。中国在非洲开展广泛的投资和工程技术合作，也多次受到一些国家和国际组织质疑和反对。

而且，国际工程还受全球政治气候和政治格局的影响。就政治气候来说，全球政治清明平静，国际工程就可能健康快速发展；区域性气候好，区域内就能顺利开展。否则，全球或区域性的国际工程就会走入低谷。就政治格局来说，以中国国际工程为例，为何中国承包商难以进入西方发达资本主义国家的建筑市场？这里面有很多的原因，其中不排除政治的原因，因为中国仍是发展中国家，采取社会主义制度。

具体到一个国际项目上，政治对国际工程的影响，还表现在相关方国家政府机关和领导人，直接关注或参与某个国际项目的各个方面和各个阶段。这种影响既有积极建设性的，也有消极破坏性的。

反过来，国际工程也会影响到政治，而且是多方政治和政治的多个方面。国际工程对承包商国家的影响，在本书前面“国际工程的意义”一节里已详细阐述，其中大部分是对国家政治的直接或间接影响和作用。

国际工程对项目所在国的政治影响，主要是通过实施国际工程可以引进国外的资金、技术、管理，以弥补自身的不足，可以扩大市场需求，增加供应和就业，改善基础设施条件，促进资源有效利用和生态环境改善，推动社会经济发展，提高人民生活水平，进而维护国家的政治稳定。因实施国际工程而带入的先进政治理念，也可能会促进该国的政治改革和进步。一些项目所在国的政治家，往往以国际工程为手段和筹码，达到自己的个人政治目的。各党派之间也会利用国际工程进行政治角力。国际工程还可能因为环境、资源、劳工、与当地社会矛盾以及政治腐败等问题而引发大规模社会动荡，破坏其国家的政治稳定。

至于国际工程对两国政治关系的影响，总体来说，两国之间开展工程技术经济合作越多、越顺利，两国的经济联系就会越紧密，因此就越能保持和促进两国的政治外交关系的友好健康发展；相反，合作得越少、越不顺利，对两国的政治外交关系就越不利。

当然，国际工程也可能会对其他国家或国际组织产生政治影响。

1.3 工程与腐败

腐败被视为人类社会的毒瘤，其本质是政治权力与经济利益的非法交易。腐败就像瘟疫一样，已经蔓延到社会的各个领域各个阶层，工程领域也不例外，甚至成为重灾区。它如同一个妖艳的美女蛇，使多少经不住诱惑的人拜倒在其石榴裙下。据统计，在中国近年查处的问题官员中，90%以上的人涉及工程腐败。国际工程由于其特殊性，腐败问题更为复杂，值得引起关注和研究治理，内容包括腐败的形式、手段和分布形态，腐败的本质和特性，参与腐败者各方的心理，产生的根源和条件，造成的危害影响，及其预防和查处措施等。

2 项目政治学

2.1 项目微观政治的存在

关于项目的政治学问题，首先说，微观上政治在项目上是存在的。

孙中山先生说：政治两字的意思，浅而言之，政就是众人的事，治就是管理，管理众人的事便是政治。因此说，政治的本质其实就是规范化的社会管理，而社会管理的本质又是“关于社会交往的规则体系”。

这种“规范化”的社会管理主要包括：规范化的社会管理人员的评价与选拔；规范化的社会管理机构及其管理职能的设置；规范化的社会管理程序的制订；规范化的社会管理行为的约束；规范化的自然资源配置；规范化的利益分配法则等。

规范化的社会管理往往具有科学而合理的管理程序、公开而透明的管理内容、清晰明确的管理主体与被管理主体、稳定而持久的管理方式，从而具有更高的管理效益、更低的管理成本、更大的管理规模，更广泛的管理范围、更持久而稳定的管理力度，更高的可预测性。

从人的角度看，项目就是一群人组成的一个小社会，包括管理者和被管者。上述关于政治的本质、内容和作用，在项目这个小社会范围内也是存在、需要和适用的，所以说项目上存在政治。

2.2 项目政治学问题

国际工程项目政治学，或者说项目的政治管理，在笔者看来主要有如下内容：

(1) 项目内部的政治生态，是指一个项目的整体政治理念、风格和氛围等。

一个项目在整体上呈现出民主和谐、团结互助、规则有序、任人唯贤、忠诚勤政、诚实信用、廉洁奉公的氛围；还是喜欢搞山大王一言堂，勾心斗角不团结，裙带关系严重，规则意识淡薄，弄虚作假，瞒上欺下，言而无信，项目经理平庸化、庸俗化，项目组织懒散瘫痪，损公肥私，腐败盛行等，反映出一个项目的政治生态。

总体上说，前一种情况是清明的政治生态，有利于项目管理；后一种是黑暗的政治生态，对项目管理起负面作用。现实中，往往是两种情形的不同组合，呈现出多样的政治生态样貌。

值得一提的是，项目的政治生态是通过项目中人的具体行为展现出来的，而不是写在纸上给人看的东西。项目管理中要研究如何创建有利于项目顺利实施的微观政治生态环境。

（2）权利结构，指项目管理的组织机构设置的形态和相应的岗位职责定义。

（3）政治规范，包括项目的组织规范、制度规范和行为规范。

其中，组织规范又包括：①权力规范，即对组织结构各层级中各个领导的权力分配和运用的界定；②结构规范，是对项目组织进行结构设计时应遵循的原则；③程序规范，是指组织内权力变动（晋升、降级、平移或撤职处理等）程序的规定。

制度规范和行为规范可纳入项目文化建设和伦理管理的范畴。

（4）外部政治风险管理，指因项目外部环境中政治风险因素与项目关联的管理，可纳入项目风险管理的范畴。

（5）重大事件与政治的管理，包括：①项目内发生重大政治事件对项目的影响评估和应急管理；②项目发生非政治性的重大事件在项目内外造成的政治影响的评估和应急管理；③如何策划发生对项目管理有利的重大事件，避免发生对项目管理不利的重大事件，或发生后降低负面影响程度。

（6）思想政治工作，包括思想政治工作管理体系的建立和方案实施，这是项目管理的中国特色。

（7）政治观念的差异和冲突管理，国际工程项目相关方和人员来自世界各地，具有不同的政治背景、信仰和政治制度，相互间难免存在差异，并可能因此产生敌意和冲突，需要认真研究应对。

（8）项目经理的政治素养，包括：①政治态度，项目经理对自己祖国的政治态度、对项目所在国的政治态度和其自身的政治抱负，也包括项目经理如何看待其项目履职与其政治前途理想的关系。项目经理的政治态度集中体现其政治信仰和政治价值观取向；②项目经理的政治敏感性，即对国际国内重大政治事件、政治气候变化的感受认知能力；③政治风险防范意识和管理能力；④项目经理的政治观念、手段和方法，包括思想政治工作的能力和技巧等；⑤项目经理政治素养对项目管理的影响与作用评估。

（9）项目腐败防控体系建设和管理。

（10）项目相关方国家的政治问题研究，包括政治体制、制度、政策及当前政治形势分析研判等。

最后需要提请注意，项目的政治管理是项目管理的一项内容和一种方法，不应简单理解为项目管理的全面政治化，不要让政治去统领项目管理，把项目管理变成为政治服务的工具，更不要把项目现场演变为个人间或小团体派系间政治斗争的角力场。

第 7 节　国际工程项目管理中的心理学问题——压力管理

1　管理心理学概述

1.1　定义

管理活动是人类活动的特殊形式，而人总是具有某种心理活动的，因此都与心理学有关。管理与心理学的结合，即：把心理学的知识应用于分析、说明、指导管理活动中个体和群体行为，研究组织管理过程中人们的心理及行为现象、心理过程及其发展规律，就是管理心理学。

1.2　作用

在管理中之所以要关注人的心理活动，主要是因为：①“组织即人”，组织要靠人来实现企业的目标；②人是组织的首要资源；③人是组织管理的主体。

所以，当今的管理心理学以人本思想为前提，通过对共同经营管理目标的人的系统的研究，以有助于在一定的成本和环境条件下，在全面保障组织中人的心理健康基础上，最大限度地调动他们的积极性和创造性，提高工作质量和效率，改善组织结构和领导绩效，提高管理决策的科学性，建立健康文明的人际关系，达到提高管理水平和发展生产的目的。

1.3　心理的概念

人的心理是客观物质世界的主观反映，其表现形式叫做心理现象，包括心理过程和心理特性。人的心理活动都有一个发生、发展、消失的过程，人们通过各种感官认识外部世界事物，通过头脑的活动思考着事物的因果关系，并伴随着喜、怒、哀、惧等情感体验。人的心理不是一般物质的运动，而是人的机体，首先是人脑这种以特殊方式组织起来的物质的机能、活动过程或运动，而人脑的活动是与机体的其他部分的活动相互协调、不可分割的。因此，心理的物质基础是人的整个机体。同时，心理是大脑对客观现实（自然事物和社会事物）的主观反应，意识是心理发展的最高层次，只有人才有意识。

1.4　心理的分类

心理通常分为个性心理、群体心理和组织心理。

个性心理，是一个人在社会生活实践中形成的相对稳定的各种心理现象的总和，包括个性倾向、个性特征和个性调控等方面，反映人的心理现象的个别性一面。个性倾向是推动人进行活动的动力系统，它反映了人对周围世界的趋向和追求，主要包括需要、动机、兴趣、理想、信念、价值观和世界观等。个性特征是个人身上经常表现出来的本质的、稳定的心理特征，主要包括气质、性格和能力。

群体心理，是群体成员之间相互作用相互影响下形成的心理活动，包括家庭心理、工作群体心理、集体心理、阶级心理、民族心理等。所有复杂的管理活动都涉及群体，没有群体成员的协同努力，组织的目标就难以实现，而其中工作群体心理和集体心理尤为管理所关注。群体心理的显著特征是共有性、界限性和动态性，并具有认同、归属、整体和排外意识。

组织心理，是指组织整体动态变化过程中所表现出来的心理现象。组织是一个较大的系统，组织是个体和群体实现某种目标的工具，组织状况影响个体与群体的工作效率。组织心理作为管理心理学的一个课题，就是研究个体、群体与组织的关系，探讨什么样的社会心理环境，有利于激发个体动机，达到组织目标。也就是研究如何安排有利的组织环境，适应个体心理需要，使组织与个体的利益维持平衡，包括：组织的一般概念、组织结构、组织设计、组织发展与变革、组织诊断与治疗等。

2 国际工程项目中的心理压力管理

2.1 一般概念

国际工程项目管理作为一项管理活动，理所当然要研究关注人的心理，包括管理中人的个性心理、群体心理和组织心理。不仅如此，由于国际工程所处环境及工作生活性质的特殊性，管理中人承受着非同一般的心理压力，需要在管理中认真研究对待。心理压力处理得当，有利于激发员工的潜能，提高工作效率，改善群体氛围，也有利于员工的身心健康。处理不当，不仅容易诱发员工不同程度的心理问题乃至心理和生理疾病，危及人的生命健康安全，而且给项目管理带来不利影响。所以，心理压力管理是国际工程项目管理中心理学问题的重点内容。

所谓心理压力，是个体在生活适应过程中的一种身心紧张状态，源于环境要求与自身应对能力不平衡，这种紧张状态倾向于通过非特异的心理和生理反应表现出来。心理压力也叫精神压力，一般来自社会、生活和竞争三个方面，现代生活中每个人都有所体验。适当的压力有利于激发人的能动性，即所谓“压力就是动力”。而压力过大、过多，会削弱人体免疫系统，从而使外界致病因素引起肌体患病，因此有害身体健康。因此，在项目管理中不可忽视心理压力管理。

2.2 基本内容

压力管理的基本内容，包括压力现象描述、压力运用、压力源辨识、减轻和化解压力的方法及压力问题后果处理。管理对象为个体压力管理、群体压力管理和组织压力管理。其中，个体压力管理又分为管理者个人自身的压力管理和对单个他人的压力管理，包括个人一般压力情况下的管理和特殊情况下的压力管理。而且，在项目管理中还要特别注意项目经理的心理压力管理。笔者认为，心理压力管理十分重要，理应纳入管理心理学的范围。

2.2.1 压力描述

为便于描述压力现象，我们不妨试着引入一些经典力学的基本概念，或者说将力学的一些基本概念和理论用于描述心理压力现象。

(1) 压力普遍存在现象：心理压力作为一种心理现象，也即心理对环境要求的一种反应，是普遍存在的，只是程度不同而已，除非人体的某些机能出现了故障而导致这种反应失效。这正像自然界的压力无处不在一样，真空只是压力的一种理想状态。同样地，没有心理压力也是一种特殊心理表现形态，称之为空虚。但空虚也只是相对的，一个有正常认知和感受的人活在世上，多少总会有些心理压力。

压力与压力源及个体抗压能力有关，压力源值越大，抗压能力越弱，则心理压力越大，这就像力学中的应力与外在荷载及受力构件的材质有关一样。

(2) 正向压力和负向压力：正向压力是指对承压者（个人、群体或组织）肌体和心理具有积极正面影响作用的压力，也称正面压力；负向压力是对其有消极负面影响作用的压力，或称负面压力。

（3）外部压力和内部压力：外部压力是由承压者之外原因形成的压力；内部压力是承压者因种种原因给自身施加的压力。

（4）心理压强与压力不均现象：二者都是针对群体压力而言的。心理压强是指当某种压力由一个群体承受时，理论上分摊到单位个体的平均压力，用公式表示：

$\rho=P/N$，其中，ρ 表示心理压强，P 为压力，N 为群体内的人数。

在上式中，当 $N=1$ 时，$\rho=P$，表明对个体而言，压强与压力是一回事。

原则上说，心理压强只是一种理想的均衡状态，现实中很难做到。但引入心理压强概念，具有三方面的意义：①群体压力存在不均现象，既是说当一个群体共同面临某一压力时，由于群体内各成员的个体差异等原因，每个个体承受的压力有大有小、不尽相等；②群体压力是可以分担的，分担后原承压者的压力负荷会相应地减少，并且可以通过适当分担方式，使单位个体承受的压力尽量均衡。③当压力没有任何人承担时（即 $N=0$），压强趋于无穷大，意味着此时压力对群体可能存在巨大的潜在麻烦，这种情形有点儿类似于三个和尚没水吃的现象。将压力运用到工作布置上，就是表明工作责任范围应全面覆盖，即是说责任范围内所有的工作都必须逐一落实到人，否则可能后患无穷。

（5）弹性心理压力：是指在一定的范围内，心理压力大小与压力源的大小成正比例变化，心理压力会随压力源的消失而很快消失。这种弹性心理压力的最大值，叫做弹性心理极限。

（6）弹塑性心理压力：是指当心理压力超过弹性极限后，即便此时压力源消失，在一定时期内心理压力仍不能完全消失的状态。

（7）极限心理压力：是指压力源消失后，心理压力完全不能消失，甚至越来越严重，以至出现较为严重的心理和生理问题，危及生命健康和安全。

（8）正常与非正常心理压力：在弹性极限范围内的心理压力属一般或正常的心理压力；而出现弹塑性压力和极限压力的情况，有可能导致心理问题或心理疾病的发生，危及个体的生命健康安全，称之为特殊的或非正常的心理压力。

（9）心理疲劳：即当个体反复遭受弹性极限以下的心理压力时，也可能导致心理问题或疾病，这种现象称为心理压力疲劳，简称心理疲劳。

由于心理现象的复杂性，上述这种心理压力的力学描述，截至目前还只能做到定性描述。

2.2.2　压力运用

在管理中运用心理压力方法，一般分以下三个步骤，但并不意味着这三个步骤就一定是一个连续的过程：

（1）心理特点的认识了解

无论是个人、群体还是组织，由于内外部种种原因，都会形成各自独特的心理特点。管理者应在充分掌握认识这种心理特点的个别性、差异性的基础上，采取有针对性的心理压力措施，因地制宜，才可能取得预期的管理效果，否则可能会适得其反。

（2）心理压力运用的方式和技巧选择

1）正向、负向压力的选择，如一个小伙子向他心仪的姑娘求婚，姑娘虽内心同意却并没有立即答应，而是要求小伙子完成一些事情或达到一些什么要求后再考虑接受，这位姑娘就是选择了一种正向施压方式。一个项目经理在对待下属时，时不时给予适当拔高的赞誉，对下属也起到了正向的激励作用，会激发他更加努力地工作，以期不负所望。相反，如果一个项目经理不分青红皂白，就在公开场合劈头盖脸地批评了一位员工，而且是冤枉了他，使之承受不应有的心理负担，这种方式就完全是一种负面压力。

2）压力大小的选择，压力大小要适中，太小起不到应有作用，太大可能不仅使对方不能承受还影响其情绪健康，耽误工作，效果适得其反。

3）压力承受对象的选择，即通过比较选择确定谁最适合承担此压力，包括决定是让外部受压还是让自身受压。

4）施压方式的选择，是公开的还是私下的，是直接的还是间接的，是友好协商式的还是命令式的或威胁式的等。

5）压力分布的选择，是针对群体和组织而言的，当压力可以进行分解或由群体组织共同承担时，要确定团队成员各自承受压力的种类和大小；压力分布选择还包括压力在时间段的分布问题，是让其长期均匀承担，或递增、递减承担，或者时大时小、时有时无等。

当然，现实情况中可能是上述多种方式技巧的综合运用，反映出管理者在心理压力管理上的艺术水准。

(3) 运用效果评价及改进

施加心理压力后，要对施压的作用效果进行观察和评估，如果必要还需进行适当的调整、补救和改进，以达到更完美的管理效果。

上述心理压力的运用，是将施加压力作为一种可以选择的管理方法，是在涉及诸如工作布置、职位变动、员工评价、人际交往等一系列管理活动中的一种技巧，是为达到某种预期的管理目的或效果而服务的，绝非单纯为施压而施压。当然，运用心理压力方法，除了上述所说的加压方式外，还有减压方式，即心理压力的减低和化解，将在下面进一步讨论。

2.2.3 压力源辨识

通常心理压力源自以下三个方面：①生物性的，如躯体创伤或疾病、饥饿、性剥夺、睡眠剥夺、噪音、周围自然环境的变化；②精神性的，包括错误的认知结构、个体不良经验、道德冲突、不良个性心理特点等；③社会环境性的，包括纯社会性的和由自身状况造成的人际适应问题。

上述压力源说明，心理压力是人所处的社会自然环境与其自身的生理和心理相互作用的结果。在国际工程项目管理中，这三种心理压力源都不同程度地存在，且主要是社会环境性压力源。管理者如何处理自身、家庭、工作与环境状况之间的关系，将造成其自身心理压力的不同情境，往往是上述三种因素的综合作用。在实际管理工作中，要从上述三个方面寻找和识别产生心理压力的具体原因。在有多种原因复合作用时，还需分清原因的主次。

2.2.4 压力的减轻和化解

既然如上所述，心理压力源于环境要求与自身应对能力不平衡，那么减轻心理压力可以从两方面入手：一是自身应对能力建设；二是调整改善环境要求。

自身的心理应对能力也即抗压能力或心理承受力，是指面对外界压力与挫折时的抵抗能力，是个体对逆境引起的心理压力和负面情绪的承受与调节的能力，包括适应力、容忍力、耐力、战胜力。个人的抗压能力与其心理素质、身体素质密切相关，身体素质是其物质基础，心理素质是其精神主体。因此，要想提高抗压能力，就要提高个人的心理素质和身体素质。

而心理素质是在遗传基础之上，在教育与环境影响下，经过主体实践训练所形成的性格品质与心理能力的综合体现。其中的心理能力包括认知能力、心理适应能力与内在动力。

提高心理素质可以从以下几方面加强培养训练：

（1）个性取向与塑造。个人性格带有先天因素，并在后天成长生活过程中逐步形成，但不是一成不变的，具有一定的可塑性。严格地说，性格没有绝对的好坏对错之分，却会不同程度的影响其与社会的交往及社会对其认可度，因此应有意识地选择和塑造有利于社会交往和认可的性格，如自知、自信、自强、自律、乐观、开朗、坚强、冷静、善良、合群、热情、敬业、负责、认真、勤奋等。

（2）智力的训练。智力一般是在人的成长早期通过训练和经验逐步形成的，但受到环境等因素的影响也会出现变化。智力训练就是通过系统的训练矫正，使之达到或恢复正常的感觉、知觉、记忆、思维、想象、注意力。

（3）增强社会适应能力，即自我意识、人际交往、心理应变、竞争协作、承受挫折、调适情绪、控制行为的能力。

（4）调控内在动力，包括合理的需要、适度的动机、广泛的兴趣、适当的理想、科学的信念等。

（5）保持健康的心态：智力正常、情绪积极、个性良好、人际和谐、行为适当、社会适应良好。

（6）做到行为适当，即行为表现要符合角色、群体、社会规范、道德和法规。

总之，提高心理素质就是要养成良好的性格，树立正确的价值观，形成对事物的正确认识和规范的行为表现。

身体素质也与先天遗传有关，并可以通过后天努力而得到提高，包括参加有益的体育、健身、娱乐活动，保持科学合理、健康良好的个人生活起居习惯，增强对各类自然气候条件的耐受适应能力等。

在外在环境建设上，包括社会和自然环境两方面。也许项目管理者无法改变宏观的社会和自然环境，但在与项目相关的小范围内可以进行调整改善。在微观社会条件方面，可以建立清明的政治生态环境，营造和谐的人际关系氛围，在涉及具体的个人工作方面，如岗位和任务安排、职务变动、绩效评价与激励等，做到科学合理、客观公正、一视同仁。在微观物质条件方面，要尽力为员工提供良好的工作生活条件，组织各类有益于员工身心健康的业余活动，确实保障员工生命健康和安全等。

项目压力管理中的心理抗压能力建设，包括管理者和被管理者的个人抗压能力建设。通过提高自身及其他全体成员的抗压能力，来实现项目群体或组织的抗压能力整体提高。除此之外，管理者还要特别注意那些对整个团队抗压能力的影响因素和条件的改善提高。

抗压能力建设只能降低心理压力的影响程度，并不能完全阻止心理压力的发生。当心理压力不可避免地出现时，还需采取相应的应对措施，这就是心理压力的化解。化解个体压力的方法有多种，包括：①心理暗示，即告诉自己，眼前的这点挫折或压力其实不算什么，很快就会过去，相信光明就在前面；②冷处理，把它放在一边，让其随时间逐渐自然地消散；③转移注意力，参加各种文体活动或专心从事其他有意义的事情；④暂时离开，换一种环境也许就可以换一种心情；⑤热处理，即时发泄，过后即忘；⑥倾诉交流，通过向自己的家人、同事、朋友倾诉获得慰藉；⑦分担，当因工作负荷过重造成心理压力时，可以把一部分工作转移给他人承担，包括领导、同事和下属等，让他们为你分忧解难。比如，项目经理要对项目的经营管理全面负责，但如果全部责任由他一人承担，未免太重，造成工作压力过大而无法承受。他可以将部分责任转移给其他人承担，比如，将进度责任分配给班子群体中的施工经理承担，技术问题由项目总工负责，合同经济责任由商务经理承担，流动资金短缺可能是项目本身难以克服的困难，则可寻求总部领导的支持等。

化解心理压力的方法还有很多，可根据具体情况采取一种或多种措施，比如有的心情不畅时喜欢逛街疯狂购物，有的爱暴饮暴食偏好甜食，有的则关门谢客呼呼大睡等，不一而足。作为管理者，这些方法既可用于化解自身的心理压力，也可用于帮助群体组织的其他成员。

2.2.5　心理问题处理

如前所述，当心理压力超过弹性极限后，即便压力源消失，心理压力也不会立即消失，而是残留不同程度的负面影响，如此长期下去就可能导致心理问题的发生。

心理问题是指人们心理上出现的问题，如情绪消沉、心情不好、焦虑、恐惧、人格障碍、变态心理等消极的、不良的心理。心理问题不同于生理疾病，它是由人内在精神因素，准确地说，是大脑中枢神经控制系统所引发的一系列问题，是正常心理活动中的局部异常状态，它会间接的改变人的性格、世界观及情绪等，也称心理失衡。按照程度的不同，可以将个体心理问题的类型划分为三类：发展性心理问题、适应性心理问题与障碍性心理问题。

所谓发展性心理问题，主要是指个体自身不能树立正确的自我认知，特别是对自我能力、自我素质方面的认知，其心理素质及心理潜能没有得到有效、全面的发展。其特点主要体现在自负或缺乏自信、志向愿望过高或偏低、责任目标缺失等几个方面。适应性心理问题则是个人与环境不能取得协调一致所带来的心理困扰。障碍性心理问题有时候也称为“心理障碍”、“心理疾病”，有如下三个特征：一是个体持久地感受到痛苦（一般以 6 个月为界线）；二是社会功能受损，表现为人际关系糟糕，容易产生对抗甚至敌对行为；三是表现出非当地文化类型的特殊行为。如果长期持续的心理障碍得不到适当地调适或从中解脱，就容易导致严重的精神疾病，产生比较严重的后果。

由于心理压力过大而导致出现心理问题的，要纳入非正常压力管理的范围。一旦发现有人可能存在心理问题，要有预警措施以引起重视，并实行特殊管理，防止其实施对自身或社会更严重的伤害后果。如果其心理问题通过上述自我调整和非专业的他人帮助仍无法解决，应进一步采取专业的心理干预或系统的专科治疗来应对。

2.2.6　其他问题

在项目心理压力管理中，还应关注项目上发生重大事件的心理影响，这种影响通常波及整个项目群体组织，有积极的正面影响，如重要的政府或总部领导视察工地，水电项目按期截流或并网发电，建筑项目结构施工按期封顶，项目经营一举实现扭亏为盈等，无疑对项目全体员工起到鼓励激励作用，增加团队荣誉感和更加努力工作的动力；也有一些会产生消极的负面情绪，如工期严重拖期，项目经营严重亏损举步维艰，突发流行疾病或伤亡事故，爆发严重的社会矛盾冲突，遭遇恐怖袭击等，必然不同程度地加重全体项目员工的心理负担。项目管理者应积极策划组织引导项目重大利好事件的发生，并善于利用其正向压力作用。同时，要严防恶性不利事件出现，且一旦不可避免地发生，要妥善细致地做好团队心理安抚工作，最大限度地减轻其负面影响。

项目经理在压力管理中起关键作用。首先，项目经理自身的心理状况对项目管理影响重大；其次，项目经理对项目团队及其成员的压力管理好坏也有很大影响。因此，项目经理要意识到其个人的心理状况不仅事关个人，而且会影响全局，要具备良好的心理素质和过硬的身体素质，以增强自身的心理抗压能力，并在出现一时的心理压力时能通过自我调整及时化解。同时，项目经理还要了解掌握整个项目团队的动态心理状况，分析辨别产生群体心理压力的主要原因，改善团队工作生活的社会和物质小环境，在正确认识心理压力正反两方面作用的基础上，善于扬长避短用好压力，乐于帮助他人化解心理压力，要特别关注存在明显心理问题的员工，要亲自组织对项目重大事件的应对管理。而且，要通过项目团队建设，加深员工对项目部这个工作群体的归属心理和认同心理，充分发挥其对员工的心理促进作用。

项目的心理压力管理，可以通过建立全员心理电子档案的方式，实现全员动态管理；也可以采取分级管理，让每一位领导对自己的下属群体的心理压力实行动态管控。二者都要把一般压力管理和特殊压力的预警管理区分开来。

3　心理学战术在项目管理中的应用

项目管理中的心理学问题，还包括如何在项目管理中应用一些心理学的方法、策略和战术。现举例如下：

（1）心理暗示，在人际交往时，通过自我心理暗示来鼓励自己，增强信心，克服困难，战胜对手。

（2）心理猜测，因为人的口头语言有时并不代表说话者的真实想法，所以，要通过仔细观察其说话时的语气、表情、眼神、下意识的肢体动作等，来猜测和判断其传递信息的真伪、内含的真实意图及其内心的好恶感。

（3）攻心为上，即重视精神的作用，要解决人的问题，先从精神层面入手。

（4）攻城为下，在当攻心达不到预想效果时，采取攻城之法，且用就要用好，讲究方式方法。

（5）迂回战，不采取正面攻击直奔主题，而是通过旁敲侧击迷惑视线，乘其不备，出奇制胜。

（6）疲劳战，通过长时间的轮番交锋，让对方因身心疲惫而厌战妥协，最终不得不达成一致。

心理术还有很多，管理者可视具体情况灵活选择应用。

4　国际工程项目的特殊性

上述项目压力管理的内容和方法，原则上都适用于国际工程项目。但是国际工程项目的心理学问题又有其特殊性，主要表现在以下两个方面：①项目相关方成员来自世界不同的民族，而每个民族都有自己的群体心理特点，并且具有排外意识。因此，不同的民族的人之间的心理存在差异，而群体心理的排外意识增加了相互交流理解的困难。②项目部员工身处不同于以往的陌生社会自然环境，长期与祖国家人分离，工作任务繁重，条件艰苦危险，生活封闭单调，因此心理压力更大，更容易出现各种各样的心理问题。这些特殊性在项目管理中要引起重视，切不可待之掉以轻心。

压力管理作为项目管理的一种心理学手段，可以与其他人文学科的方法（如哲学、伦理、文化、艺术、政治等）结合起来，统筹考虑一并应用，因为这些学科本来就存在着千丝万缕的相互联系和作用，无法完全割裂开来。实际应用时，可以视具体情况的不同而有所侧重。这样，不仅可以节约管理成本，减少重复工作，提高管理效率，而且可能发挥相互间预想不到的共振效果。

第8节　国际工程项目管理中的艺术问题——管理艺术

1　艺术与管理

1.1　艺术的概念

艺术是人类实践活动的一种形式和把握世界的一种方式，属于社会意识形态。也有人说，艺术即美。具体地说就是，艺术家按照美的规律塑造艺术形象，以人为中心对社会生活做出感性与理性、情感与认识、个别性与概括性相统一的反映，把创造性的生活与表现情感结合起来，并用语言、音调、色彩、线条等物质手段，将形象物质和外观塑造成为客观存在的审美对象，包括如下几个艺术门类：①表演艺术（音乐、舞蹈等）；②造型艺术（绘画、雕塑、建筑艺术等）；③视听艺术（电影、电视等）；④语言艺术（文学等）；⑤综合艺术（戏剧、摄影等）；或者根据时空性质艺术分为时间、空间和综合艺术三大类。另外，艺术也被用于指一种富于创造性的方式，比如领导艺术，演讲艺术等。艺术是形象与理性、情感体验与逻辑认识、审美活动与意识形态的统一，具有形象性、审美性、创造性、精神性、民族性和共享性等特点。

1.2　艺术与工程

在物质层面上，就艺术与工程之间的相互关联和作用来说，具有如下几点：①许多工程具有某种艺术特质和价值，而有些艺术作品的创意和制作过程本身又同时是一项工程，也就是工程的设计和建造过程，特别是建筑和雕塑等空间造型艺术，其特殊的美质通过工程体现出来。最有代表性的工程，如埃及的金字塔和狮身人面像、希腊的巴特隆神庙，中国的万里长城、三峡工程、故宫、天坛等，体现出宏伟、庄严、静穆和神圣的艺术之美，无不令世人惊叹和折服，具有很高的审美价值，堪称工程与艺术的完美结合。特别是在现代社会，人们的需求多样化，因此，工程的设计建造不仅要具有实用性，满足人们的物质需求，而且要具有艺术性，满足人们的审美需求。②工程为艺术提供表现平台和工具，如设计建造歌舞剧院、音乐厅、电影院、电视台塔等。③多种艺术不同程度地融入工程的建造过程，比如建筑工程的内外装修、园林绿化、美化施工现场工作生活环境，借用不同的艺术形式进行项目的品牌形象宣传等。

另外，工程活动为艺术创作提供素材和动力源泉。艺术来源于生活又高于生活，工程建设项目作为人们一项特殊的生动复杂的社会实践活动，展现出一幅幅在特定的时代背景下波澜壮阔又真实直观的社会生活画面，并蕴含着深刻的精神思想内涵，因而可为相关艺术家们的艺术创作提供直接的经验和鲜活丰富的素材，激发其创作的灵感和热情，成为其艺术创作的不竭动力源泉。

1.3　艺术与管理

艺术对于工程项目管理的精神价值，在本章前面所论及的文学艺术的审美、认识、教化三大作用以及促进国际人际交流的作用，其他艺术门类也具有相同或类似的作用，不再赘述。

就艺术与工程管理的关系来说，当把艺术的创作过程视为一项工程项目时，毫无疑问，艺术需要工程管理，特别是大型的非一个人能完成的艺术创作；反过来说，工程管理也需要艺术，当对一个工程的实施过程采取一种艺术化的方式进行项目管理时，则称之为项目管理艺术。后者正是本文下面需要讨论的重点。

2　管理艺术

2.1　基本概念

如上所述，艺术也可以指一种创造性的方式。实际上，一个管理者在经过长期的管理实践后，具备很高的专业素养和才能，积累了丰富的知识和经验，在针对具体的项目管理问题时，能综合考虑各种因素，熟练地将其管理知识、经验和技巧加以创造性地运用，并取得近乎完美的效果，管理的过程对于一个管理者来说，就像一个艺术大师在创作艺术作品一样。正是从这种意义上说，这位管理者不再是对管理技巧的简单复制和运用，而是达到了艺术的水准和境界，其逐步形成的独特的富有创造性的管理方法、技巧、手段和风格，堪称管理艺术。

因此，管理艺术被定义为管理活动中的一种高超的手段和方法，它是在长期的管理实践中总结出来的、建立在一定的素养、才能、知识 、经验基础上的有创造性的管理技巧。

如果说艺术是人类实践活动的一种形式，也就是说艺术来源于实践；那么，国际工程项目就是培植项目管理艺术的一方沃土。人们常说，世上没有两片完全相同的树叶。同样地，世上也没有两个完全相同的工程。即便有，也恐难让同一个项目管理者幸运地碰上。每一个工程项目都有不同的规模、性质和目标，面临的自然和社会环境迥异，项目参与者也是四面八方、形形色色，实施过程中出现的各种问题和矛盾，既错综复杂又千差万别，这种情形在国际工程项目上尤为突出。工程项目的这些特点客观上要求管理者要实事求是，具体问题具体对待，灵活地应用运用管理知识、经验和技巧加以应对。在处理大量复杂的具体问题过程中，管理者个人的管理能力、水平和思想境界可能逐步得以提高。

就管理技术与管理艺术的关系而言，管理技术是管理艺术的基础，管理艺术是管理技术的升华。这就好比画家的艺术创作，管理技术是画家已经掌握的基本绘画技能及握在手中的画笔，管理艺术就是画家进行艺术创作的过程，通过对手中画笔娴熟运用来表达画家心中的思想和情感，并在形式上取得画面的完美艺术效果。由此可见，在管理技术方面，首先要求管理者掌握一定的管理理论、管理方法和相关的专业知识，主要包括哲学、经济学、管理学等方面的理论，系统论、信息论、控制论和现代数学等方面的知识以及与具体的工程技术相关一些知识，并在管理实践中加以应用。只有在实践中，才能使管理者掌握的管理技术及由此建立的管理体系得到检验，并用正确的理论、政策、制度、方法来指导实践。通过实践，管理者自身的管理技能也得到相应的提高。当然仅有管理技术还不够，有的人虽然受过良好的项目管理的专业教育，乃至成为学富五车的理论家，或者有的人从事了一辈子项目管理的实际工作等，都未必能真正管好项目，更遑论成为管理艺术大师了。毕竟世上管理者众，而能成就如德鲁克、布鲁斯那样管理伟业者寡。重要的是，项目管理艺术作为一种创造性的活动方式，具有私人性，是与管理者个人密切相关的，除了管理者个人的基本素质外，还包括个人的禀赋、气质、境界以及机遇、环境等诸多因素。它需要管理者具有敏锐的洞察力，能够较快地依凭直觉，发现问题，找出原因，解决问题。并且要善于总结，反复实践。还要具有挑战传统、大胆创新的勇气，不怕失败百折不挠的精神气概，历经多次锤炼、磨砺、甚至艰难困苦的过程而可能终成大器。一个管理者的事业就是一个从管理技术到管理艺术的升华过程，一条从必然王国通向自由王国的艰难曲折的追求探索之路。

从艺术的一般定义和上面的讨论，我们可以看出，管理艺术具有创造性的突出特点。管理活动通常会遇到两种情况。第一种情况是，人们在认识客观事物及其规律的基础上，对以往经验的总结，并使之制度化、规范化、公式化，形成完整的管理体系，体现了管理的经验性、制度性和规范性。在今后的管理活动中，只要其适用条件没变，可以完全照抄照搬原来的经验做法，这是管理技术的应用，体现了管理的实践性。而现实中遇到更多的是第二种情况，即：以往成功的经验做法适用的条件发生了变化，出现了新情况、新问题。这时，管理者就不能拘泥于以往的那些经验、制度和规范，而要审时度势，凭借自身的智慧、知识和能力进行系统分析和综合考虑后，采用新点子、新办法、新招数、新思路，因地制宜地处理问题，以达到最佳的管理效果。这一过程体现出管理的灵活多样性、新颖创造性和系统综合性，就上升为管理艺术。

正如艺术家在艺术创作过程中，总是在其艺术作品上倾注了自己的感情和志趣一样，管理者在处理问题时也往往带有个人的感情色彩和倾向。真正的艺术作品，能引起人们感情共鸣，有着强大的感染力和吸引力，带给人一种审美享受。同样地，卓越的管理者能做到，说话使人爱听，为人令人信服，做事叫人向往，处理问题往往能被人情不自禁地欣然接受，因此能在人们心目中生发很强的号召力和凝聚力，彰显其独特的人格魅力。而与这样的人在一起共事合作则受益匪浅，不吝是自己人生的一段美好体验。从这一点说，真正的管理艺术大师不仅应具备很高的智商和德商，而且应具备很高的情商，三者融合统一的不同样貌，显现出其与众不同的大家风范。

2.2 基本内容

管理艺术的基本内容，一般包括对人、事和时间三方面的艺术化管理。

在对人的管理艺术方面，管理者首先遇到的是对自身的管理问题，即所谓的“修身”问题。首先如何客观全面地认识自我，包括自己的身体、性格、心理、爱好、专业特长、能力、道德及价值取向等，充分和清醒地认识自己的长处和不足。在此基础上，善待自己，并尽量做到扬长避短，发挥自己的优势和潜能。再根据自己的人生规划需要，不断改进、充实和完善自我，此举即所谓“正人先正己”是也。

其次是工作团队中人员关系的处理问题，即所谓“齐家”问题，具体到一个项目，就是处理项目部内部人际关系问题，一般包括自身与下级、同级、上级三种关系。管理者对待自己的下属，要尽爱护支持之责，做到知人善用，以充分调动他们的积极性和主动性；对待同级要本着尊重合作的态度，以争取同事们在工作上的默契配合；对待上级则要做到“言必行，行必果”，以获得领导的信任和支持。至于项目部以外的人际关系处理，包括公司总部、项目参与方及其他社会成员，则应以“尊重、信用、善意、合作、公平、正义”等为原则，建立广泛和谐的人际关系。

在理事方面，类似于“治国”，就是要实事求是，具体问题具体对待，坚持原则性与灵活性的统一，经验理论与创新实践的互补；既要在宏观上统揽全局，又能在微观上精密细致，在统筹兼顾周全安排的同时，在具体行动上注意分寸把握火候；要在对事物客观全面认识的基础上，做到扬长避短、发挥优势；在面对错综复杂的事物时，要镇静自若、思路清晰，善于抓住中心突出重点，做到层次分明井然有序。

管理者对时间利用的艺术在于合理划分和科学安排，达到对时间的有效利用。对工程项目管理者来说，时间管理包括三层意思：(1) 对自身时间的合理分配和有效使用；(2) 通过对团队成员工作任务的恰当合理安排，使每个成员时间都得到均衡有效利用；(3) 通过对整个工程进度的时间规划和管理，以相对均衡和较小的资源投入来完成项目目标。

可以看出，在有关人的管理艺术上主要体现的是管理的伦理要求（尽管伦理又以哲学为基础）；在行事和时间安排上的管理艺术，则更多地显示出管理哲学中的方法论意义。而项目管理者在项目管理中，通过对自身的修炼提高，恰当处理好人际关系，以及对具体管理事务的妥善处理和对时间的有效利用，来达到顺利推进项目进展并最终实现项目管理目标的目的，这一过程与中国传统的“修身齐家治国平天下”的治国理念是基本契合的。

诚然，上面所论及的也不过是对人、事和时间管理的一些一般性原则而已，只有在管理实践中真正做到创造性的灵活运用，才称得上管理艺术。

而在管理艺术的方式方法方面，管理者可能还要掌握多种技巧并加以综合娴熟的运用，比如领导艺术、权衡决策艺术、行为举止艺术、语言表达艺术、谈判妥协艺术等。

国际工程由于自身特点和所处环境的特殊性，对项目管理提出了更高的要求，一些基于国内项目管理实践形成的管理经验、理论、方法和技巧，甚至包括长期从事国内项目管理的管理者个人，未见得就一定适应国际工程项目管理的需要，所谓“此一时彼一时”是也。这就要求管理者不可故步自封、墨守成规，而要因时因地制宜，在原有管理体系做法的基础上进行大胆创新，在实践中对管理技术加以创造性的灵活发挥，以满足国际工程项目管理的特殊要求。而这正是国际工程项目管理艺术的真谛所在。

第 13 章　国际工程项目管理常见问题与案例分析

第 1 节　国际工程项目管理中的常见问题

中国承包商在当代国际工程项目管理方面，尽管经过三十余年的发展，已经积累了丰富的经验，能力和水平已是今非昔比，但依然存在一些问题，依笔者的理解，主要表现在以下一些方面：

1　合同意识淡薄，合同管理薄弱

国际工程中的合同，无论是总承包、分包或供货合同，都是发包方和承（分）包方为完成一定的工程建设目标及与之相关的工作，而明确界定双方权利义务关系的协议。合同一旦签订生效，就成为双方当事人在项目实施过程中的最高行为准则，同时也是规范双方的经济活动、协调双方工作关系、解决合同纠纷的法律依据。合同管理本应是国际工程项目管理的核心，一切其他管理工作都要以合同为依据，围绕合同管理展开。项目合同在西方工程项目管理界被视为项目的“圣经”。

而一些中国国际承包商往往重视合同不够，合同意识淡薄，合同管理薄弱。在项目的招投标及合同签署阶段，不认真研究合同条件，不经过上级合同专业人员真正严格的评审把关，因此未能发现合同中可能隐藏的风险或对自身不利的条款条件，在合同谈判中处于被动地位，结果稀里糊涂就把合同签了。也有的签署合同程序不规范，合同文件不完备，甚至为了抢工期，或出于对对方充分信任的良好愿望，在未签署合同的情况下就开始施工等，这些情况都会给后期合同管理带来不利影响。合同签署后就放在一边，在项目实施阶段不去仔细阅读了解合同规定的义务，仅凭感觉和经验行事，往往不能自觉履行应尽的合同义务，或干些吃力不讨好的事。出现这种情况可能有两种原因，一是管理者的外语能力不足，无法看懂合同；二是管理者由于不重视合同管理，所以没有建立健全合同管理体系，未设置专门的合同管理组织或人员，或者合同管理人员的专业素质能力不足。签署合同后也没有进行充分的交底沟通，而是把合同管理仅局限于少数几个专业人员职责范围之内，殊不知合同管理涉及项目管理的方方面面，需要多方的沟通和配合。完工的工程经检查合格后，也不及时设法获得咨询工程师的书面确认，不能及时办理工程结算。不严肃及时地处理双方的合同信函往来，也不注意收集留存相关合同证据。对原合同外的工作，未能积极有效地组织合同变更索赔，导致己方额外损失。遇到合同纠纷，不是首先想到要利用合同来维护自身的权益，而是沿用过去的做法，托关系找门路，以期通过非正常的公关来达到目的。但这一套往往在国际工程项目上是行不通的，有时甚至会起到负面效果。

2　管理理念和方法陈旧

一些长期在国内项目上从事技术和管理工作的员工，初到国际工程项目上工作时，往往带有惯性思维，习惯沿用在国内项目上多年形成的行之有效的管理观念和方法，殊不知国际项目与国内项目有着明显区别，国内那一套并不能完全适用于国际工程。

即便在国际项目上工作过的管理人员，大多数是从初期的专业技术人员逐步转变而成的，先天缺乏系统的项目管理知识技能的学习训练，工作中虽然摸索掌握了一些管理实践经验，但此时此地的经验不一定适用于彼时彼地的项目管理。当今社会科学技术进步日新月异，项目管理理念和方法也日渐丰富和发展，管理者如果不注重自身学习提高，就难以在管理知识技能上做到与时俱进。久而久之，原有的那些老经验老套路就逐步不符合现代项目管理的新理念和新要求了。

3　官本位意识与做派严重

严格地说，项目经理及其他专业经理、负责人都只是种种不同的职业和工作岗位，但在某些人眼里却是大大小小的官位。个别项目经理既不服从总部监管也没有规则意识，一切都是一个人说了算，也不深入基层一线了解项目的进展情况，不着手解决实际问题，根本不把自己的岗位职责和项目经营目标放在心上，或者成天被一群溜须拍马者簇拥着，坐享“土皇帝”的威风与舒适，并对上报喜不报忧，极尽阿谀奉承之能事，想方设法在保住自身现实利益的基础上再获得进一步升迁的机会，热衷于迎来送往投机钻营，凡此种种都是典型的官本位意识和做派。

4　管理粗放不够精细化

中国的国际工程项目管理在总体上还没有实现从粗放型向精细化的转型。一些项目的管理策划仅限于空泛的口号式概念，而缺少真正切合实际的具体可操作的管理方式方法。在管理、生产、技术、组织等方面的决策上往往凭经验想当然，不经过科学的决策程序，不作反复的技术经济性比较论证就断然拍板。实际上，任何在工作和生活上的便利和行得通的举措，都是有成本代价的，包括时间和经济的代价，而不同的举措其成本代价可能差别巨大，因此在决策是否采用时都要小心谨慎。在管理制度设计上，空洞口号多于实际内容，没有建立起真正的工作流程、执行标准和行为规则，并落到实处。在进度计划、质量管理、成本控制方面也是粗线条式的，没有精确到每一道工序、每一个工时、每一个个人、每一种设备材料。在资源配置方面也没有做到精打细算，而只是凭感觉大致不差。比如，往往可能 15 个人完全可以完成的一件工作，却一拍脑袋安排了 20 人去干，这就白白浪费了 33％（5/15）的人力资源。相反，如果算一算细账，采取适当的激励措施，原本 15 人可以完成的工作，只安排 10 人同样按时完成了，比原计划节约了 33％（1－10/15）的人力资源投入。这一正一反相差达 50％，体现粗放型管理与精细化管理的巨大差别。而类似这样的实例在每个项目上比比皆是。在实施一项管理决策、一个管理制度和工作安排后，也不对执行的效果进行认真总结评价，这样很难提高项目的管理水平。

5 成本与风险管控不够

这个问题原则上属于上述粗放式管理的一个方面，之所以专门列举出来，是由项目经营的目的和国际项目的环境因素决定的。项目经营的目的是要盈利，成本管控不够精细就难以实现这一目的。一些项目管理者习惯性地认为，只要把项目顺利干完就算胜利，至于是否盈利及盈利多少都不重要。这完全是一种本末倒置的错误观念，效益最大化才是目的，实施项目不过是手段而已。相对国内工程项目，国际工程项目所面临的环境风险要大得多，如果管控不到位，就可能给项目乃至总部公司造成灾难性的后果。

6 组织机构设置臃肿

庞大臃肿的项目管理组织机构是中国国际工程项目管理的特色之一。通常一个项目部要设置一名项目经理，另设施工（生产）、技术（质量）、商务（合同）、采购（设备物资）、行政（后勤）等副经理数人，根据相关规定还要设置总工程师、总经济师、总会计师等（俗称三总师）以及安全总监。还有的项目部在项目经理和副经理之间设置执行项目经理、现场项目经理或常务副经理，在副经理之后又安排多名项目经理助理。这样一来，项目领导班子成员少则数人，多则十几人。

有些项目上为了实施某项特殊的或临时性的管理工作，也会设置专门的组织机构，比如某领导小组或委员会。还有的项目设有党团工会组织。

在管理执行层设置施工、计划、技术、质量、安全、合同、行政、人资、财务、设备物资等部门，相应地安排部门经理一人，部门副经理一人或多人，有的还在部门内又分设多个处室，还有的在现场设置生产调度机构或人员。

在作业层把项目划分为几个工区或工段。每个工区有正副主任数人，下设作业队，有正副队长数人，然后是作业班组，再到中国工长、工人和外籍（当地）工人。在有的项目上，如果管理层和作业层不属于同一个公司的话，在工区内可能还要设置相应的管理组织机构。在一些项目上，作为公司总部正式员工的中国工人，一般不直接参加劳动生产，而只是在现场监督外聘的中国农民工和/或外籍（当地）工人工作。

按照上述的项目管理组织体系，我们可以设想一条工作指令从项目经理下达到最基层的作业人员，中间要经过多么漫长的线路：项目经理→执行项目经理→施工项目副经理→项目经理助理→施工部经理→施工部副经理→施工工程师→施工技术员→工区主任→工区生产副主任→施工队长→施工副队长→班组长→副班组长→工长→中国工人（总部正式员工）→中国农民工和外籍（当地）工人。这条线路或许有点夸张，但这种现象的确在一些中国的国际项目上不同程度地存在。

如此臃肿的管理组织机构至少直接带来三个方面的不良后果：①管理人员数量过多，浪费管理资源，加大了管理的经济成本；②信息传递时间过长，增加了管理的时间成本，影响管理效率；③信息传递过程中容易失真，影响信息的准确性。

其他国家的国际承包商，其现场的项目管理组织机构设置要相对简洁得多。小型简单的项目，可能由项目经理带领几个专业工程师负责项目管理，安排专业分包商或工长带着工人在现场施工。大型复杂的项目，可能会增设几个管理部门，其他的基本不会改变。这样就大大缩短了管理链条，显示出较高的管理能力和效率。

7　角色错位现象严重

角色错位是与上述臃肿的管理组织体系设置相关联的。从现场作业层来说，工人的基本的职责是从事生产劳动，包括纯体力劳动、使用工具和操作各类机电设备的劳动等。但因为有了中外籍之分，有了正式工与农民工之别，那些正式员工不再从事具体的生产劳动，而是充当了现场监工的角色，有的甚至连监工都难扮演好，不能始终坚守在生产一线，而是找个舒适的地方躲着，喝茶闲聊混日子，尽管其劳动技能不见得就比农民工或外籍工人更高。因现场安排有这批正式员工，原本应负责现场监督的工程师或技术员就不再一直呆在工地，相当多的时间坐在施工部办公室里。更高一层的施工部经理或施工项目副经理，更难得做到一天光顾现场一次。最终，项目经理就变成了高高在上的甩手掌柜。在项目资源投入中，人力资源是最具弹性和潜力的一种，如果一个项目上的员工都不能忠实地履行自己的工作职责，大量的人员拔高了自己的岗位作用，他们连自己正常的工作效能都难以发挥出来，更不要说挖掘其潜能了。

8　信息交流泛滥造成大量管理无用功

我国项目管理的特色之一是各类会议、报表、报告接连不断，种类繁多，要求复杂，时间紧迫，往往叫人应接不暇又叫苦不迭。为准备这些会议、报表和报告耗费了大量的管理资源。不可否认，信息交流作为一种管理手段，适当地加以应用是项目管理必不可少的。问题是花费大量的人力物力为这些会议、报表和报告而准备的信息资料究竟起到了多大的实际作用？以项目周报为例，虽然每个项目每周都要按时和按格式要求向总部相关职能部门报送，以全面真实地反映项目的进展动态和存在的问题。但这些周报就真的引起总部相关部门和领导的重视，并设法为项目解决问题了吗？多数情况下并非如此，而是为报表而报表。索要和收集项目周报的，可能是总部某职能部门的新来年轻人，他对周报所反映的问题既不懂也不感兴趣，因此不会去仔细研读，更不会向有关部门或人员呈报反映，收集上来妥善保管只不过是他在例行公事。因此，这样的周报完全失去了其应有的积极意义。大量的管理资源耗费在这些毫无有效产出的工作上，造成大量的无用功。

9　复杂的薪酬福利和激励约束体系

中国国际工程项目管理中的薪酬福利体系十分复杂繁多，除了基本工资外，还有各类岗位津贴、地区补贴、交通通信补贴、节日补贴、出差补贴、加班费等，以及各类奖金，如月度奖金和年终奖，再加上诸如超产、质量、安全、效益等之类名目繁多的单项奖。另外，还要提供五险一金、住房、交通、餐饮、劳保、卫生等各种福利。而且，这些薪酬福利计算和分配起来十分复杂繁琐，要进行分级分等和考核评比，还要搞综合平衡等。如此名目繁多的薪酬和福利，分配起来难免有失公平，这样不仅起不到应有的激励作用，反而会造成员工的不满及不和。在中国国际工程项目上工作的员工基本薪酬，与外国公司国际工程项目上同等岗位的员工薪酬相比，看起来明显偏低，但是中国项目上的实际平均人力资源成本并不比外国公司项目的低。

在项目管理的激励约束方面，总部一般要与项目部签订承包经营责任状，还有质量责任书、安全责任状、廉政协议书等，要对项目进行效能监察、年度审计、离任审计和竣工审计，还要考核项目的节能减排和科技进步等专项工作。我们的高层管理者整天在喊为项目减负，但实际上项目的负担却越背越重。我们不反对对项目采取适当的激励和约束措施，问题是如此复杂繁多的措施是否就真正达到了应有的效果，实在很难回答，但却可能导致以下几种人们不愿看到的情形：①这些措施只是形式主义，并未真正得到落实；②项目管理团队一看如此重负很难完成，索性不予理睬，大不了完不成目标就走人；③逼迫项目部为满足总部要求而造假欺骗。

10　质量和职业健康安全环保问题

重视项目的建造和服务质量，加强现场 HSE 管理，切实保护当地的生态环境，在一些中国的国际工程项目上，还没有完全变成一种自觉的行动。如果项目的业主咨询工程师对质量和 HSE 要求严格，或许中国的承包商还能总体上做到满足要求。而在一些贫穷落后的国家，业主咨询工程师对质量和 HSE 要求不严格，一些项目就会发生忽视质量、野蛮施工、偷工减料、以次充好、蒙混过关的行为，现场面貌也是杂乱无章，缺乏最基本的安全防护措施，乱砍滥伐和偷采乱排的现象时有发生。更有甚者，中国人的到来有时对于当地的自然生态环境来说，竟意味着一场灭顶之灾的降临。一些中国人到一个陌生的地方，面对珍稀的野生动植物资源，不是想着如何去善待保护，而是想着如何据为己有，或者设法将之变成美味大餐，这实在是令人汗颜的事。

11　人才流失与精神财富传承问题

一个项目结束后，无论成功还是失败，都会留下一笔宝贵的精神财富，这对一个公司的未来发展来说是十分重要的，包括通过项目实践锻炼而培养造就的一批项目管理人才，在技术和管理上成功的经验和失败的教训，还有独特的项目文化等。但是，这种项目的精神遗产在中国承包商那里，往往并未受到足够的重视和善待，管理团队任其解散流失，付出沉重代价而换来的技术和管理上的经验教训没有及时加以总结和利用，优秀的项目文化因子也没有留存下来和发扬光大。做得稍好一点的，也不过是将项目的竣工资料整理运回总部存档罢了。其后果是，企业虽总在不断地培养国际人才，却总又感觉人才缺失；以前的错误在后来的项目中会多次重犯，企业不得不一次次重复地交学费，代价是极其沉重的。

以上是笔者根据自己多年的国际项目工作经验或所见所闻而列举出的一些问题现象，也许还只是冰山一角，也许是以偏概全。究其原因可能是十分复杂的，有根深蒂固的民族历史文化原因，也有现行社会制度、体制、机制及社会经济导向作用的影响，更与企业微观环境、管理者个人和项目的特性特点等因素相关联。在如此盘根错节的因素制约下，这些问题现象在项目层面一时恐还难以彻底根除。

第 2 节　国际工程项目案例分析

本节以某一出现严重经营管理问题的在建国际工程项目为案例，详细分析和总结其失败的原因，个中经验教训在今后的国际工程项目经营管理中值得借鉴。现详述如下：

1 项目概述

该项目地处某海湾国家的首都，是为一大型医院配套的员工生活区建设工程，总占地面积 248899m^2，总建筑面积 123915m^3，室外道路及绿化面积 104259m^2。项目分 3 个区，共 104 栋建筑物，包括公寓楼、购物中心、健身中心、停车场、清真寺及变电站等。施工任务主要包括：基础土石方开挖回填工程，房屋混领土结构和砌体工程，室内外机电设备管线供货安装工程，室内外装饰装修工程，室内固定家具供货安装工程，室外道路、绿化和围墙工程等。项目业主为当地一家房地产公司，咨询单位为当地注册的设计咨询公司。原合同价为 4.73 亿当地币（约合人民币 8.04 亿元，1 当地币＝1.7 人民币），为总价承包合同。合同工期：609 天（20 个月），2012 年 1 月 5 日—2013 年 9 月 5 日。截至 2014 年底，经合同变更和工期索赔，合同总价调整为 5.69 当地币（约合人民币 9.67 亿元），合同工期延至 2015 年 7 月 15 日。工程款全部采用当地币支付，当地币可以与美元自由兑换，汇率变动小。通用合同条件采用该国制定的合同范本。

该项目由一家中国大型央企工程集团公司（下称集团公司）通过公开竞标方式获得，并授权其所属全资子公司（下称 T 公司）全面负责项目施工和经营，集团公司收取 1%管理费。集团公司已经在该国经营多年，设有区域总部，下辖多家子公司和多个在建项目，包括一个近百亿元的大型基础设施在建项目。T 公司自 2008 年起开始拓展国际工程业务，后成立了海外事业部，并于 2012 年在该国设立了区域经理部，直接负责在该地区的市场开发和在建项目管理。T 公司海外事业部负责组织和监控该项目的经营管理，中标后立即成立了项目部。项目经理为 T 公司正式职工，其他管理人员来自公司和外聘，包括部分外籍员工。

项目部负责总承包管理和协调，并以劳务分包的方式组织全部土建工程和大部分装饰装修工程施工，劳务主要由来自国内专业劳务公司的熟练工和在第三国招用的非熟练工组成，不足部分由当地劳务公司提供。机电工程、电梯工程等分别分包给当地注册的专业公司施工。自开工至 2014 年 11 月底，项目共完成产值 3.44 亿当地币，占合同总价的 60.41%；若含材料预结款则为 4.45 亿当地币，约占合同总价 78.14%。其中，土建完成 99.00%、机电 62.01%、装修 51.50%、室外工程 48.97%。在剩余工程中，装修约占 40%，机电约占 37%，其余主要为室外工程。

2 当前存在的主要问题

2.1 经济亏损严重

受投标失误和执行过程中的经营管理不善等多重因素影响，项目经营结果出现严重的经济亏损。根据最新的成本测算，截至 2014 年底，项目已亏损 1.77 亿当地币，项目申请总部贷款已高达 1.99 亿当地币，且项目仍处在亏损运营状态，亏损程度还会持续加大，未来项目资金流依然会出现不同程度的短缺。

2.2 工期形势依然严峻

在前期的工程实施过程中，因业主变更和自身执行力不足等多重因素影响，多次出现工期严重拖期。后经三次工期延期索赔，并以放弃经济索赔为条件，业主同意累计将工期从 609 天延长至 1288 天。根据最新批准的总进度计划，截至 2014 年 11 月底，计划应完成合同总额的 80.15%，实际只完成 60.41%，滞后计划 19.74%。另外，受业主变更（主要包括高压盘柜、监控系统、标示系统等），因政府消防规定更改而导致的天然气系统施工暂停和部分返工，以及项目部的资金紧张和自身履约能力差等诸多因素影响，工期延误将进一步加大，工期形势日趋严峻。

2.3 机电分包引起的潜在法律风险

机电分包商作为本项目最大的专业分包商，承担了机电管道安装工程，原分包合同额 1.47 亿当地币。实施过程中该分包商因资金实力不足导致其履约状况每况愈下，项目部不得不采取应对措施，在与其协商采用咨询服务继续履约和友好终止合同等多重努力无效的情况下，从整个项目大局出发，项目部于 2014 年 10 月书面终止了与该分包商的合同，直接接管其剩余工程的施工，由此引发其对总包方的法律诉讼。另外，该分包商与其相关业务单位也存在法律纠纷而将总包方牵扯进去。为此，项目部组织成立专门机构，并与当地律师协商应对诉讼事宜，未来诉讼结果及其对总包方造成的经济和声誉损失尚难预判。

3 宏观原因分析

从外部环境看，自 2008 年全球金融危机爆发后，国际建筑市场整体上持续走低。而该国经济受益于石油天然气出口，加上赢得大型国际赛事举办权的刺激，其建筑市场似乎是一枝独秀日渐火爆，导致大量国际承包商纷至沓来，因而造成市场竞争异常惨烈。而该国又是一个高端市场，项目实施中采用国际工程惯例和欧美标准，崇尚欧美品牌和产品，安全职业健康和环保要求极其严格，各类审批手续严格繁琐，且政府部门及相关方面普遍办事效率低下，加之市场供应相对短缺等，推高了承包商履约过程中的经济和时间成本。

从 T 公司内部看，以 2008 年联合承担该国大型基础设施项目和海湾另一国家的大型房建项目为标志，T 公司开始真正意义上的进入国际承包市场，而且一起步就是走进高端市场。自 2008 年至 2011 年本项目投标时，不过历时三年时间，尚属初创期，T 公司的国际业务在组织机构和系统性的管理制度建设方面尚不健全，更谈不上领导、监督和贯彻执行，并且在人才、资金和经验积累上也明显不足。受上述两项目实施过程中一时的良好表现的鼓舞，T 公司对自身的国际工程经营实力盲目乐观，对可能遭遇的挑战、风险乃至现实损失认识不够充分，没有足够的心理准备和物质准备，大有“无知者无畏”和“初生牛犊不怕虎”之势，加之追求经济规模的需要，因而急于独自涉猎该国建筑市场。

相对于该市场的严酷性和对承包商的严格要求，T 公司明显力量偏弱，好比一个蹒跚学步的孩子要去挑百斤重担。在这种势不均、力不敌的情况下去投标并执行此项目，出现重大失误进而遭受严重损失也就不足为奇，甚至是必然的事情。

就成本和管理能力而言，无论是作为中资公司还是项目部自身，在该国市场环境下已没有任何优势可言。在语言、规范方面采用西方的，合同管理及契约精神方面本来就是中国人的弱项，原本具有的人力成本优势也因中国劳动力价格的普遍上涨而消失殆尽，仅就价格而言甚至已转变成劣势，因为中国劳动力的价格已经远远高于来自南亚国家的国际劳务价格。纵观项目实施过程，主要建筑工程材料，如商品混凝土、钢筋、砖、水泥、砂石料、燃油、水、回填料、机电设备材料、装修材料等均在当地市场或国外购买，而相对价格便宜的中国设备物资材料很难被接受，专业分包也从当地市场获得，所以与该市场上其他承包商相比，中国承包商在这些方面也不具备成本优势。而在其他一些主要方面，项目部几乎都是采用成本最高的方式——租赁进行，如施工设备和钢管脚手架绝大部分是租赁的，劳工营地和员工宿舍是租赁的，交通车辆也以租赁为主，劳动力也因为配额问题而以采用市场提供的高价劳务为主。另外，中资公司在贷款利息和审批时间、保函费率和办理时间方面所花费的经济和时间成本都远远高于其他公司在当地直接办理所耗的成本。而且，作为大型多层级的国营央企，项目实施地又在远离总部的国外，其决策程序复杂缓慢，动作反应迟钝，办事效率低下等不可避免的现象，也无形中增加了管理的时间和经济成本。

综上所述，一个不具有比较优势的承包商，刚涉足国际业务，在一个高端完备和充分竞争的市场环境下，无论出于什么原因以明显低于其他竞争者的价格，去承接一个非自身传统和核心竞争力所属业务领域的普通房建类项目，其经营结果不出现亏损似乎都不可能！这就是该项目投标和履约的特点，且在某种程度上也是T公司的国际业务，特别是其在海湾地区的业务，自起步后直至获取本案例资料时所面临的现实情况。

4 具体原因分析

4.1 投标阶段

本项目于2011年在集团公司区域总部的领导下，由T公司组织抽调当地在建项目人员，临时组成投标小组投标，按期完成了投标任务。根据集团公司的战略定位，在国际业务方面集团总部是市场营销中心，下属各子公司是项目实施责任主体和利润中心。这种定位的优点是资源集中，发挥专业优势；缺点是集团与所属子公司的经营目标不一致，导致利益冲突和潜在经营风险。

在当时T公司的公司级领导中，还没有明确有哪位分工负责国际业务中的市场开发，特别是对该国新型房建市场的开发。当时其海外事业部在海湾地区的一些主要领导都分别在各自大型在建项目上担任项目经理、副经理等重要岗位，不可能全身心投入到新项目投标的领导工作上。而海外事业部作为T公司国际业务管理职能部门，还没有建立健全一套国际项目投标的管理制度，包括人员组织、过程程序、质量要求、评审体系等。投标小组人员全部非专事投标工作，而是从各在建项目部管理人员中临时抽调组建而成，且是第一次参加房建和基础设施综合类项目的投标，先前没有类似项目的投标经验。所以，投标工作基本呈现出“无领导、无规矩、不专业、无经验”的状态，为投标失误埋下隐患。

该项目为竞争性项目，定标时受到代理转告区域总部标底4亿当地币的干扰，标前进行了大幅度降价，投标前初步确定的成本价为5.6亿当地币，最终却以4.73亿当地币报出，成为第一名，且大幅低于第二名（据事后了解，比第二报价低了1.25亿当地币）。

造成投标价偏低的原因或构成有以下四个方面：①因人手少、时间紧，制度体系上又无明确要求，投标小组未对投标文件要求全面梳理和了解，未对标书中清单工程量进行核算，造成工程量特别是钢筋、混凝土和开挖等项的工程量严重漏量及一些其他漏项；②因投标人员对当地地质、质量要求、市场行情不了解，造成一些项目（如开挖、外墙抹灰等）单价严重偏低；③受外界错误信息引导而大幅降价；④为进入该市场，在综合取费（现场及两级总部管理费、风险及利润、财务费用等）上有意偏低。

前三条原因属不同层面的工作失误，最后一条应是出于项目营销策略决策层面的考虑，无所谓对错。

4.2 履约阶段

4.2.1 量差价差再分析

表 13-1 为项目主要工程量原合同数与实际数的差别对比。

××项目主要合同工程量与实际工程量对照表 表 13-1

序号	项　　目	工　程　量			单位
		合同量 A	实际量 B	差值 A－B	
1	室内开挖	3705.00	68767.15	－65062.15	m^3
2	室外开挖	—	140000.00	－140000.00	m^3
3	室内回填	371.00	31788.84	－31417.84	m^3
4	室外回填	—	100000.00	－100000.00	m^3
5	转移多余开挖材料(室内)	3334.00	61890.44	－58556.44	m^3
6	转移多余开挖材料(室外)	—	130000.00	－130000.00	m^3
7	混凝土	59727.12	63845.02	－4117.90	m^3
8	基础管沟回填混凝土	—	20868.95	－20868.95	m^3
9	车棚基础混凝土	—	17957.53	－17957.53	m^3
10	钢筋	7620.30	10488.54	－2868.24	t
11	车棚基础钢筋	—	2675.34	－2675.34	t

造成这种差别的原因，除上述投标失误造成的损失外，还有项目实施过程中造成的损失。以混凝土量差及连带引起的钢筋部分量差为例，造成实际用量严重偏离合同量的原因有如下几方面：①投标时没有校核工程量造成的漏量；②投标时没有仔细研究合同文件造成的整体漏项；③施工时，建筑筏板以下管沟回填改用混凝土；④部分结构由预制件改为现浇混凝土；⑤其他临时用混凝土；⑥浇筑过程中的浪费；⑦供应商的短斤少两而未被核实察觉等。

从以上分析可见，在 7 项因素中施工过程中的因素占了 5 项。实际上，即便因投标失误造成重大量差和价差损失，在实施过程中也可以通过严格施工管理、设计优化、分包转嫁及与业主咨询工程师交涉等多重手段减少甚至消除这种损失。这种情况不是不可能发生，在别的项目中已有成功的案例。

4.2.2 成本管理意识与体系缺乏

项目全员成本意识不足，任何事情均以方便、完成任务为优先考虑，殊不知任何方便和完成任务都以经济成本为代价，不同的方便程度和完成任务的方式方法所耗用的经济成本是不同的。那种不计一切代价抢工期、保任务的思维和做法，虽不能说是完全错误的，至少说是不经济的。全员必须牢记，任何一项工作都须精打细算，特别是在采取重要的技术、施工、分包、设备、人工方案及大宗材料订货等对成本影响较大的重大事件前，都应进行科学严密的经济分析比较，以期用最经济有效的手段来付诸行动。

相应地，项目部也没有建立完整的成本管理体系，没有建立专门的成本管理机构和制度，也没有安排专人负责，没有设定成本目标，也没有进行定期的成本数据收集、分析、比对和动态监控，更不可能就成本管理现状提出建设性的改进意见。

由于缺乏可靠的动态成本数据支持，项目团队的主要管理人员对项目的总成本没有一个明确的整体概念，造成了直觉上的误判，最终成本失控也就不可避免。这种直觉上的误判所形成的对经营形势的盲目乐观，直到外部介入审计评估及项目遭遇严重的资金流断流时才被惊醒，但为时已晚，潜在危机实际早已存在。

4.2.3　材料设备管理问题

材料的计划管理流于形式。材料计划由使用单位和个人提出，自然是以方便自己为原则，没有必要考虑成本问题。材料计划虽然经过了多部门和领导签字，却没有任何人对其认真审核，也无需承担责任，所以无法从源头上堵住材料浪费。

材料采购以电子邮件、电话询价和下订单为主，缺少与供货商面对面的直接有效沟通，也无法对该种材料的整体市场供应情况有透彻的了解。采购部门因为没有成本意识和责任压力，所以缺少讨价还价的动力和空间，而且货物基本由供货商送至工地。这一切都在不知不觉中增加了材料的采购成本。

在材料的进场验收、出入库管理、盘点核销及信息共享等方面的管理也不够规范，无形中容易造成材料浪费，增加了材料成本。

本项目材料管理的另一严重失误是一些机电装修材料采购。由于对工期形势的误判，加之订货合同中对送货时间、批次和支付方式上考虑不周，造成大量后期装修材料（如卫生洁具、门、灯具、橱柜等）过早到货，形成严重的现场库存，增加现场仓储管理的难度和费用，并占用大量资金，使项目中后期本已紧张的资金流状况更是雪上加霜。

在周转材料和设备方面，项目部除了少量调拨的周转材料、塔吊、部分发电和通勤设备为自有的外，其余的均在市场上临时租用。截至 2014 年 12 月，设备和周转材料租赁费已高达 3000 万当地币以上。实际上，根据本项目的特点，完全可以增加采购一些开挖运输设备及周转材料等，包括挖掘机、自卸车、长臂叉车、宝贝猫、脚手架等。如前所述，施工设备和周转材料作为项目成本的重要影响因素，在项目初期策划时就应进行认真的技术经济分析，制定整体的设备和周转材料方案，明确是采取自有、租赁还是分包以及各占多少比例，以有效降低成本。

4.2.4　人工成本额外增加且效率低下

由于区域总部为本项目申请的劳工配额不足，项目被迫使用了大量高价劳务，或额外支付费用购买劳务指标。投标时没有考虑使用外聘高价劳务，而实际使用高价劳务占整个劳务总量约 65%，有时其比例甚至更高。

经测算，自有普通劳务的全部人均成本约为 1700 当地币/月，而高价劳务人均价高达 2860 当地币/月。而且，劳务公司普遍只接受计时工资，不接受计件工资或工序劳务分包的合同形式。加之，我方对高价劳务缺乏有效的管理措施，当地有关劳工的法律又十分严格。因此，造成劳动效率低下，劳动力成本严重超支。

4.2.5　分包管理中的缺失

本项目的机电管道安装工程，全部整体分包给在当地注册的外国专业公司承担，分包合同额 1.47 亿当地币。分包商的招标过程基本是规范的：采取了广泛的招标询价（收到有效报价 10 家），遵循了有效最低报价原则，对两家拟定分包商的在建项目及公司进行了实地考察和比较，履行了评审和上报程序，并预计该分包商在项目执行的中后期会出现资金短缺的局面，只是没有料到情况是如此的严重，个中原因不排除其自身的其他因素。

由于资金断链，该分包商累计拖欠其供应商、分包商以及员工工资款 2000 万当地币无力支付，其分包商、管理人员以及工人拒绝工作，所有施工人员在 2014 年 7 月底全部撤离现场，机电安装基本处于全面停工状态，且严重影响到其后续工序室内装修的施工。为拯救项目，项目部在经过垫付代付款项、更改合作模式及友好协商终止等多种努力失效后，书面强行终止了其分包合同，接手其现场工程和材料，自行组织施工。由此不仅增加了我方的施工任务量和管理难度，也可能带来额外的经济损失和法律诉讼风险。

项目部在其他分包管理方面的问题，一是合同评审过程流于形式。一份合同在正式对外签署前，虽经过了内部相关各部门和领导的审核签字，但由于合同本身与这些部门往往并没有什么直接的关系，很难做到真正的审核把关，不过是签个字而已。二是未见其他大的分包合同上报相关部门审批把关的程序记录。三是在分包支付程序上采取各相关部门签字的方式也使支付审核流于形式。四是没有建立完整的合同管理体系，在合同管理部门和各施工部门间的分包合同管理责任及权限方面未作明确界定，导致合同管理主体责任的混乱。五是受主合同分包商名录限制和业主咨询工程师等方面的干扰，项目部在分包商选择权和根据市场原则寻求最低报价方面受到制约。六是一些分包的立项不尽合理。另外，在合同结算、保函管理、规范合同文件等方面也存在这样那样的问题。

4.2.6　工期延误与管理费超支

工期延误在海湾地区是一个普遍存在的现象。以本项目所面临的现实环境看，要在原合同规定的工期范围（609 天）内，完成如此体量和复杂程度的项目施工，完全是不可能的。

造成工期延误的原因主要包括：①原合同工期要求本身就紧张到了不可接受的程度；②合同实施过程中的各项要求，如设计、材料、施工方案报批，要求严耗时长，施工过程各种质量检查验收的程序繁琐复杂等；③施工过程中发生了大量的变更，主要是机电和装修要求方面，包括应业主要求和市政相关规定及其更改造成的变更；④业主和咨询工程师等方面办事效率低下，造成大量文件和要求上报后久拖不决，因而无法开始行动；⑤自身的管理问题和资金短缺等。

首先，工期延误使项目履约面临巨大的误期罚款压力，合同规定最高罚款额为合同总价的 10%。其次，在与业主的工期索赔谈判中，由于延误原因多来自业主和承包商等多方面，很难界定各自该承担多大责任，通常最终都是承包商被迫以放弃经济索赔为代价，换取业主同意顺延工期以解除误期罚款风险的妥协方式告终。

工期延误导致的最直接经济损失，是管理费及一些固定成本增加，包括现场管理人员的费用（工资绩效、食宿办公、交通通信、社保等），现场临时水电排污，业主咨询工程师的服务费用，以及贷款利息、保函和保险费用等。经初步统计，项目部每月的固定管理费用开支在 300 万当地币以上，延期 20 余月造成此项的额外支出超过 6000 万当地币。实际上，截至 2014 年 11 月底，主要作为管理费支出的一般项费用，已超出合同中该项价格 7361 万当地币。

4.2.7　管理团队力量不足

现场管理团队力量不足体现在两个方面，一是主要管理岗位的人员缺失，二是现有大部分管理人员的能力素质与其应有的要求相比远远不足。

在 T 公司当前的管理局面下，一个项目经理个人综合能力的大小，对项目实施的成败起着关键性的作用。本项目经理虽有较长时间的工作经验，但从事国外同类项目的经验只有 3 年左右的时间，但从未有过任何担任项目经理的经验，也未接受过任何类似的业务培训，就担任如此大的国际房建项目的项目经理，显然不够胜任，加之其个人性格、行事风格和作风等方面的特点或不足，造成项目团队核心领导能力偏低，尽管其个人在实际工作中已经付出了最大的努力，结果并不令人满意。

另外，本项目的另一个重要岗位，即应具有丰富现场经验的施工经理（或主管生产的项目副经理）一直是缺失的。而能较好胜任工作的原主管计划和技术的技术经理（或项目总工）、合同经理（或商务副经理）、合同工程师以及质检工程师等重要岗位人员，也因种种原因先后过早地离开了项目部。其他一些主要岗位人员，如机电和装修负责人，虽有较大的发展潜力，毕竟工作经验还显不足，综合素质能力有待提高。

项目管理团队的其他成员则以近几年新毕业的学生为主，工作经验达 4～5 年的就已经是资历深的主力和业务骨干了。另外一些管理人员则是在当地招用的外籍员工，平均工作能力要高于普通中方员工，其工资待遇也相对较高，与中方员工间却多少存在工作沟通和文化认同问题。

造成管理团队力量不足的其他原因包括，由于人才流失严重，导致同一岗位频繁换人；由于种种原因而一度形成团队规模臃肿庞大，影响工作效率；项目团队建设不足，凝聚力缺乏，纪律涣散战斗力不强，相互间缺乏有效沟通和良好合作，个体成员对项目的整体命运不够关心等。其中，团队规模臃肿看似与管理力量不足是矛盾的，实际上反映的是项目管理团队配置不合理和团队建设不到位。

5　分析结论

从以上分析可以得出结论：由多种因素造成的投标价格严重偏低和实施过程中的严重拖期，是导致该项目经营严重亏损的两条最主要的直接原因。如果排除这两条原因，项目目前的经营状况应该是盈亏基本持平。而在所分析的其他原因方面，项目部能做得更好的话，其经营成果就应该是可以盈利的了。

6　改进措施建议

以上分析找出了造成项目严重亏损的直接原因，但并没有深挖其背后更深层次的原因。本案例虽是个案，反映出的问题却具有一定的代表性意义。国际工程所面临的竞争激烈的严酷现实，是我们一时无法改变的，也许唯一能改变的是我们自己，让我们变得更强大，更能适应环境，只有这样才能在逆境中求得生存和发展。所以，根据本案例的情况，笔者提出如下一些改进措施，这些措施不仅是针对这一具体的项目，而且更具普遍的借鉴意义。

（1）改革企业考核用人机制，促进企业经营从规模速度经济向质量效益经济转型

企业作为经济组织，其存在和发展的根本动力和主要目的是追求经济效益。但在相当长的一段时期内，国有企业经营管理考核的首要指标是发展速度和规模，体现在完成产值和新签合同额的绝对值和增长速度。这些指标在企业内部被层层细化分解，用于各级经营管理部门和人员的业绩考核。在这种考核激励机制下，企业上下想方设法去拿新项目，不

惜一切代价去完成项目产值目标，由此就很容易造成企业的规模扩张了，发展提速了，而发展的质量变差了，经营的效益下滑了的恶果。笔者认为，要科学理性地看待企业发展的规模和速度，它是建立在发展的质量和效益基础之上的，必须与企业拥有的现实资源、管理水平、经营环境、市场需求和发展机遇等诸多因素相适应，枉顾企业的客观现实条件而一味盲目扩张提速或拓展业务新领域，必然带来严重的不良经营后果，或者引发弄虚作假玩数字游戏，造成虚假繁荣的景象。

（2）统一集团公司和所属子公司的经营目标，实现风险共担、利益共享

目标不一致，导致集团公司和所属企业经营方向不一致。如果集团公司仅仅是营销中心，以多中标新项目为目的，投标时必定一味要求降低标价（有时甚至可能采取行政命令的方式要求投标团队压低报价），根本不关注实施项目的实际成本，因为一旦中标完成营销任务即算完成集团公司总部对相关业务部门的考核指标。集团公司在按相关规定提取管理费后交给所属子公司全面负责实施项目，项目经营的风险和潜在收益全部转移给子公司。实际上，由于项目是以集团公司的名义和品牌对外签署项目合同，项目最终经营出了问题，还得集团公司出面解决，经营不善造成的经济和社会声誉损失最终仍由集团公司背负。所以，集团公司这种想做甩手掌柜的简单做法是行不通的。

为避免这一局面，集团公司与所属子公司在开发经营国际工程业务时，应统一目标，形成利益共同体，集团公司负责组织所属子公司进行投标时，不仅仅是以中标为第一目的，还要考虑报价是否具有预期的经济效益，否则宁可选择放弃中标。在项目实施过程中，集团公司要加强对子公司项目部的监管和支持力度，确保在建项目始终处于集团公司的监控之下。这样，集团公司和所属子公司按事先商定的责权比例对国际项目的投标和实施共同负责，经营的目标达成一致，努力的方向一致，都是为了取得一定的经济效益，并按比例对项目的最终经营成果共担风险、共享收益。

另外，该集团公司与其所属子公司类似于婆媳关系，集团公司不仅对子公司资本完全控股，而且完全掌握子公司的组织决定权。在这种治理结构下，哪有媳妇敢问责婆婆的道理和胆量，即便婆婆有过错或未尽应有之责，并给媳妇造成损失，媳妇也只能选择忍气吞声。比如本案例中，集团区域总部本应负责为项目办理劳动配额指标却未完全尽责，子公司和项目部都只能选择忍受。这种公司治理结构应作出适当的调整改变，真正做到上下级公司间的权责分明。

（3）加大企业所有制改革力度，激发企业经营决策者的积极性

在全民所有制的条件下，企业经营成果的好坏与企业经营决策者的利益并无直接关系。相反，在私营企业里，企业经营决策者可能就是企业的拥有者，因此经营成果的好坏都必须由其个人全部承担。那么，受利益的驱使，私营老板必然竭尽全力做好企业，做好项目。即便在遭遇多重不利因素的情况下，也会按“两害相权取其轻”的原则，迅速作出选择，尽量降低损失的程度。

国际工程业务作为一种完全的市场竞争的经济行为，不会对整个国民经济运行安全造成严重的影响。对国有国际工程企业来说，其主要任务是顺应国际市场的要求，保持自身的健康可持续发展，并让企业员工分享企业发展的成果，促进社会的和谐稳定。企业自身发展壮大了，就能扩大社会就业，也增加了国家税收，同时让职工分享企业发展的成果，实现藏富于民，保持社会稳定，这些就是国际工程企业对整个国民经济的最大贡献。所

以，要充分发挥市场经济竞争机制的作用，在给予企业经营决策者充分的经营决策权的同时，还应加大对企业所有制的改革力度，降低国有资本的参与程度，适当引进社会资本参与其中，并允许企业经营决策者和职工持有一定比例的企业股份，使企业经营成果的好坏在一定程度上真正与经营决策者及普通员工的收益高低挂钩，以调动企业全体职工的积极性，增强他们的工作责任心。当然，国有企业所有制改革的决定权不在企业内部。

（4）简化经营管理的决策程序，提高决策效率

在本案例中，承包商是大型国有工程集团公司，旗下设有国际工程公司和多家其他工程子公司。国际工程公司在总部设有健全的职能部门，并在境外建立了众多国家或区域经营管理机构。子公司内部则组建了海外事业部，并在项目所在国设立了经理部，由经理部负责组建项目部来实施项目。因此，项目部实际上要接受来自集团公司和子公司的双重领导，形成“中”字型管理决策机构。这样的管理决策机构中间环节太多，且呈现为并行决策机制，决策机构间容易造成相互踢皮球、决策不一致和决策效率低下的局面。

项目部是现场执行机构，在一些事关项目命运走向的重大问题上，是不具有决策权的，比如在实施期间发现存在严重的潜亏风险后，项目要不要继续履约下去，是否需要采取措施以及采取何种措施同项目业主进行交涉？如果决定坚持继续履约，如何解决后续施工中严重的资金短缺问题？类似的这些问题都不是项目部敢于贸然决定的。于是，项目部只能向上级组织打报告，而且要同时向属于集团公司和子公司的两个上级组织系统报告。集团公司这一条线的各级组织认为，子公司是在建项目的运营实体，对运营中发生的问题理应自行想办法解决。子公司这边则认为，项目是由集团公司组织投标并决定最终标价的，而项目部所提问题的严重程度已经超出了子公司能力所及的范围，况且子公司本身就是集团公司旗下的全资子公司，有大问题当然应请示集团公司出面解决。

在这种决策机制条件下，项目部向上反映的问题往往得不到及时有效的回复。同一个问题，书面报告打了一次又一次，各个层级的会议开了一次又一次，要么是不了了之；要么是上上下下层层流转，最终得到结果时已经是几个月以后的事了。决策效率低下，要么错失了解决问题的良机，要么加深了该项目经营不利局面的严重程度。

所以，集团公司应从整个集团角度审视海外项目管理问题，建立统一快速的管理决策机制，包括三个方面的工作：①缩短决策流程，尽量减少中间环节，使项目需要决策的重大问题能够迅速直接地传递到对应的公司最高决策层；②将目前的决策传递通道由两条合并为一条，避免相互推诿；③明确定义各管理层的决策权限和责任范围，该是哪一层的决策权限范围的，问题到此一层就应立即做出决策反应，不拖延不上报。

（5）建立健全国际工程业务流程制度，并严格遵照执行

国际工程业务对 T 公司来说，是近年来才开拓的新业务。公司上下虽然对国际业务充满热情期待，但究竟如何开展这项业务，公司绝大部分人由于缺乏实践经验，不知该从何处下手。也许在这项新业务开展之初，一个公司集中各方面的优质资源去实施一两个国际工程项目，还可以应付得下来。但项目一多，公司的现有优质资源，特别是强有力的项目管理团队，就无法满足现实需要了。

在这种情况下，T 公司就应着手建立健全国际工程业务的流程制度，主要包括市场营销和在建项目管理等方面。更为重要的是，这样的流程制度建立起来后，要切实得到贯彻执行，而不是形同虚设或流于形式。只要制定的制度科学合理，公司上下都熟悉和遵循同

样的规则行事，就容易达成共识，可以减少工作中的摩擦和出错几率。

以本项目来说，如果公司制度规定，在招投标阶段必须经过工程量复核计算，投标书和报价必须经过多层级的专家评审，并根据报价金额的大小，由企业相应层级的领导最终拍板确定对外报价及其策略，中标后需做成本价格及现实环境分析再决定是否签订合同，而对投标结果好坏也有明确的责任划分和激励措施等。这些制度建立后如在投标中真正得到执行，就能在很大程度上避免报价失误。

在项目的成本管理方面，公司制度应明确规定，实施前要组织进行项目管理策划，要在认真分析合同价格和市场条件的基础上，建立项目的成本目标体系和组织管理体系，要在实施过程中对工程成本进行动态核算和监控。另外，还要从制度上明确界定公司总部与在建项目部及项目经理的责权范围，规范项目经理的选用和履职行为。贯彻落实这些制度，可以约束项目部经营决策行为，避免因项目部或项目经理个人盲目大胆越权决策而造成项目损失，或尽早发现项目潜亏风险，并及时采取相应的应对措施，不至于出现本项目这种情况，即干了一大半才发现问题的严重性而又骑虎难下的被动局面。如果说在投标阶段由于人手紧时间短，没有来得及吃透标书工程量和市场价格水平，那么在项目实施初期阶段，项目部应该有足够的时间和其他客观条件，去组织专业人员认真全面地梳理和分析合同价格和项目成本，预估项目最终的经济效益情况，真正做到心中有数。

（6）切实加强对国际工程业务的领导监管

笔者了解到，在本案例项目的招投标和实施期间，T 公司的十几位公司级领导中仅有一位新上任的副总经理负责国际工程业务，他还同时兼任公司所属海外事业部总经理及一个大型国际基础设施工程的项目经理，而所有其他公司级领导因分工不同或以不熟悉国际业务、不知道如何管理国际业务为由，很少涉足对公司国际工程业务的管理。另外，在此期间海外事业部刚成立不久，主要领导也都在各个海外项目兼职，因此海外事业部基本处于半瘫痪状态，很难正常地发挥一个专业部门应有的管控职能。

在中国当前这样的大环境条件下，一个企业的新业务如果没有企业领导的重视、参与和支持，是很难取得成功的。国际工程业务作为 T 公司新开拓的业务领域，是公司的一个重要业务板块，如果经营得好会成为公司未来发展方向，因此理应受到公司领导层的高度重视。在公司级领导中，至少应安排三分之一的领导力量去专门负责国际工程业务，尤其是公司的主要领导，要将工作重心向国际工程业务倾斜。同时，海外事业部的各个领导也应该从各项目管理工作中抽身出来，成为专职的部门领导，真正担负起专业职能部门的责任，统一对各项国际业务实行有效管理。

在这些公司级领导中，可以按专业分工，有的负责市场开发，有的负责在建项目管理，有的负责总部协调；或者按市场区域划分各领导的负责范围。海外事业部在各分管领导的领导下，组成专业管理团队，协助执行国际工程的具体业务管理。

公司级领导在公司国际业务的宏观管理方面，要确定公司国际业务的战略发展方向和经营目标，为国际业务组织协调最优质的管理资源，提供人才、技术和资金支持，组织建立健全国际工程的业务流程、管理制度和考核评价体系。而且，这些公司领导对国际业务的领导管理不仅仅只停留在宏观的层面，对于重要的国际工程项目，更要直接负责从投标到实施交付全过程的领导管理，使项目自始至终都处于公司领导的监管之下。在这方面公司领导不能只浮在面上，到项目上只是蜻蜓点水、走马观花，所作的指示决定只是大而化之，隔靴搔痒；而是要求真务实、亲力亲为，要亲自深入一线，主动去熟悉了解各个国际项目的开发和实施过程，根据对每个项目实际情况的分析研判来制定项目的任务目标，负责对项目过程中重大问题的研究和重要事项的决策，并及时为项目组织协调必要的资源，对项目管理提出具体可行的改进意见建议，甚至直接领导或参与项目部对外合同谈判工作，保证项目全程受控和顺利实施。

（7）加强合同管理，有效规避或降低项目风险

在本书的开头曾说过，国际工程是一项充满风险的事业。事业有风险并不可怕，重要的是如何及早识别风险，并采取适当的措施有效规避风险，或者即使不能完全阻止风险的发生，至少也可以使其发生后造成的损失减少到最低。而加强合同管理是规避或降低国际工程项目风险的有效措施之一。

以本案例项目来说，即便编投标有失误，在开标以后，承包商可以通过一些渠道获得自己的报价排位信息，当得知自己的报价远远低于其他竞争对手后就应该引起足够的警惕和重视，要立即组织专业人员对报价情况进行认真的分析研判，当确信自身报价出现重大失误，已经到了远低于项目成本的时候，就应考虑是否采取措施放弃此次中标机会，比如，可以通过各种渠道和方式向业主明确表达自己的这种意愿，并对业主的澄清或谈判邀请采取消极回避的态度。选择不中标的最大损失不过是被没收投标保函和些许的信誉损失，比起硬撑着接下项目实施所造成的损失要小很多，从而有效地规避了风险。

如果在项目实施的过程中，项目部通过成本分析发现，潜亏风险远比想象的严重，也不是没有回旋的余地。承包商在全面分析业主的处境和项目的经营情况后，可以慎重决策项目的去留，并采取相应的措施。选择中途退出项目并非就是目的，可以是一种合同谈判的手段，以此作为筹码来要求业主作出适当让步。可以放慢施工速度甚至完全停工，同时开始与业主进行谈判，要么双方通过友好协商达成一致后，承包商体面地退出项目，对由此给业主造成的损失给予适当赔偿；或者双方同意承包商继续履约，业主对漏项漏量或价格偏低项目给以适当的调价补偿。再一种情况就是承包商可以利用业主在实施过程中的违约、新增变更或政府法律法规变化引起的费用增加等因素，在与业主的合同谈判中将其投标失误造成的损失加入进去作为继续履约的筹码。

最坏的结果是双方谈判破裂，承包商要么强行撤离项目，要么被业主清除出场，有可能造成承包商的10%履约保函被没收，并在当地市场上遭受一定的信誉损失。即便如此，也比承包商以沉重的经济代价执行完项目所造成的损失小。截至笔者开始进行该项目案例分析时，预计项目亏损达30%以上，并且可以预见，亏损率还会继续上升。

当然，笔者并不是在这里提倡承包商不信守承诺的行为，而认为承包商可以将主动要求解约作为一种合同谈判的手段，并对谈判的最坏结果事先作了分析准备。通常情况下，业主和承包商双方都会考虑多方面的因素，通过谈判寻求一个解决问题的折衷方案，这一折衷方案或多或少会减轻承包商因投标和实施项目而遭受的损失，因此值得承包商去为此努力尝试。不过这样的决策，甚至包括谈判的实施过程，都不是现场项目部能够担当的，需要企业管理高层和相关专家综合考虑各种因素后慎重作出决定，必要的话还需亲自领导参与合同谈判过程。

（8）加强项目现场生产管理，提高劳动生产率和资源有效配置

从以上分析可以看出，导致本项目严重亏损的直接原因是投标失误和工期严重拖期。

而造成工期严重拖期的原因，除了业主和其他客观因素之外，现场管理差也是其中之一。所以，加强现场生产组织管理，提高劳动生产率和资源的有效配置，是加快施工速度、降低工程成本的有效举措。

我们知道，劳动力人工费、材料费和机械设备费用是构成工程成本中直接费的三大支出项目，三项合计一般占到工程总成本的80%左右，控制住了这三项费用的支出，就控制住了工程总成本的大头。

由于受劳动力配额指标的限制，在本项目的施工生产中大量采用了市场上的高价劳务，而且只能采取计时工资制。在这种情况下，如果项目部对现场劳动力管理不严格，必然出现大量的消极怠工现象，也不排除劳动力人数虚高的现象。造成的直接后果是，虽然劳动力成本超支，生产效率却十分低下。据测算，在该国的工程项目上，正常情况下土建工程的劳动力人均月产值应在10000当地币以上，而本项目远远没有达到这个指标，这一方面反映出该项目的合同价格确实偏低，另一方面也说明项目劳动生产率十分低下，甚至低到了有些单项工程完成结算的产值不足于支付所耗用的劳动力的工资。

有鉴于此，建议项目部在现场劳动力组织方面，应尽量采用自有劳动配额招聘劳务进场，并由项目部自行组织和管理劳务进行生产施工，工资支付尽量采取计件工资制，或者与专业劳务公司签订包清工劳务合同，而市场高价劳务只有在一些特殊情况下作为临时应急之用。这样做可以在提高劳动效率的同时，将劳动力成本控制在预算范围内。

在材料费控制方面，造成工程施工实际耗用的材料数量远超合同量的原因，固然有投标漏量漏项的原因，但也与施工中的材料管理混乱有直接关系。项目部对材料的计划、采购、进场验收、储存、领用、盘存核算、损耗控制等各个环节的管理不够规范、严格和精细。

另外，一些重大的材料工程量偏差，是可以通过严格的现场管理和与业主的积极交涉争取而得到弥补的。比如室内外土方开挖回填，开工前项目部如果在与业主办理现场移交过程中作了认真的测量计算，发现实际情况与合同描述相差甚远时，完全有理由拒绝接收场地，直至业主同意接受某种补救方案。再比如基础管沟回填，原合同规定回填料是土方，但实际施工时却无法满足压实度的要求，是项目部擅自决定改用混凝土回填，由此增加了混凝土工程量20868.95m^3。遇到这类情况，项目部完全有理由停止施工，坐下来好好与业主工程师进行合同交涉，直至双方达成一致，且在承包商不因此遭受额外经济和工期损失的前提下再恢复施工。

机电设备是项目施工的重要资源，对机电设备管理如何才能做到合理配置和有效利用，依笔者的理解，主要需要做到以下几点：①在机电设备的来源方面，是新购、租赁、调拨、利用分包商设备或其他方式，要综合考虑技术、经济、时间和现实可能性等诸多因素，进行科学的分析论证后再作决定；②在设备的选型以及机械化联合作业中的各种设备配套上，要与作业任务、环境条件及施工方案相适应；③加强设备的使用管理，保证设备的完好率和出勤率，提高设备的生产效率，严格控制设备使用中的各种消耗；④严格真实及时地作好设备的使用记录，对设备使用的费用结算支付进行严格管理；⑤闲置设备及时清退出场。

（9）开展人才培训，造就和留住高素质管理人才

人才短缺是国际工程全行业面临的普遍问题，而高素质管理人才对国际工程的经营发

展所发挥的作用是毋庸置疑的。所以，无论是国际工程企业总部还是各在建国际工程项目部，都应该对人才培养引起足够的重视。

根据国际工程业务对人才层次和能力的不同需求，可以灵活选择多种培养方式。比如，在项目部层面，可以采取以下几种方式：①直接将后备国际工程人才安排在项目上担任一定的岗位工作，通过项目实践积累经验，熟悉国际工程惯例，增强业务素质和动手能力，实现自我提高；②工作中，安排有国际工程经验和能力的老员工对新员工进行传、帮、带；③组织到其他在建国际项目上进行参观学习和经验交流；④项目部系统地组织进行专门的业务理论和实践培训。在企业总部层面，可以采取以下人才培养方式：①制定系统的培训计划，组织企业内外各类与国际工程相关的专家，对后备人才进行授课培训；②将后备人才送到相关大专院校或其他社会培训机构进行学习培训等。

人才问题另一个值得注意的问题是人才的严重流失，就像在本案例项目上所发生的情况一样，许多在国际工程市场开发和项目管理实践中逐步成长起来的人才，特别是一些关键岗位的人才，工作干到一半就毅然选择辞职离开，不仅造成当下工作安排上的被动，也使整个企业的未来发展显得后劲乏力。还有的情况是，一些人才要么在工作中不被重用，感觉自己的潜力没有完全发挥出来，要么在国际项目上工作结束回国后，长期得不到妥善安排，都被迫选择另谋出路。

当今国际工程人才形势与过去相比，已经发生了深刻的变化。当下人们的世界观、价值观和就业观已不同于以往，表现为更加现实、多样和自由。社会就业管理制度也更加宽松灵活。国际工程行业收入的吸引力相比以前大大下降，而国际工程工作环境的艰苦性和不安全性，以及长期出国工作导致与国内社会、家庭脱节，且国外工作压力大、强度高等，这些因素都可能成为人才流失的重要原因。

因此，国际工程经营发展中的人才问题，不仅仅是培养造就人才，还要考虑如何留住人才，并用好人才。一些国际工程企业提出了“不求为我所拥有，但求为我所用”灵活的人才观，倡导“待遇留人、感情留人、事业留人”的留人用人原则，但如何把这些人才观念和原则真正落实到实处，则是值得人们深思和努力践行的。

参 考 文 献

［1］ 许晖，许守任．国际企业管理（第二版）［M］．北京：北京大学出版社，2015.

［2］ 王关义，刘益，刘彤，李治堂．现代企业管理（第四版）［M］．北京：清华大学出版社，2015.

［3］ 王晓东．国际市场营销（第四版）［M］．北京：中国人民大学出版社，2015.

［4］ 郑红．国际市场分析［M］．北京：旅游教育出版社，2015.

［5］ 谭跃进，陈英武，罗鹏程等．系统工程原理［M］．北京：科学出版社，2010.

［6］ 李启明，邓小鹏，吴伟巍，袁竞峰．国际工程管理［M］．南京：东南大学出版社，2010.

［7］ 骆珣，陈翔，刘军丽．项目管理教程（第二版）［M］．北京：机械工业出版社，2010.

［8］ 何伯森．国际工程合同与合同管理［M］．北京：中国建筑工业出版社，2010.

［9］ 何伯森，张水波．国际工程合同管理（第二版）［M］．北京：中国建筑工业出版社，2011.

［10］ 张水波，何伯森．FIDIC 新版合同条件导读与解析［M］．北京：中国建筑工业出版社，2006.

［11］ 张水波，陈勇强．国际工程合同管理［M］．北京：中国建筑工业出版社，2011.

［12］ 本书编委会．建设工程项目资源管理［M］．北京：中国计划出版社，2007.

［13］ 王雪青．国际工程项目管理［M］．北京：中国建筑工业出版社，2011.

［14］ 朱红章．国际工程项目管理［M］．武汉：武汉大学出版社，2010.

［15］ 吕文学．国际工程项目管理［M］．北京：科学出版社，2013.

［16］ 查京民．国际工程总承包项目管理［M］．北京：化学工业出版社，2006.

［17］ 王伍仁．EPC 工程总承包管理［M］．北京：中国建筑工业出版社，2008.

［18］ 周啸东．中国工程企业“走出去”经验与教训［M］．北京：机械工业出版社，2015.

［19］ 张基尧．水利水电工程项目管理理论与实践［M］．北京：中国电力出版社，2008.

［20］ 中国建筑业协会工程项目管理专业委员会．GB/T 50326—2006 建设工程项目管理规范［S］．北京：中国建筑工业出版社，2006.

［21］ 中国勘察设计协会建设项目管理和工程部承包分会．GB/T 50358—2005 建设工程项目总承包管理规范［S］．北京：中国建筑工业出版社，2005.

［22］ 斯蒂芬·P·罗宾斯，蒂莫西·A·贾奇著，李原，黄小勇译．组织行为学（第 14 版）［M］．北京：中国人民大学出版社，2012.

［23］ 彼得·德鲁克著，齐若兰译．管理的实践［M］．北京：机械工业出版社，2009.

［24］ 卢梭著，李平沤译．社会契约论［M］．北京：商务印书馆，2011.

［25］ 北京大学历史系．简明世界史（近代部分）［M］．北京：人民出版社，2010.

［26］ 王道好．国际工程承包中人力资源的充分利用与控制［J］．国际工程与劳务，2002，(6).

［27］ 王道好，张建．建筑工程施工总承包管理中的沟通与协调原理［J］．建筑技术，2008，(6).

［28］ 方涛．浅谈复杂国际工程项目总进度计划的编制要点［J］．科协论坛，2013，(12).